합격까지 박문각
합격 노하우가 다르다!

공인노무사 |
7 · 9급 공무원 |

권희창
신노동법
1차 | 기본서

공인노무사 권희창 편저

브랜드만족
1위
박문각

근거자료
후면표기

제1판

박문각

박문각 공인노무사

이번 개정판에서는 최신 및 기출 대법원 판결과 개정법령을 반영하였습니다. 2024년 공인노무사 1차 시험부터 과목별 40문제로 늘어나고, 부속법령의 출제비중이 대폭 증가하여 노동법(1)은 40문제 중 21문제, 노동법(2)는 40문제 중 16문제가 출제되었습니다. 이를 반영하여 본 교재의 절대적인 분량이 이전보다 다소 증가하였습니다.

이와 같이 부속법령 문제 출제문항 수의 증가와 함께 지금까지 출제된 적이 없었던 조문과 시행령이 출제되어 노동법의 전체적인 출제 난이도는 상승하였습니다. 앞으로도 올해 시험 정도의 출제 비중과 난이도가 유지되리라고 판단되므로 이런 부분에 대한 추가적인 대비가 필요할 것입니다.

또한 이 책은 노동법의 전체적인 이해와 1·2차 연계 학습을 돕기 위해 최대한 서술식으로 구성되어 있으며 총론과 일부 부속법령을 제외하면 공인노무사를 준비하는 수험생뿐만 아니라 7급·9급 공무원 시험도 대비가 가능할 것으로 생각합니다.

마지막으로 이 책이 나오기까지 도움을 주신 박문각 출판사 관계자분들에게 감사인사를 드립니다. 또한 이 책을 잘 활용하여 수험생 여러분들의 합격에 도움이 되기를 진심으로 기원합니다.

공인노무사 권희창

시험과목 및 시험시간

가. 시험과목(공인노무사법 시행령 제6조)

구분	시험과목[배점]		출제범위
제1차 시험 (6과목)	필수 과목 (5)	❶ 노동법(1) [100점]	「근로기준법」, 「파견근로자보호 등에 관한 법률」, 「기간제 및 단시간근로자 보호 등에 관한 법률」, 「산업안전보건법」, 「직업안정법」, 「남녀고용평등과 일·가정 양립지원에 관한 법률」, 「최저임금법」, 「근로자퇴직급여 보장법」, 「임금채권보장법」, 「근로복지기본법」, 「외국인근로자의 고용 등에 관한 법률」
		❷ 노동법(2) [100점]	「노동조합 및 노동관계조정법」, 「근로자참여 및 협력 증진에 관한 법률」, 「노동위원회법」, 「공무원의 노동조합 설립 및 운영 등에 관한 법률」, 「교원의 노동조합 설립 및 운영 등에 관한 법률」
		❸ 민법[100점]	총칙편, 채권편
		❹ 사회보험법 [100점]	「사회보장기본법」, 「고용보험법」, 「산업재해보상보험법」, 「국민연금법」, 「국민건강보험법」, 「고용보험 및 산업재해보상보험의 보험료징수 등에 관한 법률」
		❺ 영어	※ 영어 과목은 영어능력검정시험 성적으로 대체
	선택 과목 (1)	❻ 경제학원론, 경영학개론 중 1과목[100점]	

※ 노동법(1) 또는 노동법(2)는 노동법의 기본이념 등 총론 부분을 포함한다.

구분	시험과목[배점]		출제범위
제2차 시험 (4과목)	필수 과목 (3)	❶ 노동법 [150점]	「근로기준법」, 「파견근로자보호 등에 관한 법률」, 「기간제 및 단시간근로자 보호 등에 관한 법률」, 「산업안전보건법」, 「산업재해보상보험법」, 「고용보험법」, 「노동조합 및 노동관계조정법」, 「근로자참여 및 협력증진에 관한 법률」, 「노동위원회법」, 「공무원의 노동조합 설립 및 운영 등에 관한 법률」, 「교원의 노동조합 설립 및 운영 등에 관한 법률」
		❷ 인사노무관리론 [100점]	
		❸ 행정쟁송법 [100점]	「행정심판법」 및 「행정소송법」과 「민사소송법」 중 행정쟁송 관련 부분
	선택 과목 (1)	❹ 경영조직론, 노동경제학, 민사소송법 중 1과목 [100점]	
제3차 시험	면접시험		공인노무사법 시행령 제4조 제3항의 평정사항

※ 노동법은 노동법의 기본이념 등 총론 부분을 포함한다.

GUIDE
이 책의 안내

※ 시험관련 법률 등을 적용하여 정답을 구하여야 하는 문제는 "시험시행일" 현재 시행 중인 법률 등을 적용하여야 함.

※ 기활용된 문제, 기출문제 등도 변형·활용되어 출제될 수 있음.

나. 과목별 시험시간

구분	교시	과목구분	시험과목	입실시간	시험시간	문항수
제1차 시험	1	필수	❶ 노동법(1) ❷ 노동법(2)	09:00	09:30~10:50 (80분)	과목별 40문항
	2	필수	❸ 민법 ❹ 사회보험법	11:10	11:20~13:20 (120분)	
		선택	❺ 경제학원론, 경영학개론 중 1과목			
제2차 시험	1		❶ 노동법	09:00	09:30~10:45(75분)	4문항
	2			11:05	11:15~12:30(75분)	
	3		❷ 인사노무관리론	13:30	13:50~15:30(100분)	과목별 3문항
	1		❸ 행정쟁송법	09:00	09:30~11:10(100분)	
	2		❹ 경영조직론, 노동경제학, 민사소송법 중 1과목	11:30	11:40~13:20(100분)	
제3차 시험	–		공인노무사법 시행령 제4조 제3항의 평정사항	–	1인당 10분 내외	–

※ 제3차 시험장소 등은 Q-Net 공인노무사 홈페이지 공고

🔑 응시자격 및 결격사유

가. 응시자격(공인노무사법 제3조의5)
- 공인노무사법 제4조 각 호의 결격사유에 해당되지 아니한 자
- 부정한 행위를 한 응시자에 대하여는 그 시험을 정지 또는 무효로 하거나 합격결정을 취소하고, 그 시험을 정지하거나 무효로 한 날 또는 합격결정을 취소한 날부터 5년간 시험 응시자격을 정지함

나. 결격사유(공인노무사법 제4조)
- 다음 각 호의 어느 하나에 해당하는 사람은 공인노무사가 될 수 없다.
1. 미성년자
2. 피성년후견인 또는 피한정후견인
3. 파산선고를 받은 사람으로서 복권(復權)되지 아니한 사람
4. 공무원으로서 징계처분에 따라 파면된 사람으로서 3년이 지나지 아니한 사람
5. 금고(禁錮) 이상의 실형을 선고받고 그 집행이 끝나거나(집행이 끝난 것으로 보는 경우를 포함한다) 집행이 면제된 날부터 3년이 지나지 아니한 사람
6. 금고 이상의 형의 집행유예를 선고받고 그 유예기간이 끝난 날부터 1년이 지나지 아니한 사람
7. 금고 이상의 형의 선고유예기간 중에 있는 사람
8. 제20조에 따라 영구등록취소된 사람

※ 결격사유 심사기준일은 제3차 시험 합격자 발표일 기준임

합격기준

구분	합격결정기준
제1차 시험	• 영어과목을 제외한 나머지 과목에 대하여 각 과목 100점을 만점으로 하여 각 과목 40점 이상, 전 과목 평균 60점 이상을 득점한 자 • 제1차 시험 과목 중 일부를 면제받는 자는 영어과목을 제외한 나머지 응시한 각 과목 40점 이상, 응시한 전 과목 평균 60점 이상을 득점한 자
제2차 시험	• 각 과목 만점의 40% 이상, 전 과목 총점의 60% 이상을 득점한 자 • 제2차 시험 과목 중 일부를 면제받는 자는 응시한 각 과목 만점의 40% 이상, 응시한 전 과목 총점의 60% 이상을 득점한 자 • 최소합격인원 미달일 경우 각 과목 배점의 40% 이상을 득점한 자 중 전 과목 총득점이 높은 자부터 차례로 추가하여 합격자 결정 ※ 위의 단서에 따라 합격자를 결정하는 경우에는 제2차 시험과목 중 일부를 면제받는 자에 대하여 각 과목 배점 40% 이상 득점한 자의 과목별 득점 합계에 1.5를 곱하여 산출한 점수를 전 과목 총득점으로 봄 ※ 제2차 시험의 합격자 수가 동점자로 인하여 최소합격인원을 초과하는 경우에는 해당 동점자 모두를 합격자로 결정. 이 경우 동점자의 점수는 소수점 이하 셋째자리에서 반올림하여 둘째자리까지 계산
제3차 시험	• 제3차 시험은 평정요소마다 각각 "상"(3점), "중"(2점), "하"(1점)로 구분하고, 총 12점 만점으로 채점하여 각 시험위원이 채점한 평점의 평균이 "중"(8점) 이상 득점한 자 • 위원의 과반수가 어느 하나의 같은 평정요소에 대하여 "하"로 평정한 때에는 불합격

공인어학성적

제1차 시험 영어과목은 공인어학시험 성적으로 대체

• 기준점수

시험명	TOEIC	TOEFL		TEPS	G-TELP	FLEX	IELTS
		PBT	IBT	18.5.12 이후		(영어)	
일반응시자	700	530	71	340	65(Level 2)	625	4.5
청각장애인	350	352	–	204	43(Level 2)	375	–

시험의 일부면제

• 제1차 시험 면제 : 2024년 제33회 제1차 시험 합격자
• 제1차 및 제2차 시험 면제 : 2024년 제33회 제2차 시험 합격자
※ 이하 자세한 내용은 공고문 참조

CONTENTS
이 책의 차례

PREFACE   GUIDE

CONTENTS
이 책의 차례

PART 01
노동법 총론

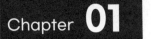

Chapter **01** **총설**

I 노동법의 정의

1. 규율대상에 따른 학설

- 근로계약관계와 노사관계를 규제하는 법의 총체이다.
- 근로자와 사용자와의 근로관계, 노동조합과 사용자와의 관계 및 노동조합의 조직을 규율하는 법이다.
- 근로관계를 규정하는 법의 체계이다.

2. 노동법 이념을 중요시하는 학설

근로자가 그의 노동에 의하여 생존권을 확보할 수 있도록 하는 것을 목적으로 하는 법이다.

3. 종속노동을 중심으로 파악하는 학설

(1) 의의

노동법은 종속적 노동(판례 : 사용종속관계)에 관한 법이다(다수설). 종속노동관계란 사용자의 지휘·명령하에서 노무를 제공하는 관계를 말한다.

(2) 종속노동의 본질

학설	주요내용	주장자
경제적 종속설	근로자는 경제적으로 불평등한 지위에 있으므로 노동자의 계약의사의 비자율성 및 사용자에 대한 경제적 불평등을 노동의 종속성이라는 개념으로 파악하려는 견해이다.	Melsbach, Kaskel
인격적 종속설	노동자는 사용자의 지휘·명령에 따라 노동을 수행하게 되며, 노동력은 노동자의 인격과 불가분의 관계에 있는 까닭에 노동력에 대한 지배는 곧 노동자의 인격적 지배를 의미한다.	Hueck
조직적 종속설	종속적 노동의 본질적 요소는 노동자가 사용자의 경영체에 편입됨으로써 발생하는 조직권에의 복종에 기인한다고 보는 견해이다.	Pothoff
법률적 종속설	근로계약 체결을 통하여 사용자가 노동력에 대한 관리·처분권을 갖는데 종속노동의 본질이 있다는 견해이다.	Sinzheimer
타인 결정설	사용자의 지시에 따라 노동의 내용이 결정되기 때문에 근로자는 사용자의 지휘명령권에 따르게 된다는 견해이다.	Hniger

(3) 판례

근로기준법상의 근로자에 해당하는지 여부는 계약의 형식이 고용계약인지 도급계약인지보다 그 실질에 있어 근로자가 사업 또는 사업장에 임금을 목적으로 종속적인 관계에서 사용자에게 근로를 제공하였는지 여부에 따라 판단하여야 하고, 여기에서 종속적인 관계가 있는지 여부는 업무 내용을 사용자가 정하고 취업규칙 또는 복무(인사)규정 등의 적용을 받으며 업무 수행 과정에서 사용자가 상당한 지휘·감독을 하는지, 사용자가 근무시간과 근무장소를 지정하고 근로자가 이에 구속을 받는지, 노무제공자가 스스로 비품·원자재나 작업도구 등을 소유하거나 제3자를 고용하여 업무를 대행케 하는 등 독립하여 자신의 계산으로 사업을 영위할 수 있는지, 노무 제공을 통한 이윤의 창출과 손실의 초래 등 위험을 스스로 안고 있는지, 보수의 성격이 근로 자체의 대상적 성격인지, 기본급이나 고정급이 정하여졌는지 및 근로소득세의 원천징수 여부 등 보수에 관한 사항, 근로 제공 관계의 계속성과 사용자에 대한 전속성의 유무와 그 정도, 사회보장제도에 관한 법령에서 근로자로서 지위를 인정받는지 등의 경제적·사회적 여러 조건을 종합하여 판단하여야 한다(대판 2006.12.7, 2004다29736).

Ⅱ 노동법의 특수성

1. 노동의 특수한 상품성

노동은 상품으로서의 성질을 가지고 있지만 주관적으로는 지성을 내포하고 있는 인간의 노동이므로 다른 상품과는 다르다. 따라서 특수한 상품인 노동력을 제공하는 근로자에 대해 특별한 배려가 요청되는 법 영역이다.

2. 집단자치성

노동법은 근로자·사용자 간의 근로계약관계에 개입은 하되 그 최저기준만을 규정하고 근로자의 노동 3권을 보장함으로써 단체협약이라는 자율입법을 기대하는 전제로서의 노사 집단자치성을 갖는다.

3. 공법과 사법의 교착(시민법원리의 수정)

노동이라는 상품의 특수성으로 인하여 소유권절대의 원칙과 계약자유의 원칙을 중심으로 하는 종래의 시민법원리가 수정되어 국가에 의한 후견적 배려가 요청되기 때문에 공·사법이 교착하게 되는 중간법적인 법역을 갖고 있는 법으로 볼 수 있다. 예컨대, 근로기준법·노동위원회법·노동쟁의조정은 공법, 노동조합을 중심으로 하는 단체교섭·단체협약 등의 여러 규정은 사법으로 볼 수 있다.

Ⅲ 노동법의 경향

1. 관습적 기원의 경향

노동법은 현실적인 노동관습이나 노동관행에 의하여 생성되는 성격을 가지고 있다. 노사상호 간에 오랜 기간을 통하여 수용되었던 노동관습을 기초로 노동법은 발전하고 있다.

2. 발전적·진보적 경향

노동법은 경제적 약자인 근로자를 보호함을 목적으로 하므로 내재적으로 발전적·진보적인 경향을 갖는다.

3. 통일적 경향

노동법 이념의 보편성과 근로자의 근로조건을 개선·향상시키고자 하는 국제적인 협력관계 속에 ILO 등을 통하여 노동법이 국제적으로 통일되어 가는 경향을 갖는다.

4. 협력적 경향

노동법은 노사의 대립적인 측면을 지양하고, 보다 협력적인 노사관계의 수립을 위한 방안을 모색하고 있다. 협력적 노사관계를 확립하려는 노동법의 경향은 특히 생산성향상을 통한 성과배분의 개선을 추구하는 각국의 노사협의제도 속에 잘 나타나 있다.

Ⅳ 노동법의 체계

1. 노동법의 지위

(1) 근대시민법과의 관계

구분	시민법	사회법
의의	① 유럽 중세도시에서 발달한 법 ② 개인의 자유·평등을 전제로 하고, 자유롭고 평등한 개인의 경제활동을 허용하는 원리 ③ 사법의 원리를 바탕으로 한 법	① 개인법(시민법)에 대립되는 법 개념 ② 개인본위의 법원리를 수정·보충하는 의미를 가진 법 ③ 공법·사법이 교착하는 법의 분야
범위	민법, 상법 등	경제통제법, 사회보장법, 노동법 등

(2) 사회법과의 관계

노동법은 사회법의 한 부분이라는 견해(통설), 노동법은 사회법의 한 부분이 아니라 독립적인 법 영역이라는 견해(소수설), 노동법과 사회법은 동일하다(W. Kaskel)는 견해가 있다.

(3) 경제법과의 관계

① 공통점

노동법과 경제법은 자본주의의 모순을 해결하기 위해 등장하였는바, 경제법은 경제질서의 민주화를 통해 근로자의 경제적·사회적 종속을 배제하며, 노동법은 노사의 대등관계를 실현하고자 한다.

② 차이점

경제법은 경제행위의 규제·촉진을 위한 법이나, 노동법은 근로자의 생활보장을 위한 법이다.

(4) 사회보장법과의 관계

① 공통점 : 노동법과 사회보장법은 공·사법이 교착하는 법이다.

② 차이점 : 사회보장법은 근로능력이 없는 일반국민의 생활 확보를 위한 법이나, 노동법은 근로능력이 있는 근로자보호에 중점을 둔다.

2. 노동법의 구분

(1) 개별적 근로관계법

헌법 제32조에 근거하여 사용자의 행위를 규제함으로써 개개 근로자를 개별적으로 보호하는 법을 말한다. 개별적 근로관계법으로는 근로기준법, 직업안정법, 남녀고용평등법, 산업재해보상보험법, 고용보험법, 국민연금법, 파견근로자보호 등에 관한 법률, 최저임금법 등이 있다.

(2) 집단적 노사관계법

헌법 제33조에 근거하여 노동조합이라는 단체를 통하여 스스로 자조할 수 있는 수단을 보장함으로써 근로자들을 집단적으로 보호하는 법을 말 한다. 현대 노동법의 특수성과 독자성을 가장 잘 드러내는 영역은 집단적 노사관계법이고 집단적 노사관계법은 개별적 근로관계법을 보강하는 역할을 한다. 집단적 노사관계법으로는 노동조합 및 노동관계조정법, 노동위원회법, 근로자참여 및 협력 증진에 관한 법률, 교원의 노동조합 설립 및 운영 등에 관한 법률 등이 있다.

(3) 개별적 근로관계법과 집단적 노사관계법의 관계

양자는 노동관계의 성격뿐만 아니라 규율의 원리도 달리한다. 개별적 근로관계법은 국가의 개입을 통한 근로자의 보호 내지 계약자유의 수정·제한을 지도이념으로 하지만 집단적 노사관계법은 국가로부터의 자유 내지 집단적 노사자치를 지도이념으로 한다. 그러나 양자는 모두 근로자의 인간다운 삶의 확보를 목적으로 한다는 점에서 상호보완적인 관계에 있다.

Ⅴ 노동법의 법원

1. 법원의 의의

노동법의 법원이란 노동관계상의 법적 분쟁에서 법해석과 적용의 기준이 되는 규범의 존재형식을 말한다. 국가에 의해 제정된 실정법이 중심이 되지만 다른 법 분야에 비해 노사자치규범이 중요한 역할을 한다. 법원의 종류로는 헌법·법령·노동관습법·단체협약·취업규칙·조합규약 등이 있다.

2. 법원의 유형

(1) 성문법

헌법 제32조, 헌법 제33조, 기타 노동관계법령 등

(2) ILO 협약

우리나라는 1991년에 ILO에 가입하였으므로 비준협약의 경우 법원이 된다.

(3) 노동자치법

단체협약, 취업규칙, 노동조합규약은 그 적용을 받는 당사자의 권리의무를 규율하고 있으므로 노동법의 법원으로 인정된다.

(4) 노동관습법

노동관행이 기업에서 일반적으로 근로관계를 규율하는 규범적 사실로서 명확히 승인되거나 기업구성원이 아무런 이의도 제기하지 않고 기업 내에서 사실상의 제도로서 확립된 경우에는 법적 규범으로 성립하여 법원이 될 수 있다(대판 2002.4.23, 2000다50701).

(5) 노동판례

우리나라와 같이 성문법을 중심으로 하는 법제하에서는 법원으로 인정할 수 없으나, 판례가 반복됨으로써 그것이 관습법이 되면 법원이 될 수 있다.

(6) 행정해석

행정해석이란 행정기관 내부의 사무처리기준을 정한데 불과하므로 국민이나 법원을 구속할 수 없다(대판 1990.9.25, 90누2727).

(7) 기타

근로계약, 사용자의 지시권(업무명령)에 대해서는 법원성을 부정한다(통설).

3. 법원 간 충돌 시 효력관계

(1) 상위법 우선의 원칙

헌법 > 법률 > 시행령 > 단체협약 > 취업규칙 > 근로계약 > 사용자지시

(2) 신법우선의 원칙(질서의 원칙)

최근에 제정된 법은 그 이전에 제정된 법에 우선하여 적용한다는 원칙을 말한다. 예를 들어 적용범위가 같은 두 개의 단체협약이 있는 경우 후에 성립된 신단체협약이 적용된다(대판 1994.5.10, 93다31081).

(3) 특별법우선의 원칙

일반법에 대해 특별법이 우선적으로 적용된다는 원칙이다. 선원법의 근로기준법에 대한 관계, 사업장단위 단체협약의 기업단위 단체협약에 대한 관계에서 선원법 또는 사업장단위 단체협약이 우선 적용되는 것이다(대판 1992.11.27, 92다32357).

(4) 유리조건 우선의 원칙

유리한 조건우선의 원칙이란 하위의 법원이 상위의 법원보다 근로자에게 유리한 내용을 규정하고 있는 경우 하위의 규범이 그대로 효력을 발생하고 상위의 법원은 적용되지 않는다는 것을 말한다. 상위 법원이 최저기준을 정한 것이 명백한 경우 유리의 원칙이 적용되나, 법률상 명문의 규정이 없거나 단체협약의 기준이 최저기준이라는 것이 명확하지 않은 경우에 유리의 원칙을 인정할 것인가와 관련하여 논의가 있다. 즉 규범적 효력의 편면성만 인정할 것인가, 유리한 경우도 무효로 할 것인가의 문제이다.

Chapter 02 노동법 연혁

■ Ⅰ 우리나라의 노동입법

1. 제1공화국

(1) "제헌헌법"(1948.7.17.)의 근로조항(제17조)

① 근로조건의 기준을 법률로 정함
② 여자・소년근로의 특별보호
③ 단결권・단체교섭권의 보장
④ 근로자이익분배균점권 인정

(2) 헌법의 근거 규정에 의해 노동관계법 제정(1953년)

① 근로기준법, 노동조합법, 노동쟁의조정법, 노동위원회법의 제정
② 노동조합법 주요내용
　노조자유설립주의, 노조의 대내 민주성・대외 자주성 확보, 협약자율의 원칙, 형사면책, 자주적 조정의 원칙, 자유로운 쟁의권 행사, 노동조합의 부당노동행위 인정, 부당노동행위에 대한 처벌주의 채택
③ 노동쟁의조정법 주요내용
　민사면책, 근로자의 구속제한, 사용자의 채용제한 등

(3) 노동법의 내용체계

① 미국식 제도 : 부당노동행위제도, 조정기간, 노동위원회에 의한 조정
② 대륙법 제도 : 근로계약, 단체협약

2. 제3공화국

(1) 직업안정법, 선원법, 산재보상보험법의 제정, 노동조합법 개정

(2) 노동조합법 주요내용(1963년)

　국가의 개입 강화, 공익중심의 노동행정, 노동쟁의의 제한, 산별노조 강제, 노동조합의 정치활동 금지, 노동조합의 부당노동행위 삭제, 부당노동행위에 대한 원상회복주의 채택, 노사협의제의 도입

3. 제4공화국

　노사협의제의 구체화, 공익사업범위의 확대, 노동쟁의규제 강화, 산재보험의 적용대상범위 확대, 기업주 부담경감

4. 제5공화국

노사협의회법 제정, 최저임금법 제정, 노동조합법 개정(기업별 노조 강제), 복수노조 금지규정 신설(1987년)

5. 제6공화국

(1) 1997년 노동법의 새로운 제정

① 노동4법의 폐지 및 제정의 특징

㉠ 노동조합법과 노동쟁의조정법을 "노동조합 및 노동관계조정법"으로 통합

㉡ 노사협의회법을 "근로자참여 및 협력증진에 관한 법률"로 명칭변경

② 근로기준법의 새로운 제정

㉠ 경영상 이유에 의한 고용조정제도(정리해고제)도입

㉡ 탄력적근로시간제(변형근로제), 선택적 근로시간제, 간주근로시간제 도입

㉢ 단시간근로자의 근로조건 결정기준 명시

㉣ 퇴직금제도 보완(중간정산제, 퇴직보험제 등 신설)

㉤ 유급휴일의 대체 근거규정 신설

③ 노동조합 및 노동관계조정법의 신설

㉠ 노동조합 관련 사항

상급단체 복수노조 허용(기업단위 복수노조는 2002년부터 허용), 해고의 효력을 다투는 자의 조합원 자격인정 범위 축소, 노동조합의 정치활동 금지조항의 삭제, 노동조합비 상한규정 삭제, 노조전임자 급여지급 제한, 노조대표자의 협약체결권한 명시, 부당노동행위에 대한 법원의 긴급이행명령제 도입 등

㉡ 노동쟁의 관련 사항

노동쟁의조정 전치주의 도입, 제3자개입금지규정 삭제(노동관계지원제도 신설), 사업장 밖 쟁의행위 금지규정 삭제, 쟁의행위 기간 중 사업내 대체근로 허용, 무노동 무임금 원칙 명시, 공익사업 범위 조정(일반공익사업과 필수공익)

④ 근로자참여 및 협력증진에 관한 법률 제정

노사협의회 의결사항 신설, 노사협의회 협의사항 확대, 의결사항 임의중재제도 신설, 사업주의 보고의무 해태 시 자료제출요구권 신설, 근로자위원의 선출방법 변경, 노사협의회 설치대상 사업장 확대

(2) 1998년

정리해고규정 보완 및 즉시시행(2년 유예조항 삭제) 등, 임금채권보장법 · 파견법 · 공무원직장협의회의 설립운영에 관한 법률 제정

(3) 1999년

교원노조법 · 노사정위원회의 설치 및 운영 등에 관한 법률 제정

(4) 2005년

공무원노조법 및 근로자퇴직급여 보장법 제정

(5) 2006년

기간제 및 단시간근로자 보호에 관한 법률 제정

(6) 2010년

노조법에 교섭창구 단일화 절차규정 신설

II 영국의 노동입법

1. 개별적 근로관계법

(1) 도제의 보건 및 도덕에 관한 법률(1802) : 최초 공장법, 근로시간(12시간 제한)

(2) 공장소년노동법(1833) : 근로감독관제 효시, 실질적 최초 공장법

2. 집단적 노사관계법

(1) 단결금지법(1799) : 형사상 공모죄로 처벌

(2) 노동조합법(1871) : 단결권 보장

(3) 공모죄 및 재산보호법(1875) : 쟁의행위에 대한 형사면책 인정

(4) 노동쟁의법(1906) : 쟁의행위에 대한 민사면책 인정

III 독일의 노동입법

1. 개별적 근로관계법

(1) 프로이센 아동노동법(1839) : 독일 최초의 공장법

(2) 비스마르크의 노동자 보호법(1881) : 최초의 근대적 사회보험제도 구축

2. 집단적 노사관계법

(1) 단체협약법(1918) : 단체협약의 규범적 효력 최초 인정

(2) 바이마르헌법(1919) : 최초의 근로권 및 노동3권 헌법상 인정

3. 협동적노사관계법

경영협의회법(1920) → 공동결정법(1951, 1976) → 경영조직법(1951, 1972)

IV 미국의 노동입법

1. 노리스 – 라가르디아법(1932)
비열계약의 불법화(반금지명령법)

2. 와그너법(1935, NLRA)
Closed Shop 인정, 사용자 측 부당노동행위 신설, 노동3권의 법적 보장, 배타적 교섭제 인정, 노동위원회 신설

3. 테프트 – 하틀리법(1947, LMRA)
노동조합의 부당노동행위 인정, Closed Shop 부정, Union Shop 인정

4. 랜드럼 – 그리핀법(1959)
노동조합의 내부운영 규제, 조합민주주의의 확립

V 국제노동기구(ILO)

1. 연혁
- 국제적 협력을 통한 근로자의 지위향상을 도모하기 위해 1919년 베르사유평화조약 제13편 "노동편"의 규정에 의하여 설치된 국제기관이다.
  제26회 총회 필라델피아선언(1944)

  ① 인간의 노동은 상품이 아니다.
  ② 표현 및 결사의 자유는 지속적 진보에 필수적이다.
  ③ 일부의 빈곤은 전체의 번영에 대한 위협이다.
  ④ 궁핍에 대한 투쟁은 노사정의 동등한 지위에서 국제적 노력에 의해 수행되어야 한다.

- 1946년 UN의 전문기구로 편입
- 노벨평화상 수상(1969)

2. 조직
- 총회(국제노동회의) : 각국 대표단 4인(정부 2인, 노사 각1인)으로 구성된 3자협의기구, 조약·권고 결정(의결정족수 = 출석한 총회대표 2/3 이상 찬성 필요)
- 이사회 : 정부 28인과 노사 각 14인으로 구성, 총회 의사일정 결정과 총회결의집행
- 사무국(이사회에서 선출한 사무총장이 통할), 기타 지역회의, 산업별위원회제도

3. 가입방식
- UN회원국은 국제노동사무총장에게 국제노동기구 헌장의 공식수락을 통보함으로써 회원국 지위를 취득하지만, 비회원국은 총회의 승인을 얻어 지위 취득
- 우리나라는 1991년 12월 9일 152번째로 가입

4. 협약과 권고

협약(Convention)은 가맹국이 비준함으로써 구속력이 인정(국회 비준·동의 얻을 때)되고, 권고 (Recommendation)는 조약보완 또는 전 회원국에 공통적으로 실시가 곤란할 때 국가별·개별적 으로 채택한다. 권고는 협약과 달리 법적 구속력이 인정되지 않는다.

5. 기본협약 비준여부

(1) 미비준협약

제105호(강제근로 폐지에 관한 협약)

(2) 비준협약

제29호(강제근로에 관한 협약), 제87호(결사의 자유 및 단결권 보호에 관한 협약), 제98호(단 결권 및 교섭권에 대한 원칙적용에 관한 협약), 제100호(동일가치노동 동일보수에 관한 협약), 제111호(고용 및 직업상의 차별금지에 관한 협약), 제138호(취업최저연령에 관한 협약), 제 182호(아동노동철폐에 관한 협약), 제155호(산업안전과 작업환경에 관한 협약), 제187호(산업 안전보건 증진체계에 관한 협약)

Chapter 03 노동기본권

■ I 근로의 권리

1. 헌법규정

> 헌법 제32조
> ① 모든 국민은 근로의 권리를 가진다. 국가는 사회적·경제적 방법으로 근로자의 고용의 증진과 적정임금의 보장에 노력하여야 하며, 법률이 정하는 바에 의하여 최저임금제를 시행하여야 한다.
> ② 모든 국민은 근로의 의무를 진다. 국가는 근로의 의무의 내용과 조건을 민주주의 원칙에 따라 법률로 정한다.
> ③ 근로조건의 기준은 인간의 존엄성을 보장하도록 법률로 정한다.
> ④ 여자의 근로는 특별한 보호를 받으며, 고용·임금 및 근로조건에 있어서 부당한 차별을 받지 아니한다.
> ⑤ 연소자의 근로는 특별한 보호를 받는다.
> ⑥ 국가유공자·상이군경 및 전몰군경의 유가족은 법률이 정하는 바에 의하여 우선적으로 근로의 기회를 부여받는다.

2. 법적 성격

- 근로의 권리는 국민의 권리이기 때문에 외국인에 대해서는 보장되지 아니한다.
- 이때의 국민은 자연인만을 의미하고, 법인은 포함되지 않는다.
- 국민 중에서도 특히 생산수단을 소유하지 못한 근로자가 그 주체가 된다.

> 헌재 2007.8.30, 2004헌마670
> 근로의 권리가 "일할 자리에 관한 권리"만이 아니라 "일할 환경에 관한 권리"도 함께 내포하고 있는바, 후자는 인간의 존엄성에 대한 침해를 방어하기 위한 자유권적 기본권의 성격도 갖고 있어 건강한 작업환경, 일에 대한 정당한 보수, 합리적인 근로조건의 보장 등을 요구할 수 있는 권리 등을 포함한다고 할 것이므로 외국인 근로자라고 하여 이 부분에까지 기본권 주체성을 부인할 수는 없다. 즉 근로의 권리의 구체적인 내용에 따라, 국가에 대하여 고용증진을 위한 사회적·경제적 정책을 요구할 수 있는 권리는 사회권적 기본권으로서 국민에 대하여만 인정해야 하지만, 자본주의 경제질서하에서 근로자가 기본적 생활수단을 확보하고 인간의 존엄성을 보장받기 위하여 최소한의 근로조건을 요구할 수 있는 권리는 자유권적 기본권의 성격도 아울러 가지므로 이러한 경우 외국인 근로자에게도 그 기본권 주체성을 인정함이 타당하다.

3. 내용(헌재 2002.11.28, 2001헌바50)

헌법 제32조 제1항은 "모든 국민은 근로의 권리를 가진다. 국가는 사회적·경제적 방법으로 근로자의 고용의 증진과 적정임금의 보장에 노력하여야 하며…"라고 규정하여 근로의 권리를 보장하고 있다. 근로의 권리는 사회적 기본권으로서, 국가에 대하여 직접 일자리(직장)를 청구하거나 일자리에 갈음하는 생계비의 지급청구권을 의미하는 것이 아니라, 고용증진을 위한 사회적·경제적 정책을 요구할 수 있는 권리에 그친다. 근로의 권리를 직접적인 일자리 청구권으로 이해하는 것은 사회주의적 통제경제를 배제하고, 사기업 주체의 경제상의 자유를 보장하는 우리 헌법의 경제질서 내지 기본권규정들과 조화될 수 없다. 마찬가지 이유로 근로의 권리로부터 국가에 대한 직접적인 직장존속청구권을 도출할 수도 없다.

4. 효력

헌법 제32조 제1항의 근로의 권리는 대국가적 효력을 가질 뿐만 아니라 사인 간에 대해서도 그 자유권적 측면은 제3자적 효력을 가진다고 본다.

Ⅱ 노동3권

1. 노동3권의 의의

노동3권이라 함은 근로자가 근로조건 향상을 위하여 자주적으로 단결하고 교섭하며 단체행동을 할 수 있는 단결권·단체교섭권·단체행동권을 총칭하는 개념이다.

2. 헌법규정

> **헌법 제33조**
> ① 근로자는 근로조건의 향상을 위하여 자주적인 단결권·단체교섭권 및 단체행동권을 가진다.
> ② 공무원인 근로자는 법률이 정하는 자에 한하여 단결권·단체교섭권 및 단체행동권을 가진다.
> ③ 법률이 정하는 주요 방위산업체에 종사하는 근로자의 단체행동권은 법률이 정하는 바에 의하여 이를 제한하거나 인정하지 아니할 수 있다.

3. 노동3권의 법적 성격

노동3권은 사용자와 근로자 간의 실질적인 대등성을 단체적 노사관계의 확립을 통하여 가능하도록 하기 위하여 시민법상의 자유주의적 법원칙을 수정하는 신시대적 시책으로서 등장된 생존권적 기본권이다(대판 1990.5.15, 90도357). 헌법재판소는 "사회적 성격을 띤 자유권", "사회적 보호기능을 담당하는 자유권"이라고 한다(헌재 1998.2.27, 94헌바13·26, 95헌바44(병합)).

4. 노동3권의 주체

(1) 근로자

노동3권은 헌법 제33조 제1항에 의하여 "근로자"가 향유하는 기본권이다. 이러한 노동3권을 구체적으로 보장한 노조법에서 근로자라 함은 "직업의 종류를 불문하고 임금·급료 기타 이에 준하는 수입에 의하여 생활하는 자"를 말한다. 여기서의 근로자는 취업 중인 자만이 아니고 실업 중인 자도 포함된다(대판 2004.2.27, 2001두8568).

(2) 노동조합

노동3권의 주체로서의 근로자는 근로자 개인뿐만 아니라 널리 근로자들의 결합체인 근로자단체를 포괄하는 광범위한 개념으로 이해되고 있다.

(3) 노동3권 행사의 상대방으로서 사용자

단결권과 단체행동권의 행사는 종속노동관계를 전제로 한다는 점에서 사용자가 주체가 될 수 없고, 단체교섭권에 있어서도 사용자는 단체교섭 의무자로서의 상대방일 뿐 단체교섭권의 주체가 될 수 있는 것은 아니다.

5. 노동3권의 내용

(1) 단결권

① 의의

근로자의 단결권이라 함은 근로자들이 자주적으로 단결하여 노동조합을 설립·운영하고 이에 가입할 수 있는 권리를 말한다.

② 단결권과 결사의 자유

결사의 자유는 국가로부터의 간섭, 방해를 배제하는 소극적 자유권임에 반하여 단결권은 소극적 자유권은 물론 생존권적 성격을 함께 가지고 있으며, 결사의 자유는 일반적으로 국가로부터의 자유를 의미하나 단결권에 대한 사실상의 침해는 국가가 아니라 사용자라는 점에서 결사의 자유와는 구분된다.

③ 개별적 단결권과 집단적 단결권

㉠ 개별적 단결권

개별근로자는 어떠한 간섭도 없이 자유로이 노동조합으로 대표되는 근로자단체를 조직하거나 그에 가입하여 활동할 수 있다. 이를 개별적 단결권이라 한다. 노조법은 근로자는 "자유로이 노동조합을 조직하거나 이에 가입할 수 있다"고 하여 이를 확인하고 있다.

㉡ 집단적 단결권

근로자단체는 기관의 구성·재정 등의 내부운영사항에 관하여 자유로이 결정할 수 있고 또한 상부단체를 결성하거나 가입할 수 있다.

④ 적극적 단결권과 소극적 단결권

㉠ 의의

"적극적 단결권"이란 노동조합을 결성하고 이에 가입하며 노동조합의 구성원으로서 활동을 할 수 있는 권리이다. "소극적 단결권"이란 단결하지 아니할 자유를 말하는 바, 원하는 경우 노동조합에 가입하지 아니하거나 언제든지 노동조합으로부터 탈퇴할 수 있는 권리를 말한다.

㉡ 소극적 단결권 인정여부

• 소극적 단결권 긍정설 : 근로자의 단결권에는 단결하지 아니할 자유, 즉 소극적 단결권이 포함되어 있다는 견해이다.

• 소극적 단결권 부정설 : 소극적 단결권을 부인하는 견해에는 헌법 제33조의 단결권 보장은 당연히 적극적 단결권을 의미하는 것으로 근로자에게는 일정한 단결강제가 예정되고 있다고 한다. 단결권은 적극적 단결권을 보호하기 위하여 대두된 기본권으로서 소극적 단결권의 보호는 그 대상에서 제외된다는 견해이다(다수설).

> **헌재 2005.11.24, 2002헌바95**
>
> 헌법 제33조 제1항은 "근로자는 근로조건의 향상을 위하여 자주적인 단결권·단체교섭권 및 단체행동권을 가진다."고 규정하고 있다. 여기서 헌법상 보장된 근로자의 단결권은 단결할 자유만을 가리킬 뿐이고, 단결하지 아니할 자유 이른바 소극적 단결권은 이에 포함되지 않는다고 보는 것이 우리 재판소의 선례라고 할 것이다(헌재1999.11.25, 98헌마141). 그렇다면 근로자가 노동조합을 결성하지 아니할 자유나 노동조합에 가입을 강제당하지 아니할 자유, 그리고 가입한 노동조합을 탈퇴할 자유는 근로자에게 보장된 단결권의 내용에 포섭되는 권리로서가 아니라 헌법 제10조의 행복추구권에서 파생되는 일반적 행동의 자유 또는 제21조 제1항의 결사의 자유에서 그 근거를 찾을 수 있다.

　　⑤ 단결강제의 범위

　　　㉠ 일반적 단결강제 : 근로자는 노동조합에 반드시 가입하여야 하나, 노동조합 중 원하는 노동조합을 선택할 수 있는 "단결선택권"을 갖고 있다는 견해이다(다수설).

　　　㉡ 제한적 단결강제 : 근로자는 특정 노동조합에 반드시 가입하여야 하며, 노동조합 중 원하는 노동조합을 선택할 수 있는 권리도 부여되지 아니한다는 견해이다.

(2) 단체교섭권

근로자의 단체교섭권이라 함은 근로자가 조직한 노동조합이 근로조건을 유지·개선하기 위하여 사용자와 교섭할 수 있는 권리를 말한다. 헌법이 단체협약체결권을 명시하고 있지 않더라도 단체교섭권에는 단체협약체결권이 포함되어 있다(헌재 1998.2.27, 94헌바13·26). 사용자가 정당한 사유 없이 단체교섭을 거부하면 성실교섭의무 위반으로 부당노동행위가 성립한다.

(3) 단체행동권

단체행동권이란 근로자가 근로조건 향상을 위하여 집단적으로 행동할 수 있는 권리이다. 단체행동권에는 쟁의권과 조합활동권이 있다(대판 1990.5.15, 90도357).

6. 노동3권의 효력

(1) 대국가적 효력

　① 노동3권의 자유권적 성격에 근거한 소극적 효력 : 노동3권에 대한 국가권력의 부당한 간섭·방해를 배제하는 효력을 말한다.

　② 노동3권의 생존권적 성격에 근거한 적극적 효력 : 노동3권의 행사를 국가가 입법 기타 적극적인 조치를 통하여 보호하여 주도록 요구할 수 있는 효력을 말한다. 근로 3권은 자유권적 기본권으로서의 성격과 사회권적 기본권으로서의 성격을 모두 포함하는 것이어서 근로 3권이 제대로 보호되기 위하여는 근로자의 권리행사의 실질적 조건을 형성하고 유지해야 할 국가의 적극적인 활동 즉 적절한 입법조치를 필요로 한다(헌재 2009.2.26, 2007헌바27).

(2) 대사인적 효력

노동3권의 대사인적 효력이란 사용자가 근로자의 노동3권을 침해하는 행위 즉, 부당노동행위로부터 보호를 받을 수 있는 효력, 다른 근로자가 근로자의 노동3권을 침해하는 행위로부터 보호를 받을 수 있는 효력을 말한다. 헌법에 기본권의 직접적 효력을 인정하는 명문의 규정은

없으나 사용자와 근로자 간 또는 근로자와 근로자 간의 관계를 기본 전제로 하고 있는 노동3권의
본질상 노동3권의 효력은 사용자 또는 근로자에게 직접적으로 적용된다.

7. 노동3권 상호 간의 관계

(1) 일체성 여부

노동3권은 근로조건의 향상 또는 근로조건의 유지·개선과 근로자의 경제적·사회적 지위의
향상을 위하여 상호관련하여 기능한다. 다만, 그 상호관련성의 수준을 노동3권은 서로 유기적
인 밀접한 관계를 맺고 있는 통일적 권리 내지는 서로 밀접한 관계를 가지는 일련의 권리라고
하여 관련성 정도를 일체성에 준한 것으로 보는 견해와 생존권 이념을 실현하려면 3권 중 어느
하나도 결여되어서는 안된다는 소극적 의미에서 상호관련성 정도로 파악하는 견해가 있다.

(2) 핵심된 권리(중핵적 권리, 목적적 권리)에 대한 견해

① 단결권중심설

노동3권은 궁극적으로 경제적, 사회적 약자인 근로자로 하여금 단결을 도모하도록 보장함
으로써 그 경제적, 사회적 지위를 향상하려는데 그 주된 목적이 있으므로 노동3권 중 단결
권이 가장 중핵적 권리로 보장되어야 하고 나머지 단체교섭권이나 단체 행동권 역시 이러한
단결권의 강화에 기여할 수 있도록 보장되어야 한다는 주장이다.

② 단체교섭권중심설

노동3권 중 단체교섭권은 가장 중핵적 권리로 보장되어야 하고 나머지 단결권 및 단체행동
권은 이러한 단체교섭이 가능하도록 하는 수단으로서 보장될 수 있는 권리라는 주장이다(대
판 1990.5.15, 90도357 ; 헌재 1996.12.26, 선고90헌바19 ; 92헌바49결정에서 재판관 4
인의 합헌의견). 이 견해에 따르면 사용자에게 처분권한이 없는 정치파업이나 동정파업은
정당성이 인정되지 않는다.

③ 단체행동권중심설

노동3권은 사용자와 근로자 사이의 실질적인 대등성을 확보해 주는 기능을 수행하는 기본
권으로서 단체행동권이 전제되지 않은 단체결성이나 단체교섭권만으로는 노사관계의 실질
적 대등성은 확보될 수 없으므로 단체행동권이야말로 노사관계의 실질적인 대등성을 확보
하는 중핵적 권리라는 주장이다(헌재 1996.12.26, 선고90헌바19 ; 92헌바49 결정에서 재
판관 5인의 직권중재규정에 대한 위헌의견).

Chapter **04** # 노동3권의 제한

▮ Ⅰ 노동3권의 제한

1. 노동3권의 내재적 한계

노동3권의 내재적 한계라 함은 노동3권에 내재되고 있는 본질적 성격으로 인하여 노동3권의 행사범위가 제한되는 원리를 말한다. 즉, 노동3권은 근로자의 근로조건의 향상을 위하여 자주적으로 행사될 것이 요구되는 까닭에 비자주적이거나 근로조건의 향상과는 관계없는 정치파업, 동정파업 등은 내재적 한계를 일탈한 것으로서 헌법상 노동3권 보장의 대상이 되지 못한다.

2. 일반적 법률유보조항(헌법 제37조 제2항)에 의한 제한

> **헌법 제37조**
> ② 국민의 모든 권리와 자유는 국가안전보장·질서유지 또는 공공복리를 위하여 필요한 경우에 한하여 법률로써 제한할 수 있으며, 제한하는 경우에도 자유와 권리의 본질적 내용을 침해할 수 없다.

현행 헌법에서 공무원 및 법률이 정하는 주요방위산업체에 종사하는 근로자와는 달리 특수경비원에 대해서는 단체행동권 등 근로3권의 제한에 관한 개별적 제한규정을 두고 있지 않다고 하더라도, 헌법 제37조 제2항의 일반유보조항에 따른 기본권제한의 원칙에 의하여 특수경비원의 근로3권 중 하나인 단체행동권을 제한할 수 있다(헌재 2009.10.29, 2007헌마1359).

3. 노동3권에 대한 구체적 제한

- 공무원은 헌법 제33조 제2항(공무원인 근로자는 법률이 정하는 자에 한하여 단결권, 단체교섭권 및 단체행동권을 갖는다) 및 국가 공무원법에 의해 사실상 노무에 종사하는 공무원에 대해서만 노동3권을 보장하였는데, 공무원노조법이 제정되면서 공무원의 단결권과 단체교섭권이 인정되고 있다.
- 교원은 국가공무원법과 사립학교법에 의하여 노동3권이 인정되지 않았다. 교원노조법이 제정되면서 단결권과 단체교섭권이 인정된다.
- 주요방위 산업체 종사자는 헌법 제33조 제3항 및 노동조합법 제41조 제2항에 의하여 단체행동권이 제한된다.

Ⅱ 사업의 성질에 따른 노동3권의 제한

1. 주요방위 산업체에 종사하는 근로자의 단체행동권 제한

> **헌법 제33조**
> ③ 법률이 정하는 주요 방위산업체에 종사하는 근로자의 단체행동권은 법률이 정하는 바에 의하여 제한하거나 인정하지 아니할 수 있다.

> **노동조합법 제41조【쟁의행위의 제한과 금지】**
> ② 「방위사업법」에 의하여 지정된 주요방위산업체에 종사하는 근로자 중 전력, 용수 및 주로 방산물자를 생산하는 업무에 종사하는 자는 쟁의행위를 할 수 없으며 주로 방산 물자를 생산하는 업무에 종사하는 자의 범위는 대통령령으로 정한다.

> **시행령 제20조【방산물자 생산업무 종사자의 범위】**
> 법 제41조 제2항에서 "주로 방산물자를 생산하는 업무에 종사하는 자"라 함은 방산물자 완성에 필요한 제조·가공·조립·정비·재생·개량·성능검사·열처리·도장·가스취급 등의 업무에 종사하는 자를 말한다.

주요방위산업체 종사 근로자가 아닌 일반방위산업체 종사 근로자는 쟁의행위를 하더라도 방산물자 수급에 큰 차질이 없어 쟁의행위가 허용된다. 주요 방위산업체로 지정된 사업체의 경우에도 주요방산물자 외에 민수물자 등을 생산할 수 있다. 따라서 민수물자 생산에 종사하는 자 및 방산물자 생산과 직접 관련 없는 간접지원부서 종사 근로자는 쟁의행위에 참여할 수 있다. 즉, 쟁의행위 금지대상은 ㉠ 주로 방산물자 생산하는 업무에 종사하는 자와 ㉡ 방산물자 생산에 직접 연관되는 전력, 용수업무에 종사하는 자로 한정된다.

2. 공익사업 종사자에 대한 단체행동권 제한

(1) 공익사업에 대한 단체행동권의 제한

필수유지업무의 정당한 유지·운영을 정지·폐지 또는 방해하는 행위는 쟁의행위로서 이를 행할 수 없다(제42조의2 제2항).

(2) 공익사업의 조정기간

일반사업 조정기간은 10일, 공익사업 조정기간은 15일이다. 공익사업의 경우 고용노동부장관의 결정으로 긴급조정이 가능하며 긴급조정 시 30일간 쟁의행위를 할 수 없다.

PART 02
개별적 근로관계법

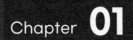

Chapter **01** # 근로기준법

Ⅰ　근로기준법의 의의와 목적 · 성격

1. 의의

근로기준법은 근로자의 인간다운 삶을 실현하기 위하여 근로관계의 성립 · 내용 · 변경 및 종료 등 근로조건 전반에 걸쳐 최저기준을 정한 일반법이다. 헌법 제32조 제3항은 '근로조건의 기준은 인간의 존엄성을 보장하도록 법률로 정한다.'라고 함으로써 근로자의 근로조건에 관한 보호를 헌법적 차원에서 보장하고 있는데 이를 구체화시킨 것이 근로기준법이라고 할 수 있다.

2. 목적

이 법은 헌법에 따라 근로조건의 기준을 정함으로써 근로자의 기본적 생활을 보장, 향상시키며 균형 있는 국민 경제의 발전을 꾀하는 것을 목적으로 한다(제1조).

3. 성격

- 근로기준법은 근로관계 당사자에게 근로계약의 내용과 근로기준법에서 정하고 있는 최저기준으로서 근로조건을 준수하고 이행할 것을 강제하는 강행법률이다.
- 근로기준법은 사용자에게 국가가 정한 법률에 따라 의무를 부과하고 이를 강제하는 공법적 성격을 갖는다.
- 공법적 성격과 더불어 근로계약 · 취업규칙 · 임금 · 근로시간 등을 노사 대등결정의 원칙에 따라 결정하는 사법적 성격을 갖는다.
- 따라서 근로기준법은 공법과 사법이 혼합 · 교착하는 법률이다.

Ⅱ　근로기준법의 기본원칙

1. 근로조건의 저하금지(최저근로조건보장의 원칙)

> **제3조【근로조건의 기준】**
> 이 법에서 정하는 근로조건은 최저기준이므로 근로관계 당사자는 이 기준을 이유로 근로조건을 낮출 수 없다.

(1) 규정의 취지

이 규정은 근로자의 인간다운 경제생활의 최저기준을 확보함에 목적이 있는 것으로 최저근로기준만 충족 유지시킬 생각으로 기존의 근로조건을 최저근로기준 수준으로 저하시켜서는 아니

된다. 다만, 사회경제적인 변동, 경영여건의 변화, 직무의 변화 등이 있거나, 합법적인 단체협약 또는 취업규칙 등에 의한 것이라면 근로조건의 저하는 가능하다. 사용자가 일방적으로 기존의 근로조건을 불이익하게 변경하는 것은 원칙적으로 허용되지 않는다.

(2) 근로조건의 기준의 의미

근로조건의 기준이란 사용자와 근로자 사이의 관계에서 임금·근로시간·후생·해고 기타 근로자의 대우에 관하여 정한 일체의 조건을 의미한다(대판 1992.6.23, 91다19210). 채용은 근로관계 이전의 사항이므로 남녀고용평등법에서와 같은 별도의 규정이 없으면 근로조건에 포함되지 않는다(통설, 판례의 입장).

2. 노사대등 결정의 원칙

> **제4조【근로조건의 결정】**
> 근로조건은 근로자와 사용자가 동등한 지위에서 자유의사에 따라 결정하여야 한다.

사용자가 사회·경제적으로 우월한 지위를 가졌다고 하여 일방적으로 근로조건을 결정해서는 안된다는 의미이다.

3. 근로조건의 준수

> **제5조【근로조건의 준수】**
> 근로자와 사용자는 각자가 단체협약, 취업규칙과 근로계약을 지키고, 성실하게 이행할 의무가 있다.

이는 근로조건의 노사대등 결정의 원칙을 전제로 하여 그 결과 결정된 근로계약이나 단체협약·취업규칙 등을 서로가 준수하고 성실하게 이행하는 노사관행을 확립하고자 하는 취지에서 마련된 규정이다. 따라서 사용자와 근로자는 자유의사에 따라 체결된 계약내용에 하자가 있더라도 이를 취소하지 않으면 준수하여야 하며, 일방의 우월적 지위를 이용하여 근로조건을 변경·파기·불이행해서는 안 된다.

4. 균등대우의 원칙(차별적 대우의 금지)

(1) 의의

근로기준법 제6조는 '사용자는 근로자에 대하여 남녀의 성을 이유로 차별적 대우를 하지 못하고, 국적·신앙 또는 사회적 신분을 이유로 근로조건에 대한 차별적 처우를 하지 못한다.'라고 규정하고 있다. 이는 헌법 제11조에서 규정한 「법 앞에 평등」을 근로자와 사용자 간의 관계에서 구체적으로 실현하기 위한 규정으로, 여기서 차별적 처우란 당해 사업장의 다른 근로자에 비하여 불이익 또는 유리한 처우를 하는 것을 말한다. 근로기준법은 차별대우를 단지 사법적으로 무효화하는 것에 그치지 않고 벌칙(제114조 제1호)으로써 사용자로 하여금 준수 이행을 강제하고 있으므로 제6조는 강행적 효력규정이다.

(2) 차별대우의 사유

① 남녀의 차별적 대우금지(남녀고용평등법)

⊙ 동일대우원칙의 기준

동일노동에 대해서는 동일임금을 지급해야 한다(제8조). 그러나 동일노동이 아닌 경우에는 구체적인 직무·능률·기술 등에 따라 남녀의 대우를 달리할 수 있다.

ⓛ 기타 차별금지의 사유

임금차별 외에 근로자의 모집·채용(제7조), 임금 외의 금품(제9조), 교육·배치·승진(제10조), 정년·퇴직 및 해고(제11조, 결혼퇴직제·출산퇴직제·차별정년제 등)에 있어서의 남녀차별을 금지하고 있다.

② 국적을 이유로 하는 차별적대우의 금지

국적이란 국적법상의 국민의 지위를 말하는데 외국인근로자나 2중국적자나 무국적자에 대해 합리적 이유 없이 국적을 이유로 차별대우해서는 아니 된다. 불법체류 외국인도 근로자인 이상 근로기준법이 적용된다.

③ 신앙을 이유로 하는 차별대우의 금지

신앙이란 종교적 신념을 말하는데 여기에는 정치적 사상적 신념도 포함된다고 본다(다수설). 단순히 종교가 있거나 없다는 이유로 차별하는 것을 금하는 것이지 외부로 표출된 종교행위가 경영 질서를 문란하게 하는 경우에는 이를 이유로 한 차별은 가능하다. 또한 어떤 주의나 사상을 기초로 하여 설립된 경향사업체의 경우 해당종교나 정당의 설립목적에 반하는 행위를 한 근로자에 대해 해고 등의 차별대우를 하는 것은 근로기준법 위반이 아니다.

④ 사회적 신분을 이유로 한 차별대우의 금지

- 사회적 신분이란 사회에서 장기간 차지하는 지위로서 일정한 사회적 평가가 수반되는 것을 의미한다. 사회적 신분에는 선천적 신분(출신지역, 혈연 등)뿐만 아니라 후천적 신분(귀화인, 전과자, 파산자 등)도 포함되나 단시간근로자나 노동조합 임원과 같은 일시적 지위는 포함되지 않는다.

- 차별적 처우는 복수의 근로자들이 본질적으로 동일한 근로자 집단에 속하는 것을 전제로, 그럼에도 합리적 이유 없이 서로 다르게 취급하는 경우에 한하여 성립할 수 있다. 근로기준법 제6조에서 말하는 사회적 신분이 반드시 선천적으로 고정되어 있는 사회적 지위에 국한된다거나 그 지위에 변동가능성이 없을 것까지 요구되는 것은 아니지만, 무기계약직 근로자로서의 고용상 지위는 공무원과의 관계에서 근로기준법 제6조가 정한 차별적 처우 사유인 '사회적 신분'에 해당한다고 볼 수 없고, 공무원은 그 근로자와의 관계에서 동일한 근로자 집단에 속한다고 보기 어려워 비교대상 집단이 될 수도 없다(대판 2023.9.21, 2016다255941 전합).

(3) 차별금지영역

① 근로조건 : 임금, 근로시간, 휴일, 휴가, 취업의 장소, 종사해야 할 업무, 승급, 퇴직급여, 안전보건, 재해부조, 해고기준 등이 차별금지영역에 포함된다.

② 모집·채용

근로기준법 제6조의 균등처우는 그 대상이 근로조건이므로 근로조건이 아닌 모집·채용에서의 남녀차별은 제6조 위반이 되지 않으나 남녀고용평등법 제7조에서는 모집·채용에서의 남녀차별을 금하고 있다.

(4) 합리적 차별

① 제도적 차별

근로형태, 직급, 근무성적, 근무능력의 평가 등에 근거한 차별은 근로기준법 제6조 위반이 아니다.

> **차별정년제**
> 합리적인 이유 없이 여성과 남성의 정년을 달리하는 것은 성별에 의한 차별대우에 해당한다. 그러나 그 차별에 사회통념상 합리성이 있다고 인정되는 경우에는 차별대우가 아니다(대판 1993.4.9, 92누 15765 ; 대판 1996.8.23, 94누13589).

② 적극적 고용개선조치 등

직무의 성격에 비추어 특정 성이 불가피하게 요구되는 경우나 현존하는 남녀 간의 고용차별을 없애거나 고용평등을 촉진하기 위하여 잠정적으로 특정 성을 우대하는 조치(남녀고용평등법 제2조 제1호와 제3호)를 하는 경우

③ 모성보호

근로기준법 제5장(여성과 소년)과 남녀고용평등법 등에서 여러 가지 여성 보호규정을 두고 있는데 이는 헌법상의 각종 여성 및 모성보호 규정을 실현하기 위한 것으로 남성에 대한 차별에 해당하지 않는다.

(5) 입증책임

근로기준법에서는 입증책임에 관한 규정이 없어 차별의 입증책임을 근로자가 부담하나 남녀고용평등법에서는 근로자 보호를 위해서 사업주의 입증책임을 명문화하고 있다(남녀고용평등법 제30조).

5. 강제근로의 금지

(1) 의의

사용자는 폭행, 협박, 감금, 그 밖에 정신상 또는 신체상의 자유를 부당하게 구속하는 수단으로써 근로자의 자유의사에 어긋나는 근로를 강요하지 못한다(제7조). 헌법 제12조 제1항에서 보장한 강제노역금지의 취지를 근로관계에서 구체적으로 실현하여 봉건적 악습을 폐지하는 데 그 취지가 있다.

(2) 강제근로의 수단

① 폭행, 협박, 감금

폭행, 협박, 감금의 개념에 대하여 형법상의 개념으로 해석하는 견해와 형법의 구성요건보다는 신축성을 가지고 해석해야 한다는 견해가 있다.

② 정신 또는 신체상의 자유를 구속하는 수단

어떠한 형태로든 정신의 작용 또는 신체의 활동이 방해받는 상태를 가져오게 하는 방법을 말하는 것으로 주민등록증을 빼앗거나, 장기근로계약, 사표수리거부 등을 말한다.

(3) 기타 관련 문제

① 위약금예정, 전차금 상계, 강제저축

근로기준법은 위의 제도에 대하여 별도의 제한 규정을 두고 있지만 그 자체만으로는 부당한 구속 수단에 해당하지 않는다. 그러나 그것이 근로자의 자유의사에 반하여 근로할 것을 강요함으로써 실행되고 있다면 부당한 구속수단에 해당할 것이다.

② 미성년자의 강제근로금지 : 친권자나 후견인은 미성년자의 근로계약을 대리할 수 없다(제67조 제1항).

(4) 위반의 효과

사용자가 근로기준법 제7조에 위반하여 강제근로를 시킨 경우에는 5년 이하 징역 또는 5천만원 이하의 벌금에 처한다(제107조).

6. 폭행의 금지

(1) 의의

사용자는 사고의 발생이나 그 밖의 어떠한 이유로도 근로자에게 폭행을 하지 못한다(제8조). 헌법 제12조 제1항에서 보장하는 국민의 신체의 자유를 노동관계에서 구현하여 봉건적 악습을 폐지하기 위한 것이다.

(2) 폭행의 이유

사용자는 어떠한 이유로도 근로자를 폭행할 수 없다. 사고발생은 하나의 예시에 지나지 않으며, 근로관계에서 사용자의 지위에 있는 이상 그 사유와 관계없이 또 업무와의 관련성 여부를 묻지 않고 일체의 폭행이 금지된다.

(3) 형법과의 관계

사용자가 근로자를 근로관계와 상관없이 사적으로 폭행한 경우에는 형법이 적용되나, 근로관계에서 발생한 폭행은 근로기준법 제8조 위반이 된다. 그리고 형법상의 폭행죄는 반의사불벌죄이나 동조위반의 죄는 피해자의 의사와는 관계없이 처벌된다.

(4) 위반의 효과(제107조)

사용자가 근로기준법 제8조에 위반하여 폭행한 경우에는 5년 이하의 징역 또는 5천만원 이하의 벌금에 처한다.

7. 중간착취의 배제

제9조【중간착취의 배제】
누구든지 법률에 따르지 아니하고는 영리로 다른 사람의 취업에 개입하거나 중간인으로서 이익을 취득하지 못한다.

(1) 의의

중간착취란 타인의 취업을 소개하거나 알선을 조건으로 소개료·수수료 등을 수령하거나, 취업 후에 중개인·사용자 등이 그 지위를 이용하여 근로자의 임금의 일부를 착취하는 것을 말한다. 사용자, 기타 사인·단체, 공무원 등 누구든지 중간착취를 하여서는 아니 된다.

(2) 중간착취의 요건

① 영리의 목적

제9조 위반에 해당되기 위해서는 타인의 취업에 개입하거나 중간인으로서 이익을 취득한 것으로는 부족하여 '영리로' 타인의 취업에 개입하거나 '영리로' 중간인으로서 이익을 취득하여야 하고, 구 근로기준법 제8조 및 제110조는 타인의 취업과 관련하여 금품을 수수하였다고 하더라도 그 모든 경우를 처벌하는 것이 아니라 '영리'의 의사로 개입한 경우에 한하여 처벌하는 것으로 보아야 한다(대판 2007.8.23, 2007도3192).

② 다른 사람의 취업에 개입

'영리로 타인의 취업에 개입'하는 행위, 즉 제3자가 영리로 타인의 취업을 소개 또는 알선하는 등 근로관계의 성립 또는 갱신에 영향을 주는 행위에는 취업을 원하는 사람에게 취업을 알선해 주기로 하면서 그 대가로 금품을 수령하는 정도의 행위도 포함되고, 반드시 근로관계 성립 또는 갱신에 직접적인 영향을 미칠 정도로 구체적인 소개 또는 알선행위에까지 나아가야만 하는 것은 아니다(대판 2008.9.25, 2006도7660).

③ 중간인으로서 이익을 취득

'중간인으로서 이익을 취득'하는 행위는 근로계약관계의 존속 중에 사용자와 근로자 사이의 중간에서 근로자의 노무제공과 관련하여 사용자 또는 근로자로부터 법률에 의하지 아니하는 이익을 취득하는 것을 말한다(대판 2007.8.23, 2007도3192). 이익이란 그 명칭과 상관없이 일체의 금품 및 경제적 가치가 있는 것을 포함하며 유형이든 무형이든 관계없다. 또한 근로자·사용자는 물론 제3자 등 누구로부터 이익을 받았는가도 불문한다.

(3) 적용제외

① 직업안정법에 규정된 직업소개사업, 근로자모집사업, 근로자공급사업
② 파견근로자보호 등에 관한 법률에 의한 근로자파견사업

(4) 위반의 효과(제107조)

8. 공민권행사의 보장

> **제10조 【공민권 행사의 보장】**
> 사용자는 근로자가 근로시간 중에 선거권, 그 밖의 공민권 행사 또는 공의 직무를 집행하기 위하여 필요한 시간을 청구하면 거부하지 못한다. 다만, 그 권리 행사나 공의 직무를 수행하는 데에 지장이 없으면 청구한 시간을 변경할 수 있다.

(1) 공민권행사보장의 요건

① 선거권 기타 공민권

㉠ 공민권행사로 보는 경우

공민권이라 함은 대통령·국회의원·지자체의 장·지방의원 등의 법령에 근거한 공직의 선거권·피선거권은 물론 국민투표권 등과 같이 국민으로서 공무에 참가하는 권리 및 의무를 말한다. 피선거권에는 입후보등록이나 본인의 선거운동이 포함된다. 이외에도 공직선거법상의 선거 또는 당선에 관한 소송은 공민권의 행사로 본다.

㉡ 공민권행사로 보지 않는 경우 : 다른 후보자를 위한 선거운동이나 사법상의 채권·채무에 관한 소송은 공민권행사라고 볼 수 없다.

② 공의 직무

㉠ 공의 직무에 해당하는 경우

공의 직무란 법령에 근거가 있고 직무 자체가 공적인 성질을 띠는 것을 말한다. 대통령·국회의원·지방의원·노동위원회 위원으로 직무를 수행하는 경우, 법령에 의한 증인·감정인의 직무, 예비군법이나 민방위기본법에 근거를 둔 소집훈련 등이 공의 직무에 해당한다.

㉡ 공의 직무에 해당하지 않는 경우(행정해석)

근로시간 중의 노동조합활동이나 정당활동, 부당노동행위 구제절차 당사자로서 노동위원회에 출석하는 것 등은 공의 직무로 볼 수 없다.

③ 근로자의 청구

근로자의 청구가 없을 경우 필요한 시간을 부여하지 않아도 되며 청구가 있을 때 사용자의 의무가 발생하게 된다.

(2) 필요한 시간의 부여

공민권 행사 등에 필요한 시간은 근로자가 주관적으로 청구한 시간이 아니라 객관적으로 그 공민권 행사 등에 소요되는 시간을 말한다. 일반적으로 공민권 행사 등에 필요한 최소한의 시간뿐 아니라 부수적인 시간 및 사전준비나 사후정리가 필요할 경우 이를 포함한 시간을 의미한다. 필요한 시간은 근로시간 중에 부여하여야 하며 근로시간이 끝난 뒤에 부여하는 것은 사실상의 거부로 벌칙적용을 받는다. 다만 권리행사나 공의 직무를 수행하는 데에 지장이 없으면 청구한 시간을 변경할 수 있다(제10조 단서).

(3) 공민권행사와 근로관계

① 공민권행사와 임금

공민권행사기간의 급여는 반드시 지급하여야 하는 것은 아니며 단체협약이나 취업규칙 또는 근로계약이 정하는 바에 따른다. 그러나 예외적으로 공직선거 및 선거부정방지법, 예비군법, 민방위기본법에 의한 공민권행사기간은 급여가 지급되어야 한다.

② 공직취임과 해고·휴직

근로자가 사용자의 승인을 얻지 않고 공직에 취임한 때에는 해고한다고 정한 취업규칙은 근로자의 공민권 행사를 중대하게 제한하는 것으로 무효이다(헌재 1995.5.25, 91헌마67). 그러나 근로자의 공직취임으로 정상적인 근로관계 유지가 불가능한 경우에는 해고·휴직이 정당화될 수 있다.

③ 평균임금 및 연차휴가

평균임금의 산정 시 병역법, 예비군법 또는 민방위기본법에 따른 의무이행을 위하여 휴직하거나 근로하지 못한 기간 중에 임금을 지급받지 못했을 때 그 기간은 평균임금 산정 기간에서 제외(시행령 제2조 제1항 제7호)하고, 연차휴가를 위한 개근여부를 산정하는 경우 공민권 행사를 위한 시간은 근로한 것으로 본다.

(4) 위반의 효과

이 규정을 위반한 경우 제110조 제1호에 의해 처벌(2년 이하의 징역 또는 2천만원 이하의 벌금)을 받는데 사용자의 거부로 족하며 거부의 결과 당해 근로자가 그 권리를 행사했는지 여부는 문제되지 않는다.

Ⅲ 근로기준법의 적용범위

1. 관련규정

제11조 【적용 범위】
① 이 법은 상시 5명 이상의 근로자를 사용하는 모든 사업 또는 사업장에 적용한다. 다만, 동거하는 친족만을 사용하는 사업 또는 사업장과 가사(家事) 사용인에 대하여는 적용하지 아니한다.
② 상시 4명 이하의 근로자를 사용하는 사업 또는 사업장에 대하여는 대통령령으로 정하는 바에 따라 이 법의 일부 규정을 적용할 수 있다.
③ 이 법을 적용하는 경우에 상시 사용하는 근로자 수를 산정하는 방법은 대통령령으로 정한다.

제12조 【적용 범위】
이 법과 이 법에 따른 대통령령은 국가, 특별시·광역시·도, 시·군·구, 읍·면·동, 그 밖에 이에 준하는 것에 대하여도 적용된다.

2. 근로기준법 적용의 기본원칙

(1) 상시의 기준

① 상시의 개념

「상시」라 함은 상태적이란 의미로서 일정 기간 계속되는 시기를 말하는데, 근로자 수가 때
때로 5인 미만이 되더라도 일정 기간 중에 고용된 근로자 수의 평균이 상태적으로 5인 이상
이면 상시 5인 이상으로 본다(대판 1987.4.14, 87도153). 여기서의 「근로자」라 함은 근로
기준법 제2조의 근로자로서 당해 사업장에 계속 근무하는 정규직 근로자, 임시직, 일용근
로자 등 비정규직 근로자도 포함된다(대판 2000.3.14, 99도1243). 주휴일은 근로기준법
제55조 제1항에 의하여 주 1회 이상 휴일로 보장되는, 근로의무가 없는 날이므로, 주휴일
에 실제 근무하지 않은 근로자는 근로기준법 제11조 제3항의 '상시 사용하는 근로자 수'를
산정하는 기준이 되는 같은 법 시행령 제7조의2 제1항의 '산정기간 동안 사용한 근로자의
연인원' 및 같은 조 제2항 각 호의 '일(日)별 근로자 수'에 포함하여서는 아니 된다(대판
2023.6.15, 2020도16228).

② 상시근로자 수 산정방법(시행령 제7조의2)

제7조의2 【상시 사용하는 근로자 수의 산정 방법】

① 법 제11조 제3항에 따른 "상시 사용하는 근로자 수"는 해당 사업 또는 사업장에서 법 적용 사유(휴
업수당 지급, 근로시간 적용 등 법 또는 이 영의 적용 여부를 판단하여야 하는 사유를 말한다. 이하
이 조에서 같다) 발생일 전 1개월(사업이 성립한 날부터 1개월 미만인 경우에는 그 사업이 성립한
날 이후의 기간을 말한다. 이하 "산정기간"이라 한다) 동안 사용한 근로자의 연인원을 같은 기간
중의 가동 일수로 나누어 산정한다.
② 제1항에도 불구하고 다음 각 호의 구분에 따라 그 사업 또는 사업장에 대하여 5명(법 제93조의
적용 여부를 판단하는 경우에는 10명을 말한다. 이하 이 조에서 "법 적용 기준"이라 한다) 이상의
근로자를 사용하는 사업 또는 사업장(이하 이 조에서 "법 적용 사업 또는 사업장"이라 한다)으로
보거나 법 적용 사업 또는 사업장으로 보지 않는다.
   1. 법 적용 사업 또는 사업장으로 보는 경우 : 제1항에 따라 해당 사업 또는 사업장의 근로자 수를
      산정한 결과 법 적용 사업 또는 사업장에 해당하지 않는 경우에도 산정기간에 속하는 일(日)별로
      근로자 수를 파악하였을 때 법 적용 기준에 미달한 일수(日數)가 2분의 1 미만인 경우
   2. 법 적용 사업 또는 사업장으로 보지 않는 경우 : 제1항에 따라 해당 사업 또는 사업장의 근로자
      수를 산정한 결과 법 적용 사업 또는 사업장에 해당하는 경우에도 산정기간에 속하는 일별로
      근로자 수를 파악하였을 때 법 적용 기준에 미달한 일수가 2분의 1 이상인 경우
③ 법 제60조부터 제62조까지의 규정(제60조 제2항에 따른 연차유급휴가에 관한 부분은 제외한다)의
적용 여부를 판단하는 경우에 해당 사업 또는 사업장에 대하여 제1항 및 제2항에 따라 월 단위로
근로자 수를 산정한 결과 법 적용 사유 발생일 전 1년 동안 계속하여 5명 이상의 근로자를 사용하
는 사업 또는 사업장은 법 적용 사업 또는 사업장으로 본다.

④ 제1항의 연인원에는 「파견근로자보호 등에 관한 법률」 제2조 제5호에 따른 파견근로자를 제외한 다음 각 호의 근로자 모두를 포함한다.
  1. 해당 사업 또는 사업장에서 사용하는 통상 근로자, 「기간제 및 단시간근로자 보호 등에 관한 법률」 제2조 제1호에 따른 기간제근로자, 단시간근로자 등 고용형태를 불문하고 하나의 사업 또는 사업장에서 근로하는 모든 근로자
  2. 해당 사업 또는 사업장에 동거하는 친족과 함께 제1호에 해당하는 근로자가 1명이라도 있으면 동거하는 친족인 근로자

(2) 사업 또는 사업장

사업과 사업장을 동일한 개념으로 파악하는 견해가 일반적이며, 업으로서 행하는 경우 그 사업이 1회적이거나 일시적이라도 적용대상이 된다(대판 1994.10.25, 94다21979, 다수설). 사업의 종류, 영리추구여부 및 국내·외임을 묻지 않고 무허가사업이나 행정상 금지되어 있는 사업에 근로자를 고용한 경우에도 상시근로자 수가 5인 이상이면 근로기준법이 적용된다(국가나 지방자치단체가 행하는 사업, 국영기업체, 정부투자기관, 종교단체가 행하는 사업, 아파트자치회, 정당 등). 그러나 형사상 범죄행위를 위한 사업체(마약이나 무기의 제조·판매)에 근로자를 고용한 경우에는 근로기준법이 적용되지 않는다.

(3) 하나의 사업장 판단기준

① 여러 개의 사업장이 동일한 장소에 있는 경우
원칙적으로 분리하지 아니하고 하나의 사업으로 보지만 다른 단체협약의 적용을 받거나 인사관리 및 회계처리 등이 독립적으로 운영되는 경우 등은 서로 다른 사업장으로 볼 것이다.

② 여러 개의 사업장이 서로 다른 장소에 있는 경우
원칙적으로 각각 독립된 사업으로 보지만 장소적으로 분리되어 있어도 하나의 사업으로서 독립성을 갖추고 있지 아니한 경우에는 별개의 사업으로 볼 수 없을 것이다.

(4) 4인 이하의 사업장

① 규정취지
4인 이하의 영세사업장에까지 근로기준법을 전면 적용하게 되면 근기법상 사용자의 의무에 따른 사용자의 부담이 커져 존폐의 위험이 있으므로 일부 규정만을 적용하고 있다(제11조 제2항). 규정 취지에 비추어 일반적으로 가산임금 등 경제적 부담을 주는 규정은 배제되어 있고 근로자 보호에 반드시 필요한 재해보상이나 해고예고 제도 등은 포함되어 있다.

② 상시 4인 이하 사업장에 적용되는 법 규정(제11조 제2항, 시행령 제7조)

구분	적용 법 규정
제1장 총칙	제1조부터 제13조까지의 규정
제2장 근로계약	제15조, 제17조, 제18조, 제19조제1항, 제20조부터 제22조까지의 규정, 제23조 제2항, 제26조, 제36조부터 제42조까지의 규정
제3장 임금	제43조부터 제45조까지의 규정, 제47조부터 제49조까지의 규정
제4장 근로시간과 휴식	제54조, 제55조 제1항, 제63조
제5장 여성과 소년	제64조, 제65조 제1항·제3항(임산부와 18세 미만인 자로 한정한다), 제66조부터 제69조까지의 규정, 제70조 제2항·제3항, 제71조, 제72조, 제74조
제6장 안전과 보건	제76조
제8장 재해보상	제78조부터 제92조까지의 규정
제11장 근로감독관 등	제101조부터 제106조까지의 규정
제12장 벌칙	제107조부터 제116조까지의 규정(제1장부터 제6장까지, 제8장, 제11장의 규정 중 상시 4명 이하 근로자를 사용하는 사업 또는 사업장에 적용되는 규정을 위반한 경우로 한정한다)

3. 근로기준법 적용의 예외

(1) 근로기준법상의 예외

① 동거의 친족만을 사용하는 사업 또는 사업장

「친족」이란 8촌 이내의 혈족, 4촌 이내의 인척 및 배우자를 말하며(민법 제777조), 「동거」란 세대를 같이하고 일상생활을 공동으로 한다는 것을 말한다. 따라서 근로자 가운데 친족 아닌 자가 한 사람이라도 있거나, 친족인 근로자 가운데 한사람이라도 동거한다고 볼 수 없는 경우 근로기준법이 적용된다.

② 가사사용인

가사사용인인지의 여부는 근로의 장소 및 내용 등을 그 실제에 따라 구체적으로 판단하여 가정의 사생활에 관한 것인가의 여부를 결정하여야 하며, 가사와 다른 업무를 겸하는 경우에는 본래의 업무가 어느 쪽에 속하느냐에 따라 판단한다.

(2) 특별법상의 예외

어떠한 법이 근로기준법의 특별법으로 인정되기 위해서는 입법목적 및 규제대상 등이 근로자의 근로조건결정에 관한 것이어야 한다(대판 1990.3.13, 89다카24780). 근로기준에 관한 일반법인 근로기준법과 특별법이 충돌하는 경우 특별법이 우선한다.

① 국가공무원법 등의 적용을 받는 공무원

② 선원

③ 사립학교교원

④ 청원경찰

4. 장소적 범위

근로기준법은 국내의 통치력이 미치는 범위에만 적용된다 할 것이므로 속지주의가 원칙이다. 속지주의가 원칙이므로 우리나라 기업이 해외 현지법인을 설립한 경우에는 적용되지 않는다. 그러나 국내에 본사가 있고, 해외에 지점, 출장소 등이 있는 경우에는 그 지점이나 출장소 등도 본사와 함께 근로기준법이 적용된다. 또한 국내의 외국기업에 고용되어 있는 한국인 근로자에게는 근로기준법이 적용되므로 외국기업이 사용자로서 근로기준법상의 규정 및 의무를 준수·이행하여야 한다.

Ⅳ 근로기준법의 주체

1. 근로기준법상의 근로자

(1) 의의

근로자란 직업의 종류와 관계없이 임금을 목적으로 사업이나 사업장에 근로를 제공하는 사람을 말한다(제2조 제1항 제1호). 근로기준법에서의 근로자는 근로기준법에서 정한 근로조건의 보호를 받을 사람이 누구인가를 확정하기 위한 독자적인 개념으로서, 노동3권을 행사할 수 있는 사람의 범위를 설정하려는 노조법상의 근로자개념과 구별된다. 근로기준법상의 근로자개념은 최저임금법, 임금채권보장법, 산업안전보건법, 산업재해보상보험법, 근로자참여 및 협력증진에 관한 법률 등에서 준용하고 있다.

(2) 근로자성의 판단

① 직업의 종류와 관계없이

신분, 계약형식, 근로형태 즉, 도급계약·위법계약여부, 상용근로자·일용근로자여부를 불문하고 실제상 종속노동관계하에서 근로를 제공하면 근로자이다. 일반외국인뿐만이 아니고 불법체류외국인도 근로기준법상의 근로자에 해당한다(대판).

② 임금을 목적으로

근로기준법상의 근로자는 제2조 제1항 제5호에서 말하는 임금을 목적으로 근로를 제공해야 하는데, 임금에는 지급의 명목에 관계없이 근로의 대상으로 지급되는 것은 모두 포함한다. 현재 임금을 받지 않고 있더라도 근로계약관계를 유지하고 있는 근로자(노조전임자, 파업참가근로자, 무급으로 휴직 중인 자 등)에게는 근로기준법이 적용된다.

③ 사업 또는 사업장

근로기준법상의 근로자는 사업 또는 사업장에서 근로를 제공하여야 하므로 사용자에게 현실적으로 고용되어 있는 취업자만이 근로자에 해당되며 실업자 및 해고자는 해당되지 아니한다. 그러나 노조법상의 근로자는 사용자에게 고용되어 있는 취업자뿐만이 아니라 실업자 및 해고자 등의 미취업자도 포함된다.

④ 근로를 제공하는 사람

근로란 정신노동인가 육체노동인가를 불문한다(근로기준법 제2조 제1항 제3호). 다만 계약 형식에 관계없이 근로자와 사용자 간에 사용종속관계가 존재하여야 한다.

종속노동관계의 판단기준

근로기준법상의 근로자에 해당하는지 여부는 계약의 형식이 고용계약인지 도급계약인지보다 그 실질에 있어 근로자가 사업 또는 사업장에 임금을 목적으로 종속적인 관계에서 사용자에게 근로를 제공하였는지 여부에 따라 판단하여야 하고, 여기에서 종속적인 관계가 있는지 여부는 업무 내용을 사용자가 정하고 취업규칙 또는 복무(인사)규정 등의 적용을 받으며 업무 수행 과정에서 사용자가 상당한 지휘·감독을 하는지, 사용자가 근무시간과 근무장소를 지정하고 근로자가 이에 구속을 받는지, 노무제공자가 스스로 비품·원자재나 작업도구 등을 소유하거나 제3자를 고용하여 업무를 대행케 하는 등 독립하여 자신의 계산으로 사업을 영위할 수 있는지, 노무 제공을 통한 이윤의 창출과 손실의 초래 등 위험을 스스로 안고 있는지, 보수의 성격이 근로 자체의 대상적 성격인지, 기본급이나 고정급이 정하여졌는지 및 근로소득세의 원천징수 여부 등 보수에 관한 사항, 근로 제공 관계의 계속성과 사용자에 대한 전속성의 유무와 그 정도, 사회보장제도에 관한 법령에서 근로자로서 지위를 인정받는지 등의 경제적·사회적 여러 조건을 종합하여 판단하여야 한다. 다만, 기본급이나 고정급이 정하여졌는지, 근로소득세를 원천징수하였는지, 사회보장제도에 관하여 근로자로 인정받는지 등의 사정은 사용자가 경제적으로 우월한 지위를 이용하여 임의로 정할 여지가 크기 때문에, 그러한 점들이 인정되지 않는다는 것만으로 근로자성을 쉽게 부정하여서는 안된다(대판 2006.12.7, 2004다29736).

임원의 근로자성 인정여부

회사의 이사 또는 감사 등 임원이라고 하더라도 그 지위 또는 명칭이 형식적·명목적인 것이고 실제로는 매일 출근하여 업무집행권을 갖는 대표이사나 사용자의 지휘·감독 아래 일정한 근로를 제공하면서 그 대가로 보수를 받는 관계에 있다거나 또는 회사로부터 위임받은 사무를 처리하는 외에 대표이사 등의 지휘·감독 아래 일정한 노무를 담당하고 그 대가로 일정한 보수를 지급받아 왔다면 그러한 임원은 근로기준법상의 근로자에 해당한다(대판 2003.9.26, 2002다64681).

(3) 구체적 사례

① 근로자 지위를 인정한 사례

신문사 광고영업사원, 신문판매확장요원, 전공의, KBS시청료징수원, 대입학원 종합반 강사(대판 2006.12.7, 2004다29736), 대학교 시간강사(대판 2007.3.29, 2005두13018·13025), 미용학원 강사(대판 2007.9.7, 2006도777), 안마사, 불법체류외국인, 법무법인에서 근무하는 변호사, 채권추심원 등

② 근로자 지위를 부정한 사례

레미콘차량 운전기사, 학습지 교육상담교사, 골프장캐디, 입시학원 단과반 강사, 지입차주, 유흥업소 출연가수, 양복점 재봉공, 프로야구선수, 한전에 고용된 위탁수금원, 향토예비군 중대장 등

2. 근로기준법상의 사용자

(1) 의의

사용자는 근로기준법이 정하고 있는 근로조건에 관한 사항을 준수할 의무를 지고, 그 위반에 따른 법적 책임을 부담하는 자를 의미한다. 근로기준법 제2조 제1항 제2호는 사용자를 '사업주 또는 사업경영 담당자, 그 밖에 근로자에 관한 사항에 대하여 사업주를 위하여 행위하는 자'라고 정의하고 있다. 노조법에서도 문언상 근로기준법의 규정과 동일하나 근로기준법상의 사용자는 동법의 준수의무자로서 파악되는 것이지만, 노조법상의 사용자 개념은 노동조합의 상대방, 단체교섭의 상대방 및 부당노동행위금지의 수규자로서 의미를 가진다.

(2) 사용자의 개념

① 사업주

사업주라 함은 사업의 경영주체를 말하는데 근로계약의 당사자 및 근로계약상의 책임주체로서의 의의가 있다. 따라서 개인기업의 경우 개인, 법인의 경우에는 법인 그 자체를 말한다.

② 사업경영담당자

사업경영담당자라 함은 사업주로부터 사업경영의 전부 또는 일부에 대하여 포괄적 위임을 받고 대외적으로 사업을 대표하거나 대리하는 자를 말한다. 법인등기부상 대표이사직에서 사임했으나 실제로는 회장으로서 회사를 사실상 경영하여 온 경우, 구 근로기준법상의 '사용자'에 해당한다(대판 1997.11.11, 97도813). 구체적으로는 주식회사의 대표이사, 합명회사·합자회사의 업무집행사원, 유한회사의 이사·지배인 및 회사정리절차의 개시 이후의 관리인 등이 이에 해당된다.

③ 근로자에 관한 사항에 대하여 사업주를 위하여 행위하는 자

인사·임금·후생·노무관리 및 재해방지 등의 근로조건의 결정 또는 업무상의 지휘·감독을 하는 등의 사항에 관하여 사업주로부터 일정한 책임과 권한이 주어진 자를 말한다(대판). 책임과 권한의 유무는 부장 또는 과장이라는 형식적인 직명에 따를 것이 아니라 구체적인 책임과 권한에 의하여 판단하여야 한다(대판).

(3) 사용자개념의 상대성

근로계약상의 사용자는 근로계약을 체결한 사용자를 말하나 근로기준법상의 사용자는 사업주 또는 사업경영담당자 기타 근로자에 관한 사항에 대하여 사업주를 위해 행위하는 자를 총칭하는 것이므로, 근로계약의 당사자로서는 근로자에 해당하더라도 근로기준법상으로는 사용자인 경우가 있다(사업경영담당자 및 사업주를 위해 행위하는 자). 대체로 사업주로부터 위임받은 지시권과 감독권만을 행사하는 사용자는 근로자가 될 수 없는 반면에, 이러한 지시권과 감독권의 행사 이외에도 자신의 고유업무를 수행하여 노무를 제공하는 사용자는 근로자가 될 수 있다(대판).

(4) 사용자개념의 확장

① 개념

근로기준법상의 법적의무를 부담하는 사용자는 근로계약상의 사용자, 즉 근로자가 계약을 체결한 사업 또는 사업장의 사업주가 되는 것이 원칙이다. 최근에는 근로자보호를 위해 근로자가 근로계약을 체결한 사업 또는 사업장이 아닌 다른 사업장의 사업주에게도 사용자성을 확대 적용하는 경우가 있다(도급, 위탁, 사업 분리 등에 의해 근로계약의 체결당사자인 사업주와 실질적인 업무지휘감독권한을 행사하는 사업주가 다른 경우). 이를 사용자개념의 확장이라고 한다.

② 사용자개념 확장을 인정한 사례 : 하도급 일용근로자, 자회사 근로자, 위장도급의 경우

대판 2008.7.10, 2005다75088

- 원고용주에게 고용되어 제3자의 사업장에서 제3자의 업무에 종사하는 자를 제3자의 근로자라고 할 수 있으려면, 원고용주는 사업주로서의 독자성이 없거나 독립성을 결하여 제3자의 노무대행기관과 동일시할 수 있는 등 그 존재가 형식적, 명목적인 것에 지나지 아니하고, 사실상 당해 피고용인은 제3자와 종속적인 관계에 있으며, 실질적으로 임금을 지급하는 자도 제3자이고, 또 근로제공의 상대방도 제3자이어서 당해 피고용인과 제3자 간에 묵시적 근로계약관계가 성립되어 있다고 평가될 수 있어야 한다.
- 원고용주(사내하청업체)의 작업량 단가가 제3자(현대미포조선)와 그 소속 노동자들의 임금협약 결과에 연동됐고 사내하청 노동자들의 상여금과 퇴직금, 사회보험료 등을 제3자가 산정해 지급하는 등 원청업체가 제반 근로조건에 실질적 영향력을 행사했고, 사내하청업체는 사업체 형식은 갖추고 회계업무 등을 처리했지만, 사무실도 제3자가 제공할 정도로 원청기업의 "일개 사업부서 또는 노무대행기관" 노릇에 머물렀으며, 사내하청 노동자들이 원청업체로부터 지시와 감독, 교육을 받아가며 일했다는 점 등을 근거로 '묵시적 근로계약 관계'가 존재했다고 밝혔다.

대판 1999.7.12, 99마628

아파트 입주자 대표회의가 직원들에 대하여 임금지급의무가 있는 사용자로 인정되기 위하여는 그 직원들이 관리사무소장을 상대방으로 하여 체결한 근로계약이 형식적이고 명목적인 것에 지나지 않고, 직원들이 사실상 입주자 대표회의와 종속적인 관계에서 그에게 근로를 제공하며, 입주자 대표회의는 그 대가로 임금을 지급하는 사정 등이 존재하여 관리사무소 직원들과 입주자 대표회의와 사이에 적어도 묵시적인 근로계약관계가 성립되어 있다고 평가되어야 한다.

Section 02 근로계약

▮ I 근로계약의 체결과 근로관계

1. 근로계약의 의의

근로계약은 근로자가 사용자에게 근로를 제공하고 사용자는 이에 대하여 임금을 지급하는 것을 목적으로 체결된 계약을 말한다(제2조 제1항 제4호). 근로관계의 법적 성질과 관련해서 채권계약설과 신분계약설이 있으나 판례는 기본적으로 채권계약적 성질을 전제로 하면서 신분관계 설정행위 또는 인간관계의 형성 등 인격실현행위라는 점을 긍정하고 있다(대판 1997.12.23, 97다25477).

2. 근로계약의 효력

(1) 근로기준법과의 관계

이 법에서 정하는 기준에 미치지 못하는 근로조건을 정한 근로계약은 그 부분에 한하여 무효로 한다(제15조 제1항). 제1항에 따라 무효로 된 부분은 이 법에서 정한 기준에 따른다(제2항).

(2) 취업규칙과의 관계

취업규칙에서 정한 기준에 미달하는 근로조건을 정한 근로계약은 그 부분에 관하여는 무효로 한다. 이 경우 무효로 된 부분은 취업규칙에 정한 기준에 따른다(제97조).

(3) 단체협약과의 관계

단체협약에 정한 근로조건 기타 근로자의 대우에 관한 기준에 위반하는 취업규칙 또는 근로계약의 부분은 무효로 한다(노동조합법 제33조 제1항). 무효로 된 부분이나 근로계약에 규정되지 아니한 사항은 단체협약에 정한 기준에 의한다(노동조합법 제33조 제2항).

(4) 의사표시 무효·취소사유와 근로계약의 효력

근로계약은 근로자가 사용자에게 근로를 제공하고 사용자는 이에 대하여 임금을 지급하는 것을 목적으로 체결된 계약으로서(근로기준법 제2조 제1항 제4호) 기본적으로 그 법적 성질이 사법상 계약이므로 계약 체결에 관한 당사자들의 의사표시에 무효 또는 취소의 사유가 있으면 상대방은 이를 이유로 근로계약의 무효 또는 취소를 주장하여 그에 따른 법률효과의 발생을 부정하거나 소멸시킬 수 있다. 다만 그와 같이 근로계약의 무효 또는 취소를 주장할 수 있다 하더라도 근로계약에 따라 그동안 행하여진 근로자의 노무 제공의 효과를 소급하여 부정하는 것은 타당하지 않으므로 이미 제공된 근로자의 노무를 기초로 형성된 취소 이전의 법률관계까지 효력을 잃는다고 보아서는 아니 되고, 취소의 의사표시 이후 장래에 관하여만 근로계약의 효력이 소멸된다고 보아야 한다(대판 2017.12.22, 2013다25194·25200).

3. 근로계약과 근로관계

근로계약의 체결에 의하여 근로자와 사용자 간에 근로관계가 성립한다는 계약설과 근로계약의 체결만으로 근로관계가 성립하는 것이 아니고 이외에도 근로자의 작업의 개시 또는 경영체 내로의 편입이라는 사실적 요소가 필요하다는 편입설이 있으나 판례는 근로관계가 성립하기 위해서는 근로자가 근로를 제공하고 사용자는 이에 대하여 임금을 지급함을 목적으로 명시적 또는 묵시적으로 체결된 계약이 있거나 기타 법적 근거가 있어야 한다(대판 1972.11.24, 72다895)는 계약설의 입장이다.

▎▎ 비전형 근로계약

1. 의의

일반적으로 특별한 사정이 없는 한 근로계약에 의해 근로관계가 성립하는 것이나, 일정한 조건하에서 근로계약이 있은 후라도 확정적 근로관계의 성립이 유보되는 근로계약을 비전형 근로계약이라 하는데 채용내정, 시용 등이 대표적이다.

2. 채용내정

(1) 의의

채용내정이라 함은 사용자가 회사가 정한 절차에 따라 채용예정자를 미리 확정하고 졸업 등 일정한 조건이 충족되면 정식 사원으로 채용할 것을 합의하는 것을 말한다. 채용내정은 사용자는 필요한 노동력을 미리 확보하고 내정자는 졸업 전에 직장을 미리 확보해두는 이점이 있으나 사용자가 채용을 지연하거나 뒤늦게 채용내정을 취소하는 경우 내정자는 다른 회사에 취업할 수 있는 기회를 상실하는 등의 불이익을 받을 수 있다.

(2) 법적 성질(대판 2000.11.28, 2000다51476) : 해약권유보부근로계약성립설

판례는 채용내정 때 근로계약이 성립한다고 보고 있으며, 다만 채용내정 시부터 정식 발령일까지 사이에는 사용자에게 근로계약의 해약권이 유보되어 있다고 보고 있다.

(3) 채용내정 시의 근로관계

① 근로계약의 성립시기

채용내정을 근로계약의 성립으로 보는 경우 사용자가 채용내정을 승낙함으로써 근로계약이 성립하기 때문에 채용내정 통지를 발송한 때 근로계약이 성립한다고 본다(민법 제531조).

② 근로기준법의 적용

채용내정에 의하여 근로계약이 체결되었어도 채용내정기간에는 현실적으로 근로를 제공하지 않는다. 따라서 근로제공과 관련된 규정(임금지급의무, 안전배려의무)은 적용되지 않을 것이고, 근로제공을 전제로 하지 않는 규정(균등처우, 계약기간, 근로조건 명시, 위약예정 금지 등)만 적용될 것이다.

(4) 채용내정의 취소

① 해고제한 규정의 적용

채용내정으로써 근로계약이 성립하는 이상, 채용내정자의 정식채용을 거부하거나 채용내정을 취소하는 것은 사실상 해고에 해당한다. 따라서 사용자가 채용내정을 취소하기 위해서는 근로기준법 제23조 제1항의 정당한 이유 또는 제24조의 경영상 이유에 의한 해고의 정당성 요건을 갖추어야 한다. 다만 정당한 이유의 판단에 관하여는 채용내정이 해약권을 사용자에게 유보한 특수한 계약관계라는 점을 고려해서 일반근로자보다 넓게 해석하여야 한다. 판례는 채용내정자들에 대한 경영상 이유에 의한 해고 시에는 근로기준법 제24조 제3항이 적용되지 않는다고 하고 기존의 근로자들에 비하여 우선적인 정리해고 대상자로 선정한 것은 합리적인 이유가 있다 하여 경영상 이유에 의한 해고의 요건을 다소 완화하여 적용하고 있다(대판 2000.11.28, 2000다51476).

② 정당한 해지권 행사(채용내정의 취소)의 사례

정당한 해지권행사란 채용내정제도의 취지·목적에 비추어 객관적으로 합리적인 사유가 존재하는 경우로서 졸업의 연기, 내정 후 노동력의 현저한 질적 저하, 경력서나 신상명세서의 중요부분의 허위기재, 요양을 요하는 질병의 발생 등을 들 수 있다.

③ 정당한 해지권행사가 아닌 경우의 구제

㉠ 노동위원회에의 구제신청

채용내정의 취소가 정당한 해지권의 행사가 아닌 경우 그 취소는 법률상의 해고에 해당한다. 따라서 근로기준법 제23조 제1항과 제28조에 의해 노동위원회에 구제신청을 할 수 있다.

㉡ 손해배상책임

채용내정을 통지한 후 사용자가 정당한 사유 없이 내정을 취소한 때에는 불법행위가 성립하여 사용자는 근로자가 직원으로 채용되기를 기대하고 다른 취직의 기회를 포기함으로써 입은 손해배상책임을 부담해야 할 것이다(대판 1993.9.10, 92다42897).

④ 채용내정취소와 임금지급

취업예정일이 지나서 채용내정이 취소된 경우에는 취업예정일부터 채용내정 취소 시까지는 임금이 지급되어야 한다(대판 2002.12.10, 2000다25910).

3. 시용

(1) 의의

시용이라 함은 근로계약을 체결하고 입사한 근로자를 그대로 정규사원으로 임명하지 아니하고 근로자의 직업적성과 업무능력 등을 시용기간 동안 판단한 후 최종적으로 근로관계의 계속여부를 결정하는 제도이다. 시용기간은 확정적인 근로계약을 체결하기 전의 고용관계라는 점에서 채용내정과 같으나, 사용종속관계하에서 근로제공이 있다는 점에서 채용내정과 구분된다. 시용기간은 정식채용을 전제로 하여 작업능력과 기업에의 적응성 등을 판단하는 기간이지만 수습기간은 정식채용 후에 근로자의 작업능력의 습득과 배양을 목적으로 하는 기간이다.

(2) 법적 성질 : 해지권 유보부 근로계약설

시용채용으로 본 계약이 성립하나 시용기간 중 근로자의 부적격성을 이유로 근로관계를 해지할 수 있다(통설·대판 2005.7.15, 2003다50580).

(3) 시용과 근로관계

① 시용계약 체결

사용자는 근로자를 시용으로 채용하는 경우 근로조건의 중요한 사항이기 때문에 이를 근로계약에 명시하여야 한다. 취업규칙에 신규 채용하는 근로자에 대한 시용기간의 적용을 선택적 사항으로 규정하고 있는 경우에는 그 근로자에 대하여 시용기간을 적용할 것인가의 여부를 근로계약에 명시하여야 하고, 만약 근로계약에 시용기간이 적용된다고 명시하지 아니한 경우에는 시용 근로자가 아닌 정식 사원으로 채용되었다고 보아야 한다(대판 1999.11.12, 99다30473).

② 시용 시 판단대상

시용 시 판단대상으로 근로자가 구체적으로 수행할 직무에 요구되는 객관적 능력 및 자격 외에도 성실성 및 인품 등의 주관적 요소를 판단대상에 포함할 수 있다.

③ 시용기간

시용기간은 당사자의 합의에 의하여 정하는 것이 원칙이다. 그러나 시용기간의 취지에 비추어 근로자의 적격성 판단에 필요한 최소한의 기간이 되어야 한다. 장기간의 시용기간은 근로자의 지위를 불안정하게 할 우려가 있으므로 무효라고 본다. 대부분의 취업규칙이나 단체협약에서는 시용기간을 3개월로 정하는 것이 일반적이다.

(4) 본채용의 거절

① 본채용 거절의 기준

시용은 정식 근로계약 체결 후의 근로관계이기 때문에 사용자가 시용기간 중 근로자를 해고하거나 본채용을 거부하는 것은 근로기준법 제23조를 위반하는 해고에 해당한다. 따라서 사용자는 정당한 이유가 있는 경우에만 해고 또는 본채용 거부를 할 수 있다.

② 판례의 입장

시용의 취지로 볼 때 시용기간 중 사용자에게 유보된 해약권의 행사는 보통의 해고보다는 넓게 인정되나 이 경우에도 객관적으로 합리적인 이유가 존재하여 사회통념상 상당하다고 인정되어야 한다(대판 2001.2.23, 99두10889). 버스운전사로 고용된 자가 시용기간에 추돌사고를 일으켜 운전면허 정지처분을 받게 된 경우 운전사로서의 적격성이 없다고 하여 본채용을 거절한 것은 정당하다고 판시하였다(대판 1987.9.8, 87다카555). 근로계약은 근로자가 사용자에게 종속적 관계에서 근로를 제공하고 사용자는 이에 대하여 임금을 지급하는 것을 목적으로 체결된 계약으로서, 제공하는 근로 내용에 특별한 제한이 없고 명시적 약정이 있어야만 성립하는 것은 아니며 묵시적 약정으로 성립할 수도 있다. 시용기간에 있는 근로자의 경우에도 사용자의 해약권이 유보되어 있다는 사정만 다를 뿐 그 기간에 확정적 근로관계는 존재한다. 업무적격성 평가와 해약권 유보라는 시용의 목적에 따라 시용기간에 제공된 근로 내용이 정규 근로자의 근로 내용과 차이가 있는 경우에도 종속적 관계에서 사용자를 위해 근로가 제공된 이상 시용 근로계약은 성립한다. 제공된 근로 내용이 업무수행에 필요한 교육·훈련의 성격을 겸하고 있는 경우에도 마찬가지이다. 시용기간 중의 임금 등 근로조건은 경제적으로 우월한 지위에 있는 사용자가 자신의 의사대로 정할 여지가 있으므로 종속적 관계에서 사용자를 위해 근로가 제공된 이상, 시용기간 중의 임금 등을 정하지 않았다는 사정만으로 시용 근로계약의 성립을 쉽게 부정해서는 안 되고, 단순히 근로계약 체결 과정 중에 있다고 볼 수도 없다(대판 2022.4.14, 2019두55859).

③ 본채용 거절과 서면통지

근로기준법 규정의 내용과 취지, 시용기간 만료 시 본 근로계약 체결 거부의 정당성 요건 등을 종합하면, 시용근로관계에서 사용자가 본 근로계약 체결을 거부하는 경우에는 근로자에게 거부사유를 파악하여 대처할 수 있도록 구체적·실질적인 거부사유를 서면으로 통지하여야 한다(대판 2015.11.27, 2015두48136).

(5) 시용기간 만료 후의 법률관계

① 정규근로자로의 전환 : 시용기간 만료 후 사용자가 근로자를 계속 취업시키는 경우 해약권 없는 보통의 근로관계로 전환된 것으로 본다.

② 근속기간의 산입 : 시용기간은 퇴직금, 연차휴가 등의 계산 시 계속근로연수에 산입한다.

Ⅲ 근로계약체결 시 근로자보호

1. 근로기준법 위반의 근로계약체결의 제한

근로기준법 제15조는 '이 법에서 정하는 기준에 미치지 못하는 근로조건을 정한 근로계약은 그 부분에 한하여 무효로 하며, 무효로 된 부분은 이 법에서 정한 기준에 따른다.'고 규정하고 있다. 이는 근로계약의 내용이 강행법에 저촉되는 경우 근로기준법상의 기준이 근로계약의 내용에 대하여 강행적·보충적 효력을 가짐을 명시함과 동시에 민법 제137조의 일부무효의 법리의 특칙인 부분무효의 법리를 입법화한 것이다.

2. 근로조건의 명시

> **제17조 【근로조건의 명시】**
> ① 사용자는 근로계약을 체결할 때에 근로자에게 다음 각 호의 사항을 명시하여야 한다. 근로계약 체결 후 다음 각 호의 사항을 변경하는 경우에도 또한 같다.
> 1. 임금
> 2. 소정근로시간
> 3. 제55조에 따른 휴일
> 4. 제60조에 따른 연차 유급휴가
> 5. 그 밖에 대통령령으로 정하는 근로조건

② 사용자는 제1항 제1호와 관련한 임금의 구성항목·계산방법·지급방법 및 제2호부터 제4호까지의 사항이 명시된 서면(「전자문서 및 전자거래 기본법」 제2조 제1호에 따른 전자문서를 포함한다)을 근로자에게 교부하여야 한다. 다만, 본문에 따른 사항이 단체협약 또는 취업규칙의 변경 등 대통령령으로 정하는 사유로 인하여 변경되는 경우에는 근로자의 요구가 있으면 그 근로자에게 교부하여야 한다.

시행령 제8조의2【근로자의 요구에 따른 서면 교부】
법 제17조 제2항 단서에서 "단체협약 또는 취업규칙의 변경 등 대통령령으로 정하는 사유로 인하여 변경되는 경우"란 다음 각 호의 경우를 말한다.
1. 법 제51조 제2항, 제51조의2 제1항, 같은 조 제2항 단서, 같은 조 제5항 단서, 제52조 제1항, 같은 조 제2항 제1호 단서, 제53조 제3항, 제55조 제2항 단서, 제57조, 제58조 제2항·제3항, 제59조 제1항 또는 제62조에 따른 서면 합의로 변경되는 경우
2. 법 제93조에 따른 취업규칙에 의하여 변경되는 경우
3. 「노동조합 및 노동관계조정법」 제31조 제1항에 따른 단체협약에 의하여 변경되는 경우
4. 법령에 의하여 변경되는 경우

근로기준법에서 근로조건 명시의무를 규정하고 있는 것은 근로자가 처음부터 근로조건의 내용을 알지 못한다는 것은 계약자유의 원칙에 근본적으로 어긋날 뿐만 아니라 근로조건의 미확정상태에서 불리한 취업을 강제당할 위험이 있기 때문이다. 최근 법 개정을 통해 근로자의 법적 지위를 강화하였다.

(1) 명시시기·방법·교부의무

① 명시시기
사용자가 근로자에 대하여 근로조건을 명시하여야 할 시기는 근로계약의 체결 시와 근로계약의 변경 시이다(제17조 제1항).

② 교부의무
사용자는 서면명시사항이 명시된 서면을 근로자에게 교부하여야 한다. 다만, 단체협약 또는 취업규칙의 변경 등 대통령령으로 정하는 사유로 인하여 변경되는 경우에는 근로자의 요구가 있으면 그 근로자에게 교부하여야 한다(제17조 제2항). 근로자 요구에 따라서 교부하여야 하는 것은 변경된 사항이 명시된 근로계약서 등 서면을 의미하는 것이지 변경된 단체협약이나 취업규칙 자체를 말하는 것이 아니다(대판 2016.1.28, 2015도11659).

(2) 명시할 근로조건의 범위

① 서면명시 사항(제17조 제2항)
② 그 밖의 대통령령으로 정한 근로조건
서면명시 이외에 명시해야 할 근로조건은 취업의 장소와 종사하여야 할 업무에 관한 사항, 근로기준법 제93조 제1호부터 제12호까지의 규정에서 정한 사항, 사업장의 부속기숙사에 근로자를 기숙하게 하는 경우에는 기숙사규칙에 정한 사항을 말한다(시행령 제8조).

③ 연소근로자

　　사용자는 18세 미만인 자와 근로계약을 체결하는 경우에 제17조에 따른 근로조건을 서면
　　으로 명시하여 교부하여야 한다(제67조 제3항).

(3) 근로조건의 명시가 없는 근로계약의 효력

　　근로조건 명시의무를 위반하면 500만원 이하의 벌금에 처한다(제114조 제1호). 다만 근로조건
　　명시의무는 단속규정으로 근로조건이 명시되지 않았다고 하더라도 근로계약 자체는 유효하게
　　성립한다.

(4) 명시의무위반에 대한 구제방법

> **제19조 【근로조건의 위반】**
> ① 제17조에 따라 명시된 근로조건이 사실과 다를 경우에 근로자는 근로조건 위반을 이유로 손해의 배상
> 　을 청구할 수 있으며 즉시 계약을 해제할 수 있다.
> ② 제1항에 따라 근로자가 손해배상을 청구할 경우에는 노동위원회에 신청할 수 있으며, 근로계약이 해
> 　제되었을 경우에는 사용자는 취업을 목적으로 거주를 변경하는 근로자에게 귀향 여비를 지급하여야
> 　한다.

① 손해배상청구권

　　명시된 근로조건이 사실과 다를 경우에 근로자는 근로조건 위반을 이유로 노동위원회에
　　손해배상을 청구할 수 있다(근로기준법 제19조). 손해배상청구권의 소멸시효는 임금채권에
　　준하여 3년이라고 해석된다(대판). 일반법원에도 손해배상을 청구할 수 있으나 이는 비용
　　과 시간이 많이 소요되므로 근로기준법은 이와 같은 절차를 마련하고 있는 것이다. 따라서
　　근로자는 노동위원회와 일반법원 중 어느 한 절차를 선택하여 행사할 수 있다. 노동위원회
　　에 대한 손해배상청구는 사용자의 근로조건 위반에 대한 모든 손해배상청구에 대하여 허용
　　되는 것은 아니며 「근로계약 체결 시」에 명시된 근로조건이 취업 후 사실과 다른 경우에만
　　인정된다(대판 1983.4.12, 82누507).

② 계약의 즉시해제

　　명시된 근로조건이 사실과 다른 경우에 근로자는 근로계약을 즉시 해제할 수 있다(제19조
　　제1항). 그러나 취업 후 상당기간이 지나면 즉시해제권은 행사할 수 없다(대판 1997.10.10,
　　97누5732). 해제라는 용어를 사용하고 있으나 근로계약을 장래에 향하여 소멸시키는 것이
　　므로 해지를 의미한다.

③ 귀향여비

　　근로자가 근로계약을 해제하고 취업을 목적으로 거주를 변경하는 경우 사용자는 근로자에
　　게 귀향여비를 지급하여야 한다(제19조 제2항 후단). 귀향여비는 근로의 대가인 임금은 아
　　나나 금품청산의 대상이 된다.

3. 근로계약에 부수한 계약금지

(1) 위약예정의 금지

① 의의

근로기준법 제20조는 '사용자는 근로계약 불이행에 대한 위약금 또는 손해배상액을 예정하는 계약을 체결하지 못한다'고 규정하고 있다. 민법은 사적자치에 의하여 당사자 간의 채무불이행에 대한 손해배상 또는 위약금을 예정할 수 있도록 하고 있는데(민법 제398조), 근로자와 사용자 간의 위약예정을 인정하면 근로자가 사용자에게 부당하게 구속당하게 될 우려가 있으므로 근로기준법은 이것을 금지하고 있다.

② 금지되는 경우

㉠ 위약금을 예정하는 계약의 금지

위약금예정이란 근로자의 채무불이행의 경우에 실제 손해의 발생 여부 및 손해의 액수와 상관없이 일정액을 지불할 것을 미리 약정하는 것이다. 위약금을 지불할 자를 근로자 본인으로 하든 친권자·신원보증인·보증인·연대보증인 또는 제3자 등으로 하든 관계없이 위약금 예정은 금지된다.

㉡ 손해배상액을 예정하는 계약의 금지

손해배상액의 예정은 근로자의 채무불이행의 경우 실제 발생된 손해액과 관계없이 손해배상액을 미리 정하는 것을 말하는데, 이는 채무불이행뿐 아니라 불법행위의 경우에도 발생할 수 있다. 동조의 취지상 불법행위로 인한 손해배상액의 예정도 금지된다고 본다.

③ 허용되는 경우

㉠ 실 손해에 대한 손해배상

근로기준법 제20조의 위약예정의 금지는 실 손해에 대한 손해배상의 청구까지 금지하는 것은 아니므로 적법한 절차에 따라 실 손해에 대한 배상을 청구할 수 있다(근로자가 지각, 조퇴, 결석 등을 하는 경우의 임금삭감).

㉡ 신원보증계약 : 신원보증계약은 현실적으로 발생한 손해에 대한 책임확보를 전제로 하는 것이므로 위약금예정계약이 아니다(대판 1980.9.24, 80다1040).

㉢ 근로자가 사용자에게 부과하는 위약금 예정 또는 손해배상액 예정 계약

④ 의무재직기간 불이행과 임금·연수비반환

㉠ 임금반환

해외연수 후 일정한 기간 근로하지 않을 경우 연수기간 동안 지급된 임금을 반환하기로 한 부분은 기업체가 근로자에게 근로의 대상으로 지급한 임금을 채무불이행을 이유로 반환하기로 하는 약정으로서 실질적으로는 위약금 또는 손해배상을 예정하는 계약이므로 무효이다(대판 1996.12.6, 95다24944·24951).

　　ⓛ 연수비반환

　　　근로자가 일정 기간 동안 근무하기로 하면서 이를 위반할 경우 소정 금원을 사용자에게 지급하기로 약정하는 경우, 그 약정이 사용자가 근로자의 교육훈련 또는 연수를 위한 비용을 우선 지출하고 근로자는 실제 지출된 비용의 전부 또는 일부를 상환하는 의무를 부담하기로 하되 장차 일정 기간 동안 근무하는 경우에는 그 상환의무를 면제해 주기로 하는 취지인 경우에는, 그러한 약정은 유효하다(대판 2008.10.23, 2006다37274).

　　ⓒ 연수 등의 실질이 근로인 경우

　　　직원의 해외파견근무의 주된 실질이 연수나 교육훈련이 아니라 기업체의 업무상 명령에 따른 근로장소의 변경에 불과한 경우, 이러한 해외근무기간 동안 임금 이외에 지급 또는 지출한 금품은 장기간 해외근무라는 특수한 근로에 대한 대가이거나 또는 업무수행에 있어서의 필요불가결하게 지출할 것이 예정되어 있는 경비에 해당하여 재직기간 의무근무 위반을 이유로 이를 반환하기로 하는 약정 또한 마찬가지로 무효라고 보아야 할 것이다(대판 2004.4.28, 2001다53875).

　⑤ 위반의 효과 : 이 규정에 위반하여 위약금예정계약 또는 손해배상액 예정계약을 체결하면 500만원 이하의 벌금에 처한다(제114조 제1호).

(2) 전차금상계의 금지

　① 의의

　　사용자는 전차금이나 그 밖에 근로할 것을 조건으로 하는 전대채권과 임금을 상계하지 못한다(제21조). 근로자가 전차금이나 전대채권으로 인해 자신의 의사에 반하는 근로를 강제당함으로써 퇴직의 자유가 부당하게 제약되는 것을 방지하기 위한 것이다.

　② 전차금과 전대채권

　　전차금이란 근로자가 근로를 제공하여 향후 임금에서 변제하기로 하고 근로계약을 체결할 때 사용자로부터 미리 차용한 금전을 말한다. 근로할 것을 조건으로 하는 전대채권이란 전차금 이외에 지급되는 금전으로 전차금과 동일한 내용을 가지는 것이다.

　③ 상계금지의 내용

　　동 규정이 금지하고 있는 것은 전차금 등의 대여 자체가 아니라 전차금 기타 근로할 것을 조건으로 하는 전대채권과 임금과의 상계이다. 따라서 사용자가 근로자에게 임금과의 상계를 전제로 하지 아니하고 전차금을 대여하는 것(임금가불, 학자금대여, 주택구입자금의 대부 등)은 허용된다고 할 것이다. 또한 사용자가 그의 전대채권을 자동채권으로 하여 근로자의 임금채권을 수동채권으로 하는 상계가 금지되는 것이다. 따라서 근로자가 그의 임금채권을 자동채권으로 하고 사용자의 전대채권을 수동채권으로 하는 상계는 금지되지 않는다.

　④ 위반의 효과 : 이 규정에 위반하면 500만원 이하의 벌금에 처한다(제114조 제1호).

(3) 강제 저금의 금지와 저축금관리

> **제22조【강제 저금의 금지】**
> ① 사용자는 근로계약에 덧붙여 강제 저축 또는 저축금의 관리를 규정하는 계약을 체결하지 못한다.
> ② 사용자가 근로자의 위탁으로 저축을 관리하는 경우에는 다음 각 호의 사항을 지켜야 한다.
>   1. 저축의 종류·기간 및 금융기관을 근로자가 결정하고, 근로자 본인의 이름으로 저축할 것
>   2. 근로자가 저축증서 등 관련 자료의 열람 또는 반환을 요구할 때에는 즉시 이에 따를 것

강제로 저축하게 하여 저축금의 반환을 어렵게 함으로써 근로자를 부당하게 구속하는 결과를 초래하거나 저축금이 사용자의 사업자금에 유용됨으로써 사업경영이 악화된다면 반환이 불가능하게 되는 폐단을 방지하기 위한 규정이다. 제22조 제1항을 위반하면 2년 이하의 징역 또는 2천만원 이하의 벌금에 처하고(제110조 제1호), 제2항을 위반하면 500만원 이하의 벌금에 처한다(제114조 제1호).

4. 미성년자의 계약체결

친권자나 후견인은 미성년자의 근로계약을 대리할 수 없다(제67조 제1항). 친권자, 후견인 또는 고용노동부장관은 근로계약이 미성년자에게 불리하다고 인정되는 경우에는 이를 해지할 수 있다(제67조 제2항).

Ⅳ 근로계약상의 권리·의무

1. 근로자의 의무

(1) 주된 의무(근로제공의무)

① 의의

근로자는 근로계약을 체결함으로써 사용자의 지휘·감독하에서 근로제공의무를 부담한다. 현실적으로 근로가 제공될 필요는 없으며 사용자의 지휘·감독이 가능한 상태에 있으면 된다.

② 근로제공의무 위반의 효과

근로자가 그의 책임 있는 사유로 근로제공의무를 이행하지 않은 경우에는 민법상 채무불이행으로 되고 사용자는 근로자에게 그 이행에 갈음하는 손해배상을 청구하거나 계약을 해지할 수 있다. 근로계약의 해지(해고)는 근로자에게는 실직과 수입상실을 의미하므로 근로기준법은 이에 대한 제한규정(제23조 제1항)을 두고 있다.

(2) 종된 의무(충실의무)

① 의의

충실의무란 사용자 또는 경영상의 이익이 침해되지 아니하도록 특정행위를 하여야 하는 작위의무와 특정행위를 하여서는 아니 되는 부작위의무를 말한다.

② 내용

　　㉠ 비밀유지의무

　　　비밀유지의무란 근로자가 근로제공과 관련하여 알게 된 경영상의 비밀(타인에게 알려지는 것이 사용자에게 불이익이 되는 것)을 타인에게 누설하지 않을 의무를 말한다. 이 의무는 근로계약 존속 중에만 미치지만, 특약이 있고 근로자의 직업선택의 자유를 침해하지 않는 범위에서 근로계약의 종료 후에도 미칠 수 있다.

　　㉡ 경업피지의무

　　　경업피지의무란 근로자가 사용자의 이익에 현저히 반하여 경쟁사업체에 취직하거나 경쟁사업체를 경영하지 않을 의무를 말한다. 이 의무는 근로계약의 존속 중에만 미치지만, 당사자 사이의 특약이 있고 또 제한의 필요성과 범위에 비추어 근로자의 직업선택의 자유를 부당하게 침해하지 않는 범위 안에서 근로계약의 종료 후에도 미친다고 할 것이다.

　　㉢ 기타 부수적 의무 : 명령이행의무, 성실의무, 직무전념의무 등이 있다.

2. 사용자의 의무

(1) 주된 의무(임금지급의무)

사용자는 근로계약에 따라 근로자에게 임금을 지급하여야 할 의무를 부담한다. 임금은 근로자가 제공한 근로에 대한 반대급부로서 지급되는 것이므로 근로자가 근로를 제공하지 아니하는 경우 사용자 역시 임금을 지급하지 아니하는 것이 원칙이다.

(2) 종된 의무(배려의무)

배려의무의 개념·범위는 근로관계의 내용에 따라 구체적·개별적으로 판단되어야 하는 것이 원칙이나, 대체로 회사 종업원으로서의 근로자를 전반적으로 보호하고, 근로자의 이익을 침해하지 아니할 의무를 의미한다고 할 것이다. 일반적으로 안전배려의무, 위법해고회피의무, 보관의무 등이 이에 해당한다. 사용자는 고용 또는 근로계약에 수반되는 신의칙상의 부수적 의무로서 피용자가 노무를 제공하는 과정에서 생명, 신체, 건강을 해치는 일이 없도록 물적 환경을 정비하는 등 필요한 조치를 마련하여야 할 보호의무 또는 안전배려의무를 부담하고, 이러한 의무를 위반함으로써 피용자가 손해를 입은 경우 채무불이행으로 인한 손해배상책임을 진다 (대판 2013.11.28, 2011다60247).

(3) 근로수령의무(취업청구권)

① 의의

　취업청구권이란 근로제공의무가 있는 근로자가 근로제공의 의사와 능력을 가지고 있음에도 불구하고 사용자가 업무를 주지 않는 경우 근로자가 사용자에게 업무수행을 위한 보직을 청구할 수 있는 권리를 말한다.

② 판례

　사용자는 특별한 사정이 없는 한 근로자와 사이에 근로계약의 체결을 통하여 자신의 업무지휘권·업무명령권의 행사와 조화를 이루는 범위 내에서 근로자가 근로제공을 통하여 참다운 인격의 발전을 도모함으로써 자신의 인격을 실현시킬 수 있도록 배려하여야 할 신의칙상의 의무를 부담한다. 따라서 사용자가 근로자의 의사에 반하여 정당한 이유 없이 근로자의 근로제공을 계속적으로 거부하는 것은 이와 같은 근로자의 인격적 법익을 침해하는 것이 되어 사용자는 이로 인하여 근로자가 입게 되는 정신적 고통에 대하여 배상할 의무가 있다 (대판 1996.4.23, 95다6823).

3. 근로자의 책임

(1) 위험작업에서의 책임제한

근로자가 근로제공의 과정에서 고의·과실로 사용자에게 손해를 발생시키면 채무불이행 또는 불법행위에 따른 손해배상 책임을 부담한다. 그러나 위험작업에 종사하는 근로자에게 과실이 있다는 이유만으로 작업 수행 중에 발생한 손해 전액에 대하여 책임을 묻는 것은 정당하지 않다. 따라서 위험작업에 종사하는 근로자의 고의 또는 중과실에 따른 손해 발생에 대하여는 근로자가 완전한 배상책임을 지지만, 경과실에 의한 손해발생에 대하여는 배상 책임이 감경 또는 면제된다고 본다(대판 1987.9.8, 86다카1045). 근로자의 고의·중과실에 대한 입증책임은 사용자가 부담한다.

(2) 결손책임

근로자가 관리하는 금고나 창고에 금전이나 물품의 결손이 발생한 경우에도 근로자의 책임을 감경하는 방안을 강구할 필요가 있다. 사용자가 입증책임을 지도록 하거나 과실상계를 인정함으로써 근로자의 결손책임을 완화한다.

Section 03 근로관계의 변경

I 배치전환

1. 의의

배치전환이란 근로자의 직무내용 또는 근무장소가 상당히 장기간에 걸쳐 변경되는 것을 말한다. 근로기준법 제23조에서는 이러한 것을 전직이라는 용어로 사용(사용자는 근로자에게 정당한 이유 없이 해고, 휴직, 정직, 전직, 감봉, 그 밖의 징벌을 하지 못한다)하고 있다.

2. 법적 근거

근로자에 대한 전직이나 전보처분은 근로자가 제공하여야 할 근로의 종류·내용·장소 등에 변경을 가져온다는 점에서 근로자에게 불이익한 처분이 될 수도 있으나, 원칙적으로 인사권자인 사용자의 권한에 속하므로 업무상 필요한 범위 안에서는 상당한 재량을 인정하여야 하고, 그것이 근로자에 대하여 정당한 이유 없이 해고·휴직·정직·감봉 기타 징벌을 하지 못하도록 하는 제23조 제1항에 위배되거나 권리남용에 해당하는 등 특별한 사정이 없는 한 무효라고는 할 수 없다(대판 2009.4.23, 2007두20157).

3. 배치전환 명령의 제한

(1) 업무상의 필요성

사용자가 전직처분 등을 할 때 요구되는 업무상의 필요란 인원 배치를 변경할 필요성이 있고 그 변경에 어떠한 근로자를 포함시키는 것이 적절할 것인가 하는 인원선택의 합리성을 의미하는데, 여기에는 업무능률의 증진, 직장질서의 유지나 회복, 근로자 간의 인화 등의 사정도 포함된다(대판 2013.2.28, 2010두20447).

(2) 근로자가 입게 될 생활상의 불이익과의 비교형량

생활상의 불이익은 근로자가 통상적으로 감수하여야 할 정도를 현저히 벗어나지 않아야 한다. 생활상의 불이익은 경제적인 것에 국한되지 않으며 육체적인 불이익, 가족·사회생활상의 불이익이나 조합활동상의 불이익을 포함한다. 판례는 전보처분 등이 권리남용에 해당하는지 여부는 전보처분 등의 업무상의 필요성과 전보 등에 따른 근로자의 생활상의 불이익을 비교·교량하여 결정되어야 하고, 업무상의 필요에 의한 전보 등에 따른 생활상의 불이익이 근로자가 통상 감수하여야 할 정도를 현저하게 벗어난 것이 아니라면, 이는 정당한 인사권의 범위 내에 속하는 것으로서 권리남용에 해당하지 않는다(대판 1995.10.13, 94다52928).

(3) 신의칙상 요구되는 절차

근로자와의 성실한 협의 등 신의칙상의 절차도 정당한 인사권의 행사 여부를 판단하는 하나의 요소가 된다. 그러나 그러한 절차를 거치지 않았다는 사정만으로 인사권행사가 권리남용에 해당하여 당연히 무효가 되는 것은 아니다(대판 1997.7.22, 97다18165·18172). 그러나 취업규칙 등에 배치전환의 절차로서 근로자와의 합의나 협의 등이 규정되어 있으면 이러한 절차에 위반한 배치전환은 부당한 것으로 본다.

(4) 근로계약에 의한 제한

근로계약상 근로 내용이나 근로 장소가 특정되어 있는 경우에 이를 변경하는 전직이나 전보명령을 하려면 근로자의 동의가 있어야 한다(대판 1992.1.21, 91누5204). 명시적으로 특정되어 있지 않아도 특별한 기술이나 기능이 필요한 직종에 종사하는 경우에는 업무내용이 특정되어 있다고 볼 수 있다.

4. 제한위반의 효과

사용자가 정당한 이유 없이 배치전환을 한 경우 이에 대한 벌칙은 없다. 해당 근로자는 노동위원회에 신청하여 구제를 받을 수 있고(제28조), 법원에 제소하여 사법적 구제를 받을 수 있다.

■ II 전출 및 전적

1. 의의

(1) 전출

전출은 근로자가 본래의 소속기업에 재적한 채 다른 기업에서 상당한 기간 동안 근로를 제공하는 것을 말한다.

(2) 전적

전적은 원래의 소속기업과의 근로계약관계를 종료하고 다른 기업과 새로이 근로계약을 체결하여 그 기업의 업무에 종사하는 것을 말한다. 전적은 본래의 소속 기업과의 근로계약이 종료된다는 점에서 소속 기업과의 근로계약이 그대로 존속되는 전출과 구별된다.

2. 유효요건

(1) 전출명령의 유효요건

전출은 노무제공의 상대방이 변경되므로 민법 제657조 제1항이 적용되어 근로자의 동의를 필요로 한다. 동의와 관련하여 사전에 포괄적 동의가 있거나 근로자의 포괄적 동의가 추단되는 때는 근로자의 동의가 있는 것으로 본다. 다만 전출근로자의 보호를 위해 당해 전출이 통상 예상되는 범위 내이어야 하고, 근로자가 실제로 근무하게 될 기업에서의 임금 기타 근로조건, 전출기간, 원래의 기업으로의 복직 등에 관한 전출규정이 사전에 마련되어 있어야 할 것이다.

(2) 전적명령의 유효요건

전적은 원래의 소속기업과의 근로계약관계가 종료되고 다른 기업과 새로이 근로계약을 체결하는 것이므로 사용자의 변경이 있게 된다. 따라서 근로계약상의 일신전속성에 비추어 당해 근로자의 동의가 있어야 한다. 근로자의 동의는 포괄적 동의일 수도 있지만 원 소속기업과의 근로계약관계가 종료되므로 제한적으로 해석되어야 한다. 판례도 미리 전적할 계열기업을 특정하고 그 기업에서 종사하여야 할 업무에 관한 사항 등 기본적인 근로조건을 명시하여 사전 동의를 얻은 경우에 포괄적 동의를 인정한다(대판 1993.1.26, 92누8200). 또 기업그룹 내의 다른 계열회사로의 전적에 관한 근로자의 포괄적 동의는 관행에 의해서도 성립할 수 있다. 그와 같은 관행이 해당 기업에서 일반적으로 근로관계를 규율하는 규범적인 사실로서 명확히 승인되거나 기업구성원이 이에 대한 이의를 제기함이 없이 당연한 것으로 받아들여 사실상의 제도로서 확립되어 있어야 한다(대판 1993.1.26, 92누8200).

3. 전출 및 전적 후의 근로관계

(1) 전출

전출근로자는 원래의 소속기업과의 근로계약관계는 존속하지만 근로제공관계는 존재하지 않는다. 그러므로 원래의 소속기업의 취업규칙 중 근로제공을 전제로 하지 않는 부분은 그대로 적용되나, 임금·근로시간·휴일·휴가·안전보건·산업재해 등의 제한은 현실적으로 근로를 제공하는 타 기업이 부담한다.

(2) 전적

원래의 소속기업과의 근로계약관계가 종료하므로 근로계약상의 사용자는 물론 근로기준법상의 사용자도 타 기업이 된다. 따라서 각종 근로조건에 대해서는 근로자와 새로운 기업 간의 합의 내용에 따른다. 판례도 근로자의 동의를 받아 유효한 전적이 이루어진 경우에는 종전 기업과의 근로관계를 승계하기로 하는 특약이 있는 등의 특별한 사정이 없는 이상 종전 기업과의 근로관계는 단절된다고 한다(대판 2003.10.23, 2003다38597).

4. 제한위반의 효과

사용자가 정당한 이유 없이 전출이나 전적을 한 경우 이에 대한 벌칙은 없다. 해당 근로자는 노동위원회에 신청하여 구제를 받을 수 있고(제28조), 법원에 제소하여 사법적 구제를 받을 수 있다.

Ⅲ 휴직

1. 휴직의 의의와 종류

휴직은 근로자를 직무에 종사하게 하는 것이 곤란하거나 또는 적당하지 아니한 사유가 발생한 때에 근로계약관계를 유지하면서 일정한 기간 동안 근로제공을 면제 또는 금지시키는 사용자의 처분을 말한다(대판 1992.11.13, 92다16690). 휴직은 그 방식에 따라 사용자의 일방적 의사표시에 따른 직권휴직과 근로자와의 합의에 따른 의원휴직으로 나누어진다.

2. 직권휴직의 근거

기업이 그 활동을 계속적으로 유지하기 위해서는 노동력을 재배치하거나 그 수급을 조절하는 것이 필요불가결하므로, 휴직명령을 포함한 인사명령은 원칙적으로 인사권자인 사용자의 고유권한에 속하고, 따라서 이러한 인사명령에 대하여는 업무상 필요한 범위 안에서 사용자에게 상당한 재량을 인정하여야 한다(대판 2009.9.10, 2007두10440). 일반적으로 휴직사유는 취업규칙 또는 단체협약에 규정되어 있다. 명시적인 휴직사유에 해당하지 않더라도 사회통념상 합리성이 인정되는 경우에는 사용자의 휴직명령이 가능하다.

3. 휴직의 제한

사용자가 일방적으로 휴직명령을 내린 경우 임금, 승진 등에 있어서 근로자에게 불이익한 처분이 될 수 있으므로 정당성 여부가 문제된다(근로기준법 제23조 제1항). 사용자의 취업규칙이나 단체협약 등의 휴직근거규정에 의하여 사용자에게 일정한 휴직사유의 발생에 따른 휴직명령권을 부여하고 있다 하더라도 그 정해진 사유가 있는 경우 당해 휴직규정의 설정 목적과 그 실제 기능, 휴직명령권 발동의 합리성 여부 및 그로 인하여 근로자가 받게 될 신분상·경제상의 불이익 등 구체적인 사정을 모두 참작하여 근로자가 상당한 기간에 걸쳐 근로의 제공을 할 수 없다거나, 근로제공을 함이 매우 부적당하다고 인정되는 경우에만 정당한 이유가 있다고 보아야 한다(대판 2005. 2.18, 2003다63029).

4. 휴직사유의 소멸과 복직

휴직기간이 만료되거나 휴직사유가 소멸하는 경우 사용자는 근로자를 복직시켜야 한다. 취업규칙이나 단체협약에 복직절차를 규정하고 있는 경우에는 그에 따라야 한다. 휴직기간의 만료에 따른 복직신청의 불이행을 당연퇴직으로 간주하는 취업규칙에 따른 사용자의 퇴직처분은 해고에 해당한다(대판). 이 경우 해고의 정당성은 휴직원인, 휴직사유의 소멸여부, 회사업무에 지장을 초래하는 정도 등을 종합적으로 고려하여 판단하여야 한다.

Ⅳ 직위해제(대기발령)

1. 의의

직위해제는 일반적으로 근로자가 직무수행능력이 부족하거나 근무성적 또는 근무태도 등이 불량한 경우, 근로자에 대한 징계절차가 진행 중인 경우, 근로자가 형사사건으로 기소된 경우 등에 있어서 당해 근로자가 장래에 있어서 계속 직무를 담당하게 될 경우 예상되는 업무상의 장애 등을 예방하기 위하여 일시적으로 당해 근로자에게 직위를 부여하지 아니함으로써 직무에 종사하지 못하도록 하는 잠정적인 조치로서의 보직의 해제를 의미하므로 과거의 근로자의 비위행위에 대하여 기업질서 유지를 목적으로 행하여지는 징벌적 제재로서의 징계와는 그 성질이 다르다(대판 2006.8.25, 2006두5151).

2. 직위해제와 징계절차

대기발령 등 근로자에게 불이익한 처분이라도 취업규칙이나 인사관리규정 등에 징계처분의 하나로 규정되어 있지 않다면, 이는 원칙적으로 인사권자인 사용자의 고유권한에 속하는 인사명령의 범주에 속하는 것이라고 보아야 하고, 인사명령에 대하여는 업무상 필요한 범위 안에서 사용자에게 상당한 재량을 인정하여야 한다. 따라서 위와 같은 처분은 그것이 근로기준법에 위반되거나 권리남용에 해당하는 등의 특별한 사정이 없는 한, 단지 징계절차를 거치지 아니하였다는 사정만으로 위법하다고 할 수는 없다(대판 2013.5.9, 2012다64833).

3. 직위해제 기간

대기발령 등의 인사명령을 받은 근로자가 상당한 기간에 걸쳐 근로의 제공을 할 수 없다거나 근로 제공을 함이 매우 부적당한 경우가 아닌데도, 사회통념상 합리성이 없을 정도로 부당하게 장기간 동안 잠정적 지위의 상태로 유지하는 것은 특별한 사정이 없는 한 정당한 이유가 있다고 보기 어려우므로 그와 같은 조치는 무효라고 보아야 한다. 그리고 위와 같은 법리는, 대기발령처럼 근로 자에게 아무런 직무도 부여하지 않아 근로의 제공을 할 수 없는 상태에서 단순히 다음 보직을 기다리도록 하는 경우뿐 아니라, 당해 근로자의 기존의 직무범위 중 본질적인 부분을 제한하는 등의 방식으로 사실상 아무런 직무도 부여하지 않은 것과 별 차이가 없는 경우 등에도 마찬가지로 적용 된다고 보아야 한다(대판 2013.5.9, 2012다64833).

4. 직위해제와 당연퇴직

인사규정 등에 대기발령 후 일정 기간이 경과하도록 복직발령을 받지 못하거나 직위를 부여받지 못하는 경우에는 당연퇴직된다는 규정을 두는 경우, 대기발령에 이은 당연퇴직 처리를 일체로서 관찰하면 이는 근로자의 의사에 반하여 사용자의 일방적 의사에 따라 근로계약 관계를 종료시키는 것으로서 실질상 해고에 해당하므로, 사용자가 그 처분을 함에 있어서는 근로기준법 제23조 제1항 소정의 정당한 이유가 필요하다고 할 것이다(대판 2007.5.31, 2007두1460).

5. 직위해제와 휴업수당

대기발령은 근로기준법 제23조 제1항에서 정한 '휴직'에 해당한다고 볼 수 있다. 따라서 사용자가 자신의 귀책사유에 해당하는 경영상의 필요에 따라 개별 근로자들에 대하여 대기발령을 하였다면 이는 근로기준법 제46조 제1항에서 정한 휴업을 실시한 경우에 해당하므로 사용자는 그 근로자들 에게 휴업수당을 지급할 의무가 있다(대판 2013.10.11, 2012다12870).

6. 직위해제처분의 구제실익

직위해제처분에 기하여 발생한 효과는 당해 직위해제처분이 실효되더라도 소급하여 소멸하는 것이 아니므로, 인사규정 등에서 직위해제처분에 따른 효과로 승진·승급에 제한을 가하는 등의 법률상 불이익을 규정하고 있는 경우에는 직위해제처분을 받은 근로자는 이러한 법률상 불이익을 제거하기 위하여 그 실효된 직위해제처분에 대한 구제를 신청할 이익이 있다(대판 2010.7.29, 2007두18406).

V 합병과 분할

1. 합병

합병이란 2개 이상의 기업이 하나의 기업으로 합쳐지는 것으로 흡수합병과 신설합병이 있다. 합병의 경우 새로운 합병회사가 소멸되는 회사의 모든 권리·의무를 포괄적으로 승계하는 반면, 영업양도는 권리·의무를 개별적으로 승계한다는 점에서 구별된다. 합병의 경우 성질상 근로자의 근로관계는 당연히 합병회사에 포괄적으로 승계된다고 본다. 따라서 근로자의 전부 또는 일부를 승계대상에서 제외한다는 당사자 간의 합의는 합병의 성질상 효력을 인정할 수 없다.

> 합병 후 존속회사나 신설회사는 소멸회사에서 근무하던 근로자에 대한 퇴직금 관계에 관하여 종전과 같은 내용으로 승계하는 것으로 보아야 한다(대판 1994.3.8, 93다1589).

2. 분할

분할이란 하나의 회사를 분리하여 2 이상의 회사를 신설하거나 다른 회사와 합병하는 것을 말한다.

> 둘 이상의 사업을 영위하던 회사의 분할에 따라 일부 사업 부문이 신설회사에 승계되는 경우 분할하는 회사가 분할계획서에 대한 주주총회의 승인을 얻기 전에 미리 노동조합과 근로자들에게 회사 분할의 배경, 목적 및 시기, 승계되는 근로관계의 범위와 내용, 신설회사의 개요 및 업무 내용 등을 설명하고 이해와 협력을 구하는 절차를 거쳤다면 그 승계되는 사업에 관한 근로관계는 해당 근로자의 동의를 받지 못한 경우라도 신설회사에 승계되는 것이 원칙이다. 다만 회사의 분할이 근로기준법상 해고의 제한을 회피하면서 해당 근로자를 해고하기 위한 방편으로 이용되는 등의 특별한 사정이 있는 경우에는, 해당 근로자는 근로관계의 승계를 통지받거나 이를 알게 된 때부터 사회통념상 상당한 기간 내에 반대 의사를 표시함으로써 근로관계의 승계를 거부하고 분할하는 회사에 잔류할 수 있다(대판 2013.12.12, 2011두4282).

Ⅵ 영업양도

1. 의의

영업양도란 본래 상법상의 개념으로서 「당사자 간의 계약에 의하여 영업조직체, 즉 인적·물적 조직을 그 동일성을 유지하면서 이전하는 것」을 의미한다. 영업양도는 상법상의 합병과는 달리 포괄 승계되는 것이 아니라 특정승계되는 것이 원칙이므로 개개의 재산에 대하여 이전절차를 거쳐야 한다. 또한 합병은 일부합병이 있을 수 없으나 영업양도는 특정부문의 영업만을 양도할 수도 있다.

> **영업의 동일성여부의 판단**
> 영업의 동일성여부는 일반적인 사회통념에 의하여 결정되는 것으로 종래의 영업조직이 유지되어 전부 또는 중요한 일부로서 기능할 수 있는지 여부에 따라 결정되어야 한다(대판 2002.3.29, 2000두8448). 영업재산의 전부를 양도했어도 그 조직을 해체하여 양도했다면 영업의 양도가 아닌 반면에 그 일부를 유보한 채 영업시설을 양도했어도 그 양도한 부분만으로도 종래의 조직이 유지되어 있다고 인정되면 그것을 영업양도라고 본다(대판 2001.7.27, 99두2680).

2. 영업양도와 근로관계의 승계여부

영업양도에 관한 합의안에는 원칙적으로 근로관계를 포괄적으로 승계하기로 한다는 내용의 합의가 있는 것으로 추정되고, 영업양도 당사자 사이에 근로관계의 일부를 승계의 대상에서 제외하기로 하는 특약이 있는 경우에는 그에 따라 근로관계의 승계가 이루어지지 않을 수 있으나, 그러한 특약은 실질적으로 해고에 해당되므로 근로기준법 제23조 제1항의 정당한 이유가 있어야 유효하며, 영업양도 그 자체만을 사유로 삼아 근로자를 해고하는 것은 정당한 이유가 있는 경우에 해당한다고 볼 수 없다(대판 1994.6.28, 93다33173).

3. 근로자의 근로관계 승계거부

사업의 일부가 양도된 경우에 양도되는 사업부문에 소속된 근로자 중 승계를 거부하는 자에 대하여는 그 노동관계가 양수하는 기업에 승계되지 않고 양도하는 기업과의 사이에 존속한다. 이러한 경우 원래의 사용자는 영업 일부의 양도로 인한 경영상의 필요에 따라 감원이 불가피하게 되는 사정이 있어 정리해고로서의 정당한 요건이 갖추어져 있다면 그 절차에 따라 승계를 거부한 근로자를 해고할 수 있다(대판 2000.10.13, 98다11437). 영업양도에 의하여 양도인과 근로자 사이의 근로관계는 원칙적으로 양수인에게 포괄승계되는 것이지만 근로자가 반대의 의사를 표시함으로써 양수기업에 승계되는 대신 양도기업에 잔류하거나 양도기업과 양수기업 모두에서 퇴직할 수도 있는 것이고, 영업이 양도되는 과정에서 근로자가 일단 양수기업에의 취업을 희망하는 의사를 표시하였다고 하더라도 그 승계취업이 확정되기 전이라면 취업희망 의사표시를 철회하는 방법으로 위와 같은 반대의사를 표시할 수 있는 것으로 보아야 한다(대판 2002.3.29, 2000두8455).

4. 영업양도와 개별적 근로관계

(1) 원칙

근로관계의 승계로 인하여 영업양도인과 근로자 사이의 개별적 근로관계의 내용이 영업양수인과 근로자 사이의 근로관계에 변동 없이 그대로 적용되는 것이 원칙이다.

(2) 근로관계의 내용

① 근속기간

연차유급휴가, 퇴직금 산정을 위한 출근율이나 계속근로기간은 양도회사 및 양수회사에서의 근무기간을 합산하는 것이 원칙이다. 즉 노동관계의 포괄적 합의에서 퇴직금 산정기간에 한하여 종전의 근속기간은 승계 회사의 근속연수에 산입하지 않기로 하였다 하여도 근로자의 동의가 없으면 무효이다(대판 1991.11.12, 91다12806). 다만 영업양도 시 근로자의 자유의사에 의하여 양도회사와의 근로관계를 종료하고 재입사의 형식으로 양수회사에 재입사하였다면 계속근로연수는 중단되고 양도시점부터 새로이 계산되어야 할 것이다. 이때 근로자의 자유의사 여부는 객관적·구체적으로 판단하여야 할 것이다.

② 취업규칙의 승계와 변경

취업규칙도 양수기업에 그대로 승계되며 양수에 의해 승계된 근로조건과 종래 양수인의 영업에 종사하고 있던 근로자의 근로조건 사이에 차이가 있을 수 있다. 이 경우에는 영업양도라는 특수한 사정에 의해 일어난 현상이므로 균등대우의 원칙에 반하지 않는다고 할 것이다(다수설, 대판). 그러나 하나의 사업 또는 사업장에 서로 상이한 근로조건이 병존하는 것은 바람직하지 않다. 그러므로 승계된 근로자들에게 적용되었던 유리한 근로조건을 종래 양수인의 사업장에 적용되는 취업규칙에 맞추기 위해서는 취업규칙을 변경해야 하는데 이는 결국 불이익변경에 해당하므로 근로기준법 제94조에 의하여 해당 근로자들의 집단적 동의를 얻어야 한다(대판).

③ 해고

영업양도의 경우 사용자는 경영악화를 방지하기 위한 경우에 근로자를 해고할 수 있다(제 24조 제1항). 근로관계가 양수인에게 승계되기 위해서는 그 근로자가 사업양도계약 체결 일 현재 해당 사업부문에 근무하고 있어야 하므로 계약체결일 이전에 해고된 자로서 해고 의 효력을 다투고 있는 근로자와의 근로관계까지 승계되는 것은 아니다. 그러나 양수인이 사업양수 당시에 해고가 무효임을 알았던 경우에는 원칙적으로 그 해고된 근로자의 근로관 계도 양수인에게 승계된다(대판 1996.5.31, 95다33238). 근로자가 영업양도일 이전에 정 당한 이유 없이 해고된 경우 양도인과 근로자 사이의 근로관계는 여전히 유효하고, 해고 이후 영업 전부의 양도가 이루어진 경우라면 해고된 근로자로서는 양도인과의 사이에서 원직 복직도 사실상 불가능하게 되므로, 영업양도 계약에 따라 영업 전부를 동일성을 유지 하면서 이전받는 양수인으로서는 양도인으로부터 정당한 이유 없이 해고된 근로자와의 근 로관계를 원칙적으로 승계한다(대판 2020.11.5, 2018두54705).

5. 영업양도와 집단적 노사관계

양수인에게 승계되는 근로관계는 개별적 근로관계뿐만 아니라 집단적 노사관계도 포함된다. 따라 서 노동조합의 지위는 그대로 양수회사로 이전하게 된다(대판 2002.3.26, 2000다3347). 이 경우 복수의 노동조합이 병존하게 되어 교섭창구 단일화가 요구된다. 또한 당사자 간의 특약이 없는 한 양도회사의 채권·채무관계가 양수회사로 승계되므로 단체협약의 효력도 그대로 이전된다(대 판 1989.5.23, 88누4508).

Ⅶ 징계

1. 징계의 의의와 근거

(1) 의의

징계란 종업원의 근무규율이나 그 밖의 직장질서 위반행위에 대한 제재로서 근로자에게 노동 관계상의 불이익을 주는 조치를 말하는데, 징계의 수단으로는 경고·견책·감봉·정직·해고 등이 있다.

(2) 징계권의 근거

근로자의 상벌 등에 관한 인사권은 사용자의 고유권한으로서 그 범위에 속하는 징계권 역시 기업운영 또는 노동계약의 본질상 당연히 사용자에게 인정되는 권한이기 때문에 그 징계규정 의 내용이 강행법규나 단체협약의 내용에 반하지 않는 한 사용자는 그 구체적 내용을 자유롭게 정할 수 있고, 그 규정이 단체협약의 부속서나 단체협약 체결절차에 준하여 제정되어야 하는 것은 아니다(대판 1994.9.30, 94다21337).

2. 징계사유

(1) 경력사칭

경력사칭이 징계사유가 되기 위해서는 경력사칭이 신의칙에 반하고 기업질서를 현실적으로 침해하여야 하며 근로계약 체결 후 상당한 기간이 지나지 않아야 한다. 종전 판례는 사용자가 사전에 그 허위 기재 사실을 알았더라면 근로계약을 체결하지 아니하였거나 적어도 동일 조건으로는 계약을 체결하지 않았을 것으로 인정되는 경우에 정당한 징계해고사유가 된다고 한다.

> **대판 2012.7.5, 2009두16763**
> 근로기준법 제23조 제1항은 사용자는 근로자에게 정당한 이유 없이 해고하지 못한다고 하여 해고를 제한하고 있으므로, 징계해고사유가 인정된다고 하더라도 사회통념상 고용관계를 계속할 수 없을 정도로 근로자에게 책임 있는 사유가 있는 경우에 한하여 해고의 정당성이 인정된다. 이는 근로자가 입사 당시 제출한 이력서 등에 학력 등을 허위로 기재한 행위를 이유로 징계해고를 하는 경우에도 마찬가지이고, 그 경우 사회통념상 고용관계를 계속할 수 없을 정도인지는 사용자가 사전에 허위 기재 사실을 알았더라면 근로계약을 체결하지 않았거나 적어도 동일 조건으로는 계약을 체결하지 않았으리라는 등 고용 당시의 사정뿐 아니라, 고용 후 해고에 이르기까지 근로자가 종사한 근로 내용과 기간, 허위기재를 한 학력 등이 종사한 근로의 정상적인 제공에 지장을 가져오는지 여부, 사용자가 학력 등 허위 기재 사실을 알게 된 경위, 알고 난 후 당해 근로자의 태도 및 사용자의 조치 내용, 학력 등이 종전에 알고 있던 것과 다르다는 사정이 드러남으로써 노사 간 및 근로자 상호 간 신뢰관계 유지와 안정적인 기업경영과 질서유지에 미치는 영향 기타 여러 사정을 종합적으로 고려하여 판단하여야 한다. 다만 사용자가 이력서에 근로자의 학력 등의 기재를 요구하는 것은 근로능력 평가 외에 근로자의 진정성과 정직성, 당해 기업의 근로환경에 대한 적응성 등을 판단하기 위한 자료를 확보하고 나아가 노사 간 신뢰관계 형성과 안정적인 경영환경 유지 등을 도모하고자 하는 데에도 목적이 있는 것으로, 이는 고용계약 체결뿐 아니라 고용관계 유지에서도 중요한 고려요소가 된다고 볼 수 있다. 따라서 취업규칙에서 근로자가 고용 당시 제출한 이력서 등에 학력 등을 허위로 기재한 행위를 징계해고사유로 특히 명시하고 있는 경우에 이를 이유로 해고하는 것은, 고용 당시 및 그 이후 제반 사정에 비추어 보더라도 사회통념상 현저히 부당하지 않다면 정당성이 인정된다.

(2) 기타의 징계사유

근무태만, 업무명령위반, 업무방해, 근무규율위반, 기업의 명예·신용 실추행위, 품위유지의무 위반행위, 기업비밀의 누설행위, 겸직 등이 있다. 한편 사용자가 근로자에 대하여 징계권을 행사할 수 있는 것은 사업활동을 원활하게 수행하는데 필요한 범위 내에서 규율과 질서를 유지하기 위한 데에 그 근거가 있으므로, 근로자의 사생활에서의 비행은 사업활동에 직접 관련이 있거나 기업의 사회적 평가를 훼손할 염려가 있는 것에 한하여 정당한 징계사유가 될 수 있다(대판 1994.12.13, 93누23275).

3. 징계의 요건

(1) 징계사유의 정당성

징계는 기업질서를 유지하기 위해 필요하고도 합리적인 범위 내에서 인정된다. 사용자는 정당한 이유가 있는 경우에 한하여 근로자에 대한 징계를 할 수 있다(제23조 제1항). 징계의 구체적 사유는 단체협약이나 취업규칙 등에 규정하는 것이 일반적이다. 그러나 단체협약이나 취업규칙에 징계사유가 규정되어 있는 경우에도 이러한 사유가 반드시 정당한 것은 아니며 사회통념에 따라 구체적으로 판단되어야 한다(대판 1992.5.12, 91다27518). 단체협약이나 취업규칙 등에 근로자에 대한 징계사유가 제한적으로 열거되어 있는 경우에는 열거된 이외의 사유로는 징계할 수 없다(대판 1994.12.27, 93다52525).

> **대판 2012.1.27, 2010다100919**
> 사내 전자게시판에 게시된 문서에 기재되어 있는 문언에 의하여 타인의 인격, 신용, 명예 등이 훼손 또는 실추되거나 그렇게 될 염려가 있고, 또 문서에 기재되어 있는 사실관계 일부가 허위이거나 표현에 다소 과장되거나 왜곡된 점이 있다고 하더라도, 문서를 배포한 목적이 타인의 권리나 이익을 침해하려는 것이 아니라 근로조건의 유지·개선과 근로자의 복지증진 기타 경제적·사회적 지위의 향상을 도모하기 위한 것으로서 문서 내용이 전체적으로 보아 진실한 것이라면 이는 근로자의 정당한 활동범위에 속한다.

> **대판 2010.1.14, 2009두6605**
> 취업규칙에서 사용자가 사고나 비위행위 등을 저지른 근로자에게 시말서를 제출하도록 명령할 수 있다고 규정하는 경우, 그 시말서가 단순히 사건의 경위를 보고하는 데 그치지 않고 더 나아가 근로관계에서 발생한 사고 등에 관하여 '자신의 잘못을 반성하고 사죄한다는 내용'이 포함된 사죄문 또는 반성문을 의미하는 것이라면, 이는 헌법이 보장하는 내심의 윤리적 판단에 대한 강제로서 양심의 자유를 침해하는 것이므로, 그러한 취업규칙 규정은 헌법에 위배되어 근로기준법 제96조 제1항에 따라 효력이 없고, 그에 근거한 사용자의 시말서 제출명령은 업무상 정당한 명령으로 볼 수 없다.

> **대판 2019.11.28, 2017두57318**
> 여러 개의 징계사유 중 일부가 인정되지 않더라도 인정되는 다른 일부 징계사유만으로 해당 징계처분의 타당성을 인정하기에 충분한 경우에는 그 징계처분을 유지하여도 위법하지 아니하다.

(2) 징계수단의 정당성

사용자가 취업규칙에 미리 징계의 수단을 규정한 경우에도 징계권은 남용되어서는 안된다. 징계수단은 징계사유에 해당하는 비위행위의 종류, 정도, 반복가능성, 직장질서에의 영향 등에 비추어 상당한 것이어야 하고 과잉징계가 아니어야 한다. 또한 동일한 비위행위에 대해서는 동등하거나 비슷한 징계를 행해야 한다. 버스운전사의 운행질서위반이 징계의 사유는 되지만 그 내용·성질·정도 등을 종합하여 보면 그 징계사유와 징계해고 사이에는 사회통념상 요구되는 균형성이 없으므로 그 해고는 무효이다(대판 1993.5.25, 92다52139). 근로자에게 여러 가지 징계혐의 사실이 있는 경우에는 징계사유 하나씩 또는 그중 일부의 사유만을 가지고 판단할 것이 아니고 전체의 사유에 비추어 판단하여야 하며, 징계처분에서 징계사유로 삼지 아니한 비위행위라도 징계종류 선택의 자료로서 피징계자의 평소 소행과 근무성적, 당해 징계처분 사유 전후에 저지른 비위행위 사실 등은 징계양정을 하면서 참작자료로 삼을 수 있다(대판 2011.3.24, 2010다21962).

(3) 징계의 절차

① 단체협약 또는 취업규칙에 징계절차를 규정하고 있는 경우 : 규정된 징계절차를 위반하는 경우 당해 징계는 무효로 되는 것이 원칙이다(대판 1991.7.9, 90다8077).

② 징계절차가 규정되어 있지 않은 경우

취업규칙에 변명의 기회를 부여하라는 규정이 없으면 변명의 기회를 부여하지 않았다 하여 그 징계가 절차상 부당하다고 볼 수 없다(대판 1992.4.14, 91다4775).

대판 2009.2.12, 2008다70336
징계처분에 대한 재심절차는 원래의 징계절차와 함께 전부가 하나의 징계처분 절차를 이루는 것으로서 그 절차의 정당성도 징계 과정 전부에 관하여 판단되어야 할 것이므로, 원래의 징계 과정에 절차 위반의 하자가 있더라도 재심 과정에서 보완되었다면 그 절차 위반의 하자는 치유된다.

대판 1998.5.22, 98다2365
원래의 징계처분에서 징계사유로 삼지 아니한 징계사유를 재심절차에서 추가하는 것은 추가된 징계사유에 대한 재심의 기회를 박탈하는 것으로 되어 특별한 사정이 없는 한 허용되지 아니한다.

대판 1996.6.28, 94다53716
단체협약상의 징계규정에 위반하여 구성된 상벌위원회의 결의로 징계해고한 사안에서, 무자격위원을 제외하고 의결정족수가 충족되더라도 징계해고는 효력이 없다.

대판 1991.7.23, 91다13731
징계대상자에게 인사위원회에 출석하여 변명할 기회를 부여하도록 규정되어 있는 경우 인사위원회의 개최통지는 징계대상자에게 변명과 소명자료의 준비를 할 수 있을 정도의 시간적 여유를 두고 고지되어야 하고 이러한 시간적 여유를 둠이 없이 촉박하게 고지된 경우에는 실질적으로 변명의 기회를 부여하지 않은 것과 같아서 부적법하다.

대판 2007.12.27, 2007다51758
단체협약에서 당사자에게 징계사유와 관련한 소명기회를 주도록 규정하고 있는 경우에도 그 대상자에게 그 기회를 제공하면 되는 것이고, 소명 그 자체가 반드시 이루어져야 하는 것은 아니다.

대판 2015.5.28, 2013두335
기업별 단위노동조합과 사용자가 체결한 단체협약에서 징계위원회를 노사 각 3명의 위원으로 구성하기로 정하면서 근로자 측 징계위원의 자격에 관하여 아무런 규정을 두지 않은 경우, 근로자 측 징계위원은 사용자 회사에 소속된 근로자에 한정된다.

대판 1995.7.14, 94누11491
징계위원회에서 징계대상자에게 징계혐의 사실을 고지하고 그에 대하여 진술할 기회를 부여하면 족한 것이지 그 혐의사실 개개의 사항에 대하여 구체적으로 발문을 하여 징계대상자가 이에 대하여 빠짐없이 진술하도록 조치하여야 하는 것은 아니다.

(4) 이중징계금지의 원칙

사용자는 근로자에 대하여 이중징계를 한 경우 일사부재리의 원칙 또는 이중처벌금지 원칙에 위배되므로 무효이다. 다만, 이중징계에 해당되기 위해서는 선행처분과 후행처분이 모두 법적 성질상 징계처분에 해당하고, 선행처분이 무효·취소됨이 없이 유효하게 확정되어야 하며, 선행처분과 후행처분이 동일한 혐의사실을 대상으로 하여야 한다(대판 2000.9.29, 99두10902). 징계절차 위반을 이유로 해고무효판결이 확정된 경우, 같은 징계사유를 들어 새로이 필요한 제반 징계절차를 밟아 다시 징계처분을 한다고 하여 일사부재리의 원칙이나 신의칙에 위배된다고 볼 수 없다(대판 1995.12.5, 95다36138).

4. 징계의 구제절차

사용자의 부당징계에 대한 벌칙은 없다. 사용자가 근로자에게 정당한 이유 없이 해고·휴직·정직·전직·감봉 그 밖의 징벌을 한 때에는 당해 근로자는 노동위원회에 그 구제를 신청할 수 있다(제28조 제1항). 근로자는 노동위원회에 대한 구제신청 이외에도 법원에 구제신청을 할 수 있다.

PART
02

Section 04 근로관계의 종료

Ⅰ 근로관계 종료의 사유

1. 사직

사직은 근로관계를 종료하겠다는 근로자의 일방적 의사표시로서 사용자의 승낙을 요하지 않고 일정한 기간이 경과하면 해지의 효력이 발생한다(민법 제660조 이하). 판례는 사직의 의사표시는 근로계약의 합의해지를 위한 청약의 의사표시로 볼 수 있는 특별한 사정이 없는 한 당해 근로계약을 종료시키는 취지의 해약고지로 보며, 사직의 의사표시(해약고지)가 사용자에게 도달하면 상대방의 동의 없이 철회할 수 없다.

2. 합의퇴직(합의해지)

(1) 의의

합의퇴직은 근로자와 사용자가 쌍방의 합의에 의하여 근로계약관계를 장래에 향하여 종료시키는 것으로서, 일반적으로 근로자가 사용자에게 사직서를 제출하고 사용자가 이를 승낙하는 의원면직의 형태로 이루어지는 것이 일반적이다. 이에 대해서도 근로기준법에 특별한 규정이 없으므로 의사표시에 관한 민법의 규정이 적용된다.

(2) 합의퇴직의사의 철회

근로자가 합의퇴직을 청약한 경우 사용자가 이를 승낙하기 전까지는 사용자에게 불측의 손해를 주는 등 신의칙에 반하는 특별한 사정이 없는 이상 사직의 의사표시를 철회할 수 있다(대판 2000.9.5, 99두8657). 명예퇴직은 근로자가 명예퇴직의 신청(청약)을 하면 사용자가 요건을 심사한 후 이를 승인(승낙)함으로써 합의에 의하여 근로관계를 종료시키는 것이고, 이러한 합의가 있은 후에는 당사자 일방이 임의로 그 의사표시를 철회할 수 없으며, 이 합의에 따라 명예퇴직예정일이 도래하면 근로자는 당연히 퇴직되고 사용자는 명예퇴직금을 지급할 의무를 부담하게 되는 것이나, 다만 위와 같은 명예퇴직 합의 이후 명예퇴직예정일 도래 이전에 근로자에게 근로관계를 계속하게 하는 것이 곤란할 정도의 중대한 비위행위가 있는 경우에는 사용자로서는 명예퇴직의 승인을 철회할 수 있다(대판 2002.8.23, 2000다60890·60906).

(3) 비진의 의사표시

의사표시는 표의자가 진의아님을 알고 한 것이라도 그 효력이 있다. 그러나 상대방이 표의자의 진의아님을 알았거나 이를 알 수 있었을 경우에는 무효로 한다(민법 제107조 제1항). 진의 아닌 의사표시에 있어서의 진의란 특정한 내용의 의사표시를 하고자 하는 표의자의 생각을 말하는 것이지 표의자가 진정으로 마음속에서 바라는 사항을 뜻하는 것은 아니므로, 표의자가 의사표시의 내용을 진정으로 마음속에서 바라지는 아니하였다고 하더라도 당시의 상황에서는 그것을 최선이라고 판단하여 그 의사표시를 하였을 경우에는 이를 내심의 효과의사가 결여된 진의 아닌 의사표시라고 할 수 없다(대판 2000.4.25, 99다34475). 합의퇴직의 형식을 취하고 있어도 사직의 의사가 없는 근로자로 하여금 어쩔 수 없이 사직서를 작성제출하게 한 경우에는 실질적으로 사용자의 일방적 의사에 의하여 근로계약관계를 종료시키는 것이어서 해고에 해당한다(대판 1991.7.12, 90다11514).

3. 근로계약기간의 만료

계약기간이 만료되면 사용자나 근로자의 별도의 의사표시 없이 근로관계는 종료한다. 즉, 기간의 만료에 의한 근로관계의 종료는 해고나 사직이 아니기 때문에 당사자의 의사표시를 요하지 않으며 해고예고도 요하지 않는다(대판 1997.7.25, 96누10331). 그러나 기간의 정함이 있는 근로계약이 반복 갱신되고, 기간의 정함이 단지 형식에 불과하다는 사정이 인정되는 경우에는 기간의 정함이 없는 근로계약이 되고, 이 경우에 계약갱신을 거부하는 것은 해고에 해당한다(대판 1998.5.29, 98두625).

4. 당사자의 소멸

근로자 본인이 사망한 경우 근로관계는 당연히 종료한다. 회사가 해산되어 청산이 종료된 경우에는 근로관계는 당연히 종료한다. 그러나 청산이 완료되지 않은 경우 청산의 목적 범위 내에서 회사는 존속하기 때문에 근로관계가 당연히 종료하는 것은 아니다. 기업이 파산선고를 받아 사업의 폐지를 위하여 그 청산과정에서 근로자를 해고하는 것은 위장폐업이 아닌 한 기업경영의 자유에 속하는 것으로서 파산관재인이 파산선고로 인하여 파산자 회사가 해산한 후에 사업의 폐지를 위하여 행하는 해고는 정리해고가 아니라 통상해고이다(대판 2003.4.25, 2003다7005).

5. 정년의 도달

(1) 정년제의 의의

정년제는 근로자가 일정한 연령에 도달한 경우에 근로의 의사나 능력을 묻지 않고, 별도의 의사표시가 없다 하더라도 근로계약을 종료시키는 제도이다. 정년퇴직의 연령은 직종, 업무의 양·질 및 직무수행능력 등으로 이를 구체적으로 정하는 것이 일반적이나 사회통념상 받아들일 수 없는 현저히 낮은 연령의 정년은 무효로 될 수 있다고 본다. 근로자가 제공하는 근로의 성질·내용·근무형태 등 제반여건에 따라 합리적인 기준을 둔다면 같은 사업장 내에서도 직책 또는 직급에 따라 정년을 달리하는 것도 허용된다(대판 1991.4.9, 90다16245).

(2) 해고제한이나 해고예고의 적용여부

정년퇴직은 해고가 아니므로 해고제한이나 해고예고의 규정은 적용되지 않는다. 정년이 되는 근로자에게 퇴직통지를 하는 것은 당해 근로자가 정년으로 당연퇴직된다는 것을 알려주는 사실의 통지에 불과하며, 해고·면직 등의 새로운 신분적 법률관계를 형성시키는 행위가 아니다(대판 1994.12.27, 91누9244).

6. 해고

II 근로관계종료 후의 근로자보호

1. 금품청산

제36조【금품 청산】
사용자는 근로자가 사망 또는 퇴직한 경우에는 그 지급 사유가 발생한 때부터 14일 이내에 임금, 보상금, 그 밖의 모든 금품을 지급하여야 한다. 다만, 특별한 사정이 있을 경우에는 당사자 사이의 합의에 의하여 기일을 연장할 수 있다.

제37조【미지급 임금에 대한 지연이자】
① 사용자는 제36조에 따라 지급하여야 하는 임금 및 「근로자퇴직급여 보장법」 제2조 제5호에 따른 급여(일시금만 해당된다)의 전부 또는 일부를 그 지급 사유가 발생한 날부터 14일 이내에 지급하지 아니한 경우 그 다음 날부터 지급하는 날까지의 지연 일수에 대하여 연 100분의 40 이내의 범위에서 「은행법」에 따른 금융기관이 적용하는 연체금리 등 경제 여건을 고려하여 대통령령으로 정하는 이율에 따른 지연이자를 지급하여야 한다.
② 제1항은 사용자가 천재・사변, 그 밖에 대통령령으로 정하는 사유에 따라 임금 지급을 지연하는 경우 그 사유가 존속하는 기간에 대하여는 적용하지 아니한다.

시행령 제17조【미지급 임금에 대한 지연이자의 이율】
법 제37조 제1항에서 "대통령령으로 정하는 이율"이란 연 100분의 20을 말한다.

시행령 제18조【지연이자의 적용제외 사유】
법 제37조 제2항에서 "그 밖에 대통령령으로 정하는 사유"란 다음 각 호의 어느 하나에 해당하는 경우를 말한다.
1. 「임금채권보장법」 제7조 제1항 제1호부터 제3호까지의 사유 중 어느 하나에 해당하는 경우
2. 「채무자 회생 및 파산에 관한 법률」, 「국가재정법」, 「지방자치법」 등 법령상의 제약에 따라 임금 및 퇴직금을 지급할 자금을 확보하기 어려운 경우
3. 지급이 지연되고 있는 임금 및 퇴직금의 전부 또는 일부의 존부(存否)를 법원이나 노동위원회에서 다투는 것이 적절하다고 인정되는 경우
4. 그 밖에 제1호부터 제3호까지의 규정에 준하는 사유가 있는 경우

※ 제37조【미지급 임금에 대한 지연이자】
① 사용자는 다음 각 호의 어느 하나에 해당하는 임금의 전부 또는 일부를 각 호에 따른 날까지 지급하지 아니한 경우 그 다음 날부터 지급하는 날까지의 지연 일수에 대하여 연 100분의 40 이내의 범위에서 「은행법」에 따른 은행이 적용하는 연체금리 등 경제 여건을 고려하여 대통령령으로 정하는 이율에 따른 지연이자를 지급하여야 한다.
1. 제36조에 따라 지급하여야 하는 임금 및 「근로자퇴직급여 보장법」 제2조 제5호에 따른 급여(일시금만 해당된다) : 지급 사유가 발생한 날부터 14일이 되는 날
2. 제43조에 따라 지급하여야 하는 임금 : 제43조 제2항에 따라 정하는 날
② 사용자가 제1항 제2호에 따른 임금을 지급하지 아니하여 지연이자를 지급할 의무가 발생한 이후 근로자가 사망 또는 퇴직한 경우 해당 임금에 대한 지연이자는 제1항 제2호에 따른 날을 기준으로 산정한다.

③ 제1항은 사용자가 천재·사변, 그 밖에 대통령령으로 정하는 사유에 따라 임금 지급을 지연하는 경우 그 사유가 존속하는 기간에 대하여는 적용하지 아니한다.
[시행일: 2025.10.23.]

(1) 의의

여기서의 퇴직은 근로관계가 종료되는 모든 사유를 말한다. 금품청산의 대상은 사용자가 근로자에게 지급의무가 있는 모든 금품이다. 따라서 임금, 재해보상금 이외에도 퇴직금(퇴직급여법 제9조), 저축금, 귀향여비, 해고예고수당 등이 포함된다.

(2) 기일연기

특별한 사정이 있을 경우에는 당사자 사이의 합의에 의하여 기일을 연장할 수 있다(제36조 단서). 여기서 특별한 사정이 있는 경우란 천재, 사변 기타 이에 준하는 부득이한 사정이 있는 경우 또는 최소한 사용자가 모든 성의와 전력을 다했어도 임금의 체불이나 미불을 방지할 수 없었다는 것이 사회통념상으로 긍정될 정도를 말한다(대판 1988.5.10, 87도2098). 사업부진 등으로 자금 압박을 받아 지급할 수 없었다는 것만으로는 특별한 사정이 있는 경우에 해당하지 않는다(대판 2002.11.26, 2002도649).

(3) 반의사불벌죄(제109조 제2항)

2. 귀향여비 지급

근로계약체결 시 명시된 근로조건이 사실과 다른 경우 근로자는 근로조건 위반을 이유로 손해배상을 청구할 수 있으며 즉시 근로계약을 해제할 수 있다. 근로계약이 해제되었을 경우에는 사용자는 취업을 목적으로 거주를 변경하는 근로자에게 귀향여비를 지급하여야 한다(제19조).

3. 사용증명서교부

사용자는 근로자가 퇴직한 후라도 사용기간, 업무 종류, 지위와 임금, 그 밖에 필요한 사항에 관한 증명서를 청구하면 사실대로 적은 증명서를 즉시 내주어야 한다(제39조 제1항). 이 증명서에는 근로자가 요구한 사항만을 적어야 한다(제39조 제2항). 사용증명서를 청구할 수 있는 자는 계속하여 30일 이상 근무한 근로자로 하되, 청구할 수 있는 기한은 퇴직 후 3년 이내로 한다(시행령 제19조). 제39조를 위반한 자에게는 500만원 이하의 과태료를 부과한다(제116조 제2항 제2호).

4. 취업방해의 금지

누구든지 근로자의 취업을 방해할 목적으로 비밀 기호 또는 명부를 작성·사용하거나 통신을 하여서는 아니 된다(제40조). 위반 시 5년 이하의 징역 또는 5천만원 이하의 벌금에 처한다(제107조).

5. 정리해고 후 우선재고용의무

제24조에 따라 근로자를 해고한 사용자는 근로자를 해고한 날부터 3년 이내에 해고된 근로자가 해고 당시 담당하였던 업무와 같은 업무를 할 근로자를 채용하려고 할 경우 제24조에 따라 해고된 근로자가 원하면 그 근로자를 우선적으로 고용하여야 한다(제25조 제1항).

6. 근로자명부의 작성

사용자는 각 사업장별로 근로자 명부를 작성하고 근로자의 성명, 생년월일, 이력, 그 밖에 대통령령으로 정하는 사항을 적어야 한다. 다만, 대통령령으로 정하는 일용근로자에 대해서는 근로자 명부를 작성하지 아니할 수 있다(제41조 제1항). 제1항에 따라 근로자 명부에 적을 사항이 변경된 경우에는 지체 없이 정정하여야 한다(제2항). 사용기간이 30일 미만인 일용근로자에 대하여는 근로자 명부를 작성하지 아니할 수 있다(시행령 제21조). 제41조를 위반한 자에게는 500만원 이하의 과태료를 부과한다(제116조 제2항 제2호).

> **시행령 제20조【근로자 명부의 기재사항】**
> 법 제41조 제1항에 따른 근로자 명부에는 고용노동부령으로 정하는 바에 따라 다음 각 호의 사항을 적어야 한다.
> 1. 성명   2. 성(性)별   3. 생년월일
> 4. 주소   5. 이력(履歷)   6. 종사하는 업무의 종류
> 7. 고용 또는 고용갱신 연월일, 계약기간을 정한 경우에는 그 기간, 그 밖의 고용에 관한 사항
> 8. 해고, 퇴직 또는 사망한 경우에는 그 연월일과 사유
> 9. 그 밖에 필요한 사항

7. 계약 서류의 보존

사용자는 근로자 명부와 대통령령으로 정하는 근로계약에 관한 중요한 서류를 3년간 보존하여야 한다(제42조, 시행령 제22조). 제42조를 위반한 자에게는 500만원 이하의 과태료를 부과한다(제116조 제2항 제2호).

> **시행령 제22조【보존 대상 서류 등】**
> ① 법 제42조에서 "대통령령으로 정하는 근로계약에 관한 중요한 서류"란 다음 각 호의 서류를 말한다.
>   1. 근로계약서
>   2. 임금대장
>   3. 임금의 결정·지급방법과 임금계산의 기초에 관한 서류
>   4. 고용·해고·퇴직에 관한 서류
>   5. 승급·감급에 관한 서류
>   6. 휴가에 관한 서류
>   7. 삭제〈2014.12.9.〉
>   8. 법 제51조 제2항, 제51조의2 제1항, 같은 조 제2항 단서, 같은 조 제5항 단서, 제52조 제1항, 같은 조 제2항 제1호 단서, 제53조 제3항, 제55조 제2항 단서, 제57조, 제58조 제2항·제3항, 제59조 제1항 및 제62조에 따른 서면 합의 서류
>   9. 법 제66조에 따른 연소자의 증명에 관한 서류
> ② 법 제42조에 따른 근로계약에 관한 중요한 서류의 보존기간은 다음 각 호에 해당하는 날부터 기산한다.
>   1. 근로자 명부는 근로자가 해고되거나 퇴직 또는 사망한 날
>   2. 근로계약서는 근로관계가 끝난 날
>   3. 임금대장은 마지막으로 써 넣은 날

4. 고용, 해고 또는 퇴직에 관한 서류는 근로자가 해고되거나 퇴직한 날
5. 삭제 <2018.6.29.>
6. 제1항 제8호의 서면 합의 서류는 서면 합의한 날
7. 연소자의 증명에 관한 서류는 18세가 되는 날(18세가 되기 전에 해고되거나 퇴직 또는 사망한 경우에는 그 해고되거나 퇴직 또는 사망한 날)
8. 그 밖의 서류는 완결한 날

Ⅲ 해고

1. 서설

(1) 해고의 개념과 해고제한의 필요성

해고란 근로자의 의사와 관계없이 사용자의 일방적인 의사표시에 의하여 근로관계를 장래에 향하여 종료시키는 법률행위를 말한다. 근로자 측의 해고사유는 일신상의 사유와 행태상의 사유로 구분할 수 있고, 사용자 측 해고사유로는 경영상 이유에 의한 해고를 두고 있다. 사용자에 의한 해지의 자유는 근로의 제공을 유일한 생활수단으로 하는 근로자에게 취업의 기회를 박탈하고 생존에 커다란 위협을 주게 된다. 따라서 사용자의 근로계약해지의 자유에 대한 법적 제한이 요구되었으며 이것이 바로 시민법상의 원리를 극복하고 노동법상 해고제한의 법리가 대두된 이유이다.

(2) 해고의 정당한 이유

사용자는 정당한 이유 없이 근로자를 해고하여서는 아니 된다(제23조 제1항). 무엇이 정당한 이유인가에 관하여 근로기준법은 경영상 이유에 의한 해고(제24조) 이외에는 아무런 규정을 하지 않고 있다. 따라서 정당한 이유의 내용은 개별적 사안에 따라 구체적으로 판단되어야 할 것이지만 대체로 사회통념상 근로관계를 계속시킬 수 없을 정도로 근로자에게 귀책사유가 있다든가 또는 부득이한 경영상의 필요가 있는 경우가 이에 해당된다고 할 것이다(대판 2003.7.8, 2001두8018).

2. 통상해고(일신상의 사유)

통상해고로서의 근로자의 일신상의 사유라는 것은 계약상 급부의무의 이행에 필요한 정신적, 육체적 또는 기타의 적격성을 현저하게 저해하는 사정(업무에 대한 적성에 흠이 있거나 직무능력이 부족한 경우, 근로자의 성격상의 사유에서 비롯된 개인적 부적격성, 계약상의 노무급부를 곤란하게 하는 질병, 경쟁기업주와 인척관계에 있는 경우)이 근로자에게 발생하여 그 결과 근로자가 사업장 내에서 자신의 지위에 상응하여 정당하게 요구되는 업무를 충분히 감당할 수 없게 된 경우를 말한다. 원칙적으로 단체협약이나 취업규칙상의 징계절차를 거칠 필요가 없다.

대판 1994.10.25, 94다25889

특정사유가 단체협약이나 취업규칙 등에서 징계해고사유와 통상해고사유의 양쪽에 모두 해당하는 경우뿐 아니라 징계해고사유에는 해당하나 통상해고사유에는 해당하지 않는 경우에도, 그 사유를 이유로 징계해고처분의 규정상 근거나 형식을 취하지 아니하고 근로자에게 보다 유리한 통상해고처분을 택하는 것은 근로기준법 제27조 제1항에 반하지 않는 범위 내에서 사용자의 재량에 속하는 적법한 것이나, 근로자에게 변명의 기회가 부여되지 않더라도 해고가 당연시될 정도라는 등의 특별한 사유가 없는 한, 징계해고사유가 통상해고사유에도 해당하여 통상해고의 방법을 취하더라도 징계해고에 따른 소정의 절차는 부가적으로 요구된다고 할 것이고, 나아가 징계해고사유로 통상해고를 한다는 구실로 징계절차를 생략할 수는 없는 것이니, 절차적 보장을 한 관계규정의 취지가 회피됨으로써 근로자의 지위에 불안정이 초래될 수 있기 때문이다.

대판 2000.6.23, 99두4235

취업규칙 등에 면직처분과 징계처분이 따로 규정되어 있으면서도 면직처분에 관하여는 일반의 징계처분과 달리 아무런 절차규정도 두고 있지 아니하고 그 면직사유가 동일하게 징계사유로 규정되어 있는 것도 아니라면, 사용자가 면직처분을 함에 있어 일반의 징계절차를 거쳐야 한다고 할 수 없고, 이는 면직사유가 실질적으로 징계사유로 보여지는 경우에도 달리 해석할 것은 아니다.

3. 징계해고(행태상의 사유)

(1) 개념

징계해고로서의 행태상의 사유라 함은 근로자가 유책하게 근로계약상의 의무위반행위를 한 경우를 비롯하여 다른 동료근로자와의 관계나 기타 경영내적 또는 경영외적인 제도 및 조직과의 관계 등에서 발생하는 사유를 의미한다. 근로자의 행태상의 사유를 판단함에 있어서도 전체 경영질서와 관련하여 행태의 적격성과 당사자의 정황을 참작하여 판단하여야 한다.

(2) 경향사업체의 특례

사용자가 경영하는 사업이 특정한 신조나 사상과 밀접한 관련이 있는 사업을 경향사업이라고 한다. 이러한 경향사업체에서는 근로자가 경향사업체의 신조나 사상에 반하는 행위를 하는 경우 근로기준법 제23조의 제한을 받지 않고 해고할 수 있다. 판례는 공기업에서 용지보상업무를 담당하던 근로자의 부동산 투기행위를 정당한 해고원인으로 보고 있는데, 공기업의 사업의 경향성을 고려한 것이다.

(3) 징계해고의 구체적 사유

사용자는 근로자가 자신의 귀책사유로 인하여 관련법령·단체협약·취업규칙 및 근로계약에 규정된 의무를 위반하거나, 사용자의 지시·명령에 불복종하는 것을 이유로 징계해고를 할 수 있다. 예를 들어 ㉠ 무단결근·지각·조퇴의 반복, ㉡ 약정된 근로의 거부 또는 하자 있는 근로제공, ㉢ 불법쟁의행위의 선동·참가, ㉣ 회사경영에 대한 손해 야기, ㉤ 회사명예의 훼손, ㉥ 회사상사의 지시불복종, ㉦ 회사기밀의 누설, ㉧ 학력의 허위기재(대판 2003.5.16, 2002다25525) 등이 징계해고의 사유에 해당한다. 근로자의 범법행위는 직접 사용자에 대한 것은 물론이거니와 제3자에 대한 범죄행위라 할지라도 그것이 사용자에 대한 의무이행에 부정적 영향을 미치거나, 회사의 신용명예에 중대한 손상을 초래하는 경우에는 해고의 사유가 될 수 있다.

(4) 징계해고의 유효요건

① 징계사유의 정당성 : 징계해고가 유효하기 위해서는 근로자의 행위가 기업의 공동질서를 위반하는 행위로서 사회통념상 근로관계를 더 이상 존속시키지 못할 사유가 있어야 한다.

② 징계절차의 정당성

　　㉠ 절차가 있는 경우

　　㉡ 절차가 없는 경우

(5) 단체협약·취업규칙의 해고사유

① 규정된 해고사유의 정당성

해고사유가 단체협약이나 취업규칙에 규정되어 있어도 그 사유가 반드시 정당한 해고사유는 아니다. 따라서 사회통념상 근로계약을 계속할 수 없을 정도로 근로자에게 책임이 있는 사유가 객관적으로 인정되어야 한다(대판 1992.5.12, 91다27518). 해고할 수 있는 징계사유를 규정한 취업규칙의 여러 규정의 내용이 서로 일부 다른 경우 어느 것을 적용하여야 하는지가 문제되나 이러한 경우에는 근로자에게 보다 유리한 규정을 적용하여야 한다(대판 1994.5.27, 93다57551).

② 해고사유의 열거

해고사유가 열거된 경우 한정열거로 해석하는 것이 타당하다. 따라서 취업규칙 등에서 해고사유를 제한하고 있는 경우에는 이러한 제한을 위반한 해고는 정당한 이유가 없는 것으로서 무효이다(대판 1992.9.8, 91다27556).

> **대판 1999.3.26, 98두4672**
> 단체협약에서 "해고에 관하여는 단체협약에 의하여야 하고 취업규칙에 의하여 해고할 수 없다."는 취지로 규정하거나 "단체협약에 정한 사유 외의 사유로는 근로자를 해고할 수 없다."고 규정하는 등 근로자를 해고함에 있어서 해고사유 및 해고절차를 단체협약에 의하도록 명시적으로 규정하고 있거나 동일한 징계사유나 징계절차에 관하여 단체협약상의 규정과 취업규칙 등의 규정이 상호 저촉되는 경우가 아닌 한 사용자는 취업규칙에서 단체협약 소정의 해고사유와는 관련이 없는 새로운 해고사유를 정할 수 있고, 그 해고사유에 터잡아 근로자를 해고할 수 있으며, 비록 단체협약에서 해고사유와 해고 이외의 징계사유를 나누어 구체적으로 열거하고 있다 하더라도 취업규칙에서 이와 다른 사유를 해고사유로 규정하는 것이 단체협약에 반하는 것이라고 할 수 없다.

4. 경영상 이유에 의한 해고(정리해고)

> **제24조【경영상 이유에 의한 해고의 제한】**
> ① 사용자가 경영상 이유에 의하여 근로자를 해고하려면 긴박한 경영상의 필요가 있어야 한다. 이 경우 경영악화를 방지하기 위한 사업의 양도·인수·합병은 긴박한 경영상의 필요가 있는 것으로 본다.
> ② 제1항의 경우에 사용자는 해고를 피하기 위한 노력을 다하여야 하며, 합리적이고 공정한 해고의 기준을 정하고 이에 따라 그 대상자를 선정하여야 한다. 이 경우 남녀의 성을 이유로 차별하여서는 아니 된다.

③ 사용자는 제2항에 따른 해고를 피하기 위한 방법과 해고의 기준 등에 관하여 그 사업 또는 사업장에 근로자의 과반수로 조직된 노동조합이 있는 경우에는 그 노동조합(근로자의 과반수로 조직된 노동조합이 없는 경우에는 근로자의 과반수를 대표하는 자를 말한다. 이하 "근로자대표"라 한다)에 해고를 하려는 날의 50일 전까지 통보하고 성실하게 협의하여야 한다.

④ 사용자는 제1항에 따라 대통령령으로 정하는 일정한 규모 이상의 인원을 해고하려면 대통령령으로 정하는 바에 따라 고용노동부장관에게 신고하여야 한다.

⑤ 사용자가 제1항부터 제3항까지의 규정에 따른 요건을 갖추어 근로자를 해고한 경우에는 제23조 제1항에 따른 정당한 이유가 있는 해고를 한 것으로 본다.

(1) 의의와 취지

정리해고란 사용자가 긴박한 경영상 이유를 들어 근로기준법 제24조에서 정한 절차에 따라 근로자를 해고하는 것을 말한다. 정리해고는 사용자의 경영위기를 타개하기 위한 불가피한 수단이지만 근로자의 귀책사유가 없고 재취업이 어려운 시기에 집단적으로 근로자의 생존권을 위협하는 극한적 고용조정수단이라는 점에서 근로자의 직업의 안정성 확보 및 근로자 보호를 위해 여러 가지 보호제도를 두고 있다.

(2) 정리해고의 실질적 요건(정당한 이유)

① 긴박한 경영상의 필요성

'긴박한 기업경영상의 필요성'이라는 것은 기업의 인원삭감 조치가 영업성적의 악화라는 기업의 경제적인 이유뿐만 아니라 생산성의 향상, 경쟁력의 회복 내지 증강에 대처하기 위한 작업 형태의 변경, 신기술의 도입이라는 기술적인 이유와 그러한 기술혁신에 따라 생기는 산업의 구조적 변화도 이유로 하여 실제 이루어지고 있고 또한 그럴 필요성이 충분히 있다는 점에 비추어 보면 반드시 기업의 도산을 회피하기 위한 것에 한정할 필요는 없고, 인원삭감이 객관적으로 보아 합리성이 있다고 인정될 때에는 '긴박한 경영상의 필요성'이 있는 것으로 넓게 보아야 한다(대판 1991.12.10, 91다8647). 사용자가 부득이한 경영상의 필요성을 이유로 근로자에 대한 정리해고를 한 경우에 그 타당성 여부의 판단은 정리해고를 한 당시를 기준으로 하여야 하며 그 후 경영상태의 호전여부는 고려될 것이 아니다(대판 1992.11.10, 91다19463).

> **대판 2015.5.28, 2012두25873**
> 정리해고의 요건 중 '긴박한 경영상의 필요'란 반드시 기업의 도산을 회피하기 위한 경우에 한정되지 아니하고, 장래에 올 수도 있는 위기에 미리 대처하기 위하여 인원삭감이 필요한 경우도 포함되지만, 그러한 인원삭감은 객관적으로 보아 합리성이 있다고 인정되어야 한다. 또한 '긴박한 경영상의 필요'가 있는지를 판단할 때에는 … 법인의 일부 사업부문 내지 사업소의 수지만을 기준으로 할 것이 아니라 법인 전체의 경영사정을 종합적으로 검토하여 결정하여야 한다.

대판 2012.2.23, 2010다3629

기업의 전체경영실적이 흑자를 기록하고 있더라고 일부 사업부문의 경영악화가 전체 경영악화로 이어질 수 있다면 긴박한 경영상의 필요가 있는 것으로 인정된다.

② 해고회피노력(제24조 제2항 전단)

사용자는 해고회피를 위한 노력을 하여야 한다. 구체적으로 경영방침이나 작업방식의 합리화, 신규채용의 금지, 일시휴직 및 희망퇴직의 활용, 유·무급 휴직 실시, 조업시간단축, 전근 등 가능한 모든 조치를 취하는 것을 의미한다(대판 1992.12.22, 92다14779). 해고회피노력의 방법과 정도는 확정적·고정적인 것이 아니라 당해 사용자의 경영위기의 정도, 정리해고를 실시하여야 하는 경영상의 이유, 사업의 내용과 규모, 직급별 인원상황 등에 따라 달라지는 것이고, 사용자가 해고를 회피하기 위한 방법에 관하여 노동조합 또는 근로자대표와 성실하게 협의하여 정리해고 실시에 관한 합의에 도달하였다면 이러한 사정도 해고회피노력의 판단에 참작되어야 한다(대판 2002.7.9, 2001다29452). 해고회피노력을 다하였는지 여부는 정리해고가 이루어지기 이전의 시점을 기준으로 판단되어야 하므로, 정리해고가 이루어진 이후의 조업단축, 희망퇴직 등은 고려대상이 아니다(대판 2002.6.28, 2000두4606).

③ 합리적이고 공정한 해고기준의 설정(제24조 제2항 후단)

㉠ 설정기준

합리적이고 공정한 해고의 기준 역시 확정적·고정적인 것은 아니고 당해 사용자가 직면한 경영위기의 강도와 정리해고를 실시하여야 하는 경영상의 이유, 정리해고를 실시한 사업 부문의 내용과 근로자의 구성, 정리해고 실시 당시의 사회경제상황 등에 따라 달라지는 것이고, 사용자가 해고의 기준에 관하여 노동조합 또는 근로자대표와 성실하게 협의하여 해고의 기준에 관한 합의에 도달하였다면 이러한 사정도 해고의 기준이 합리적이고 공정한 기준인지의 판단에 참작되어야 한다(대판 2002.7.9, 2001다29452). 해고대상근로자의 선정기준이 단체협약이나 취업규칙 등에 규정되어 있는 경우에는 이에 따르고 규정되어 있지 아니한 경우에는 해고시점에 이러한 기준을 설정하여야 한다.

㉡ 구체적 사례

상용직 근로자보다 일용직 근로자를 우선해고 대상으로 삼은 경우, 상용직 근로자보다 단시간 근로자를 우선해고 대상으로 삼은 경우, 연령이 낮거나 근속연수가 낮은 근로자를 우선해고 대상으로 삼은 경우 등은 합리적이고 공정한 기준으로 인정된다.

④ 근로자대표와의 사전협의(제24조 제3항)

㉠ 사전협의절차 흠결의 효력

판례는 종래 협의절차를 거친다고 하여도 별다른 효과를 기대할 수 없는 등 특별한 사정이 있는 한에는 사용자가 근로자 측과 사전협의절차를 거치지 아니하였다 하여 그것만으로 정리해고를 무효라고 할 수 없다고 한다(대판 1992.11.10, 91다19463). 50일의 협의기간을 준수하지 않은 경우 사전 통보 후 정리해고 실시까지의 기간이 그와 같은 행위를 하는 데 소요되는 시간으로 부족하였다는 등의 특별한 사정이 없고, 그 밖의 요건들은 충족되었다면 그 정리해고는 유효하다고 본다(대판 2003.11.13, 2003두4119).

ⓛ 협의대상 근로자의 범위

정리해고가 실시되는 사업장에 근로자의 과반수로 조직된 노동조합이 있는 경우 사용자가 그 노동조합과의 협의 외에 정리해고의 대상인 일정 급수 이상 직원들만의 대표를 새로이 선출케 하여 그 대표와 별도로 협의를 하지 않았다고 하여 그 정리해고를 협의절차의 흠결로 무효라 할 수는 없다(대판 2002.7.9, 2001다29452). 근로자의 과반수로 조직된 노동조합이 없는 경우에는 해고 대상 근로자 집단의 대표자와 협의하여야 한다(대판 2005.9.29, 2005두4403). 근로자의 과반수로 조직된 노동조합이 없는 경우에 그 협의의 상대방이 형식적으로는 근로자 과반수의 대표로서의 자격을 명확히 갖추지 못하였더라도 실질적으로 근로자의 의사를 반영할 수 있는 대표자라고 볼 수 있는 사정이 있다면 위 절차적 요건도 충족하였다고 보아야 할 것이다(대판 2006.1.26, 2003다69393).

⑤ 경영상의 이유에 의한 해고와 정당한 이유

사용자가 제24조 제1항 내지 제3항의 규정에 의한 요건을 갖추어 근로자를 해고한 때에는 제23조 제1항의 정당한 이유가 있는 해고를 한 것으로 본다(제24조 제5항). 그러나 판례는 "각 요건의 구체적 내용은 확정적·고정적인 것이 아니라 구체적 사건에서 다른 요건의 충족정도와 관련하여 유동적으로 정해지는 것이므로 구체적 사건에서 경영상 이유에 의한 당해 해고가 위 각 요건을 모두 갖추어 정당한지 여부는 위 각 요건을 구성하는 개별사정들을 종합적으로 고려하여 판단하여야 한다."고 보고 있다(대판 2002.7.9, 2000두9373).

(3) 정리해고의 신고(제24조 제4항)

① 법규정 : 사용자는 1개월 동안에 일정한 규모 이상의 인원을 해고하려면 최초로 해고하려는 날의 30일 전까지 고용노동부장관에게 신고하여야 한다(시행령 제10조 제1항).

ㄱ 상시근로자 수가 99명 이하인 사업 또는 사업장 : 10명 이상

ㄴ 상시근로자 수가 100명 이상 999명 이하인 사업 또는 사업장 : 상시근로자 수의 10퍼센트 이상

ㄷ 상시근로자 수가 1,000명 이상 사업 또는 사업장 : 100명 이상

② 신고의 내용 : 신고서에는 해고사유, 해고예정인원, 근로자대표와의 협의내용, 해고일정 등을 기재하여야 한다(시행령 제10조 제2항).

③ 위반의 효과

이러한 신고는 대량해고에 대한 행정적 감시와 지도를 하기 위한 것으로 고용노동부장관에 대한 신고유무가 해고의 효력에 영향을 미치지는 않는다. 또 신고의무위반에 대한 벌칙도 없다.

(4) 정리해고 후의 근로자보호

> **제25조【우선 재고용 등】**
> ① 제24조에 따라 근로자를 해고한 사용자는 근로자를 해고한 날부터 3년 이내에 해고된 근로자가 해고 당시 담당하였던 업무와 같은 업무를 할 근로자를 채용하려고 할 경우 제24조에 따라 해고된 근로자가 원하면 그 근로자를 우선적으로 고용하여야 한다.
> ② 정부는 제24조에 따라 해고된 근로자에 대하여 생계안정, 재취업, 직업훈련 등 필요한 조치를 우선적으로 취하여야 한다.
>
> **파견근로자 보호 등에 관한 법률 제16조【근로자파견의 제한】**
> ② 누구든지 「근로기준법」 제24조에 따른 경영상 이유에 의한 해고를 한 후 2년(근로자대표의 동의가 있는 경우 6개월)이 지나기 전에는 해당 업무에 파견근로자를 사용하여서는 아니 된다.

사용자는 해고 근로자가 반대하는 의사를 표시하거나 고용계약을 체결할 것을 기대하기 어려운 객관적인 사유가 있는 등의 특별한 사정이 있는 경우가 아닌 한 해고 근로자를 우선 재고용할 의무가 있다. 이때 사용자가 해고 근로자에게 고용계약을 체결할 의사가 있는지 확인하지 않은 채 제3자를 채용하였다면, 마찬가지로 해고 근로자가 고용계약 체결을 원하지 않았을 것이라거나 고용계약을 체결할 것을 기대하기 어려운 객관적인 사유가 있었다는 등의 특별한 사정이 없는 한 근로기준법 제25조 제1항이 정한 우선 재고용의무를 위반한 것으로 볼 수 있다. 해고 근로자는 사용자가 위와 같은 우선 재고용의무를 이행하지 아니하는 경우 사용자를 상대로 고용의 의사표시를 갈음하는 판결을 구할 사법상의 권리가 있고, 판결이 확정되면 사용자와 해고 근로자 사이에 고용관계가 성립한다. 또한 해고 근로자는 사용자가 위 규정을 위반하여 우선 재고용의무를 이행하지 않은 데 대하여, 우선 재고용의무가 발생한 때부터 고용관계가 성립할 때까지의 임금 상당 손해배상금을 청구할 수 있다(대판 2020.11.26, 2016다13437).

5. 해고시기의 제한

> **제23조【해고 등의 제한】**
> ② 사용자는 근로자가 업무상 부상 또는 질병의 요양을 위하여 휴업한 기간과 그 후 30일 동안 또는 산전·산후의 여성이 이 법에 따라 휴업한 기간과 그 후 30일 동안은 해고하지 못한다. 다만, 사용자가 제84조에 따라 일시보상을 하였을 경우 또는 사업을 계속할 수 없게 된 경우에는 그러하지 아니하다.

(1) 의의

근로기준법 제23조 제2항과 남녀고용평등법에서는 심신이 허약한 기간 동안 근로자를 실직의 위험으로부터 보호함과 동시에 안정적인 생활관계를 보장하도록 하려는 취지에서 해고시기를 제한하고 있다. 동 규정은 4인 이하 사업장에도 적용되며, 위반 시 5년 이하의 징역 또는 5천만원 이하의 벌금에 처한다(제107조).

(2) 휴업의 의미

근로자가 업무상 부상 등을 입고 치료 중이라 하더라도 휴업하지 아니하고 정상적으로 출근하고 있는 경우 또는 업무상 부상 등으로 휴업하고 있는 경우라도 요양을 위하여 휴업할 필요가 있다고 인정되지 아니하는 경우에는 위 규정에서 정한 해고가 제한되는 휴업기간에 해당하지 아니한다(대판 2011.11.10, 2009다63205). 요양을 위하여 필요한 휴업에는 정상적인 노동력을 상실하여 출근을 전혀 할 수 없는 경우뿐만 아니라, 노동력을 일부 상실하여 정상적인 노동력으로 근로를 제공하기 곤란한 상태에서 치료 등 요양을 계속하면서 부분적으로 근로를 제공하는 부분 휴업도 포함된다. 업무상 재해를 입은 근로자를 보호하기 위한 해고 제한의 필요성은 시용(試用) 근로자에 대하여도 동일하게 인정되므로, 시용 근로관계에 있는 근로자가 업무상 부상 등으로 요양이 필요한 휴업 기간 중에는 사용자가 시용 근로자를 해고하거나 본계약 체결을 거부하지 못한다(대판 2021.4.29, 2018두43958).

(3) 남녀고용평등법상의 제한

사업주는 육아휴직을 이유로 해고 기타 불리한 처우를 하여서는 아니 되며, 육아휴직 기간 동안은 당해 근로자를 해고하지 못한다. 다만 사업을 계속할 수 없는 경우는 그러하지 아니하다(제19조 제3항).

6. 해고예고

제26조 【해고의 예고】
사용자는 근로자를 해고(경영상 이유에 의한 해고를 포함한다)하려면 적어도 30일 전에 예고를 하여야 하고, 30일 전에 예고를 하지 아니하였을 때에는 30일분 이상의 통상임금을 지급하여야 한다. 다만, 다음 각 호의 어느 하나에 해당하는 경우에는 그러하지 아니하다.
1. 근로자가 계속 근로한 기간이 3개월 미만인 경우
2. 천재・사변, 그 밖의 부득이한 사유로 사업을 계속하는 것이 불가능한 경우
3. 근로자가 고의로 사업에 막대한 지장을 초래하거나 재산상 손해를 끼친 경우로서 고용노동부령으로 정하는 사유에 해당하는 경우

근로기준법 시행규칙 제4조 【해고 예고의 예외가 되는 근로자의 귀책사유】
법 제26조 제3호 단서에서 "고용노동부령으로 정하는 사유"란 다음 별표와 같다.

[별표] 해고 예고의 예외가 되는 근로자의 귀책사유(제4조 관련)
1. 납품업체로부터 금품이나 향응을 제공받고 불량품을 납품받아 생산에 차질을 가져온 경우
2. 영업용 차량을 임의로 타인에게 대리운전하게 하여 교통사고를 일으킨 경우
3. 사업의 기밀이나 그 밖의 정보를 경쟁관계에 있는 다른 사업자 등에게 제공하여 사업에 지장을 가져온 경우
4. 허위 사실을 날조하여 유포하거나 불법 집단행동을 주도하여 사업에 막대한 지장을 가져온 경우
5. 영업용 차량 운송 수입금을 부당하게 착복하는 등 직책을 이용하여 공금을 착복, 장기유용, 횡령 또는 배임한 경우
6. 제품 또는 원료 등을 몰래 훔치거나 불법 반출한 경우

7. 인사·경리·회계담당 직원이 근로자의 근무상황 실적을 조작하거나 허위 서류 등을 작성하여 사업에 손해를 끼친 경우
8. 사업장의 기물을 고의로 파손하여 생산에 막대한 지장을 가져온 경우
9. 그 밖에 사회통념상 고의로 사업에 막대한 지장을 가져오거나 재산상 손해를 끼쳤다고 인정되는 경우

(1) 의의

해고예고란 불측의 해고로 인하여 근로자가 갑자기 생활기반을 상실하는 것을 방지하고, 재취업에 필요한 충분한 시간적 여유를 부여하기 위한 제도이다. 해고예고는 정당한 이유에 한하여 인정되는 것이므로 해고의 정당한 이유가 없는 경우에는 해고의 예고를 하였다 할지라도 유효한 해고가 되는 것은 아니다. 동 규정은 4인 이하의 사업장에도 적용된다.

(2) 해고예고의 내용

① 해고예고기간

해고예고는 적어도 30일 이전에 하여야 한다. 따라서 사용자와 근로자의 개별적합의 취업규칙 및 단체협약 등에 의하여 해고예고기간을 단축할 수는 없으나 이를 연장할 수는 있다. 해고예고는 특별한 형식을 요하지 아니하나 해고될 근로자와 해고될 날을 명시하여야 하고 불확정기한이나 조건이 붙은 예고는 무효이다.

> 해고예고는 일정 시점을 특정하여 하거나 언제 해고되는지를 근로자가 알 수 있는 방법으로 하여야 하므로 사용자인 피고인이 근로자 갑에게 "후임으로 발령받은 을이 근무하여야 하니 업무 인수인계를 해 달라.", "당분간 근무를 계속하며 을에게 업무 인수인계를 해 주라."고만 말하고 갑을 해고한 사안에서, 피고인의 위와 같은 말만으로는 갑의 해고일자를 특정하거나 이를 알 수 있는 방법으로 예고한 것이라고 볼 수 없어 적법하게 해고예고를 하였다고 할 수 없다(대판 2010.4.15, 2009도13833).

② 해고예고수당의 지급과 반환의무

사용자가 해고예고를 원하지 않을 경우에는 이에 대신하여 30일분 이상의 통상임금을 해고예고수당으로서 지급해야 한다. 근로기준법 제26조 본문에 따라 사용자가 근로자를 해고하면서 30일 전에 예고를 하지 아니하였을 때 근로자에게 지급하는 해고예고수당은 해고가 유효한지와 관계없이 지급되어야 하는 돈이고, 해고가 부당해고에 해당하여 효력이 없다고 하더라도 근로자가 해고예고수당을 지급받을 법률상 원인이 없다고 볼 수 없다(대판 2018. 9.13, 2017다16778).

(3) 해고예고기간 중의 근로관계

해고예고기간 중에도 만료 시까지 근로관계는 계속되며 근로자와 사용자는 근로관계에 기한 임금 또는 근로를 청구할 수 있다. 다만, 근로자가 새로운 직장을 구하기 위하여 결근한 경우라도 사용자는 신의칙에 따라 임금을 지급하여야 한다.

(4) 근로관계의 성질상 적용제외

① 퇴직, 정년도달, 근로자의 사망

② 기간의 정함이 있는 근로계약

(5) 해고예고제도의 위반과 해고의 효력

① 사법적 효력

사용자는 벌칙이 적용되고 해고예고수당을 지급해야 하지만, 해고예고제도는 단순한 단속규정에 불과하므로 동 규정에 위반한 해고일지라도 정당한 사유가 있는 한 해고 자체의 사법상 효력은 유효하다는 견해이다(대판 1993.12.27, 97누14132).

② 벌칙

사용자가 해고예고를 하지 않고 근로자를 해고한 경우에는 2년 이하의 징역 또는 2천만원 이하의 벌금에 처한다(근로기준법 제110조 제1호).

7. 해고사유·시기의 서면통지

(1) 해고사유시기의 서면통지

사용자는 근로자를 해고하려면 해고사유와 해고시기를 서면으로 통지하여야 한다(제27조 제1항). 경영상 이유에 의한 해고의 경우에도 서면통지를 해야 한다.

> 근로기준법 제27조는 해고사유 등의 서면통지를 통해 사용자로 하여금 근로자를 해고하는 데 신중을 기하게 함과 아울러, 해고의 존부 및 시기와 그 사유를 명확하게 하여 사후에 이를 둘러싼 분쟁이 적정하고 용이하게 해결될 수 있도록 하고, 근로자에게도 해고에 적절히 대응할 수 있게 하기 위한 취지이다. 따라서 사용자가 해고사유 등을 서면으로 통지할 때는 근로자의 처지에서 해고사유가 무엇인지를 구체적으로 알 수 있어야 하고, 특히 징계해고의 경우에는 해고의 실질적 사유가 되는 구체적 사실 또는 비위내용을 기재하여야 하며 징계대상자가 위반한 단체협약이나 취업규칙의 조문만 나열하는 것으로는 충분하다고 볼 수 없다(대판 2011.10.27, 2011다42324). 해고 대상자가 이미 해고사유가 무엇인지 구체적으로 알고 있고 그에 대해 충분히 대응할 수 있는 상황이었다면 해고통지서에 해고사유를 상세하게 기재하지 않았더라도 위 조항을 위반한 것이라고 볼 수 없다. 그러나 근로기준법 제27조의 규정 내용과 취지를 고려할 때, 해고대상자가 해고사유가 무엇인지 알고 있고 그에 대해 대응할 수 있는 상황이었다고 하더라도, 사용자가 해고를 서면으로 통지하면서 해고사유를 전혀 기재하지 않았다면 이는 근로기준법 제27조를 위반한 해고통지에 해당한다고 보아야 한다(대판 2021.2.25, 2017다226605).

(2) 서면통지위반의 효과

근로자에 대한 해고는 서면으로 그 사유와 시기를 통지해야 효력이 발생한다(제27조 제2항). 따라서 사용자가 해고사유와 시기를 서면으로 명시하여 통지하지 않고 근로자를 해고하면 무효가 된다.

전자문서 및 전자거래 기본법에 따르면 전자문서도 문서로서의 효력이 부인되지 않는 점, 전자문서는 저장과 보관에서 지속성이나 정확성이 더 보장될 수도 있는 점, 이메일(e-mail)의 형식과 작성 경위 등에 비추어 사용자의 해고 의사를 명확하게 확인할 수 있고, 이메일에 해고사유와 해고시기에 관한 내용이 구체적으로 기재되어 있으며, 해고에 적절히 대응하는 데 아무런 지장이 없는 등 서면에 의한 해고통지의 역할과 기능을 충분히 수행하고 있다면, 단지 이메일 등 전자문서에 의한 통지라는 이유만으로 서면에 의한 통지가 아니라고 볼 것은 아닌 점 등을 고려하면, 근로자가 이메일을 수신하는 등으로 내용을 알고 있는 이상, 이메일에 의한 해고통지도 해고사유 등을 서면 통지하도록 규정한 근로기준법 제27조의 입법 취지를 해치지 아니하는 범위 내에서 구체적 사안에 따라 서면에 의한 해고통지로서 유효하다고 보아야 할 경우가 있다(대판 2015.9.10, 2015두41401).

(3) 해고예고와 서면통지

사용자가 제26조에 따른 해고의 예고를 해고사유와 해고시기를 명시하여 서면으로 한 경우에는 제1항에 따른 통지를 한 것으로 본다(제27조 제3항).

8. 부당한 해고 등의 구제절차

제23조【해고 등의 제한】
① 사용자는 근로자에게 정당한 이유 없이 해고, 휴직, 정직, 전직, 감봉, 그 밖의 징벌(이하 "부당해고 등"이라 한다)을 하지 못한다.

(1) 이원주의

부당해고 등에 대한 구제는 법원에 대한 사법적 구제와 노동위원회를 통한 행정적 구제로 이원화되어 있다. 근로자는 2가지 중 하나를 선택할 수도 있고, 노동위원회에 부당해고 구제신청을 함과 동시에 법원에 해고무효 확인의 소도 동시에 제기할 수도 있다. 다만, 법해석의 최종적 권한은 법원에 있으므로 일단 법원에서 부당해고가 아니라는 판결이 확정된 경우에는 행정적 구제는 할 수 없다(대판 1992.7.28, 92누6099).

(2) 노동위원회에 의한 구제
① 당사자
 ㉠ 신청인 : 사용자가 근로자에게 부당해고 등을 하면 근로자는 노동위원회에 구제를 신청할 수 있다(제28조 제1항). 구제신청은 해고 등 불이익처분을 받은 근로자(근로기준법 제2조의 근로자)만이 할 수 있고 노동조합은 할 수 없다.
 ㉡ 피신청인 : 피신청인은 원칙적으로 근로기준법 제2조의 사용자 중 사업주만이 될 수 있다.
 ㉢ 구제기관과 신청기간
  초심절차는 부당해고 등이 발생한 사업장의 소재지를 관할하는 지방노동위원회에 부당해고 등이 있은 날부터 3개월 이내에 그 구제를 신청함으로써 개시된다(제28조 제2항).

② 조사와 심문(제29조)

노동위원회는 구제신청을 받으면 지체 없이 필요한 조사와 심문을 하여야 한다(제1항). 노동위원회는 심문을 할 때에는 관계 당사자의 신청이나 직권으로 증인을 출석하게 하여 필요한 사항을 질문할 수 있으며(제2항), 관계 당사자에게 증거 제출과 증인에 대한 반대심문을 할 수 있는 충분한 기회를 주어야 한다(제3항). 노동위원회의 조사와 심문은 중앙노동위원회가 따로 정하는 바에 따른다(제4항).

③ 구제명령

㉠ 구제명령의 절차

노동위원회는 심문을 끝내고 부당해고 등이 성립한다고 판정하면 사용자에게 구제명령을 하여야 하며, 부당해고 등이 성립하지 아니한다고 판정하면 구제신청을 기각하는 결정을 하여야 한다. 이러한 판정, 구제명령, 기각결정은 사용자와 근로자에게 각각 서면으로 통지하여야 한다(제30조 제1·2항). 사용자에게 구제명령(이하 "구제명령"이라 한다)을 하는 때에는 이행기한을 정하여야 한다. 이 경우 이행기한은 사용자가 구제명령을 서면으로 통지받은 날부터 30일 이내로 한다(시행령 제11조). 여기서의 구제명령은 노동위원회의 재량행위로서 공법상의 이행의무만을 부과한 것으로 사법상의 효력은 없다(대판).

㉡ 구제명령의 내용(원직복직명령 또는 금전보상명령)

노동위원회는 구제명령(해고에 대한 구제명령만을 말한다)을 할 때에 근로자가 원직복직(原職復職)을 원하지 아니하면 원직복직을 명하는 대신 근로자가 해고기간 동안 근로를 제공하였더라면 받을 수 있었던 임금 상당액 이상의 금품을 근로자에게 지급하도록 명할 수 있다(제30조 제3항). 노동위원회는 근로계약기간의 만료, 정년의 도래 등으로 근로자가 원직복직(해고 이외의 경우는 원상회복을 말한다)이 불가능한 경우에도 제1항에 따른 구제명령이나 기각결정을 하여야 한다. 이 경우 노동위원회는 부당해고 등이 성립한다고 판정하면 근로자가 해고기간 동안 근로를 제공하였더라면 받을 수 있었던 임금 상당액에 해당하는 금품(해고 이외의 경우에는 원상회복에 준하는 금품을 말한다)을 사업주가 근로자에게 지급하도록 명할 수 있다(제30조 제4항).

대판 2020.2.20, 2019두52386 전원합의체
근로자가 부당해고 구제신청을 하여 해고의 효력을 다투던 중 정년에 이르거나 근로계약기간이 만료하는 등의 사유로 원직에 복직하는 것이 불가능하게 된 경우에도 해고기간 중의 임금 상당액을 지급받을 필요가 있다면 임금 상당액 지급의 구제명령을 받을 이익이 유지되므로 구제신청을 기각한 중앙노동위원회의 재심판정을 다툴 소의 이익이 있다고 보아야 한다.

㉢ 근로자의 고지

근로자는 구제명령을 받은 사용자가 이행기간까지 구제명령을 이행하지 아니하면 이행기한이 지난 때부터 15일 이내에 그 사실을 노동위원회에 알려줄 수 있다(제33조 제8항).

④ 구제명령에 대한 불복

　㉠ 재심

　　지방노동위원회의 구제명령이나 기각결정에 불복하는 사용자나 근로자는 구제명령서나 기각결정서를 통지받은 날부터 10일 이내에 중앙노동위원회에 재심을 신청할 수 있다(제31조 제1항).

　㉡ 행정소송

　　중앙노동위원회의 재심판정에 대하여 사용자나 근로자는 재심판정서를 송달받은 날부터 15일 이내에 「행정소송법」의 규정에 따라 소를 제기할 수 있다(제31조 제2항).

　㉢ 불복의 효력 : 노동위원회의 구제명령, 기각결정 또는 재심판정은 중앙노동위원회에 대한 재심 신청이나 행정소송 제기에 의하여 그 효력이 정지되지 아니한다(제32조).

⑤ 확정

　기간 이내에 재심을 신청하지 아니하거나 행정소송을 제기하지 아니하면 그 구제명령, 기각결정 또는 재심판정은 확정된다(제31조 제3항). 확정된 구제명령을 이행하지 않는 자는 벌칙이 적용(제111조)되며, 이에 대한 고발권은 노동위원회가 갖는다(제112조).

⑥ 이행강제금(노동위원회 구제명령의 이행확보수단)

　㉠ 이행강제금 부과요건

　　노동위원회는 구제명령을 받은 후 이행기간까지 구제명령을 이행하지 아니한 사용자에게 3천만원 이하의 이행강제금을 부과한다. 이 경우 이행강제금을 부과하기 30일 전까지 이행강제금을 부과·징수한다는 뜻을 사용자에게 미리 문서로써 알려주어야 한다(제33조 제1·2항). 이행강제금을 부과·징수한다는 뜻을 사용자에게 미리 문서로써 알려줄 때에는 10일 이상의 기간을 정하여 구술 또는 서면(전자문서를 포함한다)으로 의견을 진술할 수 있는 기회를 주어야 한다. 이 경우 지정된 기일까지 의견진술이 없는 때에는 의견이 없는 것으로 본다(시행령 제12조 제3항).

　㉡ 부과절차

　　이행강제금을 부과할 때에는 이행강제금의 액수, 부과사유, 납부기한, 수납기관, 이의제기방법 및 이의제기기관 등을 명시하여 문서로써 하여야 한다(제33조 제3항). 이행강제금을 부과하는 위반행위의 종류와 위반 정도에 따른 금액, 부과·징수된 이행강제금의 반환절차, 그 밖에 필요한 사항은 대통령령으로 정한다(제33조 제4항). 노동위원회는 법 제33조 제1항에 따라 이행강제금을 부과하는 때에는 이행강제금의 부과통지를 받은 날부터 15일 이내의 납부기한을 정하여야 한다(시행령 제12조 제1항). 노동위원회는 천재·사변, 그 밖의 부득이한 사유가 발생하여 제1항에 따른 납부기한 내에 이행강제금을 납부하기 어려운 경우에는 그 사유가 없어진 날부터 15일 이내의 기간을 납부기한으로 할 수 있다(시행령 제12조 제2항).

PART
02

ⓒ 이행강제금 부과유예

노동위원회는 구제명령을 이행하기 위하여 사용자가 객관적으로 노력하였으나 근로자의 소재불명 등으로 구제명령을 이행하기 어려운 것이 명백한 경우, 천재·사변, 그 밖의 부득이한 사유로 구제명령을 이행하기 어려운 경우에는 직권 또는 사용자의 신청에 따라 그 사유가 없어진 뒤에 이행강제금을 부과할 수 있다(시행령 제14조).

ⓓ 이행강제금의 횟수

노동위원회는 최초의 구제명령을 한 날을 기준으로 매년 2회의 범위에서 구제명령을 이행될 때까지 반복하여 이행강제금을 부과·징수할 수 있다. 이 경우 이행강제금은 2년을 초과하여 부과·징수하지 못한다(제33조 제5항).

ⓔ 납부와 미납부 시 조치

노동위원회는 구제명령을 받은 자가 구제명령을 이행하면 새로운 이행강제금을 부과하지 아니하되, 구제명령을 이행하기 전에 이미 부과된 이행강제금은 징수하여야 한다(제33조 제6항). 노동위원회는 중앙노동위원회의 재심판정이나 법원의 확정판결에 따라 노동위원회의 구제명령이 취소되면 직권 또는 사용자의 신청에 따라 이행강제금의 부과·징수를 즉시 중지하고 이미 징수한 이행강제금을 반환하여야 한다(시행령 제15조 제1항). 노동위원회가 제1항에 따라 이행강제금을 반환하는 때에는 이행강제금을 납부한 날부터 반환하는 날까지의 기간에 대하여 고용노동부령으로 정하는 이율을 곱한 금액을 가산하여 반환하여야 한다(시행령 제15조 제2항). 노동위원회는 이행강제금 납부의무자가 납부기한까지 이행강제금을 내지 아니하면 기간을 정하여 독촉을 하고 지정된 기간에 이행강제금을 내지 아니하면 국세체납처분의 예에 따라 징수할 수 있다(제33조 제7항).

(3) 법원에 의한 구제

① 해고무효확인 소송 등

노동위원회에 의한 부당해고 등의 구제는 노사 당사자 간의 권리·의무관계의 확정 및 손해의 전보 등을 위하여 적합하지 아니하므로 이를 위하여 민사소송제도를 별도로 필요로 한다. 사용자의 해고가 부당한 경우 근로자는 법원에 해고 등 무효 확인의 소를 제기하여 구제받을 수 있고, 또한 상기 소송을 본안으로 하여 종업원지위보전의 가처분 신청이나 임금지급의 가처분 신청을 할 수도 있다. 소의 제기기간은 법에 규정되어 있지 않으나 장기간의 권리불행사가 신의칙에 반하는 경우 실효의 원칙에 따라 구제를 받을 수 없다(대판).

② 불법행위에 대한 손해배상

일반적으로 사용자의 근로자에 대한 해고 등의 불이익처분이 정당하지 못하여 무효로 판단되는 경우에 그러한 사유만에 의하여 곧바로 그 해고 등의 불이익처분이 불법행위를 구성하게 된다고 할 수는 없으나, 사용자가 근로자에 대하여 징계해고 등을 할 만한 사유가 전혀 없는데도 오로지 근로자를 사업장에서 몰아내려는 의도하에 고의로 어떤 명목상의 해고사유 등을 내세워 징계라는 수단을 동원하여 해고 등의 불이익처분을 한 경우나, 해고 등의 이유로 된 어느 사실이 취업규칙 등 소정의 징계사유에 해당되지 아니하거나 징계사유로 삼을 수 없는 것임이 객관적으로 명백하고 또 조금만 주의를 기울였더라면 이와 같은 사정을 쉽게 알아 볼 수 있는데도 그것을 이유로 징계해고 등의 불이익처분을 한 경우처럼, 사용자에게 부당해고 등에 대한 고의·과실이 인성되는 경우에 있어서는 불법행위가 성립되어 그에 따라 입게 된 근로자의 정신적 고통에 대하여도 이를 배상할 의무가 있다(대판 1996.4.23, 95다6823).

(4) 입증책임

근로기준법에 의한 부당해고구제재심판정을 다투는 소송에 있어서는 해고의 정당성에 관한 입증책임은 이를 주장하는 자가 부담한다(대판 1999.4.27, 99두202).

Section 05 · 임금

Ⅰ 서론

1. 임금의 의의

임금은 근로시간과 더불어 가장 전형적인 근로조건으로 근로기준법을 통해 보호하려는 대상을 정하는 의미뿐만 아니라 퇴직금·가산임금 등 여러 임금제도의 산정기초가 되는 평균임금 및 통상임금 개념 및 그 범위를 정하는 전제가 된다. 아울러 산업재해보상보험법, 고용보험법 등의 사회보장법 영역에서도 근로기준법상의 임금을 준용하고 있기 때문에 임금의 범위를 정하는 것은 중요한 의미가 있다. 임금의 법적 성격에 대해 노동대가설, 노동력대가설, 임금이분설이 있다.

2. 임금의 개념요소

근로기준법은 임금을 '사용자가 근로의 대가로 근로자에게 임금, 봉급, 그 밖에 어떠한 명칭으로든지 지급하는 모든 금품'이라고 정의한다(제2조 제5호). 모든 임금은 근로의 대가로서 '근로자가 사용자의 지휘를 받으며 근로를 제공하는 것에 대한 보수'를 의미하므로 현실의 근로 제공을 전제로 하지 않고 단순히 근로자로서의 지위에 기하여 발생한다는 이른바 생활보장적 임금이란 있을 수 없다(대판 1995.12.21, 94다26721).

(1) 사용자가 근로자에게 지급하는 금품

임금은 사용자가 근로자에게 지급하여야 한다. 사용자가 지급의 주체가 되어야 근로기준법상의 임금에 해당한다. 고객이 직접 종업원에게 주는 봉사료는 원칙적으로 임금이 아니나, 봉사료를 사용자가 고객으로부터 일괄 납부 받아 종업원에게 다시 분배하는 경우에는 임금에 해당한다(대판 1992.4.28, 91다8104). 택시회사가 운전기사에게 사납금 초과부분을 운전기사의 수입으로 인정하는 경우 그 초과부분은 임금에 해당한다(대판 1993.12.24, 91다36192). 근로자가 부담하는 건강보험·국민연금·고용보험료 및 근로소득세는 원래의 임금 중에서 사용자가 원천징수한 것에 불과하므로 임금에 포함된다. 그러나 산재보험 등 사용자의 부담분이나 근로자가 받는 보험급여는 근로의 대가인 임금이 아니다.

(2) 근로의 대가

임금은 사용자가 근로자에게 지급하는 금품 가운데 「근로의 대가」로 지급하는 금품을 말한다. 「근로의 대가」라 함은 「사용자가 근로자에게 지급하는 금품 중 사용종속관계하에서 행하는 근로에 대하여 그 대가로서 지급되는 것」으로 정의할 수 있다.

① 근로의 대상성의 판단기준

사용자가 근로자에게 지급하는 금품이 임금에 해당하려면 그 금품이 근로의 대상으로 지급되는 것으로서, 근로자에게 계속적·정기적으로 지급되고 그 지급에 관하여 단체협약, 취업규칙 등에 의하여 사용자에게 지급의무가 지워져 있어야 한다. 그리고 해당 지급의무의 발생이 근로제공과 직접적으로 관련되거나 그것과 밀접하게 관련된다고 볼 수 있는 금품은 근로의 대상으로 지급된 것이라 할 수 있다(대판 2019.4.23, 2014다27807).

- 근로자가 특수한 근무조건이나 환경에서 직무를 수행함으로 말미암아 추가로 소요되는 비용을 변상하기 위하여 지급되는 실비변상적 금원 또는 사용자가 지급의무 없이 은혜적으로 지급하는 금원 등은 평균임금 산정의 기초가 되는 임금 총액에 포함되지 아니한다(대판 2003.4.22, 2003다10650).
- 어떤 금품이 근로의 대상으로 지급된 것이냐를 판단함에 있어서는 그 금품지급의무의 발생이 근로제공과 직접적으로 관련되거나 그것과 밀접하게 관련된 것으로 볼 수 있어야 하고, 이러한 관련 없이 그 지급의무의 발생이 개별 근로자의 특수하고 우연한 사정에 의하여 좌우되는 경우에는 그 금품의 지급이 단체협약·취업규칙·근로계약 등이나 사용자의 방침 등에 의하여 이루어진 것이라 하더라도 그러한 금품은 근로의 대상으로 지급된 것으로 볼 수 없다(대판 2004.5.14, 2001다76328).

② 구체적 판단

㉠ 의례적·호의적 성격의 금품

결혼축의금, 조의금, 질병위로금 등은 원칙적으로 근로의 대상으로 볼 수 없어 임금이 아니다.

㉡ 실비변상적 성격의 금품

작업용품구입비, 출장비, 판공비, 정보활동비, 접대비 등 업무수행에 따라 실제로 소요되는 경비적 성격의 금품은 근로의 대상이 아니므로 임금이 아니다.

㉢ 복리후생적 성격의 금품

판례는 일정한 요건을 갖춘 근로자에게 일률적·계속적으로 지급되는 경우에는 복리후생적 성격의 금품(가족수당, 통근수당, 식비, 체력단련비, 하계휴가비, 차량유지비 등)도 임금에 해당하는 것으로 본다. 행정해석은 전체근로자에게 일률적·계속적으로 지급되는 경우에는 임금에 해당한다고 보나 그렇지 않은 경우에는 임금이 아니라고 해석한다.

대판 2002.5.31, 2000다18127
가족수당이 일정한 요건에 해당하는 근로자에게 일률적으로 지급되어 왔다면, 이는 임의적, 은혜적인 급여가 아니라 근로에 대한 대가의 성질을 가지는 것으로서 임금에 해당하고, 차량유지비의 경우 그것이 차량 보유를 조건으로 지급되었거나 직원들 개인 소유의 차량을 업무용으로 사용하는 데 필요한 비용을 보조하기 위해 지급된 것이라면 실비변상적인 것으로서 근로의 대상으로 지급된 것으로 볼 수 없으나 전 직원에 대하여 또는 일정한 직급을 기준으로 일률적으로 지급되었다면 근로의 대상으로 지급된 것으로 볼 수 있다.

대판 2019.8.22, 2016다48785
사용자가 선택적 복지제도를 시행하면서 직원 전용 온라인 쇼핑사이트에서 물품을 구매하는 방식 등으로 사용할 수 있는 복지포인트를 단체협약, 취업규칙 등에 근거하여 근로자들에게 계속적·정기적으로 배정한 경우라고 하더라도, 이러한 복지포인트는 근로기준법에서 말하는 임금에 해당하지 않고, 그 결과 통상임금에도 해당하지 않는다.

㉣ 성과급

취업규칙 등에 지급조건·금액·시기가 정해져 있거나 관행상 전체 종업원에게 일정 금액을 지급한 경우에는 임금으로 인정되지만(대판), 구체적인 지급기준을 정함이 없이 그 지급이 사용자의 재량에 맡겨져 있거나 경영의 성과에 따라 일시적·불확정적으로 지급되는 경우에는 임금으로 인정되지 않는다(대판).

대판 2018.12.13, 2018다231536

공공기관 경영평가성과급이 계속적·정기적으로 지급되고 지급대상, 지급조건 등이 확정되어 있어 사용자에게 지급의무가 있다면, 이는 근로의 대가로 지급되는 임금의 성질을 가지므로 평균임금 산정의 기초가 되는 임금에 포함된다고 보아야 한다. 한편 2012년부터는 공공기관 경영평가성과급의 최저지급률과 최저지급액이 정해져 있지 않아 소속 기관의 경영실적 평가결과에 따라서는 경영평가성과급을 지급받지 못할 수도 있다. 이처럼 경영평가성과급을 지급받지 못하는 경우가 있다고 하더라도 성과급이 전체 급여에서 차지하는 비중, 그 지급 실태와 평균임금 제도의 취지 등에 비추어 볼 때 근로의 대가로 지급된 임금으로 보아야 한다.

　ⓜ 기타

해고예고수당, 재해보상금과 같은 법정수당, 전임자급여에 대해서 판례는 임금으로 보지 않는다(대판 1998.4.24, 97다54727).

(3) 명칭여하를 불문한 일체의 금품

위의 두 요건을 충족하면 급료, 봉급, 수당, 장려금 등의 명칭에 구애됨이 없이 사용종속관계에서 근로의 대상으로 지급되는 것이면 임금에 해당된다.

대판 2012.2.9, 2011다20034

• 사용자의 부당한 해고처분이 무효이거나 취소된 때에는 그동안 피해고자의 근로자로서 지위는 계속되고, 그간 근로의 제공을 하지 못한 것은 사용자의 귀책사유로 인한 것이므로 근로자는 민법 제538조 제1항에 의하여 계속 근로하였을 경우 받을 수 있는 임금 전부의 지급을 청구할 수 있다. 여기에서 근로자가 지급을 청구할 수 있는 임금은 근로기준법 제2조에서 정하는 임금을 의미하므로, 사용자가 근로의 대가로 근로자에게 지급하는 일체의 금원으로서 계속적·정기적으로 지급되고 이에 관하여 단체협약, 취업규칙, 급여규정, 근로계약, 노동관행 등에 의하여 사용자에게 지급의무가 지워져 있다면 명칭 여하를 불문하고 모두 이에 포함되며, 반드시 통상임금으로 국한되는 것은 아니다.

• 갑 주식회사의 단체협약에 조합원이 1년간 개근할 경우 연말에 금 1돈(3.75g)을, 정근(지각 3회 이하)할 경우 금 반 돈을 교부하여 표창하도록 규정되어 있는데, 근로자 을 등이 갑 회사를 상대로 부당해고기간 중 지급받지 못한 표창의 지급을 구한 사안에서, 위 표창은 특별한 사정이 없는 한 근로자가 계속 근로하였을 경우 받을 수 있는 임금에 포함된다고 보아야 함에도, 이와 달리 본 원심판결에 법리오해의 위법이 있다고 한 사례

Ⅱ 평균임금

1. 평균임금의 의의

(1) 개념과 취지

평균임금이란 이를 산정하여야 할 사유가 발생한 날 이전 3개월 동안에 그 근로자에게 지급된 임금의 총액을 그 기간의 총일수로 나눈 금액을 말한다. 근로자가 취업한 후 3개월 미만인 경

우도 이에 준한다(제2조 제1항 제6호). 평균임금은 근로자의 통상의 생활임금을 사실대로 산정하는 것을 기본원리로 삼고 있다(대판 1999.11.12, 98다49357).

(2) 평균임금으로 산출하여야 할 경우

평균임금은 퇴직금(퇴직급여법 제8조), 연차유급휴가임금(제60조 제5항), 휴업수당(제46조), 재해보상금(제79조, 제80조, 제82~제85조)과 감급 한도액(제95조) 및 산재법이나 고용보험법상의 각종 보험급여를 산출하는 기초가 된다.

2. 산정방법

(1) 산정사유가 발생한 날

「산정사유가 발생한 날」이란 퇴직금에 관해서는 퇴직하는 날, 휴업수당에 관해서는 휴업한 날, 연차유급휴가에 관해서는 실제로 근로자에게 연차유급휴가를 준 날, 재해보상에 관해서는 사고가 발생한 날, 감급 한도액에 관해서는 제재의 의사표시가 상대방에게 도달한 날이다.

(2) 산입되는 임금의 범위

평균임금산정에 산입되는 임금은 근로기준법 제2조 제5호의 임금을 의미하므로 산정기간에 근로의 대가로 지급된 모든 것을 말한다. 아직 지급하지 않았지만 산정기간에 사용자에게 지급의무가 발생한 임금도 포함된다. 임시로 지불된 임금·수당과 통화 이외의 것으로 지불된 임금은 임금총액에 포함되지 않지만 고용노동부장관이 정하는 것은 산입된다(시행령 제2조 제2항).

> **택시기사의 사납금 초과 수입금이 퇴직금산정위한 평균임금에 포함되는지 여부**
> 1. 사납금 초과 수입금을 자신에게 직접 귀속시킨 경우
>   운송회사로서는 이에 대한 관리가능성이나 지배가능성이 없어 퇴직금산정을 위한 평균임금에 포함되지 않는다(대판 1999.4.23, 97다42410).
> 2. 총운송수입금을 전부 운송회사에 납부하는 경우
>   운송회사로서는 사납금 초과 수입금을 관리하고 지배할 수 있다고 보아야 하므로 퇴직금 산정을 위한 평균임금에 포함된다(대판 2002.8.23, 2002다4399).

(3) 평균임금 계산에서 제외되는 기간 및 임금

평균임금의 산정에 있어서 「기간의 총일수」는 실제로 근로자가 근로한 근로일수가 아니라 역일상의 일수이다. 평균임금 산정기간 중에 다음 각 호의 어느 하나에 해당하는 기간이 있는 경우에는 그 기간과 그 기간 중에 지급된 임금은 평균임금 산정기준이 되는 기간과 임금의 총액에서 각각 뺀다(시행령 제2조 제1항).

① 근로계약을 체결하고 수습 중에 있는 근로자가 수습을 시작한 날부터 3개월 이내의 기간
② 사용자의 귀책사유로 휴업한 기간(제46조)
③ 출산전후휴가 및 유산·사산휴가기간(제74조)
④ 업무상 부상 또는 질병으로 요양하기 위하여 휴업한 기간(제78조)
⑤ 육아휴직 기간(남녀고용평등법 제19조)
⑥ 쟁의행위기간(노동조합법 제2조 제6호)

⑦ 병역법·예비군법 또는 민방위기본법에 따른 의무를 이행하기 위하여 휴직하거나 근로하지 못한 기간. 다만, 그 기간 중 임금을 지급받은 경우에는 그러하지 아니하다.

⑧ 업무 외 부상이나 질병, 그 밖의 사유로 사용자의 승인을 받아 휴업한 기간

> **대판 2014.9.4, 2013두1232**
> 근로자가 수습을 받기로 하고 채용되어 근무하다가 수습기간이 끝나기 전에 평균임금 산정사유가 발생한 경우에는 위 시행령과 무관하게 평균임금 산정사유 발생 당시의 임금, 즉 수습사원으로서 받는 임금을 기준으로 평균임금을 산정하는 것이 평균임금 제도의 취지 등에 비추어 타당하다.

> **대판 1994.4.12, 92다20309**
> 개인적인 범죄로 구속기소되어 직위해제되었던 기간은 근로기준법 시행령 제2조 소정의 어느 기간에도 해당하지 않으므로 그 기간의 일수와 그 기간 중에 지급받은 임금액은 평균임금 산정기초에서 제외될 수 없다.

(4) 예외적인 산정방법

① 일용근로자

일용근로자의 평균임금은 고용노동부장관이 사업이나 직업에 따라 정하는 금액으로 한다(시행령 제3조).

② 특별한 경우

일반적인 평균임금의 산정방법에 의하여 평균임금을 산정할 수 없는 경우에는 고용노동부장관이 정하는 바에 따른다(시행령 제4조). 평균임금을 산정할 수 없는 경우란 산정 자체가 기술상 불가능한 것은 물론 사회통념상 현저하게 부당한 경우도 포함된다(대판 1995.2.28, 94다8631).

(5) 3월간의 임금총액이 현저히 많거나 적은 경우

판례는 그 사유가 발생한 날 이전 3월간에 그 근로자에게 지급된 임금이 현저히 많거나 적을 경우에도 이를 그대로 평균임금 산정의 기초로 삼는다면 이는 근로자의 통상적인 생활을 종전과 같이 보장하려는 제도의 근본적인 취지에 어긋난다고 보아 이 시기의 임금과 기간을 제외한다(대판 1995.2.28, 94다8631).

(6) 평균임금의 최저보장

근로기준법 제2조 제1항 제6호에 의하여 산출된 금액이 그 근로자의 통상임금보다 적으면 그 통상임금을 평균임금으로 한다(제2조 제2항).

3. 평균임금의 조정

재해보상금(요양보상은 제외)을 산정하거나 업무상 부상 또는 질병에 걸린 근로자에게 지급할 퇴직금을 산정하는데 적용될 평균임금은 그 근로자가 소속한 사업 또는 사업장에서 같은 직종의 근로자에게 지급된 통상임금의 1명당 1개월 평균액(이하 "평균액"이라 한다)이 그 부상 또는 질병이 발생한 달에 지급된 평균액보다 100분의 5 이상 변동된 경우에는 그 변동비율에 따라 인상되거나 인하된 금액으로 한다(시행령 제5조).

Ⅲ 통상임금

1. 의의

통상임금이란 근로자에게 정기적이고 일률적으로 소정근로 또는 총근로에 대하여 지급하기로 정한 시간급금액·일급금액·주급금액·월급금액 또는 도급금액을 말한다(시행령 제6조 제1항). 통상임금은 시간급으로 산정하는 것이 원칙이다. 사용자와 근로자가 통상임금의 의미나 범위 등에 관하여 단체협약 등에 의해 따로 합의할 수 있는 성질이 아니다. 따라서 성질상 근로기준법상의 통상임금에 속하는 임금을 통상임금에서 제외하기로 노사 간에 합의하였다 하더라도 그 합의는 효력이 없다(대판).

> **시행령 제6조(통상임금)**
> ② 제1항에 따른 통상임금을 시간급 금액으로 산정할 경우에는 다음 각 호의 방법에 따라 산정된 금액으로 한다.
> 1. 시간급 금액으로 정한 임금은 그 금액
> 2. 일급 금액으로 정한 임금은 그 금액을 1일의 소정근로시간 수로 나눈 금액
> 3. 주급 금액으로 정한 임금은 그 금액을 1주의 통상임금 산정 기준시간 수(1주의 소정근로시간과 소정근로시간 외에 유급으로 처리되는 시간을 합산한 시간)로 나눈 금액
> 4. 월급 금액으로 정한 임금은 그 금액을 월의 통상임금 산정 기준시간 수(1주의 통상임금 산정 기준시간 수에 1년 동안의 평균 주의 수를 곱한 시간을 12로 나눈 시간)로 나눈 금액
> 5. 일·주·월 외의 일정한 기간으로 정한 임금은 제2호부터 제4호까지의 규정에 준하여 산정된 금액
> 6. 도급 금액으로 정한 임금은 그 임금 산정 기간에서 도급제에 따라 계산된 임금의 총액을 해당 임금 산정 기간(임금 마감일이 있는 경우에는 임금 마감 기간을 말한다)의 총 근로 시간 수로 나눈 금액
> 7. 근로자가 받는 임금이 제1호부터 제6호까지의 규정에서 정한 둘 이상의 임금으로 되어 있는 경우에는 제1호부터 제6호까지의 규정에 따라 각각 산정된 금액을 합산한 금액
> ③ 제1항에 따른 통상임금을 일급 금액으로 산정할 때에는 제2항에 따른 시간급 금액에 1일의 소정근로시간 수를 곱하여 계산한다.

2. 통상임금으로 산정하여야 하는 경우

평균임금의 최저보장(제2조 제2항), 해고예고수당(제26조), 연장·야간 및 휴일근로에 대한 가산임금(제56조), 연차유급휴가임금(제60조 제5항), 출산전후휴가 중의 급여(제74조) 등은 통상임금을 기초로 산정한다.

3. 통상임금의 요건(대판 2013.12.18, 2012다89399 전합)

통상임금은 근로자가 소정근로시간에 통상적으로 제공하는 근로인 소정근로(도급근로자의 경우에는 총 근로)의 대가로 지급하기로 약정한 금품으로서 정기적·일률적·고정적으로 지급되는 임금을 말한다.

PART
02

(1) 소정근로의 대가

근로자가 소정근로시간을 초과하여 근로를 제공하거나 근로계약에서 제공하기로 정한 근로 외의 근로를 특별히 제공함으로써 사용자로부터 추가로 지급받는 임금이나 소정근로시간의 근로와는 관련 없이 지급받는 임금은 소정근로의 대가라 할 수 없으므로 통상임금에 속하지 아니한다.

(2) 정기성

① 정기성의 의미

미리 정해진 일정한 기간마다 정기적으로 지급되는 임금이어야 함

② 1개월(1임금산정기간)을 초과하는 기간마다 지급되는 임금

어떤 임금이 1개월을 초과하는 기간마다 지급이 되더라도, 일정한 기간마다 정기적으로 지급되는 것이면 통상임금에 포함될 수 있음

(3) 일률성

① 일률성의 의미

'모든 근로자' 또는 '일정한 조건이나 기준에 달한 모든 근로자'에게 일률적으로 지급되어야 통상임금이 될 수 있음

② '일정한 조건이나 기준에 달한 모든 근로자'의 의미

모든 근로자에게 지급되는 것은 아니더라도 일정한 조건이나 기준에 달한 근로자들에게는 모두 지급되는 것이면 일률성 인정. '일정한 조건'이란 시시때때로 변동되지 않는 고정적인 조건이어야 하고 '근로'와 관련된 조건이어야 함

(4) 고정성

① 고정성의 의미

초과근로(연장·야간·휴일근로)를 제공할 당시에, 그 지급 여부가 업적, 성과 기타 추가적인 조건과 관계없이 사전에 이미 확정되어 있는 것이어야 고정성이 인정됨. 따라서 고정적인 임금이란, 명칭을 묻지 않고, 소정근로시간을 근무한 근로자가 그 다음 날 퇴직한다 하더라도 근로의 대가로 당연하고도 확정적으로 지급받게 되는 최소한의 임금을 의미함

② 고정성이 없다는 것의 의미

근로제공 이외에 추가적인 조건이 충족되어야 지급되는 임금이나, 그 충족 여부에 따라 지급액이 달라지는 임금 부분은 고정성이 없어 통상임금이 아님. 여기서 '추가적인 조건'이란 '초과근무를 하는 시점에 성취 여부가 불분명한 조건'을 의미함. 다만, 그 조건에 따라 달라지지 않는 부분만큼은 고정성이 있어 통상임금이 될 수 있음을 유의해야 함

4. 통상임금 범위에 대한 노사합의(대판 2013.12.18, 2012다89399 전합)

(1) 원칙

'노사합의'로 법률상 통상임금에 해당하는 임금을 통상임금에서 제외시킨 경우에도 그러한 노사합의는 무효이므로 추가임금을 청구할 수 있는 것이 원칙

(2) 정기상여금에 기한 추가임금 청구의 제한

① 신의칙상 추가임금 청구가 허용되지 않는 경우 : 신의칙 적용 요건

㉠ 이 판결로 정기상여금을 통상임금에서 제외하는 노사합의가 무효임이 명백하게 선언되기 이전에 노사가 정기상여금이 통상임금에 해당하지 않는다고 신뢰한 상태에서 이를 통상임금에서 제외하는 합의(묵시적 합의나 근로관행 포함)를 하고 이를 토대로 임금 등을 정하였을 것

㉡ 근로자가 그 합의의 무효를 주장하며 추가임금을 청구할 경우 예측하지 못한 새로운 재정적 부담을 떠안게 될 기업에게 중대한 경영상 어려움을 초래하거나 기업의 존립 자체가 위태롭게 된다는 사정이 인정될 것

② 청구가 가능한 경우

통상임금 제외 합의가 없거나 합의를 하였더라도 위와 같은 사정들이 인정되지 않는다면 신의칙 적용되지 않으므로 추가임금을 청구할 수 있음

(3) 그 밖의 임금에 기한 추가임금 청구

신의칙에 기한 추가임금 청구의 제한은 정기상여금에 한정된 문제임(그 밖의 임금은 신의칙 적용여지 없음)

Ⅳ 임금 지급의 원칙

> **제43조【임금 지급】**
> ① 임금은 통화(通貨)로 직접 근로자에게 그 전액을 지급하여야 한다. 다만, 법령 또는 단체협약에 특별한 규정이 있는 경우에는 임금의 일부를 공제하거나 통화 이외의 것으로 지급할 수 있다.
> ② 임금은 매월 1회 이상 일정한 날짜를 정하여 지급하여야 한다. 다만, 임시로 지급하는 임금, 수당, 그 밖에 이에 준하는 것 또는 대통령령으로 정하는 임금에 대하여는 그러하지 아니하다.

1. 통화불의 원칙

(1) 의의

임금은 법령 또는 단체협약에 특별한 규정이 있는 경우를 제외하고는 통화로 근로자에게 지급되어야 하는 것이 원칙이다(제43조 제1항). 통화는 강제통용력이 있는 화폐를 말하는 것으로 외국통화는 포함되지 않는다. 이 규정은 현금이 아닌 회사제품 등의 현물급여(truck system)나 강제통용력이 없는 어음·수표 등의 급여를 방지하기 위한 것이다. 은행발행 자기앞수표는 근로자에게 생활상의 불편이 없고 거래상 현금과 같이 통용되므로 무방하다.

(2) 예외

선원법 제52조 제4항에 의하여 기항지에서 통용되는 통화로 지급하는 경우 등은 통화불원칙에 어긋나지 않는다. 단체협약으로 정하는 경우 상여금 등의 임금을 현물·주식·상품교환권 등으로 지급할 수 있다. 이 경우 조합원에게만 효력이 미친다.

(3) 임금지급에 갈음한 채권양도

사용자가 근로자의 임금 지급에 갈음하여 사용자가 제3자에 대하여 가지는 채권을 근로자에게 양도하기로 하는 약정은 전부 무효임이 원칙이다. 다만 당사자 쌍방이 위와 같은 무효를 알았더라면 임금의 지급에 갈음하는 것이 아니라 지급을 위하여 채권을 양도하는 것을 의욕하였으리라고 인정될 때에는 무효행위 전환의 법리(민법 제138조)에 따라 그 채권양도 약정은 '임금의 지급을 위하여 한 것'으로서 효력을 가질 수 있다(대판 2012.3.29, 2011다101308).

2. 직접불의 원칙

(1) 의의

임금은 반드시 근로자 본인에게 지급되어야 한다(제43조 제1항). 이는 임금을 확실하게 근로자 본인이 직접 수령하게 함으로써 근로자의 생활을 보호하는데 그 취지가 있다.

(2) 직접불의 원칙에 반하는 경우

근로자가 제3자에게 임금수령을 위임 또는 대리하게 하는 법률행위는 무효이다. 따라서 근로자의 친권자·후견인 또는 임의대리인에게 임금을 지급하거나 노동조합에 임금을 지급하는 것은 모두 직접불의 원칙에 위배된다.

(3) 직접불의 원칙에 반하지 않는 경우

근로자의 희망에 의하여 지정된 은행의 본인명의로 개설된 예금구좌에 입금하는 것, 근로자에게 불가피한 사정이 있어 처가 인감을 가지고 임금을 수령하는 경우와 같이 사자에게 임금을 지급하는 것 등은 위배되지 않는다.

① 선원법 제52조 제3항 : 선원의 청구에 의해 가족 등 다른 제3자에게 지급하는 경우
② 민사집행법 제246조 제4호 : 임금채권이 압류(임금액의 1/2)된 경우

(4) 임금채권의 양도문제

임금채권의 양도를 허용한다면 임금의 수취권도 양수인에게 이전하게 된다. 이렇게 되면 직접불의 원칙은 지켜질 수 없게 된다. 통설과 판례는 임금채권양도자체는 유효하나 양수인에 대한 임금지급은 직접불의 원칙에 반한다고 본다. 따라서 임금채권을 양도한 경우에도 임금의 지급에 관하여는 직접불의 원칙에 따라 임금채권의 압류를 제외하고는 사용자는 임금을 근로자에게 직접 지급하여야 한다(대판 1988.12.13, 87다카2803).

3. 전액불의 원칙

(1) 의의

임금은 전액을 근로자에게 지급하여야 한다. 다만, 법령 또는 단체협약에 특별한 규정이 있는 경우에는 임금의 일부를 공제할 수 있다(제43조 제1항). 이 원칙은 임금의 부당한 공제로 근로자의 생활불안이 초래되지 않도록 하고, 사용자가 임금의 일부를 유보함으로써 근로자의 퇴직의 자유를 부당하게 구속할 위험으로부터 근로자를 보호하기 위한 것이다.

(2) 임금채권의 상계

① 원칙

사용자는 임금전액을 근로자에게 지급하여야 하므로 사용자가 근로자에 대한 채권 또는 불법행위나 채무불이행으로 인한 손해배상청구권을 가지고 일방적으로 근로자의 임금채권과 상계하는 것은 원칙적으로 할 수 없다(대판 1989.11.24, 88다카25038).

② 예외

사용자의 상계에 대한 근로자의 동의가 근로자의 자유의사에 의해 이루어진 것이라고 인정할 만한 합리적인 이유가 객관적으로 존재하는 경우에는 가능하다. 다만, 임금 전액지급의 원칙의 취지에 비추어 볼 때 그 동의가 근로자의 자유로운 의사에 기한 것이라는 판단은 엄격하고 신중하게 이루어져야 한다(대판 2001.10.23, 2001다25184).

(3) 예외

① 법령상 예외

근로소득세, 주민세, 국민연금기여금, 고용보험료 및 국민건강보험료 등의 공제, 정당한 감급의 제재가 있는 경우(근로기준법 제95조), 쟁의행위참가자에 대한 임금지급의무의 면제(노조법 제44조), 임금채권의 압류(민사집행법 제246조 제1항) 등의 경우는 전액불의 원칙에 위배되지 않는다.

② 단체협약상 예외

조합비 사전공제제도가 있는데 단체협약 내의 이 조항이 효력을 가지려면 개별조합원의 동의가 있거나 조합규약 내의 조합비공제항목에 대한 조합원의 승인이 있어야 한다(대판, 다수설).

③ 과불임금의 정산

계산의 착오 등으로 임금이 초과 지급되었을 때 그 행사의 시기가 초과 지급된 시기와 임금의 정산, 조정의 실질을 잃지 않을 만큼 합리적으로 밀접되어 있고 금액과 방법이 미리 예고되는 등 근로자의 경제생활의 안정을 해할 염려가 없는 경우나 근로자가 퇴직한 후에 그 재직 중 지급되지 아니한 임금이나 퇴직금을 청구할 경우에는 사용자가 초과 지급된 임금의 반환청구권을 자동채권으로 하여 상계하는 것은 허용된다(대판 1998.6.26, 97다14200).

④ 임금채권의 포기

최종 퇴직 시 발생하는 퇴직금청구권을 사전에 포기하거나 사전에 그에 관한 민사상 소송을 제기하지 않겠다는 부제소특약을 하는 것은 강행법규인 구 근로기준법에 위반되어 무효이다(대판 1998.3.27, 97다49732). 근로자의 임금포기에 관한 약정은 문언의 기재 내용대로 엄격하게 해석하는 것이 원칙이라 할 것이나, 그 임금포기를 한 경위나 목적 등 여러 사정에 따라 합목적적으로 해석하는 것이 오히려 근로자들의 의사나 이해에 합치되는 경우도 있다(대판 2002.11.8, 2002다35867).

4. 매월 1회 이상 정기불의 원칙

(1) 의의

임금은 매월 1회 이상 일정한 날짜를 정하여 지급하여야 한다. 다만, 임시로 지급하는 임금, 수당, 그 밖에 이에 준하는 것 또는 대통령령으로 정하는 임금에 대하여는 그러하지 아니하다 (제43조 제2항). 매월은 역상의 1월을 의미한다. 일정한 기일은 주기적으로 도래하는 것이어야 하고, 취업규칙에는 반드시 임금지급시기를 명시하여야 한다(제93조). 연봉제의 경우에도 정기불의 원칙은 적용된다.

(2) 예외

① 임시로 지급하는 임금 등 : 임시로 지급하는 임금이란 퇴직금 등과 같이 지급사유는 확정되어 있지만 지급사유가 발생하는 날짜를 확정할 수 없는 임금을 말한다.
② 대통령령으로 정하는 임금(시행령 제23조)
　　㉠ 1개월을 초과하는 기간의 출근성적에 의하여 지급하는 정근수당
　　㉡ 1개월을 초과하는 일정기간을 계속하여 근무한 경우에 지급되는 근속수당
　　㉢ 1개월을 초과하는 기간에 걸친 사유에 따라 산정되는 장려금·능률수당 또는 상여금
　　㉣ 그 밖에 부정기적으로 지급되는 모든 수당

5. 임금지급(제43조) 위반의 효과

제43조를 위반한 자는 3년 이하의 징역 또는 3천만원 이하의 벌금에 처한다(제109조 제1항). 제43조를 위반한 경우라도 근로자가 처벌을 원하지 않는 경우에는 공소를 제기할 수 없다(제109조 제2항). 다만 불가피한 자금 사정 등 사용자가 최선을 다했음에도 임금체불을 방지할 수 없는 사정이 있으면 적법행위의 기대가능성이 없어 처벌되지 않는다(대판 2008.10.9, 2008도5984).

6. 체불사업주 명단 공개

제43조의2【체불사업주 명단 공개】
① 고용노동부장관은 제36조, 제43조, 제51조의3, 제52조 제2항 제2호, 제56조에 따른 임금, 보상금, 수당, 그 밖의 모든 금품(이하 "임금등"이라 한다)을 지급하지 아니한 사업주(법인인 경우에는 그 대표자를 포함한다. 이하 "체불사업주"라 한다)가 명단 공개 기준일 이전 3년 이내 임금등을 체불하여 2회 이상 유죄가 확정된 자로서 명단 공개 기준일 이전 1년 이내 임금등의 체불총액이 3천만원 이상인 경우에는 그 인적사항 등을 공개할 수 있다. 다만, 체불사업주의 사망·폐업으로 명단 공개의 실효성이 없는 경우 등 대통령령으로 정하는 사유가 있는 경우에는 그러하지 아니하다.
② 고용노동부장관은 제1항에 따라 명단 공개를 할 경우에 체불사업주에게 3개월 이상의 기간을 정하여 소명 기회를 주어야 한다.
③ 제1항에 따른 체불사업주의 인적사항 등에 대한 공개 여부를 심의하기 위하여 고용노동부에 임금체불정보심의위원회(이하 이 조에서 "위원회"라 한다)를 둔다. 이 경우 위원회의 구성·운영 등 필요한 사항은 고용노동부령으로 정한다.

④ 제1항에 따른 명단 공개의 구체적인 내용, 기간 및 방법 등 명단 공개에 필요한 사항은 대통령령으로 정한다.

제43조의3 【임금등 체불자료의 제공】

① 고용노동부장관은 「신용정보의 이용 및 보호에 관한 법률」 제25조 제2항 제1호에 따른 종합신용정보집중기관이 임금등 체불자료 제공일 이전 3년 이내 임금등을 체불하여 2회 이상 유죄가 확정된 자로서 임금등 체불자료 제공일 이전 1년 이내 임금등의 체불총액이 2천만원 이상인 체불사업주의 인적사항과 체불액 등에 관한 자료(이하 "임금등 체불자료"라 한다)를 요구할 때에는 임금등의 체불을 예방하기 위하여 필요하다고 인정하는 경우에 그 자료를 제공할 수 있다. 다만, 체불사업주의 사망·폐업으로 임금등 체불자료 제공의 실효성이 없는 경우 등 대통령령으로 정하는 사유가 있는 경우에는 그러하지 아니하다.

② 제1항에 따라 임금등 체불자료를 받은 자는 이를 체불사업주의 신용도·신용거래능력 판단과 관련한 업무 외의 목적으로 이용하거나 누설하여서는 아니 된다.

③ 제1항에 따른 임금등 체불자료의 제공 절차 및 방법 등 임금등 체불자료의 제공에 필요한 사항은 대통령령으로 정한다.

시행령 제23조의2 【체불사업주 명단 공개 제외 대상】

법 제43조의2 제1항 단서에서 "체불사업주의 사망·폐업으로 명단 공개의 실효성이 없는 경우 등 대통령령으로 정하는 사유"란 다음 각 호의 어느 하나에 해당하는 경우를 말한다.

1. 법 제36조, 제43조, 제51조의3, 제52조 제2항 제2호 또는 제56조에 따른 임금, 보상금, 수당, 그 밖의 일체의 금품(이하 "임금등"이라 한다)을 지급하지 않은 사업주(이하 "체불사업주"라 한다)가 사망하거나 「민법」 제27조에 따라 실종선고를 받은 경우(체불사업주가 자연인인 경우만 해당한다)
2. 체불사업주가 법 제43조의2 제2항에 따른 소명 기간 종료 전까지 체불 임금등을 전액 지급한 경우
3. 체불사업주가 「채무자 회생 및 파산에 관한 법률」에 따른 회생절차개시 결정을 받거나 파산선고를 받은 경우
4. 체불사업주가 「임금채권보장법 시행령」 제5조에 따른 도산등사실인정을 받은 경우
5. 체불사업주가 체불 임금등의 일부를 지급하고, 남은 체불 임금등에 대한 구체적인 청산 계획 및 자금 조달 방안을 충분히 소명하여 법 제43조의2 제3항에 따른 임금체불정보심의위원회(이하 이 조에서 "위원회"라 한다)가 명단 공개 대상에서 제외할 필요가 있다고 인정하는 경우
6. 제1호부터 제5호까지의 규정에 준하는 경우로서 위원회가 체불사업주의 인적사항 등을 공개할 실효성이 없다고 인정하는 경우

시행령 제23조의3 【명단공개 내용·기간 등】

① 고용노동부장관은 법 제43조의2 제1항에 따라 다음 각 호의 내용을 공개한다.
    1. 체불사업주의 성명·나이·상호·주소(체불사업주가 법인인 경우에는 그 대표자의 성명·나이·주소 및 법인의 명칭·주소를 말한다)
    2. 명단 공개 기준일 이전 3년간의 임금등 체불액

② 제1항에 따른 공개는 관보에 싣거나 인터넷 홈페이지, 관할 지방고용노동관서 게시판 또는 그 밖에 열람이 가능한 공공장소에 3년간 게시하는 방법으로 한다.

시행일: 2025.10.23.

제43조의2 【체불사업주 명단 공개】

① 고용노동부장관은 제36조, 제43조, 제51조의3, 제52조 제2항 제2호, 제56조에 따른 임금, 보상금, 수당, 「근로자퇴직급여 보장법」 제12조 제1항에 따른 퇴직급여등, 그 밖의 모든 금품(이하 "임금등"이라 한다)을 지급하지 아니한 사업주(법인인 경우에는 그 대표자를 포함한다. 이하 "체불사업주"라 한다)가 명단 공개 기준일 이전 3년 이내 임금등을 체불하여 2회 이상 유죄가 확정된 자로서 명단 공개 기준일 이전 1년 이내 임금등의 체불총액이 3천만원 이상인 경우에는 그 인적사항 등을 공개할 수 있다. 다만, 체불사업주의 사망·폐업으로 명단 공개의 실효성이 없는 경우 등 대통령령으로 정하는 사유가 있는 경우에는 그러하지 아니하다. 〈개정 2024.10.22.〉

② 고용노동부장관은 제1항에 따라 명단 공개를 할 경우에 체불사업주에게 3개월 이상의 기간을 정하여 소명 기회를 주어야 한다.

③ 제1항에 따른 체불사업주의 인적사항 등에 대한 공개 여부 및 제43조의4에 따른 상습체불사업주에 관한 사항을 심의하기 위하여 고용노동부에 임금체불정보심의위원회(이하 이 조 및 제43조의4에서 "위원회"라 한다)를 둔다. 이 경우 위원회의 구성·운영 등 필요한 사항은 고용노동부령으로 정한다. 〈개정 2024.10.22.〉

④ 위원회 위원 중 공무원이 아닌 사람은 「형법」 제127조 및 제129조부터 제132조까지를 적용할 때에는 공무원으로 본다. 〈신설 2024.10.22.〉

⑤ 제1항에 따른 명단 공개의 구체적인 내용, 기간 및 방법 등 명단 공개에 필요한 사항은 대통령령으로 정한다. 〈개정 2024.10.22.〉

제43조의3 【임금등 체불자료의 제공】

① 고용노동부장관은 「신용정보의 이용 및 보호에 관한 법률」 제25조 제2항 제1호에 따른 종합신용정보집중기관이 다음 각 호의 어느 하나에 해당하는 체불사업주의 인적사항과 체불액 등에 관한 자료(이하 "임금등 체불자료"라 한다)를 요구할 때에는 임금등의 체불을 예방하기 위하여 필요하다고 인정하는 경우에 그 자료를 제공할 수 있다. 다만, 체불사업주의 사망·폐업으로 임금등 체불자료 제공의 실효성이 없는 경우 등 대통령령으로 정하는 사유가 있는 경우에는 그러하지 아니하다. 〈개정 2024.10.22.〉

1. 임금등 체불자료 제공일 이전 3년 이내 임금등을 체불하여 2회 이상 유죄가 확정된 자로서 임금등 체불자료 제공일 이전 1년 이내 임금등의 체불총액이 2천만원 이상인 체불사업주

2. 제43조의4에 따른 상습체불사업주

② 제1항에 따라 임금등 체불자료를 받은 자는 이를 체불사업주의 신용도·신용거래능력 판단과 관련한 업무 외의 목적으로 이용하거나 누설하여서는 아니 된다.

③ 제1항에 따른 임금등 체불자료의 제공 절차 및 방법 등 임금등 체불자료의 제공에 필요한 사항은 대통령령으로 정한다.

제43조의4【상습체불사업주에 대한 보조·지원 제한 등】

① 고용노동부장관은 위원회의 심의를 거쳐 다음 각 호의 어느 하나에 해당하는 자(법인인 경우에는 그 대표자를 포함한다)를 상습체불사업주(이하 "상습체불사업주"라 한다)로 정할 수 있다.

　1. 임금등 체불자료 제공일이 속하는 연도의 직전 연도 1년간 근로자에게 임금등(「근로자퇴직급여 보장법」 제12조 제1항에 따른 퇴직급여등은 제외한다)을 3개월분 임금 이상 체불한 사업주

　2. 임금등 체불자료 제공일이 속하는 연도의 직전 연도 1년간 근로자에게 5회 이상 임금등을 체불하고, 체불총액이 3천만원 이상인 사업주

② 고용노동부장관은 제1항에 따라 상습체불사업주로 정할 경우에 해당 사업주에게 3개월 이상의 기간을 정하여 소명 기회를 주어야 한다.

③ 고용노동부장관은 중앙행정기관의 장, 지방자치단체의 장 또는 대통령으로 정하는 공공기관의 장(이하 "중앙행정기관장등"이라 한다)에게 상습체불사업주에 대하여 다음 각 호의 조치를 하도록 요청하고 임금등 체불자료를 제공할 수 있으며, 중앙행정기관장등이 다음 각 호의 조치를 목적으로 상습체불사업주의 임금등 체불자료를 요청하는 경우 해당 자료를 제공할 수 있다.

　1. 「보조금 관리에 관한 법률」, 「지방자치단체 보조금 관리에 관한 법률」 또는 개별 법률에 따른 각종 보조·지원사업의 참여 배제나 수급 제한

　2. 「국가를 당사자로 하는 계약에 관한 법률」 또는 「지방자치단체를 당사자로 하는 계약에 관한 법률」에 따른 입찰참가자격 사전심사나 낙찰자 심사·결정 시 감점 등 불이익 조치

④ 제3항에 따라 상습체불사업주의 임금등 체불자료를 제공받은 자는 제공받은 자료를 제3항 각 호에서 정한 목적 외의 목적으로 이용하거나 누설하여서는 아니 된다.

⑤ 제3항에 따른 임금등 체불자료의 제공 절차 및 방법은 제43조의3 제1항 단서 및 같은 조 제3항을 준용한다.

⑥ 그 밖에 제1항 제1호에 따른 3개월분 임금의 산정, 같은 항 제2호에 따른 임금등의 체불횟수 산정, 제2항에 따른 소명 기회 제공 및 제3항에 따라 제공되는 임금등 체불자료의 제공기간 등에 필요한 사항은 대통령령으로 정한다.

제43조의5【업무위탁 등】

① 고용노동부장관은 제43조의2부터 제43조의4까지에 관한 업무를 효율적으로 하기 위하여 대통령령으로 정하는 바에 따라 업무 중 일부를 「산업재해보상보험법」 제10조에 따른 근로복지공단(이하 "근로복지공단"이라 한다)이나 전문성을 갖춘 연구기관·법인·단체에 위탁할 수 있다.

② 제1항에 따라 위탁받은 기관의 임직원은 「형법」 제129조부터 제132조까지를 적용할 때에는 공무원으로 본다.

제43조의6【체불사업주 명단공개 등을 위한 자료제공 등의 요청】

① 고용노동부장관은 제43조의2에 따른 체불사업주 명단 공개, 제43조의3에 따른 임금등 체불자료의 제공, 제43조의4에 따른 상습체불사업주에 대한 중앙행정기관장등의 보조 및 지원 제한 등에 관한 업무를 수행하기 위하여 다음 각 호의 어느 하나에 해당하는 자료의 제공 또는 관계 전산망의 이용(이하 "자료제공등"이라 한다)을 해당 각 호의 자에게 각각 요청할 수 있다.

　1. 법원행정처장에게 체불사업주의 법인등기사항증명서

2. 국세청장에게 체불사업주의 「소득세법」 제4조 제1항 제1호에 따른 종합소득에 관한 자료, 「법인세법」 제4조 제1항 제1호에 따른 소득에 관한 자료, 「부가가치세법」 제8조, 「법인세법」 제111조 및 「소득세법」 제168조에 따른 사업자등록에 관한 자료

3. 국세청장에게 임금등이 체불된 근로자의 「소득세법」 제4조 제1항 제1호에 따른 종합소득에 관한 자료

4. 근로복지공단에 임금등이 체불된 근로자의 「고용보험 및 산업재해보상보험의 보험료징수 등에 관한 법률」 제16조의3에 따른 월평균보수에 관한 자료, 「고용보험법」 제13조 및 제15조에 따른 피보험자격 취득에 관한 자료 및 체불사업주의 「임금채권보장법」 제7조, 제7조의2 및 제8조에 따른 대지급금에 관한 자료

② 고용노동부장관은 제1항 제4호에 따른 월평균보수 및 피보험자격 취득에 관한 자료를 제공받기 위하여 해당 근로자의 임금, 근로제공기간 등 대통령령으로 정하는 정보를 근로복지공단에 제공할 수 있다.

③ 제1항에 따라 자료제공등을 요청받은 자는 정당한 사유가 없으면 그 요청에 따라야 한다.

제43조의7 【출국금지】

① 고용노동부장관은 제43조의2에 따라 명단이 공개된 체불사업주에 대하여 법무부장관에게 「출입국관리법」 제4조 제3항에 따라 출국금지를 요청할 수 있다.

② 법무부장관은 제1항의 요청에 따라 출국금지를 한 경우 고용노동부장관에게 그 결과를 정보통신망 등을 통하여 통보하여야 한다.

③ 고용노동부장관은 체불임금의 지급 등으로 출국금지 사유가 없어진 경우 즉시 법무부장관에게 출국금지의 해제를 요청하여야 한다.

④ 제1항부터 제3항까지에서 규정한 사항 외에 출국금지 및 그 해제의 요청 등의 절차에 필요한 사항은 대통령령으로 정한다.

제43조의8 【체불 임금등에 대한 손해배상청구】

① 근로자는 사업주가 다음 각 호의 어느 하나에 해당하는 경우 법원에 사업주가 지급하여야 하는 임금등의 3배 이내의 금액을 지급할 것을 청구할 수 있다.

1. 명백한 고의로 임금등(「근로자퇴직급여 보장법」 제2조 제5호의 급여는 제외한다. 이하 이 조에서 같다)의 전부 또는 일부를 지급하지 아니한 경우

2. 1년 동안 임금등의 전부 또는 일부를 지급하지 아니한 개월 수가 총 3개월 이상인 경우

3. 지급하지 아니한 임금등의 총액이 3개월 이상의 통상임금에 해당하는 경우

② 법원은 제1항에 따른 금액을 결정할 때에 다음 각 호의 사항을 고려하여야 한다.

1. 임금등의 체불 기간·경위·횟수 및 체불된 임금등의 규모

2. 사업주가 임금등을 지급하기 위하여 노력한 정도

3. 제37조에 따른 지연이자 지급액

4. 사업주의 재산상태

V 임금의 비상시 지급

> ### 제45조【비상시 지급】
> 사용자는 근로자가 출산, 질병, 재해, 그 밖에 대통령령으로 정하는 비상(非常)한 경우의 비용에 충당하기 위하여 임금 지급을 청구하면 지급기일 전이라도 이미 제공한 근로에 대한 임금을 지급하여야 한다.
>
> ### 시행령 제25조【지급기일 전의 임금 지급】
> 법 제45조에서 "그 밖에 대통령령으로 정한 비상(非常)한 경우"란 근로자나 그의 수입으로 생계를 유지하는 자가 다음 각 호의 어느 하나에 해당하게 되는 경우를 말한다.
> 1. 출산하거나 질병에 걸리거나 재해를 당한 경우
> 2. 혼인 또는 사망한 경우
> 3. 부득이한 사유로 1주 이상 귀향하게 되는 경우

근로자의 수입에 의하여 생계를 유지하는 자는 근로자가 부양의무를 지고 있는 친족뿐 아니라 동거인도 포함된다. 임금의 비상시 지급은 근로자의 청구가 있는 경우에만 지급의무가 있으며 근로자에게 지급사유가 발생하더라도 근로자의 청구가 없는 한 지급의무가 없다. 제45조를 위반한 자는 1천만원 이하의 벌금에 처한다(제113조).

VI 도급사업에 대한 임금지급

> ### 제44조【도급 사업에 대한 임금 지급】
> ① 사업이 한 차례 이상의 도급에 따라 행하여지는 경우에 하수급인(下受給人)(도급이 한 차례에 걸쳐 행하여진 경우에는 수급인을 말한다)이 직상(直上) 수급인(도급이 한 차례에 걸쳐 행하여진 경우에는 도급인을 말한다)의 귀책사유로 근로자에게 임금을 지급하지 못한 경우에는 그 직상 수급인은 그 하수급인과 연대하여 책임을 진다. 다만, 직상 수급인의 귀책사유가 그 상위 수급인의 귀책사유에 의하여 발생한 경우에는 그 상위 수급인도 연대하여 책임을 진다.
> ② 제1항의 직상 수급인의 귀책사유 범위는 대통령령으로 정한다.

1. 의의

도급사업의 경우 하수급인은 대부분 도급인 또는 상수급인에 대한 종속도가 높고 영세하므로 하수급인이 고용한 근로자가 임금을 받지 못할 위험이 상대적으로 큰데 이러한 도급사업의 특수성을 감안하여 하수급인 근로자의 임금채권을 확보해주기 위해 마련된 규정이다.

2. 직상수급인의 귀책사유

(1) 귀책사유의 범위(제44조 제2항, 시행령 제24조)

① 정당한 사유 없이 도급계약에서 정한 도급금액 지급일에 도급금액을 지급하지 아니한 경우

② 정당한 사유 없이 도급계약에서 정한 원자재공급을 늦게 하거나 공급하지 않은 경우

③ 정당한 사유 없이 도급계약의 조건을 이행하지 아니하여 하수급인이 도급사업을 정상적으로 수행하지 못한 경우

(2) 귀책사유의 판단

여기서 귀책사유란 하수급인의 근로자들이 임금을 받을 수 없게 된 원인으로서의 사유를 말한다. 따라서 직상수급인의 귀책사유와 하수급인의 근로자들에 대한 임금지급 사이에는 인과관계가 있어야 한다.

3. 위반의 주체

제44조는 직상수급인의 연대책임을 지우는 규정이다. 따라서 제44조 위반은 직상수급인에게만 적용되고, 직상수급인은 하수급인의 근로자에 대해 사용자는 아니다. 따라서 직상수급인의 재산에 대한 임금채권의 우선변제는 인정되지 않는다(대판 1999.2.5, 97다48388).

4. 건설업에서의 임금채권 보호

제44조의2 【건설업에서의 임금 지급 연대책임】

① 건설업에서 사업이 2차례 이상 「건설산업기본법」 제2조 제11호에 따른 도급(이하 "공사도급"이라 한다)이 이루어진 경우에 같은 법 제2조 제7호에 따른 건설사업자가 아닌 하수급인이 그가 사용한 근로자에게 임금(해당 건설공사에서 발생한 임금으로 한정한다)을 지급하지 못한 경우에는 그 직상 수급인은 하수급인과 연대하여 하수급인이 사용한 근로자의 임금을 지급할 책임을 진다.

② 제1항의 직상 수급인이 「건설산업기본법」 제2조 제7호에 따른 건설사업자가 아닌 때에는 그 상위 수급인 중에서 최하위의 같은 호에 따른 건설사업자를 직상 수급인으로 본다.

제44조의3 【건설업의 공사도급에 있어서의 임금에 관한 특례】

① 공사도급이 이루어진 경우로서 다음 각 호의 어느 하나에 해당하는 때에는 직상수급인은 하수급인에게 지급하여야 하는 하도급 대금 채무의 부담 범위에서 그 하수급인이 사용한 근로자가 청구하면 하수급인이 지급하여야 하는 임금(해당 건설공사에서 발생한 임금으로 한정한다)에 해당하는 금액을 근로자에게 직접 지급하여야 한다.

  1. 직상 수급인이 하수급인을 대신하여 하수급인이 사용한 근로자에게 지급하여야 하는 임금을 직접 지급할 수 있다는 뜻과 그 지급방법 및 절차에 관하여 직상 수급인과 하수급인이 합의한 경우

  2. 「민사집행법」 제56조 제3호에 따른 확정된 지급명령, 하수급인의 근로자에게 하수급인에 대하여 임금 채권이 있음을 증명하는 같은 법 제56조 제4호에 따른 집행증서, 「소액사건심판법」 제5조의7에 따라 확정된 이행권고결정, 그 밖에 이에 준하는 집행권원이 있는 경우

  3. 하수급인이 그가 사용한 근로자에 대하여 지급하여야 할 임금채무가 있음을 직상 수급인에게 알려주고, 직상 수급인이 파산 등의 사유로 하수급인이 임금을 지급할 수 없는 명백한 사유가 있다고 인정하는 경우

② 「건설산업기본법」 제2조 제10호에 따른 발주자의 수급인(이하 "원수급인"이라 한다)으로부터 공사도급이 2차례 이상 이루어진 경우로서 하수급인(도급받은 하수급인으로부터 재하도급 받은 하수급인을 포함한다. 이하 이 항에서 같다)이 사용한 근로자에게 그 하수급인에 대한 제1항 제2호에 따른 집행권원이 있는 경우에는 근로자는 하수급인이 지급하여야 하는 임금(해당 건설공사에서 발생한 임금으로 한정한다)에 해당하는 금액을 원수급인에게 직접 지급할 것을 요구할 수 있다. 원수급인은 근로자가 자신에 대하여 「민법」 제404조에 따른 채권자대위권을 행사할 수 있는 금액의 범위에서 이에 따라야 한다.

③ 직상 수급인 또는 원수급인이 제1항 및 제2항에 따라 하수급인이 사용한 근로자에게 임금에 해당하는 금액을 지급한 경우에는 하수급인에 대한 하도급 대금 채무는 그 범위에서 소멸한 것으로 본다.

(1) 의의

건설산업기본법을 위반한 불법 하도급으로 건설일용근로자에 대한 임금체불이 많이 발생하고 있어 특히 건설업자가 아닌 하수급인에게 고용된 건설일용근로자의 임금지급을 확보하기 위한 특례를 정한 것이다.

(2) 직상수급인의 연대책임(제44조의2)

① 요건

㉠ 건설업에서 사업이 2차례 이상 도급이 이루어진 경우

㉡ 하수급인이 건설산업기본법에 의한 건설업자가 아니어야 한다.

㉢ 하수급인이 사용한 근로자에게 임금을 지급하지 못한 경우여야 한다.

㉣ 직상수급인이 건설업자가 아니면 상위수급인 중 최하위의 건설업자를 직상수급인으로 본다.

② 효과

이상의 요건을 충족하면 직상수급인은 귀책사유가 없어도 하수급인과 연대하여 임금을 지급할 책임이 있다. 직상수급인이 연대책임을 부담하는 임금은 해당 건설공사에서 발생한 임금에 한한다.

(3) 직상수급인의 직접지급책임(제44조의3 제1항)

① 요건

㉠ 공사도급이 이루어진 경우

㉡ 다음 각 호의 어느 하나에 해당하여야 한다.

㉮ 직상수급인이 임금직접지급의사와 지급방법 및 절차에 관하여 하수급인과 합의한 경우

㉯ 하수급인의 근로자가 하수급인에게 집행권원이 있는 경우

㉰ 하수급인이 파산 등의 사유로 임금을 지급할 수 없는 명백한 사유가 있다고 직상수급인이 인정하는 경우

㉢ 하수급인이 사용한 근로자의 청구

② 효과

직상수급인은 하수급인의 근로자에게 임금을 직접 지급해야 하고 직상수급인이 직접 지급한 범위만큼 하수급인에 대한 하도급 대금채무는 소멸한다.

(4) 원수급인의 직접지급책임(제44조의3 제2항)

① 요건

㉠ 발주자의 수급인(원수급인)으로부터 공사도급이 2차례 이상 이루어진 경우

㉡ 하수급인의 근로자에게 하수급인에 대한 집행권원이 있는 경우

㉢ 근로자가 원수급인에게 직접 지급할 것을 요구

② 효과

원수급인은 근로자가 자신에 대하여 민법 제404호에 따른 채권자대위권을 행사할 금액의 범위에서 직접 지급할 책임이 있고, 그 범위에서 하수급인에 대한 하도급 대금채무는 소멸한다.

5. 처벌

제44조, 제44조의2를 위반한 자는 3년 이하의 징역 또는 3천만원 이하의 벌금에 처한다(제109조 제1항). 다만 피해자의 명시적인 의사와 다르게 공소를 제기할 수 없다(제2항).

6. 도급근로자의 보호

사용자는 도급이나 그 밖에 이에 준하는 제도로 사용하는 근로자에게 근로시간에 따라 일정액의 임금을 보장하여야 한다(제47조). 「도급이나 그 밖에 이에 준하는 제도」라 함은 성과급, 판매수당 등 임금의 전부 또는 일부가 근로의 실적·성과·능률 등에 따라 결정되는 것을 말한다. 제47조를 위반한 자는 500만원 이하의 벌금에 처한다(제114조 제1항).

Ⅶ 휴업수당

> **제46조 【휴업수당】**
> ① 사용자의 귀책사유로 휴업하는 경우에 사용자는 휴업기간 동안 그 근로자에게 평균임금의 100분의 70 이상의 수당을 지급하여야 한다. 다만, 평균임금의 100분의 70에 해당하는 금액이 통상임금을 초과하는 경우에는 통상임금을 휴업수당으로 지급할 수 있다.
> ② 제1항에도 불구하고 부득이한 사유로 사업을 계속하는 것이 불가능하여 노동위원회의 승인을 받은 경우에는 제1항의 기준에 못 미치는 휴업수당을 지급할 수 있다.

1. 의의

휴업수당은 근로자의 귀책사유가 아닌 사유로 인하여 근로자가 일을 하지 못하는 경우에 임금상실이라는 위험으로부터 근로자를 보호하기 위한 제도이다. 사용자의 고의·과실로 근로자가 근로를 제공하지 못할 때에는 근로자는 임금지급을 청구할 수 있으나, 입증문제와 여러 절차를 거쳐야 하는 문제가 있어 휴업수당제도를 규정하고 있다. 제46조를 위반한 자는 3년 이하의 징역 또는 3천만원 이하의 벌금에 처한다(제109조 제1항). 다만 피해자의 명시적인 의사와 다르게 공소를 제기할 수 없다(제2항).

2. 성립요건

(1) 사용자의 귀책사유가 있을 것

① 귀책사유의 범위

사용자의 귀책사유는 민법상의 고의·과실은 물론 천재지변 등 불가항력에 해당하지 않는 한 경영상의 장애도 널리 포함된다는 것이 통설(세력범위설)과 판례의 입장이다. 귀책사유의 유무에 대한 입증책임은 휴업수당의 지급을 면제 받으려는 사용자에게 있다(대판 1970.2.24, 69다1568).

② 구체적 사례

판매부진, 자금난, 원자재부족, 공장화재·파괴, 시장불황과 생산량감축, 하도급공장의 자재·자금난에 의한 휴업, 갱내붕괴사고 등은 비록 사용자의 고의·과실 또는 이와 동등시되는 사유에 의하여 발생된 것이 아닐지라도 사용자의 세력범위에 속하는 경영장애라고 본다(판례 또는 행정해석).

(2) 휴업을 할 것

휴업이란 근로자에게 근로계약상 근로를 제공할 의사가 있음에도 불구하고 그 의사에 반하여 취업이 거부되거나 또는 불가능하게 된 경우를 말한다(대판 1991.12.13, 90다18999). 휴업은 사업의 전부가 휴업하는 경우는 물론 일부가 휴업하는 경우와 특정한 근로자에 대해 개별적으로 근로제공을 거부하는 경우에도 해당한다. 또한 휴업은 반드시 1일 단위로 볼 것이 아니고 1일의 근로시간 중 일부만 휴업하는 경우에도 적용된다.

3. 휴업수당의 지급

(1) 휴업수당액

휴업수당액은 평균임금의 70% 이상이다. 다만, 평균임금의 70% 이상에 해당하는 금액이 통상임금을 초과하는 경우에는 통상임금을 휴업수당으로 지급할 수 있다(제46조 제1항).

(2) 휴업기간 중 임금의 일부를 지급받은 경우

① 평균임금을 기준으로 지급하는 경우 : 평균임금에서 이미 지급된 임금을 뺀 나머지 금액의 100분의 70 이상에 해당하는 금액을 휴업수당으로 지급한다(시행령 제26조 본문).
② 통상임금을 기준으로 지급하는 경우 : 통상임금과 휴업기간 중에 지급받은 임금과의 차액을 지급하여야 한다(시행령 제26조 단서).

4. 휴업수당의 감액

(1) 요건(제46조 제2항)

① 부득이한 사유로 사업계속이 불가능
부득이한 사유가 천재지변이나 그 밖에 불가항력적인 사유를 말한다는 견해가 있으나 해당 사업 외부의 사정에 기인한 사유와 사용자가 최대의 주의를 기울여도 피할 수 없는 사고로 본다. 판례는 정당성이 상실된 파업으로 인하여 정상조업이 불가능한 경우 이는 부득이한 사유로 인해 사업계속이 불가능한 경우에 해당한다고 보아 노동위원회의 휴업수당지급예외 승인조치는 정당하다고 하였다(대판 2000.11.24, 99두4280).

② 노동위원회의 승인
객관적으로 부득이한 사유로 인하여 사업의 계속이 불가능하더라도 노동위원회의 승인을 받지 못하면 휴업수당을 지급하여야 한다(대판 1968.9.17, 68누151).

(2) 감액의 정도

감액의 정도에 대하여 판례는 사정에 따라서는 사용자가 휴업수당을 전혀 지불하지 않는 것도 가능하다는 입장이다(대판 2000.11.24, 99두4280).

5. 휴업수당과 민법상 임금청구권과의 관계

(1) 의의

사용자의 고의·과실로 근로제공의무를 이행하지 못한 경우에는 민법 제538조 제1항에 의해서 임금전액에 대한 청구권이 발생한다. 따라서 이 경우 근로기준법 제46조에 의한 휴업수당과 민법상의 임금전액청구권과의 관계가 문제된다.

(2) 사용자의 고의·과실이 없는 경우

휴업수당에 있어서의 사용자의 귀책사유는 민법상의 귀책사유인 고의·과실보다 범위가 넓기 때문에 근로자는 민법상의 책임을 물을 수 없는 경우라도 근로기준법상의 휴업수당청구권을 가질 수 있다.

(3) 사용자의 고의·과실이 있는 경우

이 경우에는 양 청구권은 경합하게 되고 근로자는 선택하여 행사할 수 있다. 그러나 휴업수당이 지급된 경우 민법상의 청구 가능한 금액이 그만큼 감액된다.

6. 중간공제와 휴업수당

부당해고기간 중에 근로자가 다른 기업에 취업하여 임금 등의 중간수입을 수령한 경우 휴업수당 또는 임금에서 중간수입을 공제하여야 하는 문제가 발생한다. 이에 대하여 판례는 근로기준법 제46조에 의한 휴업수당은 강행규정이므로 최소한 휴업수당에 해당하는 금액을 지급하고 이를 초과하는 금액만을 중간수입으로 공제할 수 있다고 한다(대판 1993.11.9, 93다37915).

Ⅷ 임금채권의 우선변제

> **제38조【임금채권의 우선변제】**
> ① 임금, 재해보상금, 그 밖에 근로 관계로 인한 채권은 사용자의 총재산에 대하여 질권·저당권 또는「동산·채권 등의 담보에 관한 법률」에 따른 담보권에 따라 담보된 채권 외에는 조세·공과금 및 다른 채권에 우선하여 변제되어야 한다. 다만, 질권·저당권 또는「동산·채권 등의 담보에 관한 법률」에 따른 담보권에 우선하는 조세·공과금에 대하여는 그러하지 아니하다.
> ② 제1항에도 불구하고 다음 각 호의 어느 하나에 해당하는 채권은 사용자의 총재산에 대하여 질권·저당권 또는「동산·채권 등의 담보에 관한 법률」에 따른 담보권에 따라 담보된 채권 외에는 조세·공과금 및 다른 채권에 우선하여 변제되어야 한다.
> 1. 최종 3개월분의 임금
> 2. 재해보상금

1. 의의

이 제도는 특히 사용자가 도산·파산하거나 사용자의 재산이 다른 채권자에 의하여 압류되었을 경우에 근로자의 유일한 생계수단인 임금채권을 다른 채권자의 채권 또는 조세·공과금보다 우선하여 변제받도록 함으로써 근로자의 생활보장을 확보하기 위한 제도이다.

2. 임금채권과 사용자의 총재산의 개념

(1) 임금채권의 개념

임금채권이란 「임금·재해보상금 기타 근로관계로 인한 채권」을 말한다. 「임금·재해보상금」
은 근로기준법상의 임금·퇴직금 및 재해보상금을 말하고 「근로관계로 인한 채권」이라 함은
각종 수당·상여금·귀향여비 등 근로자가 근로관계를 원인으로 하여 사용자로부터 수령할 수
있는 모든 금품에 대한 채권을 말한다.

(2) 사용자의 총재산의 개념

사용자라 함은 근로계약 당사자로서 사업주를 말한다. 따라서 개인회사인 경우에는 개인, 법인
인 경우에는 법인 그 자체가 사용자가 된다. 사용자가 법인인 경우 총재산은 법인 그 자체의
재산 총액을 의미하므로 대표이사인 사장의 개인재산은 포함되지 않는다. 사용자의 총재산은
동산·부동산은 물론 각종 유·무형의 재산권을 포함한다. 따라서 사용자의 제3자에 대한 채
권도 사용자의 총재산에 포함된다. 파견근로자의 사용사업주의 재산도 사용자의 총재산에 포
함된다(대판). 그러나 사용자가 이미 제3자에게 처분한 재산은 우선변제의 효력이 미치지 않는
다(대판). 직상수급인의 재산과 합자회사 무한책임사원의 재산은 임금채권우선변제의 대상이
아니다(대판).

3. 우선변제의 순위

㉠ 최종 3개월분의 임금·최종 3년간의 퇴직금 및 재해보상금(최우선변제), ㉡ 질권·저당권 또
는 「동산·채권 등의 담보에 관한 법률」에 따른 담보권에 우선하는 조세·공과금, ㉢ 질권·저당
권 또는 「동산·채권 등의 담보에 관한 법률」에 따른 담보권에 따라 담보된 채권, ㉣ ㉠에 해당하
지 않는 임금·퇴직금·재해보상금 기타 근로관계로 인한 채권, ㉤ 조세·공과금, ㉥ 일반 채권
(제38조 제2항, 퇴직급여법 제12조 제2항)

- 최종 3개월분의 임금 채권은 사용자의 총재산에 대하여 사용자가 사용자 지위를 취득하기 전에 설정한 질
  권 또는 저당권에 따라 담보된 채권에도 우선하여 변제되어야 한다(대판 2011.12.8, 2011다68777).
- 사용자가 재산을 특정승계 취득하기 전에 설정된 담보권에 대하여까지 그 임금채권의 우선변제권을 인정한
  것은 아니다(대판 2004.5.27, 2002다65905).
- 이미 다른 채권자에 의하여 이루어진 압류처분의 효력까지 배제하여 그보다 우선적으로 직접 지급을 구할
  수는 없다(대판).

4. 최우선변제 임금채권

(1) 최종 3월분의 임금

최종 3월분의 임금이란 사용자의 재산을 청산하기 위한 원인이 된 사실이 발생한 때를 기준으
로 소급해서 3개월간 지급받지 못한 임금을 의미한다.

(2) 최종 3년간의 퇴직금

최우선변제되는 3년간의 퇴직금은 계속근로연수 1년에 대하여 30일분의 평균임금으로 계산한 금액으로 한다(퇴직급여법 제12조 제2항, 제3항). 즉 최종 3년간의 퇴직금은 단체협약 등에서 산정되는 약정퇴직금 전액이 아니라 최종 3년간에 대응하는 법정퇴직금을 한도로 한다.

(3) 재해보상금

최우선변제의 대상으로써 재해보상금은 제한이 없다. 따라서 재해로써 발생한 보상금 및 현물급여는 모두 그 대상이 된다.

5. 우선변제의 방법

• 사용자의 재산에 대하여 강제집행절차를 통한 변제
• 다른 채권자에 의한 임의경매절차의 경우 배당요구종기까지 배당청구

6. 임금채권 우선변제위반의 효과

임금채권 우선변제조항을 위반하여도 별도의 벌칙규정이 없다. 따라서 근로관계 종료 시에는 제36조(금품청산) 위반으로, 근로관계가 존속 중이라면 제43조(임금지급) 위반에 따라 처벌한다.

IX 임금대장과 임금채권의 시효

1. 임금대장

사용자는 각 사업장별로 임금대장을 작성하고 임금과 가족수당 계산의 기초가 되는 사항, 임금액, 그 밖에 대통령령으로 정하는 사항을 임금을 지급할 때마다 적어야 한다(제48조 제1항). 사용자는 임금을 지급하는 때에는 근로자에게 임금의 구성항목·계산방법, 제43조 제1항 단서에 따라 임금의 일부를 공제한 경우의 내역 등 대통령령으로 정하는 사항을 적은 임금명세서를 서면(「전자문서 및 전자거래 기본법」 제2조 제1호에 따른 전자문서를 포함한다)으로 교부하여야 한다(제48조 제2항). 임금대장은 3년간 보존해야 한다(제42조, 시행령 제22조 제1항 제2호). 제48조를 위반한 자는 500만원 이하의 과태료를 부과한다(제116조 제2항 제2호).

> **시행령 제27조 【임금대장의 기재사항】**
> ① 사용자는 법 제48조 제1항에 따른 임금대장에 다음 각 호의 사항을 근로자 개인별로 적어야 한다.
> 1. 성명
> 2. 생년월일, 사원번호 등 근로자를 특정할 수 있는 정보
> 3. 고용 연월일
> 4. 종사하는 업무
> 5. 임금 및 가족수당의 계산기초가 되는 사항
> 6. 근로일수
> 7. 근로시간수
> 8. 연장근로, 야간근로 또는 휴일근로를 시킨 경우에는 그 시간수

9. 기본급, 수당, 그 밖의 임금의 내역별 금액(통화 외의 것으로 지급된 임금이 있는 경우에는 그 품명 및 수량과 평가총액)

10. 법 제43조 제1항 단서에 따라 임금의 일부를 공제한 경우에는 그 금액

② 사용기간이 30일 미만인 일용근로자에 대해서는 제1항 제2호 및 제5호의 사항을 적지 않을 수 있다.

③ 다음 각 호의 어느 하나에 해당하는 근로자에 대해서는 제1항 제7호 및 제8호의 사항을 적지 않을 수 있다.

1. 법 제11조 제2항에 따른 상시 4명 이하의 근로자를 사용하는 사업 또는 사업장의 근로자

2. 법 제63조 각 호의 어느 하나에 해당하는 근로자

시행령 제27조의2 【임금명세서의 기재사항】

사용자는 법 제48조 제2항에 따른 임금명세서에 다음 각 호의 사항을 적어야 한다.

1. 근로자의 성명, 생년월일, 사원번호 등 근로자를 특정할 수 있는 정보

2. 임금지급일

3. 임금 총액

4. 기본급, 각종 수당, 상여금, 성과금, 그 밖의 임금의 구성항목별 금액(통화 이외의 것으로 지급된 임금이 있는 경우에는 그 품명 및 수량과 평가총액을 말한다)

5. 임금의 구성항목별 금액이 출근일수·시간 등에 따라 달라지는 경우에는 임금의 구성항목별 금액의 계산방법(연장근로, 야간근로 또는 휴일근로의 경우에는 그 시간 수를 포함한다)

6. 법 제43조 제1항 단서에 따라 임금의 일부를 공제한 경우에는 임금의 공제 항목별 금액과 총액 등 공제내역

2. 임금채권의 시효

임금채권은 3년간 행사하지 아니하면 시효로 소멸한다(제49조).

PART
02

Section 06　근로시간

I　의의

1. 근로시간의 개념

근로시간이란 일반적으로 근로자가 사용자의 지휘·감독 아래 근로계약상의 근로를 제공하는 시간을 말한다(대판 2017.12.13, 2016다243078). 즉 작업의 개시로부터 종료까지의 시간에서 휴게시간을 제외한 시간인 실근로시간을 말한다.

2. 근로시간의 구체적 판단

(1) 실근로에 부수된 시간

실근로에 부수된 작업이 단체협약·취업규칙 및 근로계약 등에 의무화되어 있거나, 사용자의 지휘·명령하에 행하여지는 경우 또는 업무수행에 필수불가결한 경우 등에는 이에 소요되는 시간은 근로시간에 포함된다(대판 1993.3.9, 92다22770). 복장을 갈아입는 시간, 작업도구 준비시간, 작업종료 후 정돈시간, 참가가 의무화되어 있는 조회·연수·교육 등은 근로시간에 포함된다. 입·출갱시간도 작업에 필요한 부수적 시간이므로 근로시간에 해당된다.

(2) 대기시간

근로시간을 산정하는 경우 작업을 위하여 근로자가 사용자의 지휘·감독 아래에 있는 대기시간 등은 근로시간으로 본다(제50조 제3항). 예를 들어 간호사나 의사의 대기시간, 식당종업원의 대기시간, 노선버스 운전기사의 배차 위한 대기시간, 호텔 포터의 야간근무 대기시간 등은 근로시간으로 본다.

(3) 일·숙직근무

일·숙직근무시간은 그 근무의 내용 및 방법이 통상적인 업무와 동일하다고 인정되는 경우에 한하여 근로시간으로 인정된다(대판 1990.12.26, 90다카13465).

II　법정근로시간(기준근로시간)

1. 관련규정

(1) 성인근로자(제50조)

① 1주간의 근로시간은 휴게시간을 제외하고 40시간을 초과할 수 없다(제1항).
② 1일의 근로시간은 휴게시간을 제외하고 8시간을 초과할 수 없다(제2항).

(2) 연소근로자(제69조)

15세 이상 18세 미만인 사람의 근로시간은 1일에 7시간, 1주에 35시간을 초과하지 못한다. 다만, 당사자 사이의 합의에 따라 1일에 1시간, 1주에 5시간을 한도로 연장할 수 있다.

(3) 유해 · 위험작업의 경우

사업주는 유해하거나 위험한 작업으로서 높은 기압에서 하는 작업 등 대통령령으로 정하는 작업에 종사하는 근로자에게는 1일 6시간, 1주 34시간을 초과하여 근로하게 해서는 아니 된다(산업안전보건법 제139조 제1항). "높은 기압에서 하는 작업 등 대통령령으로 정하는 작업"이란 잠함(潛函) 또는 잠수 작업 등 높은 기압에서 하는 작업을 말한다(산업안전보건법 시행령 제99조 제1항).

2. 법정근로시간의 산정

(1) 1일의 기준

1일은 일반적으로 오전 0시부터 오후 12시까지를 가리킨다. 그러나 하나의 근로가 2일에 걸쳐 지속적으로 행하여지는 경우에도 전체근로시간이 8시간 이내인 한 근로기준법 제50조 위반에 해당하지 않는다.

(2) 1주의 기준

1주란 휴일을 포함한 7일을 말한다(제2조 제1항 제7호). 반드시 일요일부터 토요일까지를 의미하는 것이 아니라 단체협약 · 취업규칙 및 근로계약 등에서 정한 특정 일 또는 개개 근로자의 채용일을 기점으로 7일간을 의미한다.

3. 근로시간 계산의 특례(간주근로시간제)

> **제58조【근로시간 계산의 특례】**
> ① 근로자가 출장이나 그 밖의 사유로 근로시간의 전부 또는 일부를 사업장 밖에서 근로하여 근로시간을 산정하기 어려운 경우에는 소정근로시간을 근로한 것으로 본다. 다만, 그 업무를 수행하기 위하여 통상적으로 소정근로시간을 초과하여 근로할 필요가 있는 경우에는 그 업무의 수행에 통상 필요한 시간을 근로한 것으로 본다.
> ② 제1항 단서에도 불구하고 그 업무에 관하여 근로자대표와의 서면 합의를 한 경우에는 그 합의에서 정하는 시간을 그 업무의 수행에 통상 필요한 시간으로 본다.
> ③ 업무의 성질에 비추어 업무 수행 방법을 근로자의 재량에 위임할 필요가 있는 업무로서 대통령령으로 정하는 업무는 사용자가 근로자대표와 서면 합의로 정한 시간을 근로한 것으로 본다. 이 경우 그 서면 합의에는 다음 각 호의 사항을 명시하여야 한다.
> 　1. 대상 업무
> 　2. 사용자가 업무의 수행 수단 및 시간 배분 등에 관하여 근로자에게 구체적인 지시를 하지 아니한다는 내용
> 　3. 근로시간의 산정은 그 서면 합의로 정하는 바에 따른다는 내용
> ④ 제1항과 제3항의 시행에 필요한 사항은 대통령령으로 정한다.

(1) 의의

근로장소가 사업장 밖이거나 업무의 성질상 근로자에게 상당한 재량이 허용되는 경우와 같이 업무수행에 있어 사용자의 구체적인 지휘 · 감독이 미치지 않는 경우에 근로시간을 계산하기 위한 특례규정이다.

(2) 사업장 밖 근로에 대한 간주근로시간제(제58조 제1항·제2항)

① 요건

㉠ 출장이나 그 밖의 사유로 사업장 밖에서 근로

사업장 밖 근로는 상태적인 것이든 임시적인 것이든 불문하고 업무의 일부가 내근이고 일부는 외근인 경우에도 적용된다.

㉡ 근로시간의 산정이 어려운 때

② 근로시간 간주의 방법

㉠ 소정근로시간

㉡ 업무수행에 통상 필요한 시간

「업무수행에 통상 필요한 시간」이란 그 업무의 수행을 위하여 그 근로자가 사용한 시간이 아니라 평균인이 객관적으로 필요한 시간을 말한다.

㉢ 근로자대표와 서면합의로 정한 시간

(3) 재량근로 간주근로시간제(제58조 제3항)

① 요건

㉠ 대상업무

시행령 제31조【재량근로의 대상업무】

법 제58조 제3항 전단에서 "대통령령으로 정하는 업무"란 다음 각 호의 어느 하나에 해당하는 업무를 말한다.

1. 신상품 또는 신기술의 연구개발이나 인문사회과학 또는 자연과학분야의 연구 업무
2. 정보처리시스템의 설계 또는 분석 업무
3. 신문, 방송 또는 출판 사업에서의 기사의 취재, 편성 또는 편집 업무
4. 의복·실내장식·공업제품·광고 등의 디자인 또는 고안 업무
5. 방송 프로그램·영화 등의 제작 사업에서의 프로듀서나 감독 업무
6. 그 밖에 고용노동부장관이 정하는 업무

㉡ 근로자대표와 서면합의

② 효과

위의 요건을 충족시키는 경우 사용자가 근로자대표와 서면으로 합의한 시간을 근로한 것으로 본다. 휴게시간·시간외 근로·휴일·야간근로 등의 근로시간규제 규정은 당연히 적용된다.

Ⅲ 연장근로(시간외 근로)

1. 의의

연장근로란 근로기준법에서 정한 법정근로시간을 초과하는 근로를 말한다. 연장근로에는 합의연장근로, 인가연장근로, 연소근로자의 근로시간연상과 특별한 사업의 연장 근로 등이 있다.

2. 법내연장근로

단체협약, 취업규칙 또는 근로계약에서 정한 소정근로시간을 법정근로시간 미만으로 정한 경우 당사자의 합의로 법정근로시간까지 연장한 근로를 법내연장근로라고 한다. 판례는 시간외 근로를 법정근로시간을 초과하여 연장된 근로를 말하므로 법내연장근로에 대해서는 가산금이 지급되는 시간외 근로에 해당하지 않는다고 보고 있다(대판 1991.6.28, 90다카14758). 단시간근로자의 초과근로에 대해서는 가산임금을 지급하여야 한다(기간제법 제6조 제3항).

3. 1주 최대 52시간

제2조 【정의】
① 이 법에서 사용하는 용어의 뜻은 다음과 같다.
　7. "1주"란 휴일을 포함한 7일을 말한다.

[시행일] 제2조 제1항의 개정규정은 다음 각 호의 구분에 따른 날부터 시행한다.
1. 상시 300명 이상의 근로자를 사용하는 사업 또는 사업장, 국가, 지방자치단체, 공공기관 : 2018년 7월 1일 (제59조의 개정규정에 따라 근로시간 및 휴게시간의 특례를 적용받지 아니하게 되는 업종의 경우 2019년 7월 1일)
2. 상시 50명 이상 300명 미만의 근로자를 사용하는 사업 또는 사업장 : 2020년 1월 1일
3. 상시 5명 이상 50명 미만의 근로자를 사용하는 사업 또는 사업장 : 2021년 7월 1일

기존 행정해석은 연장근로와 휴일근로를 별개로 해석하여 1주 최대 근로가능 시간이 68시간(휴일이 2일인 경우) 또는 60시간(휴일이 1일인 경우)이었으나 제2조 제1항 제7호는 휴일근로 포함해서 1주 최대 근로가능 시간을 52시간으로 명확화함

4. 합의연장근로

(1) 의의

합의연장근로란 근로자와 사용자의 합의에 의하여 법정근로시간을 초과하여 하는 근로를 말한다.

(2) 연장근로의 종류

① 성인근로자
　㉠ 당사자 간에 합의하면 1주간에 12시간을 한도로 제50조의 근로시간(1주 40시간, 1일 8시간)을 연장할 수 있다(제53조 제1항).
　㉡ 당사자 간에 합의하면 1주 간에 12시간을 한도로 제51조 및 제51조의2의 근로시간을 연장할 수 있고, 제52조 제1항 제2호의 정산기간을 평균하여 1주간에 12시간을 초과하지 아니하는 범위에서 제52조 제1항의 근로시간을 연장할 수 있다(제53조 제2항).
② 연소근로자 : 당사자 사이의 합의에 따라 1일에 1시간, 1주에 5시간을 한도로 연장할 수 있다(제69조 단서).

(3) 합의의 주체

당사자 간의 합의는 개별근로자와 사용자 간의 개별적인 합의가 원칙이고 개별근로자의 연장근로에 대한 합의권을 박탈하거나 제한하지 않는 범위 단체협약 등을 통한 집단적 합의도 가능하다(대판 1993.12.21, 93누5796).

(4) 합의의 방법

별도의 규정이 없으므로 당사자 간의 합의는 서면에 의하든 구두에 의하든 유효하다. 판례는 연장근로가 관행화되어 있어도 당사자 간에 합의가 성립된 것으로 볼 수 없다고 하면서도 근로계약 등에 연장근로의 구체적인 사유를 정하고 이러한 사유가 발생할 때마다 별도의 합의 없이 연장근로를 하도록 하는 것은 가능하다(대판 1995.2.10, 94다19228).

(5) 연장근로의 상한문제

당사자와의 합의에 의하여 연장할 수 있는 근로시간은 1주 12시간이다. 1주 12시간을 초과하지 않는 범위 내에서 1일 8시간을 초과하여도 무방하다(제53조 제1·2항). 즉 1주 12시간을 연장하는 경우 1일의 연장근로시간에 대한 최장제한은 없다고 할 것이다.

5. 특별한 사정에 의한 연장근로(인가연장근로)

> **제53조【연장근로의 제한】**
> ④ 사용자는 특별한 사정이 있으면 고용노동부장관의 인가와 근로자의 동의를 받아 제1항과 제2항의 근로시간을 연장할 수 있다. 다만, 사태가 급박하여 고용노동부장관의 인가를 받을 시간이 없는 경우에는 사후에 지체 없이 승인을 받아야 한다.
> ⑤ 고용노동부장관은 제4항에 따른 근로시간의 연장이 부적당하다고 인정하면 그 후 연장시간에 상당하는 휴게시간이나 휴일을 줄 것을 명할 수 있다.
> ⑦ 사용자는 제4항에 따라 연장 근로를 하는 근로자의 건강 보호를 위하여 건강검진 실시 또는 휴식시간 부여 등 고용노동부장관이 정하는 바에 따라 적절한 조치를 하여야 한다

(1) 요건

① 특별한 사정의 존재

> **시행규칙 제9조【특별한 사정이 있는 경우의 근로시간 연장 신청 등】**
> ① 법 제53조 제4항 본문에서 "특별한 사정"이란 다음 각 호의 어느 하나에 해당하는 경우를 말한다.
>   1. 「재난 및 안전관리 기본법」에 따른 재난 또는 이에 준하는 사고가 발생하여 이를 수습하거나 재난 등의 발생이 예상되어 이를 예방하기 위하여 긴급한 조치가 필요한 경우
>   2. 사람의 생명을 보호하거나 안전을 확보하기 위해 긴급한 조치가 필요한 경우
>   3. 갑작스런 시설·설비의 장애·고장 등 돌발적인 상황이 발생하여 이를 수습하기 위한 긴급한 조치가 필요한 경우
>   4. 통상적인 경우에 비해 업무량이 대폭적으로 증가한 경우로서 이를 단기간 내에 처리하지 않으면 사업에 중대한 지장이 초래하거나 손해가 발생하는 경우

5. 「소재·부품·장비산업 경쟁력강화 및 공급망 안정화를 위한 특별조치법」 제2조 제1호 및 제2호에 따른 소재·부품 및 장비의 연구개발 등 연구개발을 하는 경우로서 고용노동부장관이 국가경쟁력 강화 및 국민경제 발전을 위해 필요하다고 인정하는 경우

② 고용노동부장관의 인가와 근로자의 동의

근로자 본인의 동의를 의미한다. 사태가 급박하여 고용노동부장관의 인가를 받을 시간이 없는 경우에는 사후에 지체 없이 승인을 받아야 한다(제53조 제4항 단서).

(2) 효과

법정근로시간의 연장(제53조 제1항) 및 탄력적 근로시간, 선택적 근로시간의 연장(제53조 제2항)에 대하여 근로시간을 추가로 연장할 수 있으므로 1주 52시간을 초과한 연장근로가 가능하다. 특별한 사정으로 인해 연장된 근로시간에 대하여는 가산임금이 지급되어야 한다(제56조).

6. 특별한 사업에 있어서의 연장근로

제59조 【근로시간 및 휴게시간의 특례】
① 「통계법」 제22조 제1항에 따라 통계청장이 고시하는 산업에 관한 표준의 중분류 또는 소분류 중 다음 각 호의 어느 하나에 해당하는 사업에 대하여 사용자가 근로자대표와 서면으로 합의한 경우에는 제53조 제1항에 따른 주(週) 12시간을 초과하여 연장근로를 하게 하거나 제54조에 따른 휴게시간을 변경할 수 있다.
1. 육상운송 및 파이프라인 운송업. 다만, 「여객자동차 운수사업법」 제3조 제1항 제1호에 따른 노선(路線) 여객자동차운송사업은 제외한다.
2. 수상운송업
3. 항공운송업
4. 기타 운송관련 서비스업
5. 보건업
② 제1항의 경우 사용자는 근로일 종료 후 다음 근로일 개시 전까지 근로자에게 연속하여 11시간 이상의 휴식 시간을 주어야 한다.

제59조 제1항의 업종에 해당하고 근로자대표와의 서면합의가 있는 경우 제53조 제1항의 규정에 의한 1주 12시간 연장근로를 초과하여 연장근로를 하게 하거나 제54조의 규정에 의한 휴게시간을 변경할 수 있다. 12시간을 초과하는 연장근로를 행한 경우에 사용자는 당연히 가산임금을 지급해야 한다. 휴게시간의 변경이란 휴게시간은 부여하지만 그 시각을 변경하는 것을 의미하며, 휴게시간을 부여하지 않거나 단축할 수 있다는 의미는 아니다. 유해·위험작업이나 연소근로자에게 동규정은 적용되지 않는다.

Ⅳ 근로시간의 탄력적 운용

1. 탄력적 근로시간제

(1) 의의

탄력적 근로시간제란 일정기간을 평균하여 1주당 근로시간이 법정근로시간을 초과하지 않는 범위 내에서 특정일 또는 특정주의 근로시간은 법정근로시간을 초과할 수 있는 제도이다. 탄력적 근로시간제는 기후조건에 커다란 영향을 받는 계절적 사업, 또는 건설업과 고객의 요구에 따라 수요, 공급이 격심한 사업 등 근로시간의 탄력적 운용이 필요한 사업에서 요구되고 있다.

(2) 2주 단위 탄력적 근로시간제

① 관련규정

> **제51조 【3개월 이내의 탄력적 근로시간제】**
> ① 사용자는 취업규칙(취업규칙에 준하는 것을 포함한다)에서 정하는 바에 따라 2주 이내의 일정한 단위기간을 평균하여 1주 간의 근로시간이 제50조 제1항의 근로시간을 초과하지 아니하는 범위에서 특정한 주에 제50조 제1항의 근로시간을, 특정한 날에 제50조 제2항의 근로시간을 초과하여 근로하게 할 수 있다. 다만, 특정한 주의 근로시간은 48시간을 초과할 수 없다.

② 요건
   ㉠ 사용자가 취업규칙 또는 취업규칙에 준하는 것으로 정할 것
   ㉡ 2주간의 근로시간을 평균하여 1주의 평균근로시간이 40시간을 초과하지 아니하고, 어느 주라도 1주의 최장근로시간이 48시간을 초과하지 아니할 것

③ 효과

사용자는 1주간의 근로시간을 48시간 범위 내에서 법정근로시간을 초과하여 근로시킬 수 있으며 이 경우 시간외수당 문제는 발생하지 않는다. 1일의 최장근로시간은 3월 단위 탄력적 근로시간제와 달리 규정하고 있지 않으므로 1일 근로시간의 한도는 없는 것으로 해석한다.

(3) 3월 단위 탄력적 근로시간제

① 관련규정

> **제51조 【3개월 이내의 탄력적 근로시간제】**
> ② 사용자는 근로자대표와의 서면 합의에 따라 다음 각 호의 사항을 정하면 3개월 이내의 단위기간을 평균하여 1주 간의 근로시간이 제50조 제1항의 근로시간을 초과하지 아니하는 범위에서 특정한 주에 제50조 제1항의 근로시간을, 특정한 날에 제50조 제2항의 근로시간을 초과하여 근로하게 할 수 있다. 다만, 특정한 주의 근로시간은 52시간을, 특정한 날의 근로시간은 12시간을 초과할 수 없다.
> 1. 대상 근로자의 범위
> 2. 단위기간(3개월 이내의 일정한 기간으로 정하여야 한다)
> 3. 단위기간의 근로일과 그 근로일별 근로시간
> 4. 그 밖에 대통령령으로 정하는 사항(서면합의유효기간, 시행령 제28조 제1항)

② 요건

㉠ 근로자대표와의 서면합의

㉡ 3개월간의 근로시간을 평균하여 1주의 평균근로시간이 40시간을 초과하지 아니하고, 어느 주라도 1주의 최장근로시간이 52시간을, 1일의 최장근로시간이 12시간을 초과하지 아니할 것

③ 효과

사용자는 1주간의 근로시간을 52시간의 범위 내에서, 1일의 근로시간을 12시간의 범위 내에서 법정근로시간을 초과하여 근로시킬 수 있으며, 이 경우 시간외수당의 문제는 발생하지 않는다.

(4) 3개월을 초과하는 탄력적 근로시간제

① 관련규정

> **제51조의2【3개월을 초과하는 탄력적 근로시간제】**
> ① 사용자는 근로자대표와의 서면 합의에 따라 다음 각 호의 사항을 정하면 3개월을 초과하고 6개월 이내의 단위기간을 평균하여 1주간의 근로시간이 제50조 제1항의 근로시간을 초과하지 아니하는 범위에서 특정한 주에 제50조 제1항의 근로시간을, 특정한 날에 제50조 제2항의 근로시간을 초과하여 근로하게 할 수 있다. 다만, 특정한 주의 근로시간은 52시간을, 특정한 날의 근로시간은 12시간을 초과할 수 없다.
> 1. 대상 근로자의 범위
> 2. 단위기간(3개월을 초과하고 6개월 이내의 일정한 기간으로 정하여야 한다)
> 3. 단위기간의 주별 근로시간
> 4. 그 밖에 대통령령으로 정하는 사항(서면합의유효기간, 시행령 제28조의2 제1항)
> ② 사용자는 제1항에 따라 근로자를 근로시킬 경우에는 근로일 종료 후 다음 근로일 개시 전까지 근로자에게 연속하여 11시간 이상의 휴식 시간을 주어야 한다. 다만, 천재지변 등 대통령령으로 정하는 불가피한 경우에는 근로자대표와의 서면 합의가 있으면 이에 따른다.
> ③ 사용자는 제1항 제3호에 따른 각 주의 근로일이 시작되기 2주 전까지 근로자에게 해당 주의 근로일별 근로시간을 통보하여야 한다.
> ④ 사용자는 제1항에 따른 근로자대표와의 서면 합의 당시에는 예측하지 못한 천재지변, 기계 고장, 업무량 급증 등 불가피한 사유가 발생한 때에는 제1항 제2호에 따른 단위기간 내에서 평균하여 1주간의 근로시간이 유지되는 범위에서 근로자대표와의 협의를 거쳐 제1항 제3호의 사항을 변경할 수 있다. 이 경우 해당 근로자에게 변경된 근로일이 개시되기 전에 변경된 근로일별 근로시간을 통보하여야 한다.

② 요건

㉠ 근로자대표와의 서면합의

㉡ 3개월을 초과하고 6개월 이내의 단위기간을 평균하여 1주의 평균근로시간이 40시간을 초과하지 아니하고, 어느 주라도 1주의 최장근로시간이 52시간을, 1일의 최장근로시간이 12시간을 초과하지 아니할 것

③ 효과

(5) 근로한 기간이 단위기간보다 짧은 경우의 임금정산

사용자는 제51조 및 제51조의2에 따른 단위기간 중 근로자가 근로한 기간이 그 단위기간보다
짧은 경우에는 그 단위기간 중 해당 근로자가 근로한 기간을 평균하여 1주간에 40시간을 초과하
여 근로한 시간 전부에 대하여 제56조 제1항에 따른 가산임금을 지급하여야 한다(제51조의3).

(6) 적용범위

탄력적 근로시간제는 15세 이상 18세 미만의 근로자와 임신 중인 여성 근로자에 대하여는 적
용하지 아니한다(제51조 제3항, 제51조의2 제6항).

(7) 임금보전방안의 강구

3개월 이내의 탄력적 근로시간제를 도입할 경우 사용자는 기존의 임금 수준이 낮아지지 아니하
도록 임금보전방안을 강구하여야 한다(제51조 제4항). 고용노동부장관은 제51조 제4항에 따
른 임금보전방안을 강구하게 하기 위해 필요한 경우에는 사용자에게 그 임금보전방안의 내용
을 제출하도록 명하거나 직접 확인할 수 있다(시행령 제28조 제2항). 3개월을 초과하는 탄력적
근로시간제를 도입할 경우 사용자는 기존의 임금 수준이 낮아지지 아니하도록 임금항목을 조
정 또는 신설하거나 가산임금 지급 등의 임금보전방안(賃金補塡方案)을 마련하여 고용노동부
장관에게 신고하여야 한다. 다만, 근로자대표와의 서면합의로 임금보전방안을 마련한 경우에
는 그러하지 아니하다(제51조의2 제5항). 제51조의2 제5항에 따른 임금보전방안을 신고하지
아니한 자에게는 500만원 이하의 과태료를 부과한다(제116조 제2항 제3호).

2. 선택적 근로시간제

(1) 의의

선택적 근로시간제는 당사자가 일정한 정산기간 동안의 총 근로시간을 결정한 다음, 근로자가
자신의 근로제공시간을 일정한 시간대에서 자유로이 선택할 수 있는 근로시간제도이다. 재량
근로시간제는 주로 전문직 근로자에게 인정되고 근로자의 재량에 의해서 업무가 이루어지지만
선택적 근로시간제는 주로 주부 등 비전문직 근로자에게 인정되고 사용자의 지시에 의해 업무
가 이루어진다는 점에서 구별된다.

(2) 요건

> **제52조【선택적 근로시간제】**
> ① 사용자는 취업규칙(취업규칙에 준하는 것을 포함한다)에 따라 업무의 시작 및 종료 시각을 근로자의
> 결정에 맡기기로 한 근로자에 대하여 근로자대표와의 서면 합의에 따라 다음 각 호의 사항을 정하면
> 1개월(신상품 또는 신기술의 연구개발 업무의 경우에는 3개월로 한다) 이내의 정산기간을 평균하여
> 1주간의 근로시간이 제50조 제1항의 근로시간을 초과하지 아니하는 범위에서 1주간에 제50조 제1항
> 의 근로시간을, 1일에 제50조 제2항의 근로시간을 초과하여 근로하게 할 수 있다.
> 1. 대상 근로자의 범위(15세 이상 18세 미만의 근로자는 제외한다)
> 2. 정산기간
> 3. 정산기간의 총 근로시간

4. 반드시 근로하여야 할 시간대를 정하는 경우에는 그 시작 및 종료 시각
5. 근로자가 그의 결정에 따라 근로할 수 있는 시간대를 정하는 경우에는 그 시작 및 종료 시각
6. 그 밖에 대통령령으로 정하는 사항(표준근로시간, 시행령 제29조 제1항)

② 사용자는 제1항에 따라 1개월을 초과하는 정산기간을 정하는 경우에는 다음 각 호의 조치를 하여야 한다.

1. 근로일 종료 후 다음 근로일 시작 전까지 근로자에게 연속하여 11시간 이상의 휴식 시간을 줄 것. 다만, 천재지변 등 대통령령으로 정하는 불가피한 경우에는 근로자대표와의 서면 합의가 있으면 이에 따른다.

2. 매 1개월마다 평균하여 1주간의 근로시간이 제50조 제1항의 근로시간을 초과한 시간에 대해서는 통상임금의 100분의 50 이상을 가산하여 근로자에게 지급할 것. 이 경우 제56조 제1항은 적용하지 아니한다.

① 취업규칙 등에 의하여 업무의 시작 및 종료 시각을 근로자의 결정에 맡기기로 할 것
② 근로자대표와의 서면합의
  ※ 표준근로시간 : 유급휴가 등의 계산 기준으로 사용자와 근로자대표가 합의하여 정한 1일의 근로시간
③ 1개월 또는 3개월 이내의 정산기간을 평균하여 1주의 평균근로시간이 40시간을 초과하여서는 아니 된다.

(3) 효과

위의 요건을 갖추면 1주간에 제50조 제1항의 근로시간을, 1일에 제50조 제2항의 근로시간을 초과하여 근로하게 할 수 있다. 이 경우 시간외수당 문제는 발생하지 않는다.

(4) 탄력적 근로시간제와 선택적 근로시간제의 비교

① 공통점
  ㉠ 양자 모두 근로시간의 유연화 방안으로 일종의 변형 근로시간제이다.
  ㉡ 정산기간 평균하여 법정근로시간을 초과하지 않는 한 연장근로수당을 지급할 의무가 없으며, 야간·휴일근로의 경우에는 법정근로시간 내라도 가산임금을 지급하여야 한다.
② 차이점
  ㉠ 전자는 주로 사용자 측 필요에 따른 근로시간의 획일적 배분제도이나 후자는 근로자의 생활상의 필요에 따라 근로시간의 탄력적 조정이 필요한 경우에 행하는 제도이다.
  ㉡ 전자는 1주(2주 단위는 48시간 이내, 3월 단위는 52시간 이내), 1일(3월 단위의 경우 12시간 이내)의 근로시간의 상한이 설정되어 있으나, 후자는 1주, 1일의 근로시간의 상한 규정이 없다.
  ㉢ 적용범위상의 차이 : 전자는 연소근로자와 임신 중인 여성근로자에게 적용이 되지 않으나 후자는 연소근로자에게만 적용되지 않는다.
  ㉣ 임금보전방안의 강구 : 후자의 경우 임금보전방안 강구 의무 규정이 없다.

3. 단시간 근로제도

(1) 의의

단시간근로자란 1주 동안의 소정근로시간이 그 사업장에서 같은 종류의 업무에 종사하는 통상근로자의 1주 동안의 소정근로시간에 비하여 짧은 근로자를 말한다(제2조 제1항 제9호).

(2) 비율적 결정의 원칙

단시간근로자의 근로조건은 그 사업장의 같은 종류의 업무에 종사하는 통상 근로자의 근로시간을 기준으로 산정한 비율에 따라 결정되어야 한다(제18조 제1항). 제1항에 따라 근로조건을 결정할 때에 기준이 되는 사항이나 그 밖에 필요한 사항은 대통령령으로 정한다(제18조 제2항).

(3) 단시간근로자의 근로조건

① 근로계약의 체결

사용자는 단시간근로자를 고용할 경우에는 임금, 근로시간, 그 밖의 근로조건을 명확히 기재한 근로계약서를 작성하여 근로자에게 내주어야 한다(시행령 제9조 제1항 및 [별표2] 제1호 가목).

② 임금의 계산

단시간근로자의 임금산정단위는 시간급을 원칙으로 하며, 시간급임금을 일급통상임금으로 산정할 경우에는 1일 소정근로시간 수에 시간급임금을 곱하여 산정한다(제2호 가목). 단시간근로자의 1일 소정근로시간 수는 4주 동안의 소정근로시간을 그 기간의 통상근로자의 총 소정근로일 수로 나눈 시간 수로 한다(제2호 나목). 시간급은 유급휴가 시 지급할 임금의 기준이 되고(제4호 마목), 일급통상임금은 주휴일·출산전후휴가에 대한 지급기준이 된다(제4호 라목).

③ 휴일·휴가의 적용

사용자는 단시간근로자에게 근로기준법 제55조에 따른 유급휴일을 주어야 한다(제4호 가목). 사용자는 단시간근로자에게 제60조의 규정에 따른 연차유급휴가를 주어야 한다. 이 경우 유급휴가는 다음의 방식으로 계산한 시간단위로 하며, 1시간 미만은 1시간으로 본다(제4호 나목).

통상근로자의 연차휴가일수×(단시간근로자의 소정근로시간÷통상근로자의 소정근로시간)×8

사용자는 여성인 단시간근로자에 대하여 근로기준법 제73조의 규정에 따른 생리휴가 및 제74조에 따른 출산전후휴가와 유산·사산 휴가를 주어야 한다(제4호 다목).

④ 취업규칙의 작성 및 변경

단시간근로자에게 적용되는 취업규칙을 작성·변경하는 경우에는 근로기준법 제18조 제1항의 취지에 어긋나는 내용이 포함되어서는 아니 된다(제5호 라목).

㉠ 별도의 취업규칙을 작성하는 경우

사용자는 단시간근로자에게 적용되는 취업규칙을 통상근로자에게 적용되는 취업규칙과 별도로 정할 수 있다(제5호 가목). 취업규칙의 작성·변경의 경우 적용대상이 되는 단시간근로자의 과반수의 의견을 들어야 한다. 다만, 취업규칙을 불이익하게 변경하는 경우에는 그 동의를 받아야 한다(제5호 나목).

ⓛ 별도의 취업규칙을 작성하지 않는 경우

이 경우에는 통상근로자에게 적용되는 취업규칙이 적용되는데 취업규칙에서 단시간근로자에 대하여 적용이 배제되는 규정을 두거나 달리 적용한다는 규정을 둔 경우에는 이에 따른다(제5호 다목).

(4) 초과근로의 제한

① 관련규정

사용자는 단시간근로자에 대하여 소정근로시간을 초과하여 근로하게 하는 경우에는 해당 근로자의 동의를 얻어야 하며, 이 경우 1주간에 12시간을 초과하여 근로하게 할 수 없다(기간제법 제6조 제1항). 또한 사용자가 단시간근로자 개인의 동의를 얻지 아니하고 초과근로를 하게 하는 경우에 단시간근로자는 이를 거부할 수 있다(기간제법 제6조 제2항). 사용자의 부당한 초과근로 요구를 거부한 것을 이유로 단시간근로자에 대하여 해고 그 밖의 불리한 처우를 하지 못한다(기간제법 제16조 제1호).

② 가산임금 지급여부

사용자는 단시간근로자의 초과근로에 대하여 통상임금의 100분의 50 이상을 가산하여 지급하여야 한다(기간제법 제6조 제3항).

(5) 적용배제

① 적용배제대상자

4주 동안(4주 미만으로 근로하는 경우에는 그 기간)을 평균하여 1주간의 소정근로시간이 15시간 미만인 근로자에 대해서는 제55조와 제60조를 적용하지 아니한다(제18조 제3항).

② 적용배제규정(제18조 제3항, 퇴직급여법 제4조 제1항 후단, 기간제법)

ⓛ 근로자퇴직급여 보장법의 퇴직급여제도(퇴직급여법 제4조 제1항 단서)

ⓛ 근로기준법 제55조의 유급휴일

ⓛ 근로기준법 제60조의 연차유급휴가

ⓛ 기간제근로자의 사용기간 제한규정(기간제법 시행령 제3조 제3항 제6호)

(6) 차별적 처우 금지와 우선고용노력

사용자는 단시간근로자임을 이유로 해당 사업 또는 사업장에서 동종·유사한 업무에 종사하는 통상근로자에 비하여 차별적 처우를 하여서는 아니 된다(기간제법 제8조 제2항). 차별적 처우를 받은 단시간근로자는 노동위원회에 시정신청을 할 수 있다(기간제법 제9조 제1항). 사용자는 통상근로자를 채용하고자 하는 경우에는 해당 사업 또는 사업장의 동종 또는 유사한 업무에 종사하는 단시간근로자를 우선적으로 고용하도록 노력하여야 한다(기간제법 제7조 제1항).

V 특수근로자에 대한 적용배제

1. 관련규정

> **제63조【적용의 제외】**
> 이 장과 제5장에서 정한 근로시간, 휴게와 휴일에 관한 규정은 다음 각 호의 어느 하나에 해당하는 근로자에 대하여는 적용하지 아니한다.
> 1. 토지의 경작·개간, 식물의 식재(植栽)·재배·채취 사업, 그 밖의 농림 사업
> 2. 동물의 사육, 수산 동식물의 채취·포획·양식 사업, 그 밖의 축산, 양잠, 수산 사업
> 3. 감시(監視) 또는 단속적(斷續的)으로 근로에 종사하는 사람으로서 사용자가 고용노동부장관의 승인을 받은 사람
> 4. 대통령령으로 정하는 업무에 종사하는 근로자
>
> **시행령 제34조【근로시간 등의 적용제외 근로자】**
> 법 제63조 제4호에서 "대통령령으로 정한 업무"란 사업의 종류에 관계없이 관리·감독 업무 또는 기밀을 취급하는 업무를 말한다.

2. 적용되는 규정

근로기준법 제4·5장에 있는 규정이라도 야간근로수당(제56조), 여성과 연소자의 야간근로금지(제70조), 생리휴가(제73조), 출산전·후 휴가(제74조) 규정은 특수근로자에게도 적용된다.

VI 가산임금

> **제56조【연장·야간 및 휴일 근로】**
> ① 사용자는 연장근로(제53조·제59조 및 제69조 단서에 따라 연장된 시간의 근로를 말한다)에 대하여는 통상임금의 100분의 50 이상을 가산하여 근로자에게 지급하여야 한다.
> ② 제1항에도 불구하고 사용자는 휴일근로에 대하여는 다음 각 호의 기준에 따른 금액 이상을 가산하여 근로자에게 지급하여야 한다.
> 　1. 8시간 이내의 휴일근로 : 통상임금의 100분의 50
> 　2. 8시간을 초과한 휴일근로 : 통상임금의 100분의 100
> ③ 사용자는 야간근로(오후 10시부터 다음 날 오전 6시 사이의 근로를 말한다)에 대하여는 통상임금의 100분의 50 이상을 가산하여 근로자에게 지급하여야 한다.

1. 의의

가산임금이란 근로자가 통상적인 근로 이외의 근로(연장·야간·휴일근로)를 한 경우 통상임금에 가산하여 지급하는 임금을 말한다. 이는 과중한 근로에 대한 정당한 보상을 하고 동시에 사용자에게 통상임금 이상의 과중한 임금을 부담하게 하여 연장근로 등을 가급적 제한하려는 것이다. 연장근로 등이 위법하게 행하여진 경우에도 가산임금은 적용되고 가산임금을 지급했다고 해서 위법한 연장근로 등이 정당화되는 것은 아니다. 제56조를 위반한 자는 3년 이하의 징역 또는 3천만원 이하의 벌금에 처한다(제109조 제1항).

2. 가산임금의 지급사유

(1) 연장근로

① 지급대상 : 합의연장근로(제53조 제1 · 2항), 인가연장근로(제53조 제4항), 특별한 사업에 있어서의 연장근로(제59조), 연소근로자의 연장근로(제69조 단서)가 있다. 실제 근로한 시간이 1일 8시간, 1주 40시간을 초과해야 연장근로가 인정된다.

② 지급제외의 경우

㉠ 적법한 요건을 갖춘 탄력적 · 선택적 근로시간제도의 경우 1주 40시간 또는 1일 8시간을 초과하여 근무해도 연장근로수당이 지급되지 않는다(제51조 · 제52조).

㉡ 법내초과근로(대판 1991.6.28, 90다카14758)

㉢ 특수근로자에 대한 적용배제(제63조)의 경우 연장 · 휴일근로에 대한 가산임금의 지급의무가 없다.

(2) 야간근로

① 의의

야간근로는 오후 10시부터 오전 6시까지 사이의 근로를 말한다. 근로의 적법성과 관계없이 야간근로수당이 지급되어야 한다.

② 지급대상자

㉠ 일반근로자

야간근로수당은 근로시간이 법정근로시간을 초과하는지에 관계없이 지급해야 한다.

㉡ 여성과 연소근로자

야간근로를 금지하고 있는 여성과 연소근로자에 대하여 본인의 동의와 노동부장관의 인가를 얻어 야간근로를 시킨 경우(제70조)에도 야간근로수당을 지급해야 한다.

㉢ 특수근로자

근로기준법 제63조에 열거된 사업에 종사하는 근로자의 경우 연장 · 휴일근로에 대한 시간외근로수당을 지급하지 않아도 되나, 야간근로를 하는 경우 이에 대해서는 야간근로수당을 지급하여야 한다.

㉣ 일 · 숙직의 경우

그 업무의 내용이 본래의 정상적인 업무가 연장된 경우는 물론 그 내용과 질이 통상근로와 같이 평가되는 때에는 야간 · 휴일근로수당을 지급하여야 한다(대판 2000.9.22, 99다7367).

(3) 휴일근로

근로기준법 제56조의 휴일근로에서의 휴일은 ㉠ 제55조의 휴일, ㉡ 근로자의 날 및 ㉢ 단체협약이나 취업규칙에 의하여 휴일로 정하여져 있어서 근로자가 근로할 의무가 없는 약정휴일을 의미한다. 가산임금이 지급되어야 하는 휴일근로는 유급휴일과 무급휴일을 구별하지 않는다. 격일제 근무형태에서 근무가 없는 날(이하 비번일)에 근로를 제공한 경우 단체협약이나 취업규칙 등에서 위 비번일을 휴일로 정한 것으로 볼 수 없다면 그 근로 제공에 대하여 휴일근로 수당을 지급할 필요가 없다(대판 2020.6.25, 2016다3386).

3. 가산사유의 중복

가산사유인 연장근로·야간근로 및 휴일근로 등이 서로 중복되는 경우 각각 가산하여 지급하여야한다(대판 1991.3.22, 90다6545). 연장근로와 휴일근로가 중복되는 경우에는 제56조 제2항에따른다.

4. 보상휴가제

(1) 의의

사용자는 근로자대표와의 서면 합의에 따라 제51조의3, 제52조 제2항 제2호 및 제56조에 따른 연장근로·야간근로 및 휴일근로에 대하여 임금을 지급하는 것을 갈음하여 휴가를 줄 수있다(제57조).

(2) 보상휴가일수

휴가일수는 가산임금제도의 취지를 고려하여 정해야 한다. 예를 들어 12시간의 연장근로에 대한 보상휴가일수는 18시간 이상으로 부여해야 할 것이다.

5. 포괄임금산정제도

대판 2010.5.13, 2008다6052
- 감시·단속적 근로 등과 같이 근로시간, 근로형태와 업무의 성질을 고려할 때 근로시간의 산정이 어려운 것으로 인정되는 경우가 있을 수 있고, 이러한 경우에는 사용자와 근로자 사이에 기본임금을 미리 산정하지 아니한 채 법정수당까지 포함된 금액을 월급여액이나 일당임금으로 정하거나 기본임금을 미리 산정하면서도 법정 제 수당을 구분하지 아니한 채 일정액을 법정 제 수당으로 정하여 이를 근로시간 수에 상관없이 지급하기로 약정하는 내용의 이른바 포괄임금제에 의한 임금 지급계약을 체결하더라도 그것이 달리 근로자에게 불이익이 없고 여러 사정에 비추어 정당하다고 인정될 때에는 유효하다 할 것이다.
- 감시·단속적 근로 등과 같이 근로시간의 산정이 어려운 경우가 아니라면 달리 근로기준법상의 근로시간에 관한 규정을 그대로 적용할 수 없다고 볼 만한 특별한 사정이 없는 한 근로기준법상의 근로시간에 따른 임금지급의 원칙이 적용되어야 할 것이므로, 이러한 경우에도 근로시간 수에 상관없이 일정액을 법정수당으로 지급하는 내용의 포괄임금제 방식의 임금 지급계약을 체결하는 것은 그것이 근로기준법이 정한 근로시간에 관한 규제를 위반하는 이상 허용될 수 없다.
- 근로기준법 제15조에서는 근로기준법에 정한 기준에 미치지 못하는 근로조건을 정한 근로계약은 그 부분에 한하여 무효로 하면서(근로기준법의 강행성) 그 무효로 된 부분은 근로기준법이 정한 기준에 의하도록 정하고 있으므로(근로기준법의 보충성), 근로시간의 산정이 어려운 등의 사정이 없음에도 포괄임금제 방식으로 약정된 경우 그 포괄임금에 포함된 정액의 법정수당이 근로기준법이 정한 기준에 따라 산정된 법정수당에 미달하는 때에는 그에 해당하는 포괄임금제에 의한 임금 지급계약 부분은 근로자에게 불이익하여 무효라 할 것이고, 사용자는 근로기준법의 강행성과 보충성 원칙에 의해 근로자에게 그 미달되는 법정수당을 지급할 의무가 있다.

대판 2016.10.13, 2016도1060

- 기본임금을 미리 산정하지 아니한 채 제 수당을 합한 금액을 월급여액이나 일당임금으로 정하거나 매월 일정액을 제 수당으로 지급하는 내용의 포괄임금제에 관한 약정이 성립하였는지는 근로시간, 근로형태와 업무의 성질, 임금 산정의 단위, 단체협약과 취업규칙의 내용, 동종 사업장의 실태 등 여러 사정을 전체적·종합적으로 고려하여 구체적으로 판단하여야 한다.
- 이때 단체협약이나 취업규칙 및 근로계약서에 포괄임금이라는 취지를 명시하지 않았음에도 묵시적 합의에 의한 포괄임금약정이 성립하였다고 인정하기 위해서는, 근로형태의 특수성으로 인하여 실제 근로시간을 정확하게 산정하는 것이 곤란하거나 일정한 연장·야간·휴일근로가 예상되는 경우 등 실질적인 필요성이 인정될 뿐 아니라, 근로시간, 정하여진 임금의 형태나 수준 등 제반 사정에 비추어 사용자와 근로자 사이에 정액의 월급여액이나 일당임금 외에 추가로 어떠한 수당도 지급하지 않기로 하거나 특정한 수당을 지급하지 않기로 하는 합의가 있었다고 객관적으로 인정되는 경우이어야 한다.

Section 07	휴게 · 휴일 · 휴가

Ⅰ 휴게

제54조【휴게】
① 사용자는 근로시간이 4시간인 경우에는 30분 이상, 8시간인 경우에는 1시간 이상의 휴게시간을 근로시간 도중에 주어야 한다.
② 휴게시간은 근로자가 자유롭게 이용할 수 있다.

1. 근로시간 도중 부여의 원칙

휴게시간은 반드시 근로시간 도중에 주어야 한다. 그러므로 시업시간과 종업시간의 도중에 주어야 하며, 시업 전 또는 종업 후에 주는 것은 허용되지 않는다. 휴게시간은 분할하여 주어도 무방하지만 자유이용이 불가능할 정도로 미세하게 분할해서는 안 된다.

2. 휴업시간 자유이용의 원칙

(1) 자유이용의 제한

사용자가 취업규칙 등에서 휴게시간의 자유이용에 대한 일정한 제한을 두고 있는 경우가 있는데 그러한 활동제한은 명백하고 합리적인 이유가 있어야 한다. 예를 들어 자유이용이라고 해도 위법행위나 타인의 권리 이익을 침해할 수는 없기 때문에, 다른 근로자의 자유로운 휴식의 확보나 사용자의 시설관리권 보호 등을 위한 제한은 가능할 것이다.

(2) 휴게시간 중의 조합활동과 정치활동

휴게시간 중 조합활동의 일환으로서 유인물을 배포하는 것은 다른 근로자의 휴게를 방해하거나 구체적으로 직장질서를 문란하게 하는 등 시설관리상의 목적을 해하지 않는 한 인정된다(대판 1991.11.12, 91주4164). 휴게시간 중의 정치활동도 직장의 질서문란을 가져올 구체적 위험이 없는 한 당연히 보장되어야 한다.

3. 관련문제

(1) 휴게시간의 변경

운송업 등 특별한 사업에 있어서는 사용자는 근로자대표와의 서면합의에 의하여 휴게시간을 변경할 수 있다(제59조). 휴게시간의 변경이라 함은 휴게시간은 부여하되 그 시각을 변경하는 것을 의미하며, 휴게시간을 단축하거나 부여하지 아니한다는 의미가 아니다.

(2) 휴게시간의 적용제외

제63조에 해당하는 근로자에 대해서는 휴게에 관한 규정이 적용되지 아니한다.

Ⅱ 휴일

> **제55조【휴일】**
> ① 사용자는 근로자에게 1주에 평균 1회 이상의 유급휴일을 보장하여야 한다.
> ② 사용자는 근로자에게 대통령령으로 정하는 휴일을 유급으로 보장하여야 한다. 다만, 근로자대표와 서면으로 합의한 경우 특정한 근로일로 대체할 수 있다.
> **[시행일]** 제55조 제2항의 개정규정은 다음 각 호의 구분에 따른 날부터 시행한다.
> 1. 상시 300명 이상의 근로자를 사용하는 사업 또는 사업장, 국가, 지방자치단체, 공공기관 : 2020년 1월 1일
> 2. 상시 30명 이상 300명 미만의 근로자를 사용하는 사업 또는 사업장 : 2021년 1월 1일
> 3. 상시 5인 이상 30명 미만의 근로자를 사용하는 사업 또는 사업장 : 2022년 1월 1일
>
> **시행령 제30조【휴일】**
> ① 법 제55조 제1항에 따른 유급휴일은 1주 동안의 소정근로일을 개근한 자에게 주어야 한다.
> ② 법 제55조 제2항 본문에서 "대통령령으로 정하는 휴일"이란 「관공서의 공휴일에 관한 규정」 제2조 각 호(제1호는 제외한다)에 따른 공휴일 및 같은 영 제3조에 따른 대체공휴일을 말한다.

1. 의의

휴일은 근로자가 사용자의 지휘·명령으로부터 완전히 벗어나 근로를 제공하지 아니하는 날을 의미한다. 휴일은 처음부터 근로의무가 없는 날로서 소정근로일에서 제외되는데 반해 휴가는 본래 근로의무가 있는 날이나 근로자의 청구 또는 특별한 법정사유의 충족에 따라 근로의무가 면제된다는 점에서 차이가 있다. 휴일에는 법정휴일(법 제55조의 휴일, 근로자의 날)과 약정휴일이 있으며 법정휴일은 유급이나 약정휴일은 유·무급 여부를 노사가 임의로 정한다.

2. 주휴제의 원칙

(1) 휴일부여 대상자

주휴일을 부여받을 수 있는 근로자에 대하여 최단시간근로자를 제외하고 근로기준법은 아무런 제한을 하고 있지 않다. 따라서 정규직이나 비정규직 등 계약형태나 근로형태를 불문하고 주휴일부여의 요건이 충족되면 당연히 부여되어야 한다. 교대제근무에도 유급주휴일제도가 적용되며(대판), 하루라도 결근한 경우에는 무급의 휴일청구권을 갖는다(대판 2004.6.25, 2002두2857). 조퇴나 지각 등이 있어도 무방하다. 파업기간 중에 포함된 유급휴일에 대해서는 임금청구권이 발생하지 않는다(대판).

(2) 1회의 휴일의 의미

1회의 휴일이라 함은 원칙적으로 오전 0시부터 오후 12시까지의 역일을 의미하나, 교대제작업 등의 경우에 2일간에 걸쳐 계속 24시간의 휴식을 보장하면 휴일을 부여한 것으로 간주된다. 주휴일은 반드시 일요일일 필요는 없으며 단체협약이나 취업규칙 및 근로계약 등에 의하여 정하여지는 것이 원칙이다.

3. 관련문제

(1) 휴일의 대체와 휴일근로수당

제56조에서 휴일근로에 대하여는 통상임금의 100분의 50 이상을 가산하여 지급하여야 한다고 규정하고 있다. 그러나 당사자 간의 합의 또는 단체협약에 의하여 통상의 근로일과 휴일을 대체하는 경우 원래의 휴일은 통상의 근로일이 되고 그날의 근로는 휴일근로가 아닌 통상근로가 되므로 휴일근로수당이 지급되지 아니한다(대판 2000.9.22, 99다7367).

(2) 휴일의 적치사용

주휴일제는 1주간의 근로제공으로 인해 축적된 근로자의 피로를 회복시킨다는 데에 주된 취지가 있으므로 적치사용은 인정되지 않는다.

(3) 적용제외

근로기준법 제63조는 농림수산업 등에 종사하는 근로자에 대하여 주휴일제의 적용배제를 규정하고 있다. 근로기준법 제70조는 18세 이상의 여성근로자, 임산부 및 연소자는 원칙적으로 휴일근로를 시키지 못하도록 하되, 예외적으로 일정한 요건(당해 근로자의 동의 또는 명시적 청구와 노동부장관의 인가)을 갖춘 경우에만 휴일근로를 허용하는 것으로 규정하고 있다. 최단시간근로자에게도 주휴일제는 적용되지 않는다(제18조 제3항).

Ⅲ 연차유급휴가

제60조 【연차 유급휴가】
① 사용자는 1년간 80퍼센트 이상 출근한 근로자에게 15일의 유급휴가를 주어야 한다.
② 사용자는 계속하여 근로한 기간이 1년 미만인 근로자 또는 1년간 80퍼센트 미만 출근한 근로자에게 1개월 개근 시 1일의 유급휴가를 주어야 한다.
③ 삭제
④ 사용자는 3년 이상 계속하여 근로한 근로자에게는 제1항에 따른 휴가에 최초 1년을 초과하는 계속 근로 연수 매 2년에 대하여 1일을 가산한 유급휴가를 주어야 한다. 이 경우 가산휴가를 포함한 총 휴가 일수는 25일을 한도로 한다.
⑤ 사용자는 제1항부터 제4항까지의 규정에 따른 휴가를 근로자가 청구한 시기에 주어야 하고, 그 기간에 대하여는 취업규칙 등에서 정하는 통상임금 또는 평균임금을 지급하여야 한다. 다만, 근로자가 청구한 시기에 휴가를 주는 것이 사업 운영에 막대한 지장이 있는 경우에는 그 시기를 변경할 수 있다.
⑥ 제1항 및 제2항을 적용하는 경우 다음 각 호의 어느 하나에 해당하는 기간은 출근한 것으로 본다.
  1. 근로자가 업무상의 부상 또는 질병으로 휴업한 기간
  2. 임신 중의 여성이 제74조 제1항부터 제3항까지의 규정에 따른 휴가로 휴업한 기간
  3. 「남녀고용평등과 일·가정 양립 지원에 관한 법률」 제19조 제1항에 따른 육아휴직으로 휴업한 기간
  4. 「남녀고용평등과 일·가정 양립 지원에 관한 법률」 제19조의2 제1항에 따른 육아기 근로시간 단축을 사용하여 단축된 근로시간
  5. 제74조 제7항에 따른 임신기 근로시간 단축을 사용하여 단축된 근로시간

⑦ 제1항·제2항 및 제4항에 따른 휴가는 1년간(계속하여 근로한 기간이 1년 미만인 근로자의 제2항에 따른 유급휴가는 최초 1년의 근로가 끝날 때까지의 기간을 말한다) 행사하지 아니하면 소멸된다. 다만, 사용자의 귀책사유로 사용하지 못한 경우에는 그러하지 아니하다.

1. 의의

연차유급휴가란 비교적 장기간에 걸쳐 근로의무를 면제해 줌으로써 근로자의 정신적·육체적 휴양을 보장하고, 노동의 재생산을 보장하며 문화생활의 확보와 재충전의 기회를 주고자 하는 제도이다.

2. 성립요건

(1) 1년간의 계속근로

사용자는 1년간 80퍼센트 이상 출근한 근로자에게 15일의 유급휴가를 주어야 한다(제1항). 1년간의 계속근로의 기산일은 당해 근로자의 채용일로 보는 것이 원칙이며 동일한 사업장 내에서 기산일의 통일을 기하기 위하여 모든 근로자에게 적용되는 기산일을 정하여 시행하는 것도 가능하다. 그러나 불이익을 입은 근로자가 없도록 1년 미만인 경우 근로일수에 비례하여 연차유급휴가를 주어야 한다.

(2) 80퍼센트 이상의 출근

① 의의

80퍼센트 이상의 출근이라 함은 1년의 총일수에서 휴일 등을 제외한 소정의 근로일수를 80퍼센트 이상 출근하는 것을 말한다.

② 소정근로일수에서 제외되는 기간

㉠ 주휴일·근로자의 날 기타 단체협약이나 취업규칙상의 약정휴일 등

㉡ 정당한 쟁의행위기간(대판), 적법한 직장폐쇄로 근로자가 출근하지 못한 기간(대판), 근로제공의무가 면제되는 노조전임기간(대판), 사용자의 귀책사유로 휴업한 기간 등

③ 출근으로 간주되는 기간(제60조 제6항)

㉠ 근로자가 업무상의 부상 또는 질병으로 휴업한 기간(제1호)

㉡ 임신 중의 여성이 제74조 제1항부터 제3항까지의 규정에 따른 휴가로 휴업한 기간(제2호).

㉢ 「남녀고용평등과 일·가정 양립 지원에 관한 법률」 제19조 제1항에 따른 육아휴직으로 휴업한 기간(제3호)

㉣ 「남녀고용평등과 일·가정 양립 지원에 관한 법률」 제19조의2 제1항에 따른 육아기 근로시간 단축을 사용하여 단축된 근로시간(제4호)

㉤ 제74조 제7항에 따른 임신기 근로시간 단축을 사용하여 단축된 근로시간(제5호)

㉥ 부당해고기간

연차유급휴가기간을 산정하기 위해 연간 소정근로일수와 출근일수를 계산할 때 사용자의 부당해고로 인하여 근로자가 출근하지 못한 기간을 근로자에 대하여 불리하게 고려할 수

는 없으므로 그 기간은 연간 소정근로일수 및 출근일수에 모두 산입되는 것으로 보는 것이 타당하며, 설령 부당해고기간이 연간 총근로 일수 전부를 차지하고 있는 경우에도 달리 볼 수는 없다(대판 2014.3.13, 2011다95519).

ⓐ 사용자의 위법한 직장폐쇄로 인하여 출근하지 못한 기간(대판)

ⓞ 업무상 재해로 휴업한 기간

근로자가 업무상 재해로 휴업한 기간은 장단(長短)을 불문하고 소정근로일수와 출근일수에 모두 포함시켜 출근율을 계산하여야 한다. 설령 그 기간이 1년 전체에 걸치거나 소정근로일수 전부를 차지한다고 하더라도, 이와 달리 볼 아무런 근거나 이유가 없다(대판 2017.5.17, 2014다232296·232302)

④ 결근으로 간주되는 기간

정직이나 직위해제 등의 징계를 받은 근로자는 징계기간 중 근로자의 신분을 보유하면서도 근로의무가 면제되므로, 사용자는 취업규칙에서 근로자의 정직 또는 직위해제 기간을 소정근로일수에 포함시키되 그 기간 중 근로의무가 면제되었다는 점을 참작하여 연차유급휴가 부여에 필요한 출근일수에는 포함하지 않는 것으로 규정할 수 있고, 이러한 취업규칙의 규정이 근로자에게 불리한 것이라고 보기는 어렵다(대판 2008.10.9, 2008다41666). 근로자의 사적인 부상이나 질병·부상으로 휴업한 기간, 범죄행위로 구속된 기간, 불법쟁의행위 기간 등도 결근한 것으로 본다.

(3) 계속근로기간이 1년 미만인 근로자의 경우

사용자는 계속하여 근로한 기간이 1년 미만인 근로자에게 1개월 개근 시 1일의 유급휴가를 주어야 한다(제60조 제2항).

3. 연차유급휴가의 발생

(1) 기본원칙

1년간 80퍼센트 이상 출근한 근로자에게 부여되는 연차휴가일수는 15일이다. 1년간 80퍼센트 미만 출근한 근로자에게 1개월 개근 시 1일의 유급휴가를 주어야 한다. 그러나 연차휴가일수는 근로자의 계속근로연수에 따라 다르다.

(2) 가산휴가제

① 관련규정

사용자는 3년 이상 계속해서 근로한 근로자에게 제1항에 따른 휴가에 최초 1년을 초과하는 계속 근로 연수 매 2년에 대하여 1일을 가산한 유급휴가를 주어야 한다(제4항).

② 적용요건

㉠ 3년 이상 계속근로

㉡ 휴가산정 대상기간 중에 80퍼센트 이상 출근

가산휴가는 80퍼센트 미만 출근자의 경우에는 가산의 전제가 되는 휴가 자체가 발생하지 아니하는 것이므로 가산휴가도 발생하지 아니한다. 다만, 가산휴가청구권은 산정대상기간 중의 출근율을 기준으로 하여 발생하며 산정대상기간 전년도 이전의 출근율은 고려하지 않는다.

③ 휴가의 최대한도 : 가산휴가를 포함한 총 휴가일수는 25일을 한도로 한다(제4항 단서).

4. 연차유급휴가의 부여시기

(1) 관련규정

사용자는 제1항부터 제4항까지의 규정에 따른 휴가를 근로자가 청구한 시기에 주어야 한다. 다만, 근로자가 청구한 시기에 휴가를 주는 것이 사업운영에 막대한 지장이 있는 경우에는 그 시기를 변경할 수 있다(제60조 제5항).

(2) 근로자의 시기지정권

시기지정권의 행사는 단체협약 및 취업규칙 등에 구체적인 방법 및 절차 등을 규정하는 것이 원칙이나, 규정이 없어도 서면 또는 구두의 방법으로 시기지정의 의사가 전달되었다면 시기지정권의 행사로 본다(다수설, 대판 1992.4.10, 92주404). 발생한 휴가권을 구체화하려면 근로자가 자신에게 맡겨진 시기지정권(시기지정권)을 행사하여 어떤 휴가를, 언제부터 언제까지 사용할 것인지에 관하여 특정하여야 할 것이고, 근로자가 이와 같은 특정을 하지 아니한 채 시기지정권을 행사하더라도 이는 적법한 시기지정이라고 할 수 없어 그 효력이 발생할 수 없다(대판 1997.3.28, 96누4220).

(3) 사용자의 시기변경권

① 사업운영에 막대한 지장이 있는 경우

사업운영에 막대한 지장이 있는 경우에 해당하려면 근로자가 지정한 시기의 근로가 본인의 담당업무를 포함하는 상당한 단위의 업무운영에 불가결하고 또 대체근로자를 확보하기 곤란해야 한다.

② 시기변경권의 행사방법

단체협약 및 취업규칙 등에 정하는 것이 원칙이나 이러한 규정이 없어도 서면 또는 구두의 방법으로 시기변경의 의사표시가 전달되었으면 시기변경권의 행사로 볼 수 있다(대판 1992.6.23, 92다7542). 사용자는 대체가능한 날을 제시할 필요는 없다.

- 취업규칙에 연차유급휴가를 청구하는 경우 사전에 기관장에 신청하여 승인을 얻도록 규정하고 있더라도 이는 시기지정권을 박탈하는 것이 아니라 사용자의 시기변경권의 적절한 행사를 위한 것이므로 유효하다(대판 1992.6.23, 92다7542).
- 사용자가 시기변경권을 행사했는데 근로자가 일방적으로 연차휴가를 사용한 경우 사용자는 그 근로자를 무단결근으로 처리할 수 있다(대판 1997.3.28, 96누4220).

5. 연차유급휴가와 임금청구권

(1) 연차유급휴가임금

연차유급휴가 중에 근로를 제공하지 않아도 당연히 지급되는 수당은 단체협약 또는 취업규칙 등에서 정하는 통상임금 또는 평균임금으로 지급하여야 한다(제60조 제5항). 이 경우 연차유급 휴가임금은 유급휴가를 주기 전 또는 준 직후의 임금지불일에 지급하여야 한다(시행령 제33조). 연차휴가기간에 근로자가 근로를 제공하지 않더라도 근로를 제공한 것으로 보아 지급되어야 하는 연차휴가수당은 취업규칙 등에서 산정 기준을 정하지 않았다면, 그 성질상 통상임금을 기초로 하여 산정하여야 한다(대판 2019.10.18, 2018다239110).

(2) 연차유급휴가근로수당

제60조 제5항에서는 연차유급휴가를 사용한 경우에 휴가수당을 지급하도록 규정하고 있고 휴가를 사용하지 않은 경우에 휴가근로수당을 지급해야 한다는 규정은 없다. 그러나 대법원은 휴가사용기간이 경과한 경우 연차휴가청구권은 소멸하지만 연차휴가근로수당 청구권이 발생한다는 입장을 유지해오고 있다(대판 1991.6.28, 90다카14758). 즉 연차유급휴가를 1년간 사용하지 아니하여 연차휴가청구권이 소멸한 경우에도 근로자가 근로한 경우에는 사용자는 이에 대한 임금을 별도로 지급하여야 하고 이 임금청구권은 휴가소멸일 이후부터 3년간 소멸하지 아니한다.

> **대판 2017.5.17, 2014다232296 · 232302**
> 근로자가 연차휴가에 관한 권리를 취득한 후 1년 이내에 연차휴가를 사용하지 아니하거나 1년이 지나기 전에 퇴직하는 등의 사유로 인하여 더 이상 연차휴가를 사용하지 못하게 될 경우에는 사용자에게 연차휴가일수에 상응하는 임금인 연차휴가수당을 청구할 수 있다. 한편 연차휴가를 사용할 권리 혹은 연차휴가수당 청구권은 근로자가 전년도에 출근율을 충족하면서 근로를 제공하면 당연히 발생하는 것으로서, 연차휴가를 사용할 해당 연도가 아니라 그 전년도 1년간의 근로에 대한 대가에 해당한다. 따라서 근로자가 업무상 재해 등의 사정으로 말미암아 연차휴가를 사용할 해당 연도에 전혀 출근하지 못한 경우라 하더라도, 이미 부여받은 연차휴가를 사용하지 않은 데 따른 연차휴가수당은 청구할 수 있다.

(3) 연차휴가일 근로에 대한 가산임금 지급여부

연차휴가제도는 주휴일이나 시간외근로제도와는 그 취지가 다르고 휴일과 휴가를 명백히 구분하고 있으므로 연차유급휴가를 사용하지 아니하고 근로를 제공한 경우에 휴일근로수당을 지급해야 할 법적 의무는 없는 것으로 본다(대판 1990.10.26, 90다카12496).

6. 연차유급휴가청구권의 소멸과 휴가의 사용촉진

(1) 청구권의 소멸

1년간 연차유급휴가를 행사하지 아니한 경우 연차유급휴가는 소멸한다(제60조 제7항). 연차유급휴가의 소멸시효는 근로자가 휴가를 청구할 지위를 얻게 된 때, 즉 1년간의 근로를 마친 다음 날부터 진행한다. 사용자의 귀책사유로 사용하지 못한 경우에는 휴가청구권 발생일로부터 1년이 지나더라도 휴가청구권은 소멸하지 아니하고 이월된다(제60조 제7항 단서). 사용자의 귀책사유라 함은 사용자가 시기변경권을 행사한 경우 외에도 사용자의 책임 있는 사유로 인한 휴업 등 사실상 휴가청구권을 행사할 수 없었을 경우도 포함된다고 해석된다.

(2) 연차유급휴가의 사용촉진

제61조 【연차 유급휴가의 사용 촉진】

① 사용자가 제60조 제1항·제2항 및 제4항에 따른 유급휴가(계속하여 근로한 기간이 1년 미만인 근로자의 제60조 제2항에 따른 유급휴가는 제외한다)의 사용을 촉진하기 위하여 다음 각 호의 조치를 하였음에도 불구하고 근로자가 휴가를 사용하지 아니하여 제60조 제7항 본문에 따라 소멸된 경우에는 사용자는 그 사용하지 아니한 휴가에 대하여 보상할 의무가 없고, 제60조 제7항 단서에 따른 사용자의 귀책사유에 해당하지 아니하는 것으로 본다.

1. 제60조 제7항 본문에 따른 기간이 끝나기 6개월 전을 기준으로 10일 이내에 사용자가 근로자별로 사용하지 아니한 휴가 일수를 알려주고, 근로자가 그 사용 시기를 정하여 사용자에게 통보하도록 서면으로 촉구할 것

2. 제1호에 따른 촉구에도 불구하고 근로자가 촉구를 받은 때부터 10일 이내에 사용하지 아니한 휴가의 전부 또는 일부의 사용 시기를 정하여 사용자에게 통보하지 아니하면 제60조 제7항 본문에 따른 기간이 끝나기 2개월 전까지 사용자가 사용하지 아니한 휴가의 사용 시기를 정하여 근로자에게 서면으로 통보할 것

② 사용자가 계속하여 근로한 기간이 1년 미만인 근로자의 제60조 제2항에 따른 유급휴가의 사용을 촉진하기 위하여 다음 각 호의 조치를 하였음에도 불구하고 근로자가 휴가를 사용하지 아니하여 제60조 제7항 본문에 따라 소멸된 경우에는 사용자는 그 사용하지 아니한 휴가에 대하여 보상할 의무가 없고, 같은 항 단서에 따른 사용자의 귀책사유에 해당하지 아니하는 것으로 본다.

1. 최초 1년의 근로기간이 끝나기 3개월 전을 기준으로 10일 이내에 사용자가 근로자별로 사용하지 아니한 휴가 일수를 알려주고, 근로자가 그 사용 시기를 정하여 사용자에게 통보하도록 서면으로 촉구할 것. 다만, 사용자가 서면 촉구한 후 발생한 휴가에 대해서는 최초 1년의 근로기간이 끝나기 1개월 전을 기준으로 5일 이내에 촉구하여야 한다.

2. 제1호에 따른 촉구에도 불구하고 근로자가 촉구를 받은 때부터 10일 이내에 사용하지 아니한 휴가의 전부 또는 일부의 사용 시기를 정하여 사용자에게 통보하지 아니하면 최초 1년의 근로기간이 끝나기 1개월 전까지 사용자가 사용하지 아니한 휴가의 사용 시기를 정하여 근로자에게 서면으로 통보할 것. 다만, 제1호 단서에 따라 촉구한 휴가에 대해서는 최초 1년의 근로기간이 끝나기 10일 전까지 서면으로 통보하여야 한다.

휴가 미사용은 근로자의 자발적인 의사에 따른 것이어야 한다. 근로자가 지정된 휴가일에 출근하여 근로를 제공한 경우, 사용자가 휴가일에 근로한다는 사정을 인식하고도 노무의 수령을 거부한다는 의사를 명확하게 표시하지 아니하거나 근로자에 대하여 업무 지시를 하였다면 특별한 사정이 없는 한 근로자가 자발적인 의사에 따라 휴가를 사용하지 않은 것으로 볼 수 없어 사용자는 근로자가 이러한 근로의 제공으로 인해 사용하지 아니한 휴가에 대하여 여전히 보상할 의무를 부담한다(대판 2020.2.27, 2019다279283).

7. 연차유급휴가의 대체

사용자는 근로자대표와의 서면합의에 따라 제60조에 따른 연차유급휴가일을 갈음하여 특정한 근로일에 근로자를 휴무시킬 수 있다(제62조). 연차휴가의 본래의 취지가 상실됨에 따라, 노사합의로 연차휴가를 다른 근로일과 대체가능하도록 하여 경영여건과 근로자 측 사정에 따라 휴일과 근무일의 신축적인 연계운용이 가능하도록 하는 제도이다.

PART
02

Section 08 여성과 소년

I 의의

1. 특별한 법적보호의 이유

첫째, 연소근로자는 성인근로자에 비해 신체적으로 열악하고 성장과정에 있으므로 장시간의 노동은 이들의 건강과 성장을 방해하고, 연소자의 교육기회를 박탈하는 결과를 가져오게 된다. 따라서 연소근로자의 신체적·정신적 성장을 보호하고, 원숙한 인간으로 성장할 수 있도록 특별한 법적 보호를 하고 있는 것이다.

둘째, 여성근로자는 여성의 신체적·생리적인 특성과 모성의 보호라는 점에서 남성근로자와 구별되고 전통적으로 남성근로자와의 평등대우라는 측면에서 법적 보호를 필요로 한다.

2. 기본체계

헌법 제32조 제4·5항은 여성과 연소근로자의 근로에 대한 특별보호를, 헌법 제36조 제2항은 모성의 보호를 규정하고 있으며, 근로기준법 제5장과 남녀고용평등법은 이를 구체화하고 있다.

II 여성과 연소자에 대한 공통된 보호

1. 유해·위험사업에의 사용금지

제65조 【사용 금지】
① 사용자는 임신 중이거나 산후 1년이 지나지 아니한 여성(이하 "임산부"라 한다)과 18세 미만자를 도덕상 또는 보건상 유해·위험한 사업에 사용하지 못한다.
② 사용자는 임산부가 아닌 18세 이상의 여성을 제1항에 따른 보건상 유해·위험한 사업 중 임신 또는 출산에 관한 기능에 유해·위험한 사업에 사용하지 못한다.
③ 제1항 및 제2항에 따른 금지 직종은 대통령령으로 정한다.

2. 야간 및 휴일근로의 제한

제70조 【야간근로와 휴일근로의 제한】
① 사용자는 18세 이상의 여성을 오후 10시부터 오전 6시까지의 시간 및 휴일에 근로시키려면 그 근로자의 동의를 받아야 한다.
② 사용자는 임산부와 18세 미만자를 오후 10시부터 오전 6시까지의 시간 및 휴일에 근로시키지 못한다. 다만, 다음 각 호의 어느 하나에 해당하는 경우로서 고용노동부장관의 인가를 받으면 그러하지 아니하다.
  1. 18세 미만자의 동의가 있는 경우
  2. 산후 1년이 지나지 아니한 여성의 동의가 있는 경우
  3. 임신 중의 여성이 명시적으로 청구하는 경우
③ 사용자는 제2항의 경우 고용노동부장관의 인가를 받기 전에 근로자의 건강 및 모성보호를 위하여 그 시행 여부와 방법 등에 관하여 그 사업 또는 사업장의 근로자대표와 성실하게 협의하여야 한다.

3. 갱내근로의 금지

(1) 관련규정

사용자는 여성과 18세 미만인 사람을 갱내에서 근로시키지 못한다. 다만, 보건·의료, 보도·취재 등 대통령령으로 정하는 업무를 수행하기 위하여 일시적으로 필요한 경우에는 그러하지 아니하다(제72조).

(2) 갱내근로의 의미

작업장소가 갱내로 판단되는 한 그 작업의 내용이 반드시 광업이 아닐지라도 갱내근로에 해당한다. 따라서 갱내에서 행하는 채광업무는 물론 경리·인사 및 의료 등의 사무직 업무도 이에 포함된다. 동규정은 당사자 합의에 의한 예외가 인정되지 않는다.

(3) 예외

제72조 단서와 시행령 제42조에는 다음과 같은 예외가 규정되어 있다.
㉠ 보건, 의료 또는 복지업무, ㉡ 신문·출판·방송프로그램 제작 등을 위한 보도·취재업무, ㉢ 학술 연구를 위한 조사업무, ㉣ 관리·감독업무, ㉤ 위의 업무와 관련된 분야에서 행하는 실습업무 등을 위하여 일시적으로 갱내근로가 허용된다.

Ⅲ 연소근로자에 대한 특별보호

1. 탄력적 근로시간제와 선택적 근로시간제

연소근로자는 탄력적 근로시간제와 선택적 근로시간제가 적용되지 않는다(제51조 제3항, 제51조의2 제6항, 제52조 제1항 제1호 참조).

2. 최저취업연령의 보호

> **제64조 【최저 연령과 취직인허증】**
> ① 15세 미만인 사람(「초·중등교육법」에 따른 중학교에 재학 중인 18세 미만인 사람을 포함한다)은 근로자로 사용하지 못한다. 다만, 대통령령으로 정하는 기준에 따라 고용노동부장관이 발급한 취직인허증(就職認許證)을 지닌 사람은 근로자로 사용할 수 있다.
> ② 제1항의 취직인허증은 본인의 신청에 따라 의무교육에 지장이 없는 경우에는 직종(職種)을 지정하여서만 발행할 수 있다.
> ③ 고용노동부장관은 거짓이나 그 밖의 부정한 방법으로 제1항 단서의 취직인허증을 발급받은 사람에게는 그 인허를 취소하여야 한다.

(1) 신청

취직인허증을 받을 수 있는 자는 13세 이상 15세 미만인 자로 한다. 다만, 예술공연 참가를 위한 경우에는 13세 미만인 자도 취직인허증을 받을 수 있다(시행령 제35조 제1항). 취직인허증을 받으려는 자는 고용노동부령으로 정하는 바에 따라 고용노동부장관에게 신청하여야 한다(시행령 제35조 제2항). 제2항에 따른 신청은 학교장(의무교육 대상자와 재학 중인 자로 한정한다) 및 친권자 또는 후견인의 서명을 받아 사용자가 될 자와 연명(連名)으로 하여야 한다(시행령 제35조 제3항).

(2) 발행

고용노동부장관은 의무교육에 지장이 없는 경우에 직종을 지정하여 취직인허증을 발행할 수 있다(제64조 제2항). 고용노동부장관은 법 제65조에 따라 임산부, 임산부가 아닌 18세 이상인 여성 및 18세 미만인 자의 사용이 금지되는 직종에 대해서는 취직인허증을 발급할 수 없다(시행령 제37조, 제40조). 고용노동부장관은 제35조 제2항에 따른 신청에 대하여 취직을 인허할 경우에는 고용노동부령으로 정하는 취직인허증에 직종을 지정하여 신청한 근로자와 사용자가 될 자에게 내주어야 한다(시행령 제36조 제1항).

(3) 재교부

사용자 또는 15세 미만인 자는 취직인허증이 못쓰게 되거나 이를 잃어버린 경우에는 고용노동부령으로 정하는 바에 따라 지체 없이 재교부 신청을 하여야 한다(시행령 제39조).

3. 연소자증명서의 비치

> **제66조 【연소자 증명서】**
> 사용자는 18세 미만인 사람에 대하여는 그 연령을 증명하는 가족관계기록사항에 관한 증명서와 친권자 또는 후견인의 동의서를 사업장에 갖추어 두어야 한다.

이 규정은 사용자로 하여금 연소자의 연령을 확인하게 함으로써 연소자보호에 관한 특별규정의 실효를 거두려는 데 그 취지가 있다. 동의서는 근로계약 체결에 대한 동의서를 말한다. 15세 미만인 사람을 사용하는 사용자가 취직인허증을 갖추어 둔 경우에는 가족관계기록사항에 관한 증명서와 친권자나 후견인의 동의서를 갖추어 둔 것으로 본다(시행령 제36조 제2항).

4. 미성년자의 근로계약

> **제67조 【근로계약】**
> ① 친권자나 후견인은 미성년자의 근로계약을 대리할 수 없다.
> ② 친권자, 후견인 또는 고용노동부장관은 근로계약이 미성년자에게 불리하다고 인정하는 경우에는 이를 해지할 수 있다.
> ③ 사용자는 18세 미만인 사람과 근로계약을 체결하는 경우에는 제17조에 따른 근로조건을 서면(「전자문서 및 전자거래 기본법」 제2조 제1호에 따른 전자문서를 포함한다)으로 명시하여 교부하여야 한다.

친권자나 후견인이 미성년자에게 강제근로를 시킬 위험성이 있어 미성년자의 근로계약을 대리체결하는 것을 금지하고 있다. 따라서 법정대리인이 사용자와 체결한 근로계약은 무효이다. 한편 미성년자인 근로자가 근로계약을 체결하기 위하여 법정대리인의 동의가 필요한가에 대하여는 특별한 규정이 없는 한 민법의 일반원리가 적용되어야 한다는 점에서 동의가 필요하다. 무엇이 미성년자에게 불리한 것인가에 관하여 법정대리인 또는 고용노동부장관이 불리하다고 인정하면 그것이 기준이 된다고 본다.

PART
02

5. 미성년자의 임금청구

미성년자는 독자적으로 임금을 청구할 수 있다(제68조). 미성년자는 임금청구소송도 독자적으로 할 수 있다(대판). 친권자 또는 후견인은 미성년자를 대리하여 미성년자의 임금을 수령할 수 없으며, 임금직접불의 원칙상 미성년자의 위임에 의한 대리수령도 금지된다. 따라서 사용자는 법정대리인으로부터의 임금청구를 거부할 수 있고 만약 사용자가 법정대리인에게 임금을 지불하였다면 미성년자에 대해 효력을 주장할 수 없다.

6. 연소자 근로시간의 특례

15세 이상 18세 미만인 자의 근로시간은 1일에 7시간, 1주일에 35시간을 초과하지 못한다. 다만, 당사자 사이의 합의에 따라 1일에 1시간, 1주일에 5시간을 한도로 연장할 수 있다(제69조).

Ⅳ 여성근로자에 대한 특별보호

1. 생리휴가

(1) 의의

사용자는 여성근로자가 청구하면 월 1일의 생리휴가를 주어야 한다(제73조). 생리휴가는 직종, 근로시간 및 개근여부 등에 상관없이 임시직 근로자, 시간제 근로자 등을 포함한 모든 여성근로자에게 생리 여부사실에 따라 부여되어야 한다.

(2) 여성근로자의 청구와 무급휴가 부여

생리휴가는 여성인 근로자가 청구하는 때에 부여되는 것이므로 생리를 하는 여성이라도 청구하지 않으면 생리휴가를 받을 수 없다. 청구는 그 성질상 휴가일 이전이어야 한다. 여성근로자가 생리휴가를 청구한 경우 사용자는 휴가를 부여해야 하며 업무지장 등의 이유로 근로자가 지정한 휴가일을 변경할 수 없다. 법 개정으로 유급에서 무급으로 바뀌었으므로 단체협약, 취업규칙, 근로계약 등에 노사가 달리 정한 바가 없으면 사용자는 임금을 지급할 의무가 없다.

(3) 생리휴가와 근로관계

생리휴가는 주휴일 또는 연차휴가 등을 부여하기 위한 소정근로일수 및 출근율 산정 시 소정근로일수에 포함된다. 생리휴가청구권은 그 달이 지나면 적치되지 않고 소멸한다. 생리휴가를 청구한 날에 근로자가 출근하여 근로를 하더라도 가산임금을 청구할 수 없다(대판).

2. 시간외근로의 제한

(1) 산후 1년이 경과되지 않은 여성의 시간외근로의 제한

사용자는 산후 1년이 지나지 않은 여성에 대하여는 단체협약이 있는 경우라도 1일에 2시간, 1주일에 6시간, 1년에 150시간을 초과하는 시간외근로를 시키지 못한다(제71조).

(2) 임신 중인 여성의 시간외근로의 제한

사용자는 임신 중의 여성근로자에게 시간외근로를 하게 하여서는 아니 되며, 그 근로자의 요구가 있는 경우에는 쉬운 종류의 근로로 전환하여야 한다(제74조 제5항).

3. 육아시간의 보장

생후 1년 미만의 유아를 가진 여성근로자가 청구하면 1일 2회 각각 30분 이상의 유급수유시간을 주어야 한다(제75조).

4. 탄력적 근로시간제 적용제외

임신 중인 여성근로자는 탄력적 근로시간제를 적용할 수 없다(제51조 제3항, 제51조의2 제6항).

5. 출산전후휴가 등

제74조 【임산부의 보호】

① 사용자는 임신 중의 여성에게 출산 전과 출산 후를 통하여 90일(미숙아를 출산한 경우에는 100일, 한 번에 둘 이상 자녀를 임신한 경우에는 120일)의 출산전후휴가를 주어야 한다. 이 경우 휴가 기간의 배정은 출산 후에 45일(한 번에 둘 이상 자녀를 임신한 경우에는 60일) 이상이 되어야 하고, 미숙아의 범위, 휴가 부여 절차 등에 필요한 사항은 고용노동부령으로 정한다. 〈개정 2024.10.22.〉

② 사용자는 임신 중인 여성 근로자가 유산의 경험 등 대통령령으로 정하는 사유로 제1항의 휴가를 청구하는 경우 출산 전 어느 때 라도 휴가를 나누어 사용할 수 있도록 하여야 한다. 이 경우 출산 후의 휴가 기간은 연속하여 45일(한 번에 둘 이상 자녀를 임신한 경우에는 60일) 이상이 되어야 한다.

③ 사용자는 임신 중인 여성이 유산 또는 사산한 경우로서 그 근로자가 청구하면 대통령령으로 정하는 바에 따라 유산·사산 휴가를 주어야 한다. 다만, 인공 임신중절 수술(「모자보건법」 제14조 제1항에 따른 경우는 제외한다)에 따른 유산의 경우는 그러하지 아니하다.

④ 제1항부터 제3항까지의 규정에 따른 휴가 중 최초 60일(한 번에 둘 이상 자녀를 임신한 경우에는 75일)은 유급으로 한다. 다만, 「남녀고용평등과 일·가정 양립 지원에 관한 법률」 제18조에 따라 출산전후휴가급여 등이 지급된 경우에는 그 금액의 한도에서 지급의 책임을 면한다.

⑤ 사용자는 임신 중의 여성 근로자에게 시간외근로를 하게 하여서는 아니 되며, 그 근로자의 요구가 있는 경우에는 쉬운 종류의 근로로 전환하여야 한다.

⑥ 사업주는 제1항에 따른 출산전후휴가 종료 후에는 휴가 전과 동일한 업무 또는 동등한 수준의 임금을 지급하는 직무에 복귀시켜야 한다.

⑦ 사용자는 임신 후 12주 이내 또는 32주 이후에 있는 여성 근로자(고용노동부령으로 정하는 유산, 조산 등 위험이 있는 여성 근로자의 경우 임신 전 기간)가 1일 2시간의 근로시간 단축을 신청하는 경우 이를 허용하여야 한다. 다만, 1일 근로시간이 8시간 미만인 근로자에 대하여는 1일 근로시간이 6시간이 되도록 근로시간 단축을 허용할 수 있다. 〈신설 2014.3.24, 2024.10.22.〉

⑧ 사용자는 제7항에 따른 근로시간 단축을 이유로 해당 근로자의 임금을 삭감하여서는 아니 된다.

⑨ 사용자는 임신 중인 여성 근로자가 1일 소정근로시간을 유지하면서 업무의 시작 및 종료 시각의 변경을 신청하는 경우 이를 허용하여야 한다. 다만, 정상적인 사업 운영에 중대한 지장을 초래하는 경우 등 대통령령으로 정하는 경우에는 그러하지 아니하다

(1) 휴가부여대상자

근기법상 1인 이상 사업장의 여성근로자는 임시직·일용직·정규직·비정규직 등 근로계약의 형태와 관계없이 누구든지 출산전후휴가와 유·사산휴가를 사용할 수 있다. 출산전후휴가와 유산·사산휴가는 여성근로자가 직접 출산한 경우에만 해당되므로 입양은 출산전후휴가나 유산·사산휴가의 대상이 아니다.

(2) 출산전후휴가

① 내용

사용자는 임신 중의 여성에게 산전과 산후를 통하여 90일의 보호휴가를 주어야 한다(미숙아를 출산한 경우에는 100일, 한 번에 둘 이상 자녀를 임신한 경우에는 120일). 이 경우 휴가기간의 배정은 산후에 45일 이상(한 번에 둘 이상 자녀를 임신한 경우에는 60일)이 되어야 한다(제74조 제1항). 출산 전에 45일 이상을 휴가로 사용한 경우에도 출산 후에 45일 이상의 보호휴가를 주어야 한다.

② 분할휴가의 청구(제74조 제2항, 시행령 제43조 제1항)

> **시행령 제43조 【유산·사산휴가의 청구 등】**
> ① 법 제74조 제2항 전단에서 "대통령령으로 정하는 사유"란 다음 각 호의 어느 하나에 해당하는 경우를 말한다.
> 1. 임신한 근로자에게 유산·사산의 경험이 있는 경우
> 2. 임신한 근로자가 출산전후휴가를 청구할 당시 연령이 만 40세 이상인 경우
> 3. 임신한 근로자가 유산·사산의 위험이 있다는 의료기관의 진단서를 제출한 경우

(3) 유산·사산휴가

① 내용

㉠ 유산·사산을 한 근로자의 청구

법 제74조 제3항에 따라 유산 또는 사산한 근로자가 유산·사산휴가를 청구하는 경우에는 휴가 청구 사유, 유산·사산 발생일 및 임신기간 등을 적은 유산·사산휴가 신청서에 의료기관의 진단서를 첨부하여 사업주에게 제출하여야 한다(시행령 제43조 제2항).

㉡ 유산·사산휴가일수

> **시행령 제43조 【유산·사산휴가의 청구 등】**
> ③ 사업주는 제2항에 따라 유산·사산휴가를 청구한 근로자에게 다음 각 호의 기준에 따라 유산·사산휴가를 주어야 한다.
> 1. 유산 또는 사산한 근로자의 임신기간(이하 "임신기간"이라 한다)이 11주 이내인 경우 : 유산 또는 사산한 날부터 5일까지
> 2. 임신기간이 12주 이상 15주 이내인 경우 : 유산 또는 사산한 날부터 10일까지
> 3. 임신기간이 16주 이상 21주 이내인 경우 : 유산 또는 사산한 날부터 30일까지
> 4. 임신기간이 22주 이상 27주 이내인 경우 : 유산 또는 사산한 날부터 60일까지
> 5. 임신기간이 28주 이상인 경우 : 유산 또는 사산한 날부터 90일까지

② 유산·사산휴가와 인공임신중절수술

자연 유산·사산인 경우에만 유사산휴가를 부여하고 인공임신중절수술의 경우에는 유산·사산휴가를 부여할 의무가 없다. 다만 모자보건법 제14조에서 허용하는 인공임신중절수술의 경우에는 유산·사산휴가를 부여할 수 있다(제74조 제3항 단서).

(4) 태아검진시간의 허용

제74조의2【태아검진 시간의 허용 등】
① 사용자는 임신한 여성근로자가 「모자보건법」 제10조에 따른 임산부 정기건강진단을 받는데 필요한 시간을 청구하는 경우 이를 허용하여 주어야 한다.
② 사용자는 제1항에 따른 건강진단 시간을 이유로 그 근로자의 임금을 삭감하여서는 아니 된다.

(5) 보호휴가 종료 후의 보호(제74호 제6항)

(6) 근로시간의 단축(제74조 제7항, 제8항, 제9항)

시행령 제43조의2【임신기간 근로시간 단축의 신청】
법 제74조 제7항에 따라 근로시간 단축을 신청하려는 여성 근로자는 근로시간 단축 개시 예정일의 3일 전까지 임신기간, 근로시간 단축 개시 예정일 및 종료 예정일, 근무 개시 시각 및 종료 시각 등을 적은 문서(전자문서를 포함한다)에 의사의 진단서(같은 임신에 대하여 근로시간 단축을 다시 신청하는 경우는 제외한다)를 첨부하여 사용자에게 제출하여야 한다.

시행령 제43조의3【임신기간 업무의 시작 및 종료 시각의 변경】
① 법 제74조 제9항 본문에 따라 업무의 시작 및 종료 시각의 변경을 신청하려는 여성 근로자는 그 변경 예정일의 3일 전까지 임신기간, 업무의 시작 및 종료 시각의 변경 예정 기간, 업무의 시작 및 종료 시각 등을 적은 문서(전자문서를 포함한다)에 임신 사실을 증명하는 의사의 진단서(같은 임신에 대해 업무의 시작 및 종료 시각 변경을 다시 신청하는 경우는 제외한다)를 첨부하여 사용자에게 제출해야 한다.
② 법 제74조 제9항 단서에서 "정상적인 사업 운영에 중대한 지장을 초래하는 경우 등 대통령령으로 정하는 경우"란 다음 각 호의 어느 하나에 해당하는 경우를 말한다.
1. 정상적인 사업 운영에 중대한 지장을 초래하는 경우
2. 업무의 시작 및 종료 시각을 변경하게 되면 임신 중인 여성 근로자의 안전과 건강에 관한 관계 법령을 위반하게 되는 경우

(7) 보호휴가 기간 중 임금

① 관련규정

출산전후 또는 유산·사산휴가 기간 중 최초 60일(한 번에 둘 이상 자녀를 임신한 경우에는 75일)은 유급으로 한다. 다만, 남녀고용평등법 제18조에 따라 출산전후휴가급여 등이 지급된 경우에는 그 금액의 한도에서 지급의 책임을 면한다(제74조 제4항).

② 급여의 수준

국가는 제18조의2에 따른 배우자 출산휴가, 「근로기준법」 제74조에 따른 출산전후휴가 또는 유산·사산 휴가를 사용한 근로자 중 일정한 요건에 해당하는 사람에게 그 휴가기간에 대하여 통상임금에 상당하는 금액을 지급할 수 있다(남녀고용평등법 제18조 제1항). 다만, 우선지원대상기업이 아닌 경우에는 휴가 기간 중 60일(한 번에 둘 이상의 자녀를 임신한 경우에는 75일)을 초과한 일수(30일을 한도로 하되, 한 번에 둘 이상의 자녀를 임신한 경우에는 45일을 한도로 한다)로 한정한다(고용보험법 제76조 제1항).

Section 09 취업규칙

I 서론

1. 취업규칙의 의의

취업규칙이라 함은 사업장에서 근로자에게 적용되는 근로조건 또는 당사자가 준수하여야 할 경영규범에 관하여 사용자가 일방적으로 정한 통일적이고 획일적인 규칙을 말하는 것으로 그 명칭이 무엇인가는 상관이 없다.

2. 취업규칙의 법적 성질

사용자에 의하여 거의 일방적으로 작성·변경되는 취업규칙이 근로자를 구속하는 근거와 관련하여 취업규칙을 법규범으로 해석하는 법규범설과 근로자의 동의에서 근거를 구하는 계약설이 있다. 판례는 '취업규칙은 근로기준법이 종속적 노동관계의 현실에 입각하여 실질적으로 불평등한 근로자의 입장을 보호강화하여 그들의 기본적 생활을 보호, 향상시키려는 목적의 일환으로 그 작성을 강제하고 이에 법규범성을 부여한 것이다(대판 1977.7.26, 77다355)'라고 한다. 취업규칙은 사용자가 근로자의 복무규율이나 근로조건의 기준을 정립하기 위하여 작성한 것으로서 노사 간의 집단적인 법률관계를 규정하는 법규범의 성격을 가지는데, 이러한 취업규칙의 성격에 비추어 취업규칙은 원칙적으로 객관적인 의미에 따라 해석하여야 하고, 문언의 객관적 의미를 벗어나는 해석은 신중하고 엄격하여야 한다(대판 2022.9.29, 2018다301527).

3. 근로관계 종료 후에 관한 사항

취업규칙에서 정한 복무규율과 근로조건은 근로관계의 존속을 전제로 하는 것이지만, 사용자와 근로자 사이의 근로관계 종료 후의 권리·의무에 관한 사항이라고 하더라도 사용자와 근로자 사이에 존속하는 근로관계와 직접 관련되는 것으로서 근로자의 대우에 관하여 정한 사항이라면 이 역시 취업규칙에서 정한 근로조건에 해당한다(대판 2022.9.29, 2018다301527).

II 취업규칙의 작성·신고의무

1. 의의

상시 10명 이상의 근로자를 사용하는 사용자는 일정한 사항을 기재한 취업규칙을 작성하여 고용노동부장관에게 신고하여야 한다. 이를 변경하는 경우에도 또한 같다(제93조). 사용자에게 취업규칙의 작성의무와 신고의무를 부과하는 것은 취업규칙을 사용자가 일방적으로 제정하고 근로자는 이에 따라야 하기 때문에 행정적 감독을 통하여 근로자를 보호하려는 취지이다.

2. 기재사항

(1) 필요적 기재사항(제93조)

1. 업무의 시작과 종료 시각, 휴게시간, 휴일, 휴가 및 교대 근로에 관한 사항
2. 임금의 결정·계산·지급 방법, 임금의 산정기간·지급시기 및 승급(昇給)에 관한 사항
3. 가족수당의 계산·지급 방법에 관한 사항
4. 퇴직에 관한 사항
5. 「근로자퇴직급여 보장법」 제4조에 따라 설정된 퇴직급여, 상여 및 최저임금에 관한사항
6. 근로자의 식비, 작업 용품 등의 부담에 관한 사항
7. 근로자를 위한 교육시설에 관한 사항
8. 출산전후휴가·육아휴직 등 근로자의 모성 보호 및 일·가정 양립 지원에 관한 사항
9. 안전과 보건에 관한 사항
9의2. 근로자의 성별·연령 또는 신체적 조건 등의 특성에 따른 사업장 환경의 개선에 관한 사항
10. 업무상과 업무 외의 재해부조(災害扶助)에 관한 사항
11. 직장 내 괴롭힘의 예방 및 발생 시 조치 등에 관한 사항
12. 표창과 제재에 관한 사항
13. 그 밖에 해당 사업 또는 사업장의 근로자 전체에 적용될 사항

(2) 기재사항이 미비된 취업규칙의 효력

근로기준법 제93조에 규정된 필요적 기재사항의 일부가 기재되어 있지 아니한 경우 취업규칙의 작성·신고의무위반으로 500만원 이하의 과태료가 부과되나(제116조 제2항 제2호) 취업규칙 전체가 무효가 되는 것은 아니다. 기재되지 아니한 부분에 대해서는 관련법령·단체협약 및 근로계약 등에서 정한 내용이 적용된다.

3. 취업규칙의 작성·변경과 의견청취의무

(1) 의견청취의무

사용자는 취업규칙의 작성 또는 변경에 관하여 해당 사업 또는 사업장에 근로자의 과반수로 조직된 노동조합이 있는 경우에는 그 노동조합, 근로자의 과반수로 조직된 노동조합이 없는 경우에는 근로자의 과반수의 의견을 들어야 한다(제94조 제1항 본문).

(2) 의견청취의무 위반

취업규칙의 하나인 인사규정의 작성·변경에 관한 권한은 원칙적으로 사용자에게 있으므로 사용자는 그 의사에 따라 인사규정을 작성·변경할 수 있고, 원칙적으로 인사규정을 종전보다 근로자에게 불이익하게 변경하는 경우가 아닌 한 근로자의 동의나 협의 또는 의견청취절차를 거치지 아니하고 인사규정을 변경하였다고 하여 그 인사규정의 효력이 부정될 수는 없다(대판 1999.6.22, 98두6647). 사용자가 의견청취의무에 위반하면 500만원 이하의 벌금에 처한다(제114조 제1호).

(3) 취업규칙의 신고 및 주지의무

① 신고의무

취업규칙을 작성 또는 변경한 사용자는 이를 고용노동부장관에게 신고하여야 한다(제93조). 취업규칙을 신고할 때는 근로자 측의 의견서(불이익변경 시에는 동의서)를 첨부하여야 한다(제94조 제2항). 취업규칙의 신고의무는 취업규칙의 내용에 대한 행정적 감독을 위한 것이다. 따라서 신고의무에 위반한 경우에는 과태료(제116조 제2항 제2호)가 적용되지만 취업규칙 자체의 효력이 부인되는 것은 아니다.

② 주지의무

취업규칙은 사용자가 정하는 기업 내의 규범이기 때문에 사용자가 취업규칙을 신설 또는 변경하기 위한 조항을 정하였다고 하여도 그로 인하여 바로 효력이 생기는 것이라고는 할 수 없고 신설 또는 변경된 취업규칙의 효력이 생기기 위하여는 반드시 같은 법 제13조 제1항에서 정한 방법에 의할 필요는 없지만, 적어도 법령의 공포에 준하는 절차로서 그것이 새로운 기업 내 규범인 것을 널리 종업원 일반으로 하여금 알게 하는 절차 즉, 어떠한 방법이든지 적당한 방법에 의한 주지가 필요하다(대판 2004.2.12, 2001다63599). 위반 시 500만원 이하의 과태료가 부과된다(제116조 제2항 제2호).

> **제14조 【법령 주요 내용 등의 게시】**
> ① 사용자는 이 법과 이 법에 따른 대통령령의 주요 내용과 취업규칙을 근로자가 자유롭게 열람할 수 있는 장소에 항상 게시하거나 갖추어 두어 근로자에게 널리 알려야 한다.
> ② 사용자는 제1항에 따른 대통령령 중 기숙사에 관한 규정과 제99조 제1항에 따른 기숙사규칙을 기숙사에 게시하거나 갖추어 두어 기숙(寄宿)하는 근로자에게 널리 알려야 한다.

Ⅲ 취업규칙의 불이익변경

1. 의의

사용자가 취업규칙을 근로자에게 불리하게 변경하는 경우에는 해당 사업 또는 사업장에 근로자의 과반수로 조직된 노동조합이 있는 경우에는 그 노동조합, 근로자의 과반수로 조직된 노동조합이 없는 경우에는 근로자의 과반수의 동의를 얻어야 한다(제94조 제1항 단서).

2. 불이익변경의 판단

(1) 불이익여부의 판단시점

취업규칙의 일부인 퇴직금 규정의 개정이 근로자들에게 유리한지 불리한지 여부를 판단하기 위하여는 퇴직금 지급률의 변화와 함께 그와 대가관계나 연계성이 있는 기초임금의 변화도 고려하여 종합적으로 판단하여야 하지만, 그 판단의 기준 시점은 퇴직금 규정의 개정이 이루어진 시점이다(대판 2000.9.29, 99다45376).

(2) 구체적인 예

① 2개 이상의 근로조건을 변경하는 경우

취업규칙의 일부를 이루고 있는 급여규정 개정의 유·무효를 판단함에 있어서 우선 퇴직금 지급률이 전반적으로 인하되어 그 자체가 불리한 것이라고 하더라도 그 지급률의 인하와 함께 다른 요소가 유리하게 변경된 경우에는 그 대가관계나 연계성이 있는 제반 상황(유리하게 변경된 부분 포함)을 종합 고려하여 과연 그 퇴직금에 관련한 개정 조항이 유리한 개정인지 불리한 개정인지를 밝혀서 그 유·불리를 함께 판단하여야 할 것이다(대판 1995.3.10, 94다18072).

② 일부근로자에게 불리하고 일부근로자에게 유리한 경우

취업규칙의 일부를 이루는 급여규정의 변경이 일부의 근로자에게는 유리하고 일부의 근로자에게는 불리한 경우 그러한 변경에 근로자집단의 동의를 요하는지를 판단하는 것은 근로자 전체에 대하여 획일적으로 결정되어야 할 것이고, 또 이러한 경우 취업규칙의 변경이 근로자에게 전체적으로 유리한지 불리한지를 객관적으로 평가하기가 어려우며, 같은 개정에 의하여 근로자 상호 간의 이·불리에 따른 이익이 충돌되는 경우에는 그러한 개정은 근로자에게 불이익한 것으로 취급하여 근로자들 전체의 의사에 따라 결정하게 하는 것이 타당하다(대판 1993.5.14, 93다1893). 따라서 집단적 의사결정에 의한 동의를 요한다.

③ 종전 취업규칙에는 없는 사항

취업규칙을 근로자에게 불리하게 변경하는 경우에는 근로자에게 불리한 취업규칙의 규정을 신설하는 경우도 포함된다(대판 1997.5.16, 96다2507 ; 취업규칙에 정년규정이 없는 회사에 55세 정년규정을 신설한 경우를 불이익변경에 해당한다고 한다).

3. 동의의 주체와 방식

(1) 과반수 노동조합

근로자의 과반수로 조직된 노동조합이 있는 경우, 노조위원장의 대표권이 제한되었다고 볼 만한 특별한 사정이 없는 한 노조위원장이 노동조합을 대표하여 동의하면 된다(대판 2000.9.29, 99두10902). 근로자의 과반수로 조직된 노동조합이란 기존 취업규칙의 적용을 받고 있던 근로자 중 조합원 자격 유무를 불문한 전체 근로자의 과반수로 조직된 노동조합을 의미하고, 종전 취업규칙의 적용을 받고 있던 근로자 중 조합원 자격을 가진 근로자의 과반수로 조직된 노동조합을 의미하는 것이 아니다(대판 2009.11.12, 2009다49377).

(2) 근로자 과반수의 동의

근로자의 과반수로 조직된 노동조합이 없는 경우 근로자 과반수의 동의를 얻어야 한다.

① 집단적 의사결정방식 또는 회의방식

동의방식은 집단적 동의가 원칙이다. 따라서 근로자 개인의 동의는 아무 효력이 없다. 개별적 회람·서명을 통하여 과반수의 찬성을 받았어도 근로자 집단의 동의를 받은 것으로 볼 수 없다(대판 1991.3.27, 90도3031).

② 기구별·부서별동의

사업장의 기구별 또는 단위 부서별로 사용자 측의 개입이나 간섭이 배제된 상태에서 근로자 간에 의견을 교환하여 찬반을 집약한 후 이를 전체적으로 취합하는 방식도 허용된다. 여기서 사용자 측의 개입이나 간섭이라 함은 사용자 측이 근로자들의 자율적이고 집단적인 의사결 정을 저해할 정도로 명시 또는 묵시적인 방법으로 동의를 강요하는 경우를 의미하고 사용자 측이 단지 변경될 취업규칙의 내용을 근로자들에게 설명하고 홍보하는 데 그친 경우에는 사 용자측의 부당한 개입이나 간섭이 있었다고 볼 수 없다(대판 2010.1.28, 2009다32362).

③ 노사협의회에 의한 동의

노사협의회의 근로자위원들의 동의를 얻은 것을 근로자들 과반수의 동의를 얻은 것과 동일 시할 수 없다(대판 1994.6.24, 92다28556).

(3) 특정 직종 해당 취업규칙 변경 시 동의의 주체

특정근로자에게 적용되는 취업규칙의 변경의 경우, 동의의 주체가 전체 근로자의 과반수인지 아니면 당해 규정이 적용되는 근로자의 과반수인지가 문제된다. 근로자의 과반수는 변경된 취 업규칙의 적용을 받는 근로자의 과반수로 의미한다고 본다(대판 2008.2.29, 2007다85997). 단시간근로자(시행령 제9조 제1항 별표2 제5호)의 경우에도 취업규칙의 적용을 받는 근로자의 과반수의 동의를 얻어야 한다고 규정되어 있다.

(4) 근로조건이 이원화 되어있지 않은 경우

여러 근로자 집단이 하나의 근로조건 체계 내에 있어 비록 취업규칙의 불이익변경 시점에는 어느 근로자 집단만이 직접적인 불이익을 받더라도 다른 근로자 집단에게도 변경된 취업규칙 의 적용이 예상되는 경우에는 일부 근로자 집단은 물론 장래 변경된 취업규칙 규정의 적용이 예상되는 근로자 집단을 포함한 근로자 집단이 동의주체가 되고, 그렇지 않고 근로조건이 이원 화되어 있어 변경된 취업규칙이 적용되어 직접적으로 불이익을 받게 되는 근로자 집단 이외에 변경된 취업규칙의 적용이 예상되는 근로자 집단이 없는 경우에는 변경된 취업규칙이 적용되 어 불이익을 받는 근로자 집단만이 동의 주체가 된다(대판 2009.5.28, 2009두2238).

4. 동의의 효력

집단적 의사결정방식에 의해 취업규칙의 불이익한 변경에 동의가 있으면 그 취업규칙은 규범적 효력을 갖기 때문에 반대한 근로자에게도 효력이 있다. 변경된 취업규칙의 효력은 근로자의 과반 수 동의가 있는 때에 발생한다. 따라서 변경 이전의 재직기간이나 퇴직한 근로자에게 소급하여 적용할 수 없다(대판 1990.11.27, 89다카15939).

5. 동의 없는 불이익변경의 효력

(1) 원칙

근로자에게 불이익하게 취업규칙을 변경하는데 근로자집단의 동의를 받지 못한 경우, 변경된 부분은 근로자 전체는 물론 변경에 동의한 근로자 개인에게도 취업규칙변경의 효력이 발생하 지 아니한다(대판 1977.7.26, 77다355).

(2) 유효한 경우

① 신규근로자에 대한 적용여부

사용자가 취업규칙에서 정한 근로조건을 근로자에게 불리하게 변경함에 있어서 근로자의 동의를 얻지 않은 경우에 그 변경으로 기득이익이 침해되는 기존의 근로자에 대한 관계에서는 변경의 효력이 미치지 않게 되어 종전 취업규칙의 효력이 그대로 유지되지만, 변경 후에 변경된 취업규칙에 따른 근로조건을 수용하고 근로관계를 갖게 된 근로자에 대한 관계에서는 당연히 변경된 취업규칙이 적용된다(대판 1992.12.22, 91다45165 전원합의체).

취업규칙의 수
위와 같은 경우에 취업규칙변경 후에 취업한 근로자에게 적용되는 취업규칙과 기존근로자에게 적용되는 취업규칙이 병존하는 것처럼 보이지만, 현행의 법규적 효력을 가진 취업규칙은 변경된 취업규칙이고 다만 기존근로자에 대한 관계에서 기득이익침해로 그 효력이 미치지 않는 범위 내에서 종전 취업규칙이 적용될 뿐이므로, 하나의 사업 내에 둘 이상의 취업규칙을 둔 것과 같이 볼 수는 없다(대판 1992. 12.22, 91다45165 전원합의체).

② 사회통념상 합리성이 있는 경우

㉠ 종전판례

취업규칙의 작성 또는 변경이 필요성 및 내용의 양면에서 보아 그에 의하여 근로자가 입게 될 불이익의 정도를 고려하더라도 여전히 당해 조항의 법적 규범성을 시인할 수 있을 정도로 사회통념상 합리성이 있다고 인정되는 경우에는 종전 근로조건 또는 취업규칙의 적용을 받고 있던 근로자의 집단적 의사결정 방법에 의한 동의가 없다는 이유만으로 그의 적용을 부정할 수는 없다. 다만 취업규칙을 근로자에게 불리하게 변경하는 경우에 동의를 받도록 한 근로기준법 제94조 제1항 단서의 입법 취지를 고려할 때, 변경 전후의 문언을 기준으로 하여 취업규칙이 근로자에게 불이익하게 변경되었음이 명백하다면, 취업규칙의 내용 이외의 사정이나 상황을 근거로 하여 그 변경에 사회통념상 합리성이 있다고 보는 것은, 이를 제한적으로 엄격하게 해석·적용하여야 한다(대판 2015.8.13, 2012다43522).

㉡ 변경된 판례

사용자가 취업규칙을 근로자에게 불리하게 변경하면서 근로자의 집단적 의사결정방법에 따른 동의를 받지 못한 경우, 노동조합이나 근로자들이 집단적 동의권을 남용하였다고 볼 만한 특별한 사정이 없는 한 해당 취업규칙의 작성 또는 변경에 사회통념상 합리성이 있다는 이유만으로 그 유효성을 인정할 수는 없다. 근로기준법상 취업규칙의 불이익변경 과정에서 노동조합이나 근로자들이 집단적 동의권을 행사할 때도 신의성실의 원칙과 권리남용금지 원칙이 적용되어야 한다. 따라서 노동조합이나 근로자들이 집단적 동의권을 남용하였다고 볼 만한 특별한 사정이 있는 경우에는 그 동의가 없더라도 취업규칙의 불이익변경을 유효하다고 볼 수 있다. 여기에서 노동조합이나 근로자들이 집단적 동의권을 남용한 경우란 관계 법령이나 근로관계를 둘러싼 사회 환경의 변화로 취업규칙을 변경할 필요성이 객관적으로 명백히 인정되고, 나아가 근로자의 집단적 동의를 구하고자 하는 사용자의 진지한 설득과 노력이 있었음에도 불구하고 노동조합이나 근로자들이 합리적 근거나 이유 제시 없이 취업규칙의 변경에 반대하였다는 등의 사정이 있는 경우를 말한다. 다만 취업규칙을 근로자에게 불리하게 변경하는 경우에 근로자의 집단적 동의를 받도록 한 근로기준법 제94조 제1항 단서의 입법 취지와 절차적 권리로서 동의권이 갖는 중요성을 고려할 때, 노동조합이나 근로자들이 집단적 동의권을 남용하였는지는 엄격하게 판단할 필요가 있다. 한편 신의성실 또는 권리남용금지 원칙의 적용은 강행규정에 관한 것으로서 당사자의 주장이 없더라도 법원이 그 위반 여부를 직권으로 판단할 수 있으므로, 집단적 동의권의 남용에 해당하는지에 대하여도 법원은 직권으로 판단할 수 있다(대판 2023.5.11, 2017다35588·35595 전원합의체).

③ 단체협약에 의한 소급동의

취업규칙 중 퇴직금 지급률에 관한 규정의 변경이 근로자에게 불이익함에도 불구하고 사용자가 근로자의 집단적 의사결정 방법에 의한 동의를 얻지 아니한 채 변경을 함으로써 기득이익을 침해하게 되는 기존의 근로자에 대하여는 종전의 퇴직금 지급률이 적용되어야 하는 경우에도 노동조합이 사용자 측과 사이에 변경된 퇴직금 지급률을 따르기로 하는 내용의 단체협약을 체결한 경우에는 기득이익을 침해하게 되는 기존의 근로자에 대하여 종전의 퇴직금 지급률이 적용되어야 함을 알았는지 여부에 관계없이 원칙적으로 그 협약의 적용을 받게 되는 기존의 근로자에 대하여도 변경된 퇴직금 지급률이 적용되어야 할 것이다(대판 1997.8.22, 96다6967).

Ⅳ 취업규칙의 효력(취업규칙과 타 규범과의 관계)

1. 법령이나 단체협약과의 관계

취업규칙은 법령이나 해당 사업 또는 사업장에 대하여 적용되는 단체협약과 어긋나서는 아니 된다(제96조 제1항). 고용노동부장관은 법령이나 단체협약에 어긋나는 취업규칙의 변경을 명할 수 있다(제96조 제2항). 변경명령에 의하여 즉시 변경되는 것이 아니라 사용자가 변경명령에 따라 소정의 변경절차를 거침으로써 비로소 변경된다.

2. 근로계약과의 관계

취업규칙에서 정한 기준에 미달하는 근로조건을 정한 근로계약은 그 부분에 관하여는 무효로 한다. 이 경우 무효로 된 부분은 취업규칙에 정한 기준에 따른다(제97조). 근로자에게 불리한 내용으로 변경된 취업규칙은 집단적 동의를 받았다고 하더라도 그보다 유리한 근로조건을 정한 기존의 개별 근로계약 부분에 우선하는 효력을 갖는다고 할 수 없다. 이 경우에도 근로계약의 내용은 유효하게 존속하고, 변경된 취업규칙의 기준에 의하여 유리한 근로계약의 내용을 변경할 수 없으며, 근로자의 개별적 동의가 없는 한 취업규칙보다 유리한 근로계약의 내용이 우선하여 적용된다(대판 2019.11.14, 2018다200709).

V 관련문제

1. 감급제재규정의 제한

취업규칙에서 근로자에 대해서 감급의 제재를 정할 경우에 그 감액은 1회의 금액이 평균임금의 1일분의 2분의 1을, 총액이 1임금 지급기의 임금 총액의 10분의 1을 초과하지 못한다(제95조). 취업규칙은 법령이나 단체협약에 반하지 않는 한 사용자가 자유로이 정할 수 있다. 그러나 징계의 일종인 감급에 있어서는 임금이 근로자의 생계수단이라는 점을 감안하여 근로자의 임금채권의 확보를 위해서 감급의 최고한도를 정하고 있는 것이다.

2. 복수의 취업규칙 작성

하나의 사업장 내에서 상이한 근로자에게 별도로 적용되는 복수의 취업규칙을 작성하거나 근로자의 일부에게만 적용되는 취업규칙을 작성할 수 있는지의 여부가 문제된다. 근로기준법은 명문의 규정을 두고 있지 않으며, 다만 단시간근로자의 취업규칙을 일반근로자와 별도로 작성할 수 있다고 규정하고 있을 뿐이다. 판례는 근로자의 근로조건, 근로형태 및 업무의 특수성에 따라 별도의 취업규칙을 작성하는 것은 이를 위법이라고 볼 수 없다는 입장이다(대판 2000.2.25, 98다11628).

Section 10 직장 내 괴롭힘

1. 직장 내 괴롭힘의 금지

사용자 또는 근로자는 직장에서의 지위 또는 관계 등의 우위를 이용하여 업무상 적정범위를 넘어 다른 근로자에게 신체적·정신적 고통을 주거나 근무환경을 악화시키는 행위(이하 "직장 내 괴롭힘"이라 한다)를 하여서는 아니 된다(제76조의2).

2. 금지되는 직장 내 괴롭힘 행위의 예시

- 신체에 대하여 폭행하거나 협박하는 행위
- 지속 반복적인 욕설이나 폭언
- 다른 직원들 앞에서 또는 온라인상에서 모욕감을 주거나 개인사에 대한 소문을 퍼뜨리는 등 명예를 훼손하는 행위
- 합리적 이유 없이 반복적으로 개인 심부름 등 사적인 용무를 지시하는 행위
- 합리적 이유 없이 업무능력이나 성과를 인정하지 않거나 조롱하는 행위
- 집단적으로 따돌리거나, 정당한 이유 없이 업무와 관련된 중요한 정보 또는 의사결정 과정에서 배제하거나 무시하는 행위
- 정당한 이유 없이 상당 기간 동안 근로계약서 등에 명시되어 있는 업무와 무관한 일을 지시하거나 근로계약서 등에 명시되어 있는 업무와 무관한 허드렛일만 시키는 행위
- 정당한 이유 없이 상당 기간 동안 일을 거의 주지 않는 행위
- 그 밖에 업무의 적정범위를 넘어 직원에게 신체적·정신적 고통을 주거나 근무환경을 악화시키는 행위

3. 직장 내 괴롭힘 발생 시 조치(제76조의3)

- 누구든지 직장 내 괴롭힘 발생 사실을 알게 된 경우 그 사실을 사용자에게 신고할 수 있다(제1항).
- 사용자는 제1항에 따른 신고를 접수하거나 직장 내 괴롭힘 발생 사실을 인지한 경우에는 지체 없이 당사자 등을 대상으로 그 사실 확인을 위하여 객관적으로 조사를 실시하여야 한다(제2항).
- 사용자는 제2항에 따른 조사 기간 동안 직장 내 괴롭힘과 관련하여 피해를 입은 근로자 또는 피해를 입었다고 주장하는 근로자(이하 "피해근로자등"이라 한다)를 보호하기 위하여 필요한 경우 해당 피해근로자등에 대하여 근무장소의 변경, 유급휴가 명령 등 적절한 조치를 하여야 한다. 이 경우 사용자는 피해근로자등의 의사에 반하는 조치를 하여서는 아니 된다(제3항).
- 사용자는 제2항에 따른 조사 결과 직장 내 괴롭힘 발생 사실이 확인된 때에는 피해근로자가 요청하면 근무장소의 변경, 배치전환, 유급휴가 명령 등 적절한 조치를 하여야 한다(제4항).
- 사용자는 제2항에 따른 조사 결과 직장 내 괴롭힘 발생 사실이 확인된 때에는 지체 없이 행위자에 대하여 징계, 근무장소의 변경 등 필요한 조치를 하여야 한다. 이 경우 사용자는 징계 등의 조치를 하기 전에 그 조치에 대하여 피해근로자의 의견을 들어야 한다(제5항).

- 사용자는 직장 내 괴롭힘 발생 사실을 신고한 근로자 및 피해근로자등에게 해고나 그 밖의 불리한 처우를 하여서는 아니 된다(제6항).
- 제2항에 따라 직장 내 괴롭힘 발생 사실을 조사한 사람, 조사 내용을 보고 받은 사람 및 그 밖에 조사 과정에 참여한 사람은 해당 조사 과정에서 알게 된 비밀을 피해근로자등의 의사에 반하여 다른 사람에게 누설하여서는 아니 된다. 다만, 조사와 관련된 내용을 사용자에게 보고하거나 관계 기관의 요청에 따라 필요한 정보를 제공하는 경우는 제외한다(제7항).

4. 처벌

제109조【벌칙】

① 제36조, 제43조, 제44조, 제44조의2, 제46조, 제51조의3, 제52조 제2항 제2호, 제56조, 제65조, 제72조 또는 제76조의3 제6항을 위반한 자는 3년 이하의 징역 또는 3천만원 이하의 벌금에 처한다.

제116조【과태료】

① 사용자(사용자의 「민법」 제767조에 따른 친족 중 대통령령으로 정하는 사람이 해당 사업 또는 사업장의 근로자인 경우를 포함한다)가 제76조의2를 위반하여 직장 내 괴롭힘을 한 경우에는 1천만원 이하의 과태료를 부과한다.

② 다음 각 호의 어느 하나에 해당하는 자에게는 500만원 이하의 과태료를 부과한다.

1. 제13조에 따른 고용노동부장관, 노동위원회 또는 근로감독관의 요구가 있는 경우에 보고 또는 출석을 하지 아니하거나 거짓된 보고를 한 자
2. 제14조, 제39조, 제41조, 제42조, 제48조, 제66조, 제74조 제7항·제9항, 제76조의3 제2항·제4항·제5항·제7항, 제91조, 제93조, 제98조 제2항 및 제99조를 위반한 자

③ 제1항 및 제2항에 따른 과태료는 대통령령으로 정하는 바에 따라 고용노동부장관이 부과·징수한다.

Section 11 기숙사제도

1. 기숙사생활의 보장

사용자는 사업 또는 사업장의 부속 기숙사에 기숙하는 근로자의 사생활의 자유를 침해하지 못한다(제98조 제1항). 사용자는 기숙사 생활의 자치에 필요한 임원 선거에 간섭하지 못한다(제98조 제2항).

2. 기숙사규칙의 작성 · 변경

(1) 규칙의 작성의무

부속 기숙사에 근로자를 기숙시키는 사용자는 일정한 사항에 관한 기숙사규칙을 작성하여야 한다(제99조 제1항).

① 기상, 취침, 외출과 외박에 관한 사항
② 행사에 관한 사항
③ 식사에 관한 사항
④ 안전과 보건에 관한 사항
⑤ 건설물과 설비의 관리에 관한 사항
⑥ 그 밖에 기숙사에 기숙하는 근로자 전체에 적용될 사항

(2) 규칙의 작성변경 · 절차

사용자는 기숙사규칙의 작성 또는 변경에 관하여 기숙사에 기숙하는 근로자의 과반수를 대표하는 자의 동의를 받아야 한다(제99조 제2항).

(3) 주지의무와 준수의무

사용자는 대통령령 중 기숙사에 관한 규정과 제99조 제1항에 따른 기숙사규칙을 기숙사에 게시하거나 갖추어 두어 기숙하는 근로자에게 널리 알려야 한다(제14조 제2항). 사용자와 기숙사에 기숙하는 근로자는 기숙사규칙을 지켜야 한다(제99조 제3항).

3. 기숙사의 안전 · 보건

(1) 관련규정

제100조 【부속 기숙사의 설치 · 운영 기준】
사용자는 부속 기숙사를 설치 · 운영할 때 다음 각 호의 사항에 관하여 대통령령으로 정하는 기준을 충족하도록 하여야 한다.
1. 기숙사의 구조와 설비
2. 기숙사의 설치 장소
3. 기숙사의 주거 환경 조성
4. 기숙사의 면적
5. 그 밖에 근로자의 안전하고 쾌적한 주거를 위하여 필요한 사항

제100조의2 【부속 기숙사의 유지관리 의무】
사용자는 제100조에 따라 설치한 부속 기숙사에 대하여 근로자의 건강 유지, 사생활 보호 등을 위한 조치를 하여야 한다.

(2) 내용

시행령 제55조 【기숙사의 구조와 설비】
사용자는 기숙사를 설치하는 경우 법 제100조에 따라 기숙사의 구조와 설비에 관하여 다음 각 호의 기준을 모두 충족해야 한다.
1. 침실 하나에 8명 이하의 인원이 거주할 수 있는 구조일 것
2. 화장실과 세면·목욕시설을 적절하게 갖출 것
3. 채광과 환기를 위한 적절한 설비 등을 갖출 것
4. 적절한 냉·난방 설비 또는 기구를 갖출 것
5. 화재 예방 및 화재 발생 시 안전조치를 위한 설비 또는 장치를 갖출 것

시행령 제56조 【기숙사의 설치 장소】
사용자는 소음이나 진동이 심한 장소, 산사태나 눈사태 등 자연재해의 우려가 현저한 장소, 습기가 많거나 침수의 위험이 있는 장소, 오물이나 폐기물로 인한 오염의 우려가 현저한 장소 등 근로자의 안전하고 쾌적한 거주가 어려운 환경의 장소에 기숙사를 설치해서는 안 된다.

시행령 제57조 【기숙사의 주거 환경 조성】
사용자는 기숙사를 운영하는 경우 법 제100조에 따라 기숙사의 주거 환경 조성에 관하여 다음 각 호의 기준을 충족해야 한다.
1. 남성과 여성이 기숙사의 같은 방에 거주하지 않도록 할 것
2. 작업 시간대가 다른 근로자들이 같은 침실에 거주하지 않도록 할 것. 다만, 근로자들의 작업 시간대가 다르더라도 근로자들의 수면 시간대가 완전히 구분되는 등 수면에 방해가 되지 않는 경우에는 같은 침실에 거주하도록 할 수 있다.
3. 기숙사에 기숙하는 근로자가 「감염병의 예방 및 관리에 관한 법률」 제2조 제1호에 따른 감염병에 걸린 경우에는 다음 각 목의 장소 또는 물건에 대하여 소독 등 필요한 조치를 취할 것
    가. 해당 근로자의 침실
    나. 해당 근로자가 사용한 침구, 식기, 옷 등 개인용품 및 그 밖의 물건
    다. 기숙사 내 근로자가 공동으로 이용하는 장소

시행령 제58조 【기숙사의 면적】
기숙사 침실의 넓이는 1인당 2.5제곱미터 이상으로 한다.

시행령 제58조의2 【근로자의 사생활 보호 등】
사용자는 기숙사에 기숙하는 근로자의 사생활 보호 등을 위하여 다음 각 호의 사항을 준수해야 한다.
1. 기숙사의 침실, 화장실 및 목욕시설 등에 적절한 잠금장치를 설치할 것
2. 근로자의 개인용품을 정돈하여 두기 위한 적절한 수납공간을 갖출 것

Section 12　근로감독관

근로기준법은 근로기준법의 실효성을 확보하기 위하여 동법 위반자에 대한 벌칙과 동법에 대한 사법적 효력(근로기준법 제15조)을 인정하고 있으나 그러한 사후적 조치만으로는 그 실효성을 충분히 거둘 수 없다. 따라서 근로기준법이 입법취지에 부합되게 제대로 시행되고 있는지를 사전에 점검·감독하고 근로자의 사후적 권리구제를 효율적으로 보장하기 위하여 고용노동부 산하에 근로감독관을 설치하고 있다.

1. 근로감독관의 설치

> **제101조 【감독 기관】**
> ① 근로조건의 기준을 확보하기 위하여 고용노동부와 그 소속 기관에 근로감독관을 둔다.
> ② 근로감독관의 자격, 임면(任免), 직무 배치에 관한 사항은 대통령령으로 정한다.

2. 근로감독관의 권한

근로감독관의 핵심적 권한은 근로기준법 등의 노동관계법령에서 정한 최저근로조건이 준수되도록 행정지도를 하고 위반사항을 적발하여 이를 시정 또는 제재를 하는 것이다. 이를 위해서 다음과 같은 권한이 규정되어 있다.

> **제102조 【근로감독관의 권한】**
> ① 근로감독관은 사업장, 기숙사, 그 밖의 부속 건물을 현장조사하고 장부와 서류의 제출을 요구할 수 있으며 사용자와 근로자에 대하여 심문(尋問)할 수 있다.
> ② 의사인 근로감독관이나 근로감독관의 위촉을 받은 의사는 취업을 금지하여야 할 질병에 걸릴 의심이 있는 근로자에 대하여 검진할 수 있다.
> ③ 제1항 및 제2항의 경우에 근로감독관이나 그 위촉을 받은 의사는 그 신분증명서와 고용노동부장관의 현장조사 또는 검진지령서(檢診指令書)를 제시하여야 한다.
> ④ 제3항의 현장조사 또는 검진지령서에는 그 일시, 장소 및 범위를 분명하게 적어야 한다.
>
> **제102조의2 【자료 제공의 요청】**
> ① 고용노동부장관은 이 법에서 정하는 근로조건 보호를 위하여 중앙행정기관의 장과 지방자치단체의 장 또는 근로복지공단 등 관련 기관·단체의 장에게 다음 각 호의 정보 또는 자료의 제공 및 관계 전산망의 이용을 요청할 수 있다.
> 　1.「소득세법」 제4조 제1항 제1호에 따른 종합소득에 관한 자료
> 　2.「고용보험법」 제13조 및 제15조에 따른 피보험자격에 관한 신고자료
> 　3. 그 밖에 근로자의 근로조건 보호를 위하여 필요한 정보 또는 자료로서 대통령령으로 정하는 정보 또는 자료
> ② 제1항에 따라 자료의 제공을 요청받은 자는 정당한 사유가 없으면 그 요청에 따라야 한다.
> ③ 제1항에 따라 제공되는 자료에 대하여는 수수료나 사용료 등을 면제한다.
> [본조신설 2024.10.22.]
> [시행일 : 2025.10.23.]

(1) 행정적 권한

① 현장조사·서류의 제출요구 및 심문

② 근로자에 대한 검진

(2) 사법적 권한

> **제102조【근로감독관의 권한】**
> ⑤ 근로감독관은 이 법이나 그 밖의 노동 관계 법령 위반의 죄에 관하여 「사법경찰관리의 직무를 행할 자와 그 직무범위에 관한 법률」에서 정하는 바에 따라 사법경찰관의 직무를 수행한다.

> **제105조【사법경찰권 행사자의 제한】**
> 이 법이나 그 밖의 노동 관계 법령에 따른 현장조사, 서류의 제출, 심문 등의 수사는 검사와 근로감독관이 전담하여 수행한다. 다만, 근로감독관의 직무에 관한 범죄의 수사는 그러하지 아니하다.

3. 근로감독관의 의무

근로감독관은 직무상 알게 된 비밀을 엄수하여야 한다. 근로감독관을 그만 둔 경우에도 또한 같다(제103조). 근로감독관이 이 법을 위반한 사실을 고의로 묵과하면 3년 이하의 징역 또는 5년 이하의 자격정지에 처한다(제108조).

4. 감독기관에 대한 신고와 권한의 위임

(1) 신고

사업 또는 사업장에서 이 법 또는 이 법에 따른 대통령령을 위반한 사실이 있으면 근로자는 그 사실을 고용노동부장관이나 근로감독관에게 통보할 수 있다(제104조 제1항). 사용자는 이러한 통보를 이유로 근로자에게 해고나 그 밖에 불리한 처우를 하지 못한다(제2항).

(2) 권한의 위임

이 법에 따른 고용노동부장관의 권한은 대통령령으로 정하는 바에 따라 그 일부를 지방고용노동관서의 장에게 위임할 수 있다(제106조).

> **제13조【보고, 출석의 의무】**
> 사용자 또는 근로자는 이 법의 시행에 관하여 고용노동부장관·「노동위원회법」에 따른 노동위원회(이하 "노동위원회"라 한다) 또는 근로감독관의 요구가 있으면 지체 없이 필요한 사항에 대하여 보고하거나 출석하여야 한다.

Section 13 재해보상

Ⅰ 서론

1. 의의

산업재해보상제도라 함은 근로자가 업무상 부상·질병에 걸리거나 또는 사망한 경우에 이를 보상함으로써 당해 근로자 또는 유족을 보호하기 위하여 마련된 제도이다. 안전과 보건에 관한 보호제도가 근로자의 재해방지를 위한 사전적 또는 예방적인 일반조치에 관한 것이라면 재해보상제도는 사후적 또는 구제적인 구체적 조치에 관한 제도라고 할 수 있다. 우리나라는 근로기준법상의 직접보상방식과 산재법상의 사회보험방식을 병용하여 운영하고 있다.

2. 법적 체계

(1) 민법상의 손해배상제도

민법상의 손해배상제도는 과실책임주의에 기초하고 있어 재해발생에 대한 사용자의 고의·과실을 근로자가 입증하여야 하며, 소송의 비용과 시간이 많이 소요되므로 근로자의 재해보상으로서 충분하지 못하다.

(2) 근로기준법상의 재해보상제도

근기법상의 재해보상제도는 구제절차가 간이화되었고 무과실책임주의를 채택하고 있으나 사용자가 자신의 재산으로 근로자에게 직접 보상하는 직접보상방식을 채택하고 있다. 따라서 보상관계의 당사자는 근로자와 사용자가 되며 사용자의 지불능력이 충분치 않을 경우 실효성이 상실된다는 문제가 있다.

(3) 산재법상의 재해보상제도

산재법상의 재해보상도 근기법상의 재해보상과 같이 무과실책임주의이나 근로기준법과는 달리 사회보험방식에 의한 간접보상방식을 채택하고 있다. 즉 사용자는 보험료의 납부의무만을 부담하고 보상관계의 당사자는 근로자와 국가가 된다. 따라서 보상은 신속·공정하고 사용자의 보상능력과 상관없이 언제든지 보상받을 수 있다는 장점이 있다.

3. 적용범위

근로기준법은 상시근로자가 5인 이상인 사업장에는 전면 적용되며, 4인 이하의 사업장에는 대통령령이 정하는 일부조항만 적용된다. 재해보상관련조항은 근로기준법 시행령에 의하여 상시근로자가 4인 이하인 사업장에도 적용된다.

> **산업재해보상보험법 제6조【적용범위】**
> 이 법은 근로자를 사용하는 모든 사업 또는 사업장에 적용한다. 다만, 사업의 위험율·규모 및 사업장소 등을 고려하여 대통령령이 정하는 사업에는 이 법을 적용하지 아니한다.

PART
02

II 도급사업에 대한 예외와 재해보상의 면책사유

1. 도급사업에 대한 예외

사업이 여러 차례의 도급에 따라 행하여지는 경우의 재해보상에 대하여는 원수급인을 사용자로 본다(제90조 제1항). 사업이 수차의 도급에 의해 행하여지는 경우라도 원수급인이 서면상 계약으로 하수급인에게 보상을 담당하게 하는 경우에는 그 수급인도 사용자로 본다. 다만, 2명 이상의 하수급인에게 똑같은 사업에 대하여 중복하여 보상을 담당하게 하지 못한다(제2항). 원수급인과 함께 하수급인도 공동의 재해보상을 부담하는 경우에 원수급인이 보상의 청구를 받으면 보상을 담당한 하수급인에게 우선 최고할 것을 청구할 수 있다. 다만 하수급인이 파산의 선고를 받거나 행방이 알려지지 아니하는 경우에는 그러하지 아니하다(제3항).

2. 재해보상의 면책사유

근로기준법상의 재해보상은 무과실책임주의이나 예외적으로 근로자가 중대한 과실로 업무상 부상 또는 질병에 걸리고 또한 사용자가 그 과실에 대하여 노동위원회의 인정을 받으면 휴업보상이나 장해보상을 하지 아니하여도 된다(근로기준법 제81조). 중대한 과실이란 근로자가 약간의 주의만 하였더라면 부상 또는 질병이 발생하지 않았을 것임에도 현저히 주의의무를 게을리하여 재해가 발생한 경우를 말한다.

III 재해보상의 종류와 내용

1. 요양보상

근로자가 업무상 부상 또는 질병에 걸리면 사용자는 그 비용으로 필요한 요양을 행하거나 필요한 요양비를 부담하여야 한다(제78조 제1항). 요양보상은 매월 1회 이상 행하여야 한다(시행령 제46조).

2. 휴업보상

사용자는 요양 중에 있는 근로자에게 그 근로자의 요양 중 평균임금의 100분의 60의 휴업보상을 하여야 한다(제79조 제1항). 제1항에 따른 휴업보상을 받을 기간에 그 보상을 받을 자가 임금의 일부를 지급받은 경우에는 사용자는 평균임금에서 그 지급받은 금액을 뺀 금액의 100분의 60의 휴업보상을 하여야 한다(제2항). 휴업보상은 매월 1회 이상 지급하여야 한다(시행령 제46조). 근로자가 중대한 과실로 업무상 부상 또는 질병에 걸리고 또한 사용자가 노동위원회의 인정을 받으면 휴업보상을 하지 않을 수 있다(제81조).

3. 장해보상

근로자가 업무상 부상 또는 질병에 걸리고, 완치된 후 신체에 장해가 있으면 사용자는 그 장해 정도에 따라 평균임금에 별표에 정한 일수를 곱한 금액의 장해보상을 하여야 한다(제80조 제1항). 장해보상은 근로자의 부상 또는 질병의 완치 후 지체 없이 하여야 한다(시행령 제51조 제1항). 근로자가 중대한 과실로 업무상 부상 또는 질병에 걸리고 사용자가 노동위원회의 인정을 받으면 장해보상을 하지 않을 수 있다(제81조).

4. 유족보상

근로자가 업무상 사망한 경우에는 사용자는 근로자가 사망한 후 지체 없이 그 유족에게 평균임금 1,000일분의 유족보상을 하여야 한다(제82조 제1항). 제1항에서의 유족의 범위, 유족보상의 순위 및 보상을 받기로 확정된 자가 사망한 경우의 유족보상의 순위는 대통령령으로 정한다(제2항). 업무상 사고로 인하여 즉사한 경우뿐 아니라 업무상 부상·질병으로 인하여 사망한 경우 또는 부상·질병이 치유된 후 다시 악화되어 사망한 경우도 포함한다. 유족보상은 근로자가 사망한 후 지체 없이 하여야 한다(시행령 제51조 제2항).

5. 장의비

근로자가 업무상 사망한 경우에는 사용자는 근로자가 사망한 후 지체 없이 평균임금 90일분의 장례비를 지급하여야 한다(제83조). 장례비는 근로자의 사망 후 지체 없이 지급하여야 한다(시행령 제51조 제2항).

6. 일시보상과 분할보상

(1) 일시보상

요양보상을 받는 근로자가 요양을 시작한 지 2년이 지나도 부상 또는 질병이 완치되지 아니하는 경우에는 사용자는 그 근로자에게 평균임금 1,340일분의 일시보상을 하여 그 후의 이 법에 따른 모든 보상책임을 면할 수 있다(제84조).

(2) 분할보상

사용자는 지급능력이 있는 것을 증명하고 보상을 받는 사람의 동의를 받으면 제80조(장해보상), 제82조(유족보상) 또는 제84조(일시보상)에 따른 보상금을 1년에 걸쳐 분할보상을 할 수 있다(제85조).

Ⅳ 재해보상청구권의 보호

1. 보상청구권의 불가변성

보상을 받을 권리는 퇴직으로 인하여 변경되지 아니한다(제86조). 따라서 권리 자체가 소멸되지 않음은 물론 그 내용이 축소되거나 달리 변경되지 않는다. 여기서의 퇴직은 임의퇴직·계약기간의 만료·해고 등 근로관계가 소멸되는 모든 경우를 포함한다.

2. 양도·압류의 금지

보상을 받을 권리는 양도나 압류하지 못한다(제86조). 보상청구권의 양도 또는 압류를 목적으로 하는 법률행위는 무효이며 압류가 금지되므로 상계도 할 수 없다.

3. 소멸시효

재해보상청구권은 3년간 행사하지 아니하면 시효로 소멸한다(제92조).

4. 서류의 보존

사용자는 재해보상에 관한 중요한 서류를 재해보상이 끝나지 아니하거나 제92조에 따라 재해보상 청구권이 시효로 소멸되기 전에는 폐기하여서는 아니 된다(제91조).

V 구제절차

1. 고용노동부장관의 심사와 중재

(1) 절차

업무상의 부상, 질병 또는 사망의 인정, 요양의 방법, 보상금액의 결정, 그 밖에 보상의 실시에 관하여 이의가 있는 자는 고용노동부장관에게 심사나 사건의 중재를 청구할 수 있다(제88조 제1항). 이러한 청구가 있으면 고용노동부장관은 1개월 이내에 심사나 중재를 하여야 한다(제2항). 고용노동부장관은 필요에 따라 직권으로 심사나 사건의 중재를 할 수 있다(제3항). 고용노동부장관은 심사 또는 중재를 위하여 필요하다고 인정하면 의사에게 진단이나 검안을 시킬 수 있다(제4항). 고용노동부장관에게 심사나 중재의 청구와 고용노동부장관에 의한 심사나 중재의 시작은 시효의 중단에 관하여는 재판상의 청구로 본다(제5항).

(2) 법적 성격

심사와 중재는 분쟁에 관한 당사자의 입장 및 쟁점에 관한 사실판단을 하는 것이며 법적 구속력이 없다. 또 행정처분에 해당하지 않기 때문에 행정소송을 제기할 수 없다.

2. 노동위원회의 심사와 중재

(1) 절차

고용노동부장관이 제88조 제2항의 기간에 심사 또는 중재를 하지 아니하거나 심사와 중재의 결과에 불복하는 자는 노동위원회에 심사나 중재를 청구할 수 있다(제89조 제1항). 이러한 청구가 있으면 노동위원회는 1개월 이내에 심사나 중재를 하여야 한다(제2항).

(2) 법적 성격

노동위원회의 심사 및 중재도 법적 구속력이 없으며, 행정처분이 아니므로 행정소송을 제기할 수 없다.

Ⅵ 다른 구제절차와의 관계

1. 근로기준법상의 재해보상과 민사소송

근로기준법상의 재해보상에 이의가 있는 자는 행정기관에 대해 심사·중재의 신청을 하거나 법원에 민사소송을 제기할 수 있다.

2. 근로기준법법상 재해보상과 손해배상과의 관계

보상을 받게 될 사람이 동일한 사유에 대하여 민법이나 그 밖의 법령에 따라 이 법의 재해보상에 상당하는 금품을 받으면 그 가액의 한도에서 사용자는 보상의 책임을 면한다(제87조).

3. 위자료와 재해보상

위자료는 재해보상의 범위에 포함되지 않는다. 따라서 위자료의 지급은 재해보상에 대하여 아무런 영향을 줄 수 없으며, 재해보상을 가지고 위자료지급책임을 면할 수도 없다(대판 1985.5.14, 85누12).

Chapter 02 최저임금법

I 서론

1. 의의

최저임금법은 근로자에 대하여 임금의 최저수준을 보장하여 근로자의 생활안정과 노동력의 질적 향상을 꾀함으로써 국민경제의 건전한 발전에 이바지하는 것을 목적으로 한다(제1조). 최저임금 제도는 헌법 제32조 제1항에 근거하여, 근로자의 인간다운 생활을 보장하기 위하여 국가가 임금의 결정에 직접 개입하여 임금의 최저수준을 정하고 사용자에게 그 수준 미만의 임금지급을 못하게 법으로 강제하는 제도이다.

2. 정의

이 법에서 근로자·사용자 및 임금이란 근로기준법 제2조에 따른 근로자·사용자 및 임금을 말한다(제2조).

3. 적용범위

(1) 적용대상

이 법은 근로자를 사용하는 모든 사업 또는 사업장에 적용한다(제3조 제1항).

(2) 적용제외

① 동거 친족만을 사용하는 사업과 가사사용인(제3조 제1항 단서)
② 선원법의 적용을 받는 선원 및 선원을 사용하는 선박의 소유자(제3조 제2항)

4. 정부의 책무

- 고용노동부장관은 근로자의 생계비와 임금실태 등을 매년 조사하여야 한다(제23조).
- 정부는 근로자와 사용자에게 최저임금제도를 원활하게 실시하는 데에 필요한 자료를 제공하거나 그 밖에 필요한 지원을 하도록 최대한 노력하여야 한다(제24조).
- 고용노동부장관은 이 법의 시행에 필요한 범위에서 근로자나 사용자에게 임금에 관한 사항을 보고하게 할 수 있다(제25조).
- 고용노동부장관은 「근로기준법」 제101조에 따른 근로감독관에게 대통령령으로 정하는 바에 따라 이 법의 시행에 관한 사무를 관장하도록 한다(제26조 제1항). 근로감독관은 제1항에 따른 권한을 행사하기 위하여 사업장에 출입하여 장부와 서류의 제출을 요구할 수 있으며 그 밖의 물건을 검사하거나 관계인에게 질문할 수 있다(제2항). 제2항에 따라 출입·검사를 하는 근로감독관은 그 신분을 표시하는 증표를 지니고 이를 관계인에게 내보여야 한다(제3항). 근로감독관은 이 법 위반의 죄에 관하여 「사법경찰관리의 직무를 행할 자와 그 직무범위에 관한 법률」로 정하는 바에 따라 사법경찰관의 직무를 행한다(제4항).

• 이 법에 따른 고용노동부장관의 권한은 대통령령으로 정하는 바에 따라 그 일부를 지방고용노동
관서의 장에게 위임할 수 있다(제26조의2). 법 제26조의2에 따라 고용노동부장관은 법 제7조에
따른 최저임금 적용 제외의 인가, 법 제25조에 따른 보고의 요구, 법 제31조에 따른 과태료의
부과·징수의 권한을 지방고용노동관서의 장에게 위임한다(시행령 제21조의2).

██ 최저임금의 결정기준 및 절차

1. 결정기준

최저임금은 근로자의 생계비, 유사근로자의 임금, 노동생산성 및 소득분배율 등을 고려하여 정한
다. 이 경우 사업의 종류별로 구분하여 정할 수 있다(제4조 제1항). 사업의 종류별 구분은 최저임
금위원회의 심의를 거쳐 고용노동부장관이 정한다(제2항).

2. 최저임금액

(1) 일반근로자

최저임금액은 시간·일·주 또는 월을 단위로 하여 정한다. 이 경우 일·주 또는 월을 단위로
하여 최저임금액을 정할 때에는 시간급으로도 표시하여야 한다(제5조 제1항).

(2) 감액적용 근로자

1년 이상의 기간을 정하여 근로계약을 체결하고 수습 중에 있는 근로자로서 수습을 시작한 날
부터 3개월 이내인 자에 대하여는 대통령령으로 정하는 바에 따라 제1항에 따른 최저임금액과
다른 금액으로 최저임금액을 정할 수 있다. 다만, 단순노무업무로 고용노동부장관이 정하여 고
시한 직종에 종사하는 근로자는 제외한다(제5조 제2항). 1년 이상의 기간을 정하여 근로계약을
체결하고 수습 중에 있는 근로자로서 수습을 시작한 날부터 3개월 이내인 사람에 대해서는 같
은 조 제1항 후단에 따른 시간급 최저임금액에서 100분의 10을 뺀 금액을 그 근로자의 시간급
최저임금액으로 한다(시행령 제3조).

(3) 도급제의 경우

임금이 통상적으로 도급제나 그 밖에 이와 비슷한 형태로 정해진 경우에 근로시간을 파악하기
어렵거나 그 밖에 제5조 제1항에 따라 최저임금액을 정하는 것이 적합하지 않다고 인정되면
해당 근로자의 생산고(生産高) 또는 업적의 일정단위에 의하여 최저임금액을 정한다(제5조 제3
항, 시행령 제4조).

3. 최저임금에 포함되는 임금의 범위

(1) 원칙(제6조 제4항 본문)

최저임금에는 매월 1회 이상 정기적으로 지급하는 임금을 산입(算入)한다.

(2) 예외(제6조 제4항)

① 소정근로시간 또는 소정의 근로일에 지급하는 임금 외의 임금으로서 고용노동부령으로 정
하는 임금

PART
02

- 시행규칙 제2조 제1항

  1. 연장근로 또는 휴일근로에 대한 임금 및 연장·야간 또는 휴일 근로에 대한 가산임금
  2. 「근로기준법」 제60조에 따른 연차 유급휴가의 미사용수당
  3. 유급으로 처리되는 휴일(「근로기준법」 제55조 제1항에 따른 유급휴일은 제외한다)에 대한 임금
  4. 그 밖에 명칭에 관계없이 제1호부터 제3호까지의 규정에 준하는 것으로 인정되는 임금

② 식비, 숙박비, 교통비 등 근로자의 생활 보조 또는 복리후생을 위한 성질의 임금으로서 통화 이외의 것으로 지급하는 임금

(3) 최저임금 산입을 위한 취업규칙 변경절차의 특례

사용자가 제6조 제4항에 따라 산입되는 임금에 포함시키기 위하여 1개월을 초과하는 주기로 지급하는 임금을 총액의 변동 없이 매월 지급하는 것으로 취업규칙을 변경하려는 경우에는 「근로기준법」 제94조 제1항에도 불구하고 해당 사업 또는 사업장에 근로자의 과반수로 조직된 노동조합이 있는 경우에는 그 노동조합, 근로자의 과반수로 조직된 노동조합이 없는 경우에는 근로자의 과반수의 의견을 들어야 한다(제6조의2).

(4) 일반택시운송사업

일반택시운송사업에서 운전업무에 종사하는 근로자의 최저임금에 산입되는 임금의 범위는 생산고에 따른 임금을 제외한 대통령령으로 정하는 임금으로 한다(제6조 제5항). 법 제6조 제5항에서 "대통령령으로 정하는 임금"이란 단체협약, 취업규칙, 근로계약에 정해진 지급 조건과 지급률에 따라 매월 1회 이상 지급하는 임금을 말한다(시행령 제5조의3).

※ 헌재 2011.8.30, 2008헌마477

이 사건 법률조항은 일반택시운송사업자들이 택시운전근로자들과 근로계약을 체결할 자유를 일부 제한하는바, 이는 택시운전근로자들로 하여금 보다 안정된 생활을 영위할 수 있도록 하기 위한 정당한 목적에 기하여 규정한 것이고, 현재의 임금총액을 유지하면서도 고정급의 비율을 상향조정하는 방법만으로도 최저임금에 관한 규율을 준수할 수 있게끔 하여 필요최소한의 제한만을 부과할 뿐이며, 일반택시운송사업자들의 제한되는 이익이 이 사건 법률조항에 의하여 달성하려는 택시운전근로자들의 인간다운 생활과 적정임금의 보장이라는 공익보다 중대한 것이라고 할 수 없으므로 이 사건 법률조항이 과잉금지원칙을 위반하여 청구인들의 계약의 자유를 침해한다고 할 수 없다.

4. 결정절차

(1) 심의요청

고용노동부장관은 최저임금위원회에 심의를 요청하고, 최저임금위원회가 심의하여 의결한 최저임금안에 따라 최저임금을 결정하여야 한다(제8조 제1항). 고용노동부장관은 법 제8조 제1항에 따라 매년 3월 31일까지 최저임금위원회(이하 "위원회"라 한다)에 최저임금에 관한 심의를 요청하여야 한다(시행령 제7조).

(2) 심의

최저임금위원회는 고용노동부장관으로부터 최저임금에 관한 심의 요청을 받은 경우 이를 심의하여 최저임금안을 의결하고 심의 요청을 받은 날부터 90일 이내에 고용노동부장관에게 제출하여야 한다(제8조 제2항).

(3) 이의제기와 재심의

① 고용노동부장관은 제8조 제2항에 따라 위원회로부터 최저임금안을 제출받은 때에는 대통령령으로 정하는 바에 따라 최저임금안을 고시하여야 한다(제9조 제1항). 고용노동부장관은 법 제8조 제2항에 따라 위원회로부터 최저임금안을 제출받았을 때에는 법 제9조 제1항에 따라 지체 없이 사업 또는 사업장(이하 "사업"이라 한다)의 종류별 최저임금안 및 적용 사업의 범위를 고시하여야 한다(시행령 제8조).

② 고용노동부장관은 최저임금위원회가 심의하여 제출한 최저임금안에 따라 최저임금을 결정하기가 어렵다고 인정될 때에는 20일 이내에 그 이유를 밝혀 최저임금위원회에 10일 이상의 기간을 정하여 재심의를 요청할 수 있다(제8조 제3항). 위원회는 재심의 요청을 받은 때에는 그 기간 내에 재심의하여 그 결과를 고용노동부장관에게 제출하여야 한다(제8조 제4항).

③ 근로자를 대표하는 자나 사용자를 대표하는 자는 고시된 최저임금안에 대하여 이의가 있는 때에는 고시된 날로부터 10일 이내에 고용노동부장관에게 이의를 제기할 수 있다(제9조 제2항). 고용노동부장관은 제9조 제2항에 따른 이의가 이유 있다고 인정되면 그 내용을 밝혀 제8조 제3항에 따라 위원회에 최저임금안의 재심의를 요청하여야 한다(제9조 제3항). 고용노동부장관은 제3항에 따라 재심의를 요청한 최저임금안에 대하여 제8조 제4항에 따라 위원회가 재심의하여 의결한 최저임금안이 제출될 때까지는 최저임금을 결정하여서는 아니 된다(제9조 제4항).

④ 고용노동부장관은 최저임금위원회가 재적위원 과반수의 출석과 출석위원 3분의 2 이상의 찬성으로 당초의 최저임금안을 재의결한 경우에는 그에 따라 최저임금을 결정하여야 한다(제8조 제5항).

(4) 최저임금의 결정

고용노동부장관은 매년 8월 5일까지 최저임금을 결정하여야 한다(제8조 제1항).

(5) 최저임금의 고시와 효력발생

고용노동부장관은 최저임금을 결정한 때에는 지체 없이 그 내용을 고시하여야 한다(제10조 제1항). 고시된 최저임금은 다음 연도 1월 1일부터 효력이 발생한다. 다만, 고용노동부장관은 사업의 종류별로 임금교섭시기 등을 고려하여 필요하다고 인정하면 효력발생 시기를 따로 정할 수 있다(제10조 제2항).

III 최저임금의 효력

1. 최저임금액 이상의 임금지급

(1) 사용자는 최저임금의 적용을 받는 근로자에게 최저임금액 이상의 임금을 지급하여야 한다(제6조 제1항). 사용자는 이 법에 따른 최저임금을 이유로 종전의 임금수준을 낮추어서는 아니 된다(제6조 제2항).

> **대판 2007.6.29, 2004다4836**
> 사용자는 최저임금법이 적용되는 경우라도 반드시 근로자가 실제로 근무한 매시간에 대해 최저임금액 이상의 임금을 지급하여야 하는 것은 아니고 근로자와의 근로계약에서 정한 임금산정 기준기간 내에 평균적인 최저임금액 이상을 지급하면 된다. 그리고 최저임금제도가 근로자에 대해 임금의 최저수준을 보장하여 근로자의 생활안정과 노동력의 질적 향상을 기하고자 하는 데 그 목적이 있고(최저임금법 제1조), 임금은 원칙적으로 매월 1회 이상 일정한 기일을 정하여 지급하여야 하는 것인 점(근로기준법 제42조 제2항 본문) 등에 비추어 볼 때 최저임금의 적용을 위한 임금산정 기준기간은 특별한 사정이 없는 한 1개월을 초과할 수 없다고 보아야 한다.

> **대판 2017.12.28, 2014다49074**
> 최저임금이나 최저임금의 적용을 위한 비교대상 임금은 통상임금과는 그 기능과 산정 방법이 다른 별개의 개념이므로, 사용자가 최저임금의 적용을 받는 근로자에게 최저임금액 이상의 임금을 지급하여야 한다고 하여 곧바로 통상임금 자체가 최저임금액을 그 최하한으로 한다고 볼 수 없다. 통상임금이 최저임금액보다 적은 경우에는 최저임금법에서 정한 시급 최저임금액을 기준으로 연장근로수당 및 야간근로수당을 산정하여야 하는 것은 아니다.

(2) 예외(제6조 제6항)

다음 각 호의 어느 하나에 해당하는 사유로 근로하지 아니한 시간 또는 일에 대하여 사용자가 임금을 지급할 것을 강제하는 것은 아니다.

① 근로자가 자기의 사정으로 인하여 소정의 근로시간 또는 소정의 근로일의 근로를 하지 아니한 경우

② 사용자가 정당한 이유로 근로자에게 소정의 근로시간 또는 소정의 근로일의 근로를 시키지 아니한 경우

2. 최저임금에 미달하는 근로계약의 효력

최저임금의 적용을 받는 근로자와 사용자 사이의 근로계약 중 최저임금액에 미치지 못하는 금액을 임금으로 정한 부분은 무효로 하며, 이 경우 무효로 된 부분은 이 법으로 정한 최저임금액과 동일한 임금을 지급하기로 한 것으로 본다(제6조 제3항). 근로자와 사용자가 최저임금의 적용을 위한 임금에 산입되지 않는 임금을 최저임금의 적용을 위한 임금의 범위에 산입하여 최저임금에 미달하는 부분을 보전하기로 약정한 경우 그 임금 약정은 최저임금법 제6조 제3항에 반하여 무효이다(대판 2007.1.11, 2006다64245).

3. 도급사업의 특칙

도급으로 사업을 행하는 경우 도급인이 책임져야 할 사유로 수급인이 근로자에게 최저임금액에 미치지 못하는 임금을 지급한 경우 도급인은 해당 수급인과 연대(連帶)하여 책임을 진다(제6조 제7항). 도급인이 책임져야 할 사유의 범위는 도급인이 도급계약 체결 당시 인건비 단가를 최저임금액에 미치지 못하는 금액으로 결정하는 행위, 도급인이 도급계약 기간 중 인건비 단가를 최저임금액에 미치지 못하는 금액으로 낮춘 행위이다(제6조 제8항). 두 차례 이상의 도급으로 사업을 행하는 경우에는 제7항의 "수급인"은 "하수급인(下受給人)"으로 보고, 제7항과 제8항의 "도급인"은 "직상(直上) 수급인(하수급인에게 직접 하도급을 준 수급인)"으로 본다(제6조 제9항).

4. 최저임금의 적용제외(제7조)

다음 각 호의 어느 하나에 해당하는 자로서 사용자가 고용노동부장관의 인가를 받은 사람에 대해서는 제6조를 적용하지 않는다.

① 정신장애나 신체장애로 근로능력이 현저히 낮은 사람
② 그 밖에 최저임금을 적용하는 것이 적당하지 아니하다고 인정되는 사람

> **시행령 제6조【최저임금 적용 제외의 인가 기준】**
> 사용자가 법 제7조에 따라 고용노동부장관의 인가를 받아 최저임금의 적용을 제외할 수 있는 자는 정신 또는 신체의 장애가 업무 수행에 직접적으로 현저한 지장을 주는 것이 명백하다고 인정되는 사람으로 한다.

5. 사용자의 주지의무

최저임금의 적용을 받는 사용자는 대통령령으로 정하는 바에 따라 해당 최저임금을 그 사업의 근로자가 쉽게 볼 수 있는 장소에 게시하거나 그 외의 적당한 방법으로 근로자에게 널리 알려야 한다(제11조).

> **시행령 제11조【주지 의무】**
> ① 법 제11조에 따라 사용자가 근로자에게 주지시켜야 할 최저임금의 내용은 다음 각 호와 같다.
>   1. 적용을 받는 근로자의 최저임금액
>   2. 법 제6조 제4항에 따라 최저임금에 산입하지 아니하는 임금
>   3. 법 제7조에 따라 해당 사업에서 최저임금의 적용을 제외할 근로자의 범위
>   4. 최저임금의 효력발생 연월일
> ② 사용자는 제1항에 따른 최저임금의 내용을 법 제10조 제2항에 따른 최저임금의 효력발생일 전날까지 근로자에게 주지시켜야 한다.

Ⅳ 최저임금위원회

1. 설치

최저임금에 관한 심의와 그 밖에 최저임금에 관한 중요사항을 심의하기 위하여 고용노동부에 최저임금위원회를 둔다(제12조).

2. 기능

최저임금에 관한 심의 및 재심의, 최저임금 적용사업의 종류별 구분에 관한 심의, 최저임금제도의 발전을 위한 연구 및 건의, 그 밖에 최저임금에 관한 중요사항으로서 고용노동부장관이 회의에 부치는 사항의 심의기능을 수행한다(제13조). 위원회는 그 업무를 수행할 때에 필요하다고 인정하면 관계 근로자와 사용자, 그 밖의 관계인의 의견을 들을 수 있다(제18조).

3. 구성 등

위원회는 근로자를 대표하는 위원, 사용자를 대표하는 위원, 공익을 대표하는 위원 각 9명으로 구성한다(제14조 제1항). 위원회에 2명의 상임위원을 두며, 상임위원은 공익위원이 된다(제14조 제2항). 위원의 임기는 3년으로 하되, 연임할 수 있다(제14조 제3항). 위원이 궐위(闕位)되면 그 보궐위원의 임기는 전임자(前任者) 임기의 남은 기간으로 한다(제14조 제4항). 위원이 궐위된 경우에는 궐위된 날부터 30일 이내에 후임자를 위촉하거나 임명하여야 한다. 다만, 전임자의 남은 임기가 1년 미만인 경우에는 위촉하거나 임명하지 아니할 수 있다(시행령 제12조 제4항). 위원은 임기가 끝났더라도 후임자가 임명되거나 위촉될 때까지 계속하여 직무를 수행한다(제14조 제5항).

> **시행령 제12조 【위원회 위원의 위촉 또는 임명 등】**
> ① 법 제14조 제1항에 따른 근로자위원·사용자위원 및 공익위원은 고용노동부장관의 제청에 의하여 대통령이 위촉한다.
> ② 법 제14조 제2항에 따른 상임위원은 고용노동부장관의 제청에 의하여 대통령이 임명한다.
> ③ 근로자위원은 총연합단체인 노동조합에서 추천한 사람 중에서 제청하고, 사용자위원은 전국적 규모의 사용자단체 중 고용노동부장관이 지정하는 단체에서 추천한 사람 중에서 제청한다.
>
> **시행령 제12조의2 【위원회 위원의 해촉】**
> 대통령은 법 제14조 제1항 제1호부터 제3호까지의 규정에 따른 위원이 다음 각 호의 어느 하나에 해당하는 경우에는 해당 위원을 해촉(解囑)할 수 있다.
> 1. 심신장애로 인하여 직무를 수행할 수 없게 된 경우
> 2. 직무와 관련된 비위사실이 있는 경우
> 3. 직무태만, 품위손상이나 그 밖의 사유로 인하여 위원으로 적합하지 아니하다고 인정되는 경우
> 4. 위원 스스로 직무를 수행하는 것이 곤란하다고 의사를 밝히는 경우

4. 위원장과 부위원장 등

위원회의 회의는 이 법으로 따로 정하는 경우 외에는 재적위원 과반수의 출석과 출석위원 과반수의 찬성으로 의결한다(제17조 제3항).

(1) 위원장과 부위원장

위원회에 위원장과 부위원장 각 1명을 둔다(제15조 제1항). 위원장과 부위원장은 공익위원 중에서 위원회가 선출한다(제15조 제2항). 위원장은 위원회의 사무를 총괄하며 위원회를 대표한다(제15조 제3항). 위원장이 불가피한 사유로 직무를 수행할 수 없을 때에는 부위원장이 직무를 대행한다(제15조 제4항).

(2) 특별위원

위원회에는 관계 행정기관의 공무원 중에서 3명 이내의 특별위원을 둘 수 있다(제16조 제1항). 특별위원은 위원회의 회의에 출석하여 발언할 수 있다(제16조 제2항). 법 제16조에 따른 특별위원은 관계 행정기관의 3급 또는 3급 상당 이상의 공무원이나 고위공무원단에 속하는 공무원 중에서 고용노동부장관이 위촉한다(시행령 제15조).

(3) 회의

- 위원회의 회의는 다음 각 호의 경우에 위원장이 소집한다(제17조 제1항).
  1. 고용노동부장관이 소집을 요구하는 경우
  2. 재적위원 3분의 1 이상이 소집을 요구하는 경우
  3. 위원장이 필요하다고 인정하는 경우
- 위원장은 위원회 회의의 의장이 된다(제17조 제2항).
- 위원회의 회의는 이 법으로 따로 정하는 경우 외에는 재적위원 과반수의 출석과 출석위원 과반수의 찬성으로 의결한다(제17조 제3항).
- 위원회가 제3항에 따른 의결을 할 때에는 근로자위원과 사용자위원 각 3분의 1 이상의 출석이 있어야 한다. 다만, 근로자위원이나 사용자위원이 2회 이상 출석요구를 받고도 정당한 이유 없이 출석하지 아니하는 경우에는 그러하지 아니하다(제17조 제4항).

(4) 전문위원회

- 위원회는 필요하다고 인정하면 사업의 종류별 또는 특정 사항별로 전문위원회를 둘 수 있다(제19조 제1항).
- 전문위원회는 위원회 권한의 일부를 위임받아 제13조 각 호의 위원회 기능을 수행한다(제19조 제2항).
- 전문위원회는 근로자위원, 사용자위원 및 공익위원 각 5명 이내의 같은 수로 구성한다(제19조 제3항).

5. 사무국 등

- 위원회에 그 사무를 처리하게 하기 위하여 사무국을 둔다(제20조 제1항). 사무국에는 최저임금의 심의 등에 필요한 전문적인 사항을 조사·연구하게 하기 위하여 3명 이내의 연구 위원을 둘

수 있다(제2항). 연구위원의 자격·위촉 및 수당과 사무국의 조직·운영 등에 필요한 사항은 대통령령으로 정한다(제3항).

- 위원회 및 전문위원회의 위원에게는 대통령령으로 정하는 바에 따라 수당과 여비를 지급할 수 있다(제21조).
- 위원회는 이 법에 어긋나지 아니하는 범위에서 위원회 및 전문위원회의 운영에 관한 규칙을 제정할 수 있다(제22조).

V 벌칙과 과태료

제28조【벌칙】

① 제6조 제1항 또는 제2항을 위반하여 최저임금액보다 적은 임금을 지급하거나 최저임금을 이유로 종전의 임금을 낮춘 자는 3년 이하의 징역 또는 2천만원 이하의 벌금에 처한다. 이 경우 징역과 벌금은 병과(併科)할 수 있다.

② 도급인에게 제6조 제7항에 따라 연대책임이 발생하여 근로감독관이 그 연대책임을 이행하도록 시정지시하였음에도 불구하고 도급인이 시정기한 내에 이를 이행하지 아니한 경우 2년 이하의 징역 또는 1천만원 이하의 벌금에 처한다.

③ 제6조의2를 위반하여 의견을 듣지 아니한 자는 500만원 이하의 벌금에 처한다.

제30조【양벌규정】

① 법인의 대표자, 대리인, 사용인, 그 밖의 종업원이 그 법인의 업무에 관하여 제28조의 위반행위를 하면 그 행위자를 벌할 뿐만 아니라 그 법인에도 해당 조문의 벌금형을 과(科)한다.

② 개인의 대리인, 사용인, 그 밖의 종업원이 그 개인의 업무에 관하여 제28조의 위반 행위를 하면 그 행위자를 벌할 뿐만 아니라 그 개인에게도 해당 조문의 벌금형을 과한다.

제31조【과태료】

① 다음 각 호의 어느 하나에 해당하는 자에게는 100만원 이하의 과태료를 부과한다.
  1. 제11조를 위반하여 근로자에게 해당 최저임금을 같은 조에서 규정한 방법으로 널리 알리지 아니한 자
  2. 제25조에 따른 임금에 관한 사항의 보고를 하지 아니하거나 거짓 보고를 한 자
  3. 제26조 제2항에 따른 근로감독관의 요구 또는 검사를 거부·방해 또는 기피하거나 질문에 대하여 거짓 진술을 한 자

② 제1항에 따른 과태료는 대통령령으로 정하는 바에 따라 고용노동부장관이 부과·징수한다.

③ 제2항에 따른 과태료 처분에 불복하는 자는 그 처분을 고지받은 날부터 30일 이내에 고용노동부장관에게 이의를 제기할 수 있다.

④ 제2항에 따른 과태료 처분을 받은 자가 제3항에 따라 이의를 제기하면 고용노동부장관은 지체 없이 관할 법원에 그 사실을 통보하여야 하며, 그 통보를 받은 관할 법원은 「비송사건절차법」에 따른 과태료 재판을 한다.

⑤ 제3항에 따른 기간에 이의를 제기하지 아니하고 과태료를 내지 아니하면 국세 체납 처분의 예에 따라 징수한다.

Chapter 03 남녀고용평등과 일·가정 양립지원에 관한 법률

I 서론

1. 목적

이 법은 「대한민국헌법」의 평등이념에 따라 고용에서 남녀의 평등한 기회와 대우를 보장하고 모성 보호와 여성 고용을 촉진하여 남녀고용평등을 실현함과 아울러 근로자의 일과 가정의 양립을 지원함으로써 모든 국민의 삶의 질 향상에 이바지하는 것을 목적으로 한다(제1조).

2. 적용범위

이 법은 근로자를 사용하는 모든 사업 또는 사업장(이하 "사업"이라 한다)에 적용한다. 다만, 대통령령으로 정하는 사업에 대하여는 이 법의 전부 또는 일부를 적용하지 아니할 수 있다(제3조 제1항). 「남녀고용평등과 일·가정 양립 지원에 관한 법률」 제3조 제1항 단서에 따라 동거하는 친족만으로 이루어지는 사업 또는 사업장(이하 "사업"이라 한다)과 가사사용인에 대하여는 법의 전부를 적용하지 아니한다(시행령 제2조).

3. 차별의 개념

(1) 차별의 정의

"차별"이란 사업주가 근로자에게 성별, 혼인, 가족 안에서의 지위, 임신 또는 출산 등의 사유로 합리적인 이유 없이 채용 또는 근로의 조건을 다르게 하거나 그 밖의 불리한 조치를 하는 경우[사업주가 채용조건이나 근로조건은 동일하게 적용하더라도 그 조건을 충족할 수 있는 남성 또는 여성이 다른 한 성(性)에 비하여 현저히 적고 그에 따라 특정 성에게 불리한 결과를 초래하며 그 조건이 정당한 것임을 증명할 수 없는 경우를 포함한다]를 말한다(제2조 제1호 본문).

(2) 차별의 예외(제2조 제1호 단서)

- 직무의 성격에 비추어 특정 성이 불가피하게 요구되는 경우
- 여성 근로자의 임신·출산·수유 등 모성보호를 위한 조치를 하는 경우
- 그 밖에 이 법 또는 다른 법률에 따라 적극적 고용개선조치를 하는 경우

- "적극적 고용개선조치"란 현존하는 남녀 간의 고용차별을 없애거나 고용평등을 촉진하기 위하여 잠정적으로 특정성을 우대하는 조치를 말한다(제2조 제3호).
- "근로자"란 사업주에게 고용된 자와 취업할 의사를 가진 자를 말한다(제2조 제4호).

4. 고용노동부장관의 책무

고용노동부장관은 남녀고용평등과 일·가정의 양립을 실현하기 위하여 정책을 수립·시행하여야 한다(제6조 제1항). 고용노동부장관은 남녀고용평등 실현과 일·가정의 양립에 관한 기본계획을

5년마다 수립하여야 한다(제6조의2 제1항). 고용노동부장관은 사업 또는 사업장의 남녀차별개선, 모성보호, 일·가정의 양립 실태를 파악하기 위하여 정기적(매년 1회)으로 조사를 실시하여야 한다(제6조의3 제1항).

5. 분쟁의 입증책임

이 법과 관련한 분쟁해결에서 입증책임은 사업주가 부담한다(제30조).

Ⅱ 남녀의 평등한 기회보장 및 대우

1. 모집과 채용에 있어서의 차별금지

사업주는 근로자를 모집하거나 채용할 때 남녀를 차별하여서는 아니 된다(제7조 제1항). 사업주는 근로자를 모집·채용할 때 그 직무의 수행에 필요하지 아니한 용모·키·체중 등의 신체적 조건, 미혼 조건, 그 밖에 고용노동부령으로 정하는 조건을 제시하거나 요구하여서는 아니 된다(제2항).

2. 임금에 있어서의 차별금지

사업주는 동일한 사업 내의 동일 가치 노동에 대하여는 동일한 임금을 지급하여야 한다(제8조 제1항). '동일가치의 노동'이란 당해 사업장 내의 서로 비교되는 남녀 간의 노동이 동일하거나 실질적으로 거의 같은 성질의 노동 또는 그 직무가 다소 다르더라도 객관적인 직무평가 등에 의하여 본질적으로 동일한 가치가 있다고 인정되는 노동에 해당하는 것을 말한다(대판 2013.3.14, 2010다101011). 동일 가치 노동의 기준은 직무 수행에서 요구되는 기술, 노력, 책임 및 작업 조건 등으로 하고, 사업주가 그 기준을 정할 때에는 제25조에 따른 노사협의회의 근로자를 대표하는 위원의 의견을 들어야 한다(제2항). 사업주가 임금차별을 목적으로 설립한 별개의 사업은 동일한 사업으로 본다(제3항).

3. 임금 외의 차별금지

사업주는 임금 외에 근로자의 생활을 보조하기 위한 금품의 지급 또는 자금의 융자 등 복리후생에서 남녀를 차별하여서는 아니 된다(제9조). 사업주는 근로자의 교육·배치 및 승진에서 남녀를 차별하여서는 아니 된다(제10조). 사업주는 근로자의 정년·퇴직 및 해고에서 남녀를 차별하여서는 아니 된다(제11조 제1항). 사업주는 여성 근로자의 혼인, 임신 또는 출산을 퇴직 사유로 예정하는 근로계약을 체결하여서는 아니 된다(제2항).

Ⅲ 직장 내 성희롱의 금지 및 예방

1. 직장 내 성희롱의 개념

"직장 내 성희롱"이란 사업주·상급자 또는 근로자가 직장 내의 지위를 이용하거나 업무와 관련하여 다른 근로자에게 성적 언동 등으로 성적 굴욕감 또는 혐오감을 느끼게 하거나 성적 언동 또는 그 밖의 요구 등에 따르지 아니하였다는 이유로 근로조건 및 고용에서 불이익을 주는 것을 말한다(제2조 제2호).

2. 판례의 태도

성희롱이 성립하기 위해서 행위자에게 반드시 성적 동기나 의도가 있어야 하는 것은 아니며, 당사자의 관계, 행위가 행해진 장소와 상황, 행위에 대한 상대방의 명시적 또는 추정적인 반응의 내용, 행위의 내용과 정도, 행위가 일회적 또는 단기간의 것인지 아니면 계속적인 것인지 등 구체적인 사정을 참작하여 볼 때 성적 언동 등으로 상대방이 성적 굴욕감이나 혐오감을 느꼈다고 인정되어야 한다(대판 2018.4.12, 2017두74702). 이때 "성적 언동"이란, 남녀 간의 육체적 관계 또는 남성이나 여성의 신체적 특징과 관련된 육체적, 언어적, 시각적 행위로서, 사회공동체의 건전한 상식과 관행에 비추어 볼 때 객관적으로 상대방과 같은 처지에 있는 일반적이고도 평균적인 사람으로 하여금 성적 굴욕감이나 혐오감을 느끼게 할 수 있는 행위를 뜻한다(대판 2021.9.16, 2021다219529). 성적 언동 등에는 피해자에게 직접 성적 굴욕감 또는 혐오감을 준 경우뿐만 아니라 다른 사람이나 매체 등을 통해 전파하는 간접적인 방법으로 성적 굴욕감 또는 혐오감을 느낄 수 있는 환경을 조성하는 경우도 포함된다(대판 2021.9.16, 2021다219529).

3. 직장 내 성희롱의 금지

사업주, 상급자 또는 근로자는 직장 내 성희롱을 하여서는 아니 된다(제12조).

4. 직장 내 성희롱 예방 교육

사업주는 직장 내 성희롱을 예방하고 근로자가 안전한 근로환경에서 일할 수 있는 여건을 조성하기 위하여 직장 내 성희롱의 예방교육을 매년 1회 이상 실시하여야 한다(제13조 제1항, 시행령 제3조 제1항). 사업주 및 근로자는 성희롱 예방 교육을 받아야 한다(제2항). 사업주는 성희롱 예방 교육의 내용을 근로자가 자유롭게 열람할 수 있는 장소에 항상 게시하거나 갖추어 두어 근로자에게 널리 알려야 한다(제13조 제3항). 사업주는 고용노동부령으로 정하는 기준에 따라 직장 내 성희롱 예방 및 금지를 위한 조치를 하여야 한다(제13조 제4항). 「파견근로자보호 등에 관한 법률」에 따라 파견근로가 이루어지는 사업장에 제13조 제1항을 적용할 때에는 「파견근로자보호 등에 관한 법률」 제2조 제4호에 따른 사용사업주를 이 법에 따른 사업주로 본다(제34조). 사업주는 성희롱 예방 교육을 고용노동부장관이 지정하는 기관에 위탁하여 실시할 수 있다(제13조의2 제1항).

5. 직장 내 성희롱 발생 시 조치

(1) 성희롱 발생 신고와 조사

누구든지 직장 내 성희롱 발생 사실을 알게 된 경우 그 사실을 해당 사업주에게 신고할 수 있다(제14조 제1항). 사업주는 신고를 받거나 직장 내 성희롱 발생 사실을 알게 된 경우에는 지체 없이 그 사실 확인을 위한 조사를 하여야 한다(제2항 전단).

(2) 조사 기간 동안 피해근로자 보호

사업주는 직장 내 성희롱과 관련하여 피해를 입은 근로자 또는 피해를 입었다고 주장하는 근로자(이하 "피해근로자등"이라 한다)가 조사 과정에서 성적 수치심 등을 느끼지 아니하도록 하여야 한다(제2항 후단). 사업주는 조사 기간 동안 피해근로자등을 보호하기 위하여 필요한 경우 해당 피해근로자등에 대하여 근무장소의 변경, 유급휴가 명령 등 적절한 조치를 하여야 한다. 이 경우 사업주는 피해근로자등의 의사에 반하는 조치를 하여서는 아니 된다(제3항).

(3) 성희롱 발생 사실이 확인된 경우 피해근로자 보호

사업주는 조사 결과 직장 내 성희롱 발생 사실이 확인된 때에는 피해근로자가 요청하면 근무장소의 변경, 배치전환, 유급휴가 명령 등 적절한 조치를 하여야 한다(제4항). 사업주는 성희롱 발생 사실을 신고한 근로자 및 피해근로자등에게 불리한 처우(파면, 해임, 해고, 그 밖에 신분 상실에 해당하는 불이익 조치, 징계, 정직, 감봉, 강등, 승진제한 등 부당한 인사조치, 직무 미부여, 직무 재배치, 그 밖에 본인의 의사에 반하는 인사조치, 성과평가 또는 동료평가 등에서 차별이나 그에 따른 임금 또는 상여금 등의 차별 지급, 직업능력 개발 및 향상을 위한 교육훈련 기회의 제한, 집단 따돌림, 폭행 또는 폭언 등 정신적·신체적 손상을 가져오는 행위를 하거나 그 행위의 발생을 방치하는 행위, 그 밖에 신고를 한 근로자 및 피해근로자등의 의사에 반하는 불리한 처우)를 하여서는 아니 된다(제6항).

(4) 비밀누설 금지

직장 내 성희롱 발생 사실을 조사한 사람, 조사 내용을 보고 받은 사람 또는 그 밖에 조사 과정에 참여한 사람은 해당 조사 과정에서 알게 된 비밀을 피해근로자등의 의사에 반하여 다른 사람에게 누설하여서는 아니 된다. 다만, 조사와 관련된 내용을 사업주에게 보고하거나 관계 기관의 요청에 따라 필요한 정보를 제공하는 경우는 제외한다(제7항).

(5) 직장 내 성희롱 벌칙

사업주는 조사 결과 직장 내 성희롱 발생 사실이 확인된 때에는 지체 없이 직장 내 성희롱 행위를 한 사람에 대하여 징계, 근무장소의 변경 등 필요한 조치를 하여야 한다. 이 경우 사업주는 징계 등의 조치를 하기 전에 그 조치에 대하여 직장 내 성희롱 피해를 입은 근로자의 의견을 들어야 한다(제5항). 사업주가 제12조를 위반하여 직장 내 성희롱을 한 경우에는 1천만원 이하의 과태료를 부과한다(제39조 제2항).

6. 고객 등에 의한 성희롱 방지

사업주는 고객 등 업무와 밀접한 관련이 있는 사람이 업무수행 과정에서 성적인 언동 등을 통하여 근로자에게 성적 굴욕감 또는 혐오감 등을 느끼게 하여 해당 근로자가 그로 인한 고충 해소를 요청할 경우 근무 장소 변경, 배치전환, 유급휴가의 명령 등 적절한 조치를 하여야 한다(제14조의2 제1항). 사업주는 근로자가 제1항에 따른 피해를 주장하거나 고객 등으로부터의 성적 요구 등에 불응한 것을 이유로 해고나 그 밖의 불이익한 조치를 하여서는 아니 된다(제2항).

Ⅳ 적극적 고용개선조치

1. 적극적 고용개선조치 시행계획의 수립·제출

고용노동부장관은 공공기관·단체의 장, 상시 500명 이상의 근로자를 고용하는 사업에 해당하는 사업주로서 고용하고 있는 직종별 여성 근로자의 비율이 산업별·규모별로 고용노동부령으로 정하는 고용 기준에 미달하는 사업주에 대하여는 차별적 고용관행 및 제도 개선을 위한 적극적 고용개선조치 시행계획을 수립하여 제출할 것을 요구할 수 있다. 이 경우 해당 사업주는 시행계획을 제출하여야 한다(제17조의3 제1항). 사업주는 직종별·직급별 남녀 근로자 현황과 남녀 근로자 임금 현황을 고용노동부장관에게 제출하여야 한다(제17조의3 제2항). 고용노동부장관은 제1항과 제3항에 따라 제출된 시행계획을 심사하여 그 내용이 명확하지 아니하거나 차별적 고용관행을 개선하려는 노력이 부족하여 시행계획으로서 적절하지 아니하다고 인정되면 해당 사업주에게 시행계획의 보완을 요구할 수 있다(제17조의3 제4항).

2. 이행실적의 평가 및 지원 등

시행계획을 제출한 자는 그 이행실적을 고용노동부장관에게 제출하여야 한다(제17조의4 제1항). 고용노동부장관은 제1항에 따라 제출된 이행실적을 평가하고, 그 결과를 사업주에게 통보하여야 한다(제2항). 고용노동부장관은 평가 결과 이행실적이 우수한 기업(이하 "적극적 고용개선조치 우수기업"이라 한다)에 표창을 할 수 있다(제3항). 국가와 지방자치단체는 적극적 고용개선조치 우수기업에 행정적·재정적 지원을 할 수 있다(제4항). 고용노동부장관은 평가 결과 이행실적이 부진한 사업주에게 시행계획의 이행을 촉구할 수 있다(제5항). 고용노동부장관은 제2항에 따른 평가 업무를 대통령령으로 정하는 기관이나 단체에 위탁할 수 있다(제6항).

3. 적극적 고용개선조치 미이행 사업주 명단 공표

고용노동부장관은 명단 공개 기준일 이전에 3회 연속하여 직종별 여성 근로자의 비율이 산업별·규모별로 고용노동부령으로 정하는 고용 기준에 미달한 사업주로서 제17조의4 제5항의 이행촉구를 받고 이에 따르지 아니한 경우 그 명단을 공표할 수 있다. 다만, 사업주의 사망·기업의 소멸 등 대통령령으로 정하는 사유가 있는 경우에는 그러하지 아니하다(제17조의5 제1항).

V 모성 보호

1. 출산전후휴가 등에 대한 지원

국가는 제18조의2에 따른 배우자 출산휴가, 제18조의3에 따른 난임치료휴가, 「근로기준법」 제74조에 따른 출산전후휴가 또는 유산·사산 휴가를 사용한 근로자 중 일정한 요건에 해당하는 사람에게 그 휴가기간에 대하여 통상임금에 상당하는 금액을 지급할 수 있다(제18조 제1항). 제1항에 따라 지급된 출산전후휴가급여 등은 그 금액의 한도에서 제18조의2 제1항, 제18조의3 제1항 본문 또는 「근로기준법」 제74조 제4항에 따라 사업주가 지급한 것으로 본다(제2항). 출산전후휴가 급여 등을 지급하기 위하여 필요한 비용은 국가재정이나 「사회보장기본법」에 따른 사회보험에서 분담할 수 있다(제3항). 근로자가 출산전후휴가급여 등을 받으려는 경우 사업주는 관계 서류의 작성·확인 등 모든 절차에 적극 협력하여야 한다(제4항).

2. 배우자 출산휴가

사업주는 근로자가 배우자의 출산을 이유로 휴가를 고지하는 경우에 20일의 휴가를 주어야 한다. 이 경우 사용한 휴가기간은 유급으로 한다(제18조의2 제1항). 출산전후휴가급여 등이 지급된 경우에는 그 금액의 한도에서 지급의 책임을 면한다(제2항). 배우자 출산휴가는 근로자의 배우자가 출산한 날부터 120일이 지나면 사용할 수 없다(제3항). 배우자 출산휴가는 3회에 한정하여 나누어 사용할 수 있다(제4항). 사업주는 배우자 출산휴가를 이유로 근로자를 해고하거나 그 밖의 불리한 처우를 하여서는 아니 된다(제5항).

3. 난임치료휴가

사업주는 근로자가 인공수정 또는 체외수정 등 난임치료를 받기 위하여 휴가를 청구하는 경우에 연간 6일 이내의 휴가를 주어야 하며, 이 경우 최초 2일은 유급으로 한다. 다만, 근로자가 청구한 시기에 휴가를 주는 것이 정상적인 사업운영에 중대한 지장을 초래하는 경우에는 근로자와 협의하여 그 시기를 변경할 수 있다(제18조의3 제1항). 사업주는 난임치료휴가를 이유로 해고, 징계 등 불리한 처우를 하여서는 아니 된다(제2항). 사업주는 난임치료휴가의 청구 업무를 처리하는 과정에서 알게 된 사실을 난임치료휴가를 신청한 근로자의 의사에 반하여 다른 사람에게 누설하여서는 아니 된다(제3항). 난임치료휴가의 신청방법 및 절차 등은 대통령령으로 정한다(제4항). 법 제18조의3 제1항에 따라 난임치료를 받기 위한 휴가를 신청하려는 근로자는 난임치료휴가를 사용하려는 날, 난임치료휴가 신청 연월일 등에 대한 사항을 적은 문서를 사업주에게 제출해야 한다(시행령 제9조의2 제1항). 사업주는 난임치료휴가를 신청한 근로자에게 난임치료를 받을 사실을 증명할 수 있는 서류의 제출을 요구할 수 있다(제2항).

Ⅵ 일 · 가정의 양립 지원

1. 육아휴직

(1) 육아휴직의 의의

사업주는 임신 중인 여성근로자가 모성을 보호하거나 근로자가 만 8세 이하 또는 초등학교 2학년 이하의 자녀(입양한 자녀를 포함한다)를 양육하기 위하여 휴직을 신청하는 경우에 이를 허용하여야 한다. 다만, 대통령령으로 정하는 경우에는 그러하지 아니하다(제19조 제1항). "대통령령으로 정하는 경우"란 육아휴직을 시작하려는 날(이하 "휴직개시예정일"이라 한다)의 전날까지 해당 사업에서 계속 근로한 기간이 6개월 미만인 근로자가 신청한 경우를 말한다(시행령 제10조).

(2) 육아휴직의 기간과 신청시기

육아휴직의 기간은 1년 이내로 한다. 다만, 같은 자녀를 대상으로 부모가 모두 육아휴직을 각각 3개월 이상 사용한 경우의 부 또는 모, 「한부모가족지원법」 제4조 제1호의 부 또는 모, 고용노동부령으로 정하는 장애아동의 부 또는 모에 해당하는 근로자의 경우 6개월 이내에서 추가로 육아휴직을 사용할 수 있다(제19조 제2항). 육아휴직을 신청하려는 근로자는 휴직개시예정일의 30일 전까지 사업주에게 신청하여야 한다(시행령 제11조 제1항).

(3) 육아휴직자의 보호

사업주는 육아휴직을 이유로 해고나 그 밖의 불리한 처우를 하여서는 아니 되며, 육아휴직 기간에는 그 근로자를 해고하지 못한다. 다만, 사업을 계속할 수 없는 경우에는 그러하지 아니하다(제19조 제3항). 사업주는 육아휴직을 마친 후에는 휴직 전과 같은 업무 또는 같은 수준의 임금을 지급하는 직무에 복귀시켜야 한다. 또한 제2항의 육아휴직 기간은 근속기간에 포함한다(제4항). 기간제근로자 또는 파견근로자의 육아휴직 기간은 「기간제법」 제4조에 따른 사용기간 또는 「파견법」 제6조에 따른 근로자파견기간에서 제외한다(제5항).

2. 육아기 근로시간 단축

(1) 의의

사업주는 근로자가 만 12세 이하 또는 초등학교 6학년 이하의 자녀를 양육하기 위하여 근로시간의 단축을 신청하는 경우에 이를 허용하여야 한다. 다만, 대체인력 채용이 불가능한 경우, 정상적인 사업 운영에 중대한 지장을 초래하는 경우 등 대통령령으로 정하는 경우에는 그러하지 아니하다(제19조의2 제1항). 사업주가 육아기 근로시간 단축을 허용하지 아니하는 경우에는 해당 근로자에게 그 사유를 서면으로 통보하고 육아휴직을 사용하게 하거나 출근 및 퇴근시간 조정 등 다른 조치를 통하여 지원할 수 있는지를 해당 근로자와 협의하여야 한다(제19조의2 제2항).

(2) 육아기 근로시간 단축 시의 근로시간과 그 기간

사업주가 해당 근로자에게 육아기 근로시간 단축을 허용하는 경우 단축 후 근로시간은 주당 15시간 이상이어야 하고 35시간을 넘어서는 아니 된다(제19조의2 제3항). 육아기 근로시간 단축의 기간은 1년 이내로 한다. 다만, 근로자가 제19조 제2항 본문에 따른 육아휴직 기간 중 사용하지 아니한 기간이 있으면 그 기간의 두 배를 가산한 기간 이내로 한다(제4항).

(3) 육아기 근로시간 단축 중 근로조건 등

사업주는 육아기 근로시간 단축을 하고 있는 근로자에 대하여 근로시간에 비례하여 적용하는 경우 외에는 육아기 근로시간 단축을 이유로 그 근로조건을 불리하게 하여서는 아니 된다(제19조의3 제1항). 육아기 근로시간 단축을 한 근로자의 근로조건(육아기 근로시간 단축 후 근로시간을 포함한다)은 사업주와 그 근로자 간에 서면으로 정한다(제2항). 사업주는 육아기 근로시간 단축을 하고 있는 근로자에게 단축된 근로시간 외에 연장근로를 요구할 수 없다. 다만, 그 근로자가 명시적으로 청구하는 경우에는 사업주는 주 12시간 이내에서 연장근로를 시킬 수 있다(제3항). 육아기 근로시간 단축을 한 근로자에 대하여 「근로기준법」 제2조 제6호에 따른 평균임금을 산정하는 경우에는 그 근로자의 육아기 근로시간 단축 기간을 평균임금 산정기간에서 제외한다(제4항).

(4) 육아기 근로시간 단축 근로자의 보호

사업주는 육아기 근로시간 단축을 이유로 해당 근로자에게 해고나 그 밖의 불리한 처우를 하여서는 아니 된다(제19조의2 제5항). 사업주는 근로자의 육아기 근로시간 단축기간이 끝난 후에 그 근로자를 육아기 근로시간 단축 전과 같은 업무 또는 같은 수준의 임금을 지급하는 직무에 복귀시켜야 한다(제6항).

3. 육아휴직과 육아기 근로시간 단축의 사용형태

근로자는 육아휴직을 3회에 한정하여 나누어 사용할 수 있다. 이 경우 임신 중인 여성 근로자가 모성보호를 위하여 육아휴직을 사용한 횟수는 육아휴직을 나누어 사용한 횟수에 포함하지 아니한다(제19조의4 제1항). 근로자는 육아기 근로시간 단축을 나누어 사용할 수 있다. 이 경우 나누어 사용하는 1회의 기간은 1개월(근로계약기간의 만료로 1개월 이상 근로시간 단축을 사용할 수 없는 기간제근로자에 대해서는 남은 근로계약기간을 말한다) 이상이 되어야 한다(제2항).

4. 육아지원 등을 위한 조치

사업주는 만 8세 이하 또는 초등학교 2학년 이하의 자녀(입양한 자녀를 포함한다)를 양육하는 근로자의 육아를 지원하기 위하여 업무를 시작하고 마치는 시간 조정, 연장근로의 제한, 근로시간의 단축, 탄력적 운영 등 근로시간 조정, 그 밖에 소속 근로자의 육아를 지원하기 위하여 필요한 조치를 하도록 노력하여야 한다(제19조의5 제1항). 사업주는 이 법에 따라 육아휴직 중인 근로자에 대한 직업능력 개발 및 향상을 위하여 노력하여야 하고 출산전후휴가, 육아휴직 또는 육아기 근로시간 단축을 마치고 복귀하는 근로자가 쉽게 직장생활에 적응할 수 있도록 지원하여야 한다(제19조의6). 사업주는 근로자의 취업을 지원하기 위하여 수유·탁아 등 육아에 필요한 어린이집(이하

"직장어린이집"이라 한다)을 설치하여야 한다(제21조 제1항). 국가는 사업주가 근로자에게 육아휴직이나 육아기 근로시간 단축을 허용한 경우 그 근로자의 생계비용과 사업주의 고용유지비용의 일부를 지원할 수 있다(제20조 제1항). 국가는 소속 근로자의 일·가정의 양립을 지원하기 위한 조치를 도입하는 사업주에게 세제 및 재정을 통한 지원을 할 수 있다(제2항).

5. 가족돌봄 등을 위한 지원

(1) 가족돌봄휴직

사업주는 근로자가 조부모, 부모, 배우자, 배우자의 부모, 자녀 또는 손자녀(이하 "가족"이라 한다)의 질병, 사고, 노령으로 인하여 그 가족을 돌보기 위한 휴직을 신청하는 경우 이를 허용하여야 한다. 다만, 대체인력 채용이 불가능한 경우, 정상적인 사업 운영에 중대한 지장을 초래하는 경우, 본인 외에도 조부모의 직계비속 또는 손자녀의 직계존속이 있는 경우 등 대통령령으로 정하는 경우에는 그러하지 아니하다(제22조의2 제1항). 사업주가 가족돌봄휴직을 허용하지 아니하는 경우에는 해당 근로자에게 그 사유를 서면으로 통보하고 업무를 시작하고 마치는 시간 조정, 연장근로의 제한, 근로시간의 단축·탄력적 운영 등 근로시간의 조정, 그 밖에 사업장 사정에 맞는 지원조치 중 어느 하나에 해당하는 조치를 하도록 노력하여야 한다(제22조의2 제3항).

(2) 가족돌봄휴가

사업주는 근로자가 가족(조부모 또는 손자녀의 경우 근로자 본인 외에도 직계비속 또는 직계존속이 있는 등 대통령령으로 정하는 경우는 제외한다)의 질병, 사고, 노령 또는 자녀의 양육으로 인하여 긴급하게 그 가족을 돌보기 위한 휴가를 신청하는 경우 이를 허용하여야 한다. 다만, 근로자가 청구한 시기에 가족돌봄휴가를 주는 것이 정상적인 사업 운영에 중대한 지장을 초래하는 경우에는 근로자와 협의하여 그 시기를 변경할 수 있다(제22조의2 제2항).

(3) 가족돌봄휴직 및 가족돌봄휴가의 사용기간과 분할횟수

제22조의2 【근로자의 가족 돌봄 등을 위한 지원】
④ 가족돌봄휴직 및 가족돌봄휴가의 사용기간과 분할횟수 등은 다음 각 호에 따른다.
 1. 가족돌봄휴직 기간은 연간 최장 90일로 하며, 이를 나누어 사용할 수 있을 것. 이 경우 나누어 사용하는 1회의 기간은 30일 이상이 되어야 한다.
 2. 가족돌봄휴가 기간은 연간 최장 10일[제3호에 따라 가족돌봄휴가 기간이 연장되는 경우 20일(「한부모가족지원법」 제4조 제1호의 모 또는 부에 해당하는 근로자의 경우 25일) 이내]로 하며, 일단위로 사용할 수 있을 것. 다만, 가족돌봄휴가 기간은 가족돌봄휴직 기간에 포함된다.
 3. 고용노동부장관은 감염병의 확산 등을 원인으로 「재난 및 안전관리 기본법」 제38조에 따른 심각단계의 위기경보가 발령되거나, 이에 준하는 대규모 재난이 발생한 경우로서 근로자에게 가족을 돌보기 위한 특별한 조치가 필요하다고 인정되는 경우 「고용정책 기본법」 제10조에 따른 고용정책심의회의 심의를 거쳐 가족돌봄휴가 기간을 연간 10일(「한부모가족지원법」 제4조 제1호에 따른 모 또는 부에 해당하는 근로자의 경우 15일)의 범위에서 연장할 수 있을 것. 이 경우 고용노동부장관은 지체 없이 기간 및 사유 등을 고시하여야 한다.

⑤ 제4항 제3호에 따라 연장된 가족돌봄휴가는 다음 각 호의 어느 하나에 해당하는 경우에만 사용할 수 있다.

1. 감염병 확산을 사유로 「재난 및 안전관리 기본법」 제38조에 따른 심각단계의 위기경보가 발령된 경우로서 가족이 위기경보가 발령된 원인이 되는 감염병의 「감염병의 예방 및 관리에 관한 법률」 제2조 제13호부터 제15호까지의 감염병환자, 감염병의사환자, 병원체보유자인 경우 또는 같은 법 제2조 제15호의2의 감염병의심자 중 유증상자 등으로 분류되어 돌봄이 필요한 경우

2. 자녀가 소속된 「초·중등교육법」 제2조의 학교, 「유아교육법」 제2조 제2호의 유치원 또는 「영유아보육법」 제2조 제3호의 어린이집(이하 이 조에서 "학교등"이라 한다)에 대한 「초·중등교육법」 제64조에 따른 휴업명령 또는 휴교처분, 「유아교육법」 제31조에 따른 휴업 또는 휴원 명령이나 「영유아보육법」 제43조의2에 따른 휴원명령으로 자녀의 돌봄이 필요한 경우

3. 자녀가 제1호에 따른 감염병으로 인하여 「감염병의 예방 및 관리에 관한 법률」 제42조 제2항 제1호에 따른 자가(自家) 격리 대상이 되거나 학교등에서 등교 또는 등원 중지 조치를 받아 돌봄이 필요한 경우

4. 그 밖에 근로자의 가족돌봄에 관하여 고용노동부장관이 정하는 사유에 해당하는 경우

(4) 가족돌봄휴직 및 가족돌봄휴가 기간 중의 근로조건

사업주는 가족돌봄휴직 또는 가족돌봄휴가를 이유로 해당 근로자를 해고하거나 근로조건을 악화시키는 등 불리한 처우를 하여서는 아니 된다(제22조의2 제6항). 가족돌봄휴직 및 가족돌봄휴가 기간은 근속기간에 포함한다. 다만, 「근로기준법」 제2조 제1항 제6호에 따른 평균임금 산정기간에서는 제외한다(제7항).

(5) 가족돌봄 등을 위한 근로시간단축

사업주는 근로자가 가족의 질병, 사고, 노령으로 인하여 그 가족을 돌보기 위한 경우, 근로자 자신의 질병이나 사고로 인한 부상 등의 사유로 자신의 건강을 돌보기 위한 경우, 55세 이상의 근로자가 은퇴를 준비하기 위한 경우, 근로자의 학업을 위한 경우에 해당하는 사유로 근로시간의 단축을 신청하는 경우에 이를 허용하여야 한다. 다만, 대체인력 채용이 불가능한 경우, 정상적인 사업 운영에 중대한 지장을 초래하는 경우 등 대통령령으로 정하는 경우에는 그러하지 아니하다(제22조의3 제1항). 사업주가 근로시간 단축을 허용하지 아니하는 경우에는 해당 근로자에게 그 사유를 서면으로 통보하고 휴직을 사용하게 하거나 그 밖의 조치를 통하여 지원할 수 있는지를 해당 근로자와 협의하여야 한다(제2항).

사업주가 제1항에 따라 해당 근로자에게 근로시간 단축을 허용하는 경우 단축 후 근로시간은 주당 15시간 이상이어야 하고 30시간을 넘어서는 아니 된다(제3항). 근로시간 단축의 기간은 1년 이내로 한다. 다만, 제1항 제1호부터 제3호까지의 어느 하나에 해당하는 근로자는 합리적 이유가 있는 경우에 추가로 2년의 범위 안에서 근로시간 단축의 기간을 연장할 수 있다(제4항). 사업주는 근로시간 단축을 이유로 해당 근로자에게 해고나 그 밖의 불리한 처우를 하여서는 아니 된다(제5항). 사업주는 근로자의 근로시간 단축기간이 끝난 후에 그 근로자를 근로시간 단축 전과 같은 업무 또는 같은 수준의 임금을 지급하는 직무에 복귀시켜야 한다(제6항).

(6) 가족돌봄 등을 위한 근로시간 단축 중 근로조건

사업주는 제22조의3에 따라 근로시간 단축을 하고 있는 근로자에게 근로시간에 비례하여 적용하는 경우 외에는 가족돌봄 등을 위한 근로시간 단축을 이유로 그 근로조건을 불리하게 하여서는 아니 된다(제22조의4 제1항). 제22조의3에 따라 근로시간 단축을 한 근로자의 근로조건(근로시간 단축 후 근로시간을 포함한다)은 사업주와 그 근로자 간에 서면으로 정한다(제2항). 사업주는 제22조의3에 따라 근로시간 단축을 하고 있는 근로자에게 단축된 근로시간 외에 연장근로를 요구할 수 없다. 다만, 그 근로자가 명시적으로 청구하는 경우에는 사업주는 주 12시간 이내에서 연장근로를 시킬 수 있다(제3항). 근로시간 단축을 한 근로자에 대하여「근로기준법」제2조 제6호에 따른 평균임금을 산정하는 경우에는 그 근로자의 근로시간 단축 기간을 평균임금 산정기간에서 제외한다(제4항).

Ⅶ 분쟁의 예방과 해결

1. 상담지원과 명예고용평등감독관

고용노동부장관은 차별, 직장 내 성희롱, 모성보호 및 일·가정 양립 등에 관한 상담을 실시하는 민간단체에 필요한 비용의 일부를 예산의 범위에서 지원할 수 있다(제23조 제1항). 고용노동부장관은 사업장의 남녀고용평등 이행을 촉진하기 위하여 그 사업장 소속 근로자 중 노사가 추천하는 사람을 명예고용평등감독관(이하 "명예감독관"이라 한다)으로 위촉할 수 있다(제24조 제1항).

2. 분쟁의 자율적 해결

사업주는 제7조부터 제13조까지, 제13조의2, 제14조, 제14조의2, 제18조 제4항, 제18조의2, 제19조, 제19조의2부터 제19조의6까지, 제21조 및 제22조의2에 따른 사항에 관하여 근로자가 고충을 신고하였을 때에는「근로자참여 및 협력증진에 관한 법률」에 따라 해당 사업장에 설치된 노사협의회에 고충의 처리를 위임하는 등 자율적인 해결을 위하여 노력하여야 한다(제25조).

3. 차별적 처우 등의 시정신청

(1) 신청 대상과 신청시기

> **제26조【차별적 처우등의 시정신청】**
> ① 근로자는 사업주로부터 다음 각 호의 어느 하나에 해당하는 차별적 처우 등(이하 "차별적 처우등"이라 한다)을 받은 경우「노동위원회법」제1조에 따른 노동위원회(이하 "노동위원회"라 한다)에 그 시정을 신청할 수 있다. 다만, 차별적 처우등을 받은 날(제1호 및 제3호에 따른 차별적 처우등이 계속되는 경우에는 그 종료일)부터 6개월이 지난 때에는 그러하지 아니하다.
> 1. 제7조부터 제11조까지 중 어느 하나를 위반한 행위(이하 "차별적 처우"라 한다)
> 2. 제14조 제4항 또는 제14조의2 제1항에 따른 적절한 조치를 하지 아니한 행위
> 3. 제14조 제6항을 위반한 불리한 처우 또는 제14조의2 제2항을 위반한 해고나 그 밖의 불이익한 조치
> ② 근로자가 제1항에 따른 시정신청을 하는 경우에는 차별적 처우등의 내용을 구체적으로 명시하여야 한다.

(2) 절차와 시정명령 등(제27조~제29조의7)

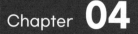

Chapter 04 산업안전보건법

Ⅰ 서론

1. 목적

이 법은 산업안전·보건에 관한 기준을 확립하고 그 책임의 소재를 명확하게 하여 산업재해를 예방하고 쾌적한 작업환경을 조성함으로써 노무를 제공하는 사람의 안전 및 보건을 유지·증진함을 목적으로 한다(제1조).

2. 적용범위

이 법은 모든 사업에 적용한다. 다만, 유해·위험의 정도, 사업의 종류, 사업장의 상시근로자 수(건설공사의 경우에는 건설공사 금액을 말한다. 이하 같다) 등을 고려하여 대통령령으로 정하는 종류의 사업 또는 사업장에는 이 법의 전부 또는 일부를 적용하지 아니할 수 있다(제3조).

3. 정의규정(제2조)

- "산업재해"란 노무를 제공하는 사람이 업무에 관계되는 건설물·설비·원재료·가스·증기·분진 등에 의하거나 작업 또는 그 밖의 업무로 인하여 사망 또는 부상하거나 질병에 걸리는 것을 말한다.
- "중대재해"란 산업재해 중 사망 등 재해 정도가 심하거나 다수의 재해자가 발생한 경우로서 고용노동부령으로 정하는 재해를 말한다.

  > 시행규칙 제3조【중대재해의 범위】
  > 법 제2조 제2호에서 "고용노동부령으로 정하는 재해"란 다음 각 호의 어느 하나에 해당하는 재해를 말한다.
  > 1. 사망자가 1명 이상 발생한 재해
  > 2. 3개월 이상의 요양이 필요한 부상자가 동시에 2명 이상 발생한 재해
  > 3. 부상자 또는 직업성 질병자가 동시에 10명 이상 발생한 재해

- "근로자"란 「근로기준법」 제2조 제1항 제1호에 따른 근로자를 말한다.
- "사업주"란 근로자를 사용하여 사업을 하는 자를 말한다.
- "근로자대표"란 근로자의 과반수로 조직된 노동조합이 있는 경우에는 그 노동조합을, 근로자의 과반수로 조직된 노동조합이 없는 경우에는 근로자의 과반수를 대표하는 자를 말한다.
- "도급"이란 명칭에 관계없이 물건의 제조·건설·수리 또는 서비스의 제공, 그 밖의 업무를 타인에게 맡기는 계약을 말한다.
- "도급인"이란 물건의 제조·건설·수리 또는 서비스의 제공, 그 밖의 업무를 도급하는 사업주를 말한다. 다만, 건설공사발주자는 제외한다.

- "수급인"이란 도급인으로부터 물건의 제조·건설·수리 또는 서비스의 제공, 그 밖의 업무를 도급받은 사업주를 말한다.
- "관계수급인"이란 도급이 여러 단계에 걸쳐 체결된 경우에 각 단계별로 도급받은 사업주 전부를 말한다.
- "건설공사발주자"란 건설공사를 도급하는 자로서 건설공사의 시공을 주도하여 총괄·관리하지 아니하는 자를 말한다. 다만, 도급받은 건설공사를 다시 도급하는 자는 제외한다.
- "건설공사"란 「건설산업기본법」에 따른 건설공사, 「전기공사업법」에 따른 전기공사, 「정보통신공사업법」에 따른 정보통신공사, 「소방시설공사업법」에 따른 소방시설공사, 「국가유산수리 등에 관한 법률」에 따른 문화재수리공사를 말한다.
- "안전·보건진단"이란 산업재해를 예방하기 위하여 잠재적 위험성을 발견하고 그 개선대책을 수립할 목적으로 조사·평가하는 것을 말한다.
- "작업환경측정"이란 작업환경 실태를 파악하기 위하여 해당 근로자 또는 작업장에 대하여 사업주가 유해인자에 대한 측정계획을 수립한 후 시료(試料)를 채취하고 분석·평가하는 것을 말한다.

Ⅱ 노사의 의무와 고용노동부장관과 정부의 책무

1. 사업주의 의무

(1) 산업재해예방 기준 준수와 국가의 산업재해 예방시책 이행

사업주(제77조에 따른 특수형태근로종사자로부터 노무를 제공받는 자와 제78조에 따른 물건의 수거·배달 등을 중개하는 자를 포함한다)는 산업재해 예방을 위한 기준, 근로자의 신체적 피로와 정신적 스트레스 등을 줄일 수 있는 쾌적한 작업환경의 조성 및 근로조건 개선, 해당 사업장의 안전 및 보건에 관한 정보를 근로자에게 제공함으로써 근로자(제77조에 따른 특수형태근로종사자와 제78조에 따른 물건의 수거·배달 등을 하는 사람을 포함한다)의 안전 및 건강을 유지·증진시키고 국가의 산업재해 예방정책을 따라야 한다(제5조 제1항).

(2) 보고의무

사업주는 산업재해가 발생하였을 때에는 그 발생 사실을 은폐해서는 아니 된다(제57조 제1항). 사업주는 고용노동부령으로 정하는 바에 따라 산업재해의 발생 원인 등을 기록하여 보존하여야 한다(제2항). 사업주는 고용노동부령으로 정하는 산업재해에 대해서는 그 발생 개요·원인 및 보고 시기, 재발방지 계획 등을 고용노동부령으로 정하는 바에 따라 고용노동부장관에게 보고하여야 한다(제3항). 사업주는 산업재해의 발생 원인 등 기록을 3년 동안 보존하여야 한다(제164조 제1항 제4호).

(3) 주지의무

사업주는 이 법과 이 법에 따른 명령의 요지 및 안전보건관리규정을 각 사업장의 근로자가 쉽게 볼 수 있는 장소에 게시하거나 갖추어 두어 근로자에게 널리 알려야 한다(제34조).

2. 근로자의 의무

근로자는 이 법과 이 법에 따른 명령으로 정하는 산업재해 예방을 위한 기준을 지켜야 하며, 사업주 또는 「근로기준법」 제101조에 따른 근로감독관, 공단 등 관계인이 실시하는 산업재해 예방에 관한 조치에 따라야 한다(제6조). 사업장에서 이 법 또는 이 법에 따른 명령을 위반한 사실이 있으면 근로자는 그 사실을 고용노동부장관 또는 근로감독관에게 신고할 수 있다(제157조 제1항).

3. 고용노동부장관의 직무와 정부·지방자치단체의 책무

(1) 고용노동부장관의 직무

① 산업재해예방계획의 수립·공표

고용노동부장관은 산업재해 예방에 관한 기본계획을 수립하여야 한다(제7조 제1항). 고용노동부장관은 수립한 기본계획을 산업재해보상보험 및 예방심의위원회의 심의를 거쳐 공표하여야 한다. 이를 변경하려는 경우에도 또한 같다(제2항).

② 협조의 요청

고용노동부장관은 수립된 산업재해 예방계획을 효율적으로 시행하기 위하여 필요하다고 인정할 때에는 관계 행정기관의 장 또는 공공기관의 장에게 필요한 협조를 요청할 수 있다(제8조 제1항). 행정기관의 장은 사업장의 안전 및 보건에 관하여 규제를 하려면 미리 고용노동부장관과 협의하여야 한다(제2항). 행정기관의 장은 고용노동부장관이 협의과정에서 해당 규제에 대한 변경을 요구하면 이에 따라야 한다(제3항).

③ 산업재해 예방 통합정보시스템 구축·운영 등

고용노동부장관은 산업재해를 체계적이고 효율적으로 예방하기 위하여 산업재해 예방 통합정보시스템을 구축·운영할 수 있다(제9조 제1항). 고용노동부장관은 제1항에 따른 산업재해 예방 통합정보시스템으로 처리한 산업 안전 및 보건 등에 관한 정보를 고용노동부령으로 정하는 바에 따라 관련 행정기관과 공단에 제공할 수 있다(제2항).

④ 사업장의 산업재해 발생건수 등 공표

고용노동부장관은 산업재해를 예방하기 위하여 대통령령으로 정하는 사업장의 산업재해 발생건수, 재해율 또는 그 순위 등을 공표하여야 한다(제10조 제1항). 고용노동부장관은 도급인의 사업장(도급인이 제공하거나 지정한 경우로서 도급인이 지배·관리하는 대통령령으로 정하는 장소를 포함한다. 이하 같다) 중 대통령령으로 정하는 사업장에서 관계수급인 근로자가 작업을 하는 경우에 도급인의 산업재해발생건수 등에 관계수급인의 산업재해발생건수 등을 포함하여 제1항에 따라 공표하여야 한다(제2항).

> **시행령 제10조【공표대상 사업장】**
> ① 법 제10조 제1항에서 "대통령령으로 정하는 사업장"이란 다음 각 호의 어느 하나에 해당하는 사업장을 말한다.
>   1. 산업재해로 인한 사망자(이하 "사망재해자"라 한다)가 연간 2명 이상 발생한 사업장

2. 사망만인율(死亡萬人率: 연간 상시근로자 1만명당 발생하는 사망재해자 수의 비율을 말한다)이 규모별 같은 업종의 평균 사망만인율 이상인 사업장
3. 법 제44조 제1항 전단에 따른 중대산업사고가 발생한 사업장
4. 법 제57조 제1항을 위반하여 산업재해 발생 사실을 은폐한 사업장
5. 법 제57조 제3항에 따른 산업재해의 발생에 관한 보고를 최근 3년 이내 2회 이상 하지 않은 사업장

(2) 정부의 책무

정부는 산업안전보건법의 목적을 달성하기 위하여 다음 각 호의 사항을 성실히 이행할 책무를 진다(제4조 제1항).

- 산업안전 및 보건정책의 수립 및 집행
- 산업재해 예방 지원 및 지도
- 「근로기준법」 제76조의2에 따른 직장 내 괴롭힘 예방을 위한 조치기준 마련, 지도 및 지원
- 사업주의 자율적인 산업 안전 및 보건 경영체제 확립을 위한 지원
- 산업 안전 및 보건에 관한 의식을 북돋우기 위한 홍보·교육 등 안전문화 확산 추진
- 산업 안전 및 보건에 관한 기술의 연구·개발 및 시설의 설치·운영
- 산업재해에 관한 조사 및 통계의 유지·관리
- 산업 안전 및 보건 관련 단체 등에 대한 지원 및 지도·감독
- 그 밖에 노무를 제공하는 사람의 안전 및 건강의 보호·증진

(3) 지방자치단체의 책무

지방자치단체는 제4조 제1항에 따른 정부의 정책에 적극 협조하고, 관할 지역의 산업재해를 예방하기 위한 대책을 수립·시행하여야 한다(제4조의2). 지방자치단체의 장은 관할 지역 내에서의 산업재해 예방을 위하여 자체 계획의 수립, 교육, 홍보 및 안전한 작업환경 조성을 지원하기 위한 사업장 지도 등 필요한 조치를 할 수 있다(제4조의3 제1항). 정부는 제1항에 따른 지방자치단체의 산업재해 예방 활동에 필요한 행정적·재정적 지원을 할 수 있다(제2항).

Ⅲ 안전·보건관리체제

1. 구조

(1) 안전보건관리책임자

제15조 【안전보건관리책임자】
① 사업주는 사업장을 실질적으로 총괄하여 관리하는 사람에게 해당 사업장의 다음 각 호의 업무를 총괄하여 관리하도록 하여야 한다.
1. 사업장의 산업재해 예방계획의 수립에 관한 사항
2. 제25조 및 제26조에 따른 안전보건관리규정의 작성 및 변경에 관한 사항
3. 제29조에 따른 안전보건교육에 관한 사항

4. 작업환경측정 등 작업환경의 점검 및 개선에 관한 사항

5. 제129조부터 제132조까지에 따른 근로자의 건강진단 등 건강관리에 관한 사항

6. 산업재해의 원인 조사 및 재발 방지대책 수립에 관한 사항

7. 산업재해에 관한 통계의 기록 및 유지에 관한 사항

8. 안전장치 및 보호구 구입 시 적격품 여부 확인에 관한 사항

9. 그 밖에 근로자의 유해·위험 방지조치에 관한 사항으로서 고용노동부령으로 정하는 사항

② 제1항 각 호의 업무를 총괄하여 관리하는 사람(이하 "안전보건관리책임자"라 한다)은 제17조에 따른 안전관리자와 제18조에 따른 보건관리자를 지휘·감독한다.

(2) 관리감독자

사업주는 사업장의 생산과 관련되는 업무와 그 소속 직원을 직접 지휘·감독하는 직위에 있는 사람(이하 "관리감독자"라 한다)에게 산업 안전 및 보건에 관한 업무로서 대통령령으로 정하는 업무를 수행하도록 하여야 한다(제16조 제1항).

(3) 안전관리자

사업주는 사업장에 안전에 관한 기술적 사항에 관하여 사업주 또는 안전보건관리책임자를 보좌하고, 관리감독자에게 지도·조언하는 업무를 수행하는 안전관리자를 두어야 한다(제17조 제1항). 대통령령으로 정하는 사업의 종류 및 사업장의 상시근로자 수에 해당하는 사업장의 사업주는 안전관리자에게 그 업무만을 전담하도록 하여야 한다(제17조 제3항). 대통령령으로 정하는 사업의 종류 및 사업장의 상시근로자 수에 해당하는 사업장의 사업주는 제21조에 따라 지정받은 안전관리 업무를 전문적으로 수행하는 기관(이하 "안전관리전문기관"이라 한다)에 안전관리자의 업무를 위탁할 수 있다(제17조 제5항). 법 제17조 제5항에서 "대통령령으로 정하는 사업의 종류 및 사업장의 상시근로자 수에 해당하는 사업장"이란 건설업을 제외한 사업으로서 상시근로자 300명 미만을 사용하는 사업장을 말한다(시행령 제19조 제1항).

(4) 보건관리자

사업주는 사업장에 보건에 관한 기술적 사항에 관하여 사업주 또는 안전보건관리책임자를 보좌하고, 관리 감독자에게 지도·조언하는 업무를 수행하는 보건관리자를 두어야 한다(제18조 제1항). 대통령령으로 정하는 사업의 종류 및 사업장의 상시근로자 수에 해당하는 사업장의 사업주는 보건관리자에게 그 업무만을 전담하도록 하여야 한다(제18조 제3항). 대통령령으로 정하는 사업의 종류 및 사업장의 상시근로자 수에 해당하는 사업장의 사업주는 제21조에 따라 지정받은 보건관리 업무를 전문적으로 수행하는 기관(이하 "보건관리전문기관"이라 한다)에 보건관리자의 업무를 위탁할 수 있다(제18조 제5항).

(5) 산업보건의

사업주는 근로자의 건강관리나 그 밖에 보건관리자의 업무를 지도하기 위하여 사업장에 산업보건의를 두어야 한다. 다만,「의료법」제2조에 따른 의사를 보건관리자로 둔 경우에는 그러하지 아니하다(제22조 제1항).

(6) 안전보건관리담당자

사업주는 사업장에 안전 및 보건에 관하여 사업주를 보좌하고 관리감독자에게 지도·조언하는 업무를 수행하는 사람(이하 "안전보건관리담당자"라 한다)을 두어야 한다. 다만, 안전관리자 또는 보건관리자가 있거나 이를 두어야 하는 경우에는 그러하지 아니하다(제19조 제1항). 일정한 사업의 사업주는 법 제19조 제1항에 따라 상시근로자 20명 이상 50명 미만인 사업장에 안전보건관리담당자를 1명 이상 선임해야 한다(시행령 제24조 제1항).

(7) 명예산업안전감독관

고용노동부장관은 산업재해 예방활동에 대한 참여와 지원을 촉진하기 위하여 근로자, 근로자단체, 사업주단체 및 산업재해 예방 관련 전문단체에 소속된 사람 중에서 명예산업안전감독관을 위촉할 수 있다(제23조 제1항). 사업주는 명예산업안전감독관에 대하여 직무 수행과 관련한 사유로 불리한 처우를 해서는 아니 된다(제2항).

2. 산업안전보건위원회

(1) 설치

사업주는 사업장의 안전 및 보건에 관한 중요사항을 심의·의결하기 위하여 사업장에 근로자위원과 사용자위원이 같은 수로 구성되는 산업안전보건위원회를 구성·운영하여야 한다(제24조 제1항).

(2) 심의·의결의 효력

사업주와 근로자는 산업안전보건위원회가 심의·의결한 사항을 성실하게 이행하여야 한다(제24조 제4항). 제24조 제1항·제4항 위반 시 500만원 이하의 과태료를 부과한다(제175조 제5항 제1호). 산업안전보건위원회는 이 법, 이 법에 따른 명령, 단체협약, 취업규칙 및 제25조에 따른 안전보건관리규정에 반하는 내용으로 심의·의결해서는 아니 된다(제24조 제5항).

(3) 심의·의결 사항

사업주는 제15조 제1항 제1호부터 제5호까지 및 제7호에 관한 사항, 제15조 제1항 제6호에 따른 사항 중 중대재해에 관한 사항, 유해하거나 위험한 기계·기구·설비를 도입한 경우 안전 및 보건 관련 조치에 관한 사항, 그 밖에 해당 사업장 근로자의 안전 및 보건을 유지·증진시키기 위하여 필요한 사항에 대해서는 제1항에 따른 산업안전보건위원회(이하 "산업안전보건위원회"라 한다)의 심의·의결을 거쳐야 한다(제24조 제2항).

(4) 산업안전보건위원회 운영

산업안전보건위원회는 대통령령으로 정하는 바에 따라 회의를 개최하고 그 결과를 회의록으로 작성하여 보존하여야 한다(제24조 제3항). 사업주는 산업안전보건위원회의 위원에게 직무 수행과 관련한 사유로 불리한 처우를 해서는 아니 된다(제24조 제6항).

① 위원장

산업안전보건위원회의 위원장은 위원 중에서 호선(互選)한다. 이 경우 근로자위원과 사용자위원 중 각 1명을 공동위원장으로 선출할 수 있다(시행령 제36조).

② 회의

산업안전보건위원회의 회의는 정기회의와 임시회의로 구분하되, 정기회의는 분기마다 위원장이 소집하며, 임시회의는 위원장이 필요하다고 인정할 때에 소집한다(시행령 제37조 제1항). 회의는 근로자위원 및 사용자위원 각 과반수의 출석으로 개의(시작)하고 출석위원 과반수의 찬성으로 의결한다(시행령 제37조 제2항).

③ 회의결과 등의 주지

산업안전보건위원회의 위원장은 산업안전보건위원회에서 심의·의결된 내용 등 회의 결과와 중재 결정된 내용 등을 사내방송이나 사내보, 게시 또는 자체 정례조회, 그 밖의 적절한 방법으로 근로자에게 신속히 알려야 한다(시행령 제39조).

3. 안전보건관리규정

(1) 작성과 준수

① 작성

사업주는 사업장의 안전 및 보건을 유지하기 위하여 안전 및 보건에 관한 관리조직과 그 직무에 관한 사항, 안전보건교육에 관한 사항, 작업장의 안전 및 보건 관리에 관한 사항, 사고 조사 및 대책 수립에 관한 사항, 그 밖에 안전 및 보건에 관한 사항이 포함된 안전보건관리규정을 작성하여야 한다(제25조 제1항). 상시근로자 300명 이상인 농업, 어업, 정보서비스업, 금융 및 보험업, 사업지원서비스업, 사회복지서비스업 등의 경우 안전보건관리규정을 작성하여야 한다(시행규칙 제25조 제1항, 별표2).

② 준수

사업주와 근로자는 안전보건관리규정을 지켜야 한다(제27조). 안전보건관리규정에 관하여 이 법에서 규정한 것을 제외하고는 그 성질에 반하지 아니하는 범위에서 근로기준법 중 취업규칙에 관한 규정을 준용한다(제28조).

(2) 효력

안전보건관리규정은 해당 사업장에 적용되는 단체협약 또는 취업규칙에 반할 수 없다. 이 경우 안전보건관리규정 중 단체협약 또는 취업규칙에 반하는 부분에 관하여는 그 단체협약 또는 취업규칙으로 정한 기준에 따른다(제25조 제2항).

(3) 작성·변경절차

사업주는 안전보건관리규정을 작성하거나 변경할 때에는 산업안전보건위원회의 심의·의결을 거쳐야 한다. 다만, 산업안전보건위원회가 설치되어 있지 아니한 사업장에 있어서는 근로자대표의 동의를 얻어야 한다(제26조).

4. 안전·보건교육

(1) 근로자에 대한 안전·보건교육(제29조)

① 정기교육

② 채용할 때(건설 일용근로자는 제외)와 작업내용을 변경할 때 하는 교육

③ 유해 또는 위험한 작업에 근로자를 사용할 때 하는 특별교육

(2) 건설업의 기초안전보건교육

건설업의 사업주는 건설 일용근로자를 채용할 때에는 그 근로자로 하여금 제33조에 따른 안전보건교육기관이 실시하는 안전보건교육을 이수하도록 하여야 한다. 다만, 건설 일용근로자가 그 사업주에게 채용되기 전에 안전보건교육을 이수한 경우에는 그러하지 아니하다(제31조 제1항).

(3) 안전보건관리책임자 등에 대한 직무교육

제32조 【안전보건관리책임자 등에 대한 직무교육】

① 사업주(제5호의 경우는 같은 호 각 목에 따른 기관의 장을 말한다)는 다음 각 호에 해당하는 사람에게 제33조에 따른 안전보건교육기관에서 직무와 관련한 안전보건교육을 이수하도록 하여야 한다. 다만, 다음 각 호에 해당하는 사람이 다른 법령에 따라 안전 및 보건에 관한 교육을 받는 등 고용노동부령으로 정하는 경우에는 안전보건교육의 전부 또는 일부를 하지 아니할 수 있다.

1. 안전보건관리책임자
2. 안전관리자
3. 보건관리자
4. 안전보건관리담당자
5. 다음 각 목의 기관에서 안전과 보건에 관련된 업무에 종사하는 사람
   가. 안전관리전문기관
   나. 보건관리전문기관
   다. 제74조에 따라 지정받은 건설재해예방전문지도기관
   라. 제96조에 따라 지정받은 안전검사기관
   마. 제100조에 따라 지정받은 자율안전검사기관
   바. 제120조에 따라 지정받은 석면조사기관

(4) 안전보건교육기관

안전보건교육을 하려는 자는 대통령령으로 정하는 인력·시설 및 장비 등의 요건을 갖추어 고용노동부장관에게 등록하여야 한다. 등록한 사항 중 대통령령으로 정하는 중요한 사항을 변경할 때에도 또한 같다(제33조 제1항). 고용노동부장관은 등록한 "안전보건교육기관"에 대하여 평가하고 그 결과를 공개할 수 있다(제33조 제2항).

Ⅳ 유해 · 위험예방조치

1. 위험성 평가의 실시

사업주는 건설물, 기계·기구·설비, 원재료, 가스, 증기, 분진, 근로자의 작업행동 또는 그 밖의 업무로 인한 유해·위험 요인을 찾아내어 부상 및 질병으로 이어질 수 있는 위험성의 크기가 허용 가능한 범위인지를 평가하여야 하고, 그 결과에 따라 이 법과 이 법에 따른 명령에 따른 조치를 하여야 하며, 근로자에 대한 위험 또는 건강장해를 방지하기 위하여 필요한 경우에는 추가적인 조치를 하여야 한다(제36조 제1항).

2. 안전 보건표지의 설치 · 부착

사업주는 유해하거나 위험한 장소·시설·물질에 대한 경고, 비상시에 대처하기 위한 지시·안내 또는 그 밖에 근로자의 안전 및 보건 의식을 고취하기 위한 사항 등을 그림, 기호 및 글자 등으로 나타낸 표지(안전보건표지)를 근로자가 쉽게 알아 볼 수 있도록 설치하거나 붙여야 한다. 이 경우 외국인근로자(같은 조 단서에 따른 사람을 포함한다)를 사용하는 사업주는 안전보건표지를 고용노동부장관이 정하는 바에 따라 해당 외국인근로자의 모국어로 작성하여야 한다(제37조 제1항).

3. 안전 조치

사업주는 기계·기구, 그 밖의 설비에 의한 위험, 폭발성, 발화성 및 인화성 물질 등에 의한 위험, 전기, 열, 그 밖의 에너지에 의한 위험으로 인한 산업재해를 예방하기 위하여 필요한 조치를 하여야 한다(제38조 제1항).

4. 보건조치

사업주는 원재료·가스·증기·분진·흄(fume, 열이나 화학반응에 의하여 형성된 고체증기가 응축되어 생긴 미세입자를 말한다)·미스트(mist, 공기 중에 떠다니는 작은 액체방울을 말한다)·산소결핍·병원체 등에 의한 건강장해, 방사선·유해광선·고온·저온·초음파·소음·진동·이상기압 등에 의한 건강장해, 사업장에서 배출되는 기체·액체 또는 찌꺼기 등에 의한 건강장해, 계측감시(計測監視), 컴퓨터 단말기 조작, 정밀공작(精密工作) 등의 작업에 의한 건강장해, 단순반복작업 또는 인체에 과도한 부담을 주는 작업에 의한 건강장해, 환기·채광·조명·보온·방습·청결 등의 적정기준을 유지하지 아니하여 발생하는 건강장해에 해당하는 건강장해를 예방하기 위하여 필요한 조치(이하 "보건조치"라 한다)를 하여야 한다(제39조 제1항).

> 제39조 【보건조치】
> ① 사업주는 다음 각 호의 어느 하나에 해당하는 건강장해를 예방하기 위하여 필요한 조치(이하 "보건조치"라 한다)를 하여야 한다. 〈개정 2024.10.22.〉
> 1. 원재료·가스·증기·분진·흄(fume, 열이나 화학반응에 의하여 형성된 고체증기가 응축되어 생긴 미세입자를 말한다)·미스트(mist, 공기 중에 떠다니는 작은 액체방울을 말한다)·산소결핍·병원체 등에 의한 건강장해
> 2. 방사선·유해광선·고열·한랭·초음파·소음·진동·이상기압 등에 의한 건강장해

3. 사업장에서 배출되는 기체 · 액체 또는 찌꺼기 등에 의한 건강장해
4. 계측감시(計測監視), 컴퓨터 단말기 조작, 정밀공작(精密工作) 등의 작업에 의한 건강장해
5. 단순반복작업 또는 인체에 과도한 부담을 주는 작업에 의한 건강장해
6. 환기 · 채광 · 조명 · 보온 · 방습 · 청결 등의 적정기준을 유지하지 아니하여 발생하는 건강장해
7. 폭염 · 한파에 장시간 작업함에 따라 발생하는 건강장해
[시행일 : 2025.6.1.]

5. 유해위험방지계획서 작성 · 제출

사업주는 대통령령으로 정하는 사업의 종류 및 규모에 해당하는 사업으로서 해당 제품의 생산 공정과 직접적으로 관련된 건설물 · 기계 · 기구 및 설비 등 전부를 설치 · 이전하거나 그 주요 구조부분을 변경하려는 경우, 유해하거나 위험한 작업 또는 장소에서 사용하거나 건강장해를 방지하기 위하여 사용하는 기계 · 기구 및 설비로서 대통령령으로 정하는 기계 · 기구 및 설비를 설치 · 이전하거나 그 주요 구조부분을 변경하려는 경우, 대통령령으로 정하는 크기, 높이 등에 해당하는 건설공사를 착공하려는 경우에는 이 법 또는 이 법에 따른 명령에서 정하는 유해 · 위험 방지에 관한 사항을 적은 계획서(이하 "유해위험방지계획서"라 한다)를 작성하여 고용노동부령으로 정하는 바에 따라 고용노동부장관에게 제출하고 심사를 받아야 한다. 다만, 제3호에 해당하는 사업주 중 산업재해발생률 등을 고려하여 고용노동부령으로 정하는 기준에 해당하는 사업주는 유해위험방지계획서를 스스로 심사하고, 그 심사결과서를 작성하여 고용노동부장관에게 제출하여야 한다(제42조 제1항).

6. 공정안전보고서 · 제출

사업주는 사업장에 대통령령으로 정하는 유해하거나 위험한 설비가 있는 경우 그 설비로부터의 위험물질 누출, 화재 및 폭발 등으로 인하여 사업장 내의 근로자에게 즉시 피해를 주거나 사업장 인근 지역에 피해를 줄 수 있는 사고로서 대통령령으로 정하는 사고(이하 "중대산업사고"라 한다)를 예방하기 위하여 대통령령으로 정하는 바에 따라 공정안전보고서를 작성하고 고용노동부장관에게 제출하여 심사를 받아야 한다. 이 경우 공정안전보고서의 내용이 중대산업사고를 예방하기 위하여 적합하다고 통보받기 전에는 관련된 유해하거나 위험한 설비를 가동해서는 아니 된다(제44조 제1항). 사업주는 제1항에 따라 공정안전보고서를 작성할 때 산업안전보건위원회의 심의를 거쳐야 한다. 다만, 산업안전보건위원회가 설치되어 있지 아니한 사업장의 경우에는 근로자대표의 의견을 들어야 한다(제2항).

7. 안전보건진단

고용노동부장관은 추락 · 붕괴, 화재 · 폭발, 유해하거나 위험한 물질의 누출 등 산업재해 발생의 위험이 현저히 높은 사업장의 사업주에게 제48조에 따라 지정받은 기관(이하 "안전보건진단기관"이라 한다)이 실시하는 안전보건진단을 받을 것을 명할 수 있다(제47조 제1항). 사업주는 제1항에 따라 안전보건진단 명령을 받은 경우 고용노동부령으로 정하는 바에 따라 안전보건진단기관에 안

전보건진단을 의뢰하여야 한다(제2항). 사업주는 안전보건진단기관이 제2항에 따라 실시하는 안전보건진단에 적극 협조하여야 하며, 정당한 사유 없이 이를 거부하거나 방해 또는 기피해서는 아니 된다. 이 경우 근로자대표가 요구할 때에는 해당 안전보건진단에 근로자대표를 참여시켜야 한다(제3항). 안전보건진단기관은 제2항에 따라 안전보건진단을 실시한 경우에는 안전보건진단 결과보고서를 고용노동부령으로 정하는 바에 따라 해당 사업장의 사업주 및 고용노동부장관에게 제출하여야 한다(제4항).

8. 긴급구조조치

(1) 작업중지

사업주는 산업재해가 발생할 급박한 위험이 있을 때에는 즉시 작업을 중지시키고 근로자를 작업장소에서 대피시키는 등 안전 및 보건에 관하여 필요한 조치를 하여야 한다(제51조). 근로자는 산업재해가 발생할 급박한 위험이 있는 경우에는 작업을 중지하고 대피할 수 있다(제52조 제1항). 작업을 중지하고 대피한 근로자는 지체 없이 그 사실을 관리감독자 또는 그 밖에 부서의 장(이하 "관리감독자등"이라 한다)에게 보고하여야 한다(제2항). 관리감독자등은 보고를 받으면 안전 및 보건에 관하여 필요한 조치를 하여야 한다(제3항). 사업주는 산업재해가 발생할 급박한 위험이 있다고 근로자가 믿을 만한 합리적인 이유가 있을 때에는 작업을 중지하고 대피한 근로자에 대하여 해고나 그 밖의 불리한 처우를 해서는 아니 된다(제4항).

(2) 고용노동부장관의 시정조치 등

고용노동부장관은 사업주가 사업장의 건설물 또는 그 부속건설물 및 기계·기구·설비·원재료에 대하여 안전 및 보건에 관하여 고용노동부령으로 정하는 필요한 조치를 하지 아니하여 근로자에게 현저한 유해·위험이 초래될 우려가 있다고 판단될 때에는 해당 기계·설비등에 대하여 사용중지·대체·제거 또는 시설의 개선, 그 밖에 안전 및 보건에 관하여 고용노동부령으로 정하는 필요한 시정조치를 명할 수 있다(제53조 제1항). 시정조치 명령을 받은 사업주는 해당 기계·설비등에 대하여 시정조치를 완료할 때까지 시정조치 명령 사항을 사업장 내에 근로자가 쉽게 볼 수 있는 장소에 게시하여야 한다(제2항). 고용노동부장관은 사업주가 해당 기계·설비등에 대한 시정조치 명령을 이행하지 아니하여 유해·위험 상태가 해소 또는 개선되지 아니하거나 근로자에 대한 유해·위험이 현저히 높아질 우려가 있는 경우에는 해당 기계·설비등과 관련된 작업의 전부 또는 일부의 중지를 명할 수 있다(제3항). 사용중지 명령 또는 제3항에 따른 작업중지 명령을 받은 사업주는 그 시정조치를 완료한 경우에는 고용노동부장관에게 제1항에 따른 사용중지 또는 제3항에 따른 작업중지의 해제를 요청할 수 있다(제4항). 고용노동부장관은 제4항에 따른 해제 요청에 대하여 시정조치가 완료되었다고 판단될 때에는 제1항에 따른 사용중지 또는 제3항에 따른 작업중지를 해제하여야 한다(제5항).

9. 중대재해발생

(1) 사업주의 조치

사업주는 중대재해가 발생하였을 때에는 즉시 해당 작업을 중지시키고 근로자를 작업장소에서 대피시키는 등 안전 및 보건에 관하여 필요한 조치를 하여야 한다(제54조 제1항). 사업주는 중대재해가 발생한 사실을 알게 된 경우에는 고용노동부령으로 정하는 바에 따라 지체 없이 고용노동부장관에게 보고하여야 한다. 다만, 천재지변 등 부득이한 사유가 발생한 경우에는 그 사유가 소멸되면 지체 없이 보고하여야 한다(제2항).

(2) 고용노동부장관의 작업중지 조치

고용노동부장관은 중대재해가 발생하였을 때 중대재해가 발생한 해당 작업이나 중대재해가 발생한 작업과 동일한 작업으로 인하여 해당 사업장에 산업재해가 다시 발생할 급박한 위험이 있다고 판단되는 경우에는 그 작업의 중지를 명할 수 있다(제55조 제1항). 고용노동부장관은 토사·구축물의 붕괴, 화재·폭발, 유해하거나 위험한 물질의 누출 등으로 인하여 중대재해가 발생하여 그 재해가 발생한 장소 주변으로 산업재해가 확산될 수 있다고 판단되는 등 불가피한 경우에는 해당 사업장의 작업을 중지할 수 있다(제2항). 고용노동부장관은 사업주가 작업중지의 해제를 요청한 경우에는 작업중지 해제에 관한 전문가 등으로 구성된 심의위원회의 심의를 거쳐 작업중지를 해제하여야 한다(제3항).

(3) 원인조사

고용노동부장관은 중대재해가 발생하였을 때에는 그 원인 규명 또는 산업재해 예방대책 수립을 위하여 그 발생 원인을 조사할 수 있다(제56조 제1항). 고용노동부장관은 중대재해가 발생한 사업장의 사업주에게 안전보건개선계획의 수립·시행, 그 밖에 필요한 조치를 명할 수 있다(제2항).

10. 고객의 폭언 등으로 인한 건강장해 예방조치

사업주는 주로 고객을 직접 대면하거나 정보통신망을 통하여 상대하면서 상품을 판매하거나 서비스를 제공하는 업무에 종사하는 고객응대근로자에 대하여 고객의 폭언, 폭행, 그 밖에 적정 범위를 벗어난 신체적·정신적 고통을 유발하는 행위(이하 이 조에서 "폭언등"이라 한다)로 인한 건강장해를 예방하기 위하여 고용노동부령으로 정하는 바에 따라 필요한 조치를 하여야 한다(제41조 제1항). 사업주는 업무와 관련하여 고객 등 제3자의 폭언등으로 근로자에게 건강장해가 발생하거나 발생할 현저한 우려가 있는 경우에는 업무의 일시적 중단 또는 전환 등 대통령령으로 정하는 필요한 조치를 하여야 한다(제41조 제2항). 근로자는 사업주에게 제2항에 따른 조치를 요구할 수 있고, 사업주는 근로자의 요구를 이유로 해고 또는 그 밖의 불리한 처우를 해서는 아니 된다(제41조 제3항).

Ⅴ 도급 시 산업재해 예방

1. 도급사업의 안전과 보건

(1) 안전보건총괄책임자

도급인은 관계수급인 근로자가 도급인의 사업장에서 작업을 하는 경우에는 그 사업장의 안전 보건관리책임자를 도급인의 근로자와 관계수급인 근로자의 산업재해를 예방하기 위한 업무를 총괄하여 관리하는 안전보건총괄책임자로 지정하여야 한다. 이 경우 안전보건관리책임자를 두지 아니하여도 되는 사업장에서는 그 사업장에서 사업을 총괄하여 관리하는 사람을 안전보건 총괄책임자로 지정하여야 한다(제62조 제1항).

(2) 유해작업 도급금지

사업주는 근로자의 안전 및 보건에 유해하거나 위험한 작업으로서 도금작업, 수은·납 또는 카드뮴을 제련·주입·가공 및 가열하는 작업, 허가대상물질을 제조하거나 사용하는 작업을 도급하여 자신의 사업장에서 수급인의 근로자가 그 작업을 하도록 해서는 아니 된다(제58조 제1항). 사업주는 일시·간헐적으로 하는 작업을 도급하는 경우, 수급인이 보유한 기술이 전문적이고 사업주(수급인에게 도급을 한 도급인으로서의 사업주를 말한다)의 사업 운영에 필수 불가결한 경우로서 고용노동부장관의 승인을 받은 경우에는 제1항의 작업을 도급하여 자신의 사업장에서 수급인의 근로자가 그 작업을 하도록 할 수 있다(제2항). 사업주는 고용노동부장관의 승인을 받으려는 경우에는 고용노동부령으로 정하는 바에 따라 고용노동부장관이 실시하는 안전 및 보건에 관한 평가를 받아야 한다(제3항). 승인의 유효기간은 3년의 범위에서 정한다(제4항).

(3) 도급의 승인

사업주는 자신의 사업장에서 안전 및 보건에 유해하거나 위험한 작업 중 급성 독성, 피부 부식성 등이 있는 물질의 취급 등 대통령령으로 정하는 작업을 도급하려는 경우에는 고용노동부장관의 승인을 받아야 한다. 이 경우 사업주는 고용노동부령으로 정하는 바에 따라 안전 및 보건에 관한 평가를 받아야 한다(제59조 제1항). 승인을 받은 작업을 도급받은 수급인은 그 작업을 하도급할 수 없다(제60조). 사업주는 산업재해 예방을 위한 조치를 할 수 있는 능력을 갖춘 사업주에게 도급하여야 한다(제61조).

(4) 도급인의 안전조치 및 보건조치

도급인은 관계수급인 근로자가 도급인의 사업장에서 작업을 하는 경우에 자신의 근로자와 관계수급인 근로자의 산업재해를 예방하기 위하여 안전 및 보건 시설의 설치 등 필요한 안전조치 및 보건조치를 하여야 한다. 다만, 보호구 착용의 지시 등 관계수급인 근로자의 작업행동에 관한 직접적인 조치는 제외한다(제63조).

(5) 도급에 따른 산업재해 예방조치

도급인은 관계수급인 근로자가 도급인의 사업장에서 작업을 하는 경우 다음 각 호의 사항을 이행하여야 한다(제64조 제1항).

• 도급인과 수급인을 구성원으로 하는 안전 및 보건에 관한 협의체의 구성 및 운영

- 작업장 순회점검
- 관계수급인이 근로자에게 하는 제29조 제1항부터 제3항까지의 규정에 따른 안전보건교육을 위한 장소 및 자료의 제공 등 지원
- 관계수급인이 근로자에게 하는 제29조 제3항에 따른 안전보건교육의 실시 확인
- 다음 각 목의 어느 하나의 경우에 대비한 경보체계 운영과 대피방법 등 훈련
  가. 작업 장소에서 발파작업을 하는 경우
  나. 작업 장소에서 화재·폭발, 토사·구축물 등의 붕괴 또는 지진 등이 발생한 경우
- 위생시설 등 고용노동부령으로 정하는 시설의 설치 등을 위하여 필요한 장소의 제공 또는 도급인이 설치한 위생시설 이용의 협조
- 같은 장소에서 이루어지는 도급인과 관계수급인 등의 작업에 있어서 관계수급인 등의 작업시기·내용, 안전조치 및 보건조치 등의 확인
- 위의 확인 결과 관계수급인 등의 작업 혼재로 인하여 화재·폭발 등 대통령령으로 정하는 위험이 발생할 우려가 있는 경우 관계수급인 등의 작업시기·내용 등의 조정

(6) 도급인의 안전 및 보건에 관한 정보제공

다음 각 호의 작업을 도급하는 자는 그 작업을 수행하는 수급인 근로자의 산업재해를 예방하기 위하여 고용노동부령으로 정하는 바에 따라 해당 작업 시작 전에 수급인에게 안전 및 보건에 관한 정보를 문서로 제공하여야 한다(제65조 제1항).

- 폭발성·발화성·인화성·독성 등의 유해성·위험성이 있는 화학물질 중 고용노동부령으로 정하는 화학물질 또는 그 화학물질을 포함한 혼합물을 제조·사용·운반 또는 저장하는 반응기·증류탑·배관 또는 저장탱크로서 고용노동부령으로 정하는 설비를 개조·분해·해체 또는 철거하는 작업
- 제1호에 따른 설비의 내부에서 이루어지는 작업
- 질식 또는 붕괴의 위험이 있는 작업으로서 대통령령으로 정하는 작업

2. 건설업 등의 산업재해 예방

(1) 안전보건조정자

2개 이상의 건설공사를 도급한 건설공사발주자는 그 2개 이상의 건설공사가 같은 장소에서 행해지는 경우에 작업의 혼재로 인하여 발생할 수 있는 산업재해를 예방하기 위하여 건설공사 현장에 안전보건조정자를 두어야 한다(제68조 제1항).

(2) 공사기간 단축 및 공법변경 금지

건설공사발주자 또는 건설공사도급인(건설공사발주자로부터 해당 건설공사를 최초로 도급받은 수급인 또는 건설공사의 시공을 주도하여 총괄·관리하는 자를 말함)은 설계도서 등에 따라 산정된 공사기간을 단축해서는 아니 된다(제69조 제1항). 건설공사발주자 또는 건설공사도급인은 공사비를 줄이기 위하여 위험성이 있는 공법을 사용하거나 정당한 사유 없이 정해진 공법을 변경해서는 아니 된다(제2항).

(3) 건설공사 기간의 연장

건설공사발주자는 다음 각 호의 어느 하나에 해당하는 사유로 건설공사가 지연되어 해당 건설공사도급인이 산업재해 예방을 위하여 공사기간의 연장을 요청하는 경우에는 특별한 사유가 없으면 공사기간을 연장하여야 한다(제70조 제1항).

- 태풍·홍수 등 악천후, 전쟁·사변, 지진, 화재, 전염병, 폭동, 그 밖에 계약 당사자가 통제할 수 없는 사태의 발생 등 불가항력의 사유가 있는 경우
- 건설공사발주자에게 책임이 있는 사유로 착공이 지연되거나 시공이 중단된 경우

(4) 건설공사 등의 산업안전관리비 계상

건설공사발주자가 도급계약을 체결하거나 건설공사의 시공을 주도하여 총괄·관리하는 자가 건설공사 사업 계획을 수립할 때에는 고용노동부장관이 정하여 고시하는 바에 따라 산업재해 예방을 위하여 사용하는 비용(이하 "산업안전보건관리비"라 한다)을 도급금액 또는 사업비에 계상(計上)하여야 한다(제72조 제1항). 고용노동부장관은 산업안전보건관리비의 효율적인 사용을 위하여 사업의 규모별·종류별 계상 기준, 건설공사의 진척 정도에 따른 사용비율 등 기준, 그 밖에 산업안전보건관리비의 사용에 필요한 사항을 정할 수 있다(제2항). 건설공사도급인은 산업안전보건관리비를 제2항에서 정하는 바에 따라 사용하고 고용노동부령으로 정하는 바에 따라 그 사용명세서를 작성하여 보존하여야 한다(제3항). 선박의 건조 또는 수리를 최초로 도급받은 수급인은 사업 계획을 수립할 때에는 고용노동부장관이 정하여 고시하는 바에 따라 산업안전보건관리비를 사업비에 계상하여야 한다(제4항). 건설공사도급인 또는 제4항에 따른 선박의 건조 또는 수리를 최초로 도급받은 수급인은 산업안전보건관리비를 산업재해 예방 외의 목적으로 사용해서는 아니 된다(제5항).

3. 그 밖의 고용형태에서의 산업재해예방

(1) 특수형태근로종사자에 대한 안전조치 및 보건조치

계약의 형식에 관계없이 근로자와 유사하게 노무를 제공하여 업무상의 재해로부터 보호할 필요가 있음에도 「근로기준법」 등이 적용되지 아니하는 사람으로서 일정 요건(대통령령으로 정하는 직종에 종사할 것, 주로 하나의 사업에 노무를 상시적으로 제공하고 보수를 받아 생활할 것, 노무를 제공할 때 타인을 사용하지 아니할 것)을 모두 충족하는 사람(이하 "특수형태근로종사자"라 한다)의 노무를 제공받는 자는 특수형태근로종사자의 산업재해 예방을 위하여 필요한 안전조치 및 보건조치를 하여야 한다(제77조 제1항).

(2) 배달종사자에 대한 안전조치

이동통신단말장치로 물건의 수거·배달 등을 중개하는 자는 그 중개를 통하여 이륜자동차로 물건을 수거·배달 등을 하는 사람의 산업재해 예방을 위하여 필요한 안전조치 및 보건조치를 하여야 한다(제78조).

(3) 가맹본부의 산업재해 예방 조치

대통령령으로 정하는 가맹본부는 가맹점사업자에게 가맹점의 설비나 기계, 원자재 또는 상품 등을 공급하는 경우에 가맹점사업자와 그 소속 근로자의 산업재해 예방을 위하여 가맹점의 안전 및 보건에 관한 프로그램의 마련·시행하고, 가맹본부가 가맹점에 설치하거나 공급하는 설비·기계 및 원자재 또는 상품 등에 대하여 가맹점사업자에게 안전 및 보건에 관한 정보를 제공하는 조치를 하여야 한다(제79조 제1항).

Ⅵ 근로자의 보건관리

1. 작업환경측정

사업주는 유해인자로부터 근로자의 건강을 보호하고 쾌적한 작업환경을 조성하기 위하여 인체에 해로운 작업을 하는 작업장으로서 고용노동부령으로 정하는 작업장에 대하여 고용노동부령으로 정하는 자격을 가진 자로 하여금 작업환경측정을 하도록 하여야 한다(제125조 제1항). 도급인의 사업장에서 관계수급인 또는 관계수급인의 근로자가 작업을 하는 경우에는 도급인이 자격을 가진 자로 하여금 작업환경측정을 하도록 하여야 한다(제2항). 사업주(제2항에 따른 도급인을 포함한다)는 작업환경측정을 작업환경측정기관에 위탁할 수 있다. 이 경우 필요한 때에는 작업환경측정 중 시료의 분석만을 위탁할 수 있다(제3항). 사업주는 근로자대표가 요구하면 작업환경측정 시 근로자대표를 참석시켜야 한다(제4항). 사업주는 작업환경 측정결과를 기록하여 보존하고 고용노동부장관에게 보고하여야 한다(제5항). 사업주는 작업환경측정 결과를 해당 작업장의 근로자(관계수급인 및 관계수급인 근로자를 포함한다)에게 알려야 하며, 그 결과에 따라 근로자의 건강을 보호하기 위하여 해당 시설·설비의 설치·개선 또는 건강진단의 실시 등의 조치를 하여야 한다(제6항). 사업주는 산업안전보건위원회 또는 근로자대표가 요구하면 작업환경측정 결과에 대한 설명회 등을 개최하여야 한다. 이 경우 작업환경측정을 위탁하여 실시한 경우에는 작업환경측정기관에 작업환경측정 결과에 대하여 설명하도록 할 수 있다(제7항). 고용노동부장관은 작업환경측정 결과에 대하여 그 신뢰성을 평가할 수 있다(제127조 제1항). 사업주와 근로자는 고용노동부장관이 제1항에 따른 신뢰성을 평가할 때에는 적극적으로 협조하여야 한다(제2항).

2. 휴게시설의 설치

사업주는 근로자(관계수급인의 근로자를 포함한다. 이하 이 조에서 같다)가 신체적 피로와 정신적 스트레스를 해소할 수 있도록 휴식시간에 이용할 수 있는 휴게시설을 갖추어야 한다(제128조의2 제1항).

> **시행령 제96조의2 【휴게시설 설치·관리기준 준수 대상 사업장의 사업주】**
> 법 제128조의2 제2항에서 "사업의 종류 및 사업장의 상시근로자 수 등 대통령령으로 정하는 기준에 해당하는 사업장"이란 다음 각 호의 어느 하나에 해당하는 사업장을 말한다.

1. 상시근로자(관계수급인의 근로자를 포함한다. 이하 제2호에서 같다) 20명 이상을 사용하는 사업장(건설업의 경우에는 관계수급인의 공사금액을 포함한 해당 공사의 총공사금액이 20억원 이상인 사업장으로 한정한다)

2. 다음 각 목의 어느 하나에 해당하는 직종(「통계법」 제22조 제1항에 따라 통계청장이 고시하는 한국표준직업분류에 따른다)의 상시근로자가 2명 이상인 사업장으로서 상시근로자 10명 이상 20명 미만을 사용하는 사업장(건설업은 제외한다)

    가. 전화 상담원   나. 돌봄 서비스 종사원

    다. 텔레마케터   라. 배달원

    마. 청소원 및 환경미화원   바. 아파트 경비원

    사. 건물 경비원

3. 근로자의 건강진단

(1) 일반건강진단

사업주는 상시 사용하는 근로자의 건강관리를 위하여 일반건강진단을 실시하여야 한다. 다만, 사업주가 고용노동부령으로 정하는 건강진단을 실시한 경우에는 그 건강진단을 받은 근로자에 대하여 일반건강진단을 실시한 것으로 본다(제129조 제1항). 사업주는 특수건강진단기관 또는 건강진단기관에서 일반건강진단을 실시하여야 한다(제2항).

(2) 특수건강진단 등

제130조【특수건강진단 등】

① 사업주는 다음 각 호의 어느 하나에 해당하는 근로자의 건강관리를 위하여 건강진단(이하 "특수건강진단"이라 한다)을 실시하여야 한다. 다만, 사업주가 고용노동부령으로 정하는 건강진단을 실시한 경우에는 그 건강진단을 받은 근로자에 대하여 해당 유해인자에 대한 특수건강진단을 실시한 것으로 본다.

  1. 고용노동부령으로 정하는 유해인자에 노출되는 업무(이하 "특수건강진단대상업무"라 한다)에 종사하는 근로자

  2. 제1호, 제3항 및 제131조에 따른 건강진단 실시 결과 직업병 소견이 있는 근로자로 판정받아 작업 전환을 하거나 작업 장소를 변경하여 해당 판정의 원인이 된 특수건강진단대상업무에 종사하지 아니하는 사람으로서 해당 유해인자에 대한 건강진단이 필요하다는 「의료법」 제2조에 따른 의사의 소견이 있는 근로자

② 사업주는 특수건강진단대상업무에 종사할 근로자의 배치 예정 업무에 대한 적합성 평가를 위하여 건강진단(이하 "배치전건강진단"이라 한다)을 실시하여야 한다. 다만, 고용노동부령으로 정하는 근로자에 대해서는 배치전건강진단을 실시하지 아니할 수 있다.

③ 사업주는 특수건강진단대상업무에 따른 유해인자로 인한 것이라고 의심되는 건강장해 증상을 보이거나 의학적 소견이 있는 근로자 중 보건관리자 등이 사업주에게 건강진단 실시를 건의하는 등 고용노동부령으로 정하는 근로자에 대하여 건강진단(이하 "수시건강진단"이라 한다)을 실시하여야 한다.

(3) 임시건강진단 명령 등

고용노동부장관은 같은 유해인자에 노출되는 근로자들에게 유사한 질병의 증상이 발생한 경우 등 고용노동부령으로 정하는 경우에는 근로자의 건강을 보호하기 위하여 사업주에게 특정 근로자에 대한 임시건강진단의 실시나 작업전환, 그 밖에 필요한 조치를 명할 수 있다(제131조 제1항).

(4) 건강진단에 관한 사업주의 의무

사업주는 건강진단을 실시하는 경우 근로자대표가 요구하면 근로자대표를 참석시켜야 한다(제132조 제1항). 사업주는 산업안전보건위원회 또는 근로자대표가 요구할 때에는 직접 또는 건강진단을 한 건강진단기관에 건강진단 결과에 대하여 설명하도록 하여야 한다. 다만, 개별 근로자의 건강진단 결과는 본인의 동의 없이 공개해서는 아니 된다(제2항). 사업주는 건강진단의 결과를 근로자의 건강 보호 및 유지 외의 목적으로 사용해서는 아니 된다(제3항). 사업주는 건강진단의 결과 근로자의 건강을 유지하기 위하여 필요하다고 인정할 때에는 작업장소 변경, 작업 전환, 근로시간 단축, 야간근로(오후 10시부터 다음 날 오전 6시까지 사이의 근로를 말한다)의 제한, 작업환경측정 또는 시설·설비의 설치·개선 등 고용노동부령으로 정하는 바에 따라 적절한 조치를 하여야 한다(제4항).

(5) 건강진단에 관한 근로자의 의무

근로자는 사업주가 실시하는 건강진단을 받아야 한다. 다만, 사업주가 지정한 건강진단기관이 아닌 건강진단기관으로부터 이에 상응하는 건강진단을 받아 그 결과를 증명하는 서류를 사업주에게 제출하는 경우에는 사업주가 실시하는 건강진단을 받은 것으로 본다(제133조).

(6) 건강진단기관 등의 결과보고 의무

건강진단기관은 제129조부터 제131조까지의 규정에 따른 건강진단을 실시한 때에는 고용노동부령으로 정하는 바에 따라 그 결과를 근로자 및 사업주에게 통보하고 고용노동부장관에게 보고하여야 한다(제134조 제1항).

4. 건강관리카드

고용노동부장관은 고용노동부령으로 정하는 건강장해가 발생할 우려가 있는 업무에 종사하였거나 종사하고 있는 사람 중 고용노동부령으로 정하는 요건을 갖춘 사람의 직업병 조기발견 및 지속적인 건강관리를 위하여 건강관리카드를 발급하여야 한다(제137조 제1항). 건강관리카드를 발급받은 사람이 「산업재해보상보험법」 제41조에 따라 요양급여를 신청하는 경우에는 건강관리카드를 제출함으로써 해당 재해에 관한 의학적 소견을 적은 서류의 제출을 대신할 수 있다(제2항). 건강관리카드를 발급받은 사람은 그 건강관리카드를 타인에게 양도하거나 대여해서는 아니 된다(제3항).

PART
02

5. 취업제한에 의한 건강보호

(1) 질병자의 근로금지·제한

사업주는 감염병, 정신질환 또는 근로로 인하여 병세가 크게 악화될 우려가 있는 질병으로서 고용노동부령으로 정하는 질병에 걸린 사람에게는 의사의 진단에 따라 근로를 금지하거나 제한하여야 한다(제138조 제1항). 사업주는 근로가 금지되거나 제한된 근로자가 건강을 회복하였을 때에는 지체 없이 근로를 할 수 있도록 하여야 한다(제2항).

(2) 근로시간의 제한

사업주는 유해하거나 위험한 작업으로서 잠함 또는 잠수작업 등 높은 기압에서 하는 작업에 종사하는 근로자에게는 1일 6시간, 1주 34시간을 초과하여 근로하게 하여서는 아니 된다(제139조 제1항, 시행령 제99조 제1항).

(3) 자격 등에 의한 취업제한

사업주는 유해하거나 위험한 작업으로서 상당한 지식이나 숙련도가 요구되는 고용노동부령으로 정하는 작업의 경우 그 작업에 필요한 자격·면허·경험 또는 기능을 가진 근로자가 아닌 사람에게 그 작업을 하게 해서는 아니 된다(제140조 제1항).

6. 역학조사

고용노동부장관은 직업성 질환의 진단 및 예방, 발생 원인의 규명을 위하여 필요하다고 인정할 때에는 근로자의 질환과 작업장의 유해요인의 상관관계에 관한 역학조사를 할 수 있다. 이 경우 사업주 또는 근로자대표, 그 밖에 고용노동부령으로 정하는 사람이 요구할 때 고용노동부령으로 정하는 바에 따라 역학조사에 참석하게 할 수 있다(제141조 제1항).

Ⅶ 산업안전지도사 및 산업보건지도사

1. 산업안전지도사의 직무(제142조 제1항)
- 공정상의 안전에 관한 평가·지도
- 유해·위험의 방지대책에 관한 평가·지도
- 위의 사항과 관련된 계획서 및 보고서의 작성
- 위험성평가의 지도
- 안전보건개선계획서의 작성
- 그 밖에 산업안전에 관한 사항의 자문에 대한 응답 및 조언

2. 산업보건지도사의 직무(제142조 제2항)
- 작업환경의 평가 및 개선 지도
- 작업환경 개선과 관련된 계획서 및 보고서의 작성
- 근로자 건강진단에 따른 사후관리 지도
- 직업성 질병 진단(「의료법」에 따른 의사인 산업보건지도사만 해당한다) 및 예방지도

- 산업보건에 관한 조사·연구
- 위험성평가의 지도
- 안전보건개선계획서의 작성
- 그 밖에 산업보건에 관한 사항의 자문에 대한 응답 및 조언

3. 자격대여행위 및 대여알선행위 등의 금지

지도사는 다른 사람에게 자기의 성명이나 사무소의 명칭을 사용하여 지도사의 직무를 수행하게 하거나 그 자격증이나 등록증을 대여해서는 아니 된다(제153조 제1항). 제153조 제1항을 위반하여 다른 사람에게 자기의 성명이나 사무소의 명칭을 사용하여 지도사의 직무를 수행하게 하거나 자격증·등록증을 대여한 사람은 1년 이하의 징역 또는 1천만원 이하의 벌금에 처한다(제170조 제7호).

Ⅷ 서류의 보존

제164조(서류의 보존)

① 사업주는 다음 각 호의 서류를 3년(제2호의 경우 2년을 말한다) 동안 보존하여야 한다. 다만, 고용노동부령으로 정하는 바에 따라 보존기간을 연장할 수 있다.

1. 안전보건관리책임자·안전관리자·보건관리자·안전보건관리담당자 및 산업보건의의 선임에 관한 서류
2. 제24조 제3항 및 제75조 제4항에 따른 회의록
3. 안전조치 및 보건조치에 관한 사항으로서 고용노동부령으로 정하는 사항을 적은 서류
4. 제57조 제2항에 따른 산업재해의 발생 원인 등 기록
5. 제108조 제1항 본문 및 제109조 제1항에 따른 화학물질의 유해성·위험성 조사에 관한 서류
6. 제125조에 따른 작업환경측정에 관한 서류
7. 제129조부터 제131조까지의 규정에 따른 건강진단에 관한 서류

⑤ 지도사는 그 업무에 관한 사항으로서 고용노동부령으로 정하는 사항을 적은 서류를 5년 동안 보존하여야 한다.

⑥ 석면해체·제거업자는 제122조 제3항에 따른 석면해체·제거작업에 관한 서류 중 고용노동부령으로 정하는 서류를 30년 동안 보존하여야 한다.

기간제 및 단시간근로자 보호 등에 관한 법률

I 서론

1. 목적

이 법은 기간제 및 단시간근로자에 대한 불합리한 차별을 시정하고 기간제 및 단시간근로자의 근로조건 보호를 강화함으로써 노동시장의 건전한 발전에 이바지함을 목적으로 한다(제1조).

2. 취지

기업에서 인건비 절감을 위해 손쉽게 해고할 수 있는 비정규직 근로가 빠르게 확산되고 있으나, 차별처우를 규제할 제도적 수단이 미비하여 비정규직 근로자의 권익보호가 방치되고 있었다. 이에 노동시장의 건전한 발전, 양극화해소, 사회통합 등을 위해 차별을 개선하고자 제정한 것이다.

3. 적용범위

(1) 원칙

상시 5인 이상의 근로자를 사용하는 모든 사업 또는 사업장에 적용된다(제3조 제1항 전단). 상시 4인 이하의 근로자를 사용하는 사업 또는 사업장에 대하여는 대통령령이 정하는 바에 따라 이 법의 일부 규정을 적용할 수 있다(제3조 제2항).

(2) 적용제외

동거의 친족만을 사용하는 사업 또는 사업장과 가사사용인에 대하여는 적용되지 아니한다(제3조 제1항 후단).

(3) 국가 및 지방자치단체

국가 및 지방자치단체의 기관에 대하여는 상시 사용하는 근로자의 수에 관계없이 이 법을 적용한다(제3조 제3항).

II 기간제근로자

1. 기간제근로자의 개념

기간제근로자라 함은 기간의 정함이 있는 근로계약을 체결한 근로자를 말한다(제2조 제1호).

2. 기간제근로자 사용기간 제한과 예외

(1) 원칙

사용자는 2년을 초과하지 아니하는 범위 안에서(기간제 근로계약의 반복갱신 등의 경우에는 그 계속근로한 총기간이 2년을 초과하지 아니하는 범위 안에서) 기간제근로자를 사용할 수 있다(제4조 제1항 본문). 사용자의 부당한 갱신거절로 인한 효과 등을 고려하면, 사용자의 부당한 갱신거절로 인해 근로자가 실제로 근로를 제공하지 못한 기간도 계약갱신에 대한 정당한 기대권이 존속하는 범위에서는 기간제법 제4조 제2항에서 정한 2년의 사용제한기간에 포함된 다고 보아야 한다(대판 2018.6.19, 2013다85523). 기간제 근로계약의 대상이 되는 업무의 성격, 기간제 근로계약의 반복 또는 갱신과 관련한 당사자들의 의사, 반복 또는 갱신된 기간제 근로계약을 전후한 기간제근로자의 업무 내용·장소와 근로조건의 유사성, 기간제 근로계약의 종료와 반복 또는 갱신 과정에서 이루어진 절차나 그 경위 등을 종합적으로 고려할 때 당사자 사이에 기존 기간제 근로계약의 단순한 반복 또는 갱신이 아닌 새로운 근로관계가 형성되었다고 평가할 수 있는 특별한 사정이 있는 경우에는 기간제근로자의 계속된 근로에도 불구하고 그 시점에 근로관계가 단절되었다고 보아야 하고, 그 결과 기간제법 제4조에서 말하는 '계속 근로한 총기간'을 산정할 때 그 시점을 전후한 기간제 근로계약기간을 합산할 수는 없다(대판 2020.8.20, 2017두52153).

(2) 예외

다만, 다음 각 호의 어느 하나에 해당하는 경우에는 2년을 초과하여 기간제근로자로 사용할 수 있다(제4조 제1항 단서).

① 사업의 완료 또는 특정한 업무의 완성에 필요한 기간을 정한 경우
② 휴직·파견 등으로 결원이 발생하여 해당 근로자가 복귀할 때까지 그 업무를 대신할 필요가 있는 경우
③ 근로자가 학업, 직업훈련 등을 이수함에 따라 그 이수에 필요한 기간을 정한 경우
④ 「고령자고용촉진법」 제2조 제1호의 고령자와 근로계약을 체결하는 경우
⑤ 전문적 지식·기술의 활용이 필요한 경우와 정부의 복지정책·실업대책 등에 따라 일자리를 제공하는 경우로서 대통령령이 정하는 경우(시행령 제3조 제1항, 제2항)
⑥ 그 밖에 제1호 내지 제5호에 준하는 합리적인 사유가 있는 경우로서 대통령령이 정하는 경우(시행령 제3조 제3항)

> **시행령 제3조 【기간제근로자 사용기간 제한의 예외】**
> ① 법 제4조 제1항 제5호에서 "전문적 지식·기술의 활용이 필요한 경우로서 대통령령이 정하는 경우"란 다음 각 호의 어느 하나에 해당하는 경우를 말한다.
>   1. 박사 학위(외국에서 수여받은 박사 학위를 포함한다)를 소지하고 해당 분야에 종사하는 경우
>   2. 「국가기술자격법」 제9조 제1항 제1호에 따른 기술사 등급의 국가기술자격을 소지하고 해당 분야에 종사하는 경우
>   3. 별표 2에서 정한 전문자격을 소지하고 해당 분야에 종사하는 경우
> ② 법 제4조 제1항 제5호에서 "정부의 복지정책·실업대책 등에 의하여 일자리를 제공하는 경우로서 대통령령이 정하는 경우"란 다음 각 호의 어느 하나에 해당하는 경우를 말한다.
>   1. 「고용정책 기본법」, 「고용보험법」 등 다른 법령에 따라 국민의 직업능력 개발, 취업 촉진 및 사회적으로 필요한 서비스 제공 등을 위하여 일자리를 제공하는 경우

2. 「제대군인 지원에 관한 법률」 제3조에 따라 제대군인의 고용증진 및 생활안정을 위하여 일자리를 제공하는 경우

3. 「국가보훈기본법」 제19조 제2항에 따라 국가보훈대상자에 대한 복지증진 및 생활안정을 위하여 보훈도우미 등 복지지원 인력을 운영하는 경우

③ 법 제4조 제1항 제6호에서 "대통령령이 정하는 경우"란 다음 각 호의 어느 하나에 해당하는 경우를 말한다.

1. 다른 법령에서 기간제근로자의 사용 기간을 법 제4조 제1항과 달리 정하거나 별도의 기간을 정하여 근로계약을 체결할 수 있도록 한 경우

2. 국방부장관이 인정하는 군사적 전문적 지식·기술을 가지고 관련 직업에 종사하거나 「고등교육법」 제2조 제1호에 따른 대학에서 안보 및 군사학 과목을 강의하는 경우

3. 특수한 경력을 갖추고 국가안전보장, 국방·외교 또는 통일과 관련된 업무에 종사하는 경우

4. 「고등교육법」 제2조에 따른 학교(같은 법 제30조에 따른 대학원대학을 포함한다)에서 다음 각 목의 업무에 종사하는 경우

   가. 「고등교육법」 제14조에 따른 강사, 조교의 업무

   나. 「고등교육법 시행령」 제7조에 따른 명예교수, 겸임교원, 초빙교원 등의 업무

5. 「통계법」 제22조에 따라 고시한 한국표준직업분류의 대분류 1과 대분류 2 직업에 종사하는 자의 「소득세법」 제20조 제1항에 따른 근로소득(최근 2년간의 연평균근로소득을 말한다)이 고용노동부장관이 최근 조사한 고용형태별근로실태조사의 한국표준직업분류 대분류 2 직업에 종사하는 자의 근로소득 상위 100분의 25에 해당하는 경우

6. 「근로기준법」 제18조 제3항에 따른 1주 동안의 소정근로시간이 뚜렷하게 짧은 단시간근로자를 사용하는 경우

7. 「국민체육진흥법」 제2조 제4호에 따른 선수와 같은 조 제6호에 따른 체육지도자 업무에 종사하는 경우

8. 다음 각 목의 연구기관에서 연구업무에 직접 종사하는 경우 또는 실험·조사 등을 수행하는 등 연구업무에 직접 관여하여 지원하는 업무에 종사하는 경우

   가. 국공립연구기관

   나. 「정부출연연구기관 등의 설립·운영 및 육성에 관한 법률」 또는 「과학기술분야 정부출연연구기관 등의 설립·운영 및 육성에 관한 법률」에 따라 설립된 정부출연연구기관

   다. 「특정연구기관 육성법」에 따른 특정연구기관

   라. 「지방자치단체출연 연구원의 설립 및 운영에 관한 법률」에 따라 설립된 연구기관

   마. 「공공기관의 운영에 관한 법률」에 따른 공공기관의 부설 연구기관

   바. 기업 또는 대학의 부설 연구기관

   사. 「민법」 또는 다른 법률에 따라 설립된 법인인 연구기관

3. 기간제근로자 보호

(1) 기간의 정함이 없는 근로계약으로 간주

사용자가 제1항 단서의 사유가 없거나 소멸되었음에도 불구하고 2년을 초과하여 기간제근로자로 사용하는 경우에는 그 기간제근로자는 기간의 정함이 없는 근로계약을 체결한 근로자로 본다(제4조 제2항). 기간을 정한 근로계약이 장기간 반복 갱신되어 기간의 정함이 단지 형식에

불과한 경우에는 기간의 정함이 있는 근로관계는 기간의 정함이 없는 근로계약으로 전환된다. 기간의 정함이 없는 근로계약이라고 하기 위해서는 계약서의 내용과 근로계약이 이루어진 동기, 당사자의 의사, 동종의 근로계약체결관행, 근로자보호법규 등을 종합적으로 고려하여 그 기간의 정함이 형식에 불과하다는 사정이 인정되어야 한다. 따라서 사용자가 근로기준법 제23조의 정당한 이유 없이 계약갱신체결을 거부하는 것은 부당한 해고로써 무효이다(대판 2002. 2.28, 2001다46365).

(2) 기간제근로자 우선고용

사용자는 기간의 정함이 없는 근로계약을 체결하고자 하는 경우에는 해당 사업 또는 사업장의 동종 또는 유사한 업무에 종사하는 기간제근로자를 우선적으로 고용하도록 노력하여야 한다(제5조).

(3) 차별적 처우의 금지

사용자는 기간제근로자임을 이유로 해당 사업 또는 사업장에서 동종 또는 유사한 업무에 종사하는 기간의 정함이 없는 근로계약을 체결한 근로자에 비하여 차별적 처우를 하여서는 아니 된다(제8조 제1항). 비교대상 근로자는 차별적 처우를 주장하는 기간제근로자와 동종 또는 유사한 업무에 종사할 것을 요한다. 비교대상 근로자로 선정된 근로자의 업무가 기간제근로자의 업무와 동종 또는 유사한 업무에 해당하는지 여부는 취업규칙이나 근로계약 등에 명시된 업무 내용이 아니라 근로자가 실제 수행하여 온 업무를 기준으로 판단하되, 이들이 수행하는 업무가 서로 완전히 일치하지 아니하고 업무의 범위 또는 책임과 권한 등에서 다소 차이가 있다고 하더라도 주된 업무의 내용에 본질적인 차이가 없다면 특별한 사정이 없는 이상 이들은 동종 또는 유사한 업무에 종사한다고 보아야 한다(대판 2014.11.27, 2011두5391). 기간제근로자에 대하여 차별적 처우가 있었는지를 판단하기 위한 전제가 되는 동종 또는 유사한 업무에 종사하는 비교대상 근로자는 기간의 정함이 없는 근로계약을 체결한 근로자 중에서 선정하여야 하고, 이러한 근로자가 당해 사업 또는 사업장에 실제로 근무하고 있을 필요는 없으나 직제에 존재하지 않는 근로자를 비교대상 근로자로 삼을 수는 없다. 비교대상 근로자의 선정은 차별적 처우가 합리적인지를 판단하기 위한 전제가 되는데, 이 단계를 실체적으로나 절차적으로나 지나치게 엄격하게 보면 차별 여부에 대한 실체 판단에 나아갈 수 없게 되어 차별시정제도를 통한 근로자 구제가 미흡하게 될 우려가 있다. 이러한 노동위원회 차별시정제도의 취지와 직권주의적 특성, 비교대상성 판단의 성격 등을 고려하면, 노동위원회는 신청인이 주장한 비교대상 근로자와 동일성이 인정되는 범위 내에서 조사, 심리를 거쳐 적합한 근로자를 비교대상 근로자로 선정할 수 있다(대판 2023.11.30, 2019두53952).

(4) 근로조건의 서면명시

사용자는 기간제근로자와 근로계약을 체결하는 때에는 근로계약기간에 관한 사항, 근로시간·휴게에 관한 사항, 임금의 구성항목·계산방법 및 지불방법에 관한 사항, 휴일·휴가에 관한 사항, 취업의 장소와 종사하여야 할 업무에 관한 사항, 근로일 및 근로일별 근로시간을 서면으로 명시하여야 한다(제17조).

Ⅲ 단시간근로자

1. 단시간근로자의 초과근로제한

사용자는 단시간근로자에 대하여 근로기준법 제2조의 소정근로시간을 초과하여 근로하게 하는 경우에는 해당 근로자의 동의를 얻어야 한다. 이 경우 1주간에 12시간을 초과하여 근로하게 할 수 없다(제6조 제1항). 단시간근로자는 사용자가 동의를 얻지 아니 하고 초과근로를 하게 하는 경우에는 이를 거부할 수 있다(제2항). 사용자는 초과근로에 대해 통상임금의 100분의 50 이상을 가산하여 지급하여야 한다(제3항).

2. 통상근로자로의 전환

사용자는 통상근로자를 채용하고자 하는 경우에는 해당 사업 또는 사업장의 동종 또는 유사한 업무에 종사하는 단시간근로자를 우선적으로 고용하도록 노력하여야 한다(제7조 제1항). 사용자는 가사, 학업 그 밖의 이유로 근로자가 단시간근로를 신청하는 때에는 해당 근로자를 단시간근로자로 전환하도록 노력하여야 한다(제2항).

3. 차별적 처우의 금지

사용자는 단시간근로자임을 이유로 해당 사업 또는 사업장의 동종 또는 유사한 업무에 종사하는 통상근로자에 비하여 차별적 처우를 하여서는 아니 된다(제8조 제2항).

4. 근로조건의 서면명시

사용자는 단시간근로자와 근로계약을 체결하는 때에는 근로계약기간에 관한 사항, 근로시간·휴게에 관한 사항, 임금의 구성항목·계산방법 및 지불방법에 관한 사항, 휴일·휴가에 관한 사항, 취업의 장소와 종사하여야 할 업무에 관한 사항, 근로일 및 근로일별 근로시간을 서면으로 명시하여야 한다(제17조).

Ⅳ 차별적 처우의 시정절차

1. 차별적 처우의 개념

"차별적 처우"라 함은 근로기준법 제2조 제1항 제5호에 따른 임금, 정기상여금·명절상여금 등 정기적으로 지급되는 상여금, 경영성과에 따른 성과금, 그 밖에 근로조건 및 복리후생 등에 관한 사항에서 합리적인 이유 없이 불리하게 처우하는 것을 말한다(제2조 제3호). '불리한 처우'란 사용자가 임금 그 밖의 근로조건 등에서 기간제근로자와 비교 대상 근로자를 다르게 처우함으로써 기간제근로자에게 발생하는 불이익 전반을 의미하고, '합리적인 이유가 없는 경우'란 기간제 근로자를 달리 처우할 필요성이 인정되지 않거나, 달리 처우할 필요성이 인정되는 경우에도 그 방법·정도 등이 적정하지 않은 경우를 의미한다(대판 2012.10.25, 2011두7045).

2. 차별적 처우의 시정신청

기간제 또는 단시간근로자는 차별적 처우를 받은 경우 노동위원회에 시정을 신청할 수 있다. 다만 차별적 처우가 있은 날(계속되는 차별적 처우는 그 종료일)부터 6개월이 지난 때에는 그러하지 아니하다(제9조 제1항). 기간제근로자 또는 단시간근로자가 차별시정신청을 하는 때에는 차별적 처우의 내용을 구체적으로 명시하여야 한다(제9조 제2항). 차별적 처우의 금지와 관련한 분쟁에 있어서 입증책임은 사용자가 부담한다(제9조 제4항).

3. 노동위원회의 차별시정절차

(1) 조사 · 심문

노동위원회는 시정신청을 받은 때에는 지체 없이 필요한 조사와 관계 당사자에 대한 심문을 하여야 하며, 심문을 하는 때에는 관계당사자의 신청 또는 직권으로 증인을 출석하게 하여 필요한 사항을 질문할 수 있고, 심문을 할 때에는 관계당사자에게 증거의 제출과 증인에 대한 반대심문을 할 수 있는 충분한 기회를 주어야 한다(제10조 제1항·제2항·제3항). 노동위원회는 차별시정사무에 관한 전문적인 조사·연구업무를 수행하기 위하여 전문위원을 둘 수 있다. 이 경우 전문위원의 수·자격 및 보수 등에 관하여 필요한 사항은 대통령령으로 정한다(제10조 제4항). 전문위원의 수는 10명 이내로 한다(시행령 제4조 제1항). 전문위원은 법학·경영학·경제학 등 노동문제와 관련된 학문 분야의 박사학위 소지자, 변호사·공인회계사·공인노무사 등 관련 자격증 소지자 중에서 중앙노동위원회의 위원장이 임명한다(시행령 제4조 제2항).

(2) 시정명령 등(시정명령 또는 기각결정)

노동위원회는 조사·심문을 종료하고 차별적 처우에 해당된다고 판정한 때에는 사용자에게 시정명령을 내려야 하고, 차별적 처우에 해당하지 아니한다고 판정한 때에는 그 시정신청을 기각하는 결정을 하여야 한다(제12조 제1항). 판정·시정명령 또는 기각결정은 서면으로 하되 그 이유를 구체적으로 명시하여 관계당사자에게 각각 교부하여야 한다. 이 경우 시정명령을 내리는 때에는 시정명령의 내용 및 이행기한 등을 구체적으로 기재하여야 한다(제2항).

(3) 시정명령의 내용

시정명령의 내용에는 차별적 행위의 중지, 임금 등 근로조건의 개선(취업규칙, 단체협약 등의 제도개선 명령을 포함한다) 또는 적절한 배상 등이 포함될 수 있다(제13조 제1항). 배상액은 차별적 처우로 인하여 기간제근로자 또는 단시간근로자에게 발생한 손해액을 기준으로 정한다. 다만, 노동위원회는 사용자의 차별적 처우에 명백한 고의가 인정되거나 차별적 처우가 반복되는 경우에는 손해액을 기준으로 3배를 넘지 아니하는 범위에서 배상을 명령할 수 있다(제2항)

(4) 시정명령 등의 확정

지방노동위원회의 시정명령 또는 기각결정에 대하여 불복하는 관계당사자는 시정명령서 또는 기각결정서의 송달을 받은 날부터 10일 이내에 중앙노동위원회에 재심을 신청할 수 있다(제14조 제1항). 중앙노동위원회의 재심결정에 대하여 불복하는 관계당사자는 재심결정서의 송달을 받은 날부터 15일 이내에 행정소송을 제기할 수 있다(제2항). 재심을 신청하지 아니하거나, 행정소송을 제기하지 아니한 때에는 시정명령·기각결정 또는 재심결정은 확정된다(제3항).

(5) 시정명령의 실효성

고용노동부장관은 확정된 시정명령에 대하여 사용자에게 이행상황을 제출할 것을 요구할 수 있다(제15조 제1항). 차별시정을 신청한 근로자는 사용자가 확정된 시정명령을 이행하지 아니하는 경우 이를 고용노동부장관에게 신고할 수 있다(제15조 제2항). 사용자가 확정된 시정명령을 정당한 이유 없이 이행하지 아니한 경우 1억원 이하의 과태료가 부과된다(제24조 제1항). 사용자는 시정명령 불이행을 신고한 근로자에 대하여 불리한 처우를 하지 못하며(제16조 제3호), 불리한 처우를 한 사용자에 대하여 2년 이하의 징역 또는 1천만원 이하의 벌금형에 처한다(제21조). 이 법의 규정에 따른 고용노동부장관의 권한은 그 일부를 대통령령으로 정하는 바에 따라 지방고용노동관서의 장에게 위임할 수 있다(제19조).

4. 조정·중재

(1) 개시와 신청기간

노동위원회는 심문의 과정에서 관계당사자 쌍방 또는 일방의 신청 또는 직권에 의해 조정절차를 개시할 수 있고, 관계당사자가 미리 노동위원회의 중재결정에 따르기로 합의하여 중재를 신청한 경우에 중재를 할 수 있다(제11조 제1항). 조정 또는 중재를 신청하는 경우에는 차별적 처우의 시정신청을 한 날부터 14일 이내에 하여야 한다. 다만, 노동위원회의 승낙이 있는 경우에는 14일 후에도 신청할 수 있다(제11조 제2항).

(2) 조정·중재기간

노동위원회는 조정 또는 중재를 하는 경우 관계당사자의 의견을 충분히 들어야 한다(제11조 제3항). 노동위원회는 특별한 사유가 없는 한 조정절차를 개시하거나 중재신청을 받은 때부터 60일 이내에 조정안을 제시하거나 중재결정을 하여야 한다(제11조 제4항).

(3) 조정안 수락과 중재결정

노동위원회는 당사자 쌍방이 조정안을 수락한 경우에는 조정조서를 작성하고 중재결정을 한 경우에는 중재결정서를 작성하여야 하며(제11조 제5항), 조정조서에는 관계당사자와 조정에 관여한 위원전원이 서명·날인하여야 하고, 중재결정서에는 관여한 위원전원이 서명·날인하여야 한다(제11조 제6항). 조정 또는 중재결정은 재판상 화해와 동일한 효력이 있다(제11조 제7항).

(4) 조정·중재의 내용

노동위원회의 조정·중재의 내용에는 차별적 행위의 중지, 임금 등 근로조건의 개선 또는 적절한 배상 등이 포함될 수 있다(제13조).

5. 고용노동부장관의 차별적 처우 시정요구

고용노동부장관은 사용자가 차별적 처우를 한 경우에는 그 시정을 요구할 수 있다(제15조의2 제1항). 고용노동부장관은 사용자가 시정요구에 따르지 아니할 경우에는 차별적 처우의 내용을 구체적으로 명시하여 노동위원회에 통보하여야 한다. 이 경우 고용노동부장관은 해당사용자 및 근로자에게 그 사실을 통지하여야 한다(제2항). 노동위원회는 고용노동부장관의 통보를 받은 경우에는 지체 없이 차별적 처우가 있는지 여부를 심리하여야 한다. 이 경우 노동위원회는 해당 사용자 및 근로자에게 의견을 진술할 수 있는 기회를 부여하여야 한다(제3항).

6. 확정된 시정명령의 효력 확대

고용노동부장관은 확정된 시정명령을 이행할 의무가 있는 사용자의 사업 또는 사업장에서 해당 시정명령의 효력이 미치는 근로자 이외의 기간제근로자 또는 단시간근로자에 대하여 차별적 처우가 있는지를 조사하여 차별적 처우가 있는 경우에는 그 시정을 요구할 수 있다(제15조의3 제1항). 사용자가 제1항에 따른 시정요구에 따르지 아니하는 경우에는 제15조의2 제2항부터 제5항까지의 규정을 준용한다(제2항).

V 보칙

1. 불리한 처우의 금지

사용자는 기간제근로자 또는 단시간근로자가 사용자의 부당한 초과근로 요구의 거부, 차별적 처우의 시정 신청, 노동위원회에의 참석 및 진술, 재심신청 또는 행정소송의 제기, 시정명령 불이행의 신고, 사용자의 법위반을 고용노동부장관이나 근로감독관에게 통지한 것을 이유로 해고 그 밖의 불리한 처우를 하지 못한다(제16조). 불리한 처우를 한 사용자에 대하여 2년 이하의 징역 또는 1천만원 이하의 벌금형에 처한다(제21조).

2. 감독기관에 대한 통지

사업 또는 사업장에서 이 법 또는 이 법에 의한 명령을 위반한 사실이 있는 경우에는 근로자는 그 사실을 고용노동부장관 또는 근로감독관에게 통지할 수 있다(제18조).

3. 취업촉진을 위한 국가 등의 노력

국가 및 지방자치단체는 고용정보의 제공, 직업지도, 취업알선, 직업능력개발 등 기간제근로자 및 단시간근로자의 취업촉진을 위하여 필요한 조치를 우선적으로 취하도록 노력하여야 한다(제20조).

Ⅵ 벌칙

제21조 【벌칙】

제16조의 규정을 위반하여 근로자에게 불리한 처우를 한 자는 2년 이하의 징역 또는 1천만원 이하의 벌금에 처한다.

제22조 【벌칙】

제6조 제1항의 규정을 위반하여 단시간근로자에게 초과근로를 하게한 자는 1천만원 이하의 벌금에 처한다.

제23조 【양벌규정】

사업주의 대리인·사용인 그 밖의 종업원이 사업주의 업무에 관하여 제21조 및 제22조의 규정에 해당하는 위반행위를 한 때에는 행위자를 벌하는 외에 그 사업주에 대하여도 해당조의 벌금형을 과한다. 다만, 사업주가 그 위반행위를 방지하기 위하여 해당업무에 관하여 상당한 주의와 감독을 게을리하지 아니한 경우에는 그러하지 아니하다.

제24조 【과태료】

① 제14조(제15조의2 제4항 및 제15조의3 제2항에 따라 준용되는 경우를 포함한다)에 따라 확정된 시정명령을 정당한 이유 없이 이행하지 아니한 자에게는 1억원 이하의 과태료를 부과한다.

② 다음 각 호의 어느 하나에 해당하는 자에게는 500만원 이하의 과태료를 부과한다.

1. 제15조 제1항(제15조의2 제4항 및 제15조의3 제2항에 따라 준용되는 경우를 포함한다)을 위반하여 정당한 이유 없이 고용노동부장관의 이행상황 제출요구에 따르지 아니한 자
2. 제17조의 규정을 위반하여 근로조건을 서면으로 명시하지 아니한 자

③ 제1항 및 제2항의 규정에 따른 과태료는 대통령령으로 정하는 바에 따라 고용노동부장관이 부과·징수한다.

Chapter **06** ## 파견근로자 보호 등에 관한 법률

Ⅰ 서론

1. 목적

이 법은 근로자파견사업의 적정한 운영을 도모하고 파견근로자의 근로조건 등에 관한 기준을 확립하여 파견근로자의 고용안정과 복지증진에 이바지하고 인력수급을 원활하게 함을 목적으로 한다(제1조).

2. 개념

근로자파견이란 파견사업주가 근로자를 고용한 후 그 고용관계를 유지하면서 근로자파견계약의 내용에 따라 사용사업주의 지휘·명령을 받아 사용사업주를 위한 근로에 종사하게 하는 것을 말한다(제2조 제1호). 근로자파견사업이란 근로자파견을 업(業)으로 하는 것을 말한다(제2호). 파견사업주란 근로자파견사업을 하는 자를 말한다(제3호). 사용사업주란 근로자파견계약에 따라 파견근로자를 사용하는 자를 말한다(제4호). 파견근로자란 파견사업주가 고용한 근로자로서 근로자파견의 대상이 되는 사람을 말한다(제5호). 근로자파견계약이란 파견사업주와 사용사업주 간에 근로자파견을 약정하는 계약을 말한다(제6호). "차별적 처우"란 「근로기준법」 제2조 제1항 제5호의 임금, 정기상여금·명절상여금 등 정기적으로 지급되는 상여금, 경영성과에 따른 성과금, 그 밖에 근로조건 및 복리후생 등에 관한 사항에서 합리적인 이유 없이 불리하게 처우하는 것을 말한다(제7호).

Ⅱ 파견대상업무 및 파견기간

1. 상시 허용업무

(1) 대상업무

근로자파견사업은 제조업의 직접생산공정업무를 제외하고 전문지식·기술·경험 또는 업무의 성질 등을 고려하여 적합하다고 판단되는 업무로서 대통령령으로 정하는 업무를 대상으로 한다(제5조 제1항).

(2) 파견기간

① 근로자파견의 기간은 1년을 초과하지 못한다(제6조 제1항).
② 파견사업주, 사용사업주, 파견근로자 간의 합의가 있는 경우에는 파견기간을 연장할 수 있다. 이 경우 1회를 연장할 때에는 그 연장기간은 1년을 초과하여서는 아니 되며, 연장된 기간을 포함한 총 파견기간은 2년을 초과하여서는 아니 된다(제6조 제2항).

(3) 고령자의 파견기간 연장

「고용상 연령차별금지 및 고령자고용촉진법」 제2조 제1호 규정에 의한 고령자(만 55세 이상)인 파견근로자에 대하여는 2년을 초과하여 근로자파견기간을 연장할 수 있다(제6조 제3항).

2. 일시적 허용업무

(1) 대상업무

제5조 제1항의 파견허용업무가 아니더라도 ㉠ 출산·질병·부상 등으로 결원이 생긴 경우 또는 ㉡ 일시적·간헐적으로 인력을 확보하여야 할 필요가 있는 경우에는 근로자파견사업을 할 수 있다(제5조 제2항). 이 경우 사용사업주는 해당 사업 또는 사업장에 근로자의 과반수로 조직된 노동조합이 있는 경우에는 그 노동조합, 근로자의 과반수로 조직된 노동조합이 없는 경우에는 근로자의 과반수를 대표하는 자와 사전에 성실하게 협의하여야 한다(제5조 제4항).

(2) 파견기간

① 출산·질병·부상 등 그 사유가 객관적으로 명백한 경우에는 해당 사유가 없어지는 데 필요한 기간(제6조 제4항 제1호)

② 일시적·간헐적으로 인력을 확보하여야 할 필요가 있는 경우에는 3월 이내의 기간. 다만, 해당 사유가 없어지지 아니하고, 파견사업주·사용사업주·파견근로자 간의 합의가 있는 경우에는 3개월의 범위에서 한 차례만 그 기간을 연장할 수 있다(제6조 제4항 제2호).

3. 절대금지업무(제5조 제3항, 시행령 제2조 제2항)

- 건설공사현장에서 이루어지는 업무
- 「항만운송사업법」, 「한국철도공사법」, 「농수산물유통 및 가격안정에 관한 법률」, 「물류정책기본법」의 하역업무로서 「직업안정법」에 따라 근로자공급사업 허가를 받은 지역의 업무
- 「선원법」 제2조 제1호의 선원의 업무
- 「산업안전보건법」 제58조의 규정에 따른 유해하거나 위험한 업무
- 그 밖에 근로자 보호 등의 이유로 근로자파견사업의 대상으로는 적절하지 못하다고 인정하여 대통령령으로 정하는 업무

> **시행령 제2조【근로자파견의 대상 및 금지업무】**
> ② 법 제5조 제3항 제5호에서 "대통령령으로 정하는 업무"란 다음 각 호의 어느 하나에 해당하는 업무를 말한다.
> 1. 「진폐의 예방과 진폐근로자의 보호 등에 관한 법률」 제2조 제3호에 따른 분진작업을 하는 업무
> 2. 「산업안전보건법」 제137조에 따른 건강관리카드의 발급대상 업무
> 3. 「의료법」 제2조에 따른 의료인의 업무 및 같은 법 제80조의2에 따른 간호조무사의 업무
> 4. 「의료기사 등에 관한 법률」 제3조에 따른 의료기사의 업무
> 5. 「여객자동차 운수사업법」 제2조 제3호에 따른 여객자동차운송사업에서의 운전업무
> 6. 「화물자동차 운수사업법」 제2조 제3호에 따른 화물자동차 운송사업에서의 운전업무

4. 근로자파견사업의 허가와 제한

(1) 허가

근로자파견사업을 하려는 자는 고용노동부장관의 허가를 받아야 하며, 허가받은 사항 중 중요사항을 변경하는 경우에도 또한 같다(제7조 제1항). 근로자파견사업의 허가를 받은 자가 허가받은 사항 중 중요사항 외의 사항을 변경하려는 경우에는 고용노동부장관에게 신고하여야 한다(제7조 제2항). 고용노동부장관은 신고를 받은 경우 그 내용을 검토하여 이 법에 적합하면 신고를 수리하여야 한다(제7조 제4항). 사용사업주는 허가를 받지 않고 근로자파견사업을 하는 자로부터 근로자파견의 역무를 제공받아서는 안 된다(제7조 제3항).

(2) 허가의 유효기간과 사업의 폐지

근로자파견사업의 허가의 유효기간은 3년으로 한다(제10조 제1항). 허가의 유효기간이 끝난 후 계속하여 근로자파견사업을 하려는 자는 갱신허가를 받아야 한다(제10조 제2항). 갱신허가의 유효기간은 그 갱신 전의 허가의 유효기간이 끝나는 날의 다음 날부터 기산(起算)하여 3년으로 한다(제10조 제3항). 파견사업주는 근로자파견사업을 폐지하였을 때에는 고용노동부장관에게 신고하여야 한다(제11조 제1항). 신고가 있을 때에는 근로자파견사업의 허가는 신고일부터 그 효력을 잃는다(제11조 제2항).

(3) 허가기준과 결격사유

① 허가기준(제9조, 시행령 제3조)

㉠ 신청인이 해당 근로자파견사업을 적정하게 수행할 수 있는 자산 및 시설 등을 갖추고 있을 것

㉡ 해당 사업이 특정한 소수의 사용사업주를 대상으로 하여 근로자파견을 행하는 것이 아닐 것

㉢ 상시 5명 이상의 근로자(파견근로자를 제외한다)를 사용하는 사업 또는 사업장으로서 고용보험·국민연금·산업재해보상보험 및 국민건강보험에 가입되어 있을 것

㉣ 1억원 이상의 자본금(개인인 경우에는 자산평가액)을 갖출 것

㉤ 전용면적 20제곱미터 이상의 사무실을 갖출 것

② 허가 결격사유(제8조)

㉠ 미성년자·피성년후견인·피한정후견인 또는 파산선고를 받고 복권되지 아니한 사람

㉡ 금고 이상의 형(집행유예는 제외한다)을 선고받고 그 집행이 끝나거나 집행을 받지 아니하기로 확정된 후 2년이 지나지 아니한 사람

㉢ 이 법, 직업안정법,「근로기준법」제7조, 제9조, 제20조부터 제22조까지, 제36조, 제43조, 제44조, 제44조의2, 제45조, 제46조, 제56조 및 제64조,「최저임금법」제6조,「선원법」제110조을 위반하여 벌금 이상의 형(집행유예는 제외한다)을 선고받고 그 집행이 끝나거나 집행을 받지 아니하기로 확정된 후 3년이 지나지 아니한 자

㉣ 금고 이상의 형의 집행유예를 선고받고 그 유예기간 중에 있는 사람

ⓜ 제12조에 따라 해당 사업의 허가가 취소(이 조 제1호에 의해 허가가 취소된 경우는 제외한다)된 후 3년이 지나지 아니한 자

ⓗ 임원 중 제1호부터 제5호까지의 어느 하나에 해당하는 사람이 있는 법인

(4) 근로자파견(사업)의 제한

식품접객업, 숙박업, 결혼중개업, 그 밖에 대통령령으로 정하는 사업을 하는 자는 근로자파견사업을 할 수 없다(제14조). 파견사업주는 자기의 명의로 타인에게 근로자파견사업을 하게 하여서는 아니 된다(제15조). 파견사업주는 쟁의행위 중인 사업장에 그 쟁의행위로 중단된 업무의 수행을 위하여 근로자를 파견하여서는 아니 된다(제16조 제1항). 누구든지 「근로기준법」 제24조의 규정에 의한 경영상의 이유에 의한 해고를 한 후 2년이 지나기 전에는 해당 업무에 파견근로자를 사용하여서는 아니 된다(제16조 제2항). 다만, 해당 사업 또는 사업장에 근로자의 과반수로 조직된 노동조합이 있는 경우에 그 노동조합(근로자의 과반수로 조직된 노동조합이 없는 경우에는 근로자의 과반수를 대표하는 자를 말한다)의 동의가 있는 때에는 6월로 한다(시행령 제4조).

(5) 허가의 취소 등

고용노동부장관은 허가를 거짓이나 그 밖의 부정한 방법으로 받은 경우, 제8조에 따른 결격사유에 해당하게 된 경우에는 근로자파견사업의 허가를 취소하여야 한다. 기타 사유(제12조 제1항 제3호~제23호)에 해당하는 경우에는 허가를 취소하거나 6개월 이내의 기간을 정하여 영업정지를 명할 수 있다(제12조 제1항). 법인이 제8조 제6호에 따른 결격사유에 해당되어 허가를 취소하려는 경우에는 미리 해당 임원의 교체임명에 필요한 기간을 1개월 이상 주어야 한다(제12조 제2항). 고용노동부장관은 허가를 취소하려면 청문을 하여야 한다(제12조 제3항). 허가취소 또는 영업정지 처분을 받은 파견사업주는 그 처분 전에 파견한 파견근로자와 그 사용사업주에 대하여는 그 파견기간이 끝날 때까지 파견사업주로서의 의무와 권리를 가진다(제13조 제1항). 파견사업주는 그 처분의 내용을 지체 없이 사용사업주에게 통지하여야 한다(제13조 제2항).

▌ⅠⅠⅠ▐ 직접고용의무

1. 사용사업주의 고용의무(제6조의2 제1항)

사용사업주가 다음 각 호의 어느 하나에 해당하는 경우에는 해당 파견근로자를 직접 고용하여야 한다.

1. 근로자파견대상업무에 해당하지 아니하는 업무에서 파견근로자를 사용하는 경우(제5조 제2항에 따라 근로자파견사업을 한 경우는 제외한다)
2. 파견절대금지업무에 파견근로자를 사용하는 경우
3. 근로자파견대상업무에 2년을 초과하여 파견근로자를 사용하는 경우
4. 출산·질병·부상 등 사유가 없어지는 데 필요한 기간, 일시적·간헐적으로 사용할 수 있는 기간을 초과하여 파견근로자를 사용하는 경우
5. 무허가업체로부터 근로자파견의 역무를 제공받은 경우

대판 2015.11.26, 2013다14965

파견기간 제한을 위반한 사용사업주는 직접고용의무 규정에 의하여 파견근로자를 직접 고용할 의무가 있으므로, 파견근로자는 사용사업주가 직접고용의무를 이행하지 아니하는 경우 사용사업주를 상대로 고용 의사표시를 갈음하는 판결을 구할 사법상의 권리가 있고, 판결이 확정되면 사용사업주와 파견근로자 사이에 직접고용관계가 성립한다. 또한 파견근로자는 사용사업주의 직접고용의무 불이행에 대하여 직접고용관계가 성립할 때까지의 임금 상당 손해배상금을 청구할 수 있다. 또한 사용사업주가 파견기간 제한을 위반하여 파견근로자에게 업무를 계속 수행하도록 한 경우에는, 특별한 사정이 없는 한 파견기간 중 파견사업주가 변경되었다는 이유만으로 직접고용간주 규정이나 직접고용의무 규정의 적용을 배제할 수는 없다.

대판 2015.11.26, 2013다14965

사용사업주가 파견기간 제한을 위반하여 파견근로자에게 업무를 계속 수행하도록 한 경우에는, 특별한 사정이 없는 한 파견기간 중 파견사업주가 변경되었다는 이유만으로 직접고용간주 규정이나 직접고용의무 규정의 적용을 배제할 수는 없다.

대판 2024.3.12, 2019다223303 · 223310

파견근로자 보호 등에 관한 법률(이하 '파견법'이라 한다)에 따라 사용사업주에게 파견근로자를 직접 고용할 의무가 발생하였더라도 특별한 사정이 없는 한 사용사업주의 정년이 경과함으로써 위와 같은 직접고용의무는 소멸한다.

대판 2022.1.27, 2018다207847

직접고용의무를 부담하는 사용사업주가 파견근로자를 직접고용하면서 앞서 본 특별한 사정이 없음에도 기간제 근로계약을 체결하는 경우 이는 직접고용의무를 완전하게 이행한 것이라고 보기 어렵고, 이러한 근로계약 중 기간을 정한 부분은 파견근로자를 보호하기 위한 파견법의 강행규정을 위반한 것에 해당하여 무효가 될 수 있다.

대판 2023.4.27, 2021다229601

사용사업주에 대한 회생절차개시결정이 있은 후에는 직접고용청구권은 발생하지 않고, 회생절차개시결정 전에 직접고용청구권이 발생한 경우에도 회생절차개시결정으로 인하여 직접고용청구권이 소멸하는 것으로 봄이 타당하다. 다만 사용사업주의 회생절차가 종결되면 파견근로자는 그때부터 새로 발생한 직접고용청구권을 행사할 수 있다.

2. 예외

사용사업주의 직접고용의무는 해당 파견근로자가 명시적인 반대의사를 표시하거나, 대통령령(회생절차개시의 결정이 있는 경우, 파산선고의 결정이 있는 경우, 고용노동부장관이 대통령령으로 정한 요건과 절차에 따라 미지급 임금 등을 지급할 능력이 없다고 인정하는 경우, 천재·사변 그 밖의 부득이한 사유로 사업의 계속이 불가능한 경우)이 정하는 정당한 이유가 있는 경우에는 적용하지 아니한다(제6조의2 제2항, 시행령 제2조의2).

3. 직접고용의무 위반의 경우

제6조의2 제1항의 규정에 의해 직접고용의무가 발생하였으나 파견근로자를 직접고용하지 아니한 자는 3천만원 이하의 과태료에 처한다(제46조 제2항).

4. 직접고용된 파견근로자의 근로조건(제6조의2 제3항)

(1) 같은 종류의 업무 또는 유사한 업무를 수행하는 근로자가 있는 경우

해당 근로자에게 적용되는 취업규칙 등에서 정하는 근로조건에 따를 것

(2) 같은 종류의 업무 또는 유사한 업무를 수행하는 근로자가 없는 경우

해당 파견근로자의 기존 근로조건의 수준보다 낮아져서는 아니 될 것

5. 우선고용노력의무

사용사업주는 파견근로자를 사용하고 있는 업무에 근로자를 직접 고용하려는 경우에는 해당 파견근로자를 우선적으로 고용하도록 노력하여야 한다(제6조의2 제4항).

Ⅳ 사용자책임

1. 파견사업주와 사용사업주 양자의 공동책임

(1) 기본원칙

파견 중인 근로자의 파견근로에 관하여는 파견사업주 및 사용사업주를 근로기준법 제2조 제1항 제2호의 규정에 의한 사용자로 보아 같은 법을 적용한다(제34조 제1항 본문).

(2) 임금지급 연대책임

파견사업주가 사용사업주의 귀책사유로 인하여 근로자의 임금을 지급하지 못한 때에는 사용사업주는 그 파견사업주와 연대하여 책임을 진다. 이 경우 「근로기준법」 제43조 및 제68조를 적용할 때에는 파견사업주 및 사용사업주를 같은 법 제2조 제1항 제2호의 사용자로 보아 같은 법을 적용한다(제34조 제2항).

(3) 근로기준법 위반의 근로자파견계약 체결

파견사업주와 사용사업주가 근로기준법을 위반하는 내용을 포함한 근로자파견계약을 체결하고 그 계약에 따라 파견근로자를 근로하게 함으로써 근로기준법을 위반한 경우에는 그 계약 당사자 모두(파견사업주와 사용사업주)를 근로기준법 제2조 제1항 제2호의 사용자로 보아 해당 벌칙규정을 적용한다(제34조 제4항).

2. 근로기준법상의 사용자책임

(1) 파견사업주의 사용자책임

근로기준법 제15조부터 제36조까지, 제39조, 제41조부터 제43조까지, 제43조의2, 제43조의3, 제44조, 제44조의2, 제44조의3, 제45조부터 제48조까지, 제56조, 제60조, 제64조, 제66조부터 제68조까지 및 제78조부터 제92조까지의 규정을 적용할 때에는 파견사업주를 사용자로 본다(제34조 제1항 단서). 사용사업주가 파견근로자에게 유급휴일 또는 유급휴가를 주는 경우 그 휴일 또는 휴가에 대하여 유급으로 지급되는 임금은 파견사업주가 지급하여야 한다(제34조 제3항).

(2) 사용사업주의 사용자책임

근로기준법 제50조부터 제55조까지, 제58조, 제59조, 제62조, 제63조, 제69조부터 제74조까지, 제74조의2 및 제75조를 적용할 때에는 사용사업주를 사용자로 본다(제34조 제1항 단서).

3. 산업안전보건법상의 사용자책임

파견 중인 근로자의 파견근로에 관하여는 사용사업주를 산업안전보건법상의 사업주로 보아 동법을 적용한다(제35조 제1항). 「산업안전보건법」 제5조, 제132조 제2항 단서, 같은 조 제4항(작업장소 변경, 작업 전환 및 근로시간 단축의 경우로 한정한다), 제157조 제3항을 적용할 때에는 파견사업주 및 사용사업주를 같은 법 제2조 제4호의 사업주로 본다(제2항). 사용사업주는 파견 중인 근로자에 대하여 「산업안전보건법」에 따른 건강진단을 실시하였을 때에는 그 건강진단 결과를 설명하여야 하며, 그 건강진단 결과를 지체 없이 파견사업주에게 보내야 한다(제3항). 「산업안전보건법」에 따라 사업주가 정기적으로 실시하여야 하는 건강진단 중 고용노동부령으로 정하는 건강진단에 대해서는 파견사업주를 같은 법 제2조 제4호의 사업주로 본다(제4항). 파견사업주는 제4항에 따른 건강진단을 실시하였을 때에는 「산업안전보건법」 제132조 제2항에 따라 그 건강진단 결과를 설명하여야 하며, 그 건강진단 결과를 지체 없이 사용사업주에게 보내야 한다(제5항). 파견사업주와 사용사업주가 「산업안전보건법」을 위반하는 내용을 포함한 근로자파견계약을 체결하고 그 계약에 따라 파견근로자를 근로하게 함으로써 같은 법을 위반한 경우에는 그 계약당사자 모두를 같은 법 제2조 제4호의 사업주로 보아 해당 벌칙규정을 적용한다(제6항).

Ⅴ 파견근로자의 보호

1. 근로자파견계약

근로자파견계약의 당사자는 고용노동부령으로 정하는 바에 따라 근로자파견계약을 서면으로 체결하여야 한다(제20조 제1항). 사용사업주는 근로자파견계약을 체결할 때에는 파견사업주에게 차별적 처우금지 규정을 준수하도록 하기 위하여 필요한 정보(사용사업주의 사업에서 파견근로자와 같은 종류 또는 유사한 업무를 수행하는 근로자에 대한 정보)를 서면으로 제공하여야 한다(제20조 제2항, 시행령 제4조의2).

2. 차별적 처우의 금지

(1) 의의

파견사업주와 사용사업주는 파견근로자라는 이유로 사용사업주의 사업 내의 같은 종류의 업무 또는 유사한 업무를 수행하는 근로자에 비하여 파견근로자에게 차별적 처우를 하여서는 아니된다(제21조 제1항).

(2) 차별적 처우의 시정절차

파견근로자는 차별적 처우를 받은 경우 노동위원회에 그 시정을 신청할 수 있다(제21조 제2항). 그 절차는 「기간제 및 단시간근로자 보호 등에 관한 법률」의 차별시정절차를 준용한다(제

21조 제3항). 따라서 차별적 처우를 받은 파견근로자는 파견사업주 또는 사용사업주를 상대로 차별시정을 신청할 수 있다.

(3) 적용범위

파견근로자의 차별적 처우 금지 및 시정절차에 관한 규정은 사용사업주가 상시 4명 이하의 근로자를 사용하는 경우에는 이를 적용하지 아니한다(제21조 제4항).

3. 고용노동부장관의 시정요구와 확정된 시정명령의 효력확대

고용노동부장관은 파견사업주와 사용사업주가 차별적 처우를 한 경우에는 그 시정을 요구할 수 있다(제21조의2 제1항). 고용노동부장관은 파견사업주와 사용사업주가 시정요구에 따르지 아니한 경우에는 차별적 처우의 내용을 구체적으로 명시하여 노동위원회에 통보하여야 한다. 이 경우 고용노동부장관은 해당 파견사업주 또는 사용사업주 및 근로자에게 그 사실을 통지하여야 한다(제2항). 노동위원회는 제2항에 따라 고용노동부장관의 통보를 받은 경우에는 지체 없이 차별적 처우가 있는지 여부를 심리하여야 한다(제3항). 고용노동부장관은 확정된 시정명령을 이행할 의무가 있는 파견사업주 또는 사용사업주의 사업 또는 사업장에서 해당 시정명령의 효력이 미치는 근로자 이외의 파견근로자에 대하여 차별적 처우가 있는지를 조사하여 차별적 처우가 있는 경우에는 그 시정을 요구할 수 있다(제21조의3 제1항). 파견사업주 또는 사용사업주가 시정요구에 따르지 아니할 경우에는 제21조의2 제2항부터 제4항까지의 규정을 준용한다(제2항).

4. 파견계약해지의 제한

사용사업주는 파견근로자의 성별·종교·사회적 신분, 파견근로자의 정당한 노동조합의 활동 등을 이유로 근로자파견계약을 해지하여서는 아니 된다(제22조 제1항). 파견사업주는 사용사업주가 파견근로에 관하여 이 법 또는 이 법에 따른 명령, 근로기준법 또는 동법에 의한 명령, 산업안전보건법 또는 동법에 의한 명령에 위반하는 경우에는 근로자파견을 정지하거나 근로자파견계약을 해지할 수 있다(제2항).

5. 파견사업주가 마련하여야 할 조치

(1) 파견근로자의 복지증진

파견사업주는 파견근로자의 희망과 능력에 적합한 취업 및 교육훈련 기회의 확보, 근로조건의 향상, 그 밖에 고용 안정을 도모하기 위하여 필요한 조치를 마련함으로써 파견근로자의 복지증진에 노력하여야 한다(제23조).

(2) 파견근로자에 대한 고지의무

파견사업주는 근로자를 파견근로자로서 고용하려는 경우에는 미리 해당 근로자에게 그 취지를 서면으로 알려주어야 한다(제24조 제1항). 파견사업주는 그가 고용한 근로자 중 파견근로자로 고용하지 아니한 사람을 근로자파견의 대상으로 하려는 경우에는 미리 그 취지를 서면으로 알리고 그의 동의를 얻어야 한다(제2항).

(3) 파견근로자에 대한 고용제한의 금지

파견사업주는 파견근로자 또는 파견근로자로 고용되려는 사람과 그 고용관계가 끝난 후 그가 사용사업주에게 고용되는 것을 정당한 이유 없이 금지하는 내용의 근로계약을 체결하여서는 아니 된다(제25조 제1항). 파견사업주는 파견근로자의 고용관계가 끝난 후 사용사업주가 그 파견근로자를 고용하는 것을 정당한 이유 없이 금지하는 내용의 근로자파견계약을 체결하여서는 아니 된다(제2항).

(4) 취업조건의 고지

파견사업주는 근로자파견을 하려는 경우에는 미리 해당 파견근로자에게 근로자파견계약의 내용을 서면으로 알려주어야 한다(제26조 제1항). 파견근로자는 파견사업주에게 근로자파견의 대가에 관하여 그 내역을 제시할 것을 요구할 수 있다(제2항). 파견사업주는 그 내역의 제시를 요구받았을 때에는 지체 없이 그 내역을 서면으로 제시하여야 한다(제3항).

(5) 사용사업주에 대한 통지

파견사업주는 근로자파견을 할 경우에는 파견근로자의 성명·성별·연령·학력·자격 그 밖에 직업능력에 관한 사항을 사용사업주에게 통지하여야 한다(제27조).

(6) 파견사업관리책임자

파견사업주는 파견근로자의 적절한 고용관리를 위하여 제8조 제1호부터 제5호까지에 따른 결격사유에 해당하지 아니하는 사람 중에서 파견사업관리책임자를 선임하여야 한다(제28조 제1항).

(7) 파견사업관리대장

파견사업주는 파견사업관리대장을 작성·보존하여야 한다(제29조 제1항). 파견사업주는 파견사업관리대장을 근로자파견이 끝난 날부터 3년간 보존해야 한다(시행규칙 제15조 제3항).

6. 사용사업주가 마련하여야 할 조치

(1) 근로자파견계약에 관한 조치

사용사업주는 제20조의 규정에 의한 근로자파견계약에 위반되지 아니하도록 필요한 조치를 마련하여야 한다(제30조).

(2) 적정한 파견근로의 확보

사용사업주는 파견근로자가 파견근로에 관한 고충을 제시한 경우에는 그 고충의 내용을 파견사업주에게 통지하고 신속하고 적절하게 고충을 처리하도록 하여야 한다(제31조 제1항). 고충의 처리 외에 사용사업주는 파견근로가 적정하게 이루어지도록 필요한 조치를 마련하여야 한다(제2항).

(3) 사용사업관리책임자

사용사업주는 파견근로자의 적절한 파견근로를 위하여 사용사업관리책임자를 선임하여야 한다(제32조).

(4) 사용사업관리대장

사용사업주는 사용사업관리대장을 작성·보존하여야 한다(제33조 제1항). 사용사업주는 사용
사업관리대장을 근로자파견이 끝난 날부터 3년간 보존해야 한다(시행규칙 제17조 제3항).

(5) 보호의무(안전배려의무)

근로자파견관계에서 사용사업주와 파견근로자 사이에는 특별한 사정이 없는 한 파견근로와 관
련하여 사용사업주가 파견근로자에 대한 보호의무 또는 안전배려의무를 부담한다는 점에 관한
묵시적인 의사의 합치가 있다고 할 것이고, 따라서 사용사업주의 보호의무 또는 안전배려의무
위반으로 손해를 입은 파견근로자는 사용사업주와 직접 고용 또는 근로계약을 체결하지 아니
한 경우에도 위와 같은 묵시적 약정에 근거하여 사용사업주에 대하여 보호의무 또는 안전배려
의무 위반을 원인으로 하는 손해배상을 청구할 수 있다(대판 2013.11.28, 2011다60247).

Chapter 07 **직업안정법**

Ⅰ 서론

1. 목적

이 법은 모든 근로자가 각자의 능력을 계발·발휘할 수 있는 직업에 취업할 기회를 제공하고, 정부와 민간부문이 협력하여 각 산업에서 필요한 노동력이 원활하게 수급되도록 지원함으로써 근로자의 직업안정을 도모하고 국민경제의 균형 있는 발전에 이바지함을 목적으로 한다(제1조).

2. 균등처우

누구든지 성별, 연령, 종교, 신체적 조건, 사회적 신분 또는 혼인 여부 등을 이유로 직업소개 또는 직업지도를 받거나 고용관계를 결정할 때 차별대우를 받지 아니한다(제2조).

3. 용어의 정의(제2조의2)

- "직업안정기관"이란 직업소개, 직업지도 등 직업안정업무를 수행하는 지방고용노동행정기관을 말한다.
- "직업소개"란 구인 또는 구직의 신청을 받아 구직자 또는 구인자를 탐색하거나 구직자를 모집하여 구인자와 구직자 간에 고용계약이 성립되도록 알선하는 것을 말한다.
- "직업지도"란 취업하려는 사람이 그 능력과 소질에 알맞은 직업을 쉽게 선택할 수 있도록 하기 위한 직업적성검사, 직업정보의 제공, 직업상담, 실습, 권유 또는 조언, 그 밖에 직업에 관한 지도를 말한다.
- "무료직업소개사업"이란 수수료, 회비 또는 그 밖의 어떠한 금품도 받지 아니하고 하는 직업소개사업을 말한다.
- "유료직업소개사업"이란 무료직업소개사업이 아닌 직업소개사업을 말한다.
- "모집"이란 근로자를 고용하려는 자가 취업하려는 사람에게 피고용인이 되도록 권유하거나 다른 사람으로 하여금 권유하게 하는 것을 말한다.
- "근로자공급사업"이란 공급계약에 따라 근로자를 타인에게 사용하게 하는 사업을 말한다. 다만, 「파견근로자보호 등에 관한 법률」 제2조 제2호에 따른 근로자파견사업은 제외한다.
- "직업정보제공사업"이란 신문, 잡지, 그 밖의 간행물 또는 유선·무선방송이나 컴퓨터통신 등으로 구인·구직 정보 등 직업정보를 제공하는 사업을 말한다.
- "고용서비스"란 구인자 또는 구직자에 대한 고용정보의 제공, 직업소개, 직업지도 또는 직업능력개발 등 고용을 지원하는 서비스를 말한다.

4. 민간직업상담원

고용노동부장관은 직업안정기관에 직업소개, 직업지도 및 고용정보 제공 등의 업무를 담당하는 공무원이 아닌 직업상담원(이하 "민간직업상담원"이라 한다)을 배치할 수 있다(제4조의4).

5. 직업안정의 주체

(1) 국가

(2) 지방자치단체

지방자치단체의 장은 필요한 경우 구인자·구직자에 대한 국내 직업소개, 직업지도, 직업정보 제공업무를 할 수 있다(제4조의2 제1항).

(3) 직업안정기관의 장 외의 자(직업소개사업자, 직업정보제공사업자 등)

Ⅱ 직업안정기관의 직업소개 및 직업지도, 고용정보의 제공

1. 직업소개

(1) 구인의 신청

① 신청기관

구인신청은 구인자의 사업장소재지를 관할하는 직업안정기관에 하여야 한다. 다만, 사업장소재지관할 직업안정기관에 신청하는 것이 적절하지 아니하다고 인정되는 경우에는 인근의 다른 직업안정기관에 신청할 수 있다(시행령 제5조 제1항).

② 근로조건의 명시

구인자가 직업안정기관의 장에게 구인신청을 할 때에는 구직자가 취업할 업무의 내용과 근로조건을 구체적으로 밝혀야 하며, 직업안정기관의 장은 이를 구직자에게 알려 주어야 한다(제10조).

③ 구인신청의 수리거부사유(제8조) : 직업안정기관의 장은 구인신청의 수리를 거부하여서는 아니 된다. 다만, 다음의 경우에는 그러하지 아니하다.

㉠ 구인신청의 내용이 법령을 위반한 경우

㉡ 구인신청의 내용 중 임금·근로시간, 그 밖의 근로조건이 통상적인 근로조건에 비하여 현저하게 부적당하다고 인정되는 경우

㉢ 구인자가 구인조건을 밝히기를 거부하는 경우

㉣ 구인자가 구인신청 당시 「근로기준법」 제43조의2에 따라 명단이 공개 중인 체불사업주인 경우

④ 직업안정기관에 통보

직업안정기관의 장이 법 제8조 단서의 규정에 의하여 구인신청을 수리하지 아니하는 경우에는 구인자에게 그 이유를 설명하여야 한다(시행령 제5조 제4항). 구인자가 직업안정기관에서 구직자를 소개받은 때에는 그 채용여부를 직업안정기관의 장에게 통보하여야 한다(시행령 제8조).

(2) 구직의 신청

① 구직신청의 수리거부사유

직업안정기관의 장은 구직신청의 수리를 거부하여서는 아니 된다. 다만, 그 신청의 내용이 법령을 위반한 때에는 그러하지 아니하다(제9조 제1항). 직업안정기관의 장이 법 제9조 제1항 단서의 규정에 의하여 구직신청의 수리를 거부하는 경우에는 구직자에게 그 이유를 설명하여야 한다(시행령 제6조 제2항).

② 직업상담 또는 직업적성검사

직업안정기관의 장은 구직자의 요청이 있거나 필요하다고 인정하여 구직자의 동의를 받은 경우에는 직업상담 또는 직업적성검사를 할 수 있다(제9조 제2항).

③ 훈련기관에의 알선

직업안정기관의 장은 구직자의 취업을 위하여 직업능력개발훈련을 받는 것이 필요하다고 인정되면 구직자가 「국민평생직업능력개발법」에 따른 직업능력개발훈련시설 등에서 직업능력개발훈련을 받도록 알선할 수 있다(제13조).

(3) 직업소개의 원칙

① 직업소개의 원칙 : 직업안정기관의 장은 구직자에게는 그 능력에 알맞은 직업을 소개하고, 구인자에게는 구인조건에 적합한 구직자를 소개하도록 노력하여야 한다(제11조 제1항).

> 시행령 제7조【직업소개 시 준수사항】
> 법 제11조에 따라 직업안정기관의 장이 직업소개업무를 행할 때에는 다음 각 호의 원칙을 준수하여야 한다.
> 1. 구인자 또는 구직자 어느 한쪽의 이익에 치우치지 아니할 것
> 2. 구직자가 취업할 직업에 쉽게 적응할 수 있도록 종사하게 될 업무의 내용, 임금, 근로시간, 그 밖의 근로조건에 대하여 상세히 설명할 것

② 직업소개 지역

㉠ 직업안정기관의 장은 가능하면 구직자가 통근할 수 있는 지역에서 직업을 소개하도록 노력하여야 한다(제11조 제2항).

㉡ 광역직업소개

직업안정기관의 장은 통근할 수 있는 지역에서 구직자에게 그 희망과 능력에 알맞은 직업을 소개할 수 없을 경우 또는 구인자가 희망하는 구직자나 구인 인원를 채울 수 없을 경우에는 광범위한 지역에 걸쳐 직업 소개를 할 수 있다(제12조).

2. 직업지도

직업안정기관의 장은 새로 취업하려는 사람, 신체 또는 정신에 장애가 있는 사람, 그 밖에 취업을 위하여 특별한 지도가 필요한 사람에게 직업지도를 하여야 한다(제14조 제1항). 직업안정기관의 장은 필요하다고 인정하는 경우에는 「초·중등교육법」 및 「고등교육법」에 따른 각급 학교의 장이나 「국민 평생 직업능력 개발법」에 따른 공공직업훈련시설의 장이 실시하는 무료직업소개사업에

협력하여야 하며, 이들이 요청하는 경우에는 학생 또는 직업훈련생에게 직업지도를 할 수 있다(제 15조).

3. 고용정보제공

(1) 고용정보의 수집·제공 등

직업안정기관의 장은 관할 지역의 각종 고용정보를 수시로 또는 정기적으로 수집하고 정리하여 구인자, 구직자, 그 밖에 고용정보가 필요한 자에게 적극적으로 제공하여야 한다(제16조 제1항). 직업안정기관의 장은 고용정보를 수집하여 분석한 결과 관할 지역에서 노동력의 수요와 공급에 급격한 변동이 있거나 현저한 불균형이 발생하였다고 판단되는 경우에는 적절한 대책을 수립하여 추진하여야 한다(제16조 제2항).

(2) 구인·구직의 개척

직업안정기관의 장은 구직자의 취업 기회를 확대하고 산업에 부족한 인력의 수급을 지원하기 위하여 구인·구직의 개척에 노력하여야 한다(제17조).

Ⅲ 직업안정기관의 장외의 자가 행하는 사업

1. 무료직업소개사업

(1) 무료직업소개사업의 의의

"무료직업소개사업"이란 수수료, 회비 또는 그 밖의 어떠한 금품도 받지 아니하고 행하는 직업소개사업을 말한다(제2조의2 제4호).

(2) 종류와 신고

무료직업소개사업은 소개대상이 되는 근로자가 취업하려는 장소를 기준으로 하여 국내 무료직업소개사업과 국외 무료직업소개사업으로 구분하되, 국내 무료직업소개사업을 하려는 자는 주된 사업소의 소재지를 관할하는 특별자치도지사·시장·군수 및 구청장에게 신고하여야 하고, 국외 무료직업소개사업을 하려는 자는 고용노동부장관에게 신고하여야 한다. 신고한 사항을 변경하려는 경우에도 또한 같다(제18조 제1항).

(3) 비영리법인 또는 공익단체

무료직업소개사업을 하려는 자는 대통령령이 정하는 비영리법인 또는 공익단체이어야 한다(제18조 제2항).

(4) 신고 없이 무료직업소개사업을 할 수 있는 경우(제18조 제4항)

① 「한국산업인력공단법」에 따른 한국산업인력공단이 하는 직업소개
② 「장애인고용촉진 및 직업재활법」에 따른 한국장애인고용공단이 장애인을 대상으로 하는 직업소개
③ 교육관계법에 의한 각급 학교의 장, 「국민 평생 직업능력 개발법」에 따른 공공직업훈련시설의 장이 재학생·졸업생 또는 훈련생·수료생을 대상으로 하는 직업소개

④ 「산업재해보상보험법」에 따른 근로복지공단이 업무상 재해를 입은 근로자를 대상으로 하는 직업소개

(5) 겸업금지

「직업소개사업자(법인의 임원도 포함한다) 또는 그 종사자는 「결혼중개업의 관리에 관한 법률」 제2조 제2호의 결혼중개업, 「공중위생관리법」 제2조 제1항 제2호의 숙박업, 「식품위생법」 제36조 제1항 제3호의 식품접객업 중 대통령령으로 정하는 영업에 해당하는 사업을 경영할 수 없다(제26조).

(6) 국고보조

고용노동부장관은 제18조에 따른 무료직업소개사업 경비의 전부 또는 일부를 보조할 수 있다(제45조).

(7) 체불사업주에 대한 직업소개의 제한

무료직업소개사업을 하는 자 및 그 종사자는 구인자가 구인신청 당시 「근로기준법」 제43조의2에 따라 명단이 공개 중인 체불사업주인 경우 그 사업주에게 직업소개를 하지 아니하여야 한다(제18조 제5항).

(8) 연소자에 대한 직업소개의 제한

① 연소자에 대한 직업소개

제18조 및 제19조에 따라 무료직업소개사업 또는 유료직업소개 사업을 하는 자와 그 종사자는 구직자의 연령을 확인하여야 하며, 18세 미만의 구직자를 소개하는 경우에는 친권자나 후견인의 취업동의서를 받아야 한다(제21조의3 제1항).

② 소개금지업소

㉠ 직업소개사업자등은 18세 미만의 구직자를 「근로기준법」 제65조의 규정에 따라 18세 미만자의 사용이 금지되는 직종의 업소에 소개하여서는 아니 된다(제21조의3 제2항).

㉡ 직업소개사업자등은 「청소년 보호법」 제2조 제1호에 따른 청소년인 구직자를 동법 제2조 제5호에 따른 청소년유해업소에 소개하여서는 아니 된다(제21조의3 제3항).

2. 유료직업소개사업

(1) 유료직업소개사업의 의의

"유료직업소개사업"이란 무료직업소개사업이 아닌 직업소개사업을 말한다(제2조의2 제5호).

(2) 종류와 등록

유료직업소개사업은 소개대상이 되는 근로자가 취업하려는 장소를 기준으로 하여 국내 유료직업소개사업과 국외 유료직업소개사업으로 구분하되, 국내 유료직업소개사업을 하려는 자는 주된 사업소의 소재지를 관할하는 특별자치도지사·시장·군수 및 구청장에게 등록하여야 하고, 국외 유료직업소개사업을 하려는 자는 고용노동부장관에게 등록하여야 한다. 등록한 사항을 변경하려는 경우에도 또한 같다(제19조 제1항).

PART
02

(3) 법정요금 준수

유료직업소개사업을 하는 자는 고용노동부장관이 결정·고시한 요금 외의 금품을 받아서는 아니 된다. 다만, 고용노동부령으로 정하는 고급·전문인력을 소개하는 경우에는 당사자 사이에 정한 요금을 구인자로부터 받을 수 있다(제19조 제3항). 고용노동부장관이 요금을 결정하려는 경우에는 고용정책심의회의 심의를 거쳐야 한다(제4항).

(4) 명의대여 등의 금지

유료직업소개사업을 등록한 자는 타인에게 자기의 성명 또는 상호를 사용하여 직업소개사업을 하게 하거나, 그 등록증을 대여하여서는 아니 된다(제21조).

(5) 선급금 수령금지

유료직업소개사업을 하는 자 및 그 종사자는 구직자에게 제공하기 위하여 구인자로부터 선급금을 받아서는 아니 된다(제21조의2).

(6) 유료직업소개사업 운영

등록을 하고 유료직업소개사업을 하려는 자는 둘 이상의 사업소를 둘 수 없다. 다만, 사업소별로 직업소개 또는 직업상담에 관한 경력, 자격 또는 소양이 있다고 인정되는 사람 등 대통령령으로 정하는 사람을 1명 이상 고용하는 경우에는 그러하지 아니하다(제19조 제2항). 등록을 하고 유료직업소개사업을 하는 자 및 그 종사자는 구인자가 구인신청 당시「근로기준법」제43조의2에 따라 명단이 공개 중인 체불사업주인 경우 구직자에게 그 사실을 고지하고 구인자의 사업이 행정관청의 허가·신고·등록 등이 필요한 사업인 경우에는 그 허가·신고·등록 등의 여부를 확인하여야 한다(제19조 제6항). 등록을 하고 유료직업소개사업을 하는 자는 사업소별로 고용노동부령으로 정하는 자격을 갖춘 직업상담원을 1명 이상 고용하여야 한다. 다만, 유료직업소개사업을 하는 사람과 동거하는 가족이 직업상담원의 자격을 갖추고 특정 사업소에서 상시 근무하는 경우에 해당 사업소에 직업상담원을 고용한 것으로 보며, 유료직업소개사업을 하는 자가 직업상담원 자격을 갖추고 특정 사업소에서 상시 근무하는 경우에 해당 사업소에는 직업상담원을 고용하지 아니할 수 있다(제22조 제2항). 유료직업소개사업의 종사자 중 제2항에 따른 직업상담원이 아닌 사람은 직업소개에 관한 사무를 담당하여서는 아니 된다(제22조 제3항).

(7) 겸업금지

(8) 연소자에 대한 직업소개 제한

3. 직업정보제공사업

"직업정보제공사업"이란 신문, 잡지, 그 밖의 간행물 또는 유선·무선방송이나 컴퓨터통신 등으로 구인·구직 정보 등 직업정보를 제공하는 사업을 말한다(제2조의2 제8호). 직업정보제공사업을 하려는 자(무료직업소개사업을 하는 자와 유료직업소개사업을 하는 자는 제외한다)는 고용노동부장관에게 신고하여야 한다. 신고사항을 변경하는 경우에도 또한 같다(제23조 제1항). 직업정보제공사업을 하는 자는 구인자가 구인신청 당시 「근로기준법」 제43조의2에 따라 명단이 공개 중인 체불사업주인 경우 그 사실을 구직자가 알 수 있도록 게재하고 「최저임금법」 제10조에 따라 결정·고시된 최저임금에 미달되는 구인정보를 제공하지 않아야 한다(제25조).

4. 근로자모집사업

(1) 모집의 의의

"모집"이란 근로자를 고용하려는 자가 취업하려는 사람에게 피고용인이 되도록 권유하거나 다른 사람으로 하여금 권유하게 하는 것을 말한다(제2조의2 제6호). 근로자를 고용하려는 자는 광고, 문서 또는 정보통신망 등 다양한 매체를 활용하여 자유롭게 근로자를 모집할 수 있다(제28조).

(2) 국외취업자의 모집

누구든지 국외에 취업할 근로자를 모집한 경우에는 고용노동부장관에게 신고하여야 한다(제30조 제1항).

(3) 모집방법 등의 개선권고

고용노동부장관은 건전한 모집질서를 확립하기 위하여 필요하다고 인정하는 경우에는 제28조 또는 제30조에 따른 근로자 모집방법 등의 개선을 권고할 수 있다(제31조 제1항). 고용노동부장관이 제1항에 따른 권고를 하려는 경우에는 고용정책심의회의 심의를 거쳐야 한다(제31조 제2항).

(4) 금품 등의 수령 금지

근로자를 모집하고자 하는 자와 그 모집업무에 종사하는 자는 어떠한 명목으로든 응모자로부터 그 모집과 관련하여 금품을 받거나 그 밖의 이익을 취하여서는 아니 된다. 다만, 유료직업소개사업을 하는 자가 구인자의 의뢰를 받아 구인자가 제시한 조건에 맞는 자를 모집하여 직업소개한 경우에는 그러하지 아니하다(제32조).

5. 근로자공급사업

(1) 근로자공급사업의 의의

"근로자공급사업"이란 공급계약에 따라 근로자를 타인에게 사용하게 하는 사업을 말한다. 다만, 파견근로자보호 등에 관한 법률 제2조 제2호에 따른 근로자파견사업을 제외한다(제2조의2 제7호).

(2) 근로자공급사업의 허가

① 고용노동부장관의 허가

누구든지 고용노동부장관의 허가를 받지 아니하고는 근로자공급사업을 하지 못한다(제33조 제1항). 근로자공급사업 허가의 유효기간은 3년으로 하되, 유효기간이 끝난 후 계속하여 근로자공급사업을 하려는 자는 고용노동부령으로 정하는 바에 따라 연장허가를 받아야 한다. 이 경우 연장허가의 유효기간은 연장 전 허가의 유효기간이 끝나는 날부터 3년으로 한다(제2항).

② 근로자공급사업의 종류와 허가를 받을 수 있는 자의 범위(제33조 제3항)

근로자공급사업은 공급대상이 되는 근로자가 취업하려는 장소를 기준으로 국내 근로자공급사업과 국외 근로자공급사업으로 구분하며, 각각의 사업의 허가를 받을 수 있는 자의 범위는 다음과 같다.

- 국내근로자공급사업의 경우는 「노동조합 및 노동관계조정법」에 따른 노동조합
- 국외근로자공급사업의 경우는 국내에서 제조업·건설업·용역업, 기타 서비스업을 행하고 있는 자. 다만, 연예인을 대상으로 하는 국외근로자공급사업의 허가를 받을 수 있는 자는 비영리법인으로 한다.

Ⅳ 기타 관련 문제

1. 거짓 구인광고 등 금지

직업소개사업, 근로자 모집 또는 근로자공급사업을 하는 자나 이에 종사하는 사람은 거짓 구인광고를 하거나 거짓 구인조건을 제시하여서는 아니 된다(제34조).

2. 손해배상책임의 보장

등록을 하고 유료직업소개사업을 하는 자 또는 허가를 받고 국외 근로자공급사업을 하는 자는 직업소개, 근로자 공급을 할 때 고의 또는 과실로 근로자 또는 근로자를 소개·공급받은 자에게 손해를 발생하게 한 경우에는 그 손해를 배상할 책임이 있다(제34조의2 제1항). 제1항에 따른 손해배상책임을 보장하기 위하여 유료직업소개사업자등은 대통령령으로 정하는 바에 따라 보증보험 또는 제3항에 따른 공제에 가입하거나 예치금을 금융기관에 예치하여야 한다(제34조의2 제2항).

3. 허가·등록 또는 신고 사업의 폐업신고

신고 또는 등록을 하거나 허가를 받고 사업을 하는 자가 그 사업을 폐업한 경우에는 폐업한 날부터 7일 이내에 고용노동부장관 또는 특별자치도지사·시장·군수·구청장에게 신고하여야 한다(제35조).

4. 등록·허가 등의 취소

고용노동부장관 또는 특별자치도지사·시장·군수·구청장은 제18조·제19조·제23조 또는 제33조에 따라 신고 또는 등록을 하거나 허가를 받고 사업을 하는 자가 공익을 해칠 우려가 있는 경우로서 거짓이나 그 밖의 부정한 방법으로 신고·등록하였거나 허가를 받은 경우, 제38조 각 호의 어느 하나에 해당하게 된 경우, 이 법 또는 이 법에 따른 명령을 위반한 경우에는 6개월 이내의 기간을 정하여 그 사업을 정지하게 하거나 등록 또는 허가를 취소할 수 있다. 다만, 제38조 각 호의 하나에 해당할 때에는 등록 또는 허가를 취소하여야 한다(제36조 제1항). 고용노동부장관 또는 특별자치도지사·시장·군수·구청장은 제36조에 따라 등록 또는 허가를 취소하려면 청문을 하여야 한다(제36조의3).

5. 폐쇄조치

제37조 【폐쇄조치】
① 고용노동부장관 또는 특별자치도지사·시장·군수·구청장은 제18조·제19조·제23조 또는 제33조에 따른 신고 또는 등록을 하지 아니하거나 허가를 받지 아니하고 사업을 하거나 제36조 제1항에 따른 정지 또는 취소의 명령을 받고도 사업을 계속하는 경우에는 관계 공무원으로 하여금 다음 각 호의 조치를 하게 할 수 있다.
1. 해당 사업소 또는 사무실의 간판이나 그 밖의 영업표지물의 제거 또는 삭제
2. 해당 사업이 위법한 것임을 알리는 안내문 등의 게시
3. 해당 사업의 운영을 위하여 반드시 필요한 기구 또는 시설물을 사용할 수 없게 하는 봉인(封印)
② 제1항에 따라 조치를 하는 관계 공무원은 그 권한을 표시하는 증표를 지니고 이를 관계인에게 보여주어야 한다.

6. 결격사유

제38조 【결격사유】
다음 각 호의 어느 하나에 해당하는 자는 직업소개사업의 신고·등록을 하거나 근로자공급사업의 허가를 받을 수 없다.
1. 미성년자, 피성년후견인 및 피한정후견인
2. 파산선고를 받고 복권되지 아니한 자
3. 금고 이상의 실형을 선고받고 그 집행이 끝나거나 집행을 하지 아니하기로 확정된 날부터 2년이 지나지 아니한 자
4. 이 법, 「성매매알선 등 행위의 처벌에 관한 법률」, 「풍속영업의 규제에 관한 법률」 또는 「청소년보호법」을 위반하거나 직업소개사업과 관련된 행위로 「선원법」을 위반한 자로서 다음 각 목의 어느 하나에 해당하는 자
   가. 금고 이상의 실형을 선고받고 그 집행이 끝나거나 집행을 하지 아니하기로 확정된 날부터 3년이 지나지 아니한 자
   나. 금고 이상의 형의 집행유예를 선고받고 그 유예기간이 끝난 날부터 3년이 지나지 아니한 자
   다. 벌금형이 확정된 후 2년이 지나지 아니한 자
5. 금고 이상의 형의 집행유예를 선고받고 그 유예기간 중에 있는 자
6. 제36조에 따라 해당 사업의 등록이나 허가가 취소된 후 5년이 지나지 아니한 자
7. 임원 중에 제1호부터 제6호까지의 어느 하나에 해당하는 자가 있는 법인

7. 벌칙

제46조 【벌칙】
① 다음 각 호의 어느 하나에 해당하는 자는 7년 이하의 징역 또는 7천만원 이하의 벌금에 처한다.
1. 폭행·협박 또는 감금이나 그 밖에 정신·신체의 자유를 부당하게 구속하는 것을 수단으로 직업소개, 근로자 모집 또는 근로자공급을 한 자
2. 「성매매알선 등 행위의 처벌에 관한 법률」 제2조 제1항 제1호에 따른 성매매 행위나 그 밖의 음란한 행위가 이루어지는 업무에 취업하게 할 목적으로 직업소개, 근로자 모집 또는 근로자공급을 한 자
② 제1항의 미수범은 처벌한다.

Chapter **08** # 근로자퇴직급여 보장법

■ I 서론

1. 의의

퇴직급여라 함은 계속적인 근로관계의 종료를 사유로 하여 사용자가 퇴직근로자에게 지급하는 금전급부를 말한다. 기존의 퇴직금제도가 근로자와 사용자 모두에게 여러 가지 문제를 가져와 이를 해소하기 위해서 퇴직연금 도입을 골자로 한 근로자퇴직급여 보장법을 제정하였다.

2. 용어의 정의(제2조)

- "근로자"란 「근로기준법」 제2조 제1항 제1호에 따른 근로자를 말한다.
- "사용자"란 「근로기준법」 제2조 제1항 제2호에 따른 사용자를 말한다.
- "임금"이란 「근로기준법」 제2조 제1항 제5호에 따른 임금을 말한다.
- "평균임금"이란 「근로기준법」 제2조 제1항 제6호에 따른 평균임금을 말한다.
- "급여"란 퇴직급여제도나 제25조에 따른 개인형퇴직연금제도에 의하여 근로자에게 지급되는 연금 또는 일시금을 말한다.
- "퇴직급여제도"란 확정급여형퇴직연금제도, 확정기여형퇴직연금제도, 중소기업퇴직연금기금제도 및 제8조에 따른 퇴직금제도를 말한다.
- "퇴직연금제도"란 확정급여형퇴직연금제도, 확정기여형퇴직연금제도 및 개인형퇴직연금제도를 말한다.
- "확정급여형퇴직연금제도"란 근로자가 받을 급여의 수준이 사전에 결정되어 있는 퇴직연금제도를 말한다.
- "확정기여형퇴직연금제도"란 급여의 지급을 위하여 사용자가 부담하여야 할 부담금의 수준이 사전에 결정되어 있는 퇴직연금제도를 말한다.
- "개인형퇴직연금제도"란 가입자의 선택에 따라 가입자가 납입한 일시금이나 사용자 또는 가입자가 납입한 부담금을 적립·운용하기 위하여 설정한 퇴직연금제도로서 급여의 수준이나 부담금의 수준이 확정되지 아니한 퇴직연금제도를 말한다.
- "가입자"란 퇴직연금제도 또는 중소기업퇴직연금기금제도에 가입한 사람을 말한다.
- "적립금"이란 가입자의 퇴직 등 지급사유가 발생할 때에 급여를 지급하기 위하여 사용자 또는 가입자가 납입한 부담금으로 적립된 자금을 말한다.
- "퇴직연금사업자"란 퇴직연금제도의 운용관리업무 및 자산관리업무를 수행하기 위하여 제26조에 따라 등록한 자를 말한다.
- "중소기업퇴직연금기금제도"란 중소기업(상시 30명 이하의 근로자를 사용하는 사업에 한정한다. 이하 같다) 근로자의 안정적인 노후생활 보장을 지원하기 위하여 둘 이상의 중소기업 사용

자 및 근로자가 납입한 부담금 등으로 공동의 기금을 조성·운영하여 근로자에게 급여를 지급하는 제도를 말한다.
- "사전지정운용제도"란 가입자가 적립금의 운용방법을 스스로 선정하지 아니한 경우 사전에 지정한 운용방법으로 적립금을 운용하는 제도를 말한다.
- "사전지정운용방법"이란 사전지정운용제도에 따라 적립금을 운용하기 위하여 제21조의2 제1항에 따라 승인을 받은 운용방법을 말한다.

3. 퇴직급여제도의 적용범위

퇴직급여법은 근로자를 사용하는 모든 사업 또는 사업장에 적용된다(제3조 본문). 다만 동거하는 친족만을 사용하는 사업 및 가구 내 고용활동에는 적용하지 아니한다(제3조 단서).

II 퇴직급여제도의 설정

1. 설정의무

사용자는 퇴직하는 근로자에게 지급하기 위해 퇴직급여제도 중 하나 이상의 제도를 설정하여야 한다(제4조 제1항 본문). 다만, 계속근로기간이 1년 미만인 근로자, 4주간을 평균하여 1주간의 소정근로시간이 15시간 미만인 근로자에 대하여는 그러하지 아니하다(제4조 제1항 단서). 새로 성립(합병·분할된 경우는 제외한다)된 사업의 사용자는 근로자대표의 의견을 들어 사업의 성립 후 1년 이내에 확정급여형퇴직연금제도나 확정기여형퇴직연금제도를 설정하여야 한다(제5조). 제4조 제1항 본문 및 제5조에도 불구하고 사용자가 퇴직급여제도나 제25조 제1항에 따른 개인형퇴직연금제도를 설정하지 아니한 경우에는 제8조 제1항에 따른 퇴직금제도를 설정한 것으로 본다(제11조). 사용자가 가입자에 대하여 확정급여형퇴직연금제도 및 확정기여형퇴직연금제도를 함께 설정하는 경우 각각의 설정 비율의 합이 1 이상이 되도록 퇴직연금규약을 정하여 퇴직연금제도를 설정하여야 한다(제6조).

2. 퇴직급여차등제도의 금지

(1) 의의

퇴직급여제도를 설정하는 경우에 하나의 사업에서 급여 및 부담금 산정방법의 적용 등에 관하여 차등을 두어서는 아니 된다(제4조 제2항).

(2) 예외

판례는 단체협약의 적용을 받는 조합원과 비조합원 간의 차등은 유효하다고 하며, 취업규칙의 퇴직금규정이 근로자의 동의 없이 불이익하게 변경된 경우에 변경된 후에 입사한 근로자와 기존근로자와의 차등은 퇴직급여차등금지원칙에 위배되지 않는다고 한다. 이외에도 기업의 양도·합병 등 조직변경으로 인하여 근로관계가 포괄승계된 근로자와 기존근로자의 퇴직금제도가 다른 경우에도 차등제도로 보지 않는다(대판).

3. 근로자대표의 동의와 의견청취

(1) 퇴직급여제도 설정 또는 변경 시

사용자가 퇴직급여제도를 설정하거나 설정된 퇴직급여제도를 다른 종류의 퇴직급여제도로 변경하려는 경우에는 근로자의 과반수가 가입한 노동조합이 있는 경우에는 그 노동조합, 근로자의 과반수가 가입한 노동조합이 없는 경우에는 근로자 과반수(이하 "근로자대표"라 한다)의 동의를 받아야 한다(제4조 제3항).

(2) 퇴직급여제도의 내용 변경 시

사용자가 설정되거나 변경된 퇴직급여제도의 내용을 변경하고자 하는 경우에는 근로자대표의 의견을 들어야 한다. 다만, 근로자에게 불이익하게 변경하고자 하는 경우에는 근로자대표의 동의를 얻어야 한다(제4조 제4항).

Ⅲ 퇴직금제도

1. 퇴직금제도의 설정

퇴직금제도를 설정하고자 하는 사용자는 계속근로기간 1년에 대하여 30일분 이상의 평균임금을 퇴직금으로 퇴직하는 근로자에게 지급할 수 있는 제도를 설정하여야 한다(제8조 제1항). 퇴직금은 해고·사직 등 퇴직의 외형적인 명칭 또는 종류와 관계없이 근로계약이 종료되면 계속근로연수를 판단하여 의무적으로 지급하여야 한다. 퇴직금청구권을 포기하거나, 지급하지 않더라도 소송을 제기하지 않겠다는 부제소특약은 무효이다(대판 2002.8.23, 2001다41568).

2. 퇴직금의 지급요건

(1) 1년 이상의 계속근로

계속근로연수란 「근로계약을 체결한 후 해지될 때까지의 기간」을 의미하는 것이 원칙이며, 반드시 계속하여 근로를 제공한 기간을 의미하는 것이 아니다(대판 1996.12.10, 96다42024). 근로자가 최소한 1개월의 4, 5일 내지 15일 정도 계속하여 근무하였다면 그 요건이 충족된다. 휴직기간은 계속근로연수에 포함되나(통설, 대판), 군복무기간에 대하여 판례는 근속연수에 통산되어 승진의 경우에는 반영되나 퇴직금의 지급기간에는 포함되지 않는다고 한다. 기업의 양도·합병·분할의 경우 기업의 동일성이 유지되면서 근로관계가 포괄승계되어 근로관계의 계속성이 유지되는 한 계속근로로 통산된다(통설, 대판). 고용형태가 변경되는 경우(예컨대 임시직에서 정규직으로, 또는 도급제에서 일반직으로)에도 실질적인 근로관계가 지속되는 한 계속근로연수에 산입된다(대판).

(2) 근로자의 퇴직

① 근로자일 것

퇴직금을 지급받을 수 있는 근로자는 근로기준법 제2조 제1항 제1호의 규정에 의한 근로자로서 사용자와 실질적 근로관계가 존재하면 임시직·일용직·도급 등 고용형식에 관계없이 퇴직금의 적용대상이 된다.

② 퇴직

㉠ 퇴직의 의미

퇴직이란 근로관계가 종료되는 모든 경우를 말한다. 따라서 근로자에 의한 임의퇴직이나 사용자에 의한 해고, 사망, 기간의 만료로 인한 자동퇴직, 일의 완료, 정년 등 퇴직의 원인을 불문한다.

㉡ 퇴직금 지급의무 발생시기

퇴직금은 퇴직이라는 근로관계의 종료를 요건으로 하여 발생한다. 즉 원칙적으로 근로관계가 지속되는 동안에는 퇴직금지급의무가 발생하지 않는다. 그러므로 매월의 급여 속에 퇴직금 명목으로 일정 금원을 지급했다고 하더라도 그것은 퇴직금으로서의 효력이 없다(대판 2005.3.11, 2005도467). 그러나 예외적인 경우로서 퇴직금중간정산제가 규정되어 있다(제8조 제2항).

> 대판 2010.5.20, 2007다90760 전합
> 1. 매월 지급하는 월급에 퇴직금 명목의 금원이 포함된 경우 이는 퇴직금 지급으로서의 효력이 없다.
> 2. 근로자가 퇴직금 명목으로 지급받은 금원은 무효인 퇴직금분할 약정에 따라 법률상 원인 없이 받은 부당이득으로서 사용자에게 반환해야 한다.
> 3. 사용자의 부당이득반환채권을 자동채권으로 하여 근로자의 퇴직금채권과 상계하는 것은 허용되며, 그 상계는 퇴직금의 1/2을 초과하는 부분에 해당하는 금액에 대해서만 허용된다.

3. 퇴직금의 산정

(1) 일반원칙

계속근로연수가 1년 이상인 경우에는 1년에 미달하는 기간에 대하여도 그 기간에 비례하여 퇴직금을 지급하여야 한다(대판 1987.9.22, 86다카1651). 퇴직금은 근로관계가 종료되는 때에 그 지급의무가 생기므로 퇴직 시를 시점으로 평균임금을 산정하여야 한다(대판 1991.6.28, 90다14560).

(2) 퇴직금의 구체적인 산정방법

① 퇴직금규정이 없는 경우(법정퇴직금)

단체협약·취업규칙·근로계약에 별도의 퇴직금제도를 규정하지 않은 경우에는 퇴직급여법 제8조 제1항의 규정에 따라 산정한다.

② 퇴직금규정이 있는 경우(약정퇴직금)

단체협약·취업규칙·근로계약으로 별도의 퇴직금제도를 규정하고 있는 경우에는 그에 따라 퇴직금을 지급한다. 퇴직급여법 제8조 제1항은 퇴직금산정에 관한 강행규정이므로 당사자의 합의, 노사협의회에서의 합의 또는 단체협약·취업규칙의 규정이 있다 할지라도 그 기준 이하의 퇴직금은 무효이다(대판 1997.7.25, 96다22174). 퇴직금규정에 의하여 산정된 퇴직금액이 퇴직급여법 제8조 제1항에서 규정된 최저기준을 상회하는 것이라면 비록 퇴직금산정방법의 일부가 퇴직급여법의 규정과 다르다 할지라도 이를 무효로 볼 수 없다(대판 2003.12.11, 2003다40538).

4. 퇴직금의 지급

사용자는 근로자가 퇴직한 경우에는 그 지급사유가 발생한 날부터 14일 이내에 퇴직금을 지급하여야 한다. 다만, 특별한 사정이 있는 경우에는 당사자 간의 합의에 의하여 지급기일을 연장할 수 있다(제9조 제1항). 이 퇴직금은 근로자가 지정한 개인형퇴직연금제도의 계정 또는 제23조의8에 따른 계정(이하 "개인형퇴직연금제도의 계정등"이라 한다)으로 이전하는 방법으로 지급하여야 한다. 다만, 근로자가 55세 이후에 퇴직하여 급여를 받는 경우 등 대통령령으로 정하는 사유가 있는 경우에는 그러하지 아니하다(제2항). 근로자가 개인형퇴직연금제도의 계정등을 지정하지 아니한 경우에는 근로자 명의의 개인형퇴직연금제도의 계정으로 이전한다(제3항).

5. 퇴직금의 중간정산제

(1) 의의

사용자는 주택구입 등 대통령령으로 정하는 사유로 근로자가 요구하는 경우에는 근로자가 퇴직하기 전에 해당 근로자의 계속근로기간에 대한 퇴직금을 미리 정산하여 지급할 수 있다. 이 경우 미리 정산하여 지급한 후의 퇴직금 산정을 위한 계속근로기간은 정산시점부터 새로 계산한다(제8조 제2항).

(2) 요건

① 주택구입 등 대통령령이 정하는 사유에 해당

시행령 제3조 【퇴직금의 중간정산 사유】
① 법 제8조 제2항 전단에서 "주택구입 등 대통령령으로 정하는 사유"란 다음 각 호의 어느 하나에 해당하는 경우를 말한다.
 1. 무주택자인 근로자가 본인 명의로 주택을 구입하는 경우
 2. 무주택자인 근로자가 주거를 목적으로 「민법」 제303조에 따른 전세금 또는 「주택임대차보호법」 제3조의2에 따른 보증금을 부담하는 경우. 이 경우 근로자가 하나의 사업에 근로하는 동안 1회로 한정한다.
 3. 근로자가 6개월 이상 요양을 필요로 하는 다음 각 목의 어느 하나에 해당하는 사람의 질병이나 부상에 대한 의료비를 해당 근로자가 본인 연간 임금총액의 1천분의 125를 초과하여 부담하는 경우

CHAPTER 08 근로자퇴직급여 보장법 **237**

> 가. 근로자 본인
> 나. 근로자의 배우자
> 다. 근로자 또는 그 배우자의 부양가족
> 4. 퇴직금 중간정산을 신청하는 날부터 거꾸로 계산하여 5년 이내에 근로자가 「채무자 회생 및 파산에 관한 법률」에 따라 파산선고를 받은 경우
> 5. 퇴직금 중간정산을 신청하는 날부터 거꾸로 계산하여 5년 이내에 근로자가 「채무자 회생 및 파산에 관한 법률」에 따라 개인회생절차개시 결정을 받은 경우
> 6. 사용자가 기존의 정년을 연장하거나 보장하는 조건으로 단체협약 및 취업규칙 등을 통하여 일정 나이, 근속시점 또는 임금액을 기준으로 임금을 줄이는 제도를 시행하는 경우
> 6의2. 사용자가 근로자와의 합의에 따라 소정근로시간을 1일 1시간 또는 1주 5시간 이상 단축함으로써 단축된 소정근로시간에 따라 근로자가 3개월 이상 계속 근로하기로 한 경우
> 6의3. 법률 제15513호 근로기준법 일부개정법률의 시행에 따른 근로시간의 단축으로 근로자의 퇴직금이 감소되는 경우
> 7. 재난으로 피해를 입은 경우로서 고용노동부장관이 정하여 고시하는 사유에 해당하는 경우
> ② 사용자는 제1항 각 호의 사유에 따라 퇴직금을 미리 정산하여 지급한 경우 근로자가 퇴직한 후 5년이 되는 날까지 관련 증명 서류를 보존하여야 한다.

② 근로자의 요구

퇴직금 중간정산제는 근로자의 요구가 있는 경우에만 시행할 수 있다. 따라서 단체협약이나 취업규칙 또는 근로계약 등에 중간정산제를 규정하고 있다 하더라도 근로자 개인의 별도 요구가 없는 한 적법한 중간정산이라고 볼 수 없다.

③ 사용자의 승낙

근로자의 요구가 있어도 사용자가 이에 반드시 응할 의무가 있는 것이 아니므로 거절할 수도 있다.

(3) 효과

퇴직금산정을 위한 계속근로연수가 단절되고 정산시점부터 새롭게 기간정산이 시작된다. 승진·승급 및 연차유급휴가 등의 산정의 경우에는 계속근로연수가 지속적으로 합산된다.

6. 퇴직금의 시효

퇴직금을 받을 권리는 3년간 행사하지 아니하면 시효로 소멸한다(제10조).

Ⅳ 퇴직연금제도

1. 확정급여형 퇴직연금제도

(1) 개념

확정급여형 퇴직연금은 근로자가 지급받을 급여의 수준이 사전에 결정되어 있는 퇴직연금제도를 말한다(제2조 제8호). 동 제도는 적립금의 운영실적에 따라 사용자의 부담금이 변동하게 되는 퇴직연금제도이다.

PART
02

(2) 제도의 설정

사용자는 근로자대표의 동의를 얻거나 의견을 들어 확정급여형 퇴직연금규약을 작성하여 고용 노동부장관에게 신고하여야 한다(제13조).

(3) 급여의 수준

급여수준은 가입자의 퇴직일을 기준으로 산정한 일시금이 계속근로기간 1년에 대하여 30일분 이상의 평균임금이 되도록 하여야 한다(제15조).

(4) 급여의 종류 및 수급요건

제17조 【급여 종류 및 수급요건 등】

① 확정급여형퇴직연금제도의 급여 종류는 연금 또는 일시금으로 하되, 수급요건은 다음 각 호와 같다.

  1. 연금은 55세 이상으로서 가입기간이 10년 이상인 가입자에게 지급할 것. 이 경우 연금의 지급기간 은 5년 이상이어야 한다.

  2. 일시금은 연금수급 요건을 갖추지 못하거나 일시금 수급을 원하는 가입자에게 지급할 것

② 사용자는 가입자의 퇴직 등 제1항에 따른 급여를 지급할 사유가 발생한 날부터 14일 이내에 퇴직연금 사업자로 하여금 적립금의 범위에서 지급의무가 있는 급여 전액(사업의 도산 등 대통령령으로 정하는 경우에는 제16조 제1항 제2호에 따른 금액에 대한 적립금의 비율에 해당하는 금액)을 지급하도록 하여 야 한다. 다만, 퇴직연금제도 적립금으로 투자된 운용자산 매각이 단기간에 이루어지지 아니하는 등 특별한 사정이 있는 경우에는 사용자, 가입자 및 퇴직연금사업자 간의 합의에 따라 지급기일을 연장할 수 있다.

③ 사용자는 제2항에 따라 퇴직연금사업자가 지급한 급여수준이 제15조에 따른 급여수준에 미치지 못할 때에는 급여를 지급할 사유가 발생한 날부터 14일 이내에 그 부족한 금액을 해당 근로자에게 지급하여 야 한다. 이 경우 특별한 사정이 있는 경우에는 당사자간의 합의에 따라 지급기일을 연장할 수 있다.

④ 제2항 및 제3항에 따른 급여의 지급은 가입자가 지정한 개인형퇴직연금제도의 계정등으로 이전하는 방법으로 한다. 다만, 가입자가 55세 이후에 퇴직하여 급여를 받는 경우 등 대통령령으로 정하는 사유 가 있는 경우에는 그러하지 아니하다.

⑤ 가입자가 제4항에 따라 개인형퇴직연금제도의 계정등을 지정하지 아니하는 경우에는 가입자 명의의 개인형퇴직연금제도의 계정으로 이전한다. 이 경우 가입자가 해당 퇴직연금사업자에게 개인형퇴직연 금제도를 설정한 것으로 본다.

(5) 적립금운용위원회 구성 등

상시 300명 이상의 근로자를 사용하는 사업의 사용자는 퇴직연금제도 적립금의 합리적인 운용을 위하여 대통령령으로 정하는 바에 따라 적립금운용위원회를 구성하여야 한다(제18조의2 제1항). 제1항의 사용자는 적립금운용위원회의 심의를 거친 적립금운용계획서에 따라 적립금을 운용하여야 한다. 이 경우 적립금운용계획서는 적립금 운용 목적 및 방법, 목표수익률, 운용성과 평가 등 대통령령으로 정하는 내용을 포함하여 매년 1회 이상 작성하여야 한다(제2항).

2. 확정기여형 퇴직연금제도

(1) 개념

확정기여형 퇴직연금란 급여의 지급을 위하여 사용자가 부담하여야 할 부담금의 수준이 사전에 결정되어 있는 퇴직연금제도를 말한다(제2조 제9호). 동 제도는 근로자의 연금급여는 적립금의 운용결과에 따라 변동하는 퇴직연금제도이다.

(2) 제도의 설정

사용자는 근로자대표의 동의를 얻거나 의견을 들어 확정기여형 퇴직연금규약을 작성하여 고용노동부장관에게 신고하여야 한다(제19조). 퇴직연금사업자가 둘 이상의 사용자를 대상으로 하나의 확정기여형퇴직연금제도 설정을 제안하려는 경우에는 확정기여형퇴직연금제도의 표준규약과 운용관리업무 및 자산관리업무에 관한 표준계약서에 대하여 고용노동부장관의 승인을 받아야 한다(제23조).

(3) 부담금의 수준과 납부방법

확정기여형퇴직연금제도를 설정한 사용자는 가입자의 연간 임금총액의 12분의 1 이상에 해당하는 부담금을 현금으로 가입자의 확정기여형퇴직연금제도 계정에 납입하여야 한다(제20조 제1항). 가입자는 제1항에 따라 사용자가 부담하는 부담금 외에 스스로 부담하는 추가 부담금을 가입자의 확정기여형퇴직연금 계정에 납입할 수 있다(제2항). 사용자는 매년 1회 이상 정기적으로 제1항에 따른 부담금을 가입자의 확정기여형퇴직연금제도 계정에 납입하여야 한다(제3항). 사용자는 확정기여형퇴직연금제도 가입자의 퇴직 등 대통령령으로 정하는 사유가 발생한 때에 그 가입자에 대한 부담금을 미납한 경우 그 사유가 발생한 날부터 14일 이내에 부담금 및 지연이자를 납입하여야 한다. 다만, 특별한 사정이 있는 경우에는 당사자 간의 합의에 따라 납입 기일을 연장할 수 있다(제5항). 가입자는 퇴직할 때에 받을 급여를 갈음하여 그 운용 중인 자산을 가입자가 설정한 개인형퇴직연금제도의 계정으로 이전해 줄 것을 해당 퇴직연금사업자에게 요청할 수 있다(제6항). 가입자의 요청이 있는 경우 퇴직연금사업자는 그 운용 중인 자산을 가입자의 개인형퇴직연금제도 계정으로 이전하여야 한다. 이 경우 확정기여형퇴직연금제도 운영에 따른 가입자에 대한 급여는 지급된 것으로 본다(제7항).

(4) 적립금의 운용방법 및 정보제공

확정기여형퇴직연금제도의 가입자는 적립금의 운용방법을 스스로 선정할 수 있고, 반기마다 1회 이상 적립금의 운용방법을 변경할 수 있다(제21조 제1항). 퇴직연금사업자는 반기마다 1회 이상 위험과 수익구조가 서로 다른 세 가지 이상의 적립금 운용방법을 제시하여야 한다(제2항). 퇴직연금사업자는 운용방법별 이익 및 손실의 가능성에 관한 정보 등 가입자가 적립금의 운용방법을 선정하는 데 필요한 정보를 제공하여야 한다(제3항).

(5) 적립금의 중도인출

확정기여형퇴직연금제도에 가입한 근로자는 주택구입 등 대통령령으로 정하는 사유가 발생하면 적립금을 중도인출할 수 있다(제22조).

시행령 제14조【확정기여형퇴직연금제도의 중도인출 사유】
① 법 제22조에서 "주택구입 등 대통령령으로 정하는 사유"란 다음 각 호의 어느 하나에 해당하는 경우를 말한다.
　1. 제2조 제1항 제1호·제1호의2 또는 제5호(재난으로 피해를 입은 경우로 한정한다)에 해당하는 경우
　1의2. 제2조 제1항 제2호에 해당하는 경우로서 가입자가 본인 연간 임금총액의 1천분의 125를 초과하여 의료비를 부담하는 경우
　2. 중도인출을 신청한 날부터 거꾸로 계산하여 5년 이내에 가입자가 「채무자 회생 및 파산에 관한 법률」에 따라 파산선고를 받은 경우
　3. 중도인출을 신청한 날부터 거꾸로 계산하여 5년 이내에 가입자가 「채무자 회생 및 파산에 관한 법률」에 따라 개인회생절차개시 결정을 받은 경우
　4. 법 제7조 제2항 후단에 따라 퇴직연금제도의 급여를 받을 권리를 담보로 제공하고 대출을 받은 가입자가 그 대출 원리금을 상환하기 위한 경우로서 고용노동부장관이 정하여 고시하는 사유에 해당하는 경우
② 제1항 제4호에 해당하는 사유로 적립금을 중도인출하는 경우 그 중도인출 금액은 대출 원리금의 상환에 필요한 금액 이하로 한다.

(6) 사전지정운용제도

"사전지정운용제도"란 가입자가 적립금의 운용방법을 스스로 선정하지 아니한 경우 사전에 지정한 운용방법으로 적립금을 운용하는 제도를 말한다(제2조 제15호). 운용관리업무를 수행하는 퇴직연금사업자는 사전지정운용방법에 적립금의 원리금이 보장되는 운용유형 등을 포함하여 고용노동부장관의 승인을 받아야 한다(제21조의2 제1항). 운용관리업무를 수행하는 퇴직연금사업자는 사전지정운용방법을 사용자에게 고용노동부령으로 정하는 방법에 따라 제시하여야 한다(제3항). 사전지정운용방법을 제시받은 사용자는 사업 또는 사업장 단위로 사전지정운용방법을 설정하여 근로자대표의 동의를 받아 확정기여형퇴직연금규약에 반영하여야 한다(제5항). 운용관리업무를 수행하는 퇴직연금사업자는 사전지정운용제도를 설정한 사업의 가입자에게 해당 사전지정운용방법의 자산배분 현황 및 위험·수익구조 등에 관한 정보를 사전에 제공하여야 한다(제21조의3 제1항). 가입자는 제공받은 사전지정운용방법 중 하나를 본인이 적용받을 사전지정운용방법으로 선정하여야 한다(제2항).

Ⅴ 중소기업퇴직연금기금제도

1. 개념

"중소기업퇴직연금기금제도"란 중소기업(상시 30명 이하의 근로자를 사용하는 사업에 한정한다. 이하 같다) 근로자의 안정적인 노후생활 보장을 지원하기 위하여 둘 이상의 중소기업 사용자 및 근로자가 납입한 부담금 등으로 공동의 기금을 조성·운영하여 근로자에게 급여를 지급하는 제도를 말한다(제2조 제14호). 30인 이하 영세 중소기업에 근로자의 안정적인 노후생활을 보장하기 위하여 재정지원을 통한 가입유도, 합리적인 공적 자산운용 및 교육서비스 등을 제공하는 퇴직연금제도이다.

2. 제도의 설정

중소기업의 사용자는 제23조의5에 따른 중소기업퇴직연금기금표준계약서에서 정하고 있는 사항에 관하여 제4조 제3항 또는 제5조에 따라 근로자대표의 동의를 얻거나 의견을 들어 공단과 계약을 체결함으로써 중소기업퇴직연금기금제도를 설정할 수 있다(제23조의6 제1항). 공단은 업무수행에 따른 수수료를 사용자 및 가입자에게 부과할 수 있다(제2항).

3. 부담금의 수준과 납입 등

중소기업퇴직연금기금제도를 설정한 사용자는 매년 1회 이상 정기적으로 가입자의 연간 임금총액의 12분의 1 이상에 해당하는 부담금을 현금으로 가입자의 중소기업퇴직연금기금제도 계정(이하 "기금제도사용자부담금계정"이라 한다)에 납입하여야 한다. 이 경우 사용자가 정하여진 기일(중소기업퇴직연금기금표준계약서에서 납입 기일을 연장할 수 있도록 한 경우에는 그 연장된 기일을 말한다)까지 부담금을 납입하지 아니한 경우에는 그 다음 날부터 부담금을 납입한 날까지 지연일수에 대하여 제20조 제3항 후단에 따라 대통령령으로 정하는 이율에 따른 지연이자를 납입하여야 한다(제23조의7 제1항).

4. 기금 운용정보 제공 및 운용현황의 통지

공단은 중소기업퇴직연금기금 운용에 따라 발생하는 이익 및 손실 가능성 등의 정보를 대통령령으로 정하는 방법에 따라 중소기업퇴직연금기금제도 가입자에게 제공하여야 한다(제23조의10). 중소기업퇴직연금기금제도의 가입자별 운용현황의 통지에 관하여는 제18조를 준용한다. 이 경우 "퇴직연금사업자"는 "공단"으로 본다(제23조의11).

5. 중소기업퇴직연금기금제도 운용

중소기업퇴직연금기금제도는 공단에서 운영한다(제23조의2 제1항). 중소기업퇴직연금기금제도 운영과 관련한 주요 사항을 심의·의결하기 위하여 공단에 중소기업퇴직연금기금제도운영위원회(이하 "운영위원회"라 한다)를 둔다(제2항).

6. 공단의 책무

공단은 중소기업퇴직연금기금제도 가입자에 대하여 중소기업퇴직연금기금제도 운영 상황 등 대통령령으로 정하는 사항에 대하여 매년 1회 이상 교육을 실시하여야 한다(제23조의15 제1항). 공단은 매년 중소기업퇴직연금기금제도의 취급실적, 운용현황 및 수익률 등을 대통령령으로 정하는 바에 따라 공시하여야 한다(제2항).

Ⅵ 개인형퇴직연금제도

1. 개념

개인형퇴직연금제도란 가입자의 선택에 따라 가입자가 납입한 일시금이나 사용자 또는 가입자가 납입한 부담금을 적립·운용하기 위하여 설정한 퇴직연금제도로서 급여의 수준이나 부담금의 수준이 확정되지 아니한 퇴직연금제도를 말한다(제2조 제10호).

2. 설정자격

퇴직급여제도의 일시금을 수령한 사람, 확정급여형퇴직연금제도 또는 확정기여형퇴직연금제도 또는 중소기업퇴직연금기금제도의 가입자로서 자기의 부담으로 개인형퇴직연금제도를 추가로 설정하려는 사람, 자영업자 등 안정적인 노후소득 확보가 필요한 사람으로서 대통령령으로 정하는 사람은 개인형퇴직연금제도를 설정할 수 있다(제24조 제2항). 개인형퇴직연금제도를 설정한 사람은 자기의 부담으로 개인형퇴직연금제도의 부담금을 납입한다. 다만, 대통령령으로 정하는 한도를 초과하여 부담금을 납입할 수 없다(제3항).

3. 적립금 운용방법 및 정보제공

개인형퇴직연금제도 적립금의 운용방법 및 운용에 관한 정보제공에 관하여는 제21조 및 제21조의2부터 제21조의4까지를 준용한다(제24조 제4항).

4. 10명 미만 사업에 대한 특례

제25조 【10명 미만을 사용하는 사업에 대한 특례】
① 상시 10명 미만의 근로자를 사용하는 사업의 경우 제4조 제1항 및 제5조에도 불구하고 사용자가 개별 근로자의 동의를 받거나 근로자의 요구에 따라 개인형퇴직연금제도를 설정하는 경우에는 해당 근로자에 대하여 퇴직급여제도를 설정한 것으로 본다.
② 제1항에 따라 개인형퇴직연금제도를 설정하는 경우에는 다음 각 호의 사항은 준수되어야 한다.
　1. 사용자가 퇴직연금사업자를 선정하는 경우에 개별 근로자의 동의를 받을 것. 다만, 근로자가 요구하는 경우에는 스스로 퇴직연금사업자를 선정할 수 있다.
　2. 사용자는 가입자별로 연간 임금총액의 12분의 1 이상에 해당하는 부담금을 현금으로 가입자의 개인형 퇴직연금제도 계정에 납입할 것
　3. 사용자가 부담하는 부담금 외에 가입자의 부담으로 추가 부담금을 납입할 수 있을 것
　4. 사용자는 매년 1회 이상 정기적으로 제2호에 따른 부담금을 가입자의 개인형퇴직연금제도 계정에 납입할 것. 이 경우 납입이 지연된 부담금에 대한 지연이자의 납입에 관하여는 제20조 제3항 후단 및 제4항을 준용한다.
　5. 그 밖에 근로자의 급여 수급권의 안정적인 보호를 위하여 대통령령으로 정하는 사항
③ 사용자는 개인형퇴직연금제도 가입자의 퇴직 등 대통령령으로 정하는 사유가 발생한 때에 해당 가입자에 대한 제2항 제2호에 따른 부담금을 납입하지 아니한 경우에는 그 사유가 발생한 날부터 14일 이내에 그 부담금과 같은 항 제4호 후단에 따른 지연이자를 해당 가입자의 개인형퇴직연금제도의 계정에 납입하여야 한다. 다만, 특별한 사정이 있는 경우에는 당사자 간의 합의에 따라 납입 기일을 연장할 수 있다.

Ⅶ 기타 관련문제

1. 퇴직급여 등의 우선변제

(1) 우선변제의 대상

퇴직금, 확정급여형퇴직연금제도의 급여, 확정기여형퇴직연금제도의 부담금 중 미납입 부담금 및 미납입 부담금에 대한 지연이자, 중소기업퇴직연금기금제도의 부담금 중 미납입 부담금 및 미납입 부담금에 대한 지연이자, 개인형퇴직연금제도의 부담금 중 미납입 부담금 및 미납입 부담금에 대한 지연이자는 사용자의 총재산에 대하여 질권 또는 저당권에 의하여 담보된 채권을 제외하고는 조세·공과금 및 다른 채권에 우선하여 변제되어야 한다(제12조 제1항).

(2) 최우선변제의 대상(제12조 제2항)

최종 3년간의 퇴직급여 등

2. 가입기간

가입기간은 퇴직연금제도의 설정 이후 해당 사업에서 근로를 제공하는 기간으로 한다. 해당 퇴직연금제도의 설정 전에 해당 사업에서 제공한 근로기간에 대하여도 가입기간으로 할 수 있다. 이 경우 제8조 제2항에 따라 퇴직금을 미리 정산한 기간은 제외한다(제14조, 제19조 제2항).

3. 운용현황의 통지

퇴직연금사업자는 매년 1회 이상 적립금액 및 운용수익률 등을 고용노동부령으로 정하는 바에 따라 가입자에게 알려야 한다(제18조, 제19조 제2항).

4. 수급권의 보호

퇴직연금제도의 급여를 받을 권리는 양도 또는 압류하거나 담보로 제공할 수 없다. 다만, 주택구입 등 대통령령으로 정하는 사유와 요건을 갖춘 경우에는 대통령령으로 정하는 한도에서 퇴직연금제도의 급여를 받을 권리를 담보로 제공할 수 있다(제7조).

> **시행령 제2조 【퇴직연금제도 수급권의 담보제공 사유 등】**
> ① 「근로자퇴직급여 보장법」(이하 "법"이라 한다) 제7조 제2항 전단에서 "주택구입 등 대통령령으로 정하는 사유와 요건을 갖춘 경우"란 다음 각 호의 어느 하나에 해당하는 경우를 말한다.
> 1. 무주택자인 가입자가 본인 명의로 주택을 구입하는 경우
> 1의2. 무주택자인 가입자가 주거를 목적으로 「민법」 제303조에 따른 전세금 또는 「주택임대차보호법」 제3조의2에 따른 보증금을 부담하는 경우. 이 경우 가입자가 하나의 사업 또는 사업장(이하 "사업"이라 한다)에 근로하는 동안 1회로 한정한다.
> 2. 가입자가 6개월 이상 요양을 필요로 하는 다음 각 목의 어느 하나에 해당하는 사람의 질병이나 부상에 대한 의료비를 부담하는 경우
>   가. 가입자 본인
>   나. 가입자의 배우자
>   다. 가입자 또는 그 배우자의 부양가족(「소득세법」 제50조 제1항 제3호에 따른 부양가족)

3. 담보를 제공하는 날부터 거꾸로 계산하여 5년 이내에 가입자가 「채무자 회생 및 파산에 관한 법률」에 따라 파산선고를 받은 경우

4. 담보를 제공하는 날부터 거꾸로 계산하여 5년 이내에 가입자가 「채무자 회생 및 파산에 관한 법률」에 따라 개인회생절차개시 결정을 받은 경우

4의2. 다음 각 목의 어느 하나에 해당하는 사람의 대학등록금, 혼례비 또는 장례비를 가입자가 부담하는 경우

    가. 가입자 본인

    나. 가입자의 배우자

    다. 가입자 또는 그 배우자의 부양가족

5. 사업주의 휴업 실시로 근로자의 임금이 감소하거나 재난(「재난 및 안전관리 기본법」 제3조 제1호에 따른 재난을 말한다. 이하 같다)으로 피해를 입은 경우로서 고용노동부장관이 정하여 고시하는 사유와 요건에 해당하는 경우

② 법 제7조 제2항 전단에서 "대통령령으로 정하는 한도"란 다음 각 호의 구분에 따른 한도를 말한다.

1. 제1항 제1호, 제1호의2, 제2호부터 제4호까지 및 제4호의2의 경우 : 가입자별 적립금의 100분의 50

2. 제1항 제5호의 경우 : 임금 감소 또는 재난으로 입은 가입자의 피해 정도 등을 고려하여 고용노동부장관이 정하여 고시하는 한도

5. 사용자의 책무

(1) 가입자 교육

확정급여형퇴직연금제도 또는 확정기여형퇴직연금제도를 설정한 사용자는 매년 1회 이상 가입자에게 해당 사업의 퇴직연금제도 운영 상황 등 대통령령으로 정하는 사항에 관한 교육을 하여야 한다. 이 경우 사용자는 퇴직연금사업자 또는 대통령령으로 정하는 요건을 갖춘 전문기관에 그 교육의 실시를 위탁할 수 있다(제32조 제2항).

(2) 금지행위

퇴직연금제도를 설정한 사용자는 자기 또는 제3자의 이익을 도모할 목적으로 운용관리업무 및 자산관리업무의 수행계약을 체결하는 행위, 그 밖에 퇴직연금제도의 적절한 운영을 방해하는 행위로서 대통령령으로 정하는 행위를 하여서는 아니 된다(제32조 제4항).

(3) 퇴직급여 감소 예방조치

제32조 【사용자의 책무】

⑤ 확정급여형퇴직연금제도 또는 퇴직금제도를 설정한 사용자는 다음 각 호의 어느 하나에 해당하는 사유가 있는 경우 근로자에게 퇴직급여가 감소할 수 있음을 미리 알리고 근로자대표와의 협의를 통하여 확정기여형퇴직연금제도나 중소기업퇴직연금기금제도로의 변경, 퇴직급여 산정기준의 개선 등 근로자의 퇴직급여 감소를 예방하기 위하여 필요한 조치를 하여야 한다.

1. 사용자가 단체협약 및 취업규칙 등을 통하여 일정한 연령, 근속시점 또는 임금액을 기준으로 근로자의 임금을 조정하고 근로자의 정년을 연장하거나 보장하는 제도를 시행하려는 경우

2. 사용자가 근로자와 합의하여 소정근로시간을 1일 1시간 이상 또는 1주 5시간 이상 단축함으로써 단축된 소정근로시간에 따라 근로자가 3개월 이상 계속 근로하기로 한 경우

3. 법률 제15513호 근로기준법 일부개정법률 시행에 따라 근로시간이 단축되어 근로자의 임금이 감소하는 경우

4. 그 밖에 임금이 감소되는 경우로서 고용노동부령으로 정하는 경우

6. 퇴직연금사업자의 책무

제33조【퇴직연금사업자의 책무】

① 퇴직연금사업자는 이 법을 준수하고 가입자를 위하여 성실하게 그 업무를 하여야 한다.

② 퇴직연금사업자는 제28조 제1항 및 제29조 제1항에 따른 계약의 내용을 지켜야 한다.

③ 퇴직연금사업자는 정당한 사유 없이 다음 각 호의 어느 하나에 해당하는 행위를 하여서는 아니 된다.

1. 제28조 제1항에 따른 운용관리업무의 수행계약 체결을 거부하는 행위

2. 제29조 제1항에 따른 자산관리업무의 수행계약 체결을 거부하는 행위

3. 특정 퇴직연금사업자와 계약을 체결할 것을 강요하는 행위

4. 그 밖에 사용자 또는 가입자의 이익을 침해할 우려가 있는 행위로서 대통령령으로 정하는 행위

④ 운용관리업무를 수행하는 퇴직연금사업자는 다음 각 호의 어느 하나에 해당하는 행위를 하여서는 아니 된다.

1. 계약체결 시 가입자 또는 사용자의 손실의 전부 또는 일부를 부담하거나 부담할 것을 약속하는 행위

2. 가입자 또는 사용자에게 경제적 가치가 있는 과도한 부가적 서비스를 제공하거나 가입자 또는 사용자가 부담하여야 할 경비를 퇴직연금사업자가 부담하는 등 대통령령으로 정하는 특별한 이익을 제공하거나 제공할 것을 약속하는 행위

3. 가입자의 성명·주소 등 개인정보를 퇴직연금제도의 운용과 관련된 업무수행에 필요한 범위를 벗어나서 사용하는 행위

4. 자기 또는 제3자의 이익을 도모할 목적으로 특정 운용 방법을 가입자 또는 사용자에게 제시하는 행위

⑤ 제24조 제1항에 따라 개인형퇴직연금제도를 운영하는 퇴직연금사업자는 해당 사업의 퇴직연금제도 운영 상황 등 대통령령으로 정하는 사항에 대하여 매년 1회 이상 가입자에게 교육을 하여야 한다.

⑥ 퇴직연금사업자는 고용노동부령으로 정하는 바에 따라 퇴직연금제도의 취급실적을 사용자(개인형퇴직연금제도의 취급실적은 제외한다), 고용노동부장관 및 금융감독원장에게 제출하여야 한다.

⑦ 퇴직연금사업자는 제28조 제1항 및 제29조 제1항에 따른 계약 체결과 관련된 약관 또는 표준계약서(이하 "약관등"이라 한다)를 제정하거나 변경하려는 경우에는 미리 금융감독원장에게 보고하여야 한다. 다만, 근로자 또는 사용자의 권익이나 의무에 불리한 영향을 주지 아니하는 경우로서 금융위원회가 정하는 경우에는 약관등의 제정 또는 변경 후 10일 이내에 금융감독원장에게 보고할 수 있다.

⑧ 퇴직연금사업자는 매년 말 적립금 운용 수익률 및 수수료 등을 금융위원회가 정하는 바에 따라 공시하여야 한다.

7. 퇴직연금사업자의 등록

제26조 【퇴직연금사업자의 등록】

다음 각 호의 어느 하나에 해당하는 자로서 퇴직연금사업자가 되려는 자는 재무건전성 및 인적·물적 요건 등 대통령령으로 정하는 요건을 갖추어 고용노동부장관에게 등록하여야 한다.

1. 「자본시장과 금융투자업에 관한 법률」에 따른 투자매매업자, 투자중개업자 또는 집합투자업자
2. 「보험업법」 제2조 제6호에 따른 보험회사
3. 「은행법」 제2조 제1항 제2호에 따른 은행
4. 「신용협동조합법」 제2조 제2호에 따른 신용협동조합중앙회
5. 「새마을금고법」 제2조 제3항에 따른 새마을금고중앙회
6. 공단(공단의 퇴직연금사업 대상은 상시 30명 이하의 근로자를 사용하는 사업에 한정한다)
7. 그 밖에 제1호부터 제6호까지에 준하는 자로서 대통령령으로 정하는 자

8. 퇴직연금제도의 폐지·중단시의 처리

퇴직연금제도가 폐지되거나 운영이 중단된 경우에는 폐지된 이후 또는 중단된 기간에 대하여는 제8조 제1항에 따른 퇴직금제도를 적용한다(제38조 제1항).

9. 운용관리업무·자산관리업무에 관한 계약의 체결

퇴직연금제도를 설정하려 하거나 설정한 사용자 또는 가입자는 운용관리업무와 자산관리업무의 수행을 내용으로 하는 계약을 퇴직연금사업자와 체결하여야 한다(제28조, 제29조).

Chapter 09 임금채권보장법

I 서론

1. 의의

이 법은 경기 변동과 산업구조 변화 등으로 사업을 계속하는 것이 불가능하거나 기업의 경영이 불안정하여, 임금 등을 지급받지 못하고 퇴직한 근로자 등에게 그 지급을 보장하는 조치를 마련함으로써 근로자의 생활안정에 이바지하는 것을 목적으로 한다(제1조).

2. 임금채권 대지급의 법리

국가가 사업주를 대신하여 미지급 임금 등을 지급하는 것은 근로자의 생계보장이라는 정책적인 목적에 의한 것이므로, 민법 제469조(3자변제 불가) 규정을 배제시켜 사업주의 반대의사 표시가 있어도 근로자의 청구가 있으면 지급하고, 추후 사업주에게 근로자의 미지급 임금 등의 청구권을 대위행사하여 회수하게 된다(제8조 제1항).

3. 적용범위

이 법은 산업재해보상보험법 제6조에 따른 사업 또는 사업장에 적용된다. 다만, 국가 및 지방자치단체가 직접 수행하는 사업은 그러하지 아니하다(제3조).

4. 국고부담

국가는 매 회계연도 예산의 범위에서 이 법에 따른 임금채권보장을 위한 사무집행에 드는 비용의 일부를 일반회계에서 부담하여야 한다(제5조).

5. 대지급금 청구 등의 지원

사업장 규모 등 고용노동부령으로 정하는 기준(상시근로자 30명 미만)에 해당하는 퇴직한 근로자가 대지급금을 청구하는 경우 고용노동부령으로 정하는 공인노무사로부터 대지급금 청구서 작성, 사실확인 등에 관한 지원을 받을 수 있다(제7조 제5항).

Ⅱ 지급대상 요건

1. 일반대지급금 지급요건

(1) 대상사업

법의 적용 대상이 되어 6개월 이상 해당 사업을 한 후에 지급사유가 발생한 사업주(시행령 제8조 제1항).

(2) 지급사유(제7조 제1항)

① 「채무자 회생 및 파산에 관한 법률」에 따른 회생절차개시 결정이 있는 경우
② 「채무자 회생 및 파산에 관한 법률」에 따른 파산선고 결정이 있는 경우
③ 고용노동부장관이 미지급 임금 등을 지급할 능력이 없다고 인정하는 경우

2. 간이대지급금 지급요건(시행령 제8조 제2항 · 제3항)

(1) 사업주가 법 제3조에 따라 법의 적용 대상이 되는 사업에 근로자를 사용하였을 것

(2) 해당 근로자의 퇴직일까지 6개월 이상 해당 사업을 하였을 것

(3) 해당 근로자에게 임금등을 지급하지 못하여 법 제7조 제1항 제4호 각 목의 어느 하나에 해당하는 판결 등을 받거나, 고용노동부장관으로부터 발급받은 체불 임금등 · 사업주 확인서(이하 "체불임금등 · 사업주확인서"라 한다)로 미지급 임금등이 확인되었을 것

> **제7조 【퇴직한 근로자에 대한 대지급금의 지급】**
> ① 고용노동부장관은 사업주가 다음 각 호의 어느 하나에 해당하는 경우에 퇴직한 근로자가 지급받지 못한 임금등의 지급을 청구하면 제3자의 변제에 관한 「민법」 제469조에도 불구하고 그 근로자의 미지급 임금등을 사업주를 대신하여 지급한다.
> 4. 사업주가 근로자에게 미지급 임금등을 지급하라는 다음 각 목의 어느 하나에 해당하는 판결, 명령, 조정 또는 결정 등이 있는 경우
>   가. 「민사집행법」 제24조에 따른 확정된 종국판결
>   나. 「민사집행법」 제56조 제3호에 따른 확정된 지급명령
>   다. 「민사집행법」 제56조 제5호에 따른 소송상 화해, 청구의 인낙(認諾) 등 확정판결과 같은 효력을 가지는 것
>   라. 「민사조정법」 제28조에 따라 성립된 조정
>   마. 「민사조정법」 제30조에 따른 확정된 조정을 갈음하는 결정
>   바. 「소액사건심판법」 제5조의7 제1항에 따른 확정된 이행권고결정
> 5. 고용노동부장관이 근로자에게 제12조에 따라 체불임금등과 체불사업주 등을 증명하는 서류(이하 "체불 임금등 · 사업주 확인서"라 한다)를 발급하여 사업주의 미지급임금등이 확인된 경우

3. 지급대상 근로자

- 도산대지급금은 다음에 해당하는 날의 1년 전이 되는 날 이후 3년 이내에 해당 사업장에서 퇴직한 근로자에게 지급된다(시행령 제7조 제1항).

  1. 회생절차개시 결정 또는 파산선고의 결정이 있는 경우에는 그 신청일
  2. 회생절차개시의 신청 후 법원이 직권으로 파산선고를 한 경우에는 그 신청일 또는 선고일
  3. 도산 등 사실인정이 있는 경우에는 그 도산 등 사실인정 신청일(도산 등 사실인정의 기초가 된 하나의 사실관계에 대해 둘 이상의 신청이 있는 경우에는 최초의 신청일을 말한다)

- 간이대지급금의 지급대상이 되는 근로자는 사업에서 퇴직한 날의 다음 날부터 2년 이내에 법 제7조 제1항 제4호 각 목에 해당하는 판결, 명령, 조정 또는 결정 등(이하 "판결등"이라 한다)에 관한 소송 등을 제기한 근로자로 한다(시행령 제7조 제2항 제1호). 법 제7조 제1항 제5호에 따른 간이대지급금은 사업에서 퇴직한 날의 다음 날부터 1년 이내에 임금등의 체불을 이유로 해당 사업주에 대한 진정·청원·탄원·고소 또는 고발 등(이하 "진정등"이라 한다)을 제기한 근로자로 한다(시행령 제7조 제2항 제2호).

- 재직근로자에 대한 간이대지급금(시행령 제7조 제3항)
  - 소송 등을 제기한 날 이전 맨 나중의 임금등 체불이 발생한 날의 다음 날부터 2년 이내 소송 등을 제기했을 것
  - 진정 등을 제기한 날 이전 맨 나중의 임금등 체불이 발생한 날의 다음 날부터 1년 이내 진정 등을 제기했을 것

4. 대지급금의 청구

시행령 제9조 【대지급금의 청구와 지급】

① 대지급금을 지급받으려는 사람은 다음 각 호의 구분에 따른 기간 이내에 고용노동부장관에게 대지급금의 지급을 청구해야 한다.

  1. 도산대지급금의 경우 : 파산선고등 또는 도산등사실인정이 있는 날부터 2년 이내
  2. 법 제7조 제1항 제4호에 따른 대지급금의 경우 : 판결등이 있는 날부터 1년 이내
  3. 법 제7조 제1항 제5호에 따른 대지급금의 경우 : 체불임금등·사업주확인서가 최초로 발급된 날부터 6개월 이내
  4. 법 제7조의2 제1항에 따른 대지급금의 경우 : 판결등이 있는 날부터 1년 이내 또는 체불임금등·사업주확인서가 최초로 발급된 날부터 6개월 이내

Ⅲ 임금채권의 지급보장

1. 지급보장 범위

대지급금은 ㉠ 최종 3개월분의 임금 및 최종 3년간 퇴직급여 등 ㉡ 최종 3개월분의 휴업수당, ㉢ 최종 3개월분의 출산전후휴가 기간 중 급여이다(제7조 제2항). 대지급금의 상한액은 근로자의 퇴직 당시의 연령 등을 고려하여 따로 정할 수 있으며, 대지급금이 적은 경우에는 지급하지 아니할 수 있다(제7조 제2항 단서).

2. 수급권의 보호

대지급금을 지급받을 권리는 양도 또는 압류하거나 담보로 제공할 수 없다(제11조의2 제1항). 부상 또는 질병으로 인하여 대지급금을 수령할 수 없는 경우 그 가족에게 수령을 위임할 수 있다(제11조의2 제2항, 시행령 제18조의2 제1항). 미성년자인 근로자는 독자적으로 대지급금의 지급을 청구할 수 있다(제11조의2 제3항). 대지급금수급계좌의 예금에 관한 채권은 압류할 수 없다(제11조의2 제4항). 고용노동부장관은 근로자의 신청이 있는 경우에는 제7조 또는 제7조의2에 따른 대지급금을 해당 근로자 명의의 지정된 계좌(이하 "대지급금수급계좌"라 한다)로 입금하여야 한다. 다만, 정보통신장애나 그 밖에 대통령령으로 정하는 불가피한 사유로 대지급금을 대지급금수급계좌로 이체할 수 없을 때에는 현금 지급 등 대통령령으로 정하는 바에 따라 대지급금을 지급할 수 있다(제11조 제1항). 대지급금수급계좌의 해당 금융기관은 이 법에 따른 대지급금만이 대지급금수급계좌에 입금되도록 관리하여야 한다(제2항).

3. 지급주체

고용노동부장관은 사업주가 다음 각 호의 어느 하나에 해당하는 경우에 퇴직한 근로자가 지급받지 못한 임금등의 지급을 청구하면 제3자의 변제에 관한 「민법」 제469조에도 불구하고 그 근로자의 미지급 임금등을 사업주를 대신하여 지급한다(제7조 제1항). 고용노동부장관은 대지급금을 지급하였을 때에는 그 지급한 금액의 한도에서 그 근로자가 해당 사업주에 대하여 미지급 임금 등을 청구할 수 있는 권리를 대위한다(제8조 제1항). 임금채권 우선변제권이나 퇴직급여 등 채권 우선변제권은 대위되는 권리에 존속한다(제8조 제2항).

4. 재직근로자에 대한 대지급금의 지급

제7조의2 【재직 근로자에 대한 대지급금의 지급】
① 고용노동부장관은 사업주가 제7조 제1항 제4호 또는 제5호에 해당하는 경우 해당 사업주와 근로계약이 종료되지 아니한 근로자(이하 "재직 근로자"라 한다)가 지급받지 못한 임금등의 지급을 청구하면 제3자의 변제에 관한 「민법」 제469조에도 불구하고 대지급금을 지급한다.
② 제1항에 따라 고용노동부장관이 지급하는 대지급금의 범위는 다음 각 호와 같다.

1. 재직 근로자가 체불 임금에 대하여 제7조 제1항 제4호에 따른 판결, 명령, 조정 또는 결정 등을 위한 소송 등을 제기하거나 해당 사업주에 대하여 진정·청원·탄원·고소 또는 고발 등을 제기한 날을 기준으로 맨 나중의 임금 체불이 발생한 날부터 소급하여 3개월 동안에 지급되어야 할 임금 중 지급받지 못한 임금

2. 제1호와 같은 기간 동안에 지급되어야 할 휴업수당 중 지급받지 못한 휴업수당

3. 제1호와 같은 기간 동안에 지급되어야 할 출산전후휴가기간 중 급여에서 지급받지 못한 급여

④ 재직 근로자에 대한 대지급금은 해당 근로자가 하나의 사업에 근로하는 동안 1회만 지급한다.

⑤ 제1항에 따라 대지급금을 지급받은 근로자가 퇴직 후 같은 근무기간, 같은 휴업기간 또는 같은 출산전후휴가기간에 대하여 제7조에 따른 대지급금의 지급을 청구한 경우 그 지급에 관하여는 다음 각 호의 구분에 따른다.

1. 제7조 제1항 제1호부터 제3호까지의 규정 중 어느 하나에 해당하여 대지급금의 지급을 청구한 경우에는 제1항 및 제2항에 따라 지급받은 대지급금에 해당하는 금액을 공제하고 지급할 것

2. 제7조 제1항 제4호 또는 제5호에 해당하여 대지급금의 지급을 청구한 경우에는 지급하지 아니할 것

⑥ 고용노동부장관은 제1항에 따른 대지급금의 지급 여부에 관하여 고용노동부령으로 정하는 바에 따라 해당 사업주(대지급금을 지급하기로 한 경우로 한정한다) 및 근로자에게 통지하여야 한다.

5. 체불임금 등 및 생계비 융자

고용노동부장관은 사업주가 근로자에게 임금 등을 지급하지 못한 경우에 사업주의 신청에 따라 체불 임금등을 지급하는 데 필요한 비용을 융자할 수 있다(제7조의3 제1항). 고용노동부장관은 사업주로부터 임금등을 지급받지 못한 근로자(퇴직한 근로자를 포함한다)의 생활안정을 위하여 근로자의 신청에 따라 생계비에 필요한 비용을 융자할 수 있다(제2항). 융자금액은 고용노동부장관이 해당 근로자에게 직접 지급하여야 한다(제3항).

6. 사업주의 부담금과 부담금의 경감

고용노동부장관은 제7조 또는 제7조의2에 따른 대지급금의 지급이나 제7조의3에 따른 체불 임금 등 및 생계비의 융자 등 임금채권보장사업에 드는 비용에 충당하기 위하여 사업주로부터 부담금을 징수한다(제9조 제1항). 사업주가 부담하여야 하는 부담금은 그 사업에 종사하는 근로자의 보수총액에 1천분의 2의 범위에서 위원회의 심의를 거쳐 고용노동부장관이 정하는 부담금 비율을 곱하여 산정한 금액으로 한다(제2항). 보수총액을 결정하기 곤란한 경우에는 고용산재보험료징수법 제13조제6항에 따라 고시하는 노무비율(勞務比率)에 따라 보수총액을 결정한다(제3항). 이 법은 사업주의 부담금에 관하여 다른 법률에 우선하여 적용한다(제5항). 고용노동부장관은 퇴직금을 미리 정산하여 지급한 사업주, 퇴직보험등에 가입한 사업주, 확정급여형퇴직연금제도, 확정기여형퇴직연금제도, 중소기업퇴직연금기금제도 또는 개인형퇴직연금제도를 설정한 사업주, 「외국인근로자의 고용 등에 관한 법률」에 따라 외국인근로자 출국만기보험·신탁에 가입한 사업주에 대하여는 부담금을 경감할 수 있다(제10조).

7. 체불임금 확인 · 재산목록 제출명령

임금 등을 지급받지 못한 근로자는 대지급금의 지급청구를 진행하기 위하여 필요한 경우, 소송제기를 위해 필요한 경우 고용노동부장관에게 체불 임금등 · 사업주확인서의 발급을 신청할 수 있다(제12조 제1항). 신청이 있을 경우 고용노동부장관은 근로감독사무 처리과정에서 확인된 체불 임금등 · 사업주확인서를 근로자, 근로복지공단 또는 대한법률구조공단에 발급할 수 있다(제2항). 고용노동부장관은 근로자에게 대지급금을 지급하려는 경우에는 대통령령으로 정하는 바에 따라 해당 사업주에게 재산 관계를 구체적으로 밝힌 재산목록의 제출을 명할 수 있다(제13조 제1항). 재산목록 제출명령을 받은 사업주는 특별한 사유가 없으면 7일 이내에 고용노동부장관에게 재산 관계를 구체적으로 밝힌 재산목록을 제출하여야 한다(제2항).

8. 부정행위에 따른 반환요구 등

고용노동부장관은 거짓이나 그 밖의 부정한 방법으로 대지급금 또는 융자금을 받으려 한 자에게는 신청한 대지급금 또는 융자금의 전부 또는 일부를 지급 또는 융자하지 아니할 수 있다(제14조 제1항). 고용노동부장관은 대지급금 또는 융자금을 이미 받은 자가 거짓이나 그 밖의 부정한 방법으로 대지급금 또는 융자금을 받은 경우이거나 그 밖에 잘못 지급된 대지급금 또는 융자금이 있는 경우에는 그 대지급금 또는 융자금의 전부 또는 일부를 환수하여야 한다(제2항). 대지급금을 환수하는 경우 거짓이나 그 밖의 부정한 방법으로 지급받은 대지급금의 5배 이하의 금액을 추가하여 징수할 수 있다(제3항). 대지급금의 지급 또는 융자가 거짓의 보고 · 진술 · 증명 · 서류제출 등 위계(僞計)의 방법에 의한 것이면 그 행위를 한 자는 대지급금 또는 융자금을 받은 자와 연대하여 책임을 진다(제4항). 거짓이나 그 밖의 부정한 방법으로 대지급금이 지급된 사실을 지방고용노동관서 또는 수사기관에 신고하거나 고발한 자에게는 포상금을 지급할 수 있다(제15조).

9. 관계기관 등에 대한 협조요청

고용노동부장관은 제7조 또는 제7조의2에 따른 대지급금의 지급, 제7조의3에 따른 체불 임금등 및 생계비의 융자, 제8조에 따른 미지급 임금등의 청구권의 대위, 제12조에 따른 체불 임금등의 확인, 제14조에 따른 부당이득의 환수 등 이 법에 따른 업무를 수행하기 위하여 자료의 제공 또는 관계 전산망의 이용을 해당 관계자에게 각각 요청할 수 있다. 이 경우 자료제공 등을 요청받은 자는 정당한 사유가 없으면 그 요청에 따라야 한다(제23조 제1항). 고용노동부장관은 자료의 제공을 요청할 때에는 업무에 필요한 최소한의 정보만 요청하여야 한다(제23조의2 제1항). 고용노동부장관은 제23조 제1항 각 호의 자료를 이용할 때에는 보안교육 등 사업주 또는 근로자 등의 개인정보에 대한 보호대책을 마련하여야 한다(제23조의2 제2항). 고용노동부장관은 제23조 제1항 제8호 및 제9호에 따른 자료의 제공을 요청할 경우에는 사전에 정보주체의 동의를 받아야 한다(제23조의2 제3항).

10. 미회수된 대지급금 자료의 제공

> **제23조의3【미회수된 대지급금 자료의 제공】**
> ① 고용노동부장관은「신용정보의 이용 및 보호에 관한 법률」제25조 제2항 제1호에 따른 종합신용정보집중기관(이하 이 조에서 "종합신용정보집중기관"이라 한다)이 제7조 또는 제7조의2에 따라 지급된 대지급금 중 다음 각 호의 요건을 모두 충족하는 미회수금과 해당 사업주의 인적사항 등에 관한 자료(이하 "미회수자료"라 한다)를 요구할 때에는 대지급금의 회수를 위하여 필요하다고 인정하는 경우 그 자료를 제공할 수 있다. 다만, 해당 사업주의 사망·폐업으로 미회수자료 제공의 실효성이 없는 경우 등 대통령령으로 정하는 사유가 있는 경우에는 그러하지 아니하다.
>   1. 미회수된 대지급금의 합계가 500만원 이상으로서 대통령령으로 정하는 금액 이상일 것
>   2. 미회수된 대지급금 지급일의 다음 날부터 1년 이상의 기간으로서 대통령령으로 정하는 기간이 지났을 것
> ② 고용노동부장관은 제1항에 따라 미회수자료를 종합신용정보집중기관에 제공하기 전에 고용노동부령으로 정하는 바에 따라 해당 사업주에게 그 사실을 미리 알려야 하며, 미회수자료를 제공한 경우 해당 사업주에게 그 제공 사실을 지체 없이 알려야 한다.
> ③ 제1항에 따라 미회수자료를 제공받은 자는 이를 신용도·신용거래능력 판단과 관련한 업무 외의 목적으로 이용·제공 또는 누설하여서는 아니 된다.
> ④ 제1항부터 제3항까지에서 규정한 사항 외에 미회수자료의 제공 절차 및 방법 등에 관하여 필요한 사항은 고용노동부령으로 정한다.

Ⅳ 임금채권보장기금

1. 기금의 설치

고용노동부장관은 제7조 또는 제7조의2에 따른 대지급금의 지급이나 제7조의3에 따른 체불 임금등 및 생계비의 융자 등 임금채권보장사업에 충당하기 위하여 임금채권보장기금을 설치한다(제17조).

2. 기금의 조성

기금은 ㉠ 사업주의 변제금, ㉡ 사업주의 부담금, ㉢ 차입금, ㉣ 기금의 운용으로 생기는 수익금, ㉤ 그 밖의 수입금으로 조성한다(제18조).

3. 기금의 관리·운용

기금은 고용노동부장관이 관리·운용하며(제20조 제1항), 기금의 회계연도는 정부의 회계연도에 따른다(제21조).

4. 임금채권보장기금심의위원회

임금채권보장기금의 관리·운용에 관한 중요사항을 심의하기 위하여 고용노동부에 임금채권보장기금심의위원회를 둔다(제6조 제1항). 위원회는 근로자를 대표하는 사람, 사업주를 대표하는 사람 및 공익을 대표하는 사람으로 구성하되, 각각 같은 수(각 5명)로 한다(제6조 제2항). 위원은 고용노동부장관이 임명하거나 위촉한다(시행령 제3조).

V 시효와 벌칙

1. 시효

부담금이나 그 밖에 이 법에 따른 징수금을 징수하거나 대지급금·부담금을 반환받을 권리는 3년 간 행사하지 아니하면 시효로 소멸한다(제26조 제1항).

2. 벌칙

제27조의2 【벌칙】

다음 각 호의 어느 하나에 해당하는 자는 10년 이하의 징역 또는 1억원 이하의 벌금에 처한다. 〈개정 2024.2.6.〉

1. 제23조의2 제6항을 위반하여 정보를 누설하거나 다른 용도로 사용한 자
2. 제23조의3 제3항을 위반하여 미회수자료를 이용·제공하거나 누설한 자

제28조 【벌칙】

① 다음 각 호의 어느 하나에 해당하는 자는 3년 이하의 징역 또는 3천만원 이하의 벌금에 처한다.

1. 거짓이나 그 밖의 부정한 방법으로 제7조·제7조의2에 따른 대지급금 또는 제7조의3에 따른 융자를 받은 자
2. 거짓이나 그 밖의 부정한 방법으로 다른 사람으로 하여금 제7조·제7조의2에 따른 대지급금 또는 제7조의3에 따른 융자를 받게 한 자
3. 삭제 〈2021.4.13.〉

② 다음 각 호의 어느 하나에 해당하는 자는 2년 이하의 징역 또는 2천만원 이하의 벌금에 처한다.

1. 부당하게 제7조·제7조의2에 따른 대지급금 또는 제7조의3에 따른 융자를 받기 위하여 거짓의 보고·증명 또는 서류제출을 한 자
2. 다른 사람으로 하여금 부당하게 제7조·제7조의2에 따른 대지급금 또는 제7조의3에 따른 융자를 받게 하기 위하여 거짓의 보고·증명 또는 서류제출을 한 자

제30조 【과태료】

① 다음 각 호의 어느 하나에 해당하는 자에게는 1천만원 이하의 과태료를 부과한다.

1. 삭제 〈2015.1.20.〉

1의2. 정당한 사유 없이 제13조에 따른 재산목록의 제출을 거부하거나 거짓의 재산목록을 제출한 자

2. 정당한 사유 없이 제22조에 따른 보고나 관계 서류의 제출요구에 따르지 아니한 자 또는 거짓 보고를 하거나 거짓 서류를 제출한 자
3. 정당한 사유 없이 제24조 제1항에 따른 관계 공무원 또는 제27조에 따라 권한을 위탁받은 기관에 소속된 직원의 질문에 답변을 거부하거나 검사를 거부·방해 또는 기피한 자

② 제1항에 따른 과태료는 대통령령으로 정하는 바에 따라 고용노동부장관이 부과·징수한다.

Chapter 10 근로복지기본법

I 서론

1. 목적

이 법은 근로복지정책의 수립 및 복지사업의 수행에 필요한 사항을 규정함으로써 근로자의 삶의 질을 향상시키고 국민경제의 균형 있는 발전에 이바지함을 목적으로 한다(제1조).

2. 정의(제2조)

- "근로자"란 직업의 종류와 관계없이 임금을 목적으로 사업이나 사업장에 근로를 제공하는 자를 말한다.
- "사용자"란 사업주 또는 사업 경영 담당자, 그 밖에 근로자에 관한 사항에 대하여 사업주를 위하여 행위하는 자를 말한다.
- "주택사업자"란 근로자에게 분양 또는 임대하는 것을 목적으로 주택을 건설하거나 구입하는 자를 말한다.
- "우리사주조합"이란 주식회사의 소속 근로자가 그 주식회사의 주식을 취득·관리하기 위하여 이 법에서 정하는 요건을 갖추어 설립한 단체를 말한다.
- "우리사주"란 주식회사의 소속 근로자 등이 그 주식회사에 설립된 우리사주조합을 통하여 취득하는 그 주식회사의 주식을 말한다.

3. 근로복지정책의 기본원칙

근로복지(임금·근로시간 등 기본적인 근로조건은 제외한다. 이하 같다)정책은 근로자의 경제·사회활동의 참여기회 확대, 근로의욕의 증진 및 삶의 질 향상을 목적으로 하여야 한다(제3조 제1항). 근로복지정책을 수립·시행할 때에는 근로자가 성별, 나이, 신체적 조건, 고용형태, 신앙 또는 사회적 신분 등에 따른 차별을 받지 아니하도록 배려하고 지원하여야 한다(제2항). 근로자의 복지향상을 위한 지원을 할 때에는 중소·영세기업 근로자, 기간제근로자, 단시간근로자, 파견근로자, 하수급인이 고용하는 근로자, 저소득근로자 및 장기근속 근로자가 우대될 수 있도록 하여야 한다(제3항).

4. 국가 또는 지방자치단체, 사업주 및 노동조합·근로자의 책무

국가 또는 지방자치단체는 근로복지정책을 수립·시행하는 경우 근로복지정책의 기본원칙에 따라 예산·기금·세제·금융상의 지원을 하여 근로자의 복지증진이 이루어질 수 있도록 노력하여야 한다(제4조). 사업주는 해당 사업장 근로자의 복지증진을 위하여 노력하고 근로복지정책에 협력하여야 한다(제5조 제1항). 노동조합 및 근로자는 근로의욕 증진을 통하여 생산성 향상에 노력하고 근로복지정책에 협력하여야 한다(제2항).

5. 목적 외 사용금지

누구든지 국가 또는 지방자치단체가 근로자의 주거안정, 생활안정 및 재산형성 등 근로복지를 위하여 이 법에 따라 보조 또는 융자한 자금을 그 목적사업에만 사용하여야 한다(제6조).

6. 기본계획의 수립

근로복지증진에 관한 기본계획 등은 고용정책심의회의 심의를 거쳐야 한다(제8조). 고용노동부장관은 관계 중앙행정기관의 장과 협의하여 근로복지증진에 관한 기본계획을 5년마다 수립하여야 한다(제9조 제1항). 기본계획에는 근로자의 주거안정에 관한 사항, 근로자의 생활안정에 관한 사항, 근로자의 재산형성에 관한 사항, 우리사주제도에 관한 사항, 사내근로복지기금제도에 관한 사항, 선택적 복지제도 지원에 관한 사항, 근로자지원프로그램 운영에 관한 사항, 근로자를 위한 복지시설의 설치 및 운영에 관한 사항, 근로복지사업에 드는 재원 조성에 관한 사항, 직전 기본계획에 대한 평가, 그 밖에 근로복지증진을 위하여 고용노동부장관이 필요하다고 인정하는 사항이 포함되어야 한다(제2항). 고용노동부장관은 기본계획을 수립한 때에는 지체 없이 국회 소관 상임위원회에 보고하고 이를 공표하여야 한다(제3항).

7. 근로복지사업 추진 협의

지방자치단체, 국가의 보조를 받는 비영리법인이 근로복지사업을 추진하는 경우에는 고용노동부장관과 협의하여야 한다. 다만, 지방자치단체가 관할 구역 안에서 해당 지방자치단체의 예산으로만 근로복지사업을 추진하는 경우에는 협의를 거치지 아니할 수 있다(제11조).

8. 특수형태근로종사자 등에 대한 특례

국가 또는 지방자치단체는 근로자가 아니면서 자신이 아닌 다른 사람의 사업을 위하여 다른 사람을 사용하지 아니하고 자신이 직접 노무를 제공하여 해당 사업주 또는 노무수령자로부터 대가를 얻는 사람, 「산업재해보상보험법」 제124조 제1항에 따른 중·소기업 사업주(근로자를 사용하는 사업주는 제외한다)을 대상으로 근로복지사업을 실시할 수 있다(제95조의2 제1항).

▐▐ 공공근로복지

1. 근로자의 주거안정

(1) 근로자주택공급제도의 운영

국가 또는 지방자치단체는 근로자의 주택취득 또는 임차 등을 지원하기 위하여 주택사업자가 근로자에게 주택을 우선하여 분양 또는 임대하도록 하는 제도를 운영할 수 있다(제15조 제1항). 국토교통부장관은 주거기본법에 따른 주거종합계획에 근로자주택의 공급계획을 포함하여야 한다(제2항). 근로자주택의 종류, 규모, 공급대상 근로자, 공급방법과 그 밖에 필요한 사항은 국토교통부장관이 고용노동부장관과 협의하여 정한다(제15조 제3항).

(2) 근로자주택자금의 융자

국가는 주택사업자가 근로자주택을 건설하거나 구입하는 경우, 근로자가 주택사업자로부터 근로자주택을 취득하는 경우에 주택사업자 또는 근로자가 그 필요한 자금을 융자받을 수 있도록 「주택도시기금법」에 따른 주택도시기금으로 지원할 수 있다(제16조 제1항).

(3) 주택구입자금등의 융자

국가는 근로자의 주거안정을 위하여 근로자가 주택을 구입 또는 신축하거나 임차하는 경우 그에 필요한 자금을 융자받을 수 있도록 「주택도시기금법」에 따른 주택도시기금으로 지원할 수 있다(제17조 제1항). 국가 또는 지방자치단체는 융자업무취급기관으로 하여금 주택구입자금등을 일반대출 이자율보다 낮은 이자율로 근로자에게 융자하게 하고 그 이자 차액을 보전(補塡)할 수 있다(제2항).

(4) 근로자의 이주 등에 대한 지원

국가는 취업 또는 근무지 변경 등으로 이주하거나 가족과 떨어져 생활하는 근로자의 주거안정을 위하여 필요한 지원을 할 수 있다(제18조).

2. 근로자의 생활안정 및 재산형성

(1) 생활안정자금 지원

국가는 근로자의 생활안정을 지원하기 위하여 근로자 및 그 가족의 의료비·혼례비·장례비 등의 융자 등 필요한 지원을 하여야 한다(제19조 제1항). 국가는 경제상황 및 근로자의 생활안정자금이 필요한 시기 등을 고려하여 임금을 받지 못한 근로자 등의 생활안정을 위한 생계비의 융자 등 필요한 지원을 할 수 있다(제2항).

(2) 학자금 지원

국가는 근로자 및 그 자녀의 교육기회를 확대하기 위하여 장학금의 지급 또는 학자금의 융자 등 필요한 지원을 할 수 있다(제20조 제1항).

(3) 근로자우대저축

국가는 근로자의 재산형성을 지원하기 위하여 근로자를 우대하는 저축에 관한 제도를 운영하여야 한다(제21조).

3. 근로자 신용보증 지원

(1) 신용보증 지원 및 대상

「산업재해보상보험법」에 따른 근로복지공단은 담보능력이 미약한 근로자(구직신청한 실업자 및 「산업재해보상보험법」에 따른 재해근로자를 포함)가 금융회사 등에서 생활안정자금 및 학자금 등의 융자를 받음으로써 부담하는 금전채무에 대하여 해당 금융회사 등과의 계약에 따라 그 금전채무를 보증할 수 있다(제22조 제1항). 공단이 위의 계약을 체결하거나 변경하려는 경우에는 고용노동부장관의 승인을 받아야 한다(제3항).

(2) 보증관계

공단이 근로자에 대하여 신용보증을 하기로 결정하였을 때에는 그 뜻을 해당 근로자와 그 근로 자가 융자를 받으려는 금융회사 등에 통지하여야 한다(제23조 제1항). 신용보증관계는 통지를 받은 금융회사 등이 융자금을 해당 근로자에게 지급한 때에 성립한다(제2항).

(3) 보증료

공단은 신용을 보증 받은 근로자로부터 보증금액에 대하여 연율 100분의 1의 범위에서 대통령 령으로 정하는 바에 따라 보증료를 받을 수 있다(제24조).

(4) 통지의무(제25조)

제23조에 따라 통지받은 금융회사 등은 다음의 사유에 해당하는 경우 지체 없이 그 사실을 공 단에 통지하여야 한다.
- 주된 채무관계가 성립한 경우
- 주된 채무의 전부 또는 일부가 소멸한 경우
- 근로자가 채무를 이행하지 아니한 경우
- 근로자가 기한의 이익을 상실한 경우
- 그 밖에 보증채무에 영향을 미칠 우려가 있는 사유가 발생한 경우

(5) 지연이자

공단이 보증채무를 이행하였을 때에는 해당 근로자로부터 그 지급한 대위변제금에 대하여 연 이율 100분의 20을 초과하지 아니하는 범위에서 대통령령으로 정하는 바에 따라 이행일부터 근로자가 변제하는 날까지의 지연이자(遲延利子)를 징수할 수 있다. 이 경우 지연이자는 대위 변제금을 초과할 수 없다(제27조).

4. 근로복지시설 등에 대한 지원

(1) 근로복지시설 설치 등의 지원

국가 또는 지방자치단체는 근로자를 위한 복지시설의 설치 · 운영을 위하여 노력하여야 한다 (제28조 제1항). 국가 또는 지방자치단체는 사업주(사업주단체를 포함) · 노동조합(지부 · 분회 등을 포함) · 공단 또는 비영리법인이 근로복지시설을 설치 · 운영하는 경우에는 필요한 지원을 할 수 있다(제3항). 국가 또는 지방자치단체는 근로복지시설을 설치 · 운영하는 지방자치단체 · 사업주 · 노동조합 · 공단 또는 비영리법인에 그 비용의 일부를 예산의 범위에서 지원할 수 있다 (제4항).

(2) 근로복지시설의 운영위탁

국가 또는 지방자치단체는 근로복지시설을 효율적으로 운영하기 위하여 필요한 경우에는 공단 또는 비영리단체에 운영을 위탁할 수 있다(제29조 제1항). 이 경우에는 예산의 범위에서 운영 에 필요한 경비의 일부를 보조할 수 있다(제2항).

(3) 이용료

근로복지시설을 설치·운영하는 자는 근로자의 소득수준, 가족관계 등을 고려하여 근로복지시설의 이용자를 제한하거나 이용료를 차등하여 받을 수 있다(제30조).

(4) 민간복지시설 이용비용의 지원

국가는 근로자가 국가 또는 지방자치단체가 설치한 근로복지시설을 이용하기가 곤란하여 민간이 운영하는 복지시설을 이용하는 경우 비용의 일부를 지원할 수 있다(제31조 제1항).

Ⅲ 우리사주제도

1. 목적

우리사주제도는 근로자로 하여금 우리사주조합을 통하여 해당 우리사주조합이 설립된 주식회사(이하 "우리사주제도 실시회사"라 한다)의 주식을 취득·보유하게 함으로써 근로자의 경제·사회적 지위향상과 노사협력 증진을 도모함을 목적으로 한다(제32조).

2. 설립

- 우리사주조합을 설립하려는 주식회사의 소속 근로자는 우리사주조합원의 자격을 가진 근로자 2명 이상의 동의를 받아 우리사주조합설립준비위원회를 구성하여 대통령령으로 정하는 바에 따라 우리사주조합을 설립할 수 있다. 이 경우 우리사주조합설립준비위원회는 우리사주조합의 설립에 대한 회사의 지원에 관한 사항 등 고용노동부령으로 정하는 사항을 미리 해당 회사와 협의하여야 한다(제33조 제1항).
- 우리사주조합의 설립 및 운영에 관하여 이 법에서 규정한 사항을 제외하고는 「민법」 중 사단법인에 관한 규정을 준용한다(제2항).

3. 우리사주조합원의 자격취득과 자격상실, 탈퇴(제34조)

- 우리사주제도 실시회사의 우리사주조합에 조합원으로 가입할 수 있는 근로자는 다음과 같다(제1항).

1. 우리사주제도 실시회사의 소속 근로자
2. 우리사주제도 실시회사가 대통령령으로 정하는 바에 따라 해당 발행주식 총수의 100분의 50 이상의 소유를 통하여 지배하고 있는 주식회사(이하 "지배관계회사"라 한다)의 소속 근로자 또는 우리사주제도 실시회사로부터 도급받아 직전 연도 연간 총매출액의 100분의 50 이상을 거래하는 주식회사(이하 "수급관계회사"라 한다)의 소속 근로자로서 다음 각목의 요건을 모두 갖춘 근로자
   가. 지배관계회사 또는 수급관계회사의 경우에는 각각 소속 근로자 전원의 과반수로부터 동의를 받을 것
   나. 해당 우리사주제도 실시회사의 우리사주조합으로부터 동의를 받을 것
   다. 해당 지배관계회사 또는 해당 수급관계회사 자체에 우리사주조합이 설립되어 있는 경우 자체 우리사주조합이 해산될 것. 다만, 제47조 제1항 제4호 단서에 해당하는 경우는 제외한다.

- 근로자가 다음 각 호의 어느 하나에 해당하는 경우에는 우리사주제도 실시회사의 우리사주조합원이 될 수 없으며, 우리사주조합원이 다음 각 호의 어느 하나에 해당하게 되는 경우에는 우리사주제도 실시회사의 우리사주조합원의 자격을 상실한다. 다만, 제1호에 해당하는 근로자는 제37조에 따라 배정받은 해당 우리사주제도 실시회사의 주식과 제39조에 따라 부여된 우리사주매수선택권에 한정하여 우리사주조합원의 자격을 유지할 수 있다(제2항).

    1. 해당 우리사주제도 실시회사, 지배관계회사 및 수급관계회사의 주주총회에서 임원으로 선임된 사람
    2. 해당 우리사주제도 실시회사, 지배관계회사, 수급관계회사의 소속 근로자로서 주주. 다만, 대통령령으로 정하는 소액주주인 경우는 제외한다.
    3. 지배관계회사 또는 수급관계회사의 근로자가 해당 우리사주제도 실시회사의 우리사주조합에 가입한 후 소속 회사에 우리사주조합을 설립하게 되는 경우의 그 지배관계회사 또는 수급관계회사의 근로자
    4. 그 밖에 근로기간 및 근로관계의 특수성 등에 비추어 우리사주조합원의 자격을 인정하기 곤란한 근로자로서 대통령령으로 정하는 사람

- 우리사주조합원은 자유로이 우리사주조합에서 탈퇴할 수 있다. 다만, 우리사주조합은 탈퇴한 우리사주조합원에 대하여 2년을 초과하지 아니하는 범위에서 제35조 제2항 제1호에 따른 규약에서 정하는 기간 동안 재가입을 제한할 수 있다(제3항).

4. 우리사주조합의 운영(제35조)

- 우리사주조합은 전체 우리사주조합원의 의사를 반영하여 민주적으로 운영되어야 한다(제1항).
- 우리사주조합원총회나 대의원회의 의결사항(제2항)

    1. 규약의 제정과 변경에 관한 사항
    2. 제36조에 따른 우리사주조합기금의 조성에 관한 사항
    3. 예산 및 결산에 관한 사항
    4. 우리사주조합의 대표자 등 임원 선출
    5. 그 밖에 우리사주조합의 운영에 관하여 중요한 사항

- 우리사주조합은 규약으로 우리사주조합원총회를 갈음할 대의원회를 둘 수 있다. 다만, 제2항 제1호에 관한 사항은 반드시 우리사주조합원총회의 의결을 거쳐야 한다(제3항).
- 우리사주조합의 대표자 등 임원과 대의원은 우리사주조합원의 직접·비밀·무기명 투표로 선출한다(제5항).
- 우리사주조합의 대표자는 우리사주조합원이 열람할 수 있도록 다음 각 호의 장부와 서류를 작성하여 그 주된 사무소에 갖추어 두고, 이를 10년간 보존하여야 한다. 이 경우 그 장부와 서류를 「전자문서 및 전자거래 기본법」 제2조 제1호에 따른 전자문서(이하 "전자문서"라 한다)로 작성·보관할 수 있다(제7항).

> 1. 우리사주조합원 명부
> 2. 규약
> 3. 우리사주조합의 임원 및 대의원의 성명과 주소록
> 4. 회계에 관한 장부 및 서류
> 5. 우리사주조합 및 우리사주조합원의 우리사주 취득·관리에 관한 장부 및 서류

5. 우리사주조합원에 대한 우선배정의 범위

주권상장법인 또는 주권을 증권시장에 상장하려는 법인이 같은 법에 따라 주권을 모집 또는 매출하는 경우에 우리사주조합원은 모집 또는 매출하는 주식 총수의 100분의 20의 범위에서 우선적으로 배정받을 권리가 있다(제38조 제1항). 제1항의 법인 외의 법인이 모집 또는 매출하거나 유상증자를 하는 경우 그 모집 등을 하는 주식 총수의 100분의 20의 범위에서 「상법」 제418조에도 불구하고 우리사주조합원에게 해당 주식을 우선적으로 배정할 수 있다(제2항).

6. 우리사주매수선택권의 부여의 범위

- 우리사주제도 실시회사는 발행주식총수의 100분의 20의 범위에서 정관으로 정하는 바에 따라 주주총회의 결의로 우리사주조합원에게 그 결의된 기간(이하 "제공기간"이라 한다) 이내에 미리 정한 가격(이하 "행사가격"이라 한다)으로 신주를 인수하거나 해당 우리사주제도 실시회사가 보유하고 있는 자기주식을 매수할 수 있는 권리(이하 "우리사주매수선택권"이라 한다)를 부여할 수 있다. 다만, 발행주식총수의 100분의 10의 범위에서 우리사주매수선택권을 부여하는 경우에는 정관으로 정하는 바에 따라 이사회 결의로 우리사주매수선택권을 부여할 수 있다(제39조 제1항).
- 제공기간은 주주총회 또는 이사회가 정하는 우리사주매수선택권 부여일부터 6개월 이상 2년 이하의 기간으로 한다(제4항).
- 우리사주매수선택권을 부여하려는 우리사주제도 실시회사는 3년의 범위에서 대통령령으로 정하는 근속기간(1년) 미만인 우리사주조합원에게는 우리사주매수선택권을 부여하지 아니할 수 있다(제6항).
- 우리사주매수선택권은 타인에게 양도할 수 없다. 다만, 우리사주매수선택권을 부여받은 사람이 사망한 경우에는 상속인이 이를 부여받은 것으로 본다(제7항).

7. 우리사주매수선택권 부여의 취소(제40조)

다음 각 호의 어느 하나에 해당하는 경우에는 우리사주매수선택권의 부여를 취소할 수 있다. 다만, 제2호 및 제3호의 경우에는 해당 우리사주제도 실시회사의 정관으로 정하는 바에 따라 이사회의 의결에 따라야 한다.

> 1. 해당 우리사주제도 실시회사가 파산·해산 등으로 우리사주매수선택권의 행사에 응할 수 없는 경우
> 2. 우리사주매수선택권을 부여받은 우리사주조합원이 고의 또는 과실로 해당 우리사주제도 실시회사에 중대한 손해를 끼친 경우
> 3. 우리사주매수선택권을 부여하는 계약서에서 정한 취소 사유가 발생한 경우

8. 우리사주의 우선배정 및 우리사주매수선택권 부여의 제한

우리사주제도 실시회사는 우리사주를 우선배정하거나 우리사주매수선택권을 부여할 때에는 다음의 제1호가 제2호의 100분의 20을 넘지 아니하도록 하여야 한다(제41조).

1. 우리사주조합이 관리하고 있는 우리사주제도 실시회사의 주식, 신규로 발행하는 우선배정 주식 및 우리사주매수선택권을 행사할 때에 취득할 우리사주제도 실시회사의 주식을 합산한 주식 수
2. 우리사주제도 실시회사가 신규로 발행하는 주식 및 우리사주 매수선택권을 행사할 때에 취득할 우리사주제도 실시회사의 주식과 이미 발행한 주식을 합산한 주식 총수

9. 우리사주조합의 차입을 통한 우리사주의 취득

우리사주조합은 우리사주제도 실시회사, 지배관계회사, 수급관계회사, 그 회사의 주주 및 대통령령으로 정하는 금융회사 등으로부터 우리사주 취득자금을 차입하여 우리사주를 취득할 수 있다(제42조 제1항). 우리사주조합은 제1항에 따른 차입금으로 취득한 우리사주를 해당 차입금을 융자하거나 융자보증한 우리사주제도 실시회사 및 금융회사 등에 담보로 제공할 수 있다. 이 경우 차입금 상환액에 해당하는 우리사주에 대하여는 상환 즉시 담보권을 해지할 것을 조건으로 하여야 한다(제42조 제3항)

10. 우리사주 보유에 따른 주주총회의 의결권 행사

우리사주조합의 대표자는 우리사주조합원의 의사표시에 대하여 주주총회 의안에 대한 의결권을 행사하여야 하며(제46조 제1항), 우리사주조합의 대표자는 우리사주조합원이 의결권 행사의 위임을 요청한 경우에는 해당 우리사주조합원의 주식보유분에 대한 의결권의 행사를 그 우리사주조합원에게 위임하여야 한다(제2항).

11. 우리사주조합의 해산

- 우리사주조합은 다음 사유가 발생한 경우에 해산한다. 이 경우 우리사주조합의 청산인은 대통령령으로 정하는 바에 따라 해산 사유를 명시하여 고용노동부장관에게 보고하여야 한다(제47조 제1항).

1. 해당 우리사주제도 실시회사의 파산
2. 사업의 폐지를 위한 해당 우리사주제도 실시회사의 해산
3. 사업의 합병·분할·분할합병 등을 위한 해당 우리사주제도 실시회사의 해산
4. 지배관계회사 또는 수급관계회사의 근로자가 해당 우리사주제도 실시회사의 우리사주조합에 가입하는 경우. 다만, 지배관계회사 또는 수급관계회사 자체에 설립된 우리사주조합이 우리사주를 예탁하고 있거나, 우리사주조합원이 우리사주매수선택권을 부여받은 경우에는 대통령령으로 정하는 기간 동안은 해산하지 아니한다.
5. 우리사주조합의 임원이 없고 최근 3 회계연도의 기간 동안 계속하여 우리사주 및 우리사주 취득 재원의 조성 등으로 자산을 보유하지 아니하였으며 우리사주조합의 해산에 대하여 고용노동부령으로 정하는 바에 따라 우리사주조합의 조합원에게 의견조회를 한 결과 존속의 의사표명이 없는 경우

- 우리사주조합이 해산하는 경우 우리사주조합의 재산은 규약으로 정하는 바에 따라 우리사주조 합원에게 귀속한다. 다만, 우리사주조합이 채무가 있는 경우에는 그 채무를 청산하고 남은 재산 만 우리사주조합원에게 귀속한다(제2항).

12. 국가의 지원

국가는 우리사주제도의 활성화를 위하여 우리사주조합원의 우리사주 보유, 우리사주제도 실시회 사 등의 우리사주조합에 대한 지원, 비상장법인의 우리사주에 대한 환금성 보장 등에 필요한 지원 을 할 수 있으며(제48조), 회사의 도산 등으로 인하여 해당 회사의 근로자가 우리사주조합을 통하 여 해당 회사를 인수할 경우 그 주식취득에 필요한 자금 등을 지원할 수 있다(제49조).

Ⅳ 사내근로복지기금제도, 선택적 복지제도 등

1. 사내근로복지기금제도

(1) 목적

사내근로복지기금제도는 사업주로 하여금 사업 이익의 일부를 재원으로 사내근로복지기금을 설치하여 효율적으로 관리·운영하게 함으로써 근로자의 생활안정과 복지증진에 이바지하게 함을 목적으로 한다(제50조).

(2) 근로자의 권익보호와 근로조건의 유지

사용자는 이 법에 따른 사내근로복지기금의 설립 및 출연을 이유로 근로관계 당사자 간에 정하 여진 근로조건을 낮출 수 없다(제51조).

(3) 법인격 및 설립

① 사내근로복지기금은 법인으로 한다(제52조 제1항).

② 사내근로복지기금법인을 설립하려는 경우에는 해당 사업 또는 사업장의 사업주가 기금법인 설립준비위원회를 구성하여 설립에 관한 사무와 설립 당시의 이사 및 감사의 선임에 관한 사무를 담당하게 하여야 한다(제2항).

③ 준비위원회는 대통령령으로 정하는 바에 따라 기금법인의 정관을 작성하여 고용노동부장관 의 설립인가를 받아야 한다(제4항).

④ 준비위원회는 설립인가를 받았을 때에는 설립인가증을 받은 날부터 3주 이내에 기금법인의 주된 사무소의 소재지에서 기금법인의 설립등기를 하여야 하며, 기금법인은 설립등기를 함 으로써 성립한다(제7항).

⑤ 준비위원회는 법인이 성립됨과 동시에 최초로 구성된 사내근로복지기금협의회로 본다(제 9항).

⑥ 준비위원회는 기금법인의 설립등기를 한 후 지체 없이 기금법인의 이사에게 사무를 인계하 여야 한다(제10항).

(4) 정관변경과 기금법인의 기관

기금법인의 정관을 변경하려는 때에는 대통령령으로 정하는 바에 따라 고용노동부장관의 인가를 받아야 한다(제53조). 기금법인에는 복지기금협의회, 이사 및 감사를 둔다(제54조). 기금법인에 근로자와 사용자를 대표하는 같은 수의 각 3명 이내의 이사와 각 1명의 감사를 둔다(제58조 제1항).

(5) 복지기금협의회의 구성

복지기금협의회는 근로자와 사용자를 대표하는 같은 수의 위원으로 구성하며, 각 2명 이상 10명 이하로 한다(제55조 제1항). 근로자를 대표하는 위원은 대통령령으로 정하는 바에 따라 근로자가 선출하는 사람이 된다(제2항). 사용자를 대표하는 위원은 해당사업의 대표자와 그 대표자가 위촉하는 사람이 된다(제3항). 「근로자참여 및 협력증진에 관한 법률」에 따른 노사협의회가 구성되어 있는 사업의 경우에는 그 노사협의회의 위원이 복지기금협의회의 위원이 될 수 있다(제4항).

(6) 회의록의 작성 및 보관

기금법인은 다음 각 호의 사항을 기록한 복지기금협의회의 회의록을 작성하여 출석위원 전원의 서명 또는 날인을 받아야 하며, 작성일부터 10년간 이를 보관하여야 한다. 이 경우 그 회의록을 전자문서로 작성·보관할 수 있다(제57조).

1. 개최 일시 및 장소
2. 출석위원
3. 협의내용 및 결정사항
4. 그 밖의 토의사항

(7) 사내근로복지기금의 조성

사업주는 직전 사업연도의 법인세 또는 소득세 차감 전 순이익의 100분의 5를 기준으로 복지기금협의회가 협의·결정하는 금액을 대통령령으로 정하는 바에 따라 사내근로복지기금의 재원으로 출연할 수 있다(제61조 제1항).

(8) 기금법인의 사업

기금법인은 그 수익금으로 대통령령으로 정하는 바에 따라 다음 각 호의 사업을 시행할 수 있다(제62조 제1항).

• 주택구입자금등의 보조, 우리사주 구입의 지원 등 근로자 재산형성을 위한 지원
• 장학금·재난구호금의 지급, 그 밖에 근로자의 생활원조
• 모성보호 및 일과 가정생활의 양립을 위하여 필요한 비용 지원
• 기금법인 운영을 위한 경비지급
• 근로복지시설로서 고용노동부령으로 정하는 시설에 대한 출자·출연 또는 같은 시설의 구입·설치 및 운영

- 해당 사업으로부터 직접 도급받는 업체의 소속 근로자 및 해당 사업에의 파견근로자의 복리 후생 증진
- 공동근로복지기금 지원
- 사용자가 임금 및 그 밖의 법령에 따라 근로자에게 지급할 의무가 있는 것 외에 대통령령으로 정하는 사업

(9) 사내근로복지기금의 회계

사내근로복지기금의 회계연도는 사업주의 회계연도에 따른다. 다만, 정관으로 달리 정한 경우에는 그러하지 아니하다(제64조 제1항). 기금법인은 자금차입을 할 수 없다(제2항). 매 회계연도의 결산 결과 사내근로복지기금의 손실금이 발생한 경우에는 다음 회계연도로 이월하며, 잉여금이 발생한 경우에는 이월손실금을 보전한 후 사내근로복지기금에 전입한다(제3항).

(10) 기금법인의 관리 · 운영 서류의 작성 및 보관, 부동산 소유

기금법인은 사업보고서, 재무상태표, 손익계산서, 감사보고서를 작성하여야 하며, 작성일부터 5년간 이를 보관하여야 한다. 이 경우 그 서류를 전자문서로 작성 · 보관할 수 있다(제65조). 기금법인은 업무수행을 위하여 필요한 경우를 제외하고는 부동산을 소유할 수 없다(제67조).

(11) 다른 복지와의 관계

사용자는 기금법인의 설치를 이유로 기금법인 설치 당시에 운영하고 있는 근로복지제도 또는 근로복지시설의 운영을 중단하거나, 이를 감축하여서는 아니 된다(제68조 제1항). 사용자는 기금법인 설치 당시에 기금법인의 사업을 시행하고 있을 때에는 다른 법률에 따라 설치 · 운영할 의무가 있는 것을 제외하고는 복지기금협의회의 협의 · 결정에 의하여 기금법인에 통합하여 운영할 수 있다(제2항).

(12) 기금법인의 해산 사유

기금법인은 해당회사 사업의 폐지, 기금법인의 합병, 기금법인의 분할 · 분할합병, 공동근로복지기금의 조성 참여 또는 중간 참여의 사유로 해산한다(제70조).

(13) 「민법」의 준용

기금법인에 관하여 이 법에 규정한 것을 제외하고는 「민법」 중 재단법인에 관한 규정을 준용한다(제80조).

2. 공동근로복지기금 제도

(1) 공동근로복지기금의 조성

둘 이상의 사업주는 제62조 제1항에 따른 사업을 시행하기 위하여 공동으로 이익금의 일부를 출연하여 공동근로복지기금(이하 "공동기금"이라 한다)을 조성할 수 있다(제86조의2 제1항). 공동기금 사업주 또는 사업주 이외의 자는 제1항에 따른 출연 외에 유가증권, 현금, 그 밖에 대통령령으로 정하는 재산을 출연할 수 있다(제2항).

(2) 공동근로복지기금법인 설립준비위원회 구성

공동근로복지기금법인(이하 "공동기금법인"이라 한다)을 설립하려는 사업주는 공동으로 각 사업주 또는 사업주가 위촉하는 사람으로 설립준비위원회를 구성하여 설립에 관한 사무와 설립 당시의 이사 및 감사의 선임에 관한 사무를 담당하게 할 수 있다(제86조의3).

(3) 공동근로복지기금협의회의 구성

공동기금법인은 기금의 운영에 관한 주요사항을 협의·결정하기 위하여 공동근로복지기금협의회(이하 "공동기금협의회"라 한다)를 둔다(제86조의4 제1항). 공동기금협의회는 각 기업별 근로자와 사용자를 대표하는 각 1인의 위원으로 구성한다(제2항).

3. 선택적 복지제도 및 근로자지원프로그램 등

(1) 선택적 복지제도 실시

사업주는 근로자가 여러 가지 복지항목 중에서 자신의 선호와 필요에 따라 자율적으로 선택하여 복지혜택을 받는 선택적 복지제도를 설정하여 실시할 수 있다(제81조 제1항). 사업주는 선택적 복지제도를 실시할 때에는 해당 사업 내의 모든 근로자가 공평하게 복지혜택을 받을 수 있도록 하여야 한다. 다만, 근로자의 직급, 근속연수, 부양가족 등을 고려하여 합리적인 기준에 따라 수혜 수준을 달리할 수 있다(제2항).

(2) 선택적 복지제도의 설계·운영 등

사업주는 선택적 복지제도를 설계하는 경우 근로자의 사망·장해·질병 등에 관한 기본적 생활보장항목과 건전한 여가·문화·체육활동 등을 지원할 수 있는 개인별 추가선택항목을 균형 있게 반영할 수 있도록 노력하여야 한다(제82조 제1항). 사업주는 근로자가 선택적 복지제도의 복지항목을 선택하고 사용하는 데 불편이 없도록 전산관리서비스를 직접 제공하거나 제3자에게 위탁하여 제공될 수 있도록 노력하여야 한다(제2항). 선택적 복지제도는 사내근로복지기금 사업을 하는 데 활용할 수 있다(제3항).

(3) 근로자지원프로그램

사업주는 근로자의 업무수행 또는 일상생활에서 발생하는 스트레스, 개인의 고충 등 업무저해 요인의 해결을 지원하여 근로자를 보호하고, 생산성 향상을 위한 전문가 상담 등 일련의 서비스를 제공하는 근로자지원프로그램을 시행하도록 노력하여야 한다(제83조 제1항). 사업주와 근로자지원프로그램 참여자는 제1항에 따른 조치를 시행하는 과정에서 대통령령이 정하는 경우를 제외하고는 근로자의 비밀이 침해받지 않도록 익명성을 보장하여야 한다(제2항).

(4) 성과 배분

사업주는 해당 사업의 근로자와 협의하여 정한 해당 연도 이익 등의 경영목표가 초과 달성된 경우 그 초과된 성과를 근로자에게 지급하거나 근로자의 복지증진을 위하여 사용하도록 노력하여야 한다(제84조).

(5) 발명·제안 등에 대한 보상

사업주는 해당 사업의 근로자가 직무와 관련하여 발명 또는 제안하거나 새로운 지식·정보· 기술을 개발하여 회사의 생산성·매출액 등의 증가에 이바지한 경우 이에 따라 적절한 보상을 하도록 노력하여야 한다. 이 경우 구체적인 보상기준은 「근로자참여 및 협력증진에 관한 법률」 에 따른 노사협의회 등을 통하여 정한다(제85조).

(6) 국가 또는 지방자치단체의 지원

국가 또는 지방자치단체는 선택적 복지제도, 근로자지원프로그램, 성과 배분, 발명·제안 등에 대한 보상을 활성화하기 위하여 필요한 지원을 할 수 있다(제86조).

V 근로복지진흥기금

1. 근로복지진흥기금의 설치

고용노동부장관은 근로복지사업에 필요한 재원을 확보하기 위하여 근로복지진흥기금을 설치한다 (제87조). 근로복지진흥기금의 운용에 필요한 경우에는 근로복지진흥기금의 부담으로 금융회사 또는 다른 기금 등으로부터 차입할 수 있다(제88조 제2항). 근로복지진흥기금의 회계연도는 국가 의 회계연도에 따른다(제89조). 근로복지진흥기금은 공단이 관리·운용한다(제90조 제1항). 공단 은 근로복지진흥기금을 운용할 때 공단의 다른 회계와 구분하여 회계처리하여야 한다(제2항).

2. 근로복지진흥기금의 용도(제91조)

1. 근로자에 대한 주택구입자금등에 대한 융자
2. 근로자의 생활안정을 위한 자금의 융자
3. 근로자 또는 그 자녀에 대한 장학금의 지급 및 학자금의 융자
4. 제14조에 따른 근로복지종합정보시스템 운영
5. 제22조에 따른 신용보증 지원에 필요한 사업비
6. 우리사주제도 관련 지원
7. 사내근로복지기금제도 관련 지원
8. 근로복지시설 설치·운영자금 지원
9. 근로자 정서함양을 위한 문화·체육활동 지원
10. 선택적 복지제도 관련 지원
11. 근로자지원프로그램 관련 지원
12. 근로자 건강증진을 위한 의료사업에 필요한 사업비
13. 근로복지사업 연구·개발에 필요한 경비
14. 「고용정책 기본법」 제34조에 따른 실업대책사업의 실시·운영에 필요한 사업비
15. 근로복지진흥기금의 운용을 위한 수익사업에의 투자
16. 근로복지진흥기금의 조성·관리·운용에 필요한 경비
17. 그 밖에 근로자의 복지증진을 위하여 대통령령으로 정하는 사업에 필요한 지원

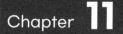

외국인근로자의 고용 등에 관한 법률

Chapter **11**

I 서론

1. 목적

이 법은 외국인근로자를 체계적으로 도입·관리함으로써 원활한 인력수급 및 국민경제의 균형 있는 발전을 도모함을 목적으로 한다(제1조).

2. 외국인근로자의 정의

외국인근로자란 대한민국의 국적을 가지지 아니한 사람으로서 국내에 소재하고 있는 사업 또는 사업장에서 임금을 목적으로 근로를 제공하고 있거나 제공하려는 사람을 말한다. 다만 출입국관리법 제18조 제1항에 따라 취업활동을 할 수 있는 체류자격을 받은 외국인 중 취업분야 또는 체류기간 등을 고려하여 대통령령으로 정하는 사람은 제외한다(제2조).

3. 적용 범위

외국인근로자 및 외국인근로자를 고용하고 있거나 고용하려는 사업 또는 사업장에 적용한다(제3조 제1항 본문).「선원법」의 적용을 받는 선박에 승무(乘務)하는 선원 중 대한민국 국적을 가지지 아니한 선원 및 그 선원을 고용하고 있거나 고용하려는 선박의 소유자에 대하여는 적용하지 아니한다(제3조 제1항 단서).

4. 외국인력정책위원회

외국인근로자의 고용관리 및 보호에 관한 주요 사항을 심의·의결하기 위하여 국무총리 소속으로 외국인력정책위원회를 둔다(제4조 제1항). 정책위원회는 외국인근로자 관련 기본계획의 수립에 관한 사항, 외국인근로자 도입 업종 및 규모 등에 관한 사항, 외국인근로자를 송출할 수 있는 국가(이하 "송출국가"라 한다)의 지정 및 지정취소에 관한 사항, 외국인근로자 취업활동 기간 연장에 관한 사항, 그 밖에 대통령령으로 정하는 사항을 심의·의결한다(제2항). 정책위원회는 위원장 1명을 포함한 20명 이내의 위원으로 구성한다(제3항). 외국인근로자 고용제도의 운영 및 외국인근로자의 권익보호 등에 관한 사항을 사전에 심의하게 하기 위하여 정책위원회에 외국인력정책실무위원회(이하 "실무위원회"라 한다)를 둔다(제5항).

5. 외국인근로자 도입계획의 공표 등

고용노동부장관은 외국인근로자 도입계획을 정책위원회의 심의·의결을 거쳐 수립하여 매년 3월 31일까지 대통령령으로 정하는 방법으로 공표하여야 한다(제5조 제1항).

Ⅱ 외국인근로자 고용절차

1. 내국인 구인노력

외국인근로자를 고용하려는 자는 직업안정기관에 우선 내국인 구인 신청을 하여야 한다(제6조 제1항). 직업안정기관의 장은 내국인 구인 신청을 받은 경우에는 사용자가 적절한 구인 조건을 제시할 수 있도록 상담·지원하여야 하며, 구인 조건을 갖춘 내국인이 우선적으로 채용될 수 있도록 직업소개를 적극적으로 하여야 한다(제2항).

2. 외국인구직자명부의 작성

고용노동부장관은 송출국가의 노동행정을 관장하는 정부기관의 장과 협의하여 대통령령으로 정하는 바에 따라 외국인구직자 명부를 작성하여야 한다(제7조 제1항). 고용노동부장관은 외국인구직자 명부를 작성할 때에는 한국어능력시험을 실시하여야 한다(제7조 제2항).

3. 외국인근로자 고용허가

(1) 고용허가 신청과 유효기간

① 신청

내국인 구인 신청을 한 사용자는 직업안정기관의 직업소개를 받고도 인력을 채용하지 못한 경우에는 고용노동부령으로 정하는 바에 따라 직업안정기관의 장에게 외국인근로자 고용허가를 신청하여야 한다(제8조 제1항).

② 유효기간

고용허가 신청의 유효기간은 3개월로 하되, 일시적인 경영악화 등으로 신규 근로자를 채용할 수 없는 경우 등에는 대통령령으로 정하는 바에 따라 1회에 한정하여 고용허가 신청의 효력을 연장할 수 있다(제8조 제2항).

(2) 고용허가서 발급

① 적격자 추천

직업안정기관의 장은 신청을 받으면 외국인근로자 도입 업종 및 규모 등 대통령령으로 정하는 요건을 갖춘 사용자에게 제7조 제1항에 따른 외국인구직자 명부에 등록된 사람 중에서 적격자를 추천하여야 한다(제8조 제3항).

② 고용허가서 발급

직업안정기관의 장은 추천된 적격자를 선정한 사용자에게는 지체 없이 고용허가를 하고, 선정된 외국인근로자의 성명 등을 적은 외국인근로자 고용허가서를 발급하여야 한다(제8조 제4항).

(3) 개입금지

직업안정기관이 아닌 자는 외국인 근로자의 선발, 알선, 그 밖의 채용에 개입하여서는 아니된다(제8조 제6항).

4. 근로계약

(1) 계약체결

사용자가 외국인근로자를 고용하려면 고용노동부령으로 정하는 표준근로계약서를 사용하여 근로계약을 체결하여야 한다(제9조 제1항). 사용자는 근로계약을 체결하는 경우 한국산업인력공단에 대행하게 할 수 있다(제9조 제2항). 고용허가서를 발급받은 사용자는 고용허가서 발급일부터 3개월 이내에 외국인근로자와 근로계약을 체결하여야 한다(시행령 제14조 제1항). 근로계약의 효력발생시기는 외국인근로자가 입국한 날로 한다(시행령 제17조 제1항).

(2) 계약기간과 갱신

고용허가를 받은 사용자와 외국인근로자는 취업활동기간(3년) 내에서 당사자 간의 합의에 따라 근로계약을 체결하거나 갱신할 수 있다(제9조 제3항). 제18조의2에 따라 취업활동 기간이 연장되는 외국인근로자와 사용자는 연장된 취업활동 기간(2년 미만)의 범위에서 근로계약을 체결할 수 있다(제9조 제4항). 제9조 제3항에 따라 근로계약을 갱신한 사용자는 직업안정기관의 장에게 외국인근로자 고용허가기간 연장허가를 받아야 한다(시행령 제17조 제2항).

(3) 사증발급인정서

외국인근로자와 근로계약을 체결한 사용자는 「출입국관리법」 제9조 제2항에 따라 그 외국인근로자를 대리하여 법무부장관에게 사증발급인정서를 신청할 수 있다(제10조).

5. 외국인 취업교육

외국인근로자는 입국한 후에 15일 이내에 한국산업인력공단 또는 제11조의3에 따른 외국인 취업교육기관에서 국내 취업활동에 필요한 사항을 주지(周知)시키기 위하여 실시하는 교육(외국인취업교육)을 받아야 한다(제11조 제1항, 시행규칙 제10조). 사용자는 외국인근로자가 외국인 취업교육을 받을 수 있도록 하여야 한다(제2항). 외국인근로자 고용허가를 최초로 받은 사용자는 노동관계법령·인권 등에 관한 교육(이하 "사용자 교육"이라 한다)을 받아야 한다(제11조의2 제1항). 고용노동부장관은 외국인 취업교육을 전문적·효율적으로 수행하기 위하여 외국인 취업교육기관(이하 "외국인 취업교육기관"이라 한다)을 지정할 수 있다(제11조의3 제1항). 제1항에 따라 외국인 취업교육기관으로 지정을 받으려는 자는 전문인력·시설 등 대통령령으로 정하는 지정기준을 갖추어 고용노동부장관에게 신청하여야 한다(제11조의3 제2항). 고용노동부장관은 외국인 취업교육기관을 고용노동부령으로 정하는 바에 따라 지정취소, 6개월 이내의 업무정지 또는 시정명령을 할 수 있다. 다만, 거짓이나 그 밖의 부정한 방법으로 지정을 받은 경우에 해당하는 경우에는 지정을 취소하여야 한다(제11조의4).

6. 외국인근로자 고용의 특례(제12조)

(1) 대상 사업(장)

다음에 해당하는 사업 또는 사업장의 사용자는 특례고용가능확인을 받은 후 대통령령으로 정하는 사증을 발급받고 입국한 외국인으로서 국내에서 취업하려는 사람을 고용할 수 있다(제12조 제1항).

1. 건설업으로서 정책위원회가 일용근로자 노동시장의 현황, 내국인근로자 고용기회의 침해 여부 및 사업장 규모 등을 고려하여 정하는 사업 또는 사업장
2. 서비스업, 제조업, 농업, 어업 또는 광업으로서 정책위원회가 산업별 특성을 고려하여 정하는 사업 또는 사업장

(2) 외국인근로자

제1항에 따른 외국인으로서 제1항 각 호의 어느 하나에 해당하는 사업 또는 사업장에 취업하려는 사람은 외국인 취업교육을 받은 후에 직업안정기관의 장에게 구직 신청을 하여야 하고, 고용노동부장관은 이에 대하여 외국인구직자명부를 작성·관리하여야 한다(제2항).

(3) 특례고용가능확인서

내국인 구인 신청을 한 사용자는 직업안정기관의 장의 직업소개를 받고도 인력을 채용하지 못한 경우에는 직업안정기관의 장에게 특례고용가능확인을 신청할 수 있다. 이 경우 직업안정기관의 장은 외국인근로자의 도입 업종 및 규모 등 대통령령으로 정하는 요건을 갖춘 사용자에게 특례고용가능확인을 하여야 한다(제3항). 직업안정기관의 장이 제3항에 따라 특례고용가능확인을 한 경우에는 대통령령으로 정하는 바에 따라 해당 사용자에게 특례고용가능확인서를 발급하여야 한다(제6항). 특례고용가능확인의 유효기간은 3년으로 한다. 다만, 제1항 제1호에 해당하는 사업 또는 사업장으로서 공사기간이 3년보다 짧은 경우에는 그 기간으로 한다(제5항).

(4) 채용 및 근로개시신고

특례고용가능확인을 받은 사용자는 외국인구직자 명부에 등록된 사람 중에서 채용하여야 하고, 외국인근로자가 근로를 시작하면 고용노동부령으로 정하는 바에 따라 직업안정기관의 장에게 신고하여야 한다(제12조 제4항).

Ⅲ 외국인근로자의 고용관리

1. 출국만기보험 · 신탁

외국인근로자를 고용한 사업 또는 사업장의 사용자는 외국인근로자의 출국 등에 따른 퇴직금 지급을 위하여 외국인근로자를 피보험자 또는 수익자로 하는 보험 또는 신탁에 가입하여야 한다. 이 경우 보험료 또는 신탁금은 매월 납부하거나 위탁하여야 한다(제13조 제1항). 사용자가 출국만기보험등에 가입한 경우 「근로자퇴직급여 보장법」 제8조 제1항에 따른 퇴직금제도를 설정한 것으로 본다(제2항). 지급시기는 피보험자등이 출국한 때부터 14일 이내로 한다(제3항). 출국만기보험등의 지급사유 발생에 따라 피보험자등이 받을 금액에 대한 청구권은 지급사유가 발생한 날부터 3년간 이를 행사하지 아니하면 소멸시효가 완성한다. 이 경우 출국만기보험등을 취급하는 금융기관은 소멸시효가 완성한 보험금등을 1개월 이내에 한국산업인력공단에 이전하여야 한다(제4항).

PART
02

2. 건강보험

사용자 및 사용자에게 고용된 외국인근로자에게 「국민건강보험법」을 적용하는 경우 사용자는 제3조에 따른 사용자로, 사용자에게 고용된 외국인근로자는 제6조 제1항에 따른 직장가입자로 본다(제14조).

3. 귀국비용보험·신탁 등

(1) 귀국비용보험·신탁

외국인근로자는 귀국 시 필요한 비용에 충당하기 위하여 보험 또는 신탁에 가입하여야 한다(제15조 제1항).

(2) 귀국에 필요한 조치

사용자는 외국인근로자가 근로관계의 종료, 체류기간의 만료 등으로 귀국하는 경우에는 귀국하기 전에 임금 등 금품관계를 청산하는 등 필요한 조치를 하여야 한다(제16조).

4. 외국인근로자의 고용관리

사용자는 외국인근로자와의 근로계약을 해지하거나 그 밖에 고용과 관련된 중요 사항을 변경하는 등 대통령령으로 정하는 사유가 발생하였을 때에는 고용노동부령으로 정하는 바에 따라 직업안정기관의 장에게 신고하여야 한다(제17조 제1항).

5. 취업활동 기간의 제한

(1) 취업활동 기간의 제한

외국인근로자는 입국한 날부터 3년의 범위에서 취업활동을 할 수 있다(제18조).

(2) 취업활동 기간 제한에 관한 특례

취업활동 기간 3년이 만료되어 출국하기 전에 사용자가 고용노동부장관에게 재고용 허가를 요청한 근로자는 제18조 제1항에도 불구하고 한 차례만 2년 미만의 범위에서 취업활동 기간을 연장 받을 수 있다(제18조의2 제1항). 고용노동부장관은 제1항 및 제18조에도 불구하고 감염병 확산, 천재지변 등의 사유로 외국인근로자의 입국과 출국이 어렵다고 인정되는 경우에는 정책위원회의 심의·의결을 거쳐 1년의 범위에서 취업활동 기간을 연장할 수 있다(제2항).

6. 재입국 취업의 제한

(1) 재입국 취업의 제한

국내에서 취업한 후 출국한 외국인근로자(제12조 제1항에 따른 외국인근로자는 제외한다)는 출국한 날부터 6개월이 지나지 아니하면 이 법에 따라 다시 취업할 수 없다(제18조의3).

(2) 재입국 취업 제한의 특례(제18조의4 제1항)

고용노동부장관은 제18조의3에도 불구하고 다음 각 호의 요건을 모두 갖춘 외국인근로자로서 제18조의2에 따라 연장된 취업활동 기간이 끝나 출국하기 전에 사용자가 재입국 후의 고용허가를 신청한 외국인근로자에 대하여 출국한 날부터 1개월이 지나면 이 법에 따라 다시 취업하도록 할 수 있다.

> 1. 다음 각 목의 어느 하나에 해당할 것
>   가. 제18조 및 제18조의2에 따른 취업활동 기간 중에 사업 또는 사업장을 변경하지 아니하였을 것
>   나. 제25조 제1항 제1호 또는 제3호에 해당하는 사유로 사업 또는 사업장을 변경하는 경우(재입국 후의 고용허가를 신청하는 사용자와 취업활동 기간 종료일까지의 근로계약 기간이 1년 이상인 경우만 해당한다)로서 동일업종 내 근속기간 등 고용노동부장관이 정하여 고시하는 기준을 충족할 것
>   다. 제25조 제1항 제2호에 해당하는 사유로 사업 또는 사업장을 변경하는 경우로서 재입국 후의 고용허가를 신청하는 사용자와 취업활동 기간 종료일까지의 근로계약 기간이 1년 이상일 것
>   라. 제25조 제1항 제2호에 해당하는 사유로 사업 또는 사업장을 변경하는 경우로서 재입국 후의 고용허가를 신청하는 사용자와 취업활동 기간 종료일까지의 근로계약 기간이 1년 미만이나 직업안정기관의 장이 제24조의2 제1항에 따른 외국인근로자 권익보호협의회의 의견을 들어 재입국 후의 고용허가를 하는 것이 타당하다고 인정하였을 것
> 2. 정책위원회가 도입 업종이나 규모 등을 고려하여 내국인을 고용하기 어렵다고 정하는 사업 또는 사업장에서 근로하고 있을 것
> 3. 재입국하여 근로를 시작하는 날부터 효력이 발생하는 1년 이상의 근로계약을 해당 사용자와 체결하고 있을 것

7. 외국인근로자 고용허가 또는 특례고용가능확인의 취소

• 직업안정기관의 장은 다음 각 호의 어느 하나에 해당하는 사용자에 대하여 고용허가나 특례고용가능확인을 취소할 수 있다(제19조 제1항).

> 1. 거짓이나 그 밖의 부정한 방법으로 고용허가나 특례고용가능확인을 받은 경우
> 2. 사용자가 입국 전에 계약한 임금 또는 그 밖의 근로조건을 위반하는 경우
> 3. 사용자의 임금체불 또는 그 밖의 노동관계법 위반 등으로 근로계약을 유지하기 어렵다고 인정되는 경우

• 외국인근로자 고용허가나 특례고용가능확인이 취소된 사용자는 취소된 날부터 15일 이내에 그 외국인근로자와의 근로계약을 종료하여야 한다(제2항).

8. 외국인근로자 고용의 제한

제20조 【외국인근로자 고용의 제한】
① 직업안정기관의 장은 다음 각 호의 어느 하나에 해당하는 사용자에 대하여 그 사실이 발생한 날부터 3년간 외국인근로자의 고용을 제한할 수 있다.
1. 제8조 제4항에 따른 고용허가 또는 제12조 제3항에 따른 특례고용가능확인을 받지 아니하고 외국인근로자를 고용한 자
2. 제19조 제1항에 따라 외국인근로자의 고용허가나 특례고용가능확인이 취소된 자
3. 이 법 또는 「출입국관리법」을 위반하여 처벌을 받은 자

3의2. 외국인근로자의 사망으로 「산업안전보건법」 제167조 제1항에 따른 처벌을 받은 자

4. 그 밖에 대통령령으로 정하는 사유에 해당하는자

시행령 제25조 【외국인근로자 고용의 제한】
법 제20조 제1항 제4호에서 "대통령령으로 정하는 사유에 해당하는 자"란 다음 각 호의 어느 하나에 해당하는 자를 말한다.

1. 법 제8조에 따라 고용허가서를 발급받은 날 또는 법 제12조에 따라 외국인근로자의 근로가 시작된 날부터 6개월 이내에 내국인근로자를 고용조정으로 이직시킨 자

2. 외국인근로자로 하여금 근로계약에 명시된 사업 또는 사업장 외에서 근로를 제공하게 한 자

3. 법 제9조 제1항에 따른 근로계약이 체결된 이후부터 법 제11조에 따른 외국인 취업교육을 마칠 때까지의 기간 동안 경기의 변동, 산업구조의 변화 등에 따른 사업 규모의 축소, 사업의 폐업 또는 전환, 감염병 확산으로 인한 항공기 운항 중단 등과 같은 불가피한 사유가 없음에도 불구하고 근로계약을 해지한 자

IV 외국인근로자의 보호

1. 차별 금지

사용자는 외국인근로자라는 이유로 부당하게 차별하여 처우하여서는 아니 된다(제22조).

2. 기숙사의 제공 등

사용자가 외국인근로자에게 기숙사를 제공하는 경우에는 「근로기준법」 제100조에서 정하는 기준을 준수하고, 건강과 안전을 지킬 수 있도록 하여야 한다(제22조의2 제1항). 사용자는 기숙사를 제공하는 경우 외국인근로자와 근로계약을 체결할 때에 외국인근로자에게 기숙사의 구조와 설비, 기숙사의 설치 장소, 기숙사의 주거 환경, 기숙사의 면적, 그 밖에 기숙사 설치 및 운영에 필요한 사항을 사전에 제공하여야 한다. 근로계약 체결 후 위의 사항을 변경하는 경우에도 또한 같다(제2항).

3. 보증보험 등의 가입

(1) 보증보험

사업의 규모 및 산업별 특성 등을 고려하여 대통령령으로 정하는 사업 또는 사업장의 사용자는 근로계약의 효력발생일부터 15일 이내에 임금체불에 대비하여 그가 고용하는 외국인근로자를 위한 보증보험에 가입하여야 한다(제23조 제1항).

(2) 상해보험 가입

산업별 특성 등을 고려하여 대통령령으로 정하는 사업 또는 사업장에서 취업하는 외국인근로자는 근로계약의 효력발생일부터 15일 이내에 질병·사망 등에 대비한 상해보험에 가입하여야 한다(제23조 제2항).

4. 외국인 근로자 관련 단체 등에 대한 지원

국가는 외국인근로자에 대한 상담과 교육, 그 밖에 대통령령으로 정하는 사업을 하는 기관 또는 단체에 대하여 사업에 필요한 비용의 일부를 예산의 범위에서 지원할 수 있다(제24조 제1항).

5. 외국인근로자 권익보호협의회

외국인근로자의 권익보호에 관한 사항을 협의하기 위하여 직업안정기관에 관할 구역의 노동자단체와 사용자단체 등이 참여하는 외국인근로자 권익보호협의회를 둘 수 있다(제24조의2 제1항).

6. 사업 또는 사업장 변경

(1) 변경신청

외국인근로자(제12조 제1항에 따른 외국인근로자는 제외한다)는 다음 각 호의 어느 하나에 해당하는 사유가 발생한 경우에는 고용노동부령으로 정하는 바에 따라 직업안정기관의 장에게 다른 사업 또는 사업장으로의 변경을 신청할 수 있다(제25조 제1항).

> 1. 사용자가 정당한 사유로 근로계약기간 중 근로계약을 해지하려고 하거나 근로계약이 만료된 후 갱신을 거절하려는 경우
> 2. 휴업, 폐업, 제19조 제1항에 따른 고용허가의 취소, 제20조 제1항에 따른 고용의 제한, 제22조의2를 위반한 기숙사의 제공, 사용자의 근로조건 위반 또는 부당한 처우 등 외국인근로자의 책임이 아닌 사유로 인하여 사회통념상 그 사업 또는 사업장에서 근로를 계속할 수 없게 되었다고 인정하여 고용노동부장관이 고시한 경우
> 3. 상해 등으로 외국인근로자가 해당 사업 또는 사업장에서 계속 근무하기는 부적합하나 다른 사업 또는 사업장에서 근무하는 것은 가능하다고 인정되는 경우(시행령 제30조 제1항)

(2) 변경제한

외국인근로자의 사업 또는 사업장 변경은 제18조에 따른 기간(3년) 중에는 원칙적으로 3회를 초과할 수 없으며, 제18조의2 제1항에 따라 연장된 기간(2년 미만의 범위) 중에는 2회를 초과할 수 없다(제25조 제1항 제2호의 사유로 사업 또는 사업장을 변경한 경우는 포함하지 아니한다)(제25조 제4항).

(3) 출국하여야 할 경우

다른 사업 또는 사업장으로의 변경을 신청한 날부터 3개월 이내에 「출입국관리법」 제21조에 따른 근무처 변경허가를 받지 못하거나 사용자와 근로계약이 종료된 날부터 1개월 이내에 다른 사업 또는 사업장으로의 변경을 신청하지 아니한 외국인근로자는 출국하여야 한다. 다만, 업무상 재해, 질병, 임신, 출산 등의 사유로 근무처 변경허가를 받을 수 없거나 근무처 변경신청을 할 수 없는 경우에는 그 사유가 없어진 날부터 각각 그 기간을 계산한다(제25조 제3항).

Ⅴ 벌칙

제29조 【벌칙】

다음 각 호의 어느 하나에 해당하는 자는 1년 이하의 징역 또는 1천만원 이하의 벌금에 처한다.

1. 제8조 제6항을 위반하여 외국인근로자의 선발, 알선, 그 밖의 채용에 개입한 자
2. 제16조를 위반하여 귀국에 필요한 조치를 하지 아니한 사용자
3. 제19조 제2항을 위반하여 근로계약을 종료하지 아니한 사용자
4. 제25조에 따른 외국인근로자의 사업 또는 사업장 변경을 방해한 자
5. 제27조 제4항을 위반하여 금품을 받은 자

제30조 【벌칙】

다음 각 호의 어느 하나에 해당하는 자는 500만원 이하의 벌금에 처한다.

1. 제13조 제1항 전단을 위반하여 출국만기보험등에 가입하지 아니한 사용자
2. 제23조에 따른 보증보험 또는 상해보험에 가입하지 아니한 자

제31조 【양벌규정】

법인의 대표자나 법인 또는 개인의 대리인, 사용인, 그 밖의 종업원이 그 법인 또는 개인의 업무에 관하여 제29조 또는 제30조의 위반행위를 하면 그 행위자를 벌하는 외에 그 법인 또는 개인에게도 해당 조문의 벌금형을 과(科)한다. 다만, 법인 또는 개인이 그 위반행위를 방지하기 위하여 해당 업무에 관하여 상당한 주의와 감독을 게을리하지 아니한 경우에는 그러하지 아니하다.

제32조 【과태료】

① 다음 각 호의 어느 하나에 해당하는 자에게는 500만원 이하의 과태료를 부과한다.

1. 제9조 제1항을 위반하여 근로계약을 체결할 때 표준근로계약서를 사용하지 아니한 자
2. 제11조 제2항을 위반하여 외국인근로자에게 취업교육을 받게 하지 아니한 사용자

2의2. 제11조의2 제1항을 위반하여 사용자 교육을 받지 아니한 사용자

3. 제12조 제3항에 따른 특례고용가능확인을 받지 아니하고 같은 조 제1항에 따른 사증을 발급받은 외국인근로자를 고용한 사용자
4. 제12조 제4항을 위반하여 외국인구직자 명부에 등록된 사람 중에서 채용하지 아니한 사용자 또는 외국인근로자가 근로를 시작한 후 직업안정기관의 장에게 신고를 하지 아니하거나 거짓으로 신고한 사용자
5. 제13조 제1항 후단을 위반하여 출국만기보험등의 매월 보험료 또는 신탁금을 3회 이상 연체한 사용자
6. 제15조 제1항을 위반하여 보험 또는 신탁에 가입하지 아니한 외국인근로자
7. 제17조 제1항을 위반하여 신고를 하지 아니하거나 거짓으로 신고한 사용자
8. 제20조 제1항에 따라 외국인근로자의 고용이 제한된 사용자로서 제12조 제1항에 따른 사증을 발급받은 외국인근로자를 고용한 사용자
9. 제26조 제1항에 따른 명령을 따르지 아니하여 보고를 하지 아니하거나 거짓으로 보고한 자, 관련 서류를 제출하지 아니하거나 거짓으로 제출한 자, 같은 항에 따른 질문 또는 조사·검사를 거부·방해하거나 기피한 자
10. 제27조 제1항·제2항 또는 제3항에 따른 수수료 및 필요한 비용 외의 금품을 받은 자

② 제1항에 따른 과태료는 대통령령으로 정하는 바에 따라 고용노동부장관이 부과·징수한다.

PART 03
집단적 노사관계법

Chapter 01 노동조합 및 노동관계조정법

Section 01 총설

I 의의 및 목적

1. 의의

노동조합 및 노동관계조정법은 헌법 제33조에 보장하고 있는 근로자의 노동3권 즉, 단결권·단체교섭권·단체행동권을 구체적으로 보장함으로써 근로자를 보호하고자 하는 법이다.

2. 목적

> **제1조 【목적】**
> 이 법은 헌법에 의한 근로자의 단결권·단체교섭권 및 단체행동권을 보장하여 근로조건의 유지·개선과 근로자의 경제적·사회적 지위의 향상을 도모하고, 노동관계를 공정하게 조정하여 노동쟁의를 예방·해결함으로써 산업평화의 유지와 국민경제의 발전에 이바지함을 목적으로 한다.

※ 근로기준법과의 차이
    ㉠ 근로기준법은 근로조건의 최저기준을 국가가 법규범으로 설정하여 근로자를 보호하는 반면,
    ㉡ 노동조합 및 노동관계조정법은 근로조건을 최저기준 이상으로 달성할 수 있도록 노동3권을 통한 집단적 자치를 보장한다.

II 노동3권의 주체와 상대방

1. 노조법상 근로자

(1) 관련규정

> **제2조 【정의】**
> 이 법에서 사용하는 용어의 정의는 다음과 같다.
> 1. "근로자"라 함은 직업의 종류를 불문하고 임금·급료 기타 이에 준하는 수입에 의하여 생활하는 자를 말한다.

(2) 내용

노동조합법상 근로자는 노동3권을 행사할 수 있는 사람의 범위를 설정하려는 개념으로서 근로기준법에서 정한 근로조건의 보호를 받을 사람이 누구인가를 확정하기 위한 근로기준법상 근로자 개념과 구별된다. 노동조합법상 근로자 인정여부에 직접적인 근로계약을 요구하지 않는다.

① 직업의 종류 불문

노조법상 근로자는 직업의 종류를 불문한다. 정신노동, 육체노동도 구분하지 않으며 임시직, 일용직, 촉탁직 등 직종이나 근무형태 등은 근로자여부를 판단하는 기준이 되지 않는다.

② 임금, 급료 기타 이에 준하는 수입

임금은 근로기준법상 임금을 말하고 급료는 임금과 같은 개념이다. 기타 이에 준하는 수입은 임금보다 넓은 개념으로 임금과 비슷한 수입, 예를 들어 사업주가 아닌 개인에게 일시적으로 근로를 제공하고 대가로 얻은 수입을 말한다.

③ 그에 의하여 생활하는 자

다른 수입이 없거나 적어서 임금 등의 수입에 의지하여 생활하고 있는 것뿐만 아니라 그에 의하여 생활할 수 밖에 없는 경우도 포함된다.

(3) 실업자나 구직자의 노조법상 근로자 인정여부

특정한 사용자에게 고용되어 현실적으로 취업하고 있는 자뿐만 아니라 일시적으로 실업상태에 있는 자나 구직 중인자도 노동3권을 보장할 필요가 있는 근로자 범위에 포함된다고 본다(대판 2004.2.27, 2001두8568). 현실적으로 취업하고 있는 근로자는 물론 임시노무자 및 실업자도 모두 노동조합법상 근로자에 포함된다. 최근 구직자나 실업자도 기업별 노조에 가입할 수 있도록 노동조합법이 개정되었다.

(4) 노조법상 근로자에 대한 구체적 사례

① 긍정례

정신적 근로자 혹은 임시직 근로자 불문, 실업자, 해고의 효력을 다투는 자, 골프장 캐디(대판 2014.2.13, 2011다78804), 학습지교사(대판 2018.6.15, 2014두12598·12604), 방송연기자(대판 2018.10.12, 2015두38092)

② 부정례

개인택시사업자, 자영연탄배달원, 목수 등 자영업자, 가내 수공업자, 영세어민, 유흥업소 출연가수, 프로야구선수, 봉사료로 생활하는 자, 생명보험회사 외무원, 한전의 위탁수금사원, 레미콘 기사, 전세버스의 예비운전기사

대판 2018.6.15, 2014두12598·12604

노동조합 및 노동관계조정법(이하 '노동조합법'이라 한다)상 근로자는 타인과의 사용종속관계하에서 노무에 종사하고 대가로 임금 기타 수입을 받아 생활하는 자를 말한다. 구체적으로 노동조합법상 근로자에 해당하는지는, 노무제공자의 소득이 특정 사업자에게 주로 의존하고 있는지, 노무를 제공받는 특정 사업자가 보수를 비롯하여 노무제공자와 체결하는 계약 내용을 일방적으로 결정하는지, 노무제공자가 특정 사업자의 사업 수행에 필수적인 노무를 제공함으로써 특정 사업자의 사업을 통해서 시장에 접근하는지, 노무제공자와 특정 사업자의 법률관계가 상당한 정도로 지속적·전속적인지, 사용자와 노무제공자 사이에 어느 정도 지휘·감독관계가 존재하는지, 노무제공자가 특정 사업자로부터 받는 임금·

급료 등 수입이 노무 제공의 대가인지 등을 종합적으로 고려하여 판단하여야 한다. 노동조합법은 개별적 근로관계를 규율하기 위해 제정된 근로기준법과 달리, 헌법에 의한 근로자의 노동3권 보장을 통해 근로조건의 유지·개선과 근로자의 경제적·사회적 지위 향상 등을 목적으로 제정되었다. 이러한 노동조합법의 입법 목적과 근로자에 대한 정의 규정 등을 고려하면, 노동조합법상 근로자에 해당하는지는 노무제공관계의 실질에 비추어 노동3권을 보장할 필요성이 있는지의 관점에서 판단하여야 하고, 반드시 근로기준법상 근로자에 한정된다고 할 것은 아니다.

2. 노조법상 사용자

(1) 관련규정

제2조【정의】
이 법에서 사용하는 용어의 정의는 다음과 같다.
2. "사용자"라 함은 사업주, 사업의 경영담당자 또는 그 사업의 근로자에 관한 사항에 대하여 사업주를 위하여 행동하는 자를 말한다.

(2) 내용

① 사업주

사업주란 자신의 이름으로 사업을 경영하는 자를 말한다. 개인사업의 경우에는 개인, 회사 기타 법인조직의 경우에는 법인, 아파트 자치회 등 영리를 목적으로 하지 아니하는 사회단체의 경우에는 그 단체가 사업주로 된다.

② 사업의 경영담당자

사업의 경영담당자란 사업경영 일반에 관하여 책임을 지는 자로서, 사업주로부터 사업경영의 전부 또는 일부에 대하여 포괄적인 위임을 받고 대외적으로 사업을 대표하거나 대리하는 자를 말한다(대판 2008.4.10, 2007도1199).

③ 근로자에 관한 사항에 대하여 사업주를 위하여 행동하는 자

근로자에 관한 사항에 대하여 사업주를 위하여 행동하는 자라 함은 근로자의 인사, 급여, 후생, 노무관리 등 근로조건 결정 또는 업무상의 명령이나 지휘감독을 하는 등의 사항에 대하여 사업주로부터 일정한 권한과 책임을 부여받은 자를 말한다(대판 1989.11.14, 88누6924). 이러한 책임과 권한의 유무는 부장·과장 등의 형식적인 지위나 명칭이 아니고 구체적인 직무의 실질적 내용에 따라 판단한다.

※ 노조법상 사용자에 대한 개념 대립

사용종속필요설	노조법상 사용자 개념에 관하여 판례는, 근로자와 사이에 사용종속관계가 있는 자, 즉 근로자와의 사이에 그를 지휘·감독하면서 그로부터 근로를 제공받고 그 대가로서 임금을 지급하는 것을 목적으로 하는 명시적이거나 묵시적인 근로계약관계를 맺고 있는 자를 말한다고 한다(대판 1993.11.23, 92누13011 ; 1995. 12.22, 95누3565 ; 1997.9.5, 97누3644).
실질적 지배력설	• 원청업체와 하청업체 소속 근로자 간에 사실상의 사용종속관계가 형성되어 있지 않으므로 원청업체가 근로기준법상의 사용자에 해당하지 않는다고 하면서도, 노조법상의 부당노동행위 주체로서의 사용자는 반드시 명시적, 묵시적으로 근로계약관계가 체결되어 있는 자에 한정되지 않고 근로관계상의 제반 이익에 대하여 실질적인 영향력 내지 지배력을 가진 자라고 한다면 당해 사용자에 해당할 수 있다(서울행법 2006.5.16, 2005구합11968). • 도급인과 수급인의 근로자사이에 묵시적 근로관계가 성립되지 않더라도 근로자의 기본적인 근로조건 등에 관하여 실질적이고 구체적으로 지배·결정할 수 있는 지위에 있는 자가 노동조합을 조직·운영하는 것을 지배하거나 개입하는 행위를 했다면 그 시정을 명하는 구제명령을 이행하는 사용자에 해당한다(대판 2010.3.25, 2007두8881).

Ⅲ 민사면책과 형사면책

1. 민사면책

사용자는 이 법에 의한 단체교섭 또는 쟁의행위로 인하여 손해를 입은 경우에 노동 조합 또는 근로자에 대하여 그 배상을 청구할 수 없다(제3조).

2. 형사면책

형법 제20조의 규정은 노동조합이 단체교섭·쟁의행위 기타의 행위로서 제1조의 목적을 달성하기 위하여 한 정당한 행위에 대하여 적용된다. 다만, 어떠한 경우에도 폭력이나 파괴행위는 정당한 행위로 해석되어서는 아니 된다(제4조).

Section 02 노동조합

I 노동조합의 의의

1. 노동조합의 성격

- 노동조합은 근로자의 자주적 단체이며,
- 노동조합은 근로조건의 유지·개선을 위한 단체일 뿐만 아니라,
- 노동조합은 상설적 단체이다.

2. 노동조합의 기능

(1) 공제적 기능

조합내부에 있어서 조합원 상호 간의 부조를 목적으로 하는 기능, 사회보장제도의 발전에 따라 그 기능이 상대적으로 약화되고 있으나, 아직도 구미의 노동조합에서는 중요시되고 있음

(2) 경제적 기능

근로조건의 유지개선과 근로자의 경제적 사회적 지위향상을 목적으로 하는 기능

(3) 정치적 기능

- 경제적인 목적을 달성하기 위하여 제한된 범위 내에서 정치적 활동을 함
- 특정법률의 제정·개정 촉구 및 반대, 특정정당의 지지·반대 등의 활동

II 노동조합의 조직형태

1. 결합방식에 의한 분류

(1) 단위노조(단일노조)

단위조합이란 개개 근로자가 직접 구성원이 되어 참여하는 조직형태로 기업별 단위노조, 산별 단위노조 등이 있다. 각 지역 또는 기업별로 지부나 분회의 설치가 가능하나 이는 단일조합의 구성원이 아니고 개개근로자들이 단일조합의 구성원이 된다.

(2) 연합체조직

단위노조를 구성원으로 하는 조직형태로 구성원은 개인근로자가 아니라 이들로 구성된 독자적인 노동조합이 그 구성원이다. 노동조합법상 연합단체인 노동조합은 동종산업의 단위노동조합을 구성원으로 하는 산업별연합단체와 산업별 연합단체 또는 전국규모의 산업별 단위노동조합을 구성원으로 하는 총연합단체를 말한다(제10조 제2항).

> **시행령 제8조【노동조합의 소속연합단체와의 관계 등】**
> ① 단위노동조합이 산업별 연합단체인 노동조합에 가입하거나, 산업별 연합단체 또는 전국규모의 산업별 단위노동조합이 총연합단체인 노동조합에 가입한 경우에는 해당 노동조합은 소속 산업별 연합단체인 노동조합 또는 총연합단체인 노동조합의 규약이 정하는 의무를 성실하게 이행해야 한다.

② 종연합단체인 노동조합 또는 산업별 연합단체인 노동조합은 해당 노동조합에 가입한 노동조합의 활동에 대하여 협조·지원 또는 지도할 수 있다.

2. 구성원 자격에 따른 분류

(1) 기업별노동조합(Company Union)

① 의의 : 특정기업 또는 사업장에서 일하는 근로자를 직종의 구별 없이 조직하는 노동조합을 말한다. 우리나라와 일본의 대표적인 노동조합 형태이다.

② 장점
  ㉠ 특정기업에 사용되는 근로자가 구성원이므로 근로조건을 통일적·종합적으로 결정
  ㉡ 노동조합의 결성이 용이하고 참여의식이 강함
  ㉢ 사용자와 관계가 긴밀하고 노·사의 의사소통이 긴밀하여 기업이 당면한 문제에 대하여 현실적 해결책을 제시할 수 있고 기업별 특수성 반영 가능

③ 단점
  ㉠ 사용자에 의한 어용노조화의 위험
  ㉡ 기업내부의 각 직종 간의 반목 대립
  ㉢ 개별기업을 존속기반으로 하는 것이므로 노동시장에 대한 지배력은 거의 없음
  ㉣ 종업원만이 노동조합에 가입할 수 있으므로 Union Shop 협정이 체결되어 있는 경우 특정노조가 기업 내 조직 독점 가능

(2) 직종별 노동조합(Craft Union)

① 의의
  기업, 산업을 초월하여 동종의 직종별 또는 직능별 숙련근로자들이 횡단적으로 결합한 단결체로 가장 먼저 발달한 노동조합의 조직형태이다. 유럽에서는 숙련근로자들의 조직적 독점체로서 등장했다.

② 장점
  ㉠ 같은 직종으로 결합되므로 단결력이 강대하고 어용화가 적음
  ㉡ 단체교섭사항과 그 내용이 명확함(근로조건에 대한 명확한 제안 가능)
  ㉢ 조직중심이 직장단위가 아니므로 Closed Shop, Union Shop에 의해 실업자들도 가입 가능

③ 단점
  ㉠ 배타적 독립적 성격이 강하므로 근로자 전체의 근로조건 향상에는 불리하고 전체근로자 단결에 분열을 초래할 수 있음
  ㉡ 소속기업의 사용자와 관계가 밀접하지 못하여 기업 외적 조합의 성격을 띰

(3) 산업별 노동조합(Industrial Union)
① 의의
동종산업에 종사하는 근로자를 그 구성원으로 직종과 기업을 초월하여 횡적으로 결합한 단결체로서 대량의 미숙련근로자가 노동시장에 방출된 결과 이들을 보호코자 등장하였다.
② 장점
㉠ 동종산업 종사자의 근로조건을 통일적으로 개선
㉡ 단체교섭력의 산업적 통일성 확보
㉢ Closed Shop, Union Shop에 의해 실업자들도 가입 가능
③ 단점
㉠ 내부조직이 방대함으로 인해 조합원의 의사반영이 어렵고 단결이 형식화될 우려
㉡ 기업별 특수성을 반영하기 어려움
㉢ 산업내부의 직종 간 대립과 반목 우려

(4) 지역별 노동조합(Regional Union)
기업을 초월하여 일정지역을 조직단위로 하여 결성하는 노동조합을 말하며, 지역별 노동조합은 직종별로 조직되는 경우가 대부분이다.

(5) 일반 노동조합(General Union)
기업, 직종, 산업에 구애됨이 없이 모든 근로자에 의하여 통합적으로 조직되는 단일노동조합형태이고, 특정직종, 산업, 기업에 속하지 않는 자도 가입가능하다는 장점이 있으나 각 직종이나 기업의 특수성을 고려하기 어렵고 통일과 단결력이 약하여 종합적, 공통적 이해관계도출이 어려워 단체교섭기능이 미약하다.

Ⅲ 노동조합의 설립

1. 의의
근로자는 자유로이 노동조합을 조직하거나 이에 가입할 수 있다. 다만, 공무원과 교원에 대하여는 따로 법률로 정한다(제5조 제1항). 노농조합법 제2조 제4호를 노조 설립의 실질적 요건으로 동법 제10조(설립의 신고)와 제12조를 형식적 요건으로 본다. 우리 노조법은 자유설립주의를 바탕으로 하는 신고주의를 채택하고 있다.

2. 노동조합 설립의 실질적 요건(대외적 자주성)

> 제2조 【정의】
> 이 법에서 사용하는 용어의 정의는 다음과 같다.
> 4. "노동조합"이라 함은 근로자가 주체가 되어 자주적으로 단결하여 근로조건의 유지·개선 기타 근로자의 경제적·사회적 지위의 향상을 도모함을 목적으로 조직하는 단체 또는 그 연합단체를 말한다. 다만, 다음 각목의 1에 해당하는 경우에는 노동조합으로 보지 아니한다.

가. 사용자 또는 항상 그의 이익을 대표하여 행동하는 자의 참가를 허용하는 경우

나. 경비의 주된 부분을 사용자로부터 원조받는 경우

다. 공제·수양 기타 복리사업만을 목적으로 하는 경우

라. 근로자가 아닌 자의 가입을 허용하는 경우

마. 주로 정치운동을 목적으로 하는 경우

(1) 적극적 요건(제2조 제4호 본문)

① 주체성

근로자가 주체가 되어 조직되어야 한다. 여기서 말하는 근로자는 노조법상 근로자이다. 따라서 해고자, 실업자, 해고의 효력을 다투는 자 역시 주체가 될 수 있다.

② 자주성

근로자 단결의 자주성이라 함은 근로관계의 상대편 당사자인 사용자의 지배·개입으로부터 자유로워야 한다는 것은 물론이고 국가권력이나 정당, 종교단체 등의 외부세력의 지배·개입도 배제되어야 한다.

③ 목적성

근로조건의 유지·개선 기타 경제적 사회적 지위 향상을 목적으로 하여야 한다.

④ 단체성

노동조합으로 인정되려면 단체 또는 연합단체여야 한다. 여기서 단체란 그 기본규칙과 운영조직을 갖추고 계속적으로 활동하는 복수의 인적 결합체를 말한다. 그리고 노동조합이 되려면 계속적 결합체여야 하므로 근로자의 일시적 단결체는 노동조합이 될 수 없다.

> 대판 1998.3.13, 97누19830
> 노동조합은 그 요건으로 단체성이 요구되므로 복수인이 결합하여 규약을 가지고 그 운영을 위한 조직을 갖추어야 하는바, … 중도에 그 조합원이 1인밖에 남지 아니하게 된 경우에는, 그 조합원이 증가될 일반적 가능성이 없는 한, 노동조합으로서의 단체성을 상실하여 청산목적과 관련되지 않는 한 당사자 능력이 없다.

(2) 소극적 요건(제2조 제4호 단서)

① 사용자 또는 항상 그의 이익을 대표하여 행동하는 자의 참가를 허용하는 경우

㉠ 사용자라 함은 "사업주, 사업의 경영담당자 또는 근로자에 관한 사항에 대하여 사업주를 위하여 행동하는 자"를 말한다(제2조 제2호).

㉡ 사업주를 위하여 행동하는 자와 이익대표자

> 대판 2011.9.8, 2008두13873
> '그 사업의 근로자에 관한 사항에 대하여 사업주를 위하여 행동하는 자'란 근로자의 인사, 급여, 후생, 노무관리 등 근로조건 결정 또는 업무상 명령이나 지휘·감독을 하는 등의 사항에 대하여 사업주로부터 일정한 권한과 책임을 부여받은 자를 말하고, '항상 사용자의 이익을 대표하여 행동하는 자'란 근로자에 대한 인사, 급여, 징계, 감사, 노무관리 등 근로관계 결정에 직접 참여하거나 사용자

의 근로관계에 대한 계획과 방침에 관한 기밀사항 업무를 취급할 권한이 있는 등과 같이 직무상 의무와 책임이 조합원으로서 의무와 책임에 직접적으로 저촉되는 위치에 있는 자를 의미한다. 따라서 이러한 자에 해당하는지는 일정한 직급이나 직책 등에 의하여 일률적으로 결정되어서는 안 되고, 업무 내용이 단순히 보조적·조언적인 것에 불과하여 업무 수행과 조합원 활동 사이에 실질적인 충돌이 발생할 여지가 없는 자도 여기에 해당하지 않는다.

② 경비의 주된 부분을 사용자로부터 원조받는 경우

'경비의 주된 부분 원조'라 함은 경비의 대부분을 원조받는 것을 의미하므로 경비의 일부원조나 최소한의 규모의 노동조합사무소 제공, 근로자의 후생자금 또는 경제상의 불행 그 밖에 재해의 방지와 구제 등을 위한 기금의 기부 등은 허용된다(제81조 제1항 제4호).

③ 공제·수양 기타 복리사업만을 목적으로 하는 경우

근로자단체가 근로조건의 향상이라는 목적성을 갖추고 있으면서 부수적으로 공제·수양 기타 복리사업을 행하는 것은 문제가 되지 않는다.

④ 근로자 아닌 자의 가입을 허용하는 경우

노조법상 근로자 아닌 자의 가입을 허용하는 경우 노동조합으로 보지 아니한다.

⑤ 주로 정치활동을 목적으로 하는 경우

근로자단체가 근로조건의 향상이라는 목적성을 갖추고 있으면서 부수적으로 정치운동을 행하는 것은 가능하다.

3. 노동조합 설립의 형식적 요건(대내적 민주성)

(1) 설립신고

제10조【설립의 신고】
① 노동조합을 설립하고자 하는 자는 다음 각 호의 사항을 기재한 신고서에 제11조의 규정에 의한 규약을 첨부하여 연합단체인 노동조합과 2 이상의 특별시·광역시·특별자치시·도·특별자치도에 걸치는 단위노동조합은 고용노동부장관에게, 2 이상의 시·군·구(자치구를 말한다)에 걸치는 단위노동조합은 특별시장·광역시장·도지사에게, 그 외의 노동조합은 특별자치시장·특별자치도지사·시장·군수·구청장(자치구의 구청장을 말한다. 이하 제12조 제1항에서 같다)에게 제출하여야 한다.

시행령 제7조【산하조직의 신고】
산하조직 중 근로조건의 결정권이 있는 독립된 사업 또는 사업장에 조직된 노동단체는 지부·분회 등 명칭이 무엇이든 상관없이 법 제10조 제1항에 따른 노동조합의 설립신고를 할 수 있다.

① 설립신고의 취지

노동조합의 설립에 관하여 신고주의를 채택하고 있는 취지는 소관행정관청으로 하여금 노동조합에 대한 효율적인 조직체계의 정비·관리를 통하여 노동조합이 자주성과 민주성을 갖춘 조직으로 존속할 수 있도록 노동조합을 보호·육성하고 그 지도·감독에 철저를 기하게 하기 위한 노동정책적인 고려에서 마련된 것이다(대판 1997.10.14, 96누9829). 노동조합법상 요구되는 요건만 충족되면 그 설립이 자유롭다는 점에서 일반적인 금지를 특정한 경우에 해제하는 허가와는 개념적으로 구분되고, 더욱이 행정관청의 설립신고서 수리 여부에 대한 결정은 재량 사항이 아니라 의무 사항으로 그 요건 충족이 확인되면 설립신고서를 수리하고 그 신고증을 교부하여야 한다는 점에서 단체의 설립 여부 자체를 사전에 심사하여 특정한 경우에 한해서만 그 설립을 허용하는 '허가'와는 다르다(헌재 2012.3.29, 2011헌바53).

② 설립신고서 기재사항

1. 명칭
2. 주된 사무소의 소재지
3. 조합원수
4. 임원의 성명과 주소
5. 소속된 연합단체가 있는 경우에는 그 명칭
6. 연합단체인 노동조합에 있어서는 그 구성노동단체의 명칭, 조합원수, 주된 사무소의 소재지 및 임원의 성명·주소

(2) 설립심사

① 심사의 대상

노동조합 및 노동관계조정법(이하 '노동조합법'이라 한다)이 행정관청으로 하여금 설립신고를 한 단체에 대하여 같은 법 제2조 제4호 각 목에 해당하는지를 심사하도록 한 취지가 노동조합으로서의 실질적 요건을 갖추지 못한 노동조합의 난립을 방지함으로써 근로자의 자주적이고 민주적인 단결권 행사를 보장하려는 데 있는 점을 고려하면, 행정관청은 해당 단체가 노동조합법 제2조 제4호 각 목에 해당하는지 여부를 실질적으로 심사할 수 있다. 행정관청은 일단 제출된 설립신고서와 규약의 내용을 기준으로 노동조합법 제2조 제4호 각 목의 해당 여부를 심사하되, 설립신고서를 접수할 당시 그 해당 여부가 문제된다고 볼 만한 객관적인 사정이 있는 경우에 한하여 설립신고서와 규약 내용 외의 사항에 대하여 실질적인 심사를 거쳐 반려 여부를 결정할 수 있다(대판 2014.4.10, 2011두6998). 설령 노동조합의 설립신고를 마치고 신고증을 교부받았다고 하더라도, 그러한 단체는 적법한 노동조합으로 인정받지 못할 수 있음은 물론이다(대판 2015.6.25, 2007두4995 전원합의체).

② 심사의 결과

구분	주요내용
설립신고증의 교부	행정관청은 설립신고서를 접수한 때에는 보완이 필요하거나 반려하여야 할 경우를 제외하고는 3일 이내에 설립신고증을 교부해야 한다(제12조 제1항).
설립신고서의 보완요구	행정관청은 설립신고서에 규약이 첨부되어 있지 아니하거나 설립신고서 또는 규약의 기재사항 중 누락 또는 허위사실이 있는 경우, 임원의 선거 또는 규약의 제정절차가 법규정에 위반되는 경우 20일 이내의 기간을 정하여 보완을 요구해야 한다. 이 경우 보완된 설립신고서 또는 규약을 접수한 때에는 3일 이내에 신고증을 교부하여야 한다(제12조 제2항, 시행령 제9조 제1항).

설립신고서의 반려	행정관청은 설립하고자 하는 노동조합이 다음에 해당하는 경우에는 설립신고서를 반려하여야 한다(제12조 제3항). 1. 신고된 노동조합이 법 제2조 제4호 각 목(소극적 요건)에 해당되어 노동조합의 요건을 갖추지 못한 경우 2. 보완을 요구하였음에도 불구하고 그 기간 내에 보완을 하지 아니한 경우
시정요구와 통보	노동조합이 설립 신고증을 교부받은 후에 설립신고서의 반려사유가 발생한 경우에는 30일의 기간을 정하여 시정을 요구할 수 있다(시행령 제9조 제2항). 행정관청은 노동조합에 설립신고증을 교부한 때에는 지체 없이 그 사실을 관할 노동위원회와 해당 사업 또는 사업장의 사용자나 사용자단체에 통보해야 한다(시행령 제9조 제3항).

※ 법외노조 통보는 적법하게 설립된 노동조합의 법적 지위를 박탈하는 중대한 침익적 처분으로서 원칙적으로 국민의 대표인인 입법자가 스스로 형식적 법률로써 규정하여야 할 사항이고, 행정입법으로 이를 규정하기 위하여는 반드시 법률의 명시적이고 구체적인 위임이 있어야 한다. 그런데 노동조합 및 노동관계조정법 시행령(이하 '노동조합법 시행령'이라 한다) 제9조 제2항은 법률의 위임 없이 법률이 정하지 아니한 법외노조 통보에 관하여 규정함으로써 헌법상 노동3권을 본질적으로 제한하고 있으므로 그 자체로 무효이다(대판 2020.9.3, 2016두32992 전원합의체).

(3) 설립시기

① 원칙 : 노동조합이 신고증을 받은 경우에는 설립신고서가 접수된 때에 설립된 것으로 본다(제12조 제4항).

② 보완, 반려의 의사 없이 3일 이내에 교부하지 않는 경우

판례는 3일이 경과한 후에도 행정관청은 보완명령이나 반려처분을 할 수 있다고 함으로써 노동조합이 설립되지 않은 것으로 본다(대판 1990.10.23, 89누3243).

(4) 변경사항의 신고 등

제13조 【변경사항의 신고등】

① 노동조합은 제10조 제1항의 규정에 의하여 설립신고된 사항 중 다음 각 호의 1에 해당하는 사항에 변경이 있는 때에는 그 날부터 30일 이내에 행정관청에게 변경신고를 하여야 한다.

1. 명칭
2. 주된 사무소의 소재지
3. 대표자의 성명
4. 소속된 연합단체의 명칭

② 노동조합은 매년 1월 31일까지 다음 각 호의 사항을 행정관청에게 통보하여야 한다. 다만, 제1항의 규정에 의하여 전년도에 변경신고된 사항은 그러하지 아니하다.

1. 전년도에 규약의 변경이 있는 경우에는 변경된 규약내용
2. 전년도에 임원의 변경이 있는 경우에는 변경된 임원의 성명
3. 전년도 12월 31일 현재의 조합원수(연합단체인 노동조합에 있어서는 구성단체별 조합원수)

(5) 서류비치 등

제14조 【서류비치 등】
① 노동조합은 조합설립일부터 30일 이내에 다음 각호의 서류를 작성하여 그 주된 사무소에 비치하여야 한다.
  1. 조합원 명부(연합단체인 노동조합에 있어서는 그 구성단체의 명칭)
  2. 규약
  3. 임원의 성명・주소록
  4. 회의록
  5. 재정에 관한 장부와 서류
② 제1항 제4호 및 제5호의 서류는 3년간 보존하여야 한다.

4. 노동조합 설립요건 불비의 효과

(1) 실질적 요건의 불비

해당 노동조합이 헌법 제33조 제1항 및 그 헌법적 요청에 바탕을 둔 노동조합 및 노동관계조정법(이하 '노동조합법'이라고 한다) 제2조 제4호가 규정한 실질적 요건을 갖추지 못하였다면, 설령 설립신고가 행정관청에 의하여 형식상 수리되었더라도 실질적 요건이 흠결된 하자가 해소되거나 치유되는 등의 특별한 사정이 없는 한 이러한 노동조합은 노동조합법상 설립이 무효로서 노동3권을 향유할 수 있는 주체인 노동조합으로서의 지위를 가지지 않는다고 보아야 한다. 단체교섭의 주체가 되고자 하는 노동조합으로서는 위와 같은 제약에 따르는 현재의 권리 또는 법률상 지위에 대한 위험이나 불안을 제거하기 위하여 다른 노동조합을 상대로 해당 노동조합이 설립될 당시부터 노동조합법 제2조 제4호가 규정한 주체성과 자주성 등의 실질적 요건을 흠결하였음을 들어 설립무효의 확인을 구하거나 노동조합으로서의 법적 지위가 부존재한다는 확인을 구하는 소를 제기할 수 있다고 보는 것이 타당하다(대판 2021.2.25, 2017다51610).

(2) 형식적 요건의 불비

① 법적 성질(법외노조 또는 헌법상 노조)
   노동조합의 설립요건 중 형식적 요건을 결한 근로자단체에 대해 노동조합법 제7조에서 정한 불이익을 받을 뿐 헌법에 규정된 노동3권은 향유할 수 있다.
② 법적 지위
   ㉠ 노동3권의 행사(헌법 제33조 제1항)
   ㉡ 정당한 노동3권 행사에 대한 민・형사면책(노동조합법 제3조, 제4조)
   ㉢ 근로자 개인의 부당노동행위 구제신청(제7조 제2항), 재판상 구제신청
   ㉣ 단체협약체결능력
   ㉤ 소송상 당사자능력

③ 노동조합법상 제한

　㉠ 제7조에 의한 제한

> **제7조 【노동조합의 보호요건】**
> ① 이 법에 의하여 설립된 노동조합이 아니면 노동위원회에 노동쟁의의 조정 및 부당노동행위의
>   구제를 신청할 수 없다.
> ② 제1항의 규정은 제81조 제1항 제1호·제2호 및 제5호의 규정에 의한 근로자의 보호를 부인하
>   는 취지로 해석되어서는 아니된다.
> ③ 이 법에 의하여 설립된 노동조합이 아니면 노동조합이라는 명칭을 사용할 수 없다.

　㉡ 기타 제한

　　근로자위원추천자격의 부인(노동위원회법 제6조), 단체협약의 지역적 구속력 효력확장
　　적용 신청자격 부인(노동조합법 제36조), 법인격 취득자격의 제한(노동조합법 제6조),
　　조세면제특권 부인(노동조합법 제8조), 국내근로자공급사업의 허가대상 제한(직업안정
　　법 제33조)

Ⅳ 노동조합의 법인격

1. 관련규정

> **제6조 【법인격의 취득】**
> ① 노동조합은 그 규약이 정하는 바에 의하여 법인으로 할 수 있다.
> ② 노동조합은 당해 노동조합을 법인으로 하고자 할 경우에는 대통령령이 정하는 바에 의하여 등기를 하여야
>   한다.
> ③ 법인인 노동조합에 대하여는 이 법에 규정된 것을 제외하고는 민법 중 사단법인에 관한 규정을 적용한다.

2. 법인격 절차

　노동조합을 법인으로 하려는 때에는 그 주된 사무소의 소재지를 관할하는 등기소에 명칭, 주된
사무소의 소재지, 목적 및 사업, 대표자의 성명 및 주소, 해산사유를 정한 때에는 그 사유를 등기
해야 한다(시행령 제2조·제3조). 등기신청을 하려는 때에는 등기신청서에 해당 노동조합의 규약
과 조합설립신고증 사본을 첨부해야 한다(시행령 제4조 제2항). 법인인 노동조합이 그 주된 사무
소를 다른 등기소의 관할 구역으로 이전한 경우 해당 노동조합의 대표자는 그 이전한 날부터 3주
이내에 구소재지에서는 이전등기를 해야 하며, 신소재지에서는 제3조 각 호의 사항을 등기해야
한다(시행령 제5조 제1항). 동일한 등기소의 관할구역 안에서 주된 사무소를 이전한 경우에는 그
이전한 날부터 3주 이내에 이전등기를 해야 한다(시행령 제5조 제2항). 노동조합의 대표자는 제3
조 각 호의 사항 중 변경된 사항이 있는 경우에는 그 변경이 있는 날부터 3주 이내에 변경등기를
해야 한다(시행령 제6조).

V 조합원의 지위

1. 조합원 지위의 취득

(1) 지위의 취득

① 기존 노조에의 가입

㉠ 근로자는 자유로이 노동조합에 가입할 수 있다(제5조 제1항). 조합의 가입자격과 절차 등은 규약에서 정하는 바에 따른다.

㉡ 조합이 조합원의 자격을 갖추고 있는 근로자의 조합 가입을 함부로 거부하는 것은 허용되지 아니하고, 특히 유니언 숍(Union Shop) 협정에 의한 가입강제가 있는 경우에는 단체협약에 명문 규정이 없더라도 노동조합의 요구가 있으면 사용자는 노동조합에서 탈퇴한 근로자를 해고할 수 있기 때문에 조합 측에서 근로자의 조합 가입을 거부하게 되면 이는 곧바로 해고로 직결될 수 있으므로 조합은 노조가입 신청인에게 제명에 해당하는 사유가 있다는 등의 특단의 사정이 없는 한 그 가입에 대하여 승인을 거부할 수 없다(대판 1996.10.29, 96다28899). 조합가입은 근로자의 가입청약과 조합의 승낙에 의하여 성립하며, 조합의 승낙은 특별한 사정이 없는 한 강제된다. 조합가입의사표시가 노동조합에 도달한 때 조합가입이 인정된다.

㉢ 노동조합의 조합원은 어떠한 경우에도 인종, 종교, 성별, 연령, 신체적 조건, 고용형태, 정당 또는 신분에 의하여 차별대우를 받지 아니한다(제9조). 노조에 가입하는 경우에 있어서도 이런 사유로 차별대우를 금지한다.

② 새로운 노동조합의 조직

근로자는 자유로이 노동조합을 조직할 수 있다(제5조 제1항). 새로운 노동조합을 설립하는 행위는 방향을 같이하는 근로자들의 2개 이상의 의사표시가 합치됨으로써 이루어지는 합동행위라 할 것이다.

(2) 지위의 상실

① 의의

조합원으로서의 지위는 사망, 자격상실, 탈퇴, 제명 및 조합의 해산에 의하여 상실된다.

② 조합원 자격의 상실

조합원이 승진·승급하여 조합규약상의 자격을 상실하는 경우

③ 조합에서의 탈퇴

㉠ 조합원이 자발적 의사에 의하여 조합원 지위를 종료시키는 것을 말한다. 조합원의 탈퇴에 승인을 요건으로 하거나 쟁의기간에 탈퇴할 수 없다는 규정은 무효이다.

㉡ Union Shop 협정이 체결되어 있는 경우 노동조합을 탈퇴한 조합원에 대해서 불이익한 처분이 가해질 수 있으나, 새로운 노조에 가입할 목적이나 다른 노동조합을 조직할 목적으로 탈퇴하는 경우 불이익한 처분을 할 수 없다(노동조합법 제81조 제1항 제2호).

294 PART 03 집단적 노사관계법

2. 조합원의 권리 · 의무

(1) 조합원의 권리

① 조합참여권

노동조합의 조합원은 균등하게 그 노동조합의 모든 문제에 참여할 권리와 의무를 가진다. 다만, 노동조합은 그 규약으로 조합비를 납부하지 아니하는 조합원의 권리를 제한할 수 있다(제22조).

② 총회의 출석 · 발언 · 의결권 및 임시총회소집 요구권(제16조, 제18조)

③ 조합임원의 선거권 및 피선거권(제16조)

④ 조합운영상황 공개 · 열람권(제26조)

⑤ 조합재산에 관한 권리

(2) 조합원의 의무

① 조합비 및 부과금의 납부의무(제22조 단서)

② 조합통제에 복종할 의무

Ⅵ 노동조합의 규약

1. 의의

규약은 노동조합이 그 조직운영에 관한 사항을 정한 제반규칙을 말한다. 노조설립자는 물론 나중에 가입한 조합원, 규약의 개정에 반대한 조합원도 규약의 내용을 알고 있는가의 여부에 상관없이 모두 규약의 적용을 받는다. 따라서 규약은 계약의 성격보다는 자주적 규범으로서의 성격을 갖고 조합원의 권리 · 의무를 정하는 법원이 된다.

※ 노동조합은 근로자들이 자신들의 이익을 옹호하기 위하여 자주적으로 결성한 임의단체로서 그 내부 운영에 있어서 조합 규약 및 다수결에 의한 자치가 보장되므로, 노동조합이 자체적으로 마련한 선거관리규정은 조합 민주주의를 실현하기 위한 강행법규에 적합한 범위 내에서는 일종의 자치적 법규범으로서 국가법질서 내에서 법적 효력을 가진다(대판 1998.2.27, 97다43567).

2. 규약의 기재사항

제11조 【규약】
노동조합은 그 조직의 자주적 · 민주적 운영을 보장하기 위하여 당해 노동조합의 규약에 다음 각 호의 사항을 기재하여야 한다.
1. 명칭
2. 목적과 사업
3. 주된 사무소의 소재지
4. 조합원에 관한 사항(연합단체인 노동조합에 있어서는 그 구성단체에 관한 사항)
5. 소속된 연합단체가 있는 경우에는 그 명칭

6. 대의원회를 두는 경우에는 대의원회에 관한 사항
7. 회의에 관한 사항
8. 대표자와 임원에 관한 사항
9. 조합비 기타 회계에 관한 사항
10. 규약변경에 관한 사항
11. 해산에 관한 사항
12. 쟁의행위와 관련된 찬반투표 결과의 공개, 투표자 명부 및 투표용지 등의 보존·열람에 관한 사항
13. 대표자와 임원의 규약위반에 대한 탄핵에 관한 사항
14. 임원 및 대의원의 선거절차에 관한 사항
15. 규율과 통제에 관한 사항

3. 규약의 제정·변경

조합규약은 노동조합의 총회에서 재적조합원 과반수의 출석과 출석조합원 3분의 2 이상의 찬성으로 제정·변경할 수 있다(제16조 제2항 단서). 규약의 제정·변경은 조합원의 직접·비밀·무기명 투표에 의하여야 한다(제16조 제4항). 전년도에 규약의 변경이 있는 경우에는 변경된 규약내용을 매년 1월 31일까지 행정관청에 통보하여야 한다(제13조 제2항).

4. 행정관청의 시정명령

제21조【규약 및 결의처분의 시정】

① 행정관청은 노동조합의 규약이 노동관계법령에 위반한 경우에는 노동위원회의 의결을 얻어 그 시정을 명할 수 있다.
② 행정관청은 노동조합의 결의 또는 처분이 노동관계법령 또는 규약에 위반된다고 인정할 경우에는 노동위원회의 의결을 얻어 그 시정을 명할 수 있다. 다만, 규약위반 시의 시정명령은 이해관계인의 신청이 있는 경우에 한한다.
③ 제1항 또는 제2항의 규정에 의하여 시정명령을 받은 노동조합은 30일 이내에 이를 이행하여야 한다. 다만, 정당한 사유가 있는 경우에는 그 기간을 연장할 수 있다.

5. 조합규약위반과 노동3권 행사

조합규약을 위반하여 행사한 노동3권의 효력에 있어서 노동3권 행사가 정당성을 갖추고 있고 관련법령에 따라 행하여진 경우에는 비록 조합규약을 위반하였다 할지라도 이러한 노동3권의 행사는 정당하고 합법적인 것으로 보아야 하며, 단지 조합규약 위반의 효과로서 내부통제권 행사의 대상이 될 뿐이다.

Ⅶ 노동조합의 기관(운영기구)

1. 의결기관

(1) 총회

① 정기총회

> **제15조【총회의 개최】**
> ① 노동조합은 매년 1회 이상 총회를 개최하여야 한다.
> ② 노동조합의 대표자는 총회의 의장이 된다.

② 임시총회

> **제18조【임시총회등의 소집】**
> ① 노동조합의 대표자는 필요하다고 인정할 때에는 임시총회 또는 임시대의원회를 소집할 수 있다.
> ② 노동조합의 대표자는 조합원 또는 대의원의 3분의 1 이상(연합단체인 노동조합에 있어서는 그 구성단체의 3분의 1 이상)이 회의에 부의할 사항을 제시하고 회의의 소집을 요구한 때에는 지체 없이 임시총회 또는 임시대의원회를 소집하여야 한다.
> ③ 행정관청은 노동조합의 대표자가 제2항의 규정에 의한 회의의 소집을 고의로 기피하거나 이를 해태하여 조합원 또는 대의원의 3분의 1 이상이 소집권자의 지명을 요구한 때에는 15일 이내에 노동위원회의 의결을 요청하고 노동위원회의 의결이 있는 때에는 지체 없이 회의의 소집권자를 지명하여야 한다.
> ④ 행정관청은 노동조합에 총회 또는 대의원회의 소집권자가 없는 경우에 조합원 또는 대의원의 3분의 1 이상이 회의에 부의할 사항을 제시하고 소집권자의 지명을 요구한 때에는 15일 이내에 회의의 소집권자를 지명하여야 한다.

③ 소집절차

> **제19조【소집의 절차】**
> 총회 또는 대의원회는 회의개최일 7일 전까지 그 회의에 부의할 사항을 공고하고 규약에 정한 방법에 의하여 소집하여야 한다. 다만, 노동조합이 동일한 사업장 내의 근로자로 구성된 경우에는 그 규약으로 공고기간을 단축할 수 있다.

노동조합 위원장선거를 위한 임시총회에 소집공고 등 절차상 하자가 있다 하더라도 총유권자의 90.77%의 조합원이 참여하고, 위 총회의 소집으로 위원장 입후보나 조합원들의 총회 참여에 지장이 없었다면 위 총회에서의 위원장 선출은 유효하다(대판 1992.3.27, 91다29071). 산업별 노동조합의 지회 소속 조합원들이 지회의 운영규칙 등에 정한 총회 소집절차를 거치지 않고 그들 스스로 소집권자를 지정하여 총회를 소집한 후 조합의 조직형태를 산업별 노동조합에서 기업별 노동조합으로 변경하기로 결의한 사안에서, 그 결의가 소집절차에 중대한 하자가 있어 무효이다(대판 2009.3.12, 2008다2241).

④ 의결사항

제16조 【총회의 의결사항】

① 다음 각 호의 사항은 총회의 의결을 거쳐야 한다.

1. 규약의 제정과 변경에 관한 사항
2. 임원의 선거와 해임에 관한 사항
3. 단체협약에 관한 사항
4. 예산·결산에 관한 사항
5. 기금의 설치·관리 또는 처분에 관한 사항
6. 연합단체의 설립·가입 또는 탈퇴에 관한 사항
7. 합병·분할 또는 해산에 관한 사항
8. 조직형태의 변경에 관한 사항
9. 기타 중요한 사항

⑤ 의결방법

제16조 【총회의 의결사항】

② 총회는 재적조합원 과반수의 출석과 출석조합원 과반수의 찬성으로 의결한다. 다만, 규약의 제정·변경, 임원의 해임, 합병·분할·해산 및 조직형태의 변경에 관한 사항은 재적조합원 과반수의 출석과 출석조합원 3분의 2 이상의 찬성이 있어야 한다.

④ 규약의 제정·변경과 임원의 선거·해임에 관한 사항은 조합원의 직접·비밀·무기명투표에 의하여야 한다.

제20조 【표결권의 특례】

노동조합이 특정 조합원에 관한 사항을 의결할 경우에는 그 조합원은 표결권이 없다.

⑥ 결의·처분의 시정(제21조)

(2) 대의원회

① 관련규정

제17조 【대의원회】

① 노동조합은 규약으로 총회에 갈음할 대의원회를 둘 수 있다

② 대의원은 조합원의 직접·비밀·무기명투표에 의하여 선출되어야 한다.

③ 하나의 사업 또는 사업장을 대상으로 조직된 노동조합의 대의원은 그 사업 또는 사업장에 종사하는 조합원 중에서 선출하여야 한다

④ 대의원의 임기는 규약으로 정하되 3년을 초과할 수 없다.

⑤ 대의원회를 둔 때에는 총회에 관한 규정은 대의원회에 이를 준용한다.

② 대의원의 선출

> **대판 2000.1.14, 97다41349**
> 제17조 제2항은 조합 내 민주주의, 즉 조합의 민주성을 실현하기 위함에 있고 이는 강행규정이라고 할 것이므로, 다른 특별한 사정이 없는 한 위 법 조항에 위반하여 조합원이 대의원의 선출에 직접 관여하지 못하도록 간접적인 선출방법을 정한 규약이나 선거관리규정 등은 무효이다.

③ 대의원회의 권한

> **대판 2014.8.26, 2012두6063**
> 총회가 규약의 제·개정결의를 통하여 총회에 갈음할 대의원회를 두고 '규약의 개정에 관한 사항'을 대의원회의 의결사항으로 정한 경우라도 이로써 총회의 규약개정권한이 소멸된다고 볼 수 없고, 총회는 여전히 노동조합법 제16조 제2항 단서에 정해진 재적조합원 과반수의 출석과 출석조합원 3분의 2 이상의 찬성으로 '규약의 개정에 관한 사항'을 의결할 수 있다.

2. 집행기관

(1) 의의

노동조합은 집행기관으로서 대표자와 임원을 둘 수 있다. 대표자는 대내적으로 노조업무를 총괄하면서 대외적으로 노동조합을 대표하고 임원은 대표자를 보좌하여 노동조합의 업무를 집행한다.

(2) 임원의 선임·해임 및 임기

- 노동조합의 임원 자격은 규약으로 정한다. 이 경우 하나의 사업 또는 사업장을 대상으로 조직된 노동조합의 임원은 그 사업 또는 사업장에 종사하는 조합원 중에서 선출하도록 정한다(제23조 제1항). 임원의 선거·해임에 관한 사항은 조합원의 직접·비밀·무기명투표에 의하여야 한다(제16조 제4항).
- 임원의 선임은 재적조합원 과반수의 출석과 출석조합원 과반수의 찬성으로 의결한다. 임원의 해임은 재적조합원 과반수의 출석과 출석조합원 3분의 2 이상의 찬성이 있어야 한다(제16조 제2항).
- 임원의 선거에 있어서 출석조합원 과반수의 찬성을 얻은 자가 없는 경우에는 제2항의 규정에 불구하고 규약이 정하는 바에 따라 결선투표를 실시하여 다수의 찬성을 얻은 자를 임원으로 선출할 수 있다(제16조 제3항).
- 임원의 임기는 규약으로 정하되 3년을 초과할 수 없다(제23조 제2항).

(3) 권한

- 노조대표자는 임시총회를 소집하고, 총회의장이 된다(제18조 제1항, 제15조 제2항).
- 회계감사원으로 하여금 6월에 1회 이상 노동조합의 회계감사를 실시하게 한다(제25조 제1항).
- 노동조합의 운영상황과 결산결과를 공표하여야 한다(제26조).

3. 감사기관

(1) 의의

노조법에는 감사기관을 두도록 명문으로 의무화하고 있지 아니하나, 노동조합은 일반적으로 감사기관을 두고 있다.

(2) 회계감사와 운영상황의 공개

제25조 【회계감사】

① 노동조합의 대표자는 그 회계감사원으로 하여금 6월에 1회 이상 당해 노동조합의 모든 재원 및 용도, 주요한 기부자의 성명, 현재의 경리 상황 등에 대한 회계감사를 실시하게 하고 그 내용과 감사결과를 전체 조합원에게 공개하여야 한다.

② 노동조합의 회계감사원은 필요하다고 인정할 경우에는 당해 노동조합의 회계감사를 실시하고 그 결과를 공개할 수 있다.

제26조 【운영상황의 공개】

노동조합의 대표자는 회계연도마다 결산결과와 운영상황을 공표하여야 하며, 조합원의 요구가 있을 때에는 이를 열람하게 하여야 한다.

시행령 제11조의7 【회계감사원 등】

① 법 제25조에 따른 회계감사원(이하 이 조에서 "회계감사원"이라 한다)은 재무·회계 관련 업무에 종사한 경력이 있거나 전문지식 또는 경험이 풍부한 사람 등으로 한다.

② 노동조합의 대표자는 다음 각 호의 어느 하나에 해당하는 경우에는 조합원이 아닌 공인회계사나 「공인회계사법」 제23조에 따른 회계법인(이하 "회계법인"이라 한다)으로 하여금 법 제25조에 따른 회계감사를 실시하게 할 수 있다. 이 경우 회계감사원이 회계감사를 한 것으로 본다.

1. 노동조합의 대표자가 노동조합 회계의 투명성 제고를 위하여 필요하다고 인정하는 경우
2. 조합원 3분의 1 이상의 요구가 있는 경우
3. 연합단체인 노동조합의 경우에는 그 구성노동단체의 3분의 1 이상의 요구가 있는 경우
4. 대의원 3분의 1 이상의 요구가 있는 경우

시행령 제11조의8 【결산결과 및 운영상황의 공표 시기 등】

노동조합의 대표자는 특별한 사정이 없으면 법 제26조에 따른 결산결과와 운영상황을 매 회계연도 종료 후 2개월(제11조의7 제2항에 따라 공인회계사나 회계법인이 회계감사를 실시한 경우에는 3개월로 한다) 이내에 조합원이 그 내용을 쉽게 확인할 수 있도록 해당 노동조합의 게시판에 공고하거나 인터넷 홈페이지에 게시하는 등의 방법으로 공표해야 한다.

시행령 제11조의9 【공시시스템을 통한 결산결과의 공표】

① 고용노동부장관은 노동조합의 대표자가 그 결산결과를 공표할 수 있도록 노동조합 회계 공시시스템(이하 "공시시스템"이라 한다)을 구축·운영할 수 있다.

② 노동조합의 대표자는 제11조의8에도 불구하고 고용노동부령으로 정하는 서식에 따라 매년 4월 30일까지 공시시스템에 직전 연도의 결산결과를 공표할 수 있다. 이 경우 제11조의8에 따라 결산결과를 공표한 것으로 본다.

③ 노동조합의 산하조직(노동조합인 경우는 제외한다)의 대표자는 필요한 경우에는 고용노동부령으로 정하는 서식에 따라 매년 4월 30일까지 공시시스템에 직전 연도의 결산결과를 공표할 수 있다.

④ 제2항 및 제3항에도 불구하고 노동조합 등의 합병·분할 또는 해산 등 부득이한 사유가 있는 경우에는 9월 30일까지 직전 연도의 결산결과를 공표할 수 있다.

⑤ 제2항 및 제3항에도 불구하고 회계연도 종료일이 12월 31일이 아닌 경우에는 9월 30일까지 직전 연도에 종료한 회계연도의 결산결과를 공표할 수 있다.

(3) 자료의 제출

제27조【자료의 제출】
노동조합은 행정관청이 요구하는 경우에는 결산결과와 운영상황을 보고하여야 한다.

시행령 제12조【자료제출의 요구】
행정관청은 법 제27조에 따라 노동조합으로부터 결산결과 또는 운영상황의 보고를 받으려는 경우에는 그 사유와 기타 필요한 사항을 적은 서면으로 10일 이전에 요구하여야 한다.

Ⅷ 노동조합의 재정

1. 의의

노동조합의 재정이라 함은 노동조합의 조직 및 활동에 필요한 재원을 확보하고 이를 관리·사용하는 일체의 활동을 말한다. 조합 재정의 자주성은 노동조합의 실질적 운영에 있어 주된 비용, 경비의 확보 및 조달이 사용자가 아닌 조합원으로부터 자체적으로 조달함으로써 노동조합의 목적 달성에 있어 사용자로부터 간섭 및 구속되지 않는 것을 말한다.

2. 조합비

(1) 의의

조합비란 조합원이 노동조합 구성원의 지위에서 노동조합의 운영을 위하여 부담하는 일체의 비용을 말한다. 조합비는 노동조합의 재정을 조성하는 가장 기본적인 수단이다. 조합비는 조합 내부의 결정사항이므로 그 부담액은 조합규약으로 자율적으로 정하여야 한다.

(2) 조합비일괄공제조항(Check-off System)

① 의의

조합비 공제제도라 함은 사용자가 조합원의 임금으로부터 조합비를 사전에 원천공제하고 이를 노동조합에 일괄 납입하는 방법이다. 이러한 조합비 공제제도의 인정취지는 조합원이 조합비를 납입하지 아니하거나 지연하는 것을 방지하여 노동조합의 재정확보와 단결권 강화를 도모하고자 하는 데 있다.

② 단체협약의 규정

근로기준법 제43조 【임금의 지급】

① 임금은 통화로 직접 근로자에게 그 전액을 지급하여야 한다. 다만, 법령 또는 단체협약에 특별한 규정이 있는 경우에는 임금의 일부를 공제하거나 통화 이외의 것으로 지급할 수 있다.

근로기준법 제43조 제1항은 강행규정으로서 집단적 노사관계하에서의 노동조합에 관한 사항에도 적용된다. 따라서 근로기준법 제43조 제1항에 따라 단체협약으로 규정되는 경우에 한하여 비로소 유효하게 조합비 공제제도가 성립된다고 한다.

③ 근로자의 동의여부

단체협약상의 조합비 공제제도는 노동조합과 사용자만을 구속하는 채무적 효력만을 가지므로 개별조합원에게 효력이 미치기 위해서는 개별조합원의 동의가 필요하다.

④ 개별조합원의 중지신청

조합비 납부의무는 조합원의 기본의무이고, 조합원은 노조 탈퇴로 조합비 공제제도의 적용을 면할 수 있으므로 중지신청을 인정되지 않는다.

⑤ 상계여부

사용자는 노조에 대한 손해배상청구권을 가지고 노조가 가지는 조합비교부청구권과 상계할 수 없다. 양 채권은 같은 종류를 목적으로 하는 채권이 아니기 때문이다.

(3) 조합비를 납부하지 않는 경우

노동조합은 그 규약으로 조합비를 납부하지 아니하는 조합원의 권리를 제한할 수 있다(제22조 단서).

3. 조세의 면제

노동조합에 대하여는 그 사업체를 제외하고는 세법이 정하는 바에 따라 조세를 부과하지 아니한다(제8조).

4. 조합재산의 소유형태

법인인 노동조합의 재산은 노동조합의 단독소유에 속한다. 법인이 아닌 노동조합은 조합원의 총유에 속하고 전조합원의 의사에 의하지 아니하고는 개개 조합원은 조합재산에 대하여 지분권 또는 분할청구권을 갖지 못한다.

IX 노동조합의 통제권

1. 의의

노동조합의 통제란 규약이나 결의 · 지시 등을 위반한 조합원에게 노동조합이 제재처분(제명, 권리정지, 벌금부과, 경고 등)을 가하는 것을 말한다. 통제권은 노동조합이 근로자의 자주적인 단결체로서 조직을 유지하고 목적을 달성하기 위한 것이다.

2. 통제권의 한계

(1) 원칙

원칙적으로 노동단체의 통제는 그 단체의 내부사회에서만 통용되는 것이어서는 안 되고, 객관적으로 보아 타당한 민주적 룰에 기초하여야 한다. 따라서 위법한 행위를 강제할 수 없음은 물론이고, 근로자의 기본적 자유를 빼앗거나, 노조 내부에서 자유롭고 활발한 비판의 기회를 박탈하는 통제도 인정될 수 없다.

> 헌법 제33조 제1항에 의하여 단결권을 보장받고 있는 노동조합은 그 조직을 유지하고 목적을 달성하기 위하여는 조합의 내부질서가 확립되고 강고한 단결력이 유지되지 않으면 안 되고 따라서 노동조합은 단결권을 확보하기 위하여 필요하고도 합리적인 범위 내에서 조합원에 대하여 일정한 규제와 강제를 행사하는 내부통제권을 가진다고 해석하는 것이 상당하다(대판 2005.1.28, 2004도227).

(2) 조합원의 정치활동과 통제권

조합원이 노동조합의 정치적 결정에 위반하여 행동하는 경우 권고나 설득의 차원을 넘어 통제처분을 할 수 있는가? 정치활동을 고유의 목적으로 삼는 정치적 결사체도 아닌 노동조합이 비록 같은 법 제87조에 의하여 총회의 결의 등을 거쳐 지지하거나 반대하는 정당이나 후보자를 결정하고 그 명의로 선거운동을 할 수 있다고 하더라도, 그 구성원인 조합원 개개인에 대하여 노동조합의 결의 내용에 따르도록 권고하거나 설득하는 정도를 넘어서 이를 강제하는 것은 허용되지 아니한다(대판 2005.1.28, 2004도227).

(3) 위법지시와 통제권

노조의 결의·지시가 법률에 위반하는 경우 조합원은 이에 따를 의무가 없으므로 통제대상이 될 수 없다. 그러나 결의·지시가 객관적으로 보아 중대하고 명백한 위법성을 가지지 않는 한 이에 구속되므로 통제처분의 대상이 된다.

(4) 조합원의 비판활동과 통제권

조합원도 언론의 자유를 가지므로 집행부나 조합 방침에 대한 조합원의 비판행위는 조합의 민주적 운영을 위해서 필요하다. 따라서 진실한 사실에 근거하고 공정한 비판이면 통제의 대상이 아니다. 그러나 사실의 왜곡이나 중상모략, 악의에 가득찬 공격이라고 평가되는 경우에는 언론의 자유의 한계를 넘는 것이므로 통제처분의 대상이 된다.

(5) 단체교섭저해행위와 통제권

단체교섭은 노조의 목적달성을 위한 핵심적 활동이므로 이를 저해하는 조합원의 행위는 통제처분의 대상이 된다. 단체교섭 진행 중 조합원이 사용자와 개별적으로 교섭하는 행위, 단체교섭을 위한 쟁의행위 지시에 불응하는 행위 등이 이에 해당한다.

(6) 조합비 미납

노동조합은 그 규약으로 조합비를 납부하지 아니하는 조합원의 권리를 제한할 수 있다(제22조 단서).

3. 통제권행사의 절차

(1) 의의

통제권행사는 민주적이고 공정한 절차에 따라야 한다. 규약·관행상의 절차가 있는 경우에는 그를 준수하여야 하고, 절차가 불명확하거나 흠결된 경우에는 적정절차의 원칙에 따라 행사되어야 한다.

(2) 의결기관과 방법

① 의결기관

규약에서 징계기관(징계위원회 등)을 정한 경우 그 기관의 의결을 거쳐야 한다. 규약에 징계기관이 규정되어 있지 않은 경우 총회 등 최고의결기관의 의결을 거쳐야 한다.

② 의결방법

징계의 의결은 재적조합원 과반수 출석과 출석조합원 과반수 찬성으로 한다(제16조 제2항 본문). 임원의 제명은 해임과 같은 성질을 가지므로 해임과 동일한 의결절차를 거쳐야 한다(제16조 제2항 단서). 특정조합원에 대한 징계를 의결할 경우 그 조합원은 표결권이 없다(제20조).

4. 통제권과 사법심사

통제권의 행사는 본질적으로 노동조합의 내부관계에 속하는 것이므로 조합자치에 맡기는 것이 바람직하다. 따라서 사법심사는 가능한 한 자제되어야 한다. 다만, 통제권의 행사가 합리적인 조합자치의 범위를 벗어나 조합원의 권리침해를 가져오는 경우(조합규약 위반, 현저히 공정성을 결한 경우, 중대한 절차상의 하자가 있는 경우 등)에는 사법심사의 대상이 된다. 또한 노동조합법 제21조에 의한 행정적 구제를 받을 수 있다.

X 조합활동의 정당성

1. 조합활동의 의의와 정당성

조합활동이란 노동조합의 단결력을 유지·강화하기 위하여 행하는 일상적 제반활동을 의미한다. 사업 또는 사업장에 종사하는 근로자(이하 "종사근로자"라 한다)가 아닌 노동조합의 조합원은 사용자의 효율적인 사업 운영에 지장을 주지 아니하는 범위에서 사업 또는 사업장 내에서 노동조합활동을 할 수 있다(제5조 제2항). 종사근로자인 조합원이 해고되어 노동위원회에 부당노동행위의 구제신청을 한 경우에는 중앙노동위원회의 재심판정이 있을 때까지는 종사근로자로 본다(제5조 제3항). 정당한 조합활동은 해고나 그 밖의 불이익취급을 할 수 없고(제81조 제1항 제1호), 민사책임과 형사책임도 물을 수 없다(제3조와 제4조).

2. 조합활동 주체의 정당성

(1) 기관활동

노동조합의 의사 내지 방침을 형성하거나 그에 기해 행하여진 조합원의 제반행위를 기관활동이라고 한다. 이러한 기관활동은 조합활동의 일반적인 모습으로서 주체의 정당성이 인정된다. 즉, 근로자가 노동조합의 의사를 결정하거나, 업무집행기관으로서 일정한 업무활동을 하거나, 조합원으로서의 활동이 이에 해당한다.

(2) 조합원의 자발적 활동

노동조합의 명시적인 의사 즉 구체적인 결의나 지시에 기하지 않고 행하여진 조합원 개인 또는 집단의 활동을 자발적 활동이라고 한다. 그런데 자발적 활동이라고 하더라도 그 행위의 성질상 노동조합의 활동이라 볼 수 있거나 노동조합의 묵시적인 수권 혹은 승인을 받았다고 볼 수 있는 때에는 조합활동성이 인정된다(대판 1991.11.12, 91누4164).

3. 조합활동 목적의 정당성

근로자의 조합활동이 정당성을 인정받기 위해서는, 그 목적이 근로조건의 유지·개선과 근로자의 경제적·사회적 지위의 향상을 도모하기 위한 것이고 근로자의 단결 강화에 도움이 되는 행위에 해당하는 것이어야 한다. 근로조건의 유지·개선, 경제적·사회적 지위향상, 단결강화의 본래적 목적을 달성하기 위한 보조적·간접적 활동(사회·문화적 활동) 역시 조합활동에 포함된다.

4. 근무시간 중의 조합활동과 노무지휘권

(1) 원칙

조합활동은 원칙적으로 근로시간 외에 행해져야 한다. 다만, 취업규칙이나 단체협약에 근로시간 중의 조합활동을 허용하는 규정이 있거나 노동관행·사용자의 승낙이 있는 경우에는 근로시간 중에 조합활동을 할 수 있음은 당연하다(대판 1994.2.22, 94도613).

(2) 사용자의 승낙이나 단체협약 등의 규정이 없는 경우

단체협약, 노사관행, 사용자의 허락이 없는 경우에도 근로시간 중의 조합활동이 완전히 부인되는 것은 아니며, 해당 조합활동의 필요성과 긴급성, 노무지휘권에 대한 구체적 침해 정도, 해당 행위의 원인과 구체적 태양, 노사관계의 제반실태, 사용자의 노동조합에 대한 태도 등을 종합적으로 고려하여 그 정당성 여부를 판단하여야 한다.

> **대판 1994.2.22, 93도613**
> 쟁의찬반투표를 위한 임시총회의 소집을 2회에 걸쳐 서면통보하였고, 주야 교대근무형태 때문에 전체 조합원이 참석하기 위해서는 근무시간에 소집할 필요가 있었다는 등의 사정이 있는 경우에는 총회가 근무시간에 열렸다는 것만으로 위법하다고 할 수 없다.

5. 사업장 내의 조합활동과 시설관리권

(1) 원칙

사용자는 사업수행을 위하여 갖추고 있는 물적 시설·설비를 사업목적에 따라 사용할 수 있도록 적절히 관리하거나 그에 수반되는 필요한 조치를 할 수 있는 시설관리권을 갖는다. 판례는 사업장 내의 조합활동이 단체협약이나 취업규칙의 정함이나 관행, 사용자의 시설관리권에 바탕한 합리적인 규율이나 제약에 따라야 하며 폭력과 파괴행위 등의 방법에 의하지 않는 것이어야 한다고 본다.

(2) 사업장 내 유인물 배포행위

사업장 내 유인물 배포행위의 경우 회사의 사전 승인이나 허가를 받도록 하고 있다고 할지라도 근로조건의 유지·향상이나 복지 증진을 위한 근로자들의 정당한 행위까지 금지할 수 없는 것이므로 그 행위가 정당한가 아닌가는 회사의 승인이나 허가 여부만을 가지고 판단할 것이 아니고, 그 유인물의 내용·매수, 시기·대상·방법, 이로 인한 기업이나 업무에의 영향 등 여러 가지 사정을 고려하여야 한다(대판 2000.6.23, 98다54960).

> **대판 1996.4.23, 95누6151**
> 병원에 근무하는 직원인 노동조합원들이 병원의 승인 없이 조합원들로 하여금 모든 직원이 착용하도록 되어 있는 위생복 위에 구호가 적힌 주황색 셔츠를 근무 중에도 착용하게 함으로써 병원의 환자들에게 불안감을 주는 등으로 병원 내의 정숙과 안정을 해치는 행위를 계속하였고, 아울러 병원이 노동조합의 정당한 홍보활동을 보장하기 위하여 노동조합의 전용 게시판을 설치하여 이를 이용하도록 통보하였음에도

조합원들이 주동이 되어 임의로 벽보 등을 지정 장소 외의 곳에 부착하였고, 또한 노동조합이나 병원과는 직접적인 관련이 없는 전국병원노련위원장의 구속을 즉각 철회하라는 내용의 현수막을 병원 현관 앞 외벽에 임의로 각 설치한 후 병원의 거듭된 자진철거요구에 불응한 사실이 인정된다면 이는 정당한 징계사유이다.

6. 노동조합의 언론활동과 사용자의 명예 · 신용

노동조합활동으로서 배포된 문서에 기재되어 있는 문언에 의하여 타인의 인격 신용 명예 등이 훼손 또는 실추되거나 그렇게 될 염려가 있고, 또 그 문서에 기재되어 있는 사실관계의 일부가 허위이거나 그 표현에 다소 과장되거나 왜곡된 점이 있다고 하더라도, 그 문서를 배포한 목적이 타인의 권리나 이익을 침해하려는 것이 아니라 노동조합원들의 단결이나 근로조건의 유지 개선과 근로자의 복지증진 기타 경제적 사회적 지위의 향상을 도모하기 위한 것이고, 또 그 문서의 내용이 전체적으로 보아 진실한 것이라면, 그와 같은 문서의 배포행위는 노동조합의 정당한 활동범위에 속하는 것으로 보아야 한다(대판 1993.12.28, 93다13554). 그러나 사용자나 관리자에 대한 인신공격이나 비방을 하는 경우에는 정당성이 인정되지 않는다(대판).

7. 근로시간 외 · 사업장 밖 조합활동

조합활동이 근무시간 외에 사업장 밖에서 이루어졌을 경우에도 근로자의 근로계약상의 성실의무(사용자의 이익을 배려해야 할)는 거기까지도 미친다고 보아야 하므로 그 점도 이행되어야 할 것이다(대판 1990.5.15, 90도357).

XI 근로시간 면제 등

제24조【근로시간 면제 등】
① 근로자는 단체협약으로 정하거나 사용자의 동의가 있는 경우에는 사용자 또는 노동조합으로부터 급여를 지급받으면서 근로계약 소정의 근로를 제공하지 아니하고 노동조합의 업무에 종사할 수 있다.
③ 사용자는 제1항에 따라 노동조합의 업무에 종사하는 근로자의 정당한 노동조합 활동을 제한해서는 아니 된다.

1. 인정근거

현행 노동조합법은 제24조에서 "단체협약으로 정하거나 사용자의 동의가 있는 경우"라 하여 법적 근거로 협정설을 명문화하고 있다.

"노조전임자제도는 노동조합에 대한 편의제공의 한 형태로서 사용자가 단체협약 등을 통하여 승인하는 경우에 인정되는 것일뿐 사용자와 근로자 사이의 근로계약관계에 있어서 근로자의 대우에 관하여 정한 근로조건이라 할 수 없는 것이고, 단순히 임의적교섭사항에 불과하여 노동쟁의라 할 수 없으므로 조정 · 중재대상이 될 수 없다(대판). 단체협약에 노조 전임규정을 두었다고 하더라도 … 사용자의 노조전임발령 전에는 근로제공의무가 면제될 수 없다(대판 1997.4.25, 97다6926).

2. 노조전임자의 법적지위

노조전임자는 사용자에 대하여 기본적 노사관계에 따른 근로자로서의 신분을 그대로 가지지만, 근로제공의무가 면제되고 사용자의 임금지급의무도 면제된다는 점에서 휴직상태에 있는 근로자와 유사하다(대판 2011.2.10, 2010도10721).

(1) 취업규칙 적용 여부(출·퇴근 의무)

노조전임자에게 출퇴근 등의 업무상 사규가 적용되는지 여부에 있어, 노조전임자도 사용자와의 사이에 기본적 근로관계는 유지되는 것이므로 단체협약에 특별한 규정을 두거나 특별한 관행이 존재하지 아니하는 한 취업규칙 등에 따라 출근을 하지 아니한 경우 이는 무단결근에 해당한다(대판 2005.10.13, 2005두5093).

(2) 산업재해 적용여부

노동조합전임자가 노동조합 업무를 수행하거나 이에 수반하는 통상적인 활동을 하는 과정에서 그 업무에 기인하여 재해가 발생하였다면 특별한 사정이 없는 업무상 재해로 보아야 한다. 다만 그 업무의 성질상 사용자의 사업과는 무관한 상부 또는 연합단체와 관련된 활동이나, 불법적인 노동조합활동 또는 사용자와 대립관계로 되는 쟁의단계에 들어간 이후의 노동조합 활동중에 생긴 재해 등은 이를 업무상 재해로 볼 수 없다(대판 1994.2.22, 92누14502).

(3) 상여금, 연월차휴가 부여 여부

노조전임은 휴직상태에 있는 근로자와 유사한 지위를 가지고 있으므로 단체협약 등에 달리 정함이 없는 한 사용자에게 상여금 또는 연, 월차휴가를 청구할 수 있는 권리가 당연히 있는 것은 아니다(대판).

(4) 평균임금

단체협약 등에 따라 노조전임자에게 일정한 금원을 지급한다고 하더라도 이를 근로의 대가인 임금이라고는 할 수 없으므로, 노조전임자인 근로자에 대한 평균임금을 노조전임자로서 실제로 지급받아온 급여를 기준으로 할 것이 아니라 노조전임자와 동일 직급 및 호봉의 근로자들의 평균임금을 기준으로 하여 산정하여야 한다(대판).

(5) 노조전임자의 원직복귀

단체협약이 유효기간의 만료로 효력이 상실된 경우 노동조합 업무만을 전담하던 노조전임자는 사용자의 원직 복귀명령에 응해야 한다(대판). 또한 노조전임자의 전임기간 중에 노조의 요구 없이 사용자가 일방적으로 전임자의 원직복직을 명하는 것은 허용되지 않는다(대판).

(6) 노조전임운영권 행사와 권리남용

노동조합 전임운용권이 노동조합에 있는 경우에도 그 행사가 법령의 규정 및 단체협약에 위배되거나 권리남용에 해당하는 등 특별한 사정이 있는 경우에는 그 내재적 제한을 위반한 것으로서 무효라고 보아야 하고, 노동조합 전임운용권의 행사가 권리남용에 해당하는지 여부는 전임운용권 행사에 관한 단체협약의 내용, 그러한 단체협약을 체결하게 된 경위와 당시의 상황, 노조원의 수 및 노조 업무의 분량, 그로 인하여 사용자에게 발생하는 경제적 부담, 비슷한 규모의 다른 노동조합의 전임자 운용 실태 등 제반 사정을 종합적으로 검토하여 판단하여야 한다. 노동조합의 전임자 통지가 사용자의 인사명령을 거부하기 위한 수단으로 이용된 것으로 보아, 이러한 경우의 노동조합 전임운용권의 행사는 '권리남용'에 해당한다(대판 2009.12.24, 2009도9347).

3. 근로시간면제제도

(1) 의의

> **제24조 【근로시간 면제 등】**
> ② 제1항에 따라 사용자로부터 급여를 지급받는 근로자(이하 "근로시간면제자"라 한다)는 사업 또는 사업장별로 종사근로자인 조합원 수 등을 고려하여 제24조의2에 따라 결정된 근로시간 면제 한도(이하 "근로시간 면제 한도"라 한다)를 초과하지 아니하는 범위에서 임금의 손실 없이 사용자와의 협의·교섭, 고충처리, 산업안전 활동 등 이 법 또는 다른 법률에서 정하는 업무와 건전한 노사관계 발전을 위한 노동조합의 유지·관리업무를 할 수 있다.
> ④ 제2항을 위반하여 근로시간 면제 한도를 초과하는 내용을 정한 단체협약 또는 사용자의 동의는 그 부분에 한정하여 무효로 한다.

근로시간면제자에 대한 급여는 근로시간 면제자로 지정되지 아니하고 일반 근로자로 근로하였다면 해당 사업장에서 동종 혹은 유사 업무에 종사하는 동일 또는 유사 직급·호봉의 일반 근로자의 통상 근로시간과 근로조건 등을 기준으로 받을 수 있는 급여 수준이나 지급 기준과 비교하여 사회통념상 수긍할 만한 합리적인 범위를 초과할 정도로 과다하지 않은 한 근로시간 면제에 따라 사용자에 대한 관계에서 제공한 것으로 간주되는 근로의 대가로서, 그 성질상 임금에 해당하는 것으로 봄이 타당하다(대판 2018.4.26, 2012다8239).

(2) 근로시간 면제자와 부당노동행위

> 단순히 노동조합의 업무에만 종사하는 근로자(이하 '노조전임자'라 한다)에 불과할 뿐 근로시간 면제 대상으로 지정된 근로자(이하 '근로시간 면제자'라 한다)로 지정된 바 없는 근로자에게 급여를 지원하는 행위는 그 자체로 부당노동행위가 되지만, 근로시간 면제자에게 급여를 지급하는 행위는 특별한 사정이 없는 한 부당노동행위가 되지 않는 것이 원칙이다. 다만 근로시간 면제자로 하여금 근로제공의무가 있는 근로시간을 면제받아 경제적인 손실 없이 노동조합 활동을 할 수 있게 하려는 근로시간 면제 제도 본연의 취지에 비추어 볼 때, 근로시간 면제자에게 지급하는 급여는 근로제공의무가 면제되는 근로시간에 상응하는 것이어야 한다. 그러므로 단체협약 등 노사 간 합의에 의한 경우라도 타당한 근거 없이 과다하게 책정된 급여를 근로시간 면제자에게 지급하는 사용자의 행위는 노동조합 및 노동관계조정법 제81조 제4호 단서에서 허용하는 범위를 벗어나는 것으로서 노조전임자 급여 지원 행위나 노동조합 운영비 원조 행위에 해당하는 부당노동행위가 될 수 있다. 여기서 근로시간 면제자에 대한 급여 지급이 과다하여 부당노동행위에 해당하는지는 근로시간 면제자가 받은 급여 수준이나 지급 기준이 그가 근로시간 면제자로 지정되지 아니하고 일반 근로자로 근로하였다면 해당 사업장에서 동종 혹은 유사 업무에 종사하는 동일 또는 유사 직급·호봉의 일반 근로자의 통상 근로시간과 근로조건 등을 기준으로 받을 수 있는 급여 수준이나 지급 기준을

사회통념상 수긍할 만한 합리적인 범위를 초과할 정도로 과다한지 등의 사정을 살펴서 판단하여야 한다(대판 2016.4.28, 2014두11137).

(3) 근로시간면제심의위원회

제24조의2 【근로시간면제심의위원회】

① 근로시간면제자에 대한 근로시간 면제 한도를 정하기 위하여 근로시간면제심의위원회(이하 이 조에서 "위원회"라 한다)를 「경제사회노동위원회법」에 따른 경제사회노동위원회(이하 "경제사회노동위원회"라 한다)에 둔다.

② 위원회는 근로시간 면제 한도를 심의·의결하고, 3년마다 그 적정성 여부를 재심의하여 의결할 수 있다.

③ 경제사회노동위원회 위원장은 제2항에 따라 위원회가 의결한 사항을 고용노동부장관에게 즉시 통보하여야 한다.

④ 고용노동부장관은 제3항에 따라 경제사회노동위원회 위원장이 통보한 근로시간 면제 한도를 고시하여야 한다.

⑤ 위원회는 다음 각 호의 구분에 따라 근로자를 대표하는 위원과 사용자를 대표하는 위원 및 공익을 대표하는 위원 각 5명씩 성별을 고려하여 구성한다.
  1. 근로자를 대표하는 위원: 전국적 규모의 노동단체가 추천하는 사람
  2. 사용자를 대표하는 위원: 전국적 규모의 경영자단체가 추천하는 사람
  3. 공익을 대표하는 위원: 경제사회노동위원회 위원장이 추천한 15명 중에서 제1호에 따른 노동단체와 제2호에 따른 경영자단체가 순차적으로 배제하고 남은 사람

⑥ 위원회의 위원장은 제5항 제3호에 따른 위원 중에서 위원회가 선출한다.

⑦ 위원회는 재적위원 과반수의 출석과 출석위원 과반수의 찬성으로 의결한다.

⑧ 위원의 자격, 위촉과 위원회의 운영 등에 필요한 사항은 대통령령으로 정한다.

시행령 제11조의2 【근로시간 면제 한도】

법 제24조의2 제1항에 따른 근로시간면제심의위원회(이하 "위원회"라 한다)는 같은 조 제2항에 따른 근로시간 면제 한도를 정할 때 법 제24조 제2항에 따라 사업 또는 사업장에 종사하는 근로자(이하 "종사근로자"라 한다)인 조합원 수와 해당 업무의 범위 등을 고려하여 시간과 이를 사용할 수 있는 인원으로 정할 수 있다.

시행령 제11조의3 【위원회 위원의 위촉】

위원회 위원은 「경제사회노동위원회법」에 따른 경제사회노동위원회(이하 "경제사회노동위원회"라 한다) 위원장이 위촉한다.

시행령 제11조의4 【위원회 위원의 자격기준】

① 법 제24조의2 제5항 제1호 및 제2호에 따라 단체에서 위원회의 위원으로 추천받을 수 있는 사람의 자격기준은 다음 각 호와 같다.
  1. 해당 단체의 전직·현직 임원
  2. 노동문제 관련 전문가

② 법 제24조의2 제5항 제3호에 따라 공익을 대표하는 위원으로 추천받을 수 있는 사람의 자격기준은 다음 각 호와 같다.

1. 노동 관련 학문을 전공한 자로서 「고등교육법」 제2조 제1호·제2호·제5호에 따른 학교나 공인된 연구기관에서 같은 법 제14조 제2항에 따른 교원 또는 연구원으로 5년 이상 근무한 경력이 있는 사람

2. 3급 또는 3급 상당 이상의 공무원으로 있었던 자로서 노동문제에 관하여 학식과 경험이 풍부한 사람

3. 그 밖에 제1호 및 제2호에 해당하는 학식과 경험이 있다고 인정되는 사람

시행령 제11조의5 【위원회 위원의 임기】

① 위원회 위원의 임기는 2년으로 한다.

② 위원회의 위원이 궐위된 경우에 보궐위원의 임기는 전임자(前任者) 임기의 남은 기간으로 한다.

③ 위원회의 위원은 임기가 끝났더라도 후임자가 위촉될 때까지 계속하여 그 직무를 수행한다.

시행령 제11조의6 【위원회의 운영】

① 위원회는 경제사회노동위원회 위원장으로부터 근로시간 면제 한도를 정하기 위한 심의 요청을 받은 때에는 그 심의 요청을 받은 날부터 60일 이내에 심의·의결해야 한다.

② 위원회의 사무를 처리하기 위하여 위원회에 간사 1명을 두며, 간사는 경제사회노동위원회 소속 직원 중에서 경제사회노동위원회 위원장이 지명한다.

③ 위원회의 위원에 대해서는 예산의 범위에서 그 직무 수행을 위하여 필요한 수당과 여비를 지급할 수 있다.

④ 위원회의 위원장은 필요한 경우에 관계 행정기관 공무원 중 관련 업무를 수행하는 공무원으로 하여금 위원회의 회의에 출석하여 발언하게 할 수 있다.

⑤ 위원회에 근로시간 면제 제도에 관한 전문적인 조사·연구업무를 수행하기 위하여 전문위원을 둘 수 있다.

⑥ 이 영에서 규정한 사항 외에 위원회의 운영에 필요한 사항은 위원회의 의견을 들어 경제사회노동위원회 위원장이 정한다.

XII 노동조합의 해산과 조직형태변경

제28조 【해산사유】

① 노동조합은 다음 각호의 1에 해당하는 경우에는 해산한다.

1. 규약에서 정한 해산사유가 발생한 경우

2. 합병 또는 분할로 소멸한 경우

3. 총회 또는 대의원회의 해산결의가 있는 경우

4. 노동조합의 임원이 없고 노동조합으로서의 활동을 1년 이상 하지 아니한 것으로 인정되는 경우로서 행정관청이 노동위원회의 의결을 얻은 경우

② 제1항 제1호 내지 제3호의 사유로 노동조합이 해산한 때에는 그 대표자는 해산한 날부터 15일 이내에 행정관청에게 이를 신고하여야 한다.

1. 해산의 의의

노동조합의 해산이라 함은 노동조합이 본래의 활동을 정지하고 청산과정에 들어가는 것을 말한다. 청산과정에서 노동조합은 청산의 목적범위 내에서 권리가 있고 의무를 부담한다.

2. 해산의 사유(제28조 제1항)

(1) 규약에 정한 사유의 발생(제1호)

노동조합은 자주적 단체이므로 미리 해산사유를 규약(제11조 제11호)에 정할 수 있고, 해당 사유가 발생하면 노동조합은 해산하게 된다.

(2) 합병으로 인한 소멸(제2호)

① 합병의 의의

노동조합의 합병이란 복수의 노동조합이 존속 중에 합의에 근거하여 청산절차를 거치지 않고 하나의 노동조합으로 통합되는 것을 말한다. 노동조합의 합병에는 합병하려는 모든 노동조합이 해산함과 동시에 새로운 노동조합을 설립하는 신설합병과 하나의 노동조합만이 존속하고 다른 노동조합이 이에 흡수되는 흡수합병이 있다.

② 합병의 절차

㉠ 합병의결

합병을 하려는 노동조합은 합병에 관한 합의내용을 총회에서 의결하여야 한다(제16조 제1항 제7호). 합병의결에는 재적조합원 과반수의 출석과 출석조합원 3분의 2 이상의 찬성이 있어야 한다(제2항).

㉡ 규약의 제정, 변경

흡수합병의 경우 존속노동조합이 조합규약의 변경을, 신설합병의 경우 신설노동조합이 조합규약을 제정하여야 한다. 이 경우 직접·비밀·무기명투표와 재적조합원의 과반수 출석과 출석조합원 3분의 2 이상의 찬성이 있어야 한다.

㉢ 신고 등의 절차

신설노조는 규약을 첨부하여 설립신고를 하여야 하고(제10조), 흡수노조는 설립신고사항에 변경이 있으므로 합병이 있는 날로부터 30일 이내에 행정관청에 변경신고를 하여야 하며(제13조 제1항), 소멸노조는 해산한 날로부터 15일 이내에 행정관청에게 신고하여야 한다(제28조 제2항).

③ 합병의 법적 효과

합병에 의하여 설립되는 근로자단체가 노동조합법 제2조 제4호에서 정한 노동조합의 실질적 요건을 갖추어 노동기본권의 향유 주체로 인정될 수 있는 때에 합병이 완료되어 기존 노동조합은 소멸하고, 이와 달리 신고증을 교부받아야만 합병의 효력이 발생하는 것은 아니다. 다만 그 근로자단체가 노동조합법상 노동조합으로 일정한 보호를 받기 위해서는 신고증을 교부받아야 함은 물론이다(대판 2016.12.27, 2011두921). 소멸노조의 조합원은 별도의 가입절차 없이 신설, 흡수노조의 조합원이 된다. 또한 소멸노조의 권리·의무, 소멸노조의 재산도 신설노조에 포괄적으로 이전되며, 소멸노조가 체결한 단체협약은 신설, 흡수노조로 그 효력이 적용된다.

(3) 분할로 인한 소멸(제2호)

① 분할의 의의 : 노동조합의 분할이란 하나의 노동조합이 존속 중에 조합원의 총의에 의하여 복수의 노동조합으로 나누어지는 것을 말한다.

② 분할의 절차

   ㉠ 분할의결

      분할을 하려는 노동조합은 분할에 관한 사항을 총회에서 의결하여야 한다(제16조 제1항 제7호). 분할의결에는 재적조합원 과반수의 출석과 출석조합원 3분의 2 이상의 찬성이 있어야 한다(제2항).

   ㉡ 규약의 제정 : 분할로 신설되는 노동조합은 규약을 제정하여야 한다.

   ㉢ 신고 등의 절차

      분할로 신설된 노조는 규약을 첨부하여 설립신고하여야 하고(제10조), 소멸노조는 해산한 날로부터 15일 이내에 행정관청에게 신고하여야 한다(제28조 제2항).

③ 분할의 법적 효과

노동조합이 분할되면 기존노조의 조합원은 개별적인 가입절차 없이 분할의결에 따라 자동적으로 신설노조의 조합원이 된다. 기존노조의 권리·의무와 재산도 분할의결에서 정한 바에 따라 귀속하게 된다. 다만, 분할의 경우 기존노조와 신설노조의 실질적 동질성을 인정하기 어려워 신설노조에게 단체협약의 주체로서 지위가 승계된다고는 볼 수 없다는 것이 일반적인 견해이다.

> 사실상의 분열(분리)은 일부 조합원이 집단적으로 탈퇴하여 새로운 노동조합을 결성하는 것을 말하는데, 재산이나 단체협약은 새로운 노조에 분할·승계되지 않는다.

(4) 총회 또는 대의원회의 해산결의가 있는 경우(제3호)

규약상의 해산사유가 아니더라도 노동조합은 조합원의 총의에 의하여 해산될 수 있다. 다만 해산결의는 총회에서 조합원의 과반수 출석과 출석조합원 3분의 2 이상의 찬성으로 이루어 져야한다(제16조 제2항). 본 호는 강행규정으로 규약 등에 의해 그 요건을 완화할 수 없다.

(5) 휴면노조(제4호)

노동조합으로서의 활동을 1년 이상 하지 아니한 것으로 인정되는 경우란 계속하여 1년 이상 조합원으로부터 조합비를 징수한 사실이 없거나 총회 또는 대의원회를 개최한 사실이 없는 경우를 말한다(시행령 제13조 제1항). 행정관청은 관할 노동위원회 의결을 얻은 때에 해산된 것으로 보며(제2항), 의결할 때 해산사유 발생일 이후의 노동조합의 활동을 고려해서는 아니 된다(제3항).

3. 해산의 절차

노조법 제28조 제1항 제1호 내지는 제3호의 사유로 노동조합이 해산한 때에는 그 대표자는 해산한 날로부터 15일 이내에 행정관청에 이를 신고하여야 한다(제28조 제2항). 이러한 신고는 해산의 효력요건이 아니라 단순한 행정절차에 불과하다. 행정관청은 법 제28조 제1항 제4호에 따른 노동위원회의 의결이 있거나 같은 조 제2항에 따른 해산신고를 받은 때에는 지체 없이 그 사실을 관할 노동위원회와 해당 사업 또는 사업장의 사용자나 사용자단체에 통보해야 한다(시행령 제13조 제4항).

4. 해산의 효과

(1) 법인인 노동조합

노동조합이 법인인 경우 그 청산에 관하여 민법상의 청산절차규정이 적용된다. 그러나 청산 후의 잔여재산처리에 있어서 노동조합의 특수성을 고려해서 총회 또는 대의원회의 의결에 의해 잔여재산을 조합원에게 분배하는 것도 허용된다.

(2) 법인이 아닌 노동조합

잔여재산이 전체 조합원의 총유에 속하고 총회에서 해산결의에 준하는 의결에 따라 그 총유재산을 조합원에게 분배할 수 있다.

5. 조직형태변경

(1) 조직형태변경의 의의

노동조합의 조직형태변경은 조합의 존속 중에 실체적 동일성을 유지한 채 그 조직의 형태를 변경하는 것을 말한다. 조직형태변경의 유형은 연합체조직이 단위조직으로 변경하는 경우, 단위조직이 연합체조직으로 변경하는 경우, 산별단위노조 지부·분회가 기업별 노조로 변경하는 경우 등이 있다. 노조법에는 조직형태변경의 요건과 효과 등에 관하여 아무런 명문의 규정을 두고 있지 않다.

> 노동조합이 존속중에 그 조합원의 범위를 변경하는 조직변경은 변경 후의 조합이 변경 전의 조합의 재산관계 및 단체협약의 주체로서의 지위를 그대로 승계한다는 조직변경의 효과에 비추어 볼 때 변경 전후의 조합의 실질적 동일성이 인정되는 범위 내에서 인정되고, 노동조합은 구성원인 근로자가 주체가 되어 자주적으로 단결하고 민주적으로 운영되어야 하므로 어느 사업장의 근로자로 구성된 노동조합이 다른 사업장의 노동조합을 결성하거나 그 조직형태 등을 결정할 수는 없다(대판 1997.7.25, 95누4377).

(2) 산별단위노조 지부·분회의 기업별노조로 전환 여부

노동조합의 단순한 내부적인 조직이나 기구에 대하여는 적용되지 않지만, 산별노조의 지회 등이더라도 독자적인 조직·규약을 갖추고 독립적으로 단체교섭을 행하는 등 기업별 노조에 준하는 실질을 가지고 있는 경우에는 예외적으로 당해 지부 조합원의 결의만으로 조직형태를 변경할 수 있다. 또한 기업별 노동조합과 유사한 근로자단체로서 법인 아닌 사단의 실질을 가지고 있는 지회 등의 경우에도 기업별 노동조합에 준하는 실질을 가지고 있는 경우와 마찬가지로 노동조합법 제16조 제1항 제8호 및 제2항에서 정한 결의 요건을 갖춘 소속 근로자의 의사 결정을 통하여 종전의 산업별 노동조합의 지회 등이라는 외형에서 벗어나 독립한 기업별 노동조합으로 전환할 수 있다(대판 2016.2.19, 2012다96120 전원합의체).

(3) 조직형태변경의 절차

① 총회의결 및 규약의 변경

조직형태변경에 대한 총회 결의는 재적조합원 과반수 출석과 출석조합원 3분의 2 이상의 찬성이 있어야 한다. 조직형태변경이 있게 되면 규약의 내용인 명칭과 조합원의 지위에 변경이 따르므로 직접·비밀·무기명투표에 의해 제적조합원 과반수 출석과 출석조합원 3분의 2 이상의 찬성에 의해 규약을 변경하여야 한다.

② 변경사항의 신고

조직변경으로 인하여 변경된 규약은 행정관청에 30일 이내에 변경신고(제13조 제1항)를 하여야 한다. 이는 행정편의를 위한 것이므로 조직변경의 효력에는 영향을 미치지 아니한다.

(4) 조직형태변경의 효과

조직변경에 의하여 변경 전 조합원의 지위는 변경 후 조합으로 승계되고, 변경 후의 조합이 변경 전의 조합의 재산관계 및 단체협약의 주체로서 그 지위를 그대로 계승한다(대판).

Section 03 단체교섭

Ⅰ 단체교섭의 의의

1. 단체교섭의 개념

단체교섭이란 노동조합과 사용자 또는 사용자단체 간에 근로자의 근로조건의 유지·개선과 근로자의 경제적·사회적 지위향상을 도모하기 위한 집단적인 교섭을 말한다. 단체교섭은 형식적인 계약자유의 원칙을 수정하고 근로조건에 관한 노사 간의 계약을 실질적으로 대등하게 체결할 수 있도록 한다.

2. 단체교섭권의 보장

(1) 헌법상 보장

단체교섭권은 헌법상 권리로 보장(헌법 제33조 제1항)된다. 다만, 단체교섭권의 권리주체는 근로자 개인이나 행사의 주체는 노동조합이다.

(2) 노동조합법상 보장

① 단체교섭권은 근로자들의 지위향상을 위해 행사할 수 있음(제1조)
② 사용자는 이 법에 의한 단체교섭으로 인하여 손해를 입은 경우 노동조합에 대하여 손해배상을 청구할 수 없음(제3조)
③ 정당한 단체교섭권의 행사는 형사상 면책(제4조)
④ 노조는 단체교섭권을 위임할 수 있음(제29조 제3항)
⑤ 노조와 사용자에게 성실교섭의무 부과(제30조)
⑥ 사용자 또는 사용자단체는 노동조합의 대표자 또는 노동조합으로부터 위임받은 자와의 성실한 단체협약의 체결을 정당한 이유 없이 거부·해태할 수 없음(제81조 제1항 제3호)

Ⅱ 단체교섭의 방식

1. 의의

단체교섭방식은 국가와 시기에 따라 차이가 있지만, 그것을 결정하는 중요한 요소는 노동조합의 조직형태이다. 기업별노조가 대부분인 우리나라나 일본의 경우 단체교섭은 일반적으로 기업단위로 이루어진다.

2. 단체교섭의 유형

(1) 통일교섭

통일교섭이란 산업 또는 직종을 토대로 전국적 단위에서 조직된 산업별 노조나 직종별노조가 전국적 차원이나 몇 개의 지역적 차원으로 나누어 그에 대응하는 사용자단체와 당해 산업 또는 직종의 근로자에게 공통되는 근로조건 등에 대해 단체교섭을 하는 형태이다. 전국 또는 지역단위 노동시장에 적용되는 근로조건의 통일성을 기할 수 있다는 장점이 있으나 초기업단위의 교섭이기 때문에 기업별 특수성을 반영하기 어렵다.

(2) 대각선교섭

대각선교섭은 주로 산업별노조나 직종별노조가 그에 대응하는 사용자단체가 없거나 또는 사용자단체에 가입하고 있지 아니한 개별사용자를 상대방으로 하여 직접 단체교섭을 하는 방식이다.

(3) 공동교섭

기업별조합이 산별연합단체에 속해 있는 경우 단체교섭을 당해 기업별조합과 상부 연합단체가 공동으로 사용자와 교섭하는 방식이다. 이는 상부단체와 기업별조합이 연명으로 기업에 대하여 단체교섭을 신청하기 때문에 이를 연명교섭이라고도 한다.

(4) 기업별교섭

기업별노동조합이 기업 또는 회사차원에서 그 회사의 종업원인 조합원의 근로조건 등에 관해 교섭하는 형태이다. 노동조합이 주로 기업별로 조직되어 있는 우리나라나 일본에서 가장 흔한 단체교섭의 방식은 기업별교섭이다. 기업별교섭은 노동조합이 비교적 기업이나 회사의 사정을 잘 알고 있어서 각 사업장의 특수성을 반영할 수 있다는 장점이 있으나 노동조합의 교섭력이 약하다는 점과 노동시장에 대한 지배력이 없고 기업의 지불능력 등 경영상의 특유한 사정을 극복하기 어렵다는 단점이 있다.

(5) 집단교섭

상호 밀접한 관련을 가지는 여러 기업별 단위노조가 그에 대응하는 여러 사용자와 하나의 테이블에서 동시에 교섭하는 방식이다.

Ⅲ 단체교섭의 당사자와 담당자

1. 의의

단체교섭의 당사자란 단체교섭을 자신의 이름으로 행하고 그 법적 효과가 귀속되는 주체를 말한다. 한편 단체교섭의 담당자는 단체교섭의 당사자를 위하여 사실행위로서 단체교섭을 하는 자, 즉 단체교섭을 현실적으로 담당하는 지위에 있는 자를 말한다.

2. 단체교섭의 당사자

(1) 근로자 측 당사자

① 단위노조 : 단위노조는 당연히 단체교섭 당사자가 된다.
② 교섭대표노동조합 : 하나의 사업장에 복수노조가 있는 경우 교섭창구 단일화 절차를 통한 교섭대표노조가 단체교섭 당사자가 된다(제29조 제2항).
③ 법외노조
노동조합상의 노동조합 설립요건을 갖추지 못하였더라도 자주성을 유지하고 헌법에서 요구하는 요건을 갖춘 근로자단체를 법외노조라고 한다면, 이러한 법외노조는 헌법에서 보장하는 단체교섭권을 보유한다고 할 것이다(대판, 헌재).

④ 연합단체 : 연합단체의 고유한 사항에 대해서는 단체교섭의 당사자가 된다.

⑤ 지부·분회

단위노조의 지부나 분회도 독자적인 규약 및 집행기관을 가지고 독립된 단체로서 활동을
하는 경우에는, 설립신고를 했는지 여부에 관계없이 그 조직이나 조합원에 특유한 사항에
대하여 단체교섭을 할 수 있다(대판 2001.2.23, 2000도4299).

⑥ 일시적 쟁의단

(2) 사용자 측 당사자

① 사용자

㉠ 기업별교섭에서는 원칙적으로 근로계약에 의하여 근로자를 채용한 계약상의 당사자를 의
미한다(대판 1997.9.5, 97누3644). 개인사업의 경우 사업주 개인, 법인인 경우 그 법인
자체가 당사자가 된다. 사용자에게 단체교섭권이 부여된 것이 아닌 근로자들의 단체교섭
에 대해 응해야 할 의무를 수동적으로 규정하고 있는 것이다.

㉡ 단체교섭 당사자로서의 사용자라 함은 근로자와의 사이에 사용종속관계가 있는 자, 즉
근로자와의 사이에 그를 지휘·감독하면서 그로부터 근로를 제공받고 그 대가로서 임금
을 지급하는 것을 목적으로 하는 명시적이거나 묵시적인 근로계약관계를 맺고 있는 자를
말한다(대판 1995.12.22, 95누3565).

② 사용자단체

사용자단체라 함은 노동관계에 관하여 그 구성원인 사용자에 대하여 조정 또는 규제할 수
있는 권한을 가진 사용자의 단체를 말한다(제2조 제3호). 사용자단체가 이러한 권한을 갖기
위하여는 노동조합과의 단체교섭 및 단체협약을 체결하는 것을 그 목적으로 하고 또 그 구
성원인 각 사용자에 대하여 통제력을 가지고 있어야 한다(대판 1999.6.22, 98두137).

(3) 유일교섭단체조항

이 조항은 단체협약에서 특정 노동조합을 유일한 교섭단체로 인정하여 연합단체나 다른 노동
조합을 교섭당사자에서 배제하는 것이다. 유일교섭단체조항은 연합단체나 다른 노동조합의 헌
법상 보장된 단체교섭권을 침해하는 결과를 초래하기 때문에 무효이고, 이를 이유로 단체교섭
을 거부하는 경우에는 부당노동행위가 성립한다.

※ 그 문언상 산업별 단위노동조합으로서 사용자와 직접 단체협약을 체결해 온 원고만이 단체
교섭을 할 수 있는 유일한 노동단체이고, 다른 어떠한 노동단체도 인정하지 않는다는 내용
임이 명백하므로, 이는 근로자의 노동조합 결성 및 가입의 자유와 단체교섭권을 침해하여
노동조합법 제5조, 제29조 제1항에 위배되고, 이와 달리 위 조항의 취지가 단순히 원고가
원고 소속 조합원을 대표하는 단체임을 의미하는 것에 불과하다고 보기는 어렵다(대판
2016.4.15, 2013두11789).

3. 단체교섭의 담당자

> **제29조【교섭 및 체결권한】**
> ① 노동조합의 대표자는 그 노동조합 또는 조합원을 위하여 사용자나 사용자단체와 교섭하고 단체협약을 체결할 권한을 가진다.
> ② 제29조의2에 따라 결정된 교섭대표노동조합의 대표자는 교섭을 요구한 모든 노동조합 또는 조합원을 위하여 사용자와 교섭하고 단체협약을 체결할 권한을 가진다.

(1) 근로자 측 담당자

① 노동조합의 대표자

노동조합의 대표자와 교섭창구단일화 절차에 따라 결정된 교섭대표노동조합의 대표자는 단체교섭의 담당자이다(제29조 제1항·제2항). 노동조합의 대표자란 규약에 따라 선출되어 노동조합을 대표하는 자로서 대외적으로 노동조합을 대표하고 대내적으로 노동조합의 업무집행을 총괄하는 권한을 가진 자를 말한다.

> **노조대표자의 단체협약 체결권 제한여부(인준투표제 등)**
> • 노동조합의 대표자 또는 수임자가 단체교섭의 결과에 따라 사용자와 단체협약의 내용을 합의한 후 다시 협약안의 가부에 관하여 조합원총회의 의결을 거쳐야만 한다는 규약은 대표자 또는 수임자의 단체협약체결권한을 전면적, 포괄적으로 제한함으로써 사실상 단체협약체결권한을 형해화하여 명목에 불과한 것으로 만드는 것이어서 노조법 제29조 제1항에 위반하여 효력이 없고 시정명령도 가능하다(대판 1993.4.27. 91누12257 전합).
> • 노동조합 규약에서 노동조합의 대표자가 사용자와 단체교섭 결과 합의에 이른 경우에도 단체교섭위원들이 연명으로 서명하지 않는 한 단체협약을 체결할 수 없도록 규정한 사안에서, 위 규약은 노동조합 대표자에게 단체협약체결권을 부여한 노동조합 및 노동관계조정법을 위반한 것이다(대판 2013.9.27. 2011두15404).
> • 노동조합이 조합원들의 의사를 반영하고 대표자의 단체교섭 및 단체협약 체결 업무 수행에 대한 적절한 통제를 위하여 규약 등에서 내부 절차를 거치도록 하는 등 대표자의 단체협약체결권한의 행사를 절차적으로 제한하는 것은, 그것이 단체협약체결권한을 전면적·포괄적으로 제한하는 것이 아닌 이상 허용된다고 보아야 한다(대판 2014.4.24. 2010다24534).
> • 노동조합의 대표자가 위와 같이 조합원들의 의사를 결집·반영하기 위하여 마련한 내부 절차를 전혀 거치지 아니한 채 조합원의 중요한 근로조건에 영향을 미치는 사항 등에 관하여 만연히 사용자와 단체협약을 체결하였고, 그 단체협약의 효력이 조합원들에게 미치게 되면, 이러한 행위는 특별한 사정이 없는 한 헌법과 법률에 의하여 보호되는 조합원의 단결권 또는 노동조합의 의사 형성 과정에 참여할 수 있는 권리를 침해하는 불법행위에 해당한다고 보아야 한다(대판 2018.7.26. 2016다205908).

② 노동조합으로부터 위임을 받은 자

> **제29조【교섭 및 체결권한】**
> ③ 노동조합과 사용자 또는 사용자단체로부터 교섭 또는 단체협약의 체결에 관한 권한을 위임받은 자는 그 노동조합과 사용자 또는 사용자단체를 위하여 위임받은 범위 안에서 그 권한을 행사할 수 있다.
> ④ 노동조합과 사용자 또는 사용자단체는 제3항에 따라 교섭 또는 단체협약의 체결에 관한 권한을 위임한 때에는 그 사실을 상대방에게 통보하여야 한다.
>
> **시행령 제14조【교섭권한 등의 위임통보】**
> ① 노동조합과 사용자 또는 사용자단체(이하 "노동관계당사자"라 한다)는 제29조 제3항에 따라 교섭 또는 단체협약의 체결에 관한 권한을 위임하는 경우에는 교섭사항과 권한범위를 정하여 위임하여야 한다.
> ② 노동관계당사자는 제29조 제4항에 따라 상대방에게 위임사실을 통보하는 경우에 다음 각 호의 사항을 포함하여 통보하여야 한다.
> 　1. 위임을 받은 자의 성명(위임을 받은 자가 단체인 경우에는 그 명칭 및 대표자의 성명)
> 　2. 교섭사항과 권한범위 등 위임의 내용

　㉠ 위임을 받은 자에 대해 교섭권한을 인정한 취지

　　노동조합으로부터 위임을 받은 자에 대해 교섭권한을 인정한 취지는 기업별 노조형태가 통례인 우리나라의 실정에서 기업의 종업원인 조합원에 의한 교섭만으로는 사용자와 대등한 입장에 서는 것이 현실적으로 어렵다는 점을 고려하여 단체교섭에서 외부전문가의 조력을 받도록 하여 단체교섭권보장을 구체화 하려는 데 있다. 위임을 받을 자에 대한 제한은 없다.

　㉡ 위임 시 위임자의 교섭권한

　　위임 후 이를 해지하는 등의 별개의 의사표시가 없어도 위임자의 단체교섭권한은 소멸되는 것이 아니고, 수임자의 단체교섭권한과 중복하여 존재한다(대판 1998.11.13, 98다20790).

(2) 사용자 측 담당자

① 사용자 또는 사용자단체의 대표자(제29조 제1항) : 개인사업인 경우 사업주 본인이, 법인인 경우 사업경영담당자가 단체교섭 담당자가 된다.

② 사용자 또는 사용자단체로부터 위임받은 자(제29조 제3항·제4항)

(3) 제3자 위임금지조항

제3자 위임금지조항이란 단체협약에서 기업 외부의 자에게 단체교섭권을 위임하지 않겠다는 취지의 규정이다. 노동조합이 동 조항을 위반하여 제3자에게 위임을 한 경우에 제3자에 대한 위임자체는 유효하다고 보아야 할 것이다. 따라서 사용자가 이 조항을 이유로 단체교섭을 거부하면 부당노동행위가 성립한다. 다만 사용자는 노동조합에 대해 단체협약 위반의 손해배상책임을 물을 수 있다.

Ⅳ 교섭창구 단일화

1. 교섭창구 단일화 의무와 예외적 허용

하나의 사업 또는 사업장에서 조직형태에 관계없이 근로자가 설립하거나 가입한 노동조합이 2개 이상인 경우 노동조합은 교섭대표노동조합(2개 이상의 노동조합 조합원을 구성원으로 하는 교섭대표기구를 포함한다. 이하 같다)을 정하여 교섭을 요구하여야 한다(제29조의2 제1항 본문). 다만, 교섭대표노동조합을 자율적으로 결정하는 기한 내에 사용자가 교섭창구 단일화 절차를 거치지 아니하기로 동의한 경우에는 그러하지 아니하다(제29조의2 제1항 단서). 이 경우 사용자는 교섭을 요구한 모든 노동조합과 성실히 교섭하여야 하고, 차별적으로 대우해서는 아니 된다(제29조의2 제2항).

> **헌법재판소 2012.4.24. 2011헌마338 전원재판부**
> 교섭창구단일화제도는 근로조건의 결정권이 있는 사업 또는 사업장 단위에서 복수 노동조합과 사용자 사이의 교섭절차를 일원화하여 효율적이고 안정적인 교섭체계를 구축하고, 소속 노동조합이 어디든 관계없이 조합원들의 근로조건을 통일하고자 하는 데 그 목적이 있는바, 그 목적의 정당성은 인정되고, 교섭창구를 단일화하여 교섭에 임하는 경우 효율적으로 교섭을 할 수 있으며, 통일된 근로조건을 형성할 수 있다는 점에서 수단의 적절성도 인정된다. 교섭대표노동조합이 되지 못한 소수 노동조합의 단체교섭권을 제한하고 있지만, 소수 노동조합도 교섭대표노동조합을 정하는 절차에 참여하게 하여 교섭대표노동조합이 사용자와 대등한 입장에 설 수 있는 기반이 되도록 하고 있으며, 그러한 실질적 대등성의 토대 위에서 이뤄낸 결과를 함께 향유하는 주체가 될 수 있도록 하고 있으므로 노사대등의 원리하에 적정한 근로조건의 구현이라는 단체교섭권의 실질적인 보장을 위한 불가피한 제도라고 볼 수 있다.

2. 교섭창구 단일화 절차

(1) 참여노동조합의 확정

① 노동조합은 해당 사업 또는 사업장에 단체협약이 있는 경우에는 그 유효기간 만료일 이전 3개월이 되는 날부터 사용자에게 교섭을 요구할 수 있다. 다만, 단체협약이 2개 이상 있는 경우에는 먼저 이르는 단체협약의 유효기간 만료일 이전 3개월이 되는 날부터 사용자에게 교섭을 요구할 수 있다(시행령 제14조의2 제1항). 노동조합은 사용자에게 교섭을 요구하는 때에는 노동조합의 명칭, 그 교섭을 요구한 날 현재의 종사근로자인 조합원 수 등 고용노동부령으로 정하는 사항을 적은 서면으로 해야 한다(제2항).

② 사용자는 노동조합으로부터 교섭 요구를 받은 때에는 그 요구를 받은 날부터 7일간 일정사항을 해당 사업 또는 사업장의 게시판 등에 공고하여 다른 노동조합과 근로자가 알 수 있도록 하여야 한다(시행령 제14조의3 제1항).

③ 사용자에게 교섭을 요구한 노동조합이 있는 경우에 사용자와 교섭하려는 다른 노동조합은 공고기간(7일) 내에 노동조합 명칭, 조합원 수 등을 적은 서면으로 사용자에게 교섭을 요구하여야 한다(시행령 제14조의4).

④ 사용자는 공고기간이 끝난 다음 날에 교섭을 요구한 노동조합을 확정하여 통지하고, 그 교섭을 요구한 노동조합의 명칭, 그 교섭을 요구한 날 현재의 종사근로자인 조합원 수 등을 5일간

공고해야 한다(시행령 제14조의5 제1항). 교섭을 요구한 노동조합은 제1항에 따른 노동조합의
공고 내용이 자신이 제출한 내용과 다르게 공고되거나 공고되지 아니한 것으로 판단되는 경우
에는 제1항에 따른 공고기간 중에 사용자에게 이의를 신청할 수 있다(제2항). 사용자는 제2항
에 따른 이의 신청의 내용이 타당하다고 인정되는 경우 신청한 내용대로 제1항에 따른 공고기
간이 끝난 날부터 5일간 공고하고 그 이의를 제기한 노동조합에 통지하여야 한다(제3항).

⑤ 사용자가 이의신청에 대하여 제3항에 따른 공고를 하지 아니한 경우 공고기간이 끝난 다음
날부터 5일 이내에 노동위원회에 시정을 요청할 수 있다(시행령 제14조의5 제4항 제1호).
사용자가 이의신청에 대하여 해당 노동조합이 신청한 내용과 다르게 공고한 경우에는 수정
공고기간이 끝난 날부터 5일 이내에 노동위원회에 시정을 요청할 수 있다(시행령 제14조의
5 제4항 제2호). 노동위원회는 시정 요청을 받은 때에는 그 요청을 받은 날부터 10일 이내
에 그에 대한 결정을 하여야 한다(시행령 제14조의5 제5항).

(2) 자율적 결정

① 교섭창구 단일화 절차에 참여한 모든 노동조합은 대통령령으로 정하는 기한 내에 자율적으
로 교섭대표노동조합을 정한다(제29조의2 제3항).

② 교섭을 요구한 노동조합으로 확정 또는 결정된 노동조합은 법 제29조의2 제3항에 따라 자
율적으로 교섭대표노동조합을 정하려는 경우에는 확정 또는 결정된 날부터 14일이 되는 날
을 기한으로 하여 그 교섭대표노동조합의 대표자, 교섭위원 등을 연명으로 서명 또는 날인
하여 사용자에게 통지해야 한다(시행령 제14조의6 제1항). 사용자에게 교섭대표노동조합의
통지가 있은 이후에는 그 교섭대표노동조합의 결정 절차에 참여한 노동조합 중 일부 노동조
합이 그 이후의 절차에 참여하지 않더라도 법 제29조 제2항에 따른 교섭대표노동조합의 지
위는 유지된다(제2항).

(3) 과반수 노동조합

제29조의2 제3항에 따른 기한 내에 교섭대표노동조합을 정하지 못하고 제1항 단서에 따른 사
용자의 동의를 얻지 못한 경우에는 교섭창구 단일화 절차에 참여한 노동조합의 전체(종사근로
자인) 조합원 과반수로 조직된 노동조합(2개 이상의 노동조합이 위임 또는 연합 등의 방법으로
교섭창구 단일화 절차에 참여한 노동조합 전체 조합원의 과반수가 되는 경우를 포함한다)이
교섭대표노동조합이 된다(제29조의2 제4항). 교섭창구 단일화 절차에 참여한 모든 노동조합의
전체 종사근로자인 조합원 과반수로 조직된 노동조합(둘 이상의 노동조합이 위임 또는 연합
등의 방법으로 교섭창구단일화절차에 참여하는 노동조합 전체 종사근로자인 조합원의 과반수
가 되는 경우를 포함한다. 이하 "과반수노동조합"이라 한다)은 제14조의6 제1항에 따른 기한이
끝난 날부터 5일 이내에 사용자에게 노동조합의 명칭, 대표자 및 과반수노동조합이라는 사실
등을 통지해야 한다(시행령 제14조의7 제1항). 사용자가 제1항에 따라 과반수노동조합임을 통
지받은 때에는 그 통지를 받은 날부터 5일간 그 내용을 공고하여 다른 노동조합과 근로자가
알 수 있도록 해야 한다(시행령 제14조의7 제2항).

(4) 공동교섭대표단

① 자율적 공동교섭대표단 구성

교섭대표노동조합을 결정하지 못한 경우에는 교섭창구 단일화 절차에 참여한 모든 노동조합은 공동교섭대표단을 구성하여 사용자와 교섭하여야 한다. 이때 공동교섭대표단에 참여할 수 있는 노동조합은 그 조합원 수가 교섭창구 단일화 절차에 참여한 노동조합의 전체(종사근로자인) 조합원 100분의 10 이상인 노동조합으로 한다(제29조의2 제5항).

② 노동위원회의 공동교섭대표단 결정

제29조의2 제5항에 따른 공동교섭대표단의 구성에 합의하지 못할 경우에 노동위원회는 해당 노동조합의 신청에 따라 (종사근로자인)조합원 비율을 고려하여 이를 결정할 수 있다(제29조의2 제6항).

시행령 제14조의8【자율적 공동교섭대표단 구성 및 통지】

① 법 제29조의2 제3항 및 제4항에 따라 교섭대표노동조합이 결정되지 못한 경우에, 같은 조 제5항에 따라 공동교섭대표단에 참여할 수 있는 노동조합은 사용자와 교섭하기 위하여 다음 각 호의 구분에 따른 기간 이내에 공동교섭대표단의 대표자, 교섭위원 등 공동교섭대표단을 구성하여 연명으로 서명 또는 날인하여 사용자에게 통지해야 한다.

 1. 과반수노동조합이 없어서 제14조의7 제1항에 따른 통지 및 같은 조 제2항에 따른 공고가 없는 경우 : 제14조의6 제1항에 따른 기한이 만료된 날부터 10일간
 2. 제14조의7 제9항에 따라 과반수노동조합이 없다고 노동위원회가 결정하는 경우 : 제14조의7 제9항에 따른 노동위원회 결정의 통지가 있은 날부터 5일간

② 사용자에게 제1항에 따른 공동교섭대표단의 통지가 있은 이후에는 그 공동교섭대표단 결정 절차에 참여한 노동조합 중 일부 노동조합이 그 이후의 절차에 참여하지 않더라도 법 제29조 제2항에 따른 교섭대표노동조합의 지위는 유지된다.

시행령 제14조의9【노동위원회 결정에 의한 공동교섭대표단의 구성】

① 법 제29조의2 제5항 및 이 영 제14조의8 제1항에 따른 공동교섭대표단의 구성에 합의하지 못한 경우에 공동교섭대표단 구성에 참여할 수 있는 노동조합의 일부 또는 전부는 노동위원회에 법 제29조의2 제6항에 따라 공동교섭대표단 구성에 관한 결정 신청을 하여야 한다.

② 노동위원회는 제1항에 따른 공동교섭대표단 구성에 관한 결정 신청을 받은 때에는 그 신청을 받은 날부터 10일 이내에 총 10명 이내에서 각 노동조합의 종사근로자인 조합원 수에 따른 비율을 고려하여 노동조합별 공동교섭대표단에 참여하는 인원 수를 결정하여 그 노동조합과 사용자에게 통지하여야 한다. 다만, 그 기간 이내에 결정하기 어려운 경우에는 한 차례에 한정하여 10일의 범위에서 그 기간을 연장할 수 있다.

③ 제2항에 따른 공동교섭대표단 결정은 공동교섭대표단에 참여할 수 있는 모든 노동조합이 제출한 종사근로자인 조합원 수에 따른 비율을 기준으로 한다.

④ 제3항에 따른 종사근로자인 조합원 수 및 비율에 대하여 그 노동조합 중 일부 또는 전부가 이의를 제기하는 경우 종사근로자인 조합원 수의 조사·확인에 관하여는 제14조의7 제5항부터 제8항까지의 규정을 준용한다.

⑤ 공동교섭대표단 구성에 참여하는 노동조합은 사용자와 교섭하기 위하여 제2항에 따라 노동위원회가 결정한 인원수에 해당하는 교섭위원을 각각 선정하여 사용자에게 통지하여야 한다.

⑥ 제5항에 따라 공동교섭대표단을 구성할 때에 그 공동교섭대표단의 대표자는 공동교섭대표단에 참여하는 노동조합이 합의하여 정한다. 다만, 합의되지 않은 경우에는 종사근로자인 조합원 수가 가장 많은 노동조합의 대표자로 한다.

(5) 노동위원회 결정에 대한 불복 및 확정

교섭대표노동조합을 결정함에 있어 교섭요구사실, (종사근로자인)조합원 수 등에 대한 이의가 있는 때에는 노동위원회는 대통령령으로 정하는 바에 따라 노동조합의 신청을 받아 그 이의에 대한 결정을 할 수 있다(제29조의2 제7항). 노동위원회의 결정에 대한 불복절차 및 효력은 중재재정의 불복절차 및 효력에 관한 규정(제69조와 제70조 제2항)을 준용한다(제29조의2 제8항). 노동조합의 교섭요구·참여 방법, 교섭대표노동조합 결정을 위한 조합원 수 산정 기준 등 교섭창구 단일화 절차와 교섭비용 증가 방지 등에 관하여 필요한 사항은 대통령령으로 정한다(제29조의2 제9항). 제4항부터 제7항까지 및 제9항의 조합원 수 산정은 종사근로자인 조합원을 기준으로 한다(제29조의2 제10항).

(6) 유일한 노동조합과 교섭창구단일화

하나의 사업 또는 사업장 단위에서 유일하게 존재하는 노동조합은, 설령 노동조합법 및 그 시행령이 정한 절차를 형식적으로 거쳤다고 하더라도, 교섭대표노동조합의 지위를 취득할 수 없다(대판 2017.10.31, 2016두36956).

3. 교섭단위결정

교섭대표노동조합을 결정하여야 하는 단위(이하 "교섭단위"라 한다)는 하나의 사업 또는 사업장으로 한다(제29조의3 제1항). 하나의 사업 또는 사업장에서 현격한 근로조건의 차이, 고용형태, 교섭 관행 등을 고려하여 교섭단위를 분리하거나 분리된 교섭단위를 통합할 필요가 있다고 인정되는 경우에 노동위원회는 노동관계 당사자의 양쪽 또는 어느 한 쪽의 신청을 받아 교섭단위를 분리하거나 분리된 교섭단위를 통합하는 하는 결정을 할 수 있다(제2항). 노동위원회의 결정에 대한 불복절차 및 효력은 제69조와 제70조 제2항을 준용한다(제3항).

> **시행령 제14조의11【교섭단위 분리의 결정】**
> ① 노동조합 또는 사용자는 법 제29조의3 제2항에 따라 교섭단위를 분리하거나 분리된 교섭단위를 통합하여 교섭하려는 경우에는 다음 각 호에 해당하는 기간에 노동위원회에 교섭단위를 분리하거나 분리된 교섭단위를 통합하는 결정을 신청할 수 있다.
> 1. 제14조의3에 따라 사용자가 교섭요구 사실을 공고하기 전
> 2. 제14조의3에 따라 사용자가 교섭요구 사실을 공고한 경우에는 법 제29조의2에 따른 교섭대표노동조합이 결정된 날 이후
> ② 제1항에 따른 신청을 받은 노동위원회는 해당 사업 또는 사업장의 모든 노동조합과 사용자에게 그 내용을 통지해야 하며, 그 노동조합과 사용자는 노동위원회가 지정하는 기간까지 의견을 제출할 수 있다.

③ 노동위원회는 제1항에 따른 신청을 받은 날부터 30일 이내에 교섭단위를 분리하거나 분리된 교섭단위를 통합하는 결정을 하고 해당 사업 또는 사업장의 모든 노동조합과 사용자에게 통지해야 한다.

④ 제3항에 따른 통지를 받은 노동조합이 사용자와 교섭하려는 경우 자신이 속한 교섭단위에 단체협약이 있는 때에는 그 단체협약의 유효기간 만료일 이전 3개월이 되는 날부터 제14조의2 제2항에 따라 필요한 사항을 적은 서면으로 교섭을 요구할 수 있다.

⑤ 제1항에 따른 신청에 대한 노동위원회의 결정이 있기 전에 제14조의2에 따른 교섭 요구가 있는 때에는 교섭단위를 분리하거나 분리된 교섭단위를 통합하는 결정이 있을 때까지 제14조의3에 따른 교섭요구 사실의 공고 등 교섭창구단일화절차의 진행은 정지된다.

⑥ 제1항부터 제5항까지에서 규정한 사항 외에 교섭단위를 분리하거나 분리된 교섭단위를 통합하는 결정 신청 및 그 신청에 대한 결정 등에 관하여 필요한 사항은 고용노동부령으로 정한다.

4. 교섭대표노조의 지위

교섭대표노동조합의 대표자는 교섭을 요구한 모든 노동조합 또는 조합원을 위하여 사용자와 교섭하고 단체협약을 체결할 권한을 가진다(제29조 제2항). 교섭대표노동조합이 있는 경우에 제2조 제5호, 제29조 제3항·제4항, 제30조, 제37조 제2항·제3항, 제38조 제3항, 제42조의6 제1항, 제44조 제2항, 제46조 제1항, 제55조 제3항, 제72조 제3항 및 제81조 제1항 제3호 중 "노동조합"은 "교섭대표노동조합"으로 본다(제29조의5). 교섭창구 단일화 절차에서 교섭대표노동조합이 가지는 대표권은 법령에서 특별히 권한으로 규정하지 아니한 이상 단체교섭 및 단체협약 체결(보충교섭이나 보충협약 체결을 포함한다)과 체결된 단체협약의 구체적인 이행 과정에만 미치는 것이고, 이와 무관하게 노사관계 전반에까지 당연히 미친다고 볼 수는 없다(대판 2019.10.31, 2017두37772).

시행령 제14조의10 【교섭대표노동조합의 지위 유지기간 등】

① 법 제29조의2 제3항부터 제6항까지의 규정에 따라 결정된 교섭대표노동조합은 그 결정이 있은 후 사용자와 체결한 첫 번째 단체협약의 효력이 발생한 날을 기준으로 2년이 되는 날까지 그 교섭대표노동조합의 지위를 유지하되, 새로운 교섭대표노동조합이 결정된 경우에는 그 결정된 때까지 교섭대표노동조합의 지위를 유지한다.

② 제1항에 따른 교섭대표노동조합의 지위 유지기간이 만료되었음에도 불구하고 새로운 교섭대표노동조합이 결정되지 못할 경우 기존 교섭대표노동조합은 새로운 교섭대표노동조합이 결정될 때까지 기존 단체협약의 이행과 관련해서는 교섭대표노동조합의 지위를 유지한다.

③ 법 제29조의2에 따라 결정된 교섭대표노동조합이 그 결정된 날부터 1년 동안 단체협약을 체결하지 못한 경우에는 어느 노동조합이든지 사용자에게 교섭을 요구할 수 있다. 이 경우 제14조의2 제2항 및 제14조의3부터 제14조의9까지의 규정을 적용한다.

5. 공정대표의무

(1) 의의

교섭대표노동조합과 사용자는 교섭창구 단일화 절차에 참여한 노동조합 또는 그 조합원 간에 합리적 이유 없이 차별을 하여서는 아니 된다(제29조의4 제1항).

(2) 내용

- 공정대표의무는 헌법이 보장하는 단체교섭권의 본질적 내용이 침해되지 않도록 하기 위한 제도적 장치로 기능하고, 교섭대표노동조합과 사용자가 체결한 단체협약의 효력이 교섭창구 단일화 절차에 참여한 다른 노동조합에게도 미치는 것을 정당화하는 근거가 된다. 이러한 공정대표의무의 취지와 기능 등에 비추어 보면, 공정대표의무는 단체교섭의 과정이나 그 결과물인 단체협약의 내용뿐만 아니라 단체협약의 이행과정에서도 준수되어야 한다고 봄이 타당하다. 또한 교섭대표노동조합이나 사용자가 교섭창구 단일화 절차에 참여한 다른 노동조합 또는 그 조합원을 차별한 것으로 인정되는 경우, 그와 같은 차별에 합리적인 이유가 있다는 점은 교섭대표노동조합이나 사용자에게 주장·증명책임이 있다. 노동조합의 존립과 발전에 필요한 일상적인 업무가 이루어지는 공간으로서 노동조합 사무실이 가지는 중요성을 고려하면, 사용자가 단체협약 등에 따라 교섭대표노동조합에 상시적으로 사용할 수 있는 노동조합 사무실을 제공한 이상, 특별한 사정이 없는 한 교섭창구 단일화 절차에 참여한 다른 노동조합에도 반드시 일률적이거나 비례적이지는 않더라도 상시적으로 사용할 수 있는 일정한 공간을 노동조합 사무실로 제공하여야 한다고 봄이 타당하다(대판 2018.8.30, 2017다218642).
- 교섭대표노동조합이 단체교섭 과정에서 소수노동조합을 동등하게 취급하고 공정대표의무를 절차적으로 적정하게 이행하기 위해서는 기본적으로 단체교섭 및 단체협약 체결에 관한 정보를 소수노동조합에 적절히 제공하고 그 의견을 수렴하여야 한다. 다만 교섭대표노동조합의 소수노동조합에 대한 이러한 정보제공 및 의견수렴의무는 일정한 한계가 있을 수밖에 없다. 그러므로 교섭대표노동조합이 단체교섭 과정의 모든 단계에 있어서 소수노동조합에 일체의 정보를 제공하거나 그 의견을 수렴하는 절차를 완벽하게 거치지 아니하였다고 하여 곧바로 공정대표의무를 위반하였다고 단정할 것은 아니고, 이때 절차적 공정대표의무를 위반한 것으로 보기 위해서는 단체교섭의 전 과정을 전체적·종합적으로 고찰하여 기본적이고 중요한 사항에 관한 정보제공 및 의견수렴 절차를 누락하거나 충분히 거치지 아니한 경우 등과 같이 교섭대표노동조합이 가지는 재량권을 일탈·남용함으로써 소수노동조합을 합리적 이유 없이 차별하였다고 평가할 수 있는 정도에 이르러야 한다. 한편 교섭대표노동조합이 사용자와 단체교섭 과정에서 마련한 단체협약 잠정합의안(이하 '잠정합의안'이라고 한다)에 대하여 자신의 조합원 총회 또는 총회에 갈음할 대의원회의 찬반투표 절차를 거치는 경우, 소수노동조합의 조합원들에게 동등하게 그 절차에 참여할 기회를 부여하지 않거나 잠정합의안에 대한 가결 여부를 정하는 과정에서 그들의 찬반의사를 고려 또는 채택하지 않았더라도 그것만으로는 절차적 공정대표의무를 위반하였다고 단정할 수 없다(대판 2020.10.29, 2017다263192).

(3) 시정절차

노동조합은 교섭대표노동조합과 사용자가 공정대표의무를 위반하여 차별한 경우에는 그 행위가 있은 날(단체협약의 내용의 일부 또는 전부가 제1항에 위반되는 경우에는 단체협약 체결일을 말한다)부터 3개월 이내에 노동위원회에 그 시정을 요청할 수 있다(제29조의4 제2항). 노동위원회는 제2항에 따른 신청에 대하여 합리적 이유 없이 차별하였다고 인정한 때에는 그 시정에 필요한 명령을 하여야 한다(제29조의4 제3항). 노동위원회의 명령 또는 결정에 대한 불복절차 등에 관하여는 제85조 및 제86조를 준용한다(제29조의4 제4항).

노동조합은 법 제29조의2에 따라 결정된 교섭대표노동조합과 사용자가 법 제29조의4 제1항을 위반하여 차별한 경우에는 고용노동부령으로 정하는 바에 따라 노동위원회에 공정대표의무 위반에 대한 시정을 신청할 수 있다(시행령 제14조의12 제1항). 노동위원회는 제1항에 따른 공정대표의무 위반의 시정 신청을 받은 때에는 지체 없이 필요한 조사와 관계 당사자에 대한 심문(審問)을 하여야 한다(시행령 제14조의12 제2항). 노동위원회는 제2항에 따른 심문을 할 때에는 관계 당사자의 신청이나 직권으로 증인을 출석하게 하여 필요한 사항을 질문할 수 있다(시행령 제14조의12 제3항). 노동위원회는 제2항에 따른 심문을 할 때에는 관계 당사자에게 증거의 제출과 증인에 대한 반대심문을 할 수 있는 충분한 기회를 주어야 한다(시행령 제14조의12 제4항). 노동위원회는 제1항에 따른 공정대표의무 위반의 시정 신청에 대한 명령이나 결정을 서면으로 하여야 하며, 그 서면을 교섭대표노동조합, 사용자 및 그 시정을 신청한 노동조합에 각각 통지하여야 한다(시행령 제14조의12 제5항).

Ⅴ 단체교섭의 대상

1. 의의

단체교섭의 대상이라 함은 법률의 규정 또는 노사당사자 간의 합의에 의하여 단체교섭의 주제 또는 목적으로 부의된 사항을 말한다. 예컨대 임금, 근로시간, 후생, 해고 등 고용 및 근로에 관한 모든 사항이 이에 해당된다. 현행 노조법은 단체교섭의 대상에 대하여 명문의 규정을 두고 있지 아니하며, 단지 몇 개의 조문(제29조 제1항, 제2조 제4호 본문, 제47조 등의 규정)에서 이를 간접적으로 추론할 수 있다.

2. 단체교섭 대상 판단에 대한 내재적 제한

(1) 집단성

원칙적으로 개별조합원의 문제는 단체교섭의 대상이 될 수 없으나 그것이 노동조합의 활동과 관련되거나 다른 조합원의 대우 등과 관련될 때는 단체교섭의 대상이 된다.

(2) 근로조건 관련성

근로조건과 무관한 사항은 단체교섭의 대상이 될 수 없다. 그러나 근로조건 자체는 아니지만 근로조건과 밀접한 관련을 가지는 사항은 교섭대상이 될 수 있다.

(3) 사용자의 처분권한 범위 내의 사항

사용자가 법적으로 처분권한을 가지는 사항은 당연히 단체교섭의 대상이 된다. 다만, 사실상의 처분권한이 있거나, 노조의 교섭요구에 대해 상호 노력의 대상이 될 수 있다면 교섭대상으로 판단하여야 할 것이다.

(4) 조합원에 관한 사항

비조합원에 관한 사항은 원칙적으로 교섭사항이 될 수 없다. 다만, 비조합원에 관한 문제라고 하더라도 그것이 조합원의 근로조건 등에 영향을 미치는 경우라면 교섭사항이 되어야 할 것이다.

3. 미국식 3분체계

(1) 의무적 교섭대상

의무적 교섭사항이란 사용자에게 교섭의무가 부여되는 사항을 말한다. 이러한 사항에 대해 사용자의 부당한 교섭거부는 부당노동행위가 되며, 단체교섭이 결렬되는 경우 쟁의발생의 신고 및 쟁의행위를 개시할 수 있다.

(2) 임의적 교섭대상

사용자가 교섭에 응할 의무는 없지만 근로자 측의 요구에 대해 단체교섭을 하는 것이 허용되어 있는 사항을 말한다. 이에 대한 사용자 측의 교섭거부는 부당노동행위가 성립되지 아니하며 단체교섭이 결렬되는 경우에도 단체행동을 할 수 없다.

> 정리해고나 사업조직의 통폐합 등 기업의 구조조정의 실시 여부는 경영주체에 의한 고도의 경영상 결단에 속하는 사항으로서 원칙적으로 단체교섭의 대상이 될 수 없으나, 사용자의 경영권에 속하는 사항이라 하더라도 노사는 임의로 단체교섭을 진행하여 단체협약을 체결할 수 있고, 그 내용이 강행법규나 사회질서에 위배되지 않는 이상 단체협약으로서의 효력이 인정된다(대판 2014.3.27. 2011두20406)

(3) 금지 교섭대상

단체교섭의 대상으로 삼을 수 없는 사항(강행법규나 사회질서에 위반하는 사항)을 말한다. 이에 대해서는 합의해도 무효이다.

4. 교섭대상의 구체적 검토

(1) 근로조건에 관한 사항

구체적으로 ㉠ 근로시간, 내용, 종류, ㉡ 근로를 제공하는 환경, 안전보건, 위생, 근무장소, ㉢ 휴일, 휴게, 휴식, ㉣ 임금에 관한 사항, ㉤ 복리후생에 관한사항 등 근로자의 고용 및 근로조건에 관련된 모든 사항 등을 말한다.

(2) 집단적 노사관계에 관한 사항

근로조건과 무관한 사항은 단체교섭의 대상이 아니다. 그러나 집단적 노사관계에 관한 사항은 근로조건과 밀접한 관련이 있기 때문에 단체교섭의 대상이 된다고 보아야 한다. 즉, 집단적 노사관계에 관한 사항이라도 강행법규나 사회질서에 반하지 않는 이상 단체교섭의 대상에 포함된다고 본다. 노조전임자, 숍조항, 조합비공제제도, 단체교섭절차에 관한 사항, 쟁의행위절차에 관한 사항 등이 해당한다.

> • 단체교섭의 대상이 되는지 여부는 헌법 제33조 제1항과 노조법 제29조에서 근로자에게 단체교섭권을 보장한 취지에 비추어 판단하여야 하므로 일반적으로 구성원인 근로자의 노동조건 기타 근로자의 대우 또는 당해 단체적 노사관계의 운영에 관한 사항으로 사용자가 처분할 수 있는 사항은 단체교섭사항에 해당한다(대판 2003.12.26. 2003두8906).
> • 노조전임자제도는 근로자의 대우에 관하여 정한 근로조건이라고 할 수 없는 것이고, 단순히 임의적 교섭사항에 불과하여 이에 관한 분쟁 역시 노동쟁의라 할 수 없다(대판 1996.2.23. 94누9177).

(3) 권리분쟁

권리분쟁이란 기존의 법령·단체협약·취업규칙 등 규범의 해석·적용·이행에 관한 당사자의 분쟁을 말하고, 단체협약의 체결·갱신과 관련하여 발생하는 이익분쟁과 다르다.

(4) 인사에 관한 사항

전직·징계·해고 등 인사에 관한 기준이나 절차에 관한 사항은 그 자체가 근로조건에 해당하므로 교섭대상이 된다. 인사고과도 그 결과가 승진·승급·이동·상여금의 결정 등 근로조건에 직접영향을 미치므로 그 기준·절차 등은 교섭대상이 된다.

(5) 경영·생산에 관한 사항(경영권에 관한 사항)

① 문제의 소재

양도·인수·합병, 사업의 축소·확대, 업무의 기계화·자동화, 사업장의 이전, 업무의 외주화·용역화 등 경영사항이 단체교섭의 대상이 되는지가 문제된다.

② 판례

경영에 관한 사항이 근로조건이나 근로자의 지위에 "직접적으로 관련되거나 중대한 영향을 미치는 경우"(서울지판 1991.9.12, 90가합5712 경향신문 사건), 운수업체에서의 차량배차 문제와 같이 "근로조건과 밀접한 관련이 있는 경우"(대판 1994.8.26, 93누8993 대일실업 사건), 연구소에 있어서 소장퇴진의 요구가 "근로조건의 개선에 주된 목적이 있는 경우"(대판 1992.5.12, 91다34523 현대사회연구소 사건)에는 교섭대상이 된다고 판시하였다.

- 기업의 구조조정의 실시 여부는 경영주체에 의한 고도의 경영상 결단에 속하는 사항으로서 이는 원칙적으로 단체교섭의 대상이 될 수 없고, 그것이 긴박한 경영상의 필요나 합리적인 이유 없이 불순한 의도로 추진되는 등의 특별한 사정이 없는 한 노동조합이 그 실시를 반대하기 위하여 벌이는 쟁의행위에는 목적의 정당성을 인정할 수 없다(대판 2003.7.22, 2002도7225).
- 정리해고나 사업조직의 통폐합 등 기업의 구조조정의 실시 여부는 경영주체에 의한 고도의 경영상 결단에 속하는 사항으로서 원칙적으로 단체교섭의 대상이 될 수 없으나, 사용자의 경영권에 속하는 사항이라 하더라도 노사는 임의로 단체교섭을 진행하여 단체협약을 체결할 수 있고, 그 내용이 강행법규나 사회질서에 위배되지 않는 이상 단체협약으로서의 효력이 인정된다. 따라서 사용자가 노동조합과의 협상에 따라 정리해고를 제한하기로 하는 내용의 단체협약을 체결하였다면 특별한 사정이 없는 한 단체협약이 강행법규나 사회질서에 위배된다고 볼 수 없고, 나아가 이는 근로조건 기타 근로자에 대한 대우에 관하여 정한 것으로서 그에 반하여 이루어지는 정리해고는 원칙적으로 정당한 해고라고 볼 수 없다. 다만 정리해고의 실시를 제한하는 단체협약을 두고 있더라도, 단체협약을 체결할 당시의 사정이 현저하게 변경되어 사용자에게 단체협약의 이행을 강요한다면 객관적으로 명백하게 부당한 결과에 이르는 경우에는 사용자가 단체협약에 의한 제한에서 벗어나 정리해고를 할 수 있다(대판 2014.3.27, 2011두20406).

Ⅵ 단체교섭의 성실교섭의무

> **제30조【교섭 등의 원칙】**
> ① 노동조합과 사용자 또는 사용자단체는 신의에 따라 성실히 교섭하고 단체협약을 체결하여야 하며 그 권한을 남용하여서는 아니 된다.
> ② 노동조합과 사용자 또는 사용자단체는 정당한 이유 없이 교섭 또는 단체협약의 체결을 거부하거나 해태하여서는 아니 된다.
> ③ 국가 및 지방자치단체는 기업·산업·지역별 교섭 등 다양한 교섭방식을 노동관계 당사자가 자율적으로 선택할 수 있도록 지원하고 이에 따른 단체교섭이 활성화될 수 있도록 노력하여야 한다.

1. 성실교섭의무의 의의와 주체

노동조합과 사용자 또는 사용자단체는 신의에 따라 성실히 교섭하고 단체협약을 체결하여야 하며 정당한 이유 없이 교섭 또는 단체협약의 체결을 거부하거나 해태하여서는 아니 되는데 이를 성실교섭의무라 한다. 성실교섭의무의 주체는 노동조합과 사용자 또는 사용자단체이다.

2. 성실교섭의무의 내용

- 사용자는 노동조합이 단체교섭을 요구하면 이에 응할 의무가 있다.
- 교섭담당자는 실질적 권한이 있어야 한다.
- 사용자는 단체교섭과정 중에서 합의달성을 위해 진지하게 노력하여야 한다.
- 사용자는 교섭과 관련하여 노동조합 측에 필요한 설명을 하거나 관련 자료를 제공하여야 한다.
- 사용자는 교섭결과 합의가 성립되면 이를 단체협약으로 체결하여야 한다.
- 쟁의행위는 단체교섭을 촉진하기 위한 수단으로서의 성질을 가지므로 쟁의기간 중이라는 사정이 사용자가 단체교섭을 거부할 만한 정당한 이유가 될 수 없고, 한편 당사자가 성의 있는 교섭을 계속하였음에도 단체교섭이 교착상태에 빠져 교섭의 진전이 더 이상 기대될 수 없는 상황이라면 사용자가 단체교섭을 거부하더라도 그 거부에 정당한 이유가 있다고 할 것이지만, 위와 같은 경우에도 노동조합 측으로부터 새로운 타협안이 제시되는 등 교섭재개가 의미 있을 것으로 기대할 만한 사정변경이 생긴 경우에는 사용자로서는 다시 단체교섭에 응해야 한다(대판 2006. 2.24, 2005도8606).

3. 성실교섭의무 위반

성실교섭의무 자체는 벌칙규정이 없는 선언적 규정이다.

(1) 사용자의 성실교섭의무 위반

노동조합법 제81조 제1항 제3호에 의하면 사용자의 성실교섭의무위반은 부당노동행위에 해당한다. 부당노동행위에 해당하면 노동위원회에 부당노동행위 구제신청을 할 수 있고, 법원을 통한 사법적 구제도 가능하다.

> **대판 1998.5.22, 97누8076**
> 노동조합법 제81조 제3호가 정하는 부당노동행위는, 사용자가 아무런 이유 없이 단체교섭을 거부 또는 해태하는 경우는 물론이고, 사용자가 단체교섭을 거부할 정당한 이유가 있다거나 단체교섭에 성실히 응하였다고 믿었더라도 객관적으로 정당한 이유가 없고 불성실한 단체교섭으로 판정되는 경우에도 성립한다고 할 것이고, 한편 정당한 이유인지의 여부는 노동조합 측의 교섭권자, 노동조합 측이 요구하는 교섭시간, 교섭장소, 교섭사항 및 그의 교섭태도 등을 종합하여 사회통념상 사용자에게 단체교섭의무의 이행을 기대하는 것이 어렵다고 인정되는지 여부에 따라 판단할 것이다.

(2) 노조의 성실교섭의무 위반

노조의 성실교섭의무 위반은 부당노동행위에 해당하지 않는다. 그러나 사용자의 교섭거부의 정당성 판단기준이 된다.

Ⅶ 단체교섭거부의 구제

1. 행정상 구제수단(부당노동행위에 대한 구제신청)

사용자가 정당한 이유 없이 단체교섭을 거부·해태함으로써 단체교섭의무를 위반하였을 경우에는 법상 부당노동행위를 구성하고(제81조 제1항 제3호) 이러한 부당노동행위에 의하여 권리를 침해받은 근로자 또는 노동조합은 사용자의 이러한 부당노동행위에 대하여는 노동위원회에 그 구제를 신청하여(제82조 제1항), 일정한 행정상의 구제절차(제82조 제2항 내지 제86조)를 밟아 구제받을 수 있다.

2. 사법상 구제수단(민사소송)

(1) 단체교섭의무 확인의 소

사용자의 단체교섭의무는 사법상 채무의 성질을 가지므로 노동조합은 사용자의 단체교섭의무 위반이 있음을 이유로 하여 그 채무의 이행을 구하는 소송이나 사용자의 단체교섭의무의 확인을 구하는 소송을 제기할 수 있다(대판).

(2) 단체교섭응낙가처분

사용자가 정당한 이유 없이 단체교섭을 거부·해태하고 있을 때 노동조합이 민사소송법상 임시의 지위를 정하는 가처분으로서의 단체교섭 응낙 가처분을 신청할 수 있는지에 대하여 견해 대립이 있다.

(3) 손해배상청구

사용자의 단체교섭의무 위반이 있을 때 노동조합은 그것이 채무불이행 또는 사용자의 고의·과실에 의한 불법행위를 구성한다는 이유로 사용자를 상대로 그로 인하여 발생한 손해의 배상을 청구할 수 있다 할 것이다(대판).

대판 2006.10.26, 2004다11070

사용자가 노동조합과의 단체교섭을 정당한 이유 없이 거부하였다고 하여 그 단체교섭 거부행위가 바로 위법한 행위로 평가되어 불법행위의 요건을 충족하게 되는 것은 아니지만, 그 단체교섭 거부행위가 그 원인과 목적, 그 과정과 행위태양, 그로 인한 결과 등에 비추어 건전한 사회통념이나 사회상규상 용인될 수 없는 정도에 이른 것으로 인정되는 경우에는 그 단체교섭 거부행위는 부당노동행위로서 단체교섭권을 침해하는 위법한 행위로 평가되어 불법행위의 요건을 충족하게 되는바, 사용자가 노동조합과의 단체교섭을 정당한 이유 없이 거부하다가 법원으로부터 노동조합과의 단체교섭을 거부하여서는 아니 된다는 취지의 집행력 있는 판결이나 가처분결정을 받고서도 이를 위반하여 노동조합과의 단체교섭을 거부하였다면, 그 단체교섭 거부행위는 건전한 사회통념이나 사회상규상 용인될 수 없는 정도에 이른 행위로서 헌법이 보장하고 있는 노동조합의 단체교섭권을 침해하는 위법한 행위라고 할 것이므로, 그 단체교섭 거부행위는 노동조합에 대하여 불법행위를 구성한다.

| Section 04 | 단체협약 |

I 단체협약의 개요

1. 단체협약의 개념

단체협약이라 함은 노동조합과 사용자 또는 사용자단체가 자유의사로 단체교섭이나 쟁의행위를 거쳐서 근로조건 기타 노사관계의 제반사항에 대해 합의한 문서를 말한다.

2. 단체협약의 기능

단체협약은 ㉠ 일정 기간 노사관계를 안정시키고 직장 내지 산업평화를 보장하는 평화유지 기능을 수행한다. 그 외에도 ㉡ 단체협약은 근로관계상 근로자의 대우에 관한 기준을 설정하여 이를 일정한 기간 동안 보장하는 근로조건규제기능, ㉢ 노동조합과 사용자 간의 제반 관계를 규율하는 노사관계질서형성기능, 그리고 ㉣ 사업의 운영과 관련한 경영규제기능 등을 수행한다.

3. 단체협약의 법적 성질

(1) 문제의 소재

단체협약은 노동조합과 사용자 사이의 계약인데도 사용자와 개별근로자 사이의 근로계약을 규율하는 규범적 효력을 가지는 근거가 무엇인가, 즉 규범적 효력의 근거가 문제된다.

(2) 법규범설

단체협약이 법규범의 성질을 갖는다고 보는 견해에는 사회자주법설과 백지관습법설이 있다.

(3) 계약설

단체협약이 계약의 성질을 갖는다고 보는 견해에는 ㉠ 단체협약은 단체 구성원의 의사를 기초로 한다는 점에서 집단적 계약이지만 개별계약에 우선하는 효력을 가진다는 점에서 규범계약이라는 집단적 규범계약설, ㉡ 단체협약이 규범적 성질을 갖는 근거는 근로자보호 및 노사관계 안정을 위하여 국가법이 특별히 정책적으로 규범적 효력을 부여한 것이라는 수권설이 있다.

II 단체협약의 성립

1. 단체협약의 당사자

(1) 근로자 측 당사자

① 단위노동조합
② 교섭대표노동조합
③ 연합단체
④ 지부·분회
단위노동조합의 산하에 지부 또는 분회가 설치되어 있고 이러한 지부·분회가 독자적인 규약 및 집행기관을 가진 독립된 조직체로서 활동을 하는 경우 당해 조직이나 그 조합원에

고유한 사항에 대하여는 독자적으로 단체교섭하고 단체협약을 체결할 수 있으며, 이는 그 분회나 지부가 "노동조합법" 시행령 제7조의 규정에 따라 그 설립신고를 하였는지 여부에 영향받지 아니한다(대판 2001.2.23, 2000도4299).

⑤ 법외노조

노동조합의 설립요건(형식적)을 흠결한 노동조합을 법외노동조합이라고 한다. 이러한 법외 노동조합의 단체협약 당사자능력 인정 여부에 대해 ㉠ 단체협약의 규범적 효력은 노동조합 법 제33조에 의해 창설되기 때문에 인정할 수 없다는 견해와 ㉡ 단체협약권은 헌법 제33조 에서 보장한 단체교섭권에 포함된 권리이기 때문에 노동조합으로서 실질적 요건을 갖추고 있는 경우 인정할 수 있다는 견해가 있다.

⑥ 일시적 쟁의단

(2) 사용자 측 당사자

① 사용자

단체교섭의 상대방이 되는 사용자는 원칙적으로 사업주 즉 근로계약의 당사자 또는 그에 준하는 자이다. 따라서 개인사업의 경우 사업주 개인, 법인의 경우 당해 법인이 사용자가 된다.

② 사용자 단체

사용자단체도 단체교섭의 당사자가 될 수 있다. 여기에서 사용자단체는 노사관계에 관하여 그 구성원들에 대하여 실질적인 통제력을 가져야 한다.

2. 단체협약의 방식

(1) 서면작성 및 서명날인

제31조【단체협약의 작성】
① 단체협약은 서면으로 작성하여 당사자 쌍방이 서명 또는 날인하여야 한다.

서면의 명칭이나 형식은 불문하나, 서면으로 작성하지 않았거나 서면으로 작성하였더라도 당 사자 쌍방의 서명·날인이 없으면 효력이 발생하지 않는다. 단체협약에 서명·날인 대신에 서 명·무인을 한 경우, 기명·날인을 한 경우에도 효력이 있다(대판 1995.3.10, 94마605). 노 동조합과 사용자 사이에 근로조건 기타 노사관계에 관한 합의가 노사협의회의 협의를 거쳐 성 립되었더라도, 당사자 쌍방이 이를 단체협약으로 할 의사로 문서로 작성하여 서면작성과 서명 또는 날인을 하는 등 단체협약의 실질적·형식적 요건을 갖춘 경우 이는 단체협약으로 보아야 할 것이다(대판 2005.3.11, 2003다27429).

(2) 신고

> **제31조 【단체협약의 작성】**
> ② 단체협약의 당사자는 단체협약체결일부터 15일 이내에 이를 행정관청에 신고하여야 한다.
>
> **시행령 제15조 【단체협약의 신고】**
> 법 제31조 제2항에 따른 단체협약의 신고는 당사자 쌍방이 연명으로 해야 한다.

단체협약의 효력은 다른 정함이 없으면 당사자 쌍방의 서명·날인으로 그 효력이 발생한다. 신고의무위반은 과태료가 부과(제96조 제2항)되지만 단체협약의 효력에는 영향이 없다. 효력 발생일은 신고일이 아니고 체결일이다.

(3) 방식에 결함이 있는 단체협약의 효력

방식에 결함이 있는 단체협약에 대해 판례는 규범적 효력이 인정되지 않는다고 한다.

> **대판 2001.1.19, 99다72422**
> 노동조합과 사이에 체결한 단체협약이 유효하게 성립하려면 단체협약을 체결할 능력이 있는 사용자가 그 상대방 당사자로서 체결하여야 하고 나아가 서면으로 작성하여 당사자 쌍방이 서명날인함으로써 노동조합 및 노동관계조정법 제31조 제1항 소정의 방식을 갖추어야 하며 이러한 요건을 갖추지 못한 단체협약은 조합원 등에 대하여 그 규범적 효력이 미치지 아니한다.
>
> **대판 1997.4.25, 96누5421**
> 사고처리규정이 조합원 이외의 직원의 근로관계도 직접 규율하는 것으로 규정되어 있고, 유효기간에 관한 규정이 없이 계속하여 시행되어 왔을 뿐만 아니라, 노사 쌍방의 서명날인도 되어 있지 아니한 점에 비추어 단체협약으로 보기는 어렵고 취업규칙에 해당한다.

(4) 위법한 단체협약의 내용

> **제31조 【단체협약의 작성】**
> ③ 행정관청은 단체협약 중 위법한 내용이 있는 경우에는 노동위원회의 의결을 얻어 그 시정을 명할 수 있다.

Ⅲ 단체협약의 내용과 효력

1. 의의

단체협약은 노동조합과 사용자 사이의 계약이지만 협약당사자가 아닌 개별조합원과 사용자 사이에 규범적 효력이 인정된다. 한편 단체협약은 계약으로서의 성격을 유지하므로 계약 당사자 사이에 채무적 효력이 인정된다. 규범적 효력이 인정되는 부분을 규범적 부분, 채무적 효력이 인정되는 부분은 채무적 부분이라 한다.

2. 규범적 부분과 그 효력

(1) 규범적 부분

① 의의

단체협약 가운데 근로조건 기타 근로자의 대우에 관한 기준에 관하여 정한 사항을 규범적 부분이라 한다. 이는 단체협약의 핵심적 기능을 실현하는 본질적 부분이므로 이 부분이 없는 협약은 단체협약이라고 할 수 없다.

② 구체적인 예

임금과 관련된 사항, 근로시간, 휴식, 휴일, 휴가, 안전보건, 재해보상, 승진, 이동, 해고, 상벌 등이 있다. 채용에 관한 부분이나 사용자의 추상적인 노력의무를 부과하는 부분은 규범적 부분이 아니다.

(2) 규범적 효력

① 의의

단체협약의 규범적 효력이라 함은 단체협약이 일종의 규범으로서 근로자와 사용자 간의 근로관계를 구속하는 효력을 말한다. 노동조합과 사용자 사이에 체결된 단체협약은 단체협약의 당사자가 아닌 조합원과 사용자간의 개별적 근로관계에 적용된다.

② 강행적 효력

> **제33조 【기준의 효력】**
> ① 단체협약에 정한 근로조건 기타 근로자의 대우에 관한 기준에 위반하는 취업규칙 또는 근로계약의 부분은 무효로 한다.

㉠ 강행적 효력의 취지 : 단체협약의 규범적 효력은 조합원인 개별근로자와 사용자 사이에 사적자치의 원칙을 제한하고 단체협약자치의 원칙을 승인하고 있는 것이다.

㉡ 일부무효의 법리 : 취업규칙 또는 근로계약의 일부가 무효인 경우 전체가 무효가 되는 민법의 원리는 적용되지 않는다. 이는 단체협약의 보충적 효력이 작용하여 단체협약에 정한 기준이 자동적으로 적용되어 무효인 부분을 보완하기 때문이다.

㉢ 유리원칙의 적용여부 : 단체협약의 근로조건에 관하여 취업규칙이나 근로계약의 불리한 내용에 한하여 무효로 되고 유리한 내용은 그대로 유효한 것인지 문제가 된다.

- 긍정설(최저기준설)은 단체협약은 근로자의 생존권 확보를 위한 최저기준을 설정하는 것이므로 이를 상회하는 근로계약의 내용을 무효로 할 이유가 없다는 견해이다.
- 부정설(절대기준설)은 기업별 협약이 지배적인 우리나라에서는 단체협약상의 기준은 표준적인 근로조건을 작용하고 있고, 사용자가 악용하여 노동조합의 분열을 조장할 수 있다는 점을 들어 유리원칙의 적용을 인정하지 않는다.

> 개정된 단체협약에는 취업규칙상의 유리한 조건의 적용을 배제한다는 합의가 포함된 것으로 보아 개정된 단체협약에 의해 취업규칙상의 면직기준에 관한 규정은 배제된다(대판 2002.12.27, 2002두9063).

③ 보충적(직접적) 효력

> **제33조【기준의 효력】**
> ② 근로계약에 규정되지 아니한 사항 또는 제1항의 규정에 의하여 무효로 된 부분은 단체협약에 정한 기준에 의한다.

④ 규범적 효력의 한계

    ㉠ 강행법규에 의한 한계

        단체협약의 내용이 강행법규나 선량한 풍속 기타 사회질서(민법 제103조)에 위반되는 내용이면 규범적 효력이 미치지 않는다(대판 1990.12.21, 90다카24496).

    ㉡ 근로자의 권리보호에 의한 한계

        • 조합원에 대하여 근로의무를 창설하는 내용의 단체협약조항은 효력이 없다. 예컨대 시간외근로를 노동조합의 동의만으로 가능하도록 규정한 경우 단체협약조항은 시간외근로의무 발생요건 중 하나가 추가된 것에 불과하다고 해석되어야 한다(대판 1993.12.21, 93누5796).

        • 전적의 경우 해당 근로자의 동의가 있어야 유효하므로 단체협약에 전적의 근거 규정이 있다는 사유로 전적의 효력이 발생하는 것은 아니다(대판 1994.6.28, 93누22463).

        • 조합원이 이미 취득한 권리에 대하여도 노동조합의 규제권한은 미치지 않는다.

> 이미 구체적으로 그 지급청구권이 발생한 임금(상여금 포함)은 근로자의 사적 재산영역으로 옮겨져 근로자의 처분에 맡겨진 것이기 때문에, 노동조합이 근로자들로부터 개별적인 동의나 수권을 받지 않는 이상, 사용자와 사이의 단체협약만으로 이에 대한 포기나 지급유예와 같은 처분행위를 할 수 없다(대판 2002.4.2, 2001다41384).

    ㉢ 근로조건의 불이익변경

        근로조건을 불리하게 변경하는 내용의 단체협약이 현저히 합리성을 결하여 노동조합의 목적을 벗어난 것으로 볼 수 있는 경우와 같은 특별한 사정이 없는 한 그러한 노사 간의 합의를 무효라고 볼 수는 없고, 노동조합으로서는 그러한 합의를 위하여 사전에 근로자들로부터 개별적인 동의나 수권을 받을 필요가 없다(대판 2002.4.12, 2001다41384).

(3) 규범적 부분 위반의 효과

    사용자가 규범적 부분을 위반하는 경우 개별조합원은 사용자를 상대방으로 직접 협약상 기준의 이행을 소구할 수 있다. 노동조합은 개별조합원에 갈음하여 협약상 의무이행을 직접 청구할 수 없다. 다만 노동조합은 협약준수의무위반을 이유로 손해배상을 청구할 수는 있다.

3. 채무적 부분과 그 효력

(1) 채무적 부분

① 의의

단체협약의 내용 중 협약체결 당사자인 노동조합과 사용자 또는 사용자단체 사이에 적용될 권리·의무관계를 정하고 있는 부분을 채무적 부분이라 한다. 협약당사자가 아닌 개별조합원에게는 직접 효력이 미치지 않는다.

② 구체적 내용

일반적으로 평화조항, Shop조항, 유일교섭조항, 단체교섭위임 금지조항, 조합활동조항, 단체교섭절차·인원에 관한 조항, 시설이용에 관한 조항, 쟁의행위에 관한 조항 등이 이에 속한다.

(2) 채무적 효력

① 실행의무

㉠ 협약준수의무

협약준수의무는 협약당사자가 단체협약의 규정을 성실하게 이행할 의무를 말한다. 이 의무는 협약당사자인 노동조합과 사용자 또는 그 단체 모두 부담하는 것이다.

㉡ 영향의무 : 영향의무라 함은 협약당사자의 구성원이 협약위반행위를 하지 않도록 통제할 의무를 말한다.

② 평화의무

㉠ 의의

평화의무라 함은 협약당사자가 단체협약의 유효기간 중 협약소정사항의 개폐를 목적으로 하는 쟁의행위를 하지 않을 의무를 말한다. 이는 협약준수의무의 한 내용이라고 할 수 있다.

㉡ 평화의무의 근거 : 평화의무의 근거로서는 (ⅰ) 내재설 또는 제도목적설, (ⅱ) 합의설의 견해가 있으나 판례는 내재설의 입장에 있다.

㉢ 절대적 평화의무와 상대적 평화의무

단체협약 유효기간 중에 어떠한 경우에도 쟁의행위를 하여서는 아니 된다는 절대적 평화의무와, 단체협약 유효기간 중에 단체협약으로 노사 간에 합의된 사항에 대하여는 이의 개폐 또는 변경을 목적으로 쟁의행위를 하여서는 아니 된다는 상대적 평화의무가 있다.

㉣ 평화의무와 영향의무

> **대판 1992.9.1, 92누7733**
> 단체협약의 당사자인 노동조합은 단체협약의 유효기간 중에 단체협약에서 정한 근로조건 등에 관한 내용의 변경이나 폐지를 요구하는 쟁의행위를 행하지 아니하여야 함은 물론, 조합원들에 대하여도 통제력을 행사하여 그와 같은 쟁의행위를 행하지 못하게 방지하여야 할 이른바 평화의무를 지고 있다고 할 것인바, 이와 같은 평화의무가 노사관계의 안정과 단체협약의 질서 형성적 기능을 담보

하는 것인 점에 비추어 보면, 단체협약이 새로 체결된 직후부터 뚜렷한 무효사유를 내세우지도 아
니한 채 단체협약의 전면무효화를 주장하면서 평화의무에 위반되는 쟁의행위를 행하는 것은 이미
노동조합활동으로서의 정당성을 결여한 것이라고 하지 아니할 수 없다.

ⓜ 평화의무를 위반한 쟁의행위의 효력

채무불이행에 의한 손해배상책임이 발생한다. 그리고 평화의무를 위반한 쟁의행위는 단
체교섭권의 본질적인 내용을 침해하기 때문에 그 정당성을 상실된다 할 것이다(대판
1994.9.30, 94다4042).

(3) 채무적 부분 위반의 효과

단체협약의 당사자가 채무적 부분의 이행을 위반한 경우 손해배상청구, 강제집행, 단체협약의
해지, 동시이행의 항변 등의 민사적 구제가 가능하다.

4. 노조법상의 벌칙

제92조 【벌칙】
다음 각 호의 1에 해당하는 자는 1천만원 이하의 벌금에 처한다.
2. 제31조 제1항의 규정에 의하여 체결된 단체협약의 내용 중 다음 각 목의 1에 해당하는 사항을 위반한 자
  가. 임금·복리후생비, 퇴직금에 관한 사항
  나. 근로 및 휴게시간, 휴일, 휴가에 관한 사항
  다. 징계 및 해고의 사유와 중요한 절차에 관한 사항
  라. 안전보건 및 재해부조에 관한 사항
  마. 시설·편의제공 및 근무시간 중 회의참석에 관한 사항
  바. 쟁의행위에 관한 사항

5. 단체협약의 제 조항

(1) 평화조항(쟁의조항)

① 의의

평화조항은 단체협약에서 쟁의행위의 시작요건, 쟁의행위의 태양의 제한, 쟁의 참가 배제
자, 대체근로 금지 등을 규정한 조항이다. 평화의무는 내재적 의무인데 평화조항은 협약에
의해 창출되는 의무이다.

② 평화조항 위반의 법적효과

평화조항을 위반한 쟁의행위에 관하여, 평화조항 위반은 단순한 절차를 위반한 것에 불과
하므로 협약질서의 본질적 부분을 구성하는 것은 아니다. 따라서 단체협약상의 채무불이행
으로 인한 손해배상책임을 부담하나 쟁의행위의 정당성이 상실되는 것은 아니다.

(2) 조합원 범위에 관한 조항

단체협약에서 노사 간의 상호 협의에 의하여 규약상 노동조합의 조직 대상이 되는 근로자의
범위와는 별도로 조합원이 될 수 없는 자를 특별히 규정함으로써 일정 범위의 근로자들에 대하

여 위 단체협약의 적용을 배제하고자 하는 취지의 규정을 둔 경우에는, 비록 이러한 규정이 노동조합 규약에 정해진 조합원의 범위에 관한 규정과 배치된다 하더라도 무효라고 볼 수 없다 (대판 2004.1.29, 2001다5142). 노동조합에의 가입 자격은 노동조합이 자주적으로 결정하여 조합규약으로 정하는 것이 원칙이다. 그러나 노동조합이 사용자의 요구에 응하여 단체협약에서 조합원 내지 비조합원의 범위를 정한 경우 위법·무효는 아니다.

(3) 면책특약

면책특약이라 함은 단체교섭 또는 쟁의행위로 인하여 발생한 민사·형사상의 책임을 근로자에게 일체 묻지 않기로 하는 내용의 약정을 단체협약으로 체결하는 것이다. 민사면책의 의미는 손해배상책임뿐만 아니라 징계책임의 면제도 포함된다. 형사책임의 면책은 당사자가 형사상 고소·고발을 자체하겠다는 취지로 해석해야 한다.

(4) Shop조항

노동조합이 단결력을 유지·강화하기 위하여 조합원 자격을 근로자의 채용 내지 고용계속의 조건으로 하는 조항을 말한다. 우리나라에서는 '노조가입대상 종업원은 입사와 동시에 조합원이 된다. 회사는 종업원이 노조가입을 거부하거나 노조를 탈퇴할 시에는 즉시 해고한다'는 취지로 규정된 유니온 샵 조항이 가장 널리 채택되고 있다.

(5) 조합활동조항

단체협약에는 일정한 조건하에 조합활동을 보장 또는 제한한다는 내용의 규정을 두고 있는 경우가 있다. ㉠ 취업시간 중의 조합활동, ㉡ 노조전임에 관한 규정, ㉢ 조합사무소, 전화, 게시판, 기타 기업시설의 이용, ㉣ 조합비공제에 관한 규정 등이 포함된다.

(6) 해고동의·협의조항(인사조항)

• 단체협약 등에 규정된 인사협의(합의)조항의 구체적 내용이 사용자가 인사처분을 함에 있어서 신중을 기할 수 있도록 노동조합이 의견을 제시할 수 있는 기회를 주어야 하도록 규정된 경우에는 그 절차를 거치지 아니하였다고 하더라도 인사처분의 효력에는 영향이 없다고 보아야 할 것이지만, 사용자가 인사처분을 함에 있어 노동조합의 사전 동의나 승낙을 얻어야 한다거나 노동조합과 인사처분에 관한 논의를 하여 의견의 합치를 보아 인사처분을 하도록 규정된 경우에는 그 절차를 거치지 아니한 인사처분은 원칙적으로 무효라고 보아야 할 것이다(대판 1993.7.13, 92다50263).

• 단체협약에 해고의 사전 합의 조항을 두고 있다고 하더라도 사용자의 해고 권한이 어떠한 경우를 불문하고 노동조합의 동의가 있어야만 행사할 수 있다는 것은 아니고, 노동조합이 사전동의권을 남용하거나 스스로 사전동의권을 포기한 것으로 인정되는 경우에는 노동조합의 동의가 없더라도 사용자의 해고권 행사가 가능하다(대판 2007.9.6, 2005두8788).

Ⅳ 단체협약의 해석

> **제34조【단체협약의 해석】**
> ① 단체협약의 해석 또는 이행방법에 관하여 관계 당사자 간에 의견의 불일치가 있는 때에는 당사자 쌍방 또는 단체협약에 정하는 바에 의하여 어느 일방이 노동위원회에 그 해석 또는 이행방법에 관한 견해의 제시를 요청할 수 있다.
> ② 노동위원회는 제1항의 규정에 의한 요청을 받은 때에는 그날부터 30일 이내에 명확한 견해를 제시하여야 한다.
> ③ 제2항의 규정에 의하여 노동위원회가 제시한 해석 또는 이행방법에 관한 견해는 중재 재정과 동일한 효력을 가진다.
>
> **시행령 제16조【단체협약의 해석요청】**
> 법 제34조 제1항에 따른 단체협약의 해석 또는 이행방법에 관한 견해제시의 요청은 해당 단체협약의 내용과 당사자의 의견 등을 적은 서면으로 해야 한다.

1. 취지

단체협약의 해석·이행방법과 같은 집단적 노사관계에 관한 권리분쟁을 사법적 심사에만 의존하는 것은 소송비용의 과다 등 현실적인 어려움이 있다. 따라서 노동위원회를 통한 분쟁해결을 규정하고 있다. 노동위원회가 제시한 해석 또는 이행방법에 관한 견해는 중재재정과 동일한 효력을 가지므로 위법·월권이 아닌 한 효력이 확정된다.

2. 처분문서의 해석

처분문서는 진정성립이 인정되면 특별한 사정이 없는 한 처분문서에 기재되어 있는 문언의 내용에 따라 당사자의 의사표시가 있었던 것으로 객관적으로 해석하여야 하나, 당사자 사이에 계약의 해석을 둘러싸고 이견이 있어 처분문서에 나타난 당사자의 의사해석이 문제되는 경우에는 문언의 내용, 그와 같은 약정이 이루어진 동기와 경위, 약정에 의하여 달성하려는 목적, 당사자의 진정한 의사 등을 종합적으로 고찰하여 논리와 경험칙에 따라 합리적으로 해석하여야 한다. 단체협약과 같은 처분문서를 해석할 때에는, 단체협약이 근로자의 근로조건을 유지·개선하고 복지를 증진하여 경제적·사회적 지위를 향상시킬 목적으로 근로자의 자주적 단체인 노동조합과 사용자 사이에 단체교섭을 통하여 이루어지는 것이므로, 명문의 규정을 근로자에게 불리하게 변형 해석할 수 없다(대판 2011.10.13, 2009다102452).

V 단체협약의 효력확장

1. 의의

단체협약은 협약당사자 및 그 구성원만을 구속하므로 비조합원과 제3자의 지위에 있는 사용자에게는 효력이 미치지 않는 것이 원칙이다. 그러나 노조법은 이러한 원칙에 대하여 조합원 이외의 제3자에게도 효력이 미치는 2가지 예외를 인정하고 있는데, 이것을 사업장단위 및 지역단위의 일반적 구속력이라 한다.

2. 사업장단위의 일반적 구속력

제35조 【일반적 구속력】
하나의 사업 또는 사업장에 상시 사용되는 동종의 근로자 반수 이상이 하나의 단체협약의 적용을 받게 된 때에는 당해 사업 또는 사업장에 사용되는 다른 동종의 근로자에 대하여도 당해 단체협약이 적용된다.

(1) 요건

① 하나의 사업 또는 사업장을 단위로 한다.

하나의 기업이 수개의 사업장으로 구성되어 있는 경우에는 원칙적으로 수개의 사업장으로 본다. 다만 수개의 사업장이 근로환경상의 특수성을 가지지 않은 경우에는 하나의 사업장으로 본다.

② 상시 사용되는 근로자를 기준으로 한다.

근로자의 지위나 종류, 고용기간의 정함의 유무 또는 근로계약상의 명칭에 구애됨이 없이 사업장에서 사실상 계속적으로 사용되고 있는 동종의 근로자 전부를 의미하므로, 단기의 계약기간을 정하여 고용된 근로자라도 기간만료 시마다 반복갱신되어 사실상 계속 고용되어 왔다면 여기에 포함된다(대판 1992.12.22, 92누13189).

③ 동종의 근로자를 기준으로 한다.

동종의 근로자라 함은 당해 단체협약 규정에 의하여 그 협약의 적용이 예상되는 자를 의미하므로 단체협약에 의하여 조합원자격이 배제된 근로자는 동종의 근로자가 아니므로 효력확장이 되지 않는다(대판 2004.1.29, 2001다5142). 사업장 단위로 체결되는 단체협약의 적용 범위가 특정되지 않았거나 협약 조항이 모든 직종에 걸쳐서 공통적으로 적용되는 경우에는 직종의 구분 없이 사업장 내의 모든 근로자가 동종의 근로자에 해당된다(대판 1999.12.10, 99두6927).

④ 근로자 반수 이상이 하나의 단체협약을 적용받아야 한다.

상시 사용근로자 반수 이상(과반수가 아님)이 노동조합법 제31조의 요건을 갖춘 단체협약의 적용을 받아야 하고 반수의 산출기준은 단체협약의 적용을 받는 동종의 근로자이다.

(2) 효과

① 원칙적으로 단체협약의 규범적 부분만 확장적용된다.

② 소수 근로자가 다른 노동조합을 결성한 경우에는 그 조합의 단체협약이 없는 경우는 적용되지만 별개의 단체협약이 있는 경우에는 확장적용되지 아니한다(대판). 또한 협약 외의 노동조합이 단체협약의 갱신체결이나 보다 나은 근로조건을 얻기 위한 단체교섭이나 단체행동을 금지하거나 제한할 수 없다(대판).

③ 비조합원의 신규채용, 조합원의 탈퇴 등으로 "반수 이상"이라는 요건이 결여되거나 단체협약이 유효기간의 만료로 종료되면 일반적 구속력은 당연히 종료된다.

3. 지역단위 일반적 구속력

> **제36조【지역적 구속력】**
> ① 하나의 지역에 있어서 종업하는 동종의 근로자 3분의 2 이상이 하나의 단체협약의 적용을 받게 된 때에는 행정관청은 당해 단체협약의 당사자의 쌍방 또는 일방의 신청에 의하거나 그 직권으로 노동위원회의 의결을 얻어 당해 지역에서 종업하는 다른 동종의 근로자와 그 사용자에 대하여도 당해 단체협약을 적용한다는 결정을 할 수 있다.
> ② 행정관청이 제1항의 규정에 의한 결정을 한 때에는 지체 없이 이를 공고하여야 한다.

(1) 요건

① 실질적 요건

㉠ 하나의 지역

하나의 지역은 당해 협약의 대상이 되는 산업의 동질성, 경제적·지리적·사회적 입지조건의 근접성, 기업의 배치상황 등 노사의 경제적 기초의 동질성 내지 유사성이 고려된다.

㉡ 종업하는 동종의 근로자의 3분의 2 이상의 근로자

여기에서는 사업장 단위의 효력확장제도와는 달리 상시 사용될 것을 요건으로 하지 않는다.

㉢ 하나의 단체협약

지역단위 효력확장제도의 규정형식에서 볼 때 이 제도가 상정하고 있는 협약형태는 초기업적 협약을 의미한다.

② 절차적 요건

단체협약당사자의 쌍방·일방의 신청에 의하거나 또는 행정관청의 직권으로 노동위원회의 의결을 얻어 행정관청이 확장적용을 결정할 수 있고, 행정관청은 지체 없이 이를 공고하여야 한다.

(2) 효과

① 단체협약의 규범적 부분만 확장적용된다.

② 확장적용되는 단체협약은 지역에서 최저기준을 설정하는 의미를 가지므로 유리조건 우선의 원칙이 적용된다.

③ 지역적 구속력 제도의 목적을 어떠한 것으로 파악하건 적어도 교섭권한을 위임하거나 협약 체결에 관여하지 아니한 협약 외의 노동조합이 독자적으로 단체교섭권을 행사하여 이미 별도의 단체협약을 체결한 경우에는 그 협약이 유효하게 존속하고 있는 한 지역적 구속력 결정의 효력은 그 노동조합이나 그 구성원인 근로자에게는 미치지 않는다고 해석하여야 할 것이고, 또 협약 외의 노동조합이 위와 같이 별도로 체결하여 적용받고 있는 단체협약의 갱신체결이나 보다 나은 근로조건을 얻기 위한 단체교섭이나 단체행동을 하는 것 자체를 금지하거나 제한할 수는 없다고 보아야 할 것이다(대판 1993.12.21, 92도2247).

④ 제35조와는 달리 사용자에게도 효력이 확장된다.

Ⅵ 단체협약의 종료

1. 단체협약의 종료사유

(1) 유효기간의 만료

① 단체협약의 유효기간

> **제32조【단체협약의 유효기간의 상한】**
> ① 단체협약의 유효기간은 3년을 초과하지 않는 범위에서 노사가 합의하여 정할 수 있다.
> ② 단체협약에 그 유효기간을 정하지 아니한 경우 또는 제1항의 기간을 초과하는 유효기간을 정한 경우에 그 유효기간은 3년으로 한다.

단체협약의 유효기간을 너무 길게 하면 사회적·경제적 여건의 변화에 적응하지 못하여 당사자를 부당하게 구속하는 결과에 이를 수 있어 유효기간을 일정한 범위로 제한하여 단체협약의 내용을 시의에 맞고 구체적 타당성이 있게 조정해 나가도록 하자는 데에 그 뜻이 있다(대판 2016.3.10, 2013두3160).

② 법정연장(3개월의 자동연장)

> **제32조【단체협약의 유효기간의 상한】**
> ③ 단체협약의 유효기간이 만료되는 때를 전후하여 당사자 쌍방이 새로운 단체협약을 체결하고자 단체교섭을 계속하였음에도 불구하고 새로운 단체협약이 체결되지 아니한 경우에는 별도의 약정이 있는 경우를 제외하고는 종전의 단체협약은 그 효력만료일부터 3월까지 계속 효력을 갖는다(본문).

③ 자동연장조항

> **제32조【단체협약의 유효기간의 상한】**
> ③ 다만, 단체협약에 그 유효기간이 경과한 후에도 새로운 단체협약이 체결되지 아니한 때에는 새로운 단체협약이 체결될 때까지 종전 단체협약의 효력을 존속시킨다는 취지의 별도의 약정이 있는 경우에는 그에 따르되, 당사자 일방은 해지하고자 하는 날의 6월 전까지 상대방에게 통고함으로써 종전의 단체협약을 해지할 수 있다(단서).

단체협약이 노동조합법 제32조 제1항, 제2항의 제한을 받는 본래의 유효기간이 경과한 후에 불확정기한부 자동연장조항에 따라 계속 효력을 유지하게 된 경우에, 효력이 유지된 단체협약의 유효기간은 노동조합법 제32조 제1항, 제2항에 의하여 일률적으로 3년으로 제한되지는 아니한다(대판 2015.10.29, 2012다71138). 단체협약의 유효기간을 제한한 노동조합법 제32조 제1항, 제2항이나 단체협약의 해지권을 정한 노동조합법 제32조 제3항 단서는 모두 성질상 강행규정이어서, 당사자 사이의 합의에 의하더라도 단체협약의 해지권을 행사하지 못하도록 하는 등 적용을 배제하는 것은 허용되지 않는다(대판 2016.3.10, 2013두3160).

④ 자동갱신조항

일반적으로 자동갱신협정은 "이 협약의 기간만료 30일 전까지 당사자의 일방이 단체협약개정의 의사표시를 하지 아니한 때에는 이 협약은 기간만료일부터 다시 3년간 유효한 것으로 본다"고 하는 내용으로 성립한다. 판례에 의하면 자동갱신협정은 당사자의 유효기간 만료 후의 단체협약체결권을 미리 제한하거나 박탈하는 것이 아니므로 유효하며, 갱신된 단체협약은 기존협약의 연장이 아니라 새로 체결된 단체협약이 되며 갱신된 협약의 유효기간은 3년을 초과할 수 없다(대판 1993.2.29, 92다27102).

(2) 단체협약의 취소

협약내용의 중요부분에 착오가 있을 때(민법 제109조), 사기·강박에 의해 체결되었을 때(민법 제110조) 단체협약을 취소할 수 있다. 단체협약을 취소한 경우 취소의 효력은 단체협약의 성질상 장래에 대해서만 미친다.

(3) 단체협약의 해지

단체협약의 해지는 사정변경에 의한 경우, 협약의 일방 당사자가 단체협약을 위반하여 그 존재의의가 상실되었을 경우, 협약목적을 달성할 수 없을 정도의 경제적·사회적 중대한 변화가 생긴 경우, 당사자의 합의에 의해서 해지할 수 있다. 이 경우에도 역시 장래에 대해서만 효력을 갖는다.

(4) 협약당사자의 변동

① 사용자의 변동

회사가 해산하면 청산의 종료로서 단체협약이 실효되고 조직변경의 경우 회사의 실질적 동질성이 인정되는 한 협약은 유효하다. 합병과 영업양도의 경우에도 단체협약은 승계된다.

② 노동조합의 변동

노조가 해산한 경우 청산절차가 종료되면 단체협약은 당연히 실효한다. 조직변경의 경우 노동조합의 실질적 동질성이 인정되는 한 단체협약은 유효하다. 합병의 경우에도 단체협약은 그대로 유지된다. 노동조합에서 다수의 조합원이 탈퇴하여도 단체협약은 그대로 존속하나 노동조합이 분할하여 두 개의 새로운 노동조합이 결성된 경우 종래의 노동조합은 소멸되기 때문에 단체협약도 당연히 소멸한다.

2. 단체협약 종료 후의 근로관계

(1) 문제의 소재

단체협약은 유효기간의 만료 등의 사유로 종료된다. 그런데 단체협약이 종료되면서 개별조합원의 근로조건의 기준을 정한 규범적 부분마저 종료된다고 본다면 단체협약에 의해 규율되었던 개별적 근로관계는 그대로 존속되면서 구체적 근로조건을 정하는 어떠한 기준도 존재하지 않게 된다. 이러한 법적 혼란을 방지하기 위한 합리적인 해석이 필요한데 이를 흔히 단체협약의 여후효(餘後效)문제라고 한다.

(2) 채무적 부분(협약당사자의 권리·의무)

협약당사자의 권리·의무는 단체협약의 실효와 함께 원칙적으로 종료된다. 단체협약이 유효기간의 만료로 효력이 상실된 경우, 그 단체협약에 따라 노동조합 업무만을 전담하던 노조전임자는 사용자의 원직 복귀명령에 응하여야 할 것이므로 그 원직 복귀명령에 불응한 행위는 취업규칙 소정의 해고사유에 해당하고, 따라서 사용자가 원직 복귀명령에 불응한 노조전임자를 해고한 것은 정당한 인사권의 행사로서 그 해고사유가 표면적인 구실에 불과하여 징계권 남용에 의한 부당노동행위에 해당하지 않는다(대판 1997.6.13, 96누17738).

(3) 규범적 부분(조합원의 근로조건 기타 근로자 대우)

유효기간이 경과하는 등으로 단체협약이 실효되었다고 하더라도 임금, 퇴직금이나 노동시간, 그 밖에 개별적인 노동조건에 관한 부분은 그 단체협약의 적용을 받고 있던 근로자의 근로계약의 내용이 되어 그것을 변경하는 새로운 단체협약, 취업규칙이 체결·작성되거나 또는 개별적인 근로자의 동의를 얻지 아니하는 한 개별적인 근로자의 근로계약의 내용으로서 여전히 남아 있어 사용자와 근로자를 규율한다. 단체협약 중 해고사유 및 해고의 절차에 관한 부분에 대하여도 이와 같은 법리가 그대로 적용된다(대판 2007.12.27, 2007다51758). 노사가 일정한 조건이 성취되거나 기한이 도래할 때까지 특정 단체협약 조항에 따른 합의의 효력이 유지되도록 명시하여 단체협약을 체결한 경우에는, 그 단체협약 조항에 따른 합의는 노사의 합치된 의사에 따라 해제조건의 성취로 효력을 잃는다고 보아야 한다(대판 2018.11.29, 2018두41532).

Section 05 쟁의행위

Ⅰ 서설

1. 쟁의행위의 개념

(1) 쟁의행위의 정의

> 제2조 【정의】
> 이 법에서 사용하는 용어의 정의는 다음과 같다.
> 6. 쟁의행위"라 함은 파업·태업·직장폐쇄 기타 노동관계 당사자가 그 주장을 관철할 목적으로 행하는 행위와 이에 대항하는 행위로서 업무의 정상적인 운영을 저해하는 행위를 말한다.

(2) 쟁의행위의 정의규정 분설

① 노동관계 당사자

쟁의행위의 당사자는 집단적 노사관계의 당사자로서 노동조합과 그의 상대방인 사용자 또는 사용자단체이다. 다만, 일시적인 근로자단체의 주체성 인정에 대해 견해 대립이 있다.

② 주장을 관철할 목적으로 하는 행위

자신들의 주장 관철을 목적으로 행하는 행위여야 하며, 주장은 임금, 근로시간, 복지, 해고, 기타 대우 등 근로조건 결정에 관한 주장을 의미한다. 관철하기 위한 행위는 파업, 태업, 직장점거, 피켓팅, 보이콧 등 쟁의행위를 말한다.

③ 이에 대항하는 행위

대항하는 행위란 상대방의 쟁의행위가 있는 경우 그 쟁의행위의 저지수단으로 행하는 방어적·수동적 행위를 말한다. 노조법은 사용자에게 대항하는 행위로 직장폐쇄를 인정하고 있다.

④ 업무의 정상적인 운영을 저해하는 행위

쟁의행위는 업무의 정상적인 운영을 저해하는 행위로 행해져야 한다. 여기에서 정상적인 업무에 대해 ㉠ 관행화된 업무를 정상적인 업무로 보는 견해, ㉡ 적법한 업무를 정상적인 업무로 견해 등이 있으나, 판례는 관행화된 업무를 정상적인 업무로 판단하고 있다.

2. 쟁의행위의 기본원칙 등

(1) 쟁의행위의 기본원칙

> 제37조 【쟁의행위의 기본원칙】
> ① 쟁의행위는 그 목적·방법 및 절차에 있어서 법령 기타 사회질서에 위반되어서는 아니 된다.
> ② 조합원은 노동조합에 의하여 주도되지 아니한 쟁의행위를 하여서는 아니 된다.

(2) 노동조합의 지도와 책임

> **제38조【노동조합의 지도와 책임】**
> ③ 노동조합은 쟁의행위가 적법하게 수행될 수 있도록 지도·관리·통제할 책임이 있다.

Ⅱ 노동쟁의 · 단체행동과의 구별

1. 노동쟁의

> **제2조【정의】**
> 이 법에서 사용하는 용어의 정의는 다음과 같다.
> 5. "노동쟁의"라 함은 노동조합과 사용자 또는 사용자단체 간에 임금·근로시간·복지·해고 기타 대우 등 근로조건의 결정에 관한 주장의 불일치로 인하여 발생한 분쟁상태를 말한다. 이 경우 주장의 불일치라 함은 당사자 간에 합의를 위한 노력을 계속하여도 더이상 자주적 교섭에 의한 합의의 여지가 없는 경우를 말한다.

노동쟁의는 실력행사를 수반하지 않는 단체교섭이 결렬된 분쟁상태를 의미하고 쟁의행위는 실력행사를 통해 업무의 정상적인 운영을 저해하는 행위를 말한다. 노조법에서 노동쟁의와 쟁의행위를 구별하는 이유는 시기를 확정하여 노조법상 규정을 적용하기 위해서이다.

2. 단체행동

헌법 제33조 제1항은 근로자의 근로조건 향상을 위하여 단체행동권을 행사할 수 있도록 보장하고 있다. 단체행동 중에서 쟁의행위는 노조법의 제한을 받지만, 쟁의행위에 해당되지 않는 기타의 단체행동은 이러한 제한 없이 활용할 수 있다.

Ⅲ 쟁의행위의 정당성 판단

1. 서설

쟁의행위가 정당한 경우에는 민사면책, 형사면책, 불이익취급의 금지라는 보호를 받는다. 그러한 보호는 헌법상 쟁의권보장의 당연한 효과이기 때문에 쟁의행위의 정당성은 헌법상 쟁의권보장의 한계를 획정하는 통일적 개념이다.

2. 쟁의행위 정당성의 기준

근로자의 쟁의행위가 형법상 정당행위가 되기 위하여는 첫째 그 주체가 단체교섭의 주체로 될 수 있는 자이어야 하고, 둘째 그 목적이 근로조건의 향상을 위한 노사 간의 자치적 교섭을 조성하는 데에 있어야 하며, 셋째 사용자가 근로자의 근로조건 개선에 관한 구체적인 요구에 대하여 단체교섭을 거부하였을 때 개시하되 특별한 사정이 없는 한 조합원의 찬성결정 등 법령이 규정한 절차를 거쳐야 하고, 넷째 그 수단과 방법이 사용자의 재산권과 조화를 이루어야 함은 물론 폭력의 행사에 해당되지 아니하여야 한다(대판 2001.10.25, 99도4837 전합). 이 경우에도 당해 쟁의행위

자체의 정당성과 이를 구성하거나 부수되는 개개의 행위의 정당성은 구별되어야 하므로 일부 소수의 근로자가 폭력행위 등의 위법행위를 하였다고 하더라도 전체로서의 쟁의행위가 위법하게 되는 것은 아니다(대판 2003.12.26, 2003두8906)

3. 쟁의행위 주체의 정당성

(1) 법외노조

노동조합법 제2조 제4호에서 정한 노동조합의 실질적 요건을 갖춘 근로자단체가 신고증을 교부받지 아니한 경우에도 노동조합법상 부당노동행위의 구제신청 등 일정한 보호의 대상에서 제외될 뿐, 노동기본권의 향유 주체에게 인정되어야 하는 일반적인 권리까지 보장받을 수 없게 되는 것은 아니다(대판 2016.12.27, 2011두921).

(2) 단위노조의 지부·분회

노동조합의 하부단체인 분회나 지부가 독자적인 규약 및 집행기관을 가지고 독립된 조직체로서 활동을 하는 경우 당해 조직이나 그 조합원에 고유한 사항에 대하여는 독자적으로 단체교섭하고 단체협약을 체결할 수 있고, 이는 그 분회나 지부가 노동조합 및 노동관계조정법 시행령 제7조의 규정에 따라 그 설립신고를 하였는지 여부에 영향받지 아니한다(대판 2001.2.23, 2000도4299).

(3) 일시적 쟁의단

일시적 쟁의단에 대하여 "법" 제2조 제4호 본문의 노동조합 개념에 합치하지 않고 사단으로서 조직적 실체를 갖추고 있지 않으므로 쟁의행위의 주체가 될 수 없다.

(4) 쟁의행위가 제한된 근로자

• 공무원인 근로자는 법률이 정하는 자에 한하여 노동3권의 주체가 될 수 있고(헌법 제33조 제2항), 공무원노조법에서는 공무원의 쟁의행위를 금지하고 있다(공무원노조법 제11조).
• 교원노조법에서는 교원의 쟁의행위를 금지한다(공무원노조법 제8조).
• 방위사업법에 의하여 지정된 주요방위산업체에 종사하는 근로자 중 전력, 용수 및 주로 방산물자를 생산하는 업무에 종사하는 자는 쟁의행위를 할 수 없다(헌법 제33조 제3항, 노동조합법 제41조 제2항).

4. 쟁의행위 목적의 정당성

(1) 쟁의행위 목적과 단체교섭대상

단체교섭사항이 될 수 없는 사항을 달성하려는 쟁의행위는 그 목적의 정당성을 인정할 수 없다(대판 2001.4.24, 99도4893).

(2) 집단적 노사관계에 관한 사항

단체교섭의 대상이 되는 단체교섭사항에 해당하는지 여부는 헌법 제33조 제1항과 노동조합 및 노동관계조정법 제29조에서 근로자에게 단체교섭권을 보장한 취지에 비추어 판단하여야 하므로 일반적으로 구성원인 근로자의 노동조건 기타 근로자의 대우 또는 당해 단체적 노사관계의 운영에 관한 사항으로 사용자가 처분할 수 있는 사항은 단체교섭의 대상인 단체교섭사항에 해당한다(대판 2003.12.26, 2003두8906).

(3) 정치파업과 동정파업

쟁의행위는 근로조건의 향상을 목적으로 해야 정당성이 인정되므로 정치파업의 정당성은 부정된다(대판). 동정파업도 원칙적으로 사용자에게 처분권한이 없는 사항을 목적으로 하므로 정당성이 없다.

(4) 쟁의행위 목적과 경영권

연구소 소장의 퇴진을 요구하였다고 하더라도 그것이 근로조건의 개선에 주된 목적이 있는 경우에는 교섭대상이 될 수 있어 그 쟁의행위는 목적에 있어 정당하다(대판 1992.5.12, 91다34523). 경영권의 행사로 인해 근로조건에 영향을 미친다면 쟁의행위의 대상이 될 수 있다 할 것이다. 다만, 정리해고나 사업조직의 통폐합, 공기업의 민영화 등 기업의 구조조정의 실시 여부는 경영주체에 의한 고도의 경영상 결단에 속하는 사항으로서 이는 원칙적으로 단체교섭의 대상이 될 수 없고, 그것이 긴박한 경영상의 필요나 합리적인 이유 없이 불순한 의도로 추진되는 등의 특별한 사정이 없는 한, 노동조합이 실질적으로 그 실시를 반대하기 위하여 쟁의행위에 나아간다면, 그 쟁의행위는 목적의 정당성을 인정할 수 없는 것이고, 여기서 노동조합이 '실질적으로' 그 실시를 반대한다고 함은 비록 형식적으로는 민영화 등 구조조정을 수용한다고 하면서도 결과적으로 구조조정의 목적을 달성할 수 없게 하는 요구조건을 내세움으로써 실질적으로 구조조정의 반대와 같이 볼 수 있는 경우도 포함한다(대판 2006.5.12, 2002도3450).

(5) 쟁의행위 목적과 파업 중 임금지급

파업기간에 대한 임금지급을 관철하려 하거나 쟁의면책조항의 체결을 관철하려는 쟁의행위는 근로조건의 향상을 목적으로 하는 것이 아니라 쟁의행위에서 파생되는 문제를 자신에게 유리하게 해결하려는 것으로서 쟁의권 남용이라 볼 수 있어 목적상의 정당성을 가지기 어렵다.

(6) 기타

과다요구, 가해목적 등

대판 2003.12.26, 2001도1863
쟁의행위에서 추구되는 목적이 여러 가지이고 그중 일부가 정당하지 못한 경우에는 주된 목적 내지 진정한 목적의 당부에 의하여 그 쟁의목적의 당부를 판단하여야 할 것이고, 부당한 요구사항을 뺐더라면 쟁의행위를 하지 않았을 것이라고 인정되는 경우에는 그 쟁의행위 전체가 정당성을 갖지 못한다고 보아야 할 것이다.

대판 1992.1.21, 91누5204
노동조합이 회사로서는 수용할 수 없는 요구를 하고 있었다고 하더라도 이는 단체교섭의 단계에서 조정할 문제이지 노동조합 측으로부터 과다한 요구가 있었다고 하여 막바로 그 쟁의행위의 목적이 부당한 것이라고 해석할 수는 없다.

5. 시기와 절차의 정당성

(1) 최후수단의 원칙

쟁의행위는 사용자가 근로자의 근로조건 개선에 관한 구체적인 요구에 대하여 단체교섭을 거부하였을 때 개시하되 특별한 사정이 없는 한 조합원의 찬성결정 등 법령이 규정한 절차를 거쳐야 한다(대판 2003.12.26, 2003두8906). 사용자 측이 정당한 이유 없이 근로자의 단체협약 체결요구를 거부하거나 해태한 경우에 구 노동조합법 제40조의 규정에 의한 구제신청을 하지 아니하고 노동쟁의의 방법을 택하였다고 하여 노동조합법을 위반한 것이라고 할 수 없다(대판 1991.5.14, 90누4006).

(2) 조정전치

쟁의행위는 제5장 제2절 내지 제4절의 규정에 의한 조정절차(제61조의2의 규정에 따른 조정종료 결정 후의 조정절차를 제외한다)를 거치지 아니하면 이를 행할 수 없다. 다만, 제54조의 규정에 의한 기간 내에 조정이 종료되지 아니하거나 제63조의 규정에 의한 기간 내에 중재재정이 이루어지지 아니한 경우에는 그러하지 아니하다(제45조 제2항).

(3) 조합원 찬·반 투표

노동조합의 쟁의행위는 그 조합원(제29조의2에 따라 교섭대표노동조합이 결정된 경우에는 그 절차에 참여한 노동조합의 전체 조합원)의 직접·비밀·무기명투표에 의한 조합원 과반수의 찬성으로 결정하지 아니하면 이를 행할 수 없다. 이 경우 조합원 수 산정은 종사근로자인 조합원을 기준으로 한다(제41조 제1항).

(4) 기타 쟁의행위의 절차

① 노동관계 당사자는 노동쟁의가 발생한 때에는 어느 일방이 이를 상대방에게 서면으로 통보하여야 한다(제45조 제1항). 이 규정은 일반 공중으로 하여금 앞으로 일어날 수도 있는 쟁의행위로부터의 불편을 대비하게 하려는 데 그 취지가 있고 위 규정은 단속규정으로서 이 절차규정의 위반만으로는 곧 쟁의행위의 정당성 잃는 것은 아니다(대판 1991.5.14, 90누4006). 노동조합은 쟁의행위를 하고자 할 경우에는 고용노동부령이 정하는 바에 따라 행정관청과 관할노동위원회에 쟁의행위의 일시·장소·참가인원 및 그 방법을 미리 서면으로 신고하여야 한다(시행령 제17조).

② 평화의무의 성질은 평화협정이라는 단체협약의 본질에서 기인하는 것이므로 이를 위반한 쟁의행위는 그 정당성이 상실된다고 한다. 평화조항은 단순한 절차조항에 불과하기 때문에 이를 위반하였을 경우 쟁의행위의 정당성에는 영향을 미치지 않는다.

6. 수단ㆍ방법의 정당성

(1) 의의

쟁의행위는 소극적 방법으로 근로제공을 전면적 또는 부분적으로 정지함으로써 사용자의 업무를 저해하는 것이고, 노사관계의 신의성실원칙에 비추어 공정성의 원칙에 따라야 하며, 사용자의 재산권과 조화를 기하고, 인신의 자유ㆍ안전을 해치는 폭력을 사용하지 않아야 한다(대판 1990.5.15. 90도357).

(2) 소극적 수단(과잉금지의 원칙)

① 쟁의행위는 근로제공의 전면적 또는 부분적 정지라는 소극적 투쟁수단, 즉 노동력에 대한 소극적 통제에 그치는 한, 원칙적으로 정당성을 가진다.

② 파업 : 파업은 근로계약상의 근로제공을 전면적으로 정지하는 소극적 투쟁수단이므로 원칙적으로 정당성이 인정된다.

③ 태업 : 태업은 근로자가 근로제공은 하되 불완전하게 하여 작업능률을 저하시키는 쟁의수단으로 그 정당성이 인정되나, 사용자의 기계, 원료 등을 손괴ㆍ처분하거나 의도적으로 불량품을 생산하는 경우에는 정당성을 상실한다.

(3) 재산권과의 균형

① 쟁의행위는 사용자의 기업시설에 대한 소유권이나 그 밖의 재산권과 균형ㆍ조화가 이루어져야 한다. 헌법은 쟁의권과 함께 재산권도 보장하고 있기 때문이다.

② 파괴행위 : 파괴행위는 재산권을 침해한 것으로 정당한 쟁의방법으로 인정되지 않는다. 또한 긴급작업 수행의무(제38조 제2항) 위반도 재산권과의 불균형으로 인하여 정당성을 인정받지 못할 것이다.

③ 직장점거 : 쟁의행위는 생산 기타 주요업무에 관련되는 시설과 이에 준하는 시설로서 대통령령이 정하는 시설에 대한 점거를 금하고 있다(제42조 제1항).

④ 불매운동 : 특정 기업의 제품을 팔거나 사지 말자고 거래처나 공중에게 호소하여 그 기업을 상품시장에서 고립시키는 방법의 쟁의행위를 말한다. 자신의 사용자를 상대방으로 하는 1차 보이콧은 정당하나, 제3자를 상대방으로 하는 2차 보이콧은 그 정당성을 상실한다.

(4) 인신의 자유ㆍ안전의 보호

① 폭력ㆍ파괴의 금지

쟁의행위는 폭력이나 파괴행위로 이를 행할 수 없다(제42조 제1항). 이는 노조법상 쟁의수단으로서 폭력을 금지하고 형사책임과 관련하여 폭력을 정당한 행위로 인정하지 않는다는 것이다.

② 피켓팅

노동조합법 제38조 제1항에서 피켓팅에 제한을 규정하고 있다. 이는 사용자의 조업의 자유를 보장하고 인신의 자유ㆍ안전을 보호하기 위한 것이다. 피켓팅이 언어적ㆍ평화적 설득의 방법으로 하는 경우에는 정당성을 부정할 수 없으나 폭행이나 협박을 통한 파업감시는 정당성이 부정된다.

(5) 도급인 사업장에서의 쟁의행위

도급인은 원칙적으로 수급인 소속 근로자의 사용자가 아니므로, 수급인 소속 근로자의 쟁의행위가 도급인의 사업장에서 일어나 도급인의 형법상 보호되는 법익을 침해한 경우에는 사용자인 수급인에 대한 관계에서 쟁의행위의 정당성을 갖추었다는 사정만으로 사용자가 아닌 도급인에 대한 관계에서까지 법령에 의한 정당한 행위로서 법익 침해의 위법성이 조각된다고 볼수는 없다. 그러나 수급인 소속 근로자들이 집결하여 함께 근로를 제공하는 장소로서 도급인의 사업장은 수급인 소속 근로자들의 삶의 터전이 되는 곳이고, 쟁의행위의 주요 수단 중 하나인 파업이나 태업은 도급인의 사업장에서 이루어질 수밖에 없다. 또한 도급인은 비록 수급인 소속 근로자와 직접적인 근로계약관계를 맺고 있지는 않지만, 수급인 소속 근로자가 제공하는 근로에 의하여 일정한 이익을 누리고, 그러한 이익을 향수하기 위하여 수급인 소속 근로자에게 사업장을 근로의 장소로 제공하였으므로 그 사업장에서 발생하는 쟁의행위로 인하여 일정 부분 법익이 침해되더라도 사회통념상 이를 용인하여야 하는 경우가 있을 수 있다. 따라서 사용자인 수급인에 대한 정당성을 갖춘 쟁의행위가 도급인의 사업장에서 이루어져 형법상 보호되는 도급인의 법익을 침해한 경우, 그것이 항상 위법하다고 볼 것은 아니고, 법질서 전체의 정신이나 그 배후에 놓여있는 사회윤리 내지 사회통념에 비추어 용인될 수 있는 행위에 해당하는 경우에는 형법 제20조의 '사회상규에 위배되지 아니하는 행위'로서 위법성이 조각된다(대판 2020.9.3, 2015도1927).

7. 정당한 쟁의행위의 효과

(1) 민·형사면책

사용자는 정당한 단체교섭 또는 쟁의행위로 인하여 손해를 입은 경우에 노동조합 또는 근로자에 대하여 그 배상을 청구할 수 없다(제3조). 노동조합이 노조법 목적을 달성하기 위하여 정당한 단체교섭, 쟁의행위, 기타 행위를 한 경우 형사면책을 규정하고 있으며 다만 어떠한 경우에도 폭력이나 파괴행위는 정당한 행위로 해석되어서는 아니 된다(제4조).

(2) 부당노동행위금지

근로자가 정당한 단체행동에 참가한 것을 이유로 그 근로자를 해고하거나 그 근로자에게 불이익을 주는 행위를 사용자의 부당노동행위로 보아 금지하고 있고 이에 대해 노동위원회에 의한 구제방법을 두고 있다(제81조).

(3) 사용자의 채용제한

사용자는 쟁의행위 기간 중 그 쟁의행위로 중단된 업무의 수행을 위하여 당해 사업과 관계없는 자를 채용 또는 대체할 수 없다(제43조 제1항). 쟁의행위로 중단된 업무를 도급·하도급 줄 수 없다(제43조 제2항).

(4) 구속제한

근로자는 쟁의행위 기간 중에는 현행범 외에는 이 법 위반을 이유로 구속되지 아니한다(제39조).

Ⅳ 쟁의행위 유형에 따른 정당성 판단

1. 파업

파업은 근로자들이 집단적으로 노무제공을 거부함으로써 업무운영을 저해하는 가장 전형적인 쟁의수단이다. 이러한 파업은 원칙적으로 정당하다. 그러나 실제에 있어서 파업의 행위가 적극적으로 사용자의 재산을 점유하여 사용자의 지배를 저지하거나, 파업 그 자체는 정당하나 이에 수반하는 Picketing이나 직장점거가 불법인 경우에는 전체적으로 당해 파업이 정당성을 상실할 수 있다.

2. 태업

태업은 사용자의 지휘명령에 따르되 이를 부분적으로 배제하고 불완전한 노무를 제공함으로써 업무의 능률을 저하시키는 쟁의수단이다. 태업이 단순히 작업능률을 저하시키는 데 그치는 한 그 정당성은 인정된다. 그러나 그 한계를 넘어 의식적인 자재낭비, 불량제품의 생산, 원자재나 생산시설을 파괴하는 것은 정당성이 상실된다.

3. 보이콧(Boycott)

보이콧이란 사용자 또는 그와 거래관계에 있는 제3자의 상품의 구입 기타 시설의 이용을 집단적으로 거부하거나, 사용자 또는 그와 거래관계에 있는 제3자와 근로계약의 체결을 거부할 것을 호소하는 쟁의행위이다. 당사자인 사용자를 상대로 하여 그 사용자의 상품의 구입 기타 시설의 이용을 거부하거나 타인에게 거부하도록 호소하는 행위인 1차 보이콧은 정당하나, 사용자의 거래상대방인 제3자에게 사용자와 거래를 중단하도록 요구하는 등의 2차 보이콧은 위법이다.

4. 피켓팅(Picketing)

피켓팅이란 근로희망자들의 사업장 또는 공장의 출입을 저지하고 파업참여에 협력할 것을 구하는 것으로서, 파업을 성공시키기 위한 부수적인 쟁의행위이다. 평화적 설득에 의한 것은 정당하나 폭행·협박 또는 위력에 의한 물리적 강제는 부당한 쟁의행위가 된다.

5. 직장점거

노동조합은 사용자의 점유를 배제하여 조업을 방해하는 형태로 쟁의행위를 해서는 아니 된다(제37조 제3항). 직장점거란 파업·태업을 하면서 단결을 유지·강화하거나 파업 중의 조업을 저지하기 위하여 쟁의참가자들이 사용자의 의사에 반하여 사업장 시설을 점거하는 보조적 쟁의행위이다.

- 2인 이상이 하나의 공간에서 공동생활을 하고 있는 경우에는 각자 주거의 평온을 누릴 권리가 있으므로, 사용자가 제3자와 공동으로 관리·사용하는 공간을 사용자에 대한 쟁의행위를 이유로 관리자의 의사에 반하여 침입·점거한 경우, 비록 그 공간의 점거가 사용자에 대한 관계에서 정당한 쟁의행위로 평가될 여지가 있다 하여도 이를 공동으로 관리·사용하는 제3자의 명시적 또는 추정적인 승낙이 없는 이상 위 제3자에 대하여서까지 이를 정당행위라고 하여 주거침입의 위법성이 조각된다고 볼 수는 없다(대판 2010.3.11, 2009도5008).

- 직장 또는 사업장시설의 점거는 적극적인 쟁의행위의 한 형태로서 그 점거의 범위가 직장 또는 사업장시설의 일부분이고 사용자 측의 출입이나 관리지배를 배제하지 않는 병존적인 점거에 지나지 않을 때에는 정당한 쟁의행위로 볼 수 있으나, 이와 달리 직장 또는 사업장 시설을 전면적, 배타적으로 점거하여 조합원 이외의 자의 출입을 저지하거나 사용자 측의 관리지배를 배제하여 업무의 중단 또는 혼란을 야기케 하는 것과 같은 행위는 이미 정당성의 한계를 벗어난 것이라고 볼 수밖에 없다(대판 2007.12.28, 2007도5204).

6. 준법투쟁

(1) 의의

준법투쟁이란 근로자들이 주장을 관철할 목적으로 일반적으로 준수하게 되어있는 법령이나 취업규칙의 규정을 필요 이상으로 엄격하게 준수하거나 보장된 권리를 일제히 행사하는 것을 말한다.

(2) 쟁의행위여부

준법투쟁이 쟁의행위인지 여부는 업무의 정상적인 운영을 저해하는가의 여부에 따라 결정된다.

① 사실정상설

업무의 정상적인 운영은 사실상의 평상시 운영을 의미하므로 평상시의 사업운영을 저해하는 준법투쟁은 쟁의행위에 해당한다.

② 법률정상설

업무의 정상성은 법령, 단체협약 등에 합치된 상태인 적법한 상태를 말하므로 준법투쟁은 정상적인 업무를 저해하는 행위라고 볼 수 없어 쟁의행위가 아니다.

③ 판례

사실정상설의 입장에서 준법투쟁은 쟁의행위에 해당한다고 본다.

(3) 준법투쟁의 유형

① 법규준수형 준법투쟁(안전투쟁)

평상시에는 안전·보건에 관한 법령의 기준에 미달하여 지켜지거나 또는 위반이 관행화되어 있었는데, 이를 엄격하게 준수하면서 업무를 수행하는 안전투쟁의 경우 당해 법규의 취지에서 문제가 되지 않을 정도의 사소한 위반사실을 들어 전면적으로 근로제공을 거부하거나 안전수칙 준수에 곁들여 사전에 열차지연시간을 정하거나 필요 이상으로 정차를 하는 경우 및 수익금을 사전에 정하는 것은 쟁의행위이다(대판).

② 권리행사형 준법투쟁

㉠ 연장근로의 거부

연장근로가 당사자 합의에 의하여 이루어지는 것이라고 하더라도 근로자들을 선동하여 근로자들이 통상적으로 해 오던 연장근로를 집단적으로 거부하도록 함으로써 회사업무의 정상운영을 저해하였다면 이는 쟁의행위로 보아야 한다(대판 1991.10.22, 91도600).

ⓛ 일제휴가(집단 연·월차휴가 투쟁)

집단적인 월차휴가는 형식적으로 월차휴가권을 행사하려는 것이었어도 주장을 관철할 목적으로 업무의 정상적인 운영을 저해하는 것으로 쟁의행위에 해당한다(대판 1991.12.24, 91도2323).

ⓒ 기타 : 집단사표제출, 집단병가신청, 점심시간 중 하나의 배식구 이용 등

7. 직장폐쇄

> **제46조 【직장폐쇄의 요건】**
> ① 사용자는 노동조합이 쟁의행위를 개시한 이후에만 직장폐쇄를 할 수 있다.
> ② 사용자는 제1항의 규정에 의한 직장폐쇄를 할 경우에는 미리 행정관청 및 노동위원회에 각각 신고하여야 한다.

(1) 의의

직장폐쇄란 사용자가 근로자 측의 쟁의행위에 대항하는 행위로서 업무의 정상적인 운영을 저해하는 행위를 말한다. 즉 사용자가 근로자 측의 쟁의행위에 대항하여 근로자에 대하여 노무의 수령을 거부하는 것을 말한다. 근로계약상 반대급부인 임금을 지급하지 않고 사업장의 점유를 배제시키는 효과를 생기게 하여 근로자 측에게 경제적인 압력을 가하고 노동조합과의 교섭력의 균형을 도모하려는 행위이다.

(2) 인정근거

- 근로자의 단체행동권과 달리 헌법상 근거규정이 없다.
- 일반적으로는 힘에서 우위에 있는 사용자에게 쟁의권을 인정할 필요는 없다 할 것이나, 개개의 구체적인 노동쟁의의 장에서 근로자 측의 쟁의행위로 노사 간에 힘의 균형이 깨지고 오히려 사용자 측이 현저히 불리한 압력을 받는 경우에는 사용자 측에게 그 압력을 저지하고 힘의 균형을 회복하기 위한 대항·방위 수단으로 쟁의권을 인정하는 것이 형평의 원칙에 맞는다(대판 2000.5.26, 98다34331).

(3) 직장폐쇄의 요건

① 실질적 요건

사용자는 노동조합이 쟁의행위를 개시한 이후에만 직장폐쇄를 할 수 있다(제46조 제1항). 이를 직장폐쇄의 대항성 요건이라고 한다. 즉, 노동조합이 쟁의행위를 개시하기 이전에 하는 이른바 선제적 직장폐쇄는 어떠한 경우에도 허용되지 아니한다. 위반 시 1년 이하의 징역 또는 1천만원 이하의 벌금에 처한다(제91조).

> **대판 2003.6.13, 2003두1097**
> 사용자의 직장폐쇄는 사용자와 근로자의 교섭태도와 교섭과정, 근로자의 쟁의행위의 목적과 방법 및 그로 인하여 사용자가 받는 타격의 정도 등 구체적인 사정에 비추어 근로자의 쟁의행위에 대한 방어수단으로서 상당성이 있어야만 사용자의 정당한 쟁의행위로 인정될 수 있다. 사용자의 직장폐쇄가 근로

자의 쟁의행위에 대한 방어적인 목적을 벗어나 적극적으로 노동조합의 조직력을 약화시키기 위한 목적 등을 갖는 선제적, 공격적 직장폐쇄에 해당하는 경우, 정당한 쟁의행위로 인정될 수 없다.

② 형식적 요건

직장폐쇄를 할 경우 미리 행정관청 및 노동위원회에 각각 신고하여야 한다(제46조 제2항). 사용자가 신고절차를 위반하여 신고하지 아니한 경우에도 직장폐쇄는 유효하게 성립한다. 위반 시 500만원 이하의 과태료가 부과된다(제96조 제1항).

(4) 직장폐쇄의 효과

① 임금지급의무 면제

직장폐쇄가 정당성을 가지면 대상 근로자에 대한 임금지급의무가 면제되나, 정당성을 갖지 않으면 임금지급의무가 면제되지 않고 근로자가 정상적인 근로를 했으면 받을 수 있었던 임금을 지급해야 한다.

② 퇴거불응죄 여부

사용자가 적법하게 직장폐쇄를 하게 되면, 사용자의 사업장에 대한 물권적 지배권이 전면적으로 회복되는 결과 사용자는 점거 중인 근로자들에 대하여 정당하게 사업장으로부터의 퇴거를 요구할 수 있고 퇴거를 요구받은 이후의 직장점거는 위법하게 되므로, 적법히 직장폐쇄를 단행한 사용자로부터 퇴거요구를 받고도 불응한 채 직장점거를 계속한 행위는 퇴거불응죄를 구성한다(대판 1991.8.13, 91도1324). 사용자의 직장폐쇄가 정당한 쟁의행위로 인정되지 아니하는 때에는 적법한 쟁의행위로서 사업장을 점거 중인 근로자들이 직장폐쇄를 단행한 사용자로부터 퇴거 요구를 받고 이에 불응한 채 직장점거를 계속하더라도 퇴거불응죄가 성립하지 아니한다(대판 2007.12.28, 2007도5204).

③ 조합사무소, 식당, 기숙사 등에 대한 직장폐쇄

사용자의 직장폐쇄가 정당한 쟁의행위로 평가받는 경우에도 사업장 내의 노조사무실 등 정상적인 노조활동에 필요한 시설, 기숙사 등 기본적인 생활근거지에 대한 출입은 허용되어야 하고, 다만 쟁의 및 직장폐쇄와 그 후의 상황전개에 비추어 노조가 노조사무실 자체를 쟁의장소로 활용하는 등 노조사무실을 쟁의행위와 무관한 정상적인 노조활동의 장소로 활용할 의사나 필요성이 없음이 객관적으로 인정되거나, 노조사무실과 생산시설이 장소적·구조적으로 분리될 수 없는 관계에 있어 일방의 출입 혹은 이용이 타방의 출입 혹은 이용을 직접적으로 수반하게 되는 경우로서 생산시설에 대한 노조의 접근 및 점거가능성이 합리적으로 예상되고, 사용자가 노조의 생산시설에 대한 접근, 점거 등의 우려에서 노조사무실 대체장소를 제공하고 그것이 원래 장소에서의 정상적인 노조활동과 견주어 합리적 대안으로 인정된다면, 합리적인 범위 내에서 노조사무실의 출입을 제한할 수 있다(대판 2010.6.10, 2009도12180).

④ 파업종료 후의 직장폐쇄

근로자의 쟁의행위 등 구체적인 사정에 비추어 직장폐쇄의 개시 자체는 정당하지만, 어느 시점 이후에 근로자가 쟁의행위를 중단하고 진정으로 업무에 복귀할 의사를 표시하였음에도 사용자가 직장폐쇄를 계속 유지하면서 근로자의 쟁의행위에 대한 방어적인 목적에서 벗어나 적극적으로 노동조합의 조직력을 약화시키기 위한 목적 등을 갖는 공격적 직장폐쇄의 성격으로 변질된 경우에는 그 이후의 직장폐쇄는 정당성을 상실하고, 이에 따라 사용자는 그 기간 동안의 임금지불의무를 면할 수 없다(대판 2016.5.24, 2012다85335). 사용자의 직장폐쇄는 노동조합의 쟁의행위에 대한 방어수단으로 인정되는 것이므로, 근로자가 업무에 복귀하겠다는 의사 역시 일부 근로자들이 개별적·부분적으로 밝히는 것만으로는 부족하다. 복귀 의사는 반드시 조합원들의 찬반투표를 거쳐 결정되어야 하는 것은 아니지만 사용자가 경영의 예측가능성과 안정을 이룰 수 있는 정도로 집단적·객관적으로 표시되어야 한다(대판 2017.4.7, 2013다101425).

V 노조법상 쟁의행위의 제한·금지

1. 피켓팅(Picketing)의 제한

제38조【노동조합의 지도와 책임】
① 쟁의행위는 그 쟁의행위와 관계없는 자 또는 근로를 제공하고자 하는 자의 출입·조업 기타 정상적인 업무를 방해하는 방법으로 행하여져서는 아니 되며 쟁의행위의 참가를 호소하거나 설득하는 행위로서 폭행·협박을 사용하여서는 아니 된다.

(1) 의의

피켓팅은 파업에 참가하지 아니한 근로자들이 사업장 또는 공장에 출입하는 것을 저지하거나 파업동참에 협력할 것을 요구하며, 또한 일반인들에게 노동조합의 요구를 이해하고 지지하여 주도록 하는 보조적인 쟁의행위이다.

(2) 피켓팅의 한계

피켓팅은 파업에 가담하지 않고 조업을 계속하려는 자에 대하여 평화적 설득, 구두와 문서에 의한 언어적 설득의 범위 내에서 정당성이 인정되는 것이 원칙이고, 폭행·협박 또는 위력에 의한 실력적 저지나 물리적 강제는 정당화될 수 없다(대판 1992.7.14, 91다43800).

2. 작업시설의 손상 방지

제38조【노동조합의 지도와 책임】
② 작업시설의 손상이나 원료·제품의 변질 또는 부패를 방지하기 위한 작업은 쟁의행위 기간 중에도 정상적으로 수행되어야 한다.

노동조합의 쟁의행위에 의하여 사용자가 부담하는 손실의 정도는 그 쟁의행위의 정도와 상당성이 있어야 하는 것으로써 쟁의행위의 결과 회복하기 어려울 정도의 피해가 발생되거나 장기간의 업무마비를 초래하는 업무는 정상적으로 수행되어야 한다. 위반 시 1년 이하의 징역 또는 1천만원 이하의 벌금에 처한다(제91조).

3. 쟁의행위 찬·반투표

> **제41조 【쟁의행위의 제한과 금지】**
> ① 노동조합의 쟁의행위는 그 조합원(제29조의2에 따라 교섭대표노동조합이 결정된 경우에는 그 절차에 참여한 노동조합의 전체 조합원)의 직접·비밀·무기명투표에 의한 조합원 과반수의 찬성으로 결정하지 아니하면 이를 행할 수 없다. 이 경우 조합원 수 산정은 종사근로자인 조합원을 기준으로 한다.

(1) 의의

이러한 투표를 하는 이유는 쟁의행위가 조합원에게 직접적으로 영향을 미치는 것으로 전체조합원의 의사가 반영되어야 하기 때문이다. 위반 시 1년 이하의 징역 또는 1천만원 이하의 벌금에 처한다(제91조).

(2) 쟁의행위 찬·반투표와 정당성

직접·비밀·무기명투표에 의한 찬성절차는 노동조합의 자주적이고 민주적인 운영을 도모함과 아울러 쟁의행위에 참가한 근로자들이 사후에 어떠한 불이익을 당하지 않도록 그 개시에 관한 조합의사의 결정이 보다 신중을 기하기 위하여 마련된 규정이므로 그 절차를 따를 수 없는 객관적인 사정이 인정되지 아니하는 한 정당성을 인정받을 수 없다(대판 2001.10.25, 99도4837 전합). 쟁의행위에 대한 조합원 찬반투표가 노동조합법 제45조가 정한 노동위원회의 조정절차를 거치지 않고 실시되었다는 사정만으로는 그 쟁의행위의 정당성이 상실된다고 보기 어렵다(대판 2020.10.15, 2019두40345).

(3) 지부·분회의 찬반투표

지역별·산업별·업종별 노동조합의 경우에는 총파업이 아닌 이상 쟁의행위를 예정하고 있는 당해 지부나 분회소속 조합원의 과반수의 찬성이 있으면 쟁의행위는 절차적으로 적법하다고 보아야 할 것이고, 쟁의행위와 무관한 지부나 분회의 조합원을 포함한 전체 조합원의 과반수 이상의 찬성을 요하는 것은 아니다(대판 2004.9.24, 2004도4641).

(4) 새로운 쟁의사항 추가

근로조건에 관한 노동관계 당사자 간 주장의 불일치로 인하여 근로자들이 조정전치절차 및 찬반투표절차를 거쳐 정당한 쟁의행위를 개시한 후 쟁의사항과 밀접하게 관련된 새로운 쟁의사항이 부가된 경우에는, 근로자들이 새로이 부가된 사항에 대하여 쟁의행위를 위한 별도의 조정절차 및 찬반투표절차를 거쳐야 할 의무가 있다고 할 수 없다(대판 2012.1.27, 2009도8917).

4. 주요방위산업체 종사 근로자의 쟁의행위 금지

> **제41조 【쟁의행위의 제한과 금지】**
> ② 「방위사업법」에 의하여 지정된 주요방위산업체에 종사하는 근로자 중 전력, 용수 및 주로 방산물자를 생산하는 업무에 종사하는 자는 쟁의행위를 할 수 없으며 주로 방산물자를 생산하는 업무에 종사하는 자의 범위는 대통령령으로 정한다.

> **시행령 제20조 【방산물자 생산업무 종사자의 범위】**
> 법 제41조 제2항에서 "주로 방산물자를 생산하는 업무에 종사하는 자"라 함은 방산물자 완성에 필요한 제조·가공·조립·정비·재생·개량·성능검사·열처리·도장·가스취급 등의 업무에 종사하는 자를 말한다.

일반방위산업체 종사 근로자는 쟁의행위를 하더라도 방산물자 수급에 큰 차질이 없어 쟁의행위가 허용된다. 주요 방위산업체로 지정된 사업체의 경우에도 민수물자 생산에 종사하는 자 및 방산물자 생산과 직접 관련 없는 간접지원부서 종사 근로자는 쟁의행위에 참여할 수 있다. 즉, 쟁의행위 금지대상은 ㉠ 주로 방산물자 생산하는 업무에 종사하는 자와 ㉡ 방산물자 생산에 직접 연관되는 전력, 용수업무에 종사하는 자로 한정된다. 위반 시 5년 이하의 징역 또는 5천만원 이하의 벌금에 처한다(제88조). 주요방위산업체로 지정된 회사가 사업의 일부를 사내하도급 방식으로 다른 업체에 맡겨 방산물자를 생산하는 경우에 하수급업체에 소속된 근로자는 노동조합법 제41조 제2항이 쟁의행위를 금지하는 '주요방위산업체에 종사하는 근로자'에 해당한다고 볼 수 없다(대판 2017. 7. 18, 2016도3185).

5. 생산시설의 점거 금지 등

> **제42조 【폭력행위 등의 금지】**
> ① 쟁의행위는 폭력이나 파괴행위 또는 생산 기타 주요업무에 관련되는 시설과 이에 준하는 시설로서 대통령령이 정하는 시설을 점거하는 형태로 이를 행할 수 없다. .

> **시행령 제21조 【점거가 금지되는 시설】**
> 법 제42조 제1항에서 "대통령령이 정하는 시설"이란 다음 각호의 시설을 말한다.
> 1. 전기·전산 또는 통신시설
> 2. 철도(도시철도를 포함한다)의 차량 또는 선로
> 3. 건조·수리 또는 정박 중인 선박. 다만, 「선원법」에 의한 선원이 당해 선박에 승선하는 경우를 제외한다.
> 4. 항공기·항행안전시설 또는 항공기의 이·착륙이나 여객·화물의 운송을 위한 시설
> 5. 화약·폭약 등 폭발위험이 있는 물질 또는 「화학물질관리법」 제2조 제2호에 따른 유독물질을 보관·저장하는 장소
> 6. 기타 점거될 경우 생산 기타 주요업무의 정지 또는 폐지를 가져오거나 공익상 중대한 위해를 초래할 우려가 있는 시설로서 고용노동부장관이 관계중앙행정기관의 장과 협의하여 정하는 시설

위반 시 3년 이하의 징역 또는 3천만원 이하의 벌금에 처한다(제89조 제1호).

6. 안전보호시설의 유지와 쟁의행위 금지

> **제42조 【폭력행위 등의 금지】**
> ② 사업장의 안전보호시설에 대하여 정상적인 유지·운영을 정지·폐지 또는 방해하는 행위는 쟁의행위로서 이를 행할 수 없다.
> ③ 행정관청은 쟁의행위가 제2항의 행위에 해당한다고 인정하는 경우에는 노동위원회의 의결을 얻어 그 행위를 중지할 것을 통보하여야 한다. 다만, 사태가 급박하여 노동위원회의 의결을 얻을 시간적 여유가 없을 때에는 그 의결을 얻지 아니하고 즉시 그 행위를 중지할 것을 통보할 수 있다.
> ④ 제3항 단서의 경우에 행정관청은 지체 없이 노동위원회의 사후승인을 얻어야 하며 그 승인을 얻지 못한 때에는 그 통보는 그때부터 효력을 상실한다.

(1) 의의

쟁의권이 헌법상 보장된 기본적 권리이기는 하나 그 행사에 있어 생명·신체에 위해를 미치는 것까지 용인되는 것이 아니다. 따라서 안전보호시설은 정당한 쟁의행위 기간 중이라 할지라도 정지 또는 폐지할 수 없으며, 안전보호시설 종사자는 이러한 범위 내에서 쟁의행위가 부분적으로 제한된다.

(2) 안전보호시설의 범위

판례는 "안전보호시설이라 함은 사람의 생명이나 신체의 위험을 예방하기 위해서나 위생상 필요한 시설을 말하고, 이에 해당하는지 여부는 당해 사업장의 성질, 당해 시설의 기능 등의 제반 사정을 구체적·종합적으로 고려하여 판단하여야 한다."(대판 2005.9.30, 2002두7425)고 판시한 바 있다.

(3) 처벌되기 위하여 구체적 위험이 발생되어야 하는지

성질상 안전보호시설에 해당하고 그 안전보호시설의 유지·운영을 정지·폐지 또는 방해하는 행위가 있었다 하더라도 사전에 필요한 안전조치를 취하는 등으로 인하여 사람의 생명이나 신체에 대한 위험이 전혀 발생하지 않는 경우에는 죄가 성립하지 않는다(대판 2006.5.12, 2002도3450).

(4) 쟁의행위 중지통보

① 신고

사용자는 쟁의행위가 법 제38조 제1항·제2항, 제42조 제1항 또는 제2항에 위반되는 경우에는 즉시 그 상황을 행정관청과 관할 노동위원회에 신고하여야 한다(시행령 제18조 제1항). 신고는 서면·구두 또는 전화 기타의 적당한 방법으로 하여야 한다(시행령 제18조 제2항).

② 중지통보

행정관청은 쟁의행위가 안전보호시설의 정상한 유지·운영을 저해하는 경우에는 노동위원회 의결을 얻어 그 행위를 중지할 것을 통보하여야 한다(제42조 제3항 본문). 통보는 서면으로 하여야 하나 사태가 급박하다고 인정하는 경우에는 구두로 할 수 있다(시행령 제22조).

③ 사후승인

사태가 급박하여 노동위원회 의결을 얻을 시간적 여유가 없을 때에는 그 의결을 얻지 아니
하고 즉시 그 행위의 중지를 통보할 수 있으며(제42조 제3항 단서), 이 경우 당해 행정관청
은 지체 없이 노동위원회의 사후승인을 얻어야 하고 그 승인을 얻지 못한 때에는 그 통보는
그때부터 효력을 상실한다(제42조 제4항).

(5) 제42조 제2항 위반과 쟁의행위 정당성

안전보호시설의 정상적인 유지·운영을 정지·폐지 또는 방해하는 형태로 쟁의행위를 하는 경
우 1년 이하의 징역 또는 1천만원 이하의 벌금에 처하고(제91조), 당해 쟁의행위는 정당성이
상실된다.

7. 필수유지업무에 대한 쟁의행위의 제한

(1) 도입배경

노동조합법이 2006년 12월 30일 개정되어 필수공익사업에서 직권중재제도가 폐지되고 필수
유지업무제도가 새롭게 도입되었다. 이에 따라 2008년 1월부터는 필수공익사업에서도 합법적
으로 파업을 할 수 있게 되었다. 다만, 필수공익사업의 경우 그 사업이 가지는 공익적 성격으로
인하여 공익이 심각하게 침해되지 않도록 파업기간에도 유지시켜야 할 필요성이 있는바, 공익
과 쟁의권의 조화로운 공존과 보호를 꾀하자는 취지로 필수유지업무제도가 마련된 것이다.

(2) 필수유지업무

> **제71조【공익사업의 범위 등】**
> ② 이 법에서 "필수공익사업"이라 함은 제1항의 공익사업으로서 그 업무의 정지 또는 폐지가 공중의 일상
> 생활을 현저히 위태롭게 하거나 국민경제를 현저히 저해하고 그 업무의 대체가 용이하지 아니한 다음
> 각 호의 사업을 말한다.
> 1. 철도사업, 도시철도사업 및 항공운수사업
> 2. 수도사업, 전기사업, 가스사업, 석유정제사업 및 석유공급사업
> 3. 병원사업 및 혈액공급사업
> 4. 한국은행사업
> 5. 통신사업
>
> **제42조의2【필수유지업무에 대한 쟁의행위의 제한】**
> ① 이 법에서 "필수유지업무"라 함은 제71조 제2항의 규정에 따른 필수공익사업의 업무 중 그 업무가 정
> 지되거나 폐지되는 경우 공중의 생명·건강 또는 신체의 안전이나 공중의 일상생활을 현저히 위태롭게
> 하는 업무로서 대통령령이 정하는 업무를 말한다.

(3) 필수유지업무협정의 체결

노동관계 당사자는 쟁의행위기간 동안 필수유지업무의 정당한 유지·운영을 위하여 필수유지
업무의 필요 최소한의 유지·운영수준, 대상직무 및 필요인원 등을 정한 협정을 서면으로 체결
하고, 필수유지업무협정에는 노동관계 당사자 쌍방이 서명 또는 날인하여야 한다(제42조의3).

(4) 노동위원회의 결정

① 신청과 결정

노동관계 당사자 쌍방 또는 일방은 필수유지업무협정이 체결되지 아니하는 때에는 노동위원회에 필수유지업무의 필요 최소한의 유지·운영 수준, 대상직무 및 필요인원 등의 결정을 신청하여야 한다(제42조의4 제1항). 신청을 받은 노동위원회는 사업 또는 사업장별 필수유지업무의 특성 및 내용 등을 고려하여 필수유지업무의 필요 최소한의 유지·운영 수준, 대상직무 및 필요인원 등을 결정할 수 있다(제2항). 노동위원회의 결정은 특별조정위원회가 담당한다(제3항). 노동관계 당사자가 법 제42조의4 제1항에 따른 필수유지업무 유지·운영 수준, 대상직무 및 필요인원 등의 결정을 신청하면 관할 노동위원회는 지체 없이 그 신청에 대한 결정을 위한 특별조정위원회를 구성하여야 한다(시행령 제22조의3 제1항). 노동위원회는 법 제42조의4 제2항에 따라 필수유지업무 수준 등 결정을 하면 지체 없이 이를 서면으로 노동관계 당사자에게 통보하여야 한다(시행령 제22조의3 제2항).

② 결정의 해석

노동위원회의 결정에 대한 해석 또는 이행방법에 관하여 관계당사자 간에 의견이 일치하지 아니하는 경우에는 특별조정위원회의 해석에 따른다. 이 경우 특별조정위원회의 해석은 노동위원회의 결정과 동일한 효력이 있다(제42조의4 제4항). 노동관계 당사자의 쌍방 또는 일방은 결정에 대한 해석이나 이행방법에 관하여 노동관계 당사자 간 의견이 일치하지 아니하면 노동관계 당사자의 의견을 첨부하여 서면으로 관할 노동위원회에 해석을 요청할 수 있다(시행령 제22조의3 제3항).

③ 결정의 불복

노동위원회의 결정에 대한 불복절차 및 효력에 관하여는 제69조와 제70조 제2항을 준용한다(제42조의4 제5항).

④ 노동위원회의 결정에 따른 쟁의행위

노동위원회의 결정에 따라 쟁의행위를 한 때에는 필수유지업무를 정당하게 유지·운영하면서 쟁의행위를 한 것으로 본다(제42조의5).

(5) 필수유지업무 근무 근로자의 지명

① 노동조합의 통보와 예외(사용자의 지명)

노동조합은 필수유지업무협정이 체결되거나 노동위원회의 결정이 있는 경우 사용자에게 필수유지업무에 근무하는 조합원 중 쟁의행위기간 동안 근무하여야 할 조합원을 통보하여야 하며, 사용자는 이에 따라 근로자를 지명하고 이를 노동조합과 그 근로자에게 통보하여야 한다(제42조의6 제1항 본문). 다만, 노동조합이 쟁의행위 개시 전까지 이를 통보하지 아니한 경우에는 사용자가 필수유지업무에 근무하여야 할 근로자를 지명하고 이를 노동조합과 그 근로자에게 통보하여야 한다(단서).

PART
03

② 복수노조인 경우

필수유지업무 근무 근로자 통보·지명 시 노동조합과 사용자는 필수유지업무에 종사하는 근로자가 소속된 노동조합이 2개 이상인 경우에는 각 노동조합의 해당 필수유지업무에 종사하는 조합원 비율을 고려하여야 한다(제42조의6 제2항).

(6) 필수유지업무의 정당한 유지·운영을 정지·폐지 또는 방해하는 경우

필수유지업무의 정당한 유지·운영을 정지·폐지 또는 방해하는 행위는 쟁의행위로서 이를 행할 수 없다(제42조의2 제2항). 필수유지업무를 정당하게 유지·운영하지 않는 쟁의행위는 정당성을 상실하며 3년 이하의 징역 또는 3천만원 이하의 벌금에 처한다(제89조 제1호).

8. 대체근로의 제한

제43조【사용자의 채용제한】
① 사용자는 쟁의행위 기간 중 그 쟁의행위로 중단된 업무의 수행을 위하여 당해 사업과 관계없는 자를 채용 또는 대체할 수 없다.
② 사용자는 쟁의행위기간 중 그 쟁의행위로 중단된 업무를 도급 또는 하도급 줄 수 없다.
③ 제1항 및 제2항의 규정은 필수공익사업의 사용자가 쟁의행위 기간 중에 한하여 당해 사업과 관계없는 자를 채용 또는 대체하거나 그 업무를 도급 또는 하도급 주는 경우에는 적용하지 아니한다.
④ 제3항의 경우 사용자는 당해 사업 또는 사업장 파업참가자의 100분의 50을 초과하지 않는 범위 안에서 채용 또는 대체하거나 도급 또는 하도급 줄 수 있다. 이 경우 파업 참가자 수의 산정 방법 등은 대통령령으로 정한다.

(1) 당해 사업과 관계없는 자

사업과 관계없는 자는 당해 사업의 근로자 또는 사용자를 제외한 모든 자를 의미한다. 따라서 당해 사업과 관계있는 자 즉, 비조합원인 종업원, 파업불참 종업원 등은 대체근로가 허용된다.

(2) 결원 충원을 위한 신규채용

노동조합 및 노동관계조정법 제43조 제1항은 노동조합의 쟁의행위권을 보장하기 위한 것으로서 쟁의행위권의 침해를 목적으로 하지 않는 사용자의 정당한 인사권 행사까지 제한하는 것은 아니므로, 자연감소에 따른 인원충원 등 쟁의행위와 무관하게 이루어지는 신규채용은 쟁의행위 기간 중이라 하더라도 가능하다. 사용자가 쟁의기간 중 쟁의행위로 중단된 업무를 수행하기 위해 당해 사업과 관계있는 자인 비노동조합원이나 쟁의행위에 참가하지 아니한 노동조합원 등 당해 사업의 근로자로 대체하였는데 대체한 근로자마저 사직함에 따라 사용자가 신규채용하게 되었다면, 이는 사용자의 정당한 인사권 행사에 속하는 자연감소에 따른 인원충원에 불과하고 노동조합 및 노동관계조정법 제43조 제1항 위반죄를 구성하지 않는다(대판 2008.11.13, 2008도4831). 사용자가 노동조합이 쟁의행위에 들어가기 전에 근로자를 새로 채용하였다 하더라도 쟁의행위기간 중 쟁의행위에 참가한 근로자들의 업무를 수행케 하기 위하여 그 채용이 이루어졌고 그 채용한 근로자들로 하여금 쟁의행위기간 중 쟁의행위에 참가한 근로자들의 업무를 수행케 하였다면 위 조항 위반죄를 구성하게 된다(대판 2000.11.28, 99도317).

(3) 근로자파견의 금지

파견사업주는 쟁의행위 중인 사업장에 그 쟁의행위로 중단된 업무의 수행을 위하여 근로자를 파견하여서는 아니 된다(파견법 제16조 제1항). 종전부터 파견하던 근로자를 쟁의행위 중에 계속 파견하는 것은 쟁의행위로 중단된 업무의 수행을 위한 것이 아니므로 가능하다.

(4) 필수공익사업의 대체근로

파업참가자 수는 근로의무가 있는 근로시간 중 파업 참가를 이유로 근로의 일부 또는 전부를 제공하지 아니한 자의 수를 1일 단위로 산정한다(시행령 제22조의4 제1항). 사용자는 파업참가자 수 산정을 위하여 필요한 경우 노동조합에 협조를 요청할 수 있다(시행령 제22조의4 제2항).

9. 조정전치

> **제45조【조정의 전치】**
> ① 노동관계 당사자는 노동쟁의가 발생한 때에는 어느 일방이 이를 상대방에게 서면으로 통보하여야 한다.
> ② 쟁의행위는 제5장 제2절 내지 제4절의 규정에 의한 조정절차(제61조의2의 규정에 따른 조정종료 결정 후의 조정절차를 제외한다)를 거치지 아니하면 이를 행할 수 없다. 다만, 제54조의 규정에 의한 기간 내에 조정이 종료되지 아니하거나 제63조의 규정에 의한 기간 내에 중재재정이 이루어지지 아니한 경우에는 그러하지 아니하다.

Ⅵ 위법한 쟁의행위 책임

1. 위법한 쟁의행위에 대한 민사책임

(1) 민사책임의 성립요건

민사책임은 쟁의행위의 정당성이 부인되고 그 행위로 인해 채무불이행이나 불법행위가 존재해야 성립한다. 채무불이행(민법 제390조)은 정당성이 없는 파업의 경우 노무의 제공을 거부함으로써 노무제공의무를 위반하는 경우가 대표적이며, 불법행위(민법 제750조)의 성립은 폭력에 의한 피켓팅 등과 같이 정당성이 부인되면서 폭행이라는 위법행위가 있는 경우에 성립한다.

(2) 민사책임의 주체

① 노동조합의 책임 인정여부

대법원은 민법의 법인이론을 근거로 노동조합의 간부들이 불법쟁의행위를 기획, 지시, 지도하는 등으로 주도한 경우에 이와 같은 간부들의 행위는 조합의 집행기관으로서의 행위라 할 것이므로 이러한 경우 민법 제35조 제1항의 유추적용에 의하여 노동조합은 그 불법쟁의행위로 인하여 사용자가 입은 손해를 배상할 책임이 있다(대판 1994.3.25, 93다32828ㆍ32835)고 한다.

② 조합원 개인의 책임

㉠ 조합 간부의 책임

법인은 이사 기타 대표자가 그 직무에 관하여 타인에게 가한 손해를 배상할 책임이 있다.

이사 기타 대표자는 이로 인하여 자기의 손해배상책임을 면하지 못 한다(민법 제35조 제1항). 일반적으로 쟁의행위가 개개 근로자의 노무정지를 조직하고 집단화하여 이루어지는 집단적 투쟁행위라는 그 본질적 특징을 고려하여 볼 때 노동조합의 책임 외에 불법쟁의행위를 기획, 지시, 지도하는 등으로 주도한 조합의 간부들 개인에 대하여도 책임을 지우는 것이 상당하다(대판 1994.3.25, 93다32828·32835).

ⓒ 개별 근로자의 책임

• 노무정지 시 준수사항을 위반한 "근로자"의 책임 인정여부

근로자의 근로내용 및 공정의 특수성과 관련하여 그 노무를 정지할 때에 발생할 수 있는 위험 또는 손해 등을 예방하기 위하여 그가 노무를 정지할 때에 준수하여야 할 사항 등이 정하여져 있고, 근로자가 이를 준수함이 없이 노무를 정지함으로써 그로 인하여 손해가 발생하였거나 확대되었다면, 그 근로자가 일반 조합원이라고 할지라도 그와 상당인과관계에 있는 손해를 배상할 책임이 있다(대판 2006.9.22, 2005다30610).

• 단순가담 "근로자"의 책임 인정여부

일반조합원에게 쟁의행위의 정당성 여부를 일일이 판단할 것을 요구하는 것은 근로자의 단결권을 해칠 수도 있다는 점, 쟁의행위의 정당성에 관하여 의심이 있다. 하여도 노동조합 또는 조합간부의 지시에 불응하여 근로제공을 계속하기를 기대하기는 어려운 점 등에 비추어 보면, 일반조합원이 불법쟁의행위시 노동조합 등의 지시에 따라 단순히 노무를 정지한 것만으로는 노동조합 또는 조합 간부들과 함께 공동불법행위책임을 진다고 할 수 없다(대판 2006.9.22, 2005다30610).

• 조합원에 대한 민사책임과 소권남용

회사가 불법쟁의행위를 주도한 노동조합의 간부들 상당수와 노동조합 자체에 대하여는 불법쟁의행위로 인한 손해배상책임을 묻지 않으면서, 정리해고무효확인의 소를 제기하여 고용관계를 정리하지 아니한 조합원들에 대해서만 손해배상청구를 유지하고 있더라도 소권을 남용한 것으로 볼 수 없다(대판 2006.9.22, 2005다30610).

③ 부진정연대책임과 손해배상의 범위

대판 2006.9.22, 2005다30610

불법쟁의행위에 대한 귀책사유가 있는 노동조합이나 불법쟁의행위를 기획·지시·지도하는 등 이를 주도한 노동조합 간부 개인이 그 배상책임을 지는 배상액의 범위는 불법쟁의행위와 상당인과관계에 있는 모든 손해이고, 그러한 노동조합 간부 개인의 손해배상책임과 노동조합 자체의 손해배상책임은 부진정 연대채무관계에 있는 것이므로 노동조합의 간부도 불법쟁의행위로 인하여 발생한 손해 전부를 배상할 책임이 있다. 다만, 사용자가 노동조합과의 성실교섭의무를 다하지 않거나 노동조합과의 기존합의를 파기하는 등 불법쟁의행위에 원인을 제공하였다고 볼 사정이 있는 경우 등에는 사용자의 과실을 손해배상액을 산정함에 있어 참작할 수 있다.

④ 민사책임의 내용

채무불이행책임	불법행위책임
① 집단적 노무정지에 의한 계약상의 근로의무 위반은 민법상 채무불이행에 해당되고, 채무불이행에 의한 책임은 각 개별근로자에게 있다. ② 단체협약상의 평화의무를 위반하여 쟁의행위를 행한 경우에 노동조합은 단체협약위반으로 인한 손해배상책임을 부담한다.	① 노동조합이 그의 의사결정에 의하여 위법한 쟁의행위를 하였을 경우 조합이 사용자에 대하여 손해배상책임을 지는 것은 당연하다. ② 조합간부 및 조합원이 노동조합 전체의 의사에 반하여 위법한 쟁의행위를 하고 이것이 사용자 또는 제3자에게 손해를 주었다면 이들에게도 책임이 발생한다.

2. 위법한 쟁의행위에 대한 형사책임

(1) 형사책임 성립요건

쟁의행위로 형사책임이 발생하려면 첫째, 쟁의행위가 노동관계법상 정당성을 인정받을 수 없고 둘째, 그 행위가 형법상의 범죄구성요건에 해당되어야 한다. 그러나 쟁의행위가 노조법상의 쟁의행위 절차에 관한 규정을 위반하였다고 하여 반드시 정당성을 상실하는 것은 아니며, 이 경우에는 각 규정위반에 대한 처벌을 받게 된다.

(2) 형사책임의 주체

구분	주요내용
노동조합	원칙적으로 노동조합은 사단이기 때문에 민사책임의 경우와는 달리 행위자책임의 원칙에 따르면 형사책임의 주체가 되지 않는다. 다만, 노동조합법 제94조와 같이 특별한 규정(양벌규정)이 있는 경우, 노동조합에게도 벌금형이 부과될 수 있다.
조합간부	노조 간부가 정당하지 않은 쟁의행위를 결의·주도·지시하였거나 이에 참여한 경우, 또는 정당한 쟁의행위라도 불법적인 농성이나 피켓팅을 주도·지시·참여한 경우에는 형사책임이 인정될 수 있다(대판).
평조합원	노동조합의 쟁의행위는 정당하지만 조합원 개인이 노동조합의 승인을 얻지 아니하거나 노동조합의 지시·통제에 위반하여 쟁의행위를 한 경우 그 실행행위를 한 조합원은 자신의 행위에 대하여 형사책임을 진다(대판 1995.10.12, 95도1016).

(3) 형사책임의 유형

업무방해죄, 주거침입죄, 폭행죄, 상해죄, 협박죄, 모욕죄, 체포·감금죄 기타 등등

> **업무방해죄 관련 판례**
> 1. 헌재 2010.4.29, 2009헌바168
>   쟁의행위는 단체행동권의 핵심일 뿐만 아니라 쟁의행위는 고용주의 업무에 지장을 초래하는 것을 당연한 전제로 하는 것으로 단체행동권이라는 기본권 행사에 본질적으로 수반되는 정당화할 수 있는 업무의 지장 초래는 업무방해에 해당한다고 볼 수 없고, 업무방해죄에 해당하고 단지 위법성이 조각된다는 해석은 헌법상 기본권의 보호영역을 하위 법률을 통해 지나치게 축소시키는 것이라고 판시하였다.

2. 대판 2011.3.17, 2007도482 전합

쟁의행위로서의 파업이 언제나 업무방해죄에 해당하는 것으로 볼 것은 아니고, 전후 사정과 경위 등에 비추어 사용자가 예측할 수 없는 시기에 전격적으로 이루어져 사용자의 사업운영에 심대한 혼란 내지 막대한 손해를 초래하는 등으로 사용자의 사업계속에 관한 자유의사가 제압·혼란될 수 있다고 평가할 수 있는 경우에 비로소 그 집단적 노무제공의 거부가 위력에 해당하여 업무방해가 성립한다고 봄이 상당하다.

3. 징계책임

쟁의행위에 의한 노무부제공은 쟁의행위로서의 정당성이 인정되지 않으면 근로계약상의 의무위반이나 경영질서의 침해에 해당되고 징계처분의 대상이 될 수 있다(대판 1993.5.11, 93다1503).

4. 쟁의행위와 제3자의 손해

(1) 의의

쟁의행위로 영향을 받는 자는 당사자인 근로자와 사용자 외에 제3자도 있다. 여기에서 쟁의행위로 손해를 입게 되는 제3자에는 ㉠ 사용자와 거래관계에 있는 자, ㉡ 그러한 거래관계와 상관없는 일반 제3자가 있다. 손해발생의 경우 제3자는 사용자나 노동조합에게 손해배상을 청구할 수 있느냐가 문제된다.

(2) 거래상대방에 대한 사용자의 채무불이행책임

① 정당한 쟁의행위

쟁의행위가 정당성을 가지는 한 계약상대방에 대한 손해배상책임은 인정되지 않는다.

② 정당하지 않은 쟁의행위

파업참가근로자들은 사용자의 지시에 반하여 파업에 참가한 것이고, 사용자의 간섭가능성도 없기 때문에 사용자의 이행보조자에 해당되지 않는다. 따라서 사용자는 손해배상책임을 부담하지 않는다.

(3) 근로자 측의 제3자에 대한 불법행위책임

① 쟁의행위가 정당한 경우

근로자의 쟁의행위가 정당성을 갖는 한 근로자와 노동조합은 사용자에 대해서 민사상의 책임 즉, 손해배상책임을 지지 않는다(제3조). 민사면책은 제3자에게도 미친다.

② 쟁의행위가 정당성을 상실한 경우

쟁의행위가 정당성을 갖지 못한다 하더라도 근로자와 노동조합이 당연히 제3자에 대하여 불법행위책임을 지지는 않는다. 다만, 제3자의 채권을 침해하거나 쟁의행위가 직접 일반 제3자에게 위법하게 행하여 진 경우에는 불법행위책임을 진다.

③ 쟁의행위가 제한·금지규정을 위반한 경우

쟁의행위가 노조법상 제한·금지규정을 위반하여 제3자에게 손해가 발생되었을 경우 그 보호법규가 일반 제3자에 대한 보호법규일 경우 근로자 또는 노동조합이 배상책임을 진다고 한다.

Ⅶ 쟁의행위(파업)과 근로관계

1. 쟁의행위와 근로계약

(1) 근로계약 파기설

쟁의행위를 하기 위해서는 근로계약관계를 해지하여야 하며 사전해지 없이 쟁의행위에 참가하는 근로자는 쟁의행위의 집단법적 정당성 평가와는 무관하게 개별적인 근로계약위반의 책임을 부담한다. 쟁의행위 종료 시 과거의 근로관계가 당연히 회복되는 것은 아니고 다시 근로계약을 체결해야 한다는 견해이다.

(2) 근로계약 정지설

근로계약 정지설은 쟁의행위 자체의 효과로 노사 쌍방은 근로계약상 부담하는 각자의 주된 의무(근로제공의무와 임금지급의무)에 한하여 이를 면하게 된다고 한다. 쟁의행위에 앞서 개별적인 근로계약의 해지가 필요 없으며, 파업이 종료되면 정지되었던 근로계약은 다시 회복된다.

(3) 판례

"쟁의행위 기간 동안 근로자는 사용자에 대한 주된 의무인 근로제공의무로부터 벗어나는 등 근로계약에 따른 근로자와 사용자의 주된 권리·의무가 정지됨으로 인하여 사용자는 근로자의 노무제공에 대하여 노무지휘권을 행사할 수 없다."고 판시하고 있다(대판 1995.12.21, 94다26721 전합).

2. 쟁의행위와 주된 근로관계(임금)

(1) 파업참가 근로자의 임금

> **제44조【쟁의행위 기간 중의 임금지급 요구의 금지】**
> ① 사용자는 쟁의행위에 참가하여 근로를 제공하지 아니한 근로자에 대하여는 그 기간 중의 임금을 지급할 의무가 없다.
> ② 노동조합은 쟁의행위 기간에 대한 임금의 지급을 요구하여 이를 관철할 목적으로 쟁의행위를 하여서는 아니 된다.

① 무노동무임금원칙

파업기간 중 근로자가 근로제공을 하지 아니하므로 근로계약상의 일반원칙에 따라 이에 대하여 임금을 지급하지 아니하는 것인바, 이를 무노동무임금원칙이라 한다.

② 무노동무임금원칙의 범위(임금공제의 범위)

쟁의행위 시 근로자의 근로제공의무 등의 주된 권리·의무가 정지되어 근로자가 근로 제공을 하지 아니한 쟁의행위 기간 동안에는 근로제공의무와 대가관계에 있는 근로자의 주된 권리로서의 임금청구권은 발생하지 않는다고 하여야 하고, 그 지급청구권이 발생하지 아니하는 임금의 범위가 임금 중 이른바 교환적 부분에 국한된다고 할 수 없으며…(대판 1995.12.21, 94다26721 전원합의체)

(2) 파업불참가 근로자의 임금

① 조업이 가능한 경우

파업불참자는 조업이 가능한 경우 취업을 청구할 수 있고 사용자는 그 근로자를 근로시킬 의무가 있다. 따라서 사용자가 파업불참자들의 근로제공을 거부한다면 "수령지체책임"을 부담하게 되고 이에 따라 근로자들은 임금전액을 청구할 수 있다.

② 조업이 불가능한 경우

㉠ 임금지급여부

쟁의행위에 참가하지 아니한 근로자만으로 조업이 불가능하여 노무수령을 거부한 경우에는 당사자쌍방의 책임 없는 사유로 근로제공을 할 수 없게 된 때에 해당된다 할 것이므로 채무자 위험부담주의에 의하여 임금청구권이 부정된다.

㉡ 휴업수당 지급여부

쟁의행위로 조업이 불가능한 경우 파업 불참자에게 근기법 제46조의 휴업수당을 지급하여야 하는가의 문제가 있는바 사업계속 불능이 사용자의 귀책사유에 해당하는가에 있어 (ⅰ) 쟁의행위로 인한 조업중단은 단체교섭에서 사용자가 내린 결정에서 기인된 것이므로 사용자의 귀책사유에 해당되어 휴업수당을 지급해야 한다는 견해와 (ⅱ) 쟁의대등성의 원칙에 비추어 휴업수당을 지급할 필요가 없다는 견해가 있다.

(3) 파업과 휴일·휴가

근로자는 휴직기간 중 또는 그와 동일하게 근로제공의무 등의 주된 권리·의무가 정지되어 근로자의 임금청구권이 발생하지 아니하는 파업기간 중에는 그 기간 중에 유급휴일이 포함되어 있다 하더라도 그 유급휴일에 대한 임금의 지급을 구할 수 없다. 나아가 근로자가 유급휴가를 이용하여 파업에 참여하는 것은 평상적인 근로관계를 전제로 하는 유급휴가권의 행사라고 볼 수 없으므로 파업기간 중에 포함된 유급휴가에 대한 임금청구권 역시 발생하지 않는다(대판 2010.7.15, 2008다33399).

(4) 파업기간과 휴가비

단체협약에서 '지급기준일 현재 재직 중인 근로자에 한하여 하기휴가비를 지급하되, 지급기준일 현재 휴직 중인 근로자에게는 하기휴가비를 지급하지 않는다'라고 정하고 있는데, 파업에 참가한 근로자는 단체협약에서 하기휴가비의 지급 대상으로 정한 '지급기준일 현재 재직 중인 근로자'에 해당하므로 하기휴가비를 지급하여야 한다(대판 2014.2.13, 2011다86287).

(5) 태업참가자의 임금청구

근로를 불완전하게 제공하는 형태의 쟁의행위인 태업도 근로제공이 일부 정지되는 것이라고 할 수 있으므로, 여기에도 무노동무임금원칙이 적용된다고 봄이 타당하다 … 사용자가 태업을 이유로 근로자의 임금과 노동조합 전임자의 급여를 삭감하여 지급한 사안에서, 회사가 각 근로자별로 측정된 태업시간 전부를 비율적으로 계산하여 임금에서 공제한 것이 불합리하다고 할 수 없다(대판 2013.11.28, 2011다39946).

3. 쟁의행위와 부수적 근로관계(기타의 근로관계)

(1) 파업 중 부수적 의무의 이행

파업으로 인하여 주된 권리·의무는 정지되지만 부수적 권리·의무는 그대로 존속한다. 따라서 ① 긴급작업 및 안전보호시설 등의 유지의무, ② 비밀엄수 의무, ③ 복리후생시설의 이용권 역시 유지된다.

(2) 파업과 산업재해보상보험

파업 중 발생한 근로자의 부상 등이 업무상 재해에 해당하는지에 대해, 대법원은 "사용자와 대립관계인 쟁의활동에 해당하는 경우 산재법상 구제대상이 되지 않음"을 판시한 바 있다(대판 1994.2.24, 92구2379).

(3) 파업종료후의 근로관계

파업이 종료하는 경우 근로계약관계는 다시 정상화되므로 파업에 참가했던 근로자들의 근로제공의무와 사용자의 임금지급의무는 원래대로 회복된다. 따라서 근로자가 근로제공을 거부하면 채무불이행책임을 져야 하고 사용자가 근로의 수령을 거부하면 수령지체책임을 져야 한다.

Section 06 노동쟁의조정

I 노동쟁의조정제도의 개요

1. 노동쟁의조정의 의의

단체교섭의 결렬에 따른 분쟁을 방치하면 쟁의행위가 일어나거나 장기화된다. 쟁의행위를 예방하거나 조속히 해결하기 위해서는 제3자가 당사자의 주장을 조절하여 분쟁의 해결을 모색할 수 있는 절차가 필요하게 되는데 이 절차를 노동쟁의조정이라 한다.

2. 노동쟁의조정의 원칙

(1) 자주적 조정·공정성의 원칙

제1조【목적】
이 법은 헌법에 의한 근로자의 단결권·단체교섭권 및 단체행동권을 보장하여 근로조건의 유지·개선과 근로자의 경제적·사회적 지위의 향상을 도모하고, 노동관계를 공정하게 조정하여 노동쟁의를 예방·해결함으로써 산업평화의 유지와 국민경제의 발전에 이바지함을 목적으로 한다.

제47조【자주적 조정의 노력】
이 장의 규정은 노동관계 당사자가 직접 노사협의 또는 단체교섭에 의하여 근로조건 기타 노동관계에 관한 사항을 정하거나 노동관계에 관한 주장의 불일치를 조정하고 이에 필요한 노력을 하는 것을 방해하지 아니한다.

제48조【당사자의 책무】
노동관계 당사자는 단체협약에 노동관계의 적정화를 위한 노사협의 기타 단체교섭의 절차와 방식을 규정하고 노동쟁의가 발생한 때에는 이를 자주적으로 해결하도록 노력하여야 한다.

제49조【국가 등의 책무】
국가 및 지방자치단체는 노동관계 당사자 간에 노동관계에 관한 주장이 일치하지 아니할 경우에 노동관계 당사자가 이를 자주적으로 조정할 수 있도록 조력함으로써 쟁의행위를 가능한 한 예방하고 노동쟁의의 신속·공정한 해결에 노력하여야 한다.

제52조【사적 조정·중재】
① 제2절 및 제3절의 규정은 노동관계 당사자가 쌍방의 합의 또는 단체협약이 정하는 바에 따라 각각 다른 조정 또는 중재방법(이하 이 조에서 "사적조정등"이라 한다)에 의하여 노동쟁의를 해결하는 것을 방해하지 아니한다.

(2) 신속한 조정의 원칙

제50조【신속한 처리】
이 법에 의하여 노동관계의 조정을 할 경우에는 노동관계 당사자와 노동위원회 기타 관계기관은 사건을 신속히 처리하도록 노력하여야 한다.

(3) 공익우선의 원칙

> **제51조 【공익사업등의 우선적 취급】**
> 국가·지방자치단체·국공영기업체·방위산업체 및 공익사업에 있어서의 노동쟁의의 조정은 우선적으로 취급하고 신속히 처리하여야 한다.

3. 조정의 대상(노동쟁의)

> **제2조 【정의】**
> 5. "노동쟁의"라 함은 노동조합과 사용자 또는 사용자단체 간에 임금·근로시간·복지·해고 기타 대우 등 근로조건의 결정에 관한 주장의 불일치로 인하여 발생한 분쟁상태를 말한다. 이 경우 주장의 불일치라 함은 당사자 간에 합의를 위한 노력을 계속하여도 더 이상 자주적 교섭에 의한 합의의 여지가 없는 경우를 말한다.

(1) "노동조합과 사용자 또는 사용자단체" 간

노조법은 노동쟁의에 대해 노동조합과 사용자 또는 사용자단체 간에 발생한 분쟁상태라 규정하고 있다. 따라서 우선, 개별근로자와 사용자 등 사이에 발생한 분쟁인 개별적 쟁의는 노동쟁의의 개념에서 제외되고 집단적·단체적 쟁의만이 노동쟁의에 해당한다.

(2) 임금·근로시간·복지·해고 기타 대우 등 근로조건

중재절차는 원칙적으로 노동쟁의가 발생한 경우에 노동쟁의의 대상이 된 사항에 대하여 행하여지는 것이고, 근로조건 이외의 사항(근무시간 중 조합활동, 조합전임자, 시설 편의제공, 출장취급 등)에 관한 노동관계 당사자 사이의 주장의 불일치로 인한 분쟁상태는 근로조건의 결정에 관한 분쟁이 아니어서 현행법상의 노동쟁의라고 할 수 없고, 특별한 사정이 없는 한 이러한 사항은 중재재정의 대상으로 할 수 없다. 다만 노사관계 당사자 쌍방이 합의하여 단체협약의 대상이 될 수 있는 사항에 대하여 중재를 해 줄 것을 신청한 경우에는 근로조건 이외의 사항에 대하여도 중재재정을 할 수 있다(대판 2003.7.25, 2001두4818).

(3) 근로조건 "결정"에 관한

노동조합법은 근로조건의 "결정"에 관한 주장의 불일치라 규정하고 있으므로 집단 간의 단체적 쟁의 중에서도 권리분쟁은 제외되고 노동조합과 사용자 또는 사용자단체 사이에 단체교섭을 통하여 새로이 결정하여야 할 집단 간의 단체적 이익분쟁만을 노동쟁의의 범주에 포함시키고 있다.

(4) 주장의 불일치

주장의 불일치가 있는 것이라 함은 당사자 간에 합의를 위한 노력을 계속하여도 더 이상 자주적 교섭에 의한 합의의 여지가 없는 경우라고 정의되고 있으나, 이를 엄격히 제한 해석할 것은 아니고 당사자 일방이 단체교섭을 정당한 이유 없이 거부·해태하는 경우를 포함하는 넓은 의미로 볼 수 있다.

4. 조정전치주의

(1) 의의

노동조합법 제45조에 의하면 쟁의행위는 조정절차를 거치지 아니하면 이를 행할 수 없다고 규정하고 있는바, 이는 노동쟁의가 발생한 때 어느 일방이 이를 상대방에게 통보하여야 하고 법이 정한 조정절차 또는 사적 조정절차를 거친 후 쟁의행위를 하여야 함을 의미한다.

(2) 조정전치의 형태

① 사적 조정에 의한 전치

노동조합법 제52조(사적 조정·중재)에 그 규정되어 있고, 이때에도 조정전치주의가 적용되기 때문에 노동관계당사자는 쌍방의 합의 또는 단체협약에 조정·중재의 절차를 설정하는 경우 그에 따라 조정절차를 거친 후 쟁의행위를 할 수 있다.

② 공적조정에 의한 전치

노동관계당사자가 이 법에 의해 조정을 받기로 한 때에 공적 조정서비스를 받을 수 있다. 따라서 이 경우에도 법 규정에 따른 공적조정절차인 조정·중재를 거쳐 쟁의행위를 할 수 있다.

③ 교섭미진을 이유로 한 행정지도와 조정전치

노동조합이 노동위원회에 노동쟁의 조정신청을 하여 조정절차가 마쳐지거나 조정이 종료되지 아니하였다 하더라도 조정기간이 끝나면 노동조합은 쟁의행위를 할 수 있는 것으로 노동위원회가 반드시 조정결정을 한 뒤에 쟁의행위를 하여야지 그 절차가 정당한 것은 아니다 (대판 2001.6.26, 2000도2871).

(3) 조정절차 중 쟁의행위 금지

조정의 신청이 있는 날부터 일반사업에서는 10일, 공익사업에서는 15일이고, 중재에 회부된 때에는 그날부터 15일간 쟁의행위를 할 수 없다. 따라서 위 조정기간이 경과하기 전에 조정절차가 종료된 때에는 그때부터 즉시 쟁의행위를 할 수 있고 위 조정기간이 경과할 때까지 조정절차가 종료하지 아니한 때에는 위 조정기간이 경과한 때부터 즉시 쟁의행위를 할 수 있다(제45조 제2항 참조).

(4) 조정전치를 위반한 쟁의행위

① 조정전치 위반과 쟁의행위의 정당성

조정규정의 취지는 분쟁을 사전 조정하여 쟁의발생을 피하는 기회를 주려는데 있는 것이지 쟁의행위자체를 금지하는 데 있는 것이 아니므로 조정절차를 거치지 않았다 하여 무조건 정당성이 결여된 쟁의행위가 되는 것은 아니다(대판 2020.10.15, 2019두40345). 조정절차의 위반으로 말미암아 사회·경제적 안정이나 사용자의 사업운영에 예기치 않은 혼란이나 손해를 끼치는 등 부당한 결과를 초래할 우려가 있는지의 여부 등 구체적 사정을 살펴서 그 정당성 여부를 가려야 한다(대판 2000.10.13, 99도4812).

② 조정전치 위반과 처벌

노동조합법 제45조(조정의 전치) 제2항 본문, 제63조(중재 시의 쟁의행위 금지)의 규정을 위반한 자는 1년 이하의 징역 또는 1천만 원 이하의 벌금에 처한다(제91조).

II 사적 조정(私的調整)제도

1. 사적 조정의 의의

사적조정제도는 약정절차에 의한 조정절차라고도 하는데, 이는 노동쟁의가 발생하여 노사 간에 자주적 해결을 이루지 못할 때 정부의 공적 기관이 아니라 노사가 선택한 민간인 또는 민간단체에서 노동쟁의의 조정을 행하는 제도이다.

2. 사적 조정의 절차

(1) 노사 쌍방의 합의 또는 단체협약의 규정

제52조 【사적 조정·중재】
① 제2절 및 제3절의 규정은 노동관계 당사자가 쌍방의 합의 또는 단체협약이 정하는 바에 따라 각각 다른 조정 또는 중재방법(이하 이 조에서 "사적조정등"이라 한다)에 의하여 노동쟁의를 해결하는 것을 방해하지 아니한다.

(2) 노동위원회 신고

제52조 【사적 조정·중재】
② 노동관계 당사자는 제1항의 규정에 의하여 노동쟁의를 해결하기로 한 때에는 이를 노동위원회에 신고하여야 한다.

시행령 제23조 【사적 조정·중재의 신고】
① 노동관계당사자는 법 제52조의 규정에 따른 사적 조정·중재에 의하여 노동쟁의를 해결하기로 한 경우에는 고용노동부령이 정하는 바에 따라 관할 노동위원회에 신고해야 한다.
② 제1항의 신고는 법 제5장 제2절부터 제4절까지의 규정에 따른 조정 또는 중재가 진행 중인 경우에도 할 수 있다.

시행규칙 제13조 【사적 조정·중재결정의 신고 등】
① 사적 조정·중재에 따라 노동쟁의를 해결하기로 한 노동관계 당사자는 법 제52조 제2항 및 영 제23조 제1항에 따라 별지 제9호서식의 사적 조정·중재 결정 신고서에 사적 조정인 또는 사적 중재인의 인적 사항을 첨부하여 관할 노동위원회에 신고해야 한다.
② 노동위원회는 제1항에 따른 신고를 받은 경우에는 그 내용을 행정관청에 지체 없이 통보해야 한다.

3. 준용규정

> **제52조 【사적 조정·중재】**
> ③ 제1항의 규정에 의하여 노동쟁의를 해결하기로 한 때에는 다음 각 호의 규정이 적용된다.
> 1. 조정에 의하여 해결하기로 한 때에는 제45조 제2항(조정전치주의) 및 제54조(조정기간)의 규정. 이 경우 조정기간은 조정을 개시한 날부터 기산한다.
> 2. 중재에 의하여 해결하기로 한 때에는 제63조(중재 시 쟁의행위의 금지)의 규정. 이 경우 쟁의행위의 금지기간은 중재를 개시한 날부터 기산한다.

사적조정을 하기로 한 경우에는 조정을 개시한 날로부터 일반사업은 10일, 공익사업은 15일간 쟁의행위를 할 수 없으며, 1차에 한하여 그 기간의 연장이 가능하다(제52조 제3항 제1호). 사적중재를 개시한 경우 개시한 날로부터 15일간 쟁의행위를 할 수 없다(제52조 제3항 제2호).

4. 사적조정의 효과

(1) 조정 또는 중재가 이루어진 경우

조정 또는 중재가 이루어진 경우에 그 내용은 단체협약과 동일한 효력을 가진다(제52조 제4항).

(2) 사적 조정·중재에 의하여 노동쟁의가 해결되지 아니한 경우

노동관계당사자는 사적 조정·중재에 의하여 노동쟁의가 해결되지 아니한 경우에는 노동쟁의를 조정 또는 중재하여 줄 것을 관할 노동위원회에 신청할 수 있다. 이 경우 관할 노동위원회는 지체 없이 조정 또는 중재를 개시하여야 한다(시행령 제23조 제3항).

(3) 사적조정제도의 활성화

사적조정 등을 수행하는 자는 지방노동위원회의 조정담당 공익위원의 자격을 가진 자로 하며, 이 경우 사적조정 등을 수행하는 자는 노동관계 당사자로부터 수수료, 수당 또는 여비 등을 받을 수 있다(제52조 제5항).

Ⅲ 일반사업에 대한 공적조정(公的調整)제도

1. 조정(調停)

(1) 의의

- 조정(調停)은 근로자위원·사용자위원·공익위원 3인으로 구성되는 조정위원회 또는 단독조정인이 노동쟁의조정신청을 한 노사당사자의 의견을 들은 다음 조정안을 작성하여 이의 수락을 당사자에게 권고하고, 노사당사자가 이 조정안을 수락하면 그 조정서가 단체협약과 동일한 효력을 갖게 되는 노동쟁의해결제도이다.
- 공적조정은 공적기관인 노동위원회에서 담당한다는 점에서 사적조정과 다르고, 당사자가 조정안의 수락을 거부할 수 있다는 점에서 당사자의 수락 여부와 관계없이 확정적인 효력을 갖는 중재와 다르다.

(2) 조정(調停)의 개시요건

> **제53조【조정의 개시】**
> ① 노동위원회는 관계 당사자의 일방이 노동쟁의의 조정을 신청한 때에는 지체 없이 조정을 개시하여야
> 하며 관계 당사자 쌍방은 이에 성실히 임하여야 한다.

노동관계당사자는 법 제53조 제1항에 따른 조정을 신청할 경우에는 고용노동부령으로 정하는
바에 따라 관할 노동위원회에 신청하여야 한다(시행령 제24조 제1항). 신청을 받은 노동위원회
는 그 신청내용이 조정의 대상이 아니라고 인정할 경우에는 그 사유와 다른 해결방법을 알려주
어야 한다(시행령 제24조 제2항). 긴급조정 이외는 노동위원회가 직권으로 조정절차를 개시할
수 없다.

(3) 조정(調停) 기간

조정은 조정의 신청이 있는 날부터 일반사업에서는 10일, 공익사업에서는 15일 이내에 종료하
여야 한다(제54조 제1항). 조정기간은 관계 당사자 간의 합의로 일반사업에 있어서는 10일,
공익사업에 있어서는 15일 이내에서 이를 연장할 수 있다(제2항).

(4) 조정(調停)의 기관

① 조정(調停)위원회

> **제55조【조정위원회의 구성】**
> ① 노동쟁의의 조정을 위하여 노동위원회에 조정위원회를 둔다.
> ② 제1항의 규정에 의한 조정위원회는 조정위원 3인으로 구성한다.
> ③ 제2항의 규정에 의한 조정위원은 당해 노동위원회의 위원 중에서 사용자를 대표하는 자, 근로자를
> 대표하는 자 및 공익을 대표하는 자 각 1인을 그 노동위원회의 위원장이 지명하되, 근로자를 대표하
> 는 조정위원은 사용자가, 사용자를 대표하는 조정위원은 노동조합이 각각 추천하는 노동위원회의
> 위원중에서 지명하여야 한다. 다만, 조정위원회의 회의 3일 전까지 관계 당사자가 추천하는 위원의
> 명단제출이 없을 때에는 당해 위원을 위원장이 따로 지명할 수 있다.
> ④ 노동위원회의 위원장은 근로자를 대표하는 위원 또는 사용자를 대표하는 위원의 불참 등으로 인하
> 여 제3항의 규정에 따른 조정위원회의 구성이 어려운 경우 노동위원회의 공익을 대표하는 위원 중
> 에서 3인을 조정위원으로 지명할 수 있다. 다만, 관계 당사자 쌍방의 합의로 선정한 노동위원회의
> 위원이 있는 경우에는 그 위원을 조정위원으로 지명한다.

② 조정(調停)위원장

> **제56조【조정위원회의 위원장】**
> ① 조정위원회에 위원장을 둔다.
> ② 위원장은 공익을 대표하는 조정위원이 된다. 다만, 제55조 제4항의 규정에 따른 조정위원회의 위원
> 장은 조정위원 중에서 호선한다.

③ 단독조정(調停)

> **제57조 【단독조정】**
> ① 노동위원회는 관계 당사자 쌍방의 신청이 있거나 관계 당사자 쌍방의 동의를 얻은 경우에는 조정위원회에 갈음하여 단독조정인에게 조정을 행하게 할 수 있다.
> ② 제1항의 규정에 의한 단독조정인은 당해 노동위원회의 위원 중에서 관계 당사자의 쌍방의 합의로 선정된 자를 그 노동위원회의 위원장이 지명한다.

(5) 조정(調停)활동

① 회의

조정위원회의 위원장은 조정위원회의 회의를 소집하고 그 의장이 된다(노동위원회법 제16조 제1·2항). 조정위원회는 구성원 전원의 출석으로 개의하고 출석위원 과반수의 찬성으로 의결한다. 이 경우 회의에 참여한 위원은 그 의결사항에 서명·날인하여야 한다(노동위원회법 제17조).

② 주장확인과 출석의 금지

> **제58조 【주장의 확인 등】**
> 조정위원회 또는 단독조정인은 기일을 정하여 관계 당사자 쌍방을 출석하게 하여 주장의 요점을 확인하여야 한다.

> **제59조 【출석금지】**
> 조정위원회의 위원장 또는 단독조정인은 관계 당사자와 참고인 외의 자의 출석을 금할 수 있다.

③ 조정안의 작성 및 조정의 종료

> **제60조 【조정안의 작성】**
> ① 조정위원회 또는 단독조정인은 조정안을 작성하여 이를 관계 당사자에게 제시하고 그 수락을 권고하는 동시에 그 조정안에 이유를 붙여 공표할 수 있으며, 필요한 때에는 신문 또는 방송에 보도 등 협조를 요청할 수 있다.
> ② 조정위원회 또는 단독조정인은 관계 당사자가 수락을 거부하여 더 이상 조정이 이루어질 여지가 없다고 판단되는 경우에는 조정의 종료를 결정하고 이를 관계 당사자 쌍방에 통보하여야 한다.

④ 조정안의 해석·이행방법에 대한 견해 제시

> **제60조 【조정안의 작성】**
> ③ 제1항의 규정에 의한 조정안이 관계 당사자의 쌍방에 의하여 수락된 후 그 해석 또는 이행방법에 관하여 관계 당사자 간에 의견의 불일치가 있는 때에는 관계 당사자는 당해 조정위원회 또는 단독조정인에게 그 해석 또는 이행방법에 관한 명확한 견해의 제시를 요청하여야 한다.
> ④ 조정위원회 또는 단독조정인은 제3항의 규정에 의한 요청을 받은 때에는 그 요청을 받은 날부터 7일 이내에 명확한 견해를 제시하여야 한다.
> ⑤ 제3항 및 제4항의 해석 또는 이행방법에 관한 견해가 제시될 때까지는 관계 당사자는 당해 조정안의 해석 또는 이행에 관하여 쟁의행위를 할 수 없다.

⑤ 조정 전 지원과 조정 종료 결정 후의 조정

> **제53조【조정의 개시】**
> ② 노동위원회는 제1항의 규정에 따른 조정신청 전이라도 원활한 조정을 위하여 교섭을 주선하는 등 관계 당사자의 자주적인 분쟁 해결을 지원할 수 있다.
>
> **제61조의2【조정종료 결정 후의 조정】**
> ① 노동위원회는 제60조 제2항의 규정에 따른 조정의 종료가 결정된 후에도 노동쟁의의 해결을 위하여 조정을 할 수 있다.
> ② 제1항의 규정에 따른 조정에 관하여는 제55조 내지 제61조의 규정을 준용한다.

(6) 조정(調停)의 효력

> **제61조【조정의 효력】**
> ① 제60조 제1항의 규정에 의한 조정안이 관계 당사자에 의하여 수락된 때에는 조정위원 전원 또는 단독 조정인은 조정서를 작성하고 관계 당사자와 함께 서명 또는 날인하여야 한다.
> ② 조정서의 내용은 단체협약과 동일한 효력을 가진다.
> ③ 제60조 제4항의 규정에 의하여 조정위원회 또는 단독조정인이 제시한 해석 또는 이행 방법에 관한 견해는 중재재정과 동일한 효력을 가진다.

2. 중재(仲裁)

(1) 중재의 의의

- 중재는 조정과 달리 중재위원회에서 내리는 중재재정이 관계당사자를 구속한다.
- 이러한 중재는 원칙적으로 임의중재만 인정되고, 직권중재는 필수공익사업에서 예외적으로 인정되었으나 삭제되었다.

(2) 중재의 개시요건

> **제62조【중재의 개시】**
> 노동위원회는 다음 각 호의 어느 하나에 해당하는 때에는 중재를 행한다.
> 1. 관계 당사자의 쌍방이 함께 중재를 신청한 때
> 2. 관계 당사자의 일방이 단체협약에 의하여 중재를 신청한 때

※ 긴급조정 시의 중재 : 제79조 제1항, 제80조

(3) 중재 시 쟁의행위 금지기간

> **제63조【중재 시의 쟁의행위의 금지】**
> 노동쟁의가 중재에 회부된 때에는 그날부터 15일간은 쟁의행위를 할 수 없다.

(4) 중재의 기관

① 중재위원회

> **제64조【중재위원회의 구성】**
> ① 노동쟁의의 중재 또는 재심을 위하여 노동위원회에 중재위원회를 둔다.
> ② 제1항의 규정에 의한 중재위원회는 중재위원 3인으로 구성한다.
> ③ 제2항의 중재위원은 당해 노동위원회의 공익을 대표하는 위원 중에서 관계 당사자의 합의로 선정한 자에 대하여 그 노동위원회의 위원장이 지명한다. 다만, 관계 당사자 간에 합의가 성립되지 아니한 경우에는 노동위원회의 공익을 대표하는 위원 중에서 지명한다.

② 중재위원장

> **제65조【중재위원회의 위원장】**
> ① 중재위원회에 위원장을 둔다.
> ② 위원장은 중재위원 중에서 호선한다.

(5) 중재의 활동

① 회의

중재위원회의 위원장은 중재위원회의 회의를 소집하고 그 의장이 된다(노동위원회법 제16조 제1·2항). 중재위원회는 구성원 전원의 출석으로 개의하고, 출석위원 과반수의 찬성으로 의결한다. 이 경우 회의에 참여한 위원은 그 의결사항에 서명 또는 날인하여야 한다(노동위원회법 제17조).

② 주장의 확인·출석금지

> **제66조【주장의 확인 등】**
> ① 중재위원회는 기일을 정하여 관계 당사자 쌍방 또는 일방을 중재위원회에 출석하게 하여 주장의 요점을 확인하여야 한다.
> ② 관계 당사자가 지명한 노동위원회의 사용자를 대표하는 위원 또는 근로자를 대표하는 위원은 중재위원회의 동의를 얻어 그 회의에 출석하여 의견을 진술할 수 있다.

> **제67조【출석금지】**
> 중재위원회의 위원장은 관계 당사자와 참고인 외의 자의 회의출석을 금할 수 있다.

(6) 중재의 효력

① 중재재정

> **제68조【중재재정】**
> ① 중재재정은 서면으로 작성하여 이를 행하며 그 서면에는 효력발생 기일을 명시하여야 한다.
> ② 제1항의 규정에 의한 중재재정의 해석 또는 이행방법에 관하여 관계 당사자 간에 의견의 불일치가 있는 때에는 당해 중재위원회의 해석에 따르며 그 해석은 중재재정과 동일한 효력을 가진다.

노동위원회는 법 제68조 제1항에 따라 중재를 한 때에는 지체 없이 그 중재재정서를 관계 당사자에게 각각 송달해야 한다(시행령 제29조 제1항). 노동관계당사자는 법 제68조 제1항에 따른 중재재정의 해석 또는 이행방법에 관하여 당사자 간에 의견의 불일치가 있는 경우에는 해당 중재위원회에 그 해석 또는 이행방법에 관한 명확한 견해의 제시를 요청할 수 있다(시행령 제30조 제1항). 제1항에 따른 견해제시의 요청은 해당 중재재정의 내용과 당사자의 의견 등을 적은 서면으로 해야 한다(시행령 제30조 제2항).

② 중재재정 등의 확정

> **제69조【중재재정 등의 확정】**
> ① 관계 당사자는 지방노동위원회 또는 특별노동위원회의 중재재정이 위법이거나 월권에 의한 것이라고 인정하는 경우에는 그 중재재정서의 송달을 받은 날부터 10일 이내에 중앙노동위원회에 그 재심을 신청할 수 있다.
> ② 관계 당사자는 중앙노동위원회의 중재재정이나 제1항의 규정에 의한 재심결정이 위법이거나 월권에 의한 것이라고 인정하는 경우에는 행정소송법 제20조의 규정에 불구하고 그 중재재정서 또는 재심결정서의 송달을 받은 날부터 15일 이내에 행정소송을 제기할 수 있다.
> ③ 제1항 및 제2항에 규정된 기간 내에 재심을 신청하지 아니하거나 행정소송을 제기하지 아니한 때에는 그 중재재정 또는 재심결정은 확정된다.
> ④ 제3항의 규정에 의하여 중재재정이나 재심결정이 확정된 때에는 관계 당사자는 이에 따라야 한다.

'위법' 또는 '월권'이라 함은 중재재정의 절차가 위법하거나 그 내용이 근로기준법 위반 등으로 위법한 경우 또는 당사자 사이에 분쟁의 대상이 되어 있지 않는 사항이나 정당한 이유 없이 당사자 간의 분쟁범위를 벗어나는 부분에 대하여 월권으로 중재재정을 한 경우를 말하고, 중재재정이 단순히 어느 일방에 불리하거나 불합리한 내용이라는 사유만으로는 불복이 허용되지 않는다(대판 2007.4.26, 2005두12992).

③ 중재재정의 효력

> **제70조【중재재정 등의 효력】**
> ① 제68조 제1항의 규정에 따른 중재재정의 내용은 단체협약과 동일한 효력을 가진다.
> ② 노동위원회의 중재재정 또는 재심결정은 제69조 제1항 및 제2항의 규정에 따른 중앙노동위원회에의 재심신청 또는 행정소송의 제기에 의하여 그 효력이 정지되지 아니한다.

Ⅳ 공익사업에 대한 공적조정(公的調整)제도

1. 서설

공익사업에서의 파업은 일반대중에게 미치는 생활상 불이익과 국민경제에 미치는 영향이 크기 때문에 조정에 있어서의 특칙을 두어 신속한 해결을 원칙으로 하고 있다. 다만 필수공익사업의 직권중재제도는 협약자치의 원칙을 침해하는 위헌적인 소지가 있어 이를 폐지하였고, 그로 인해 발생할 수 있는 문제점의 해결을 위하여 긴급조정제도를 활용하고, 필수유지업무를 신설하였으며, 필수공익사업에 있어서는 예외적으로 대체근로를 허용하였다.

2. 공익사업과 필수공익사업

> **제71조【공익사업의 범위 등】**
> ① 이 법에서 "공익사업"이라 함은 공중의 일상생활과 밀접한 관련이 있거나 국민경제에 미치는 영향이 큰 사업으로서 다음 각 호의 사업을 말한다.
> 1. 정기노선 여객운수사업 및 항공운수사업
> 2. 수도사업, 전기사업, 가스사업, 석유정제사업 및 석유공급사업
> 3. 공중위생사업, 의료사업 및 혈액공급사업
> 4. 은행 및 조폐사업
> 5. 방송 및 통신사업
> ② 이 법에서 "필수공익사업"이라 함은 제1항의 공익사업으로서 그 업무의 정지 또는 폐지가 공중의 일상생활을 현저히 위태롭게 하거나 국민경제를 현저히 저해하고 그 업무의 대체가 용이하지 아니한 다음 각 호의 사업을 말한다.
> 1. 철도사업, 도시철도사업 및 항공운수사업
> 2. 수도사업, 전기사업, 가스사업, 석유정제사업 및 석유공급사업
> 3. 병원사업 및 혈액공급사업
> 4. 한국은행사업
> 5. 통신사업

3. 공익사업에 대한 조정의 특칙

(1) 공익사업 등의 우선적 취급

> **제51조【공익사업 등의 우선적 취급】**
> 국가·지방자치단체·국공영기업체·방위산업체 및 공익사업에 있어서의 노동쟁의의 조정은 우선적으로 취급하고 신속히 처리하여야 한다.

(2) 조정기간의 연장

> **제54조【조정기간】**
> ① 조정은 제53조의 규정에 의한 조정의 신청이 있은 날부터 일반사업에 있어서는 10일, 공익사업에 있어서는 15일 이내에 종료하여야 한다.

(3) 특별조정(調停)위원회의 구성과 위원장

> **제72조【특별조정위원회의 구성】**
> ① 공익사업의 노동쟁의의 조정을 위하여 노동위원회에 특별조정위원회를 둔다.
> ② 제1항의 규정에 의한 특별조정위원회는 특별조정위원 3인으로 구성한다.
> ③ 제2항의 규정에 의한 특별조정위원은 그 노동위원회의 공익을 대표하는 위원 중에서 노동조합과 사용자가 순차적으로 배제하고 남은 4인 내지 6인 중에서 노동위원회의 위원장이 지명한다. 다만, 관계 당사자가 합의로 당해 노동위원회의 위원이 아닌 자를 추천하는 경우에는 그 추천된 자를 지명한다.

> **제73조 【특별조정위원회의 위원장】**
> ① 특별조정위원회에 위원장을 둔다.
> ② 위원장은 공익을 대표하는 노동위원회의 위원인 특별조정위원 중에서 호선하고, 당해 노동위원회의 위원이 아닌 자만으로 구성된 경우에는 그중에서 호선한다. 다만, 공익을 대표하는 위원인 특별조정위원이 1인인 경우에는 당해 위원이 위원장이 된다.

(4) 긴급조정(緊急調整)

> **제76조 【긴급조정의 결정】**
> ① 고용노동부장관은 쟁의행위가 공익사업에 관한 것이거나 그 규모가 크거나 그 성질이 특별한 것으로서 현저히 국민경제를 해하거나 국민의 일상생활을 위태롭게 할 위험이 현존하는 때에는 긴급조정의 결정을 할 수 있다.
> ② 고용노동부장관은 긴급조정의 결정을 하고자 할 때에는 미리 중앙노동위원회 위원장의 의견을 들어야 한다.
> ③ 고용노동부장관은 제1항 및 제2항의 규정에 의하여 긴급조정을 결정한 때에는 지체 없이 그 이유를 붙여 이를 공표함과 동시에 중앙노동위원회와 관계 당사자에게 각각 통고하여야 한다.

① 의의

긴급조정제도란 쟁의행위가 특히 국민경제나 국민생활에 중대한 영향을 미치게 될 때 행정관청이 직권으로 일반조정절차와는 다른 특별한 조정절차를 따르도록 하는 제도이다. 통상적인 조정절차는 앞으로 발생할 쟁의행위의 예방조치이지만 긴급조정은 이미 발생한 쟁의행위의 중지조치이다.

② 긴급조정의 요건

㉠ 실질적 요건

(i) 쟁의행위가 행해질 것, (ii) 공익사업에 관한 것이거나 규모가 크거나 그 성질이 특별한 것일 것, (iii) 현저히 국민경제를 해하거나 국민의 일상생활을 위태롭게 할 위험이 현존할 것(제76조 제1항)

㉡ 형식적 요건

고용노동부장관이 긴급조정의 결정을 하고자 할 때에는 미리 중앙노동위원회 위원장의 의견을 들어야 한다(제76조 제2항). 여기에서 의견청취는 중앙노동위원장의 의견에 구속된다는 뜻이 아닌 중앙노동위원장의 의견을 존중하여야 한다는 뜻을 의미한다.

③ 긴급조정결정의 공표와 쟁의행위의 중지

㉠ 긴급조정결정의 공표와 통고

고용노동부장관이 긴급조정을 결정한 때에는 지체 없이 그 이유를 붙여 이를 공표함과 동시에 중앙노동위원회와 관계당사자에게 각각 통고하여야 한다(제76조 제3항). 또한 긴급조정결정의 공표는 신문·라디오 기타 공중이 신속히 알 수 있는 방법으로 하여야 한다(시행령 제32조).

      ⓛ 긴급조정결정 시의 쟁의행위 중지

         관계 당사자는 긴급조정의 결정이 공표된 때에는 즉시 쟁의행위를 중지하여야 하며, 공표일부터 30일이 경과하지 아니하면 쟁의행위를 재개할 수 없다(제77조).

④ 긴급조정의 절차

      ㉠ 중앙노동위원회는 고용노동부장관의 통고를 받으면 지체 없이 조정을 개시하여야 한다(제78조).

      ㉡ 중앙노동위원회 위원장은 조정이 성립될 가능성이 없다고 인정되는 경우에는 긴급조정결정 통고를 받은 날로부터 15일 이내에 공익위원의 의견을 들어 중재에의 회부여부를 결정하여야 한다(제79조).

      ㉢ 중앙노동위원회는 당해 관계당사자의 일방 또는 쌍방으로부터 중재신청이 있거나 제79조의 규정에 의한 중재회부의 결정을 한 때에는 지체 없이 중재를 행하여야 한다(제80조).

⑤ 긴급조정의 효과

    긴급조정에 의하여 조정안이 관계당사자에 의하여 수락되거나 중재재정이 결정되면 조정안과 중재재정은 단체협약과 동일한 효력을 갖는다(제61조와 제70조).

Section 07　부당노동행위

Ⅰ　부당노동행위제도의 개요

1. 의의

노조법은 근로자 또는 노동조합의 노동3권 실현활동에 대한 사용자의 침해 내지 간섭행위를 금지하고 있는데, 이렇게 금지되는 사용자의 제반행위를 부당노동행위라고 한다. 나아가 부당노동행위로 인해 피해를 입은 근로자 또는 노동조합의 구제를 위해 부당노동행위의 구제절차와 부당노동행위를 한 사용자에 대한 벌칙을 규정하고 있다. 따라서 부당노동행위제도는 사용자의 노동3권 침해행위의 금지와 그 구제절차 및 벌칙을 정하고 있는 제도이다.

2. 부당노동행위제도의 연혁

(1) Wagner법(Closed Shop 인정)

부당노동행위제도를 최초로 규정하였고, 사용자의 부당노동행위만을 금지하였다.

(2) Taft-Hartley법(Closed Shop 부정, Union Shop 인정)

노사간의 교섭력의 균형을 유지하기 위해 기존의 사용자의 부당노동행위와 함께 근로자 측의 부당노동행위를 신설하였다.

(3) 우리나라의 부당노동행위제도

① 1953년 제정된 노동조합법

사용자에 의한 부당노동행위와 아울러 노동조합 측의 부당노동행위까지 규정하였고, 처벌주의를 채택했다.

② 1963년 개정법

노동조합 측의 부당노동행위에 관한 규정 삭제, 부당노동행위의 구제명령제도 신설하고 이를 통해 원상회복주의로 전환하였다.

③ 1986년 개정법 이후

1986년 기존의 원상회복주의에 처벌주의를 신설하여 양자를 병행하였고, 미확정된 구제명령 위반자에 대한 처벌규정은 헌법재판소 위헌결정으로 삭제되고 1997년 긴급이행명령제도를 도입하였다. 그리고 부당노동행위를 한 자에 대하여 피해자의 명시적 의사 불문하고 처벌하도록 규정을 신설하였다.

Ⅱ　부당노동행위제도의 특색

1. 행정기관의 개입

부당노동행위제도의 특색은 노동위원회 기타의 행정기관의 개입에 의하여 근로자의 단결권 등의 권리를 보장하고자 하는 데 있다. 구제의 효율성과 전문성을 확보하기 위하여 행정적 전문기관으로서 노동위원회를 설치하여 운영하고 있다.

2. 구제방법

(1) 행정구제와 사법구제의 병행

우리나라의 구제제도는 행정구제와 사법구제가 병존한다. 따라서 사용자의 부당노동행위로 인해 노동3권이 침해된 근로자 또는 노동조합은 노동위원회의 구제를 거쳐서 사법구제를 받을 수도 있고 노동위원회의 구제 없이 사법구제를 별도로 구할 수도 있다.

(2) 처벌주의와 원상회복주의 병용

노동위원회의 구제는 부당노동행위로 인해 침해된 상태를 제거하고 원상회복하는데 그 실익이 있기 때문에 원상회복주의를 채택하고 있다. 그런데 이는 사용자의 자발적인 이행이 수반되지 아니하면 불가능하기 때문에 부당노동행위를 사전에 예방하기 위하여 부당노동행위자를 처벌하는 처벌주의를 병용하고 있다.

(3) 긴급이행명령제도의 채택

현행 노조법에서는 사용자가 중앙노동위원회의 판정에 불복하여 행정소송을 제기한 경우에 관할법원은 중앙노동위원회의 신청에 의하여 판결이 확정될 때까지 중앙노동위원회 구제명령의 전부 또는 일부에 관하여 그 이행을 명할 수 있는 긴급이행명령제도를 도입하고 있다.

(4) 직권주의와 당사자주의 병용

노동위원회는 심문을 할 때에는 관계 당사자의 신청에 의하거나 그 직권으로 증인을 출석하게 하여 필요한 사항을 질문할 수 있다(제83조 제2항).

Ⅲ 부당노동행위의 주체

1. 부당노동행위금지 수규자로서 사용자

(1) 노동조합법 제2조 제2호의 사용자

노동조합법 제2조상의 사업주, 사업경영담당자, 그 사업의 근로자에 관한 사항에 대하여 사업주을 위하여 행동하는 자는 이에 해당된다.

(2) 사용자 개념의 확장

사용자 개념의 외부적 확장의 문제는 부당노동행위가 현실적 근로계약관계가 없거나 한 사업의 외부에서 발생한 경우에 문제된다. 예컨대 ㉠ 모회사 직원에 의한 자회사 노동조합 결성의 간여, ㉡ 회사 고위직의 친척이나 취업소개자가 종업원의 조합가입에 대한 방해나 위협을 하거나 기타 조합 활동에 영향을 미치는 행위 등이 있다. 이러한 경우 근로계약의 당사자인가 여부로서 사용자개념의 기준을 정할 수 없음은 당연하다. 이에 관하여 근로계약상의 제 이익에 대해 실질적 영향력 내지 지배력을 가질 수 있는 지위에 있는 자를 기준으로 하는 견해가 부당노동행위제도의 목적에 비추어 가장 타당하리라 판단된다.

2. 부당노동행위 구제명령의 수규자로서 사용자

부당노동행위 구제명령의 수규자로서의 사용자는 원칙적으로 고용주인 사업주에 국한된다. 부당노동행위에 대한 원상회복은 현실적으로 고용주인 사업주에게 명령하는 것으로써 충분하기 때문이다. 고용주 자신이 부당노동행위를 한 경우 이를 즉시 시정하여 원상회복하여야 함은 물론 고용주가 아닌 사용자가 부당노동행위를 행한 경우에도 고용주는 이의 시정을 구체적으로 지시·명령하여야 한다.

Ⅳ 부당노동행위의 유형

1. 불이익취급

> **제81조 【부당노동행위】**
> ① 사용자는 다음 각 호의 어느 하나에 해당하는 행위(이하 "부당노동행위"라 한다)를 할 수 없다.
> 1. 근로자가 노동조합에 가입 또는 가입하려고 하였거나 노동조합을 조직하려고 하였거나 기타 노동조합의 업무를 위한 정당한 행위를 한 것을 이유로 그 근로자를 해고하거나 그 근로자에게 불이익을 주는 행위
> 5. 근로자가 정당한 단체행위에 참가한 것을 이유로 하거나 또는 노동위원회에 대하여 사용자가 이 조의 규정에 위반한 것을 신고하거나, 그에 관한 증언을 하거나 기타 행정관청에 증거를 제출한 것을 이유로 그 근로자를 해고하거나 그 근로자에게 불이익을 주는 행위

(1) 불이익취급의 원인

- 노동조합에 가입 또는 가입하려고 하였거나 노동조합을 조직하려고 한 행위
- 노동조합의 업무를 위한 정당한 행위
- 정당한 단체행위에 참여한 행위
- 노동위원회에 대하여 사용자의 부당노동행위를 신고하거나, 그에 관한 증언을 하거나, 기타 행정관청에 증거를 제출한 행위

(2) 사용자의 불이익처분

부당노동행위가 성립하려면 당해 근로자에게 사용자가 해고 또는 기타 불이익을 주는 행위를 현실적으로 하여야 하며, 불이익을 주겠다는 의사표시를 한 것만으로는 불이익취급이 되지 않는다(대판 2004.8.30, 2004도3891).

① 근로관계의 지위에 관한 불이익

해고, 지위의 강등, 승진탈락, 휴직 이후의 복직거부, 배치전환, 정년의 차별적 적용 등이 근로관계의 지위에 관한 불이익처분이다. 또한 노조전임자들에 대한 승격기준을 별도로 정하지 않은 채 다른 영업사원과 동일하게 판매실적에 따른 승격기준만을 적용하여 승격대상에 포함시키지 않은 것도 부당노동행위에 해당한다(대판 2011.7.28, 2009두9574).

PART
03

② 경제적 대우에 관한 불이익

각종 임금, 퇴직금, 복리후생적 급부 등의 불이익한 처리가 이에 해당한다. 연장·야간·휴일근로를 본인의 의사에 반하여 시키지 않는 것, 연차휴가신청에 대해 정당한 사유 없이 시기변경권 행사한 것도 불이익처분에 포함된다.

③ 정신 또는 생활상의 불이익

사용자의 처분이 당해 근로자에게 경제적인 불이익은 없더라고 정신적인 피해를 주거나 생활상의 곤란을 초래하는 경우에는 불이익취급이 성립한다. 시말서제출의 징계처분을 한 경우, 장기간 현장근로만 한 근로자를 사무직으로 발령하는 경우, 근로자를 생활근거지에서 멀리 떨어진 지역으로 전근시키는 경우 등이 이에 해당한다.

④ 조합활동상의 불이익

사용자의 처분으로 당해 근로자가 조합활동을 할 수 없거나 곤란하게 된 경우에는 조합활동상의 불이익이 인정된다. 예를 들어 조합활동에 적극적인 근로자를 조합원자격이 없는 직급으로 승진시켜 조합활동을 할 수 없게 하는 경우(대판 1991.1.26, 90누4037), 노조전임을 사용자가 일방적으로 해제하는 경우(대판 1991.5.28, 90누6392), 활동적인 조합원을 조합활동이 곤란한 지역으로 전근시키는 경우 등이 조합활동상의 불이익에 해당된다.

⑤ 인사고과와 불이익취급

사용자가 근로자에 대하여 노동조합의 조합원이라는 이유로 비조합원보다 불리하게 인사고과를 하고 그 인사고과가 경영상 이유에 의한 해고 대상자 선정기준이 됨에 따라 그 조합원인 근로자가 해고되기에 이르렀다고 하여 그러한 사용자의 행위를 부당노동행위라고 주장하는 경우, 그것이 부당노동행위에 해당하는지 여부는, 조합원 집단과 비조합원 집단을 전체적으로 비교하여 두 집단이 서로 동질의 균등한 근로자 집단임에도 인사고과에서 두 집단 사이에 통계적으로 유의미한 격차가 있었는지, 인사고과에서 그러한 격차가 노동조합의 조합원임을 이유로 하여 비조합원에 비하여 불이익취급을 하려는 사용자의 반조합적 의사에 기인하는 것, 즉 사용자의 부당노동행위 의사의 존재를 추정할 수 있는 객관적인 사정이 있었는지, 인사고과에서의 그러한 차별이 없었더라면 해고 대상자 선정기준에 의할 때 해고대상자로 선정되지 않았을 것인지 등을 심리하여 판단하여야 한다(대판 2009.3.26, 2007두25695).

(3) 인과관계의 존재

사용자의 불이익취급에는 반 조합적 의도 내지 동기와 같은 부당노동행위의사를 필요로 한다고 한다. 사용자의 행위가 노동조합 및 노동관계조정법에 정한 부당노동행위에 해당하는지 여부는 사용자의 부당노동행위 의사의 존재 여부를 추정할 수 있는 모든 사정을 전체적으로 심리·검토하여 종합적으로 판단하여야 한다(대판 2007.11.15, 2005두4120). 사용자가 근로자의 정당한 쟁의행위를 정당하지 아니한 쟁의행위로 오인하여 이에 참가한 조합원을 해고한 경우에 사용자의 반 조합적 의도가 없으므로 부당노동행위에 해당되지 않는다(판례).

(4) 인과관계의 경합

① 의의

인과관계의 경합이란 사용자가 불이익처분을 할 만한 정당한 사유가 존재하면서도 다른 한편으로는 그 처분에 부당노동행위의사를 추정할 만한 사유가 동시에 존재하는 경우를 의미한다. 이런 경우에 불이익취급의 부당노동행위가 성립되는지 문제된다.

② 학설

㉠ 부당노동행위성립 부정설 : 근로자에게 징계를 할 만한 사유가 있다면 사용자의 징계처분은 정당하고 부당노동행위는 성립하지 않는다고 한다.

㉡ 부당노동행위성립 긍정설 : 근로자에게 징계할 만한 사유가 있더라도 부당노동행위의 의사가 있었다면 부당노동행위가 성립된다고 한다.

㉢ 상당인과관계설 : 정당한 조합활동이 없었다면 불이익취급은 없었을 것이라는 관계가 인정되면 부당노동행위는 성립된다고 본다(다수설).

㉣ 결정적 사유설 : 사용자가 주장하는 처분사유와 정당한 조합활동 중에 어느 것이 당해 처분의 결정적 또는 실질적 이유가 되었는지에 따라 부당노동행위의 성립여부를 판단하는 입장이다.

③ 판례

사용자가 정당한 해고사유가 있어 근로자를 해고한 경우에는 근로자의 노동조합활동을 못마땅하게 여긴 흔적이 있다거나 사용자에게 반노동조합 의사가 추정된다고 하더라도 그 해고사유가 단순히 표면상의 구실에 불과하다고 할 수는 없으므로 불이익취급의 부당노동행위가 되지 않는다(대판 1996.4.23, 95누6151). 사용자가 근로자를 해고하면서 표면상 내세우는 불이익처분 사유와는 달리 실질적으로는 근로자의 정당한 노동조합활동을 이유로 불이익처분을 한 것으로 인정되는 경우에는 부당노동행위에 해당한다(대판 2008.9.25, 2006도7233).

2. 비열계약(불공정계약, 황견계약)

제81조 【부당노동행위】
① 사용자는 다음 각 호의 어느 하나에 해당하는 행위(이하 "부당노동행위"라 한다)를 할 수 없다.
2. 근로자가 어느 노동조합에 가입하지 아니할 것 또는 탈퇴할 것을 고용조건으로 하거나 특정한 노동조합의 조합원이 될 것을 고용조건으로 하는 행위. 다만, 노동조합이 당해 사업장에 종사하는 근로자의 3분의 2 이상을 대표하고 있을 때에는 근로자가 그 노동조합의 조합원이 될 것을 고용조건으로 하는 단체협약의 체결은 예외로 하며, 이 경우 사용자는 근로자가 그 노동조합에서 제명된 것 또는 그 노동조합을 탈퇴하여 새로 노동조합을 조직하거나 다른 노동조합에 가입한 것을 이유로 근로자에게 신분상 불이익한 행위를 할 수 없다.

(1) 비열계약의 유형

- 노동조합 불가입 : 모든 노동조합에 불가입을 조건으로 하는 경우와 특정 노동조합에의 불가입을 고용조건으로 하는 경우를 모두 포함한다.
- 노동조합 탈퇴 : 조합으로부터의 탈퇴는 고용조건뿐 아니라 종업원으로 고용된 자에 대한 고용계속의 조건도 포함된다.
- 특정노동조합 가입 : 복수노조가 허용될 경우 조합활동이 활발하지 않는 노동조합에 가입을 강제하는 형태로도 나타난다.

(2) 비열계약과 Union Shop

① 현행 Union Shop의 위헌성 여부

단체협약을 매개로 하여 특정 노동조합에의 가입을 강제함으로써 근로자의 단결선택권과 노동조합의 집단적 단결권(조직강제권)이 충돌하는 측면이 있으나, 이러한 조직강제를 적법·유효하게 할 수 있는 노동조합의 범위를 엄격하게 제한하고 지배적 노동조합의 권한남용으로부터 개별근로자를 보호하기 위한 규정을 두고 있는 등 전체적으로 상충되는 두 기본권 사이에 합리적인 조화를 이루고 있고 그 제한에 있어서도 적정한 비례관계를 유지하고 있으며, 또 근로자의 단결선택권의 본질적인 내용을 침해하는 것으로도 볼 수 없으므로, 근로자의 단결권을 보장한 헌법 제33조 제1항에 위반되지 않는다(헌재 2005.11.24, 2002헌바95·96병합, 2003헌바9(병합)).

② Union shop과 조합원의 지위

㉠ 사용자의 해고의무

Union shop 협정에 명시적으로 해고의무에 관한 규정이 없어도 사용자는 노조를 탈퇴한 근로자를 해고할 의무가 있으나 해고할 의무는 단체협약상의 채무이므로 사용자가 해고를 하지 않았다고 하더라도 채무불이행책임만을 부담하고 채무불이행 자체가 지배·개입의 부당노동행위가 성립되는 것은 아니다(대판 1998.3.24, 96누16070).

㉡ 조합원지위확인소송과 해고의 효력

유니언 숍 협약에 따라 사용자가 노동조합을 탈퇴한 근로자를 해고한 경우에 해고근로자가 노동조합을 상대로 하여 조합원지위확인을 구하는 소를 제기하여 승소한다고 하더라도 바로 해고의 효력이 부정되는 것은 아닐 뿐 아니라, 사용자 또한 그 해고가 적법한 것이라고 주장하고 있고 해고무효확인소송에서도 그 선결문제로 조합원지위의 존부에 관하여 판단을 할 수 있으므로, 근로자가 노동조합을 상대로 조합원지위의 확인을 구하지 아니하고 막바로 해고무효확인소송을 제기하였다고 하더라도 그 소가 소익이 없다고 할 수는 없다(대판 1995.2.28, 94다15363).

㉢ 제명된 것 또는 새로 노조를 조직하거나 다른 노조의 가입목적으로 탈퇴한 경우

사용자는 그 근로자에게 신분상 불이익한 행위를 할 수 없다(제81조 제1항 제2호 단서).

③ 신규입사자와 현행 Union Shop

신규로 입사한 근로자가 노동조합 선택의 자유를 행사하여 지배적 노동조합이 아닌 노동조합에 이미 가입한 경우에는 유니온 숍 협정의 효력이 해당 근로자에게까지 미친다고 볼 수 없고, 비록 지배적 노동조합에 대한 가입 및 탈퇴 절차를 별도로 경유하지 아니하였더라도 사용자가 유니온 숍 협정을 들어 신규 입사 근로자를 해고하는 것은 정당한 이유가 없는 해고로서 무효로 보아야 한다(대판 2019.11.28, 2019두47377).

④ 조합 가입 거부

조합이 조합원의 자격을 갖추고 있는 근로자의 조합 가입을 함부로 거부하는 것은 허용되지 아니하고, 특히 유니언 숍 협정에 의한 가입강제가 있는 경우에는 단체협약에 명문 규정이 없더라도 노동조합의 요구가 있으면 사용자는 노동조합에서 탈퇴한 근로자를 해고할 수 있기 때문에 조합 측에서 근로자의 조합 가입을 거부하게 되면 이는 곧바로 해고로 직결될 수 있으므로 조합은 노조가입 신청인에게 제명에 해당하는 사유가 있다는 등의 특단의 사정이 없는 한 그 가입에 대하여 승인을 거부할 수 없고, 따라서 조합 가입에 조합원의 사전 동의를 받아야 한다거나 탈퇴 조합원이 재가입하려면 대의원대회와 조합원총회에서 각 3분의 2 이상의 찬성을 얻어야만 된다는 조합 가입에 관한 제약은 그 자체가 위법 부당하므로, 특별한 사정이 없는 경우에까지 그와 같은 제약을 가하는 것은 기존 조합원으로서의 권리남용 내지 신의칙 위반에 해당된다(대판 1996.10.29, 96다28899).

3. 단체교섭 거부

> **제81조 【부당노동행위】**
> ① 사용자는 다음 각 호의 어느 하나에 해당하는 행위(이하 "부당노동행위"라 한다)를 할 수 없다.
> 3. 노동조합의 대표자 또는 노동조합으로부터 위임을 받은 자와의 단체협약체결 기타의 단체교섭을 정당한 이유 없이 거부하거나 해태하는 행위

(1) 의의

노동조합의 기능이 근로자들의 경제적 지위향상에 있고 그러한 기능수행을 위한 중심적인 수단이 단체교섭인 점을 생각하면 단체교섭 거부행위는 당해 단체교섭뿐만 아니라 나아가 당해 노동조합의 존립 자체를 위태롭게 하는 행위이다. 노동조합법은 단체교섭의 거부를 부당노동행위로 규정하고 있다.

(2) 성립요건

① 교섭거부의 당사자 : 단체교섭거부 · 해태의 부당노동행위가 성립하기 위해서는 사용자가 행위의 주체여야 한다. 여기서 사용자란 노동조합법 제2조 제2호에 규정된 사용자이다.

② 단체협약의 체결 기타의 단체교섭을 거부하거나 해태한 행위 : 교섭에 불응, 고의적 교섭중단 · 지연, 위장교섭, 단체교섭에서 합의 후 단체협약체결거부 등이 이에 해당한다.

③ 단체교섭 거부 정당한 사유의 부존재

노동조합법 제81조 제3호에는 정당한 이유 없이 단체교섭을 거부·해태할 수 없다고 하였다. 따라서 정당한 이유가 있을 경우 사용자는 단체교섭을 거부·해태할 수 있다고 보아야 할 것이다.

④ 단체교섭 거부의 정당한 사유

단체교섭 주체, 단체교섭 대상, 단체교섭 수단·방법, 단체교섭 시기·절차 등이 흠결된 경우에는 단체교섭 거부의 정당한 사유가 인정된다.

- 사용자가 단체교섭을 거부할 정당한 이유가 있다거나 단체교섭에 성실히 응하였다고 믿었더라도 객관적으로 정당한 이유가 없고 불성실한 단체교섭으로 판정되는 경우에도 부당노동행위는 성립한다. 또한 정당한 이유인지의 여부는 노동조합 측의 교섭권자, 노동조합 측이 요구하는 교섭시간, 교섭장소, 교섭사항 및 그의 교섭태도 등을 종합하여 사회통념상 사용자에게 단체교섭의무의 이행을 기대하는 것이 어렵다고 인정되는지 여부에 따라 판단할 것이다(대판 1998.5.22, 97누8076).
- 쟁의행위는 단체교섭을 촉진하기 위한 수단으로서의 성질을 가지므로 쟁의기간 중이라는 사정이 사용자가 단체교섭을 거부할 만한 정당한 이유가 될 수 없고, 한편 당사자가 성의 있는 교섭을 계속하였음에도 단체교섭이 교착상태에 빠져 교섭의 진전이 더 이상 기대될 수 없는 상황이라면 사용자가 단체교섭을 거부하더라도 그 거부에 정당한 이유가 있다고 할 것이지만, 위와 같은 경우에도 노동조합 측으로부터 새로운 타협안이 제시되는 등 교섭재개가 의미 있을 것으로 기대할 만한 사정변경이 생긴 경우에는 사용자로서는 다시 단체교섭에 응해야 한다(대판 2006.2.24, 2005도8606).

4. 지배·개입과 경비원조

제81조【부당노동행위】

① 사용자는 다음 각 호의 어느 하나에 해당하는 행위(이하 "부당노동행위"라 한다)를 할 수 없다.

4. 근로자가 노동조합을 조직 또는 운영하는 것을 지배하거나 이에 개입하는 행위와 근로시간 면제한도를 초과하여 급여를 지급하거나 노동조합의 운영비를 원조하는 행위. 다만, 근로자가 근로시간 중에 제24조 제2항에 따른 활동을 하는 것을 사용자가 허용함은 무방하며, 또한 근로자의 후생자금 또는 경제상의 불행 그 밖에 재해의 방지와 구제 등을 위한 기금의 기부와 최소한의 규모의 노동조합사무소의 제공 및 그 밖에 이에 준하여 노동조합의 자주적인 운영 또는 활동을 침해할 위험이 없는 범위에서의 운영비 원조행위는 예외로 한다.

② 제1항 제4호 단서에 따른 "노동조합의 자주적 운영 또는 활동을 침해할 위험" 여부를 판단할 때에는 다음 각 호의 사항을 고려하여야 한다.

1. 운영비 원조의 목적과 경위
2. 원조된 운영비 횟수와 기간
3. 원조된 운영비 금액과 원조방법
4. 원조된 운영비가 노동조합의 총수입에서 차지하는 비율
5. 원조된 운영비의 관리방법 및 사용처 등

(1) 의의

지배·개입과 운영비원조를 부당노동행위로서 금지하고 있는 것은 사용자가 행하는 노조의 결성 또는 운영에 대한 일체의 간섭행위 또는 조직약화행위를 금지함으로써 노동조합의 자주성과 조직력을 확보·유지하도록 하기 위한 것이다.

(2) 지배·개입의 성립요건

① 지배·개입의 주체 : 지배·개입이 성립하기 위해서는 지배·개입의 행위가 사용자의 행위로 볼 수 있어야 한다.

> **대판 2010.3.25, 2007두8881**
> 근로자의 기본적인 노동조건 등에 관하여 그 근로자를 고용한 사업주로서의 권한과 책임을 일정 부분 담당하고 있다고 볼 정도로 실질적이고 구체적으로 지배·결정할 수 있는 지위에 있는 자가, 노동조합을 조직 또는 운영하는 것을 지배하거나 이에 개입하는 등으로 노동조합 및 노동관계조정법 제81조 제4호에서 정한 행위를 하였다면, 그 시정을 명하는 구제명령을 이행하여야 할 사용자에 해당한다.

② 노동조합의 조직 또는 운영

조합의 조직이란 조직 그 자체뿐만 아니라 조직준비행위 등 노동조합의 결성을 지향하는 근로자의 일체의 행위를 의미하며, 조합의 운영이란 규약의 제·개정, 조합임원의 선거 등 조합 내부적 운영뿐 아니라 단체교섭, 쟁의행위 등의 외부적 운영을 포함하는 노동조합의 유지·존속 및 확대를 위한 일체의 행위를 의미한다.

③ 지배·개입의 태양

노조결성의 비난 또는 중지의 설득 내지 강요, 노조결성 중심인물의 해고, 조합활동방침의 비난, 조합해산의 종용, 노조의 모임에 대한 방해, 임원선거에의 관여, 노조에 대한 편의중지 등

④ 지배·개입과 부당노동행위의사의 필요성

부당노동행위의 성립에 있어서 사용자에게 지배·개입의 의사가 필요한가에 관해서 판례는 지배·개입의 부당노동행위가 성립하려면 사용자에게 근로자가 노동조합을 조직 또는 운영하는 것을 지배하거나 개입할 의사가 있어야 한다고 한다.

⑤ 사용자의 언론과 지배·개입

> **대판 2013.1.10, 2011도15497**
> 사용자가 연설, 사내방송, 게시문, 서한 등을 통하여 의견을 표명하는 경우 표명된 의견의 내용과 함께 그것이 행하여진 상황, 시점, 장소, 방법 및 그것이 노동조합의 운영이나 활동에 미치거나 미칠 수 있는 영향 등을 종합하여 노동조합의 조직이나 운영 및 활동을 지배하거나 이에 개입하는 의사가 인정된다면 노동조합 및 노동관계조정법 제81조 제4호에 규정된 '근로자가 노동조합을 조직 또는 운영하는 것을 지배하거나 이에 개입하는 행위'로서 부당노동행위가 성립하고, 또 그 지배·개입으로서 부당노동행위의 성립에 반드시 근로자의 단결권 침해라는 결과 발생까지 요하는 것은 아니다.
> 사용자 또한 자신의 의견을 표명할 수 있는 자유를 가지고 있으므로, 사용자가 노동조합의 활동에 대하여 단순히 비판적 견해를 표명하거나 근로자를 상대로 집단적인 설명회 등을 개최하여 회사의 경영상

황 및 정책방향 등 입장을 설명하고 이해를 구하는 행위 또는 비록 파업이 예정된 상황이라 하더라도 파업의 정당성과 적법성 여부 및 파업이 회사나 근로자에 미치는 영향 등을 설명하는 행위는 거기에 징계 등 불이익의 위협 또는 이익제공의 약속 등이 포함되어 있거나 다른 지배·개입의 정황 등 노동조합의 자주성을 해칠 수 있는 요소가 연관되어 있지 않는 한, 사용자에게 노동조합의 조직이나 운영 및 활동을 지배하거나 이에 개입하는 의사가 있다고 가볍게 단정할 것은 아니다.

⑥ 결과발생 여부

사용자의 지배·개입의 성립요건으로서 사용자의 지배·개입행위 이외에도 이러한 지배·개입행위로 인한 노동3권침해의 결과가 발생하여야 하는가에 대해, 판례는 회사의 일련의 행위가 노동조합의 활동을 방해하려는 의도로 이루어진 것이고, 다만 이로 인하여 근로자의 단결권 침해의 결과가 발생하지 않았다고 하더라도 지배·개입으로서의 부당노동행위에 해당한다고 할 것이다(대판 1997.5.7, 96누2057)라고 판시했다.

(3) 근로시간면제와 부당노동행위

단순히 노동조합의 업무에만 종사하는 근로자(이하 '노조전임자'라 한다)에 불과할 뿐 근로시간 면제 대상으로 지정된 근로자(이하 '근로시간 면제자'라 한다)로 지정된 바 없는 근로자에게 급여를 지원하는 행위는 그 자체로 부당노동행위가 되지만, 근로시간 면제자에게 급여를 지급하는 행위는 특별한 사정이 없는 한 부당노동행위가 되지 않는 것이 원칙이다. 다만 근로시간 면제자로 하여금 근로제공의무가 있는 근로시간을 면제받아 경제적인 손실 없이 노동조합 활동을 할 수 있게 하려는 근로시간 면제 제도 본연의 취지에 비추어 볼 때, 근로시간 면제자에게 지급하는 급여는 근로제공의무가 면제되는 근로시간에 상응하는 것이어야 한다. 그러므로 단체협약 등 노사 간 합의에 의한 경우라도 타당한 근거 없이 과다하게 책정된 급여를 근로시간 면제자에게 지급하는 사용자의 행위는 노동조합 및 노동관계조정법 제81조 제4호 단서에서 허용하는 범위를 벗어나는 것으로서 노조전임자 급여 지원 행위나 노동조합 운영비 원조 행위에 해당하는 부당노동행위가 될 수 있다. 여기서 근로시간 면제자에 대한 급여 지급이 과다하여 부당노동행위에 해당하는지는 근로시간 면제자가 받은 급여 수준이나 지급 기준이 그가 근로시간 면제자로 지정되지 아니하고 일반 근로자로 근로하였다면 해당 사업장에서 동종 혹은 유사 업무에 종사하는 동일 또는 유사 직급·호봉의 일반 근로자의 통상 근로시간과 근로조건 등을 기준으로 받을 수 있는 급여 수준이나 지급 기준을 사회통념상 수긍할 만한 합리적인 범위를 초과할 정도로 과다한지 등의 사정을 살펴서 판단하여야 한다. 노동조합의 업무에만 종사하는 근로자(이하 '노조전임자'라 한다) 급여 지원 행위 또는 노동조합 운영비 원조 행위에서 부당노동행위 의사는 노동조합법 제81조 제4호 단서에 따라 예외적으로 허용되는 경우가 아님을 인식하면서도 급여 지원 행위 혹은 운영비 원조 행위를 하는 것 자체로 인정할 수 있고, 지배·개입의 적극적·구체적인 의도나 동기까지 필요한 것은 아니다. 이는 근로시간 면제 대상으로 지정된 근로자에게 과다한 급여를 지급한 것이 노조전임자 급여 지원 행위나 노동조합 운영비 원조 행위로 평가되는 경우에도 마찬가지이다(대판 2016.4.28, 2014두11137).

(4) 경비원조의 예외

㉠ 근로자가 근로시간 중에 제24조 제2항에 따른 활동을 하는 것을 사용자가 허용하는 것,
㉡ 근로자의 후생자금 또는 경제상의 불행 그밖의 재해의 방지와 구제 등을 위한 기금의 기부,

ⓒ 최소한의 규모의 노동조합사무소의 제공, ⓔ 노동조합의 자주적인 운영 또는 활동을 침해할 위험이 없는 범위에서의 운영비 원조행위 등은 경비원조에 포함되지 아니한다.

V 부당노동행위의 구제

1. 의의
부당노동행위의 구제는 노동위원회에 의한 행정적 구제와 법원에 의한 사법적 구제가 있다. 그러나 법원에 의한 사법적 구제방법으로는 신속하고 실질적인 효과를 기대할 수가 없다. 따라서 법은 노동위원회에 의한 행정적 구제의 방식을 채용함으로써 사법적 구제의 결함을 보완하여 신속하고 탄력적인 구제를 도모하고 있다.

2. 노동위원회에 의한 구제
(1) 당사자
① 신청인

사용자의 부당노동행위로 인하여 그 권리를 침해당한 근로자 또는 노동조합은 노동위원회에 그 구제를 신청할 수 있다(제82조 제1항). 여기서의 노동조합은 노동조합법상 노동조합을 말한다(제7조 제1항·제2항). 노동조합의 구제신청권은 관련 근로자 개인의 구제신청권과는 별개의 구제실익을 갖는 독자적인 권한이며, 근로자 개인의 구제신청권을 대위하거나 대리하는 것은 아니다(대판 1979.2.13, 78다2275). 노동조합을 조직하려고 하였다는 이유로 근로자에 대하여 한 부당노동행위에 대하여는 후에 설립된 노동조합도 구 노동조합법 제40조 제1항에 의하여 독자적인 구제신청권을 가지고 있다고 보아야 한다(대판 1991.1.25, 90누4952). 노동조합으로서는 자신에 대한 사용자의 부당노동행위가 있는 경우뿐만 아니라, 그 소속 조합원으로 가입한 근로자 또는 그 소속 조합원으로 가입하려고 하는 근로자에 대하여 사용자의 부당노동행위가 있는 경우에도 노동조합의 권리가 침해당할 수 있으므로, 그 경우에도 노동조합은 자신의 명의로 그 부당노동행위에 대한 구제신청을 할 수 있는 권리를 가진다고 할 것이다(대판 2008.9.11, 2007두19249).

② 피신청인

피신청인은 원칙적으로 사용자(사업주, 사업의 경영담당자 또는 그 사업의 근로자에 관한 사항에 대하여 사업주를 위하여 행동하는 자)이다.

(2) 관할
① 초심
ⓐ 지방노동위원회 : 부당노동행위가 발생한 사업장 소재지를 관할하는 지방노동위원회가 관할권을 갖는다(노동위원회법 제3조 제2항).
ⓑ 특별노동위원회 : 부당노동행위가 특별노동위원회의 설치목적이 된 특정사항에 관한 것일 때에는 당해 특별노동위원회가 초심관할권을 갖는다(동조 제3항).

② 재심 : 중앙노동위원회는 원칙적으로 지방노동위원회 또는 특별노동위원회를 초심으로 하는 사건의 재심관할권을 갖는다(동조 제1항).

(3) 초심절차

① 구제신청

제82조 【구제신청】
② 제1항의 규정에 의한 구제의 신청은 부당노동행위가 있은 날(계속하는 행위는 그 종료일)부터 3월 이내에 이를 행하여야 한다.

신청인은 부당노동행위 구제에 관한 명령서 또는 결정서 등이 교부될 때까지 언제든지 신청의 전부 또는 일부를 취하할 수 있다. 노동위원회는 구제신청이 전제요건을 결하고 있다고 판단하는 경우 구제신청을 각하할 수 있다.

② 심사

제83조 【조사 등】
① 노동위원회는 제82조의 규정에 의한 구제신청을 받은 때에는 지체 없이 필요한 조사와 관계 당사자의 심문을 하여야 한다.
② 노동위원회는 제1항의 규정에 의한 심문을 할 때에는 관계 당사자의 신청에 의하거나 그 직권으로 증인을 출석하게 하여 필요한 사항을 질문할 수 있다.
③ 노동위원회는 제1항의 규정에 의한 심문을 함에 있어서는 관계 당사자에 대하여 증거의 제출과 증인에 대한 반대심문을 할 수 있는 충분한 기회를 주어야 한다.
④ 제1항의 규정에 의한 노동위원회의 조사와 심문에 관한 절차는 중앙노동위원회가 따로 정하는 바에 의한다.

부당노동행위의 성립은 반드시 심문을 거쳐서 판정을 하여야 하며, 조사를 끝낸 것만으로는 구제명령을 내릴 수 없다. 따라서 조사만을 행하고 심문 없이 명령을 발하는 것은 설령 당사자간에 이의가 없더라도 위법이다.

③ 화해

노동위원회는 당사자에게 화해안을 제시하고 화해를 권고할 수 있다(노동위원회법 제16조의3 제1항). 화해가 성립하여 화해조서가 작성되면 재판상 화해의 효력을 갖는다(노동위원회법 제16조의3 제5항).

④ 구제명령과 기각결정

제84조 【구제명령】
① 노동위원회는 제83조의 규정에 의한 심문을 종료하고 부당노동행위가 성립한다고 판정한 때에는 사용자에게 구제명령을 발하여야 하며, 부당노동행위가 성립되지 아니한다고 판정한 때에는 그 구제신청을 기각하는 결정을 하여야 한다.
② 제1항의 규정에 의한 판정·명령 및 결정은 서면으로 하되, 이를 당해 사용자와 신청인에게 각각 교부하여야 한다.
③ 관계 당사자는 제1항의 규정에 의한 명령이 있을 때에는 이에 따라야 한다.

⑤ 구제명령의 구체적 내용

㉠ 불이익취급에 의한 해고의 경우 원직복직은 물론 임금소급지급을 명하는 것이 원칙이다.

㉡ 비열계약의 경우 고용조건으로 된 조합에의 불가입, 조합탈퇴, 특정조합에의 가입 등을 고용조건으로 한 비열계약서의 당해 부분을 파기하라는 명령 등을 내린다.

㉢ 단체교섭 거부의 경우 단체교섭 개시명령이나 단체협약체결의 명령을 발한다. 단체교섭 거부가 교섭사항, 교섭당사자, 교섭시기 등에 관련하여 문제가 된 경우 그 사항을 구체적으로 특정하여 교섭명령을 내릴 수 있다.

㉣ 지배·개입의 경우 그 행위 자체를 제거하여 원상회복한다는 것은 사실상 불가능하므로 지배·개입행위를 특정하여 이를 금지하는 부작위명령 및 사과문(Post Notice)의 게시 등을 명한다.

⑥ 구제명령의 효력

노동위원회의 구제명령·기각결정 또는 재심판정은 중앙노동위원회에의 재심신청이나 행정소송의 제기에 의하여 효력이 정지되지 아니한다(제86조). 그러나 구제명령은 사용자에게 공법상 이행의무만 부담시키며 사법상의 효력을 가지는 것은 아니다(대판 1996.4.23, 95다53102).

(4) 재심절차

제85조【구제명령의 확정】
① 지방노동위원회 또는 특별노동위원회의 구제명령 또는 기각결정에 불복이 있는 관계 당사자는 그 명령서 또는 결정서의 송달을 받은 날부터 10일 이내에 중앙노동위원회에 그 재심을 신청할 수 있다.
③ 제1항 및 제2항에 규정된 기간 내에 재심을 신청하지 아니하거나 행정소송을 제기하지 아니한 때에는 그 구제명령·기각결정 또는 재심판정은 확정된다.
④ 제3항의 규정에 의하여 기각결정 또는 재심판정이 확정된 때에는 관계 당사자는 이에 따라야 한다.

(5) 행정소송

제85조【구제명령의 확정】
② 제1항의 규정에 의한 중앙노동위원회의 재심판정에 대하여 관계 당사자는 그 재심판정서의 송달을 받은 날부터 15일 이내에 행정소송법이 정하는 바에 의하여 소를 제기 할 수 있다.
③ 제1항 및 제2항에 규정된 기간 내에 재심을 신청하지 아니하거나 행정소송을 제기하지 아니한 때에는 그 구제명령·기각결정 또는 재심판정은 확정된다.
④ 제3항의 규정에 의하여 기각결정 또는 재심판정이 확정된 때에는 관계 당사자는 이에 따라야 한다.

노동위원회법 제27조【중앙노동위원회의 처분에 대한 소송】
① 중앙노동위원회의 처분에 대한 소송은 중앙노동위원회 위원장을 피고(被告)로 하여 처분의 송달을 받은 날부터 15일 이내에 제기하여야 한다.

(6) 긴급이행명령

제85조【구제명령의 확정】
⑤ 사용자가 제2항의 규정에 의하여 행정소송을 제기한 경우에 관할법원은 중앙노동위원회의 신청에 의하여 결정으로써, 판결이 확정될 때까지 중앙노동위원회의 구제명령의 전부 또는 일부를 이행하도록 명할 수 있으며, 당사자의 신청에 의하여 또는 직권으로 그 결정을 취소할 수 있다.

① 취지

확정된 구제명령을 위반하면 형사처벌의 대상이 되나 미확정의 구제명령은 형사처벌의 대상이 되지 않는다. 따라서 사용자의 이행을 확보하여 구제명령의 실효성을 확보하기 위해서 인정된 것이다.

② 위반의 효과

사용자가 법원의 긴급이행명령을 위반한 경우 500만원 이하의 금액(당해 명령이 작위를 명하는 것일 때에는 그 명령의 불이행 일수 1일에 50만원 이하의 비율로 산정한 금액)의 과태료에 처한다(제95조).

3. 사법적 구제와 형사제재

(1) 의의

노동위원회를 통한 구제는 실효성 측면에서 한계(손해배상을 할 수 없고, 사용자에게 공법상의 이행의무만을 부과)가 있어 민사적 구제와 형벌을 통한 형사제재가 필요하다.

(2) 민사적 구제

무효확인소송, 방해배제청구소송, 단체교섭응락가처분신청, 손해배상청구소송, 종업원지위가처분신청 등이 있다.

(3) 형사제재

현행법은 부당노동행위를 한 사용자에 대하여 2년 이하의 징역 또는 2천만원 이하의 벌금에 처한다(제90조). 반의사불벌죄의 규정이 삭제되어 피해자의 명시적인 의사에 반하여 처벌할 수 있다. 확정된 구제명령에 위반한 자는 3년 이하의 징역 또는 3천만원 이하의 벌금에 처한다(제89조). 법인 또는 단체의 대표자, 법인·단체 또는 개인의 대리인·사용인 기타의 종업원이 그 법인·단체 또는 개인의 업무에 관하여 제88조 내지 제93조의 위반행위를 한 때에는 행위자를 벌하는 외에 그 법인·단체 또는 개인에 대하여도 각 해당 조의 벌금형을 과한다. 다만, 법인·단체 또는 개인이 그 위반행위를 방지하기 위하여 해당 업무에 관하여 상당한 주의와 감독을 게을리하지 아니한 경우에는 그러하지 아니하다(제94조).

4. 입증책임

사용자의 행위가 노동조합 및 노동관계조정법에 정한 부당노동행위에 해당한다는 점은 이를 주장하는 근로자 또는 노동조합이 증명하여야 한다(대판 2011.7.28, 2009두9574).

Chapter 02 노동위원회법

I 서론

1. 노동위원회법의 의의

본래 근로계약상의 법률문제에 대한 해결은 일반법원의 재판제도에 의존하고 있으나, 재판제도는 근로관계의 특수성으로 인하여 적합하지 못한 결과 그것을 보완할 목적으로 노동위원회제도가 등장하였다. 노동위원회는 노·사·공 3자 구성을 조직원리로 하고 노사문제의 합목적적이고 유동적인 처리를 위하여 설립된 독립적인 행정규제위원회이다.

2. 노동위원회의 목적과 성격

> 제1조【목적】
> 이 법은 노동관계에 관한 판정 및 조정(調整) 업무를 신속·공정하게 수행하기 위하여 노동위원회를 설치하고 그 운영에 관한 사항을 규정함으로써 노동관계의 안정과 발전에 이바지함을 목적으로 한다.

노동위원회는 규칙제정권을 가진 준입법적 기관으로서의 성격과 판정권을 가진 준사법적 기관으로서 성격을 가지고 있으며, 노사의 자주적 질서형성을 목적으로 자주성이 보장된 합의체의 행정기관이다.

3. 노동위원회의 지위 등

> 제4조【노동위원회의 지위 등】
> ① 노동위원회는 그 권한에 속하는 업무를 독립적으로 수행한다.
> ② 중앙노동위원회 위원장은 중앙노동위원회 및 지방노동위원회의 예산·인사·교육훈련, 그 밖의 행정사무를 총괄하며, 소속공무원을 지휘·감독한다.
> ③ 중앙노동위원회 위원장은 제2항에 따른 행정사무의 지휘·감독권 일부를 대통령령이 정하는 바에 따라 지방노동위원회 위원장에게 위임할 수 있다.

4. 사회취약계층에 대한 권리구제 대리

노동위원회는 「노동조합 및 노동관계조정법」, 「근로기준법」, 「근로자참여 및 협력증진에 관한 법률」, 「교원의 노동조합 설립 및 운영 등에 관한 법률」, 「공무원의 노동조합 설립 및 운영 등에 관한 법률」, 「기간제 및 단시간근로자 보호 등에 관한 법률」 및 「파견근로자보호 등에 관한 법률」 등에 따른 판정·결정·승인·인정 및 차별적 처우 시정 등에 관한 사건에서 사회취약계층을 위하여 변호사나 공인노무사로 하여금 권리구제업무를 대리하게 할 수 있다(제6조의2 제1항).

Ⅱ 노동위원회의 종류와 관장

1. 노동위원회의 종류

> **제2조【노동위원회의 구분ㆍ소속 등】**
> ① 노동위원회는 중앙노동위원회ㆍ지방노동위원회 및 특별노동위원회로 구분한다.
> ② 중앙노동위원회와 지방노동위원회는 고용노동부장관 소속으로 두며, 지방노동위원회의 명칭ㆍ위치 및 관할구역은 대통령령으로 정한다.
> ③ 특별노동위원회는 관계 법률에서 정하는 사항을 관장하기 위하여 필요한 경우에 해당 사항을 관장하는 중앙행정기관의 장 소속으로 둔다.

2. 노동위원회 소관사무

> **제2조의2【노동위원회의 소관 사무】**
> 노동위원회의 소관 사무는 다음 각 호와 같다.
> 1. 「노동조합 및 노동관계조정법」, 「근로기준법」, 「근로자참여 및 협력증진에 관한 법률」, 「교원의 노동조합 설립 및 운영 등에 관한 법률」, 「공무원의 노동조합설립 및 운영 등에 관한 법률」, 「기간제 및 단시간근로자 보호 등에 관한 법률」, 「파견근로자보호 등에 관한 법률」, 「산업현장 일학습병행 지원에 관한 법률」 및 「남녀고용평등과 일ㆍ가정 양립 지원에 관한 법률」에 따른 판정ㆍ결정ㆍ의결ㆍ승인ㆍ인정 또는 차별적 처우 시정 등에 관한 업무
> 2. 「노동조합 및 노동관계조정법」, 「교원의 노동조합 설립 및 운영 등에 관한 법률」 및 「공무원의 노동조합설립 및 운영 등에 관한 법률」에 따른 노동쟁의 조정ㆍ중재 또는 관계 당사자의 자주적인 노동쟁의 해결지원에 관한 업무
> 3. 제1호 및 제2호의 업무수행과 관련된 조사ㆍ연구ㆍ교육 또는 홍보 등에 관한 업무
> 4. 그 밖에 다른 법률에서 노동위원회의 소관으로 규정된 업무

3. 노동위원회의 관장

(1) 중앙노동위원회의 관장

> **제3조【노동위원회의 관장】**
> ① 중앙노동위원회는 다음 각 호의 사건을 관장한다.
>   1. 지방노동위원회 및 특별노동위원회의 처분에 대한 재심사건
>   2. 둘 이상의 지방노동위원회의 관할구역에 걸친 노동쟁의의 조정사건
>   3. 다른 법률에 의하여 그 권한에 속하는 것으로 규정된 사건
> ④ 중앙노동위원회 위원장은 제1항 제2호의 규정에 불구하고 효율적인 노동쟁의의 조정을 위하여 필요하다고 인정하는 경우에는 지방노동위원회를 지정하여 당해 사건을 처리하게 할 수 있다.

(2) 지방노동위원회의 관장

> **제3조【노동위원회의 관장】**
> ② 지방노동위원회는 해당 관할구역에서 발생하는 사건을 관장하되, 둘 이상의 관할구역에 걸친 사건(제1항 제2호의 조정사건을 제외한다)은 주된 사업장의 소재지를 관할하는 지방노동위원회에서 관장한다.
> ⑤ 중앙노동위원회 위원장은 제2항의 규정에 따른 주된 사업장을 정하기 어렵거나 주된 사업장의 소재지를 관할하는 지방노동위원회에서 처리하기 곤란한 사정이 있는 경우에는 직권으로 또는 관계 당사자나 지방노동위원회 위원장의 신청에 따라 지방노동위원회를 지정하여 당해 사건을 처리하게 할 수 있다.

(3) 특별노동위원회의 관장

> **제3조【노동위원회의 관장】**
> ③ 특별노동위원회는 관계 법률에서 정하는 바에 따라 그 설치목적으로 규정된 특정사항에 관한 사건을 관장한다.

(4) 사건의 이송

> **제3조의2【사건의 이송】**
> ① 노동위원회는 접수된 사건이 다른 노동위원회의 관할인 경우에는 지체 없이 해당 사건을 관할 노동위원회로 이송하여야 한다. 제23조에 따른 조사를 시작한 후 다른 노동위원회의 관할인 것으로 확인된 경우에도 또한 같다.
> ② 제1항에 따라 이송된 사건은 관할 노동위원회에 처음부터 접수된 것으로 본다.
> ③ 노동위원회는 제1항에 따라 사건을 이송한 경우에는 그 사실을 지체 없이 관계 당사자에게 통지하여야 한다.

Ⅲ 노동위원회 조직

1. 노동위원회의 구성

> **제6조【노동위원회의 구성 등】**
> ① 노동위원회는 근로자를 대표하는 위원(이하 "근로자위원"이라 한다)과 사용자를 대표하는 위원(이하 "사용자위원"이라 한다) 및 공익을 대표하는 위원(이하 "공익위원"이라 한다)으로 구성한다.
> ② 노동위원회 위원의 수는 다음 각 호의 구분에 따른 범위에서 노동위원회의 업무량을 고려하여 대통령령으로 정한다. 이 경우 근로자위원과 사용자위원은 같은 수로 한다.
> 1. 근로자위원 및 사용자위원 : 각 10명 이상 50명 이하
> 2. 공익위원 : 10명 이상 70명 이하

2. 노동위원회 위원

(1) 근로자위원과 사용자위원

> **제6조 【노동위원회의 구성 등】**
> ③ 근로자위원은 노동조합이 추천한 사람 중에서, 사용자위원은 사용자단체가 추천한 사람 중에서 다음 각 호의 구분에 따라 위촉한다.
> 1. 중앙노동위원회 : 고용노동부장관의 제청으로 대통령이 위촉
> 2. 지방노동위원회 : 지방노동위원회 위원장의 제청으로 중앙노동위원회 위원장이 위촉
>
> **시행령 제4조 【근로자위원 및 사용자위원 위촉대상자 추천 시 고려사항】**
> ② 제1항에 따라 노동조합과 사용자단체가 추천하는 위원의 수는 각각 위촉될 근로자위원 및 사용자위원 수의 100분의 150 이상으로 한다.

(2) 공익위원

① 공익위원의 위촉

> **제6조 【노동위원회의 구성 등】**
> ④ 공익위원은 해당 노동위원회 위원장, 노동조합 및 사용자단체가 각각 추천한 사람 중에서 노동조합과 사용자단체가 순차적으로 배제하고 남은 사람을 위촉대상 공익위원으로 하고, 그 위촉대상 공익위원 중에서 다음 각 호의 구분에 따라 위촉한다.
> 1. 중앙노동위원회 공익위원: 고용노동부장관의 제청으로 대통령이 위촉
> 2. 지방노동위원회 공익위원: 지방노동위원회 위원장의 제청으로 중앙노동위원회 위원장이 위촉
> ⑤ 제4항의 규정에 불구하고 노동조합 또는 사용자단체가 공익위원을 추천하는 절차나 추천된 공익위원을 순차적으로 배제하는 절차를 거부하는 경우에는 해당 노동위원회 위원장이 위촉대상 공익위원을 선정할 수 있다.
> ⑥ 공익위원은 다음 각호와 같이 구분하여 위촉한다.
> 1. 심판사건을 담당하는 심판담당공익위원
> 2. 차별적 처우 시정사건(「남녀고용평등과 일·가정 양립 지원에 관한 법률」 제26조 제1항에 따른 시정사건을 포함한다. 이하 같다)을 담당하는 차별시정담당 공익위원
> 3. 조정사건을 담당하는 조정담당공익위원

② 공익위원의 자격

노동위원회의 공익위원은 다음 각 호의 구분에 따라 노동문제에 관한 지식과 경험이 있는 사람을 위촉하되, 여성의 위촉이 늘어날 수 있도록 노력하여야 한다(제8조 제1항과 제2항).

구분	중앙노동위원회(제8조 제1항)	지방노동위원회(제8조 제2항)
심판 · 차별시정 담당 공익위원	① 노동문제와 관련된 학문을 전공한 사람으로서 「고등교육법」 제2조 제1호부터 제6호까지의 학교에서 부교수 이상으로 재직하고 있거나 재직하였던 사람 ② 판사·검사·군법무관·변호사 또는 공인노무사로 7년 이상 재직하고 있거나 재직하였던 사람 ③ 노동관계 업무에 7년 이상 종사한 자로서 2급 또는 2급 상당 이상의 공무원이나 고위공무원단에 속하는 공무원으로 재직하고 있거나 재직하였던 사람 ④ 그 밖에 노동관계 업무에 15년 이상 종사한 사람으로서 심판담당 공익위원 또는 차별시정담당 공익위원으로 적합하다고 인정되는 사람	① 노동문제와 관련된 학문을 전공한 사람으로서 「고등교육법」 제2조 제1호부터 제6호까지의 학교에서 조교수 이상으로 재직하고 있거나 재직하였던 사람 ② 판사·검사·군법무관·변호사 또는 공인노무사로 3년 이상 재직하고 있거나 재직하였던 사람 ③ 노동관계업무에 3년 이상 종사한 사람으로서 3급 또는 3급 상당 이상의 공무원이나 고위공무원단에 속하는 공무원으로 재직하고 있거나 재직하였던 사람 ④ 노동관계 업무에 10년 이상 종사한 사람으로서 4급 또는 4급 상당 이상의 공무원으로 재직하고 있거나 재직하였던 사람 ⑤ 그 밖에 노동관계 업무에 10년 이상 종사한 사람으로서 심판담당 공익위원 또는 차별시정담당 공익위원으로 적합하다고 인정되는 사람
조정담당 공익위원	① 「고등교육법」 제2조 제1호부터 제6호까지의 학교에서 부교수 이상으로 재직하고 있거나 재직하였던 사람 ② 판사·검사·군법무관·변호사 또는 공인노무사로 7년 이상 재직하고 있거나 재직하였던 사람 ③ 노동관계 업무에 7년 이상 종사한 사람으로서 2급 또는 2급 상당 이상의 공무원이나 고위공무원단에 속하는 공무원으로 재직하고 있거나 재직하였던 사람 ④ 그 밖에 노동관계 업무에 15년 이상 종사한 사람 또는 사회적 덕망이 있는 사람으로서 조정담당 공익위원으로 적합하다고 인정되는 사람	① 「고등교육법」 제2조 제1호부터 제6호까지의 학교에서 조교수 이상으로 재직하고 있거나 재직하였던 사람 ② 판사·검사·군법무관·변호사 또는 공인노무사로 3년 이상 재직하고 있거나 재직하였던 사람 ③ 노동관계 업무에 3년 이상 종사한 사람으로서 3급 또는 3급 상당 이상의 공무원이나 고위공무원단에 속하는 공무원으로 재직하고 있거나 재직하였던 사람 ④ 노동관계 업무에 10년 이상 종사한 사람으로서 4급 또는 4급 상당 이상의 공무원으로 재직하고 있거나 재직하였던 사람 ⑤ 그 밖에 노동관계 업무에 10년 이상 종사한 사람 또는 사회적 덕망이 있는 사람으로서 조정담당 공익위원으로 적합하다고 인정되는 사람

(3) 노동위원회 상임위원

제11조【상임위원】
① 노동위원회에 상임위원을 두며, 상임위원은 해당 노동위원회의 공익위원이 될 수 있는 자격을 갖춘 사람 중에서 중앙노동위원회 위원장의 추천과 고용노동부장관의 제청으로 대통령이 임명한다.
② 상임위원은 해당 노동위원회의 공익위원이 되며, 심판사건·차별적 처우 시정사건, 조정사건을 담당할 수 있다.
③ 각 노동위원회에 두는 상임위원의 수 및 계급 등은 대통령령으로 정한다.

(4) 노동위원회 위원장

① 위원장의 선임

제9조【위원장】
① 노동위원회에 위원장 1명을 둔다.
② 중앙노동위원회 위원장은 제8조 제1항에 따라 중앙노동위원회의 공익위원이 될 수 있는 자격을 갖춘 사람 중에서 고용노동부장관의 제청으로 대통령이 임명하고, 지방노동위원회 위원장은 제8조 제2항에 따라 지방노동위원회의 공익위원이 될 수 있는 자격을 갖춘 사람 중에서 중앙노동위원회 위원장의 추천과 고용노동부장관의 제청으로 대통령이 임명한다.
③ 중앙노동위원회 위원장은 정무직으로 한다.
④ 노동위원회 위원장(이하 "위원장"이라 한다)은 해당 노동위원회의 공익위원이 되며, 심판사건, 차별적 처우 시정사건, 조정사건을 담당할 수 있다.

② 위원장의 직무

제10조【위원장의 직무】
① 위원장은 당해 노동위원회를 대표하며, 노동위원회 사무를 총괄한다.
② 위원장이 부득이한 사유로 직무를 수행할 수 없을 때에는 대통령령으로 정하는 공익위원이 그 직무를 대행한다.

시행령 제9조【위원장의 직무대행】
법 제10조 제2항에 따라 위원장이 부득이한 사유로 직무를 수행할 수 없을 때에는 상임위원(상임위원이 둘 이상인 경우에는 위원장이 미리 정한 순서에 따른 상임위원)이, 위원장 및 상임위원이 모두 부득이한 사유로 직무를 수행할 수 없을 때에는 위원장이 미리 정한 순서에 따른 공익위원이 그 직무를 대행한다.

(5) 노동위원회 위원의 임기 등

제7조【위원의 임기 등】

① 노동위원회 위원의 임기는 3년으로 하되, 연임할 수 있다.

② 노동위원회 위원이 궐위(闕位)된 경우 보궐위원의 임기는 전임자 임기의 남은 기간으로 한다. 다만, 노동위원회 위원장 또는 상임위원이 궐위되어 후임자를 임명한 경우 후임자의 임기는 새로 시작된다.

③ 임기가 끝난 노동위원회 위원은 후임자가 위촉될 때까지 계속 그 직무를 집행한다.

④ 노동위원회 위원의 처우에 관하여는 대통령령으로 정한다.

제14조【사무처와 사무국】

① 중앙노동위원회에는 사무처를 두고, 지방노동위원회에는 사무국을 둔다.

③ 고용노동부장관은 노동위원회 사무처 또는 사무국 소속 직원을 고용노동부와 노동위원회 간에 전보할 경우 중앙노동위원회 위원장의 의견을 들어야 한다.

제14조의2【중앙노동위원회 사무처장】

① 중앙노동위원회에는 사무처장 1명을 둔다.

② 사무처장은 중앙노동위원회 상임위원 중 1명이 겸직한다.

③ 사무처장은 중앙노동위원회 위원장의 명을 받아 사무처의 사무를 처리하며 소속 직원을 지휘·감독한다.

제14조의3【조사관】

① 노동위원회 사무처 및 사무국에 조사관을 둔다.

② 중앙노동위원회 위원장은 노동위원회 사무처 또는 사무국 소속 공무원 중에서 조사관을 임명한다.

③ 조사관은 위원장, 제15조에 따른 부문별 위원회의 위원장 또는 제16조의2에 따른 주심위원의 지휘를 받아 노동위원회의 소관 사무에 필요한 조사를 하고, 제15조에 따른 부문별 위원회에 출석하여 의견을 진술할 수 있다.

(6) 노동위원회 위원의 신분보장

제13조【위원의 신분보장】

① 노동위원회 위원은 다음 각 호의 어느 하나에 해당하는 경우를 제외하고는 그 의사에 반하여 면직 또는 해촉되지 아니한다.

  1. 국가공무원법 제33조 각호의 어느 하나에 해당하게 된 경우

  2. 장기간의 심신쇠약으로 직무를 수행할 수 없게 된 경우

  3. 직무와 관련된 비위사실이 있거나 노동위원회 위원직을 유지하기에 적합하지 아니 하다고 인정되는 비위사실이 있는 경우

  4. 제11조의2의 규정에 따른 행위규범을 위반하여 위원으로서 직무를 수행하기 곤란한 경우

  5. 공익위원으로 위촉된 후 제8조에 따른 공익위원의 자격기준에 미달하게 된 것으로 밝혀진 경우

② 노동위원회 위원이 제1항 제1호에 해당하는 경우에 당연히 면직되거나 위촉이 해제된다.

제28조【비밀엄수의 의무 등】

① 노동위원회의 위원이나 직원 또는 그 위원이었거나 직원이었던 사람은 직무에 관하여 알게 된 비밀을 누설하면 아니 된다.

② 노동위원회의 사건 처리에 관여한 위원이나 직원 또는 그 위원이었거나 직원이었던 변호사·공인노무사 등은 영리를 목적으로 그 사건에 관한 직무를 하면 아니 된다.

제29조【벌칙 적용에 있어서의 공무원 의제】

노동위원회의 위원 중 공무원이 아닌 위원은 형법이나 그 밖의 법률에 따른 벌칙을 적용할 때에는 공무원으로 본다.

제30조【벌칙】

제28조를 위반한 사람은 1년 이하의 징역 또는 1천만원 이하의 벌금에 처한다.

Ⅳ 회의의 종류

1. 의의

노동위원회는 전원회의와 위원회의 권한에 속하는 업무를 부문별로 처리하기 위하여 심판위원회·차별시정위원회·조정위원회·특별조정위원회·중재위원회·교원노동관계조정위원회 및 공무원노동관계조정위원회를 둔다(제15조 제1항).

2. 전원회의

제15조【회의의 구성 등】

② 전원회의는 해당 노동위원회 소속위원 전원으로 구성하며 다음 각호의 사항을 처리한다.

1. 노동위원회의 운영 등 일반적인 사항의 결정
2. 제22조 제2항에 따른 근로조건의 개선에 관한 권고
3. 제24조 및 제25조의 규정에 따른 지시 및 규칙의 제정(중앙노동위원회만 해당한다)

3. 부문별 위원회

(1) 심판위원회

제15조【회의의 구성 등】

③ 제1항 제1호에 따른 심판위원회는 심판담당 공익위원 중 위원장이 지명하는 3명으로 구성하며,「노동조합 및 노동관계조정법」,「근로기준법」,「근로자참여 및 협력증진에 관한 법률」, 그 밖의 법률에 따른 노동위원회의 판정·의결·승인 및 인정 등과 관련된 사항을 처리한다.

(2) 차별시정위원회

> **제15조【회의의 구성 등】**
> ④ 제1항 제2호에 따른 차별시정위원회는 차별시정담당 공익위원 중 위원장이 지명하는 3명으로 구성하며, 「기간제 및 단시간근로자 보호 등에 관한 법률」, 「파견근로자보호 등에 관한 법률」, 「산업현장 일학습병행 지원에 관한 법률」 또는 「남녀고용평등과 일·가정 양립 지원에 관한 법률」에 따른 차별적 처우의 시정과 관련된 사항을 처리한다.

※ 단독심판 등

> **제15조의2【단독심판 등】**
> 위원장은 다음 각 호의 어느 하나에 해당하는 경우에 심판담당 공익위원 또는 차별시정담당 공익위원 중 1명을 지명하여 사건을 처리하게 할 수 있다.
> 1. 신청기간을 넘기는 등 신청의 요건을 명백하게 갖추지 못한 경우
> 2. 관계 당사자 양쪽이 모두 단독심판을 신청하거나 단독심판으로 처리하는 것에 동의한 경우

(3) 조정위원회, 특별조정위원회, 중재위원회

조정위원회·특별조정위원회 및 중재위원회는 「노동조합 및 노동관계조정법」에서 정하는 바에 따라 구성하며, 같은 법에 따른 조정·중재, 그 밖에 이와 관련된 사항을 각각 처리한다. 이 경우 공익위원은 조정담당 공익위원 중에서 지명한다(제15조 제5항).

(4) 교원노동관계조정위원회

교원 노동관계 조정위원회는 「교원의 노동조합 설립 및 운영 등에 관한 법률」에서 정하는 바에 따라 설치·구성하며, 같은 법에 따른 조정·중재, 그 밖에 이와 관련된 사항을 처리한다(제15조 제8항).

(5) 공무원노동관계조정위원회

공무원 노동관계 조정위원회는 「공무원의 노동조합 설립 및 운영 등에 관한 법률」에서 정하는 바에 따라 설치·구성하며, 같은 법에 따른 조정·중재, 그 밖에 이와 관련된 사항을 처리한다(제15조 제9항).

(6) 부문별 위원회 구성

위원장은 제3항 및 제4항에 따라 부문별 위원회를 구성할 때 위원장 또는 상임위원의 업무가 과도하여 정상적인 업무수행이 곤란하게 되는 등 중앙노동위원회가 제정하는 규칙으로 정하는 부득이한 사유가 있는 경우 외에는 위원장 또는 상임위원 1명이 포함되도록 위원을 지명하여야 한다(제15조 제6항). 위원장은 부문별 위원회를 구성할 때 특정 부문별 위원회에 사건이 집중되거나 다른 분야의 전문지식이 필요하다고 인정하는 경우에는 심판담당 공익위원, 차별시정담당 공익위원 또는 조정담당 공익위원을 담당 분야와 관계없이 다른 부문별 위원회의 위원으로 지명할 수 있다(제7항).

Ⅴ 회의의 운영

1. 회의의 소집

제16조【회의의 소집】
① 부문별 위원회 위원장은 다른 법률에 특별한 규정이 있는 경우를 제외하고는 부문별 위원회의 위원 중에서 호선(互選)한다.
② 위원장 또는 부문별 위원회 위원장은 전원회의 또는 부문별 위원회를 각각 소집하고 회의를 주재한다. 다만, 위원장은 필요하다고 인정하는 경우에 부문별 위원회를 소집할 수 있다.
③ 위원장 또는 부문별 위원회 위원장은 전원회의 또는 부문별 위원회를 구성하는 위원의 과반수가 회의 소집을 요구하는 경우에 이에 따라야 한다.
④ 위원장 또는 부문별 위원회 위원장은 업무수행과 관련된 조사 등 노동위원회의 원활한 운영을 위하여 필요한 경우 노동위원회가 설치된 위치 외의 장소에서 부문별 위원회를 소집하게 하거나 제15조의2에 따른 단독심판을 하게 할 수 있다.

2. 주심위원

제16조의2【주심위원】
부문별 위원회 위원장은 부문별 위원회의 원활한 운영을 위하여 필요하다고 인정하는 경우에는 주심위원을 지명하여 사건의 처리를 주관하게 할 수 있다.

3. 화해의 권고

제16조의3【화해의 권고 등】
① 노동위원회는 「노동조합 및 노동관계조정법」 제29조의4 및 제84조, 「근로기준법」 제30조에 따른 판정·명령 또는 결정이 있기 전까지 관계 당사자의 신청을 받아 또는 직권으로 화해를 권고하거나 화해안을 제시할 수 있다.
② 노동위원회는 화해안을 작성할 때 관계 당사자의 의견을 충분히 들어야 한다.
③ 노동위원회는 관계 당사자가 화해안을 수락하였을 때에는 화해조서를 작성하여야 한다.
④ 화해조서에는 다음 각 호의 사람이 모두 서명하거나 날인하여야 한다.
　1. 관계 당사자
　2. 화해에 관여한 부문별 위원회(제15조의2에 따른 단독심판을 포함한다)의 위원 전원
⑤ 제3항 및 제4항에 따라 작성된 화해조서는 「민사소송법」에 따른 재판상 화해의 효력을 갖는다.
⑥ 제1항부터 제4항까지의 규정에 따른 화해의 방법, 화해조서의 작성 등에 필요한 사항은 제25조에 따라 중앙노동위원회가 제정하는 규칙으로 정한다.

4. 의결과 의결결과의 통지, 공시송달

제17조【의결】
① 노동위원회의 전원회의는 재적위원 과반수의 출석으로 개의하고 출석위원 과반수의 찬성으로 의결한다.
② 부문별 위원회의 회의는 구성위원 전원의 출석으로 개의하고 출석위원 과반수의 찬성으로 의결한다.
③ 제2항에도 불구하고 제15조 제1항 제7호의 공무원 노동관계 조정위원회의 회의(「공무원의 노동조합 설립 및 운영 등에 관한 법률」제15조에 따른 전원회의를 말한다)는 재적위원 과반수의 출석으로 개의하고, 출석위원 과반수의 찬성으로 의결한다.
④ 전원회의 또는 부문별 위원회의 회의에 참여한 위원은 그 의결 사항에 대하여 서명하거나 날인하여야 한다.

제17조의2【의결 결과의 송달 등】
① 노동위원회는 부문별 위원회의 의결결과를 지체 없이 당사자에게 서면으로 송달하여야 한다.
② 노동위원회는 처분 결과를 당사자에게 서면으로 송달하여야 하며, 처분의 효력은 판정서·명령서·결정서 또는 재심판정서를 송달받은 날부터 발생한다.

제17조의3【공시송달】
① 노동위원회는 서류의 송달을 받아야 할 자가 다음 각 호의 어느 하나에 해당하는 경우에는 공시송달을 할 수 있다.
 1. 주소가 분명하지 아니한 경우
 2. 주소가 국외에 있거나 통상적인 방법으로 확인할 수 없어 서류의 송달이 곤란한 경우
 3. 등기우편 등으로 송달하였으나 송달을 받아야 할 자가 없는 것으로 확인되어 반송되는 경우
② 제1항에 따른 공시송달은 노동위원회의 게시판이나 인터넷 홈페이지에 게시하는 방법으로 한다.
③ 공시송달은 제2항에 따라 게시한 날부터 14일이 지난 때에 효력이 발생한다.
④ 제1항에 따른 공시송달의 요건과 제2항에 따른 공시송달의 방법 및 절차에 필요한 사항은 대통령령으로 정한다.

시행령 제9조의4【공시송달의 요건 등】
① 노동위원회는 법 제17조의3 제1항 각 호의 어느 하나에 해당하는 경우 직권으로 또는 당사자의 신청에 의하여 서류를 공시송달할 수 있다. 이 경우 당사자가 공시송달을 신청하려면 그 사유를 노동위원회에 서면으로 제출하여야 한다.
② 법 제17조의3 제2항에 따라 공시송달을 하는 경우 조사관은 같은 조 제3항에 따른 효력 발생일까지 송달할 서류를 보관하여야 한다.
③ 노동위원회는 공시송달을 한 후 법 제17조의3 제3항에 따른 효력 발생일 전에 법 제17조의3 제1항 각 호에 따른 공시송달 사유가 없어진 경우에는 직권으로 또는 당사자의 신청에 의하여 공시송달을 취소하고, 해당 서류를 등기우편으로 송달하여야 한다.

5. 보고 및 의견청취

제18조【보고 및 의견청취】

① 위원장 또는 부문별 위원회의 위원장은 소관 회의에 부쳐진 사항에 관하여 구성위원 또는 조사관으로 하여금 회의에 보고하게 할 수 있다.

② 법 제15조 제1항 제1호 및 제2호의 심판위원회·차별시정위원회는 의결하기 전에 해당 노동위원회의 근로자위원 및 사용자 위원 각 1명 이상의 의견을 들어야 한다. 다만, 근로자위원 또는 사용자위원이 출석요구를 받고 정당한 이유없이 출석하지 아니하는 경우에는 그러하지 아니하다.

6. 회의의 공개와 질서유지

제19조【회의의 공개】

노동위원회의 회의는 공개한다. 다만, 해당 회의에서 공개하지 아니하기로 의결하면 공개하지 아니할 수 있다.

제20조【회의의 질서유지】

위원장 또는 부문별 위원회의 위원장은 소관회의의 공정한 진행을 방해하거나 질서를 문란하게 하는 사람에 대하여는 퇴장명령, 그 밖에 질서유지에 필요한 조치를 할 수 있다.

7. 행정심판법 등의 준용

사건 처리와 관련하여 선정대표자, 당사자의 지위 승계, 대리인의 선임에 관하여는 「행정심판법」 제15조, 제16조 및 제18조를 준용하고, 대리의 흠과 추인, 대리의 범위에 관하여는 「민사소송법」 제60조 및 제90조를 준용한다(제15조의3).

8. 위원의 제척·기피 등

제21조【위원의 제척·기피 등】

① 위원은 다음 각 호의 어느 하나에 해당하는 경우에 해당 사건에 관한 직무집행에서 제척(除斥)된다.
  1. 위원 또는 위원의 배우자이거나 배우자였던 사람이 해당 사건의 당사자가 되거나 해당 사건의 당사자와 공동권리자 또는 공동의무자의 관계에 있는 경우
  2. 위원이 해당 사건의 당사자와 친족이거나 친족이었던 경우
  3. 위원이 해당 사건에 관하여 진술이나 감정을 한 경우
  4. 위원이 당사자의 대리인으로서 업무에 관여하거나 관여하였던 경우
  4의2. 위원이 속한 법인, 단체 또는 법률사무소가 해당 사건에 관하여 당사자의 대리인으로서 관여하거나 관여하였던 경우
  5. 위원 또는 위원이 속한 법인, 단체 또는 법률사무소가 해당 사건의 원인이 된 처분 또는 부작위에 관여한 경우

② 위원장은 제1항에 따른 사유가 있는 경우에 관계 당사자의 신청을 받아 또는 직권으로 제척의 결정을 하여야 한다.

③ 당사자는 공정한 심의·의결 또는 조정 등을 기대하기 어려운 위원이 있는 경우에 그 사유를 적어 위원장에게 기피신청을 할 수 있다.

④ 위원장은 제3항에 따른 기피신청이 이유 있다고 인정되는 경우에 기피의 결정을 하여야 한다.

⑤ 위원장은 사건이 접수되는 즉시 제2항에 따른 제척신청과 제3항에 따른 기피신청을 할 수 있음을 사건 당사자에게 알려야 한다.

⑥ 위원에게 제1항 또는 제3항에 따른 사유가 있는 경우에는 스스로 그 사건에 관한 직무집행에서 회피할 수 있다. 이 경우 해당 위원은 위원장에게 그 사유를 소명하여야 한다.

Ⅵ 노동위원회의 권한

1. 정책적 권한

(1) 행정기관에 대한 근로조건 개선조치 권고

노동위원회는 전원회의의 의결에 의하여 관계행정기관으로 하여금 근로조건의 개선에 필요한 조치를 하도록 권고할 수 있다(제22조 제2항).

(2) 행정적 권한

① 노동위원회는 그 사무집행을 위하여 필요하다고 인정하는 경우에 관계행정기관에 협조를 요청할 수 있으며 협조를 요청받은 관계행정기관은 특별한 사유가 없으면 이에 따라야 한다(제22조 제1항).

② 노동위원회는 소관 사무(제3호의 업무는 제외한다)와 관련하여 사실관계를 확인하는 등 그 사무집행을 위하여 필요하다고 인정할 때에는 근로자, 노동조합, 사용자, 사용자단체, 그 밖의 관계인에 대하여 출석·보고·진술 또는 필요한 서류의 제출을 요구하거나 위원장 또는 부문별 위원회의 위원장이 지명한 위원 또는 조사관으로 하여금 사업 또는 사업장의 업무상황, 서류, 그 밖의 물건을 조사하게 할 수 있다(제23조 제1항).

③ 노동위원회는 심판사건과 차별적 처우 시정사건의 신청인이 제출한 신청서 부본을 다른 당사자에게 송달하고 이에 대한 답변서를 제출하도록 하여야 한다(제23조 제4항). 노동위원회는 제4항에 따라 다른 당사자가 제출한 답변서의 부본을 지체 없이 신청인에게 송달하여야 한다(제5항).

④ 노동위원회는 근로기준법 시행에 관하여 사용자 또는 근로자에게 필요한 사항에 대하여 보고하도록 요구하거나 노동위원회에 출석하도록 요구할 수 있다(근로기준법 제13조).

2. 중앙노동위원회의 특별권한

(1) 사무 처리에 관한 기본방침 및 법령의 해석에 관한 지시권

중앙노동위원회는 지방노동위원회 또는 특별노동위원회에 대하여 노동위원회의 사무 처리에 관한 기본방침 및 법령의 해석에 관하여 필요한 지시를 할 수 있다(제24조).

(2) 규칙제정권

중앙노동위원회는 중앙노동위원회, 지방노동위원회 또는 특별노동위원회의 운영, 부문별 위원회가 처리하는 사건의 지정방법 및 조사관이 처리하는 사건의 지정방법, 그 밖에 위원회 운영에 필요한 사항에 관한 규칙을 제정할 수 있다(제25조).

(3) 처분에 대한 재심권

중앙노동위원회는 당사자의 신청이 있는 경우 지방노동위원회 또는 특별노동위원회의 처분을 재심하여 이를 인정·취소 또는 변경할 수 있다(제26조 제1항). 제1항에 따른 신청은 관계 법령에 특별한 규정이 있는 경우를 제외하고는 지방노동위원회 또는 특별노동위원회가 한 처분을 송달받은 날부터 10일 이내에 하여야 한다(제2항).

(4) 긴급조정권(노동조합법 제78조와 제80조)

(5) 긴급이행명령 신청권(노동조합법 제85조 제5항)

(6) 2 이상의 지방노동위원회 관할구역에 걸친 노동쟁의 조정(제3조 제1항 제2호)

(7) 교원노동쟁의조정(교원노조법 제9조 제1항)

(8) 공무원노동쟁의조정(공무원노조법 제14조 제1항)

3. 중앙노동위원회 위원장의 권한

(1) 고용노동부장관의 긴급조정결정에 대한 의견제시권(노동조합법 제76조 제2항)

(2) 긴급조정에서 조정불성립 시 중재회부결정(노동조합법 제79조 제1항)

Ⅶ 중앙노동위원회의 처분에 대한 소

제27조 【중앙노동위원회의 처분에 대한 소】
① 중앙노동위원회의 처분에 대한 소송은 중앙노동위원회 위원장을 피고(被告)로 하여 처분의 송달을 받은 날부터 15일 이내에 제기하여야 한다.
② 이 법에 따른 소송의 제기로 처분의 효력은 정지하지 아니한다.
③ 제1항의 기간은 불변기간으로 한다.

Chapter 03 근로자참여 및 협력증진에 관한 법률

I 총설

1. 의의

노사협의제란 기업 내에서 단체교섭과는 별도로 사용자가 종업원대표와 일정한 사항에 대하여 정보를 교환하고 협의하거나 경우에 따라서는 공동결정하는 제도이다. 노사협의제도는 소극적인 보고·통보단계에서부터 합의에 이르는 공동결정까지 다양한 단계와 수준이 있지만, 근본적으로는 참여와 협력을 통한 생산성 향상과 근로생활의 질 향상에 있다. 노사협의는 조직적 대화의 한 방법이며, 협의 또는 경영참가의 일종으로서 기업민주주의를 실현하는 제도이다.

2. 노사협의와 단체교섭의 비교

구분	단체교섭	노사협의
정의	노동관계 당사자 간에 근로조건 및 기타의 사항을 결정하기 위한 교섭	근로자와 사용자가 기업의 공동이해관계에 있는 사항을 상호협의
목적	근로자의 근로조건을 유리하게 유지 개선함으로써 근로자의 경제적·사회적 지위의 향상을 도모	기업의 공동이해사항을 협의함으로써 근로자의 복지증진과 기업의 건전한 발전을 도모하고 나아가 산업평화를 이룩
일반적 성격	집단성, 이해대립적	개인성, 이해공통성
대상	삼분체계에 의하면 ① 의무적 교섭대상 ② 임의적 교섭대상 ③ 금지적 교섭대상으로 분류	① 협의사항 ② 의결사항 ③ 보고사항으로 분류
노조의 존재	노동조합의 존재를 전제로 함	노동조합의 존재를 전제로 하지 않음
당사자	노동조합 – 사용자	근로자대표 – 사용자
사용자와 관계	대립적 관계	협조적 관계
실력행사	쟁의행위	없음
합의결과	단체협약의 체결	노사합의
합의결과의 적용범위	조합원에게만 인정되나 일정요건하에서 협약의 제3자에의 효력 인정(사업장단위, 지역단위 구속력)	당해 기업의 조합원, 비조합원 모두에게 적용

Ⅱ 목적와 연혁

1. 목적

> **제1조 【목적】**
> 이 법은 근로자와 사용자 쌍방이 참여와 협력을 통하여 노사 공동의 이익을 증진함으로써 산업평화를 도모하고 국민경제발전에 이바지함을 목적으로 한다.

2. 노사협의제도의 연혁

- 1963년 노동조합법 개정 시 노사협의제도에 관한 규정을 처음으로 신설
- 1980년 노사협의회법을 독립된 법률로 제정
- 1997년 근로자참여 및 협력증진에 관한 법률로 명칭을 변경하여 현재 시행

3. 신의성실의무 등

근로자와 사용자는 서로 신의를 바탕으로 성실하게 협의에 임해야 한다(제2조). "노사협의회"란 근로자와 사용자가 참여와 협력을 통하여 근로자의 복지증진과 기업의 건전한 발전을 도모하기 위하여 구성하는 협의기구를 말한다(제3조). 근로자와 사용자는 근로기준법에 따른 근로자와 사용자를 말한다(제3조).

4. 노동조합과의 관계

노동조합의 단체교섭이나 그 밖의 모든 활동은 이 법에 의하여 영향을 받지 아니한다(제5조). 이것은 노사협의회의 노동조합화를 막는 동시에 노조활동이 노사협의회에 의해 침해받는 것을 배제하기 위한 것이다. 실제로는 노동조합의 단체교섭사항과 노사협의회의 협의·의결사항을 구별하기 용이하지 않으며, 양자는 상호 보완적 관계에 있다고 할 수 있다.

Ⅲ 노사협의회의 설치와 구성

1. 설치

> **제4조 【노사협의회의 설치】**
> ① 노사협의회(이하 "협의회"라 한다)는 근로조건의 결정권이 있는 사업 또는 사업장 단위로 설치하여야 한다. 다만, 상시 30명 미만의 근로자를 사용하는 사업 또는 사업장은 그러하지 아니하다.
> ② 하나의 사업에 지역을 달리하는 사업장이 있을 경우에는 그 사업장에도 설치할 수 있다.

> **시행령 제2조 【설치범위】**
> 「근로자참여 및 협력증진에 관한 법률」(이하 "법"이라 한다) 제4조 제1항을 적용하는 경우 하나의 사업에 종사하는 전체 근로자 수가 30명 이상이면 해당 근로자가 지역별로 분산되어 있더라도 그 주된 사무소에 노사협의회(이하 "협의회"라 한다)를 설치하여야 한다.

2. 협의회 구성

제6조【협의회의 구성】
① 협의회는 근로자와 사용자를 대표하는 같은 수의 위원으로 구성하되, 각 3명 이상 10명 이하로 한다.
⑤ 근로자위원이나 사용자위원의 선출 및 위촉에 관하여 필요한 사항은 대통령령으로 정한다.

3. 위원의 선출

구분	주요내용
근로자 위원	• 근로자를 대표하는 위원(이하 "근로자위원"이라 한다)은 근로자 과반수가 참여하여 직접·비밀·무기명 투표로 선출한다. 다만, 사업 또는 사업장의 특수성으로 인하여 부득이한 경우에는 부서별로 근로자 수에 비례하여 근로자위원을 선출할 근로자(이하 이 조에서 "위원선거인"이라 한다)를 근로자 과반수가 참여한 직접·비밀·무기명 투표로 선출하고 위원선거인 과반수가 참여한 직접·비밀·무기명 투표로 근로자위원을 선출할 수 있다(제6조 제2항). • 제2항에도 불구하고 사업 또는 사업장에 근로자의 과반수로 조직된 노동조합이 있는 경우에는 근로자위원은 노동조합의 대표자와 그 노동조합이 위촉하는 자로 한다(제6조 제3항). • 근로자위원 선출에 입후보하려는 자는 해당 사업이나 사업장의 근로자여야 한다(시행령 제3조). • 근로자위원의 결원이 생기면 30일 이내에 보궐위원을 위촉하거나 선출하되, 근로자의 과반수로 구성된 노동조합이 조직되어 있지 아니한 사업 또는 사업장에서는 근로자위원 선출 투표에서 선출되지 못한 사람 중 득표 순에 따른 차점자를 근로자위원으로 할 수 있다(시행령 제4조).
사용자 위원	• 사용자를 대표하는 위원(이하 "사용자위원"이라 한다)은 해당 사업이나 사업장의 대표자와 그 대표자가 위촉하는 자로 한다(제6조 제4항).

4. 노사협의회 의장

제7조【의장과 간사】
① 협의회에 의장을 두며, 의장은 위원 중에서 호선한다. 이 경우 근로자위원과 사용자위원 중 각 1명을 공동의장으로 할 수 있다.
② 의장은 협의회를 대표하며 회의업무를 총괄한다.
③ 노사 쌍방은 회의 결과의 기록 등 사무를 담당하는 간사 1명을 각각 둔다.

5. 위원의 임기와 신분

제8조【위원의 임기】
① 위원의 임기는 3년으로 하되 연임할 수 있다.
② 보궐위원의 임기는 전임자 임기의 남은 기간으로 한다.
③ 위원은 임기가 끝난 경우라도 그 후임자가 선출될 때까지 계속 그 직무를 담당한다.

제9조【위원의 신분】
① 위원은 비상임·무보수로 한다.
② 사용자는 협의회 위원으로서의 직무수행과 관련하여 근로자위원에게 불이익을 주는 처분을 하여서는 아니 된다.
③ 위원의 협의회 출석시간과 이와 직접 관련된 시간으로서 제18조에 따른 협의회규정으로 정한 시간은 근로한 시간으로 본다.

6. 사용자의 의무와 행정관청의 시정명령

제10조【사용자의 의무】
① 사용자는 근로자위원의 선출에 개입하거나 방해하여서는 아니 된다.
② 사용자는 근로자위원의 업무를 위하여 장소의 사용 등 기본적 편의를 제공하여야 한다.

제11조【시정명령】
고용노동부장관은 사용자가 제9조 제2항을 위반하여 근로자위원에게 불이익을 주는 처분을 하거나 제10조 제1항을 위반하여 근로자위원의 선출에 개입하거나 방해하는 경우에는 그 시정(是正)을 명할 수 있다.

Ⅳ 노사협의회의 운영

1. 회의의 개최와 소집

제12조【회의】
① 협의회는 3개월마다 정기적으로 회의를 개최하여야 한다.
② 협의회는 필요에 따라 임시회의를 개최할 수 있다.

제13조【회의 소집】
① 의장은 협의회의 회의를 소집하며 그 의장이 된다.
② 의장은 노사 일방의 대표자가 회의의 목적을 문서로 밝혀 회의의 소집을 요구하면 그 요구에 따라야 한다.
③ 의장은 회의개최 7일 전에 회의일시, 장소, 의제 등을 각 위원에게 통보하여야 한다.

2. 사전자료 제공

제14조【자료의 사전 제공】
근로자위원은 제13조 제3항에 따라 통보된 의제 중 제20조 제1항의 협의 사항 및 제21조의 의결 사항과 관련된 자료를 협의회 회의 개최 전에 사용자에게 요구할 수 있으며 사용자는 이에 성실히 따라야 한다. 다만, 그 요구 자료가 기업의 경영·영업상의 비밀이나 개인정보에 해당하는 경우에는 그러하지 아니하다.

3. 의결 정족수

제15조【정족수】
회의는 근로자위원과 사용자위원의 각 과반수의 출석으로 개최하고 출석위원 3분의 2 이상의 찬성으로 의결한다.

4. 회의의 공개와 비밀유지

제16조【회의의 공개】
협의회의 회의는 공개한다. 다만, 협의회의 의결로 공개하지 아니할 수 있다.

제17조【비밀 유지】
협의회의 위원은 협의회에서 알게 된 비밀을 누설하여서는 아니 된다.

5. 회의록 비치

제19조【회의록 비치】
① 협의회는 다음 각 호의 사항을 기록한 회의록을 작성하여 갖추어 두어야 한다.
   1. 개최일시 및 장소
   2. 출석위원
   3. 협의내용 및 의결된 사항
   4. 그 밖의 토의사항
② 제1항에 따른 회의록은 작성일 부터 3년간 보존하여야 한다.

시행령 제6조【회의록 작성】
법 제19조에 따른 회의록에는 출석위원 전원이 서명하거나 날인하여야 한다.

6. 협의회 규정

제18조【협의회규정】
① 협의회는 그 조직과 운영에 관한 규정(이하 "협의회규정"이라 한다)을 제정하고 협의회를 설치한 날부터 15일 이내에 고용노동부장관에게 제출하여야 한다. 이를 변경한 경우에도 또한 같다.
② 협의회규정의 규정 사항과 그 제정·변경 절차 등에 관하여 필요한 사항은 대통령령으로 정한다.

시행령 제5조【협의회규정】

① 법 제18조에 따른 협의회규정(이하 "협의회규정"이라 한다)에는 다음 각 호의 사항이 포함되어야 한다.

  1. 협의회의 위원의 수

  2. 근로자위원의 선출 절차와 후보 등록에 관한 사항

  3. 사용자위원의 자격에 관한 사항

  4. 법 제9조 제3항에 따라 협의회 위원이 근로한 것으로 보는 시간에 관한 사항

  5. 협의회의 회의 소집, 회기(會期), 그 밖에 협의회의 운영에 관한 사항

  6. 법 제25조에 따른 임의 중재의 방법·절차 등에 관한 사항

  7. 고충처리위원의 수 및 고충처리에 관한 사항

② 협의회규정을 제정하거나 변경할 경우에는 협의회의 의결을 거쳐야 한다.

Ⅴ 노사협의회의 기능(임무)

1. 협의사항

제20조【협의 사항】

① 협의회가 협의하여야 할 사항은 다음 각 호와 같다.

  1. 생산성 향상과 성과 배분

  2. 근로자의 채용·배치 및 교육훈련

  3. 근로자의 고충처리

  4. 안전, 보건, 그 밖의 작업환경 개선과 근로자의 건강증진

  5. 인사·노무관리의 제도 개선

  6. 경영상 또는 기술상의 사정으로 인한 인력의 배치전환·재훈련·해고 등 고용조정의 일반원칙

  7. 작업과 휴게 시간의 운용

  8. 임금의 지불방법·체계·구조 등의 제도 개선

  9. 신기계·기술의 도입 또는 작업 공정의 개선

  10. 작업 수칙의 제정 또는 개정

  11. 종업원지주제(從業員持株制)와 그 밖에 근로자의 재산형성에 관한 지원

  12. 직무 발명 등과 관련하여 해당 근로자에 대한 보상에 관한 사항

  13. 근로자의 복지증진

  14. 사업장 내 근로자 감시 설비의 설치

  15. 여성근로자의 모성보호 및 일과 가정생활의 양립을 지원하기 위한 사항

  16. 「남녀고용평등과 일·가정 양립 지원에 관한 법률」 제2조 제2호에 따른 직장 내 성희롱 및 고객 등에 의한 성희롱 예방에 관한 사항

  17. 그 밖의 노사협조에 관한 사항

② 협의회는 제1항 각 호의 사항에 대하여 제15조의 정족수에 따라 의결할 수 있다.

2. 의결사항

(1) 의결사항의 내용

> **제21조【의결사항】**
> 사용자는 다음 각 호의 어느 하나에 해당하는 사항에 대하여는 협의회의 의결을 거쳐야 한다.
> 1. 근로자의 교육훈련 및 능력개발 기본계획의 수립
> 2. 복지시설의 설치와 관리
> 3. 사내근로복지기금의 설치
> 4. 고충처리위원회에서 의결되지 아니한 사항
> 5. 각종 노사공동위원회의 설치

(2) 의결사항의 공지와 이행

> **제23조【의결사항의 공지】**
> 협의회는 의결된 사항을 신속히 근로자에게 널리 알려야 한다.
>
> **제24조【의결된 사항의 이행】**
> 근로자와 사용자는 협의회에서 의결된 사항을 성실하게 이행하여야 한다.

(3) 의결사항에 대한 임의중재

> **제25조【임의중재】**
> ① 협의회는 다음 각 호의 어느 하나에 해당하는 경우에는 근로자위원과 사용자위원의 합의로 협의회에 중재기구를 두어 해결하거나 노동위원회나 그 밖의 제3자에 의한 중재를 받을 수 있다.
> 　1. 제21조에 따른 의결사항에 관하여 협의회가 의결하지 못한 경우
> 　2. 협의회에서 의결된 사항의 해석이나 이행방법 등에 관하여 의견이 일치하지 아니하는 경우
> ② 제1항에 따른 중재결정이 있으면 협의회의 의결을 거친 것으로 보며 근로자와 사용자는 그 결정에 따라야 한다.

3. 보고사항

> **제22조【보고사항 등】**
> ① 사용자는 정기회의에 다음 각 호의 어느 하나에 해당하는 사항에 관하여 성실하게 보고하거나 설명하여야 한다.
> 　1. 경영계획 전반 및 실적에 관한 사항
> 　2. 분기별 생산계획과 실적에 관한 사항
> 　3. 인력계획에 관한 사항
> 　4. 기업의 경제적·재정적 상황
> ② 근로자위원은 근로자의 요구사항을 보고, 설명할 수 있다.
> ③ 근로자위원은 사용자가 제1항에 따른 보고와 설명을 이행하지 아니하는 경우에는 제1항 각 호에 관한 자료를 제출하도록 요구할 수 있으며 사용자는 그 요구에 성실히 따라야 한다.

VI 고충처리위원회 제도

1. 고충의 개념

고충이라 함은 근로자의 근로환경이나 근로조건에 관한 개별적인 불만이나 애로를 가리킨다. 고충은 개별 근로자가 가지는 불만이라는 점에서 집단성을 띠는 노동쟁의와 구별된다.

2. 고충처리위원

(1) 설치대상

모든 사업 또는 사업장에는 근로자의 고충을 청취하고 이를 처리하기 위하여 고충처리위원을 두어야 한다. 다만, 상시 30명 미만의 근로자를 사용하는 사업이나 사업장은 그러하지 아니하다(제26조).

(2) 고충처리위원의 구성과 임기, 신분 및 처우

① 구성

> **제27조【고충처리위원의 구성 및 임기】**
> ① 고충처리위원은 노사를 대표하는 3명 이내의 위원으로 구성하되, 협의회가 설치되어 있는 사업이나 사업장의 경우에는 협의회가 그 위원 중에서 선임하고, 협의회가 설치되어 있지 아니한 사업이나 사업장의 경우에는 사용자가 위촉한다.

② 임기(제27조 제2항, 제8조)

위원의 임기는 3년으로 하되, 연임할 수 있다. 보궐위원의 임기는 전임자 임기의 남은 기간으로 한다. 위원은 임기가 끝난 경우라도 후임자가 선출될 때까지 계속 그 직무를 담당한다.

③ 신분 및 처우

고충처리위원은 비상임·무보수로 한다(시행령 제8조 제1항). 사용자는 고충처리위원으로서의 직무수행과 관련하여 고충처리위원에게 불리한 처분을 하여서는 아니 된다(동조 제2항). 고충처리위원이 고충사항의 처리에 관하여 협의하거나 고충처리 업무에 사용한 시간은 근로한 시간으로 본다(동조 제3항).

3. 고충처리의 절차

(1) 고충처리의 대상

고충처리의 대상이 되는 근로자의 고충사항에는 법에 의한 보호를 받지 못하고 있는 사항이나 개인 신상에 관한 사항까지 포함될 수 있다. 고충처리는 근로자가 직무에 전념하는 것을 방해하는 불만·애로사항 제거를 목적으로 하기 때문이다.

(2) 고충사항의 신고 및 청취

근로자는 고충사항이 있는 경우에는 고충처리위원에게 구두 또는 서면으로 신고할 수 있으며, 신고를 접수한 고충처리위원은 이를 지체 없이 처리하여야 한다(시행령 제7조).

(3) 처리결과의 통보

고충처리위원은 근로자로부터 고충사항을 청취한 때에는 10일 이내에 조치사항과 그 밖의 처리결과를 해당 근로자에게 통보하여야 한다(제28조 제1항).

(4) 협의회에 부의

고충처리위원이 처리하기 곤란한 사항은 협의회의 회의에 부쳐 협의 처리한다(제28조 제2항).

(5) 대장 비치

고충처리위원은 고충사항의 접수 및 그 처리에 관한 대장을 작성하여 갖추어 두고 1년간 보존하여야 한다(시행령 제9조).

VII 벌칙

제30조 【벌칙】
다음 각 호의 어느 하나에 해당하는 자는 1천만원 이하의 벌금에 처한다.
1. 제4조 제1항에 따른 협의회의 설치를 정당한 사유 없이 거부하거나 방해한 자
2. 제24조를 위반하여 협의회에서 의결된 사항을 정당한 사유 없이 이행하지 아니한 자
3. 제25조 제2항을 위반하여 중재 결정의 내용을 정당한 사유 없이 이행하지 아니한 자

제31조 【벌칙】
사용자가 정당한 사유 없이 제11조에 따른 시정명령을 이행하지 아니하거나 제22조 제3항에 따른 자료제출 의무를 이행하지 아니하면 500만원 이하의 벌금에 처한다.

제32조 【벌칙】
사용자가 제12조 제1항을 위반하여 협의회를 정기적으로 개최하지 아니하거나 제26조에 따른 고충처리위원을 두지 아니한 경우에는 200만원 이하의 벌금에 처한다.

제33조 【과태료】
① 사용자가 제18조를 위반하여 협의회규정을 제출하지 아니한 때에는 200만원 이하의 과태료를 부과한다.
② 제1항에 따른 과태료는 대통령령으로 정하는 바에 따라 고용노동부장관이 부과·징수한다.

Chapter **04**

교원의 노동조합 설립 및 운영 등에 관한 법률

Ⅰ 서론

1. 목적

이 법은 「국가공무원법」 제66조 제1항 및 「사립학교법」 제55조에도 불구하고 「노동조합 및 노동관계조정법」 제5조 제1항 단서에 따라 교원의 노동조합 설립에 관한 사항을 정하고 교원에 적용할 「노동조합 및 노동관계조정법」에 대한 특례를 규정함을 목적으로 한다(제1조).

2. 주체

> **제2조【정의】**
> 이 법에서 "교원"이란 다음 각 호의 어느 하나에 해당하는 사람을 말한다.
> 1. 「유아교육법」 제20조 제1항에 따른 교원
> 2. 「초·중등교육법」 제19조 제1항에 따른 교원
> 3. 「고등교육법」 제14조 제2항 및 제4항에 따른 교원. 다만, 강사는 제외한다.

3. 다른 법률과의 관계

- 교원에 적용할 노동조합 및 노동관계조정에 관하여 이 법에서 정하지 아니한 사항에 대하여는 제2항에서 정하는 경우를 제외하고는 「노동조합 및 노동관계조정법」에서 정하는 바에 따른다(제14조 제1항).
- 「노동조합 및 노동관계조정법」 제2조 제4호 라목, 제24조, 제24조의2 제1항·제2항, 제29조 제2항부터 제4항까지, 제29조의2부터 제29조의5까지, 제36조부터 제39조까지, 제41조, 제42조, 제42조의2부터 제42조의6까지, 제43조부터 제46조까지, 제51조부터 제57조까지, 제60조 제5항, 제62조부터 제65조까지, 제66조 제2항, 제69조부터 제73조까지, 제76조부터 제80조까지, 제81조 제1항 제2호 단서, 제88조, 제89조 제1호, 제91조 및 제96조 제1항 제3호는 이 법에 따른 노동조합에 대해서는 적용하지 아니한다(제14조 제2항).

Ⅱ 노동조합의 설립과 활동

1. 설립과 가입범위

「유아교육법」에 따른 교원, 「초·중등교육법」에 따른 교원은 특별시·광역시·특별자치시·도·특별자치도(이하 "시·도"라 한다) 단위 또는 전국 단위로만 노동조합을 설립할 수 있다(제4조 제1항). 「고등교육법」에 따른 교원은 개별학교 단위, 시·도 단위 또는 전국 단위로 노동조합을 설립할 수 있다(제2항). 노동조합을 설립하려는 사람은 고용노동부장관에게 설립신고서를 제출하여야 한다(제3항).

> **제4조의2【가입 범위】**
> 노동조합에 가입할 수 있는 사람의 범위는 다음 각 호와 같다.
> 1. 교원
> 2. 교원으로 임용되어 근무하였던 사람으로서 노동조합 규약으로 정하는 사람
>
> **시행령 제2조【노동조합 산하조직의 설립신고】**
> 교원의 노동조합의 지부·분회 등 산하조직은 그 명칭 여하를 불문하고 다음 각 호의 구분에 따라「교원의
> 노동조합 설립 및 운영 등에 관한 법률」제4조에 따른 노동조합의 설립신고를 할 수 있다.
> 1. 법 제4조 제1항에 따른 노동조합 중 둘 이상의 특별시·광역시·특별자치시·도·특별자치도에 걸치는
>   노동조합 : 시·도 단위로 설립신고
> 2. 법 제4조 제2항에 따른 노동조합 중 둘 이상의 시·도에 걸치는 노동조합 : 개별학교 단위 또는 시·도
>   단위로 설립신고
> 3. 법 제4조 제2항에 따른 노동조합 중 하나의 시·도 단위로 설립된 노동조합 : 개별학교 단위로 설립신고

2. 노조전임자의 지위

교원은 임용권자의 동의를 받아 노동조합으로부터 급여를 지급받으면서 노동조합의 업무에만 종사할 수 있다(제5조 제1항). 동의를 받아 노동조합의 업무에만 종사하는 사람[이하 "전임자"(專任者)라 한다]은 그 기간 중 휴직명령을 받은 것으로 본다(제5조 제2항). 전임자는 그 전임기간 중 전임자임을 이유로 승급 또는 그 밖의 신분상의 불이익을 받지 아니한다(제5조 제4항).

3. 근로시간면제제도

(1) 근로시간면제 대상 업무 등

교원은 단체협약으로 정하거나 임용권자가 동의하는 경우 제2항 및 제3항에 따라 결정된 근무시간 면제 한도를 초과하지 아니하는 범위에서 보수의 손실 없이 협의·교섭, 고충처리, 안전·보건활동 등 이 법 또는 다른 법률에서 정하는 업무와 건전한 노사관계 발전을 위한 노동조합의 유지·관리업무를 할 수 있다(제5조의2 제1항). 근무시간 면제 한도를 초과하는 내용을 정한 단체협약 또는 임용권자의 동의는 그 부분에 한정하여 무효로 한다(제5조의2 제4항). 임용권자는 국민이 알 수 있도록 전년도에 노동조합별로 근무시간을 면제받은 시간 및 사용인원, 지급된 보수 등에 관한 정보를 대통령령으로 정하는 바에 따라 공개하여야 한다(제5조의3).

(2) 근로시간면제 한도 결정

근무시간 면제 시간 및 사용인원의 한도(이하 "근무시간 면제 한도"라 한다)를 정하기 위하여 교원근무시간면제심의위원회를「경제사회노동위원회법」에 따른 경제사회노동위원회에 둔다(제5조의2 제2항). 심의위원회는 제2조 제1호·제2호에 따른 교원은 시·도 단위를 기준으로, 제2조 제3호에 따른 교원은 개별학교 단위를 기준으로 조합원(제4조의2 제1호에 해당하는 조합원을 말한다)의 수를 고려하되 노동조합의 조직 형태, 교섭구조·범위 등 교원 노사관계의 특성을 반영하여 근무시간 면제 한도를 심의·의결하고, 3년마다 그 적정성 여부를 재심의하여 의결할 수 있다(제5조의2 제3항).

(3) 근무시간 면제 절차 등

시행령 제2조의2【근무시간 면제 절차】

① 노동조합의 대표자가 법 제5조의2 제1항에 따른 교원의 근무시간 면제에 관한 사항을 단체협약으로 정하는 경우에는 법 제6조에 따른 교섭 절차에 따른다.

② 노동조합의 대표자는 법 제5조의2 제1항에 따라 교원의 근무시간 면제에 관한 사항에 대하여 임용권자의 동의를 받으려는 경우에는 다음 각 호의 사항에 관한 동의를 서면으로 임용권자에게 요청해야 한다.

 1. 근무시간 면제 시간

 2. 근무시간 면제 사용인원

③ 임용권자는 제2항에 따른 동의 요청을 받은 경우 법 제5조의2 제2항 및 제3항에 따라 교원근무시간면제심의위원회(이하 "심의위원회"라 한다)에서 정한 근무시간 면제 시간 및 사용인원의 한도(이하 "근무시간 면제 한도"라 한다)를 넘지 않는 범위에서 다음 각 호의 사항 등을 고려하여 동의할 수 있다. 이 경우 임용권자는 제2항 각 호의 사항에 대한 동의 여부를 서면으로 알려야 한다.

 1. 노동조합별 조합원(법 제4조의2 제1호에 해당하는 조합원을 말한다. 이하 같다) 수

 2. 법 제5조 제2항에 따른 전임자(專任者) 수

④ 임용권자는 제3항 제1호에 따른 노동조합별 조합원 수를 확인하는 데 필요한 자료의 제공을 해당 노동조합의 대표자에게 요청할 수 있다. 이 경우 해당 노동조합의 대표자는 자료 제공에 적극 협조해야 한다.

⑤ 제3항 제1호에 따른 노동조합별 조합원 수의 산정과 관련하여 이의가 있는 경우 그 조합원 수 산정에 관하여는 제3조의2 제5항을 준용한다. 이 경우 "교섭노동조합"은 각각 "노동조합의 대표자"로, "제3조 제5항에 따른 공고일"은 "제2항에 따른 동의 요청일"로 본다.

⑥ 노동조합의 대표자와 임용권자는 제1항부터 제3항까지의 규정에 따라 법 제5조의2 제1항에 따른 교원의 근무시간 면제에 관한 사항을 정한 경우 3년을 초과하지 않는 범위에서 그 유효기간을 합의하여 정할 수 있다.

시행령 제2조의3【근무시간 면제자 확정 및 변경 절차】

① 노동조합의 대표자는 제2조의2 제1항부터 제3항까지의 규정에 따라 정해진 근무시간 면제 시간 및 근무시간 면제 사용인원의 범위에서 근무시간 면제 사용 예정자(이하 이 조에서 "예정자"라 한다) 명단과 예정자별 사용시간을 정하여 임용권자에게 제출해야 한다.

② 임용권자는 제1항에 따른 예정자 명단과 예정자별 사용시간을 제출받은 경우 해당 명단에 있는 사람을 근무시간 면제자(법 제5조의2 제1항에 따라 보수의 손실 없이 근무시간 면제 시간에 같은 항에 따른 업무를 할 수 있는 교원을 말한다. 이하 "근무시간면제자"라 한다)로 확정한다.

③ 노동조합의 대표자는 부득이한 사유가 있거나 제4항 전단에 따른 변경요청을 받은 경우에는 근무시간 면제자를 변경할 수 있다. 이 경우 근무시간면제자 변경절차에 관하여는 제1항 및 제2항을 준용한다.

④ 임용권자는 근무시간면제자가 법 제5조의2 제1항에 따른 업무 외의 목적으로 근무시간 면제 시간을 사용하는 경우 해당 근무시간면제자의 변경을 노동조합의 대표자에게 요청할 수 있다. 이 경우 노동조합의 대표자는 특별한 사정이 없으면 그 요청에 따라야 한다.

시행령 제2조의4【근무시간 면제 시간 사용 절차】

① 근무시간면제자는 근무시간 면제 시간을 사용하기 7일 전까지 임용권자 또는 학교의 장에게 그 사용일시 및 업무내용을 포함하여 근무시간 면제 시간 사용 신청을 해야 한다. 다만, 근무시간면제자와 임용권자 또는 학교의 장이 협의한 경우에는 학사일정 등을 고려하여 본문에 따른 신청 기한을 변경할 수 있다.

② 임용권자 또는 학교의 장은 제1항 본문에 따른 신청을 받은 경우 특별한 사정이 없으면 이를 승인해야 한다. 다만, 특별한 사정이 있는 경우에는 그 사유를 제시하고 근무시간면제자와 협의하여 그 사용일시 등을 조정할 수 있다.

시행령 제2조의5【연간 근무시간면제자의 자료 제출】

연간 근무시간을 전부 면제받는 근무시간면제자(이하 제2조의6에서 "연간근무시간면제자"라 한다)는 매월 10일까지 전월의 근무시간 면제 사용결과를 임용권자 또는 학교의 장에게 제출해야 한다. 다만, 「사립학교법」에 따른 사립학교의 경우에는 노동조합의 대표자와 임용권자 또는 학교의 장이 협의하여 근무시간 면제 사용결과의 제출 시기·주기를 달리 정할 수 있다.

시행령 제2조의6【근무시간 면제 사용 정보의 공개 방법 등】

임용권자는 법 제5조의3에 따라 다음 각 호의 정보를 매년 4월 30일까지 고용노동부장관이 지정하는 인터넷 홈페이지에 3년간 게재하는 방법으로 공개한다.

1. 노동조합별 전년도 근무시간 면제 시간과 그 결정기준
2. 노동조합별 전년도 근무시간 면제 사용인원(연간근무시간면제자와 근무시간 부분 면제자를 구분한다)
3. 노동조합별 전년도 근무시간 면제 사용인원에게 지급된 보수 총액

4. 정치활동 금지

교원의 노동조합은 어떠한 정치활동도 하여서는 아니 된다(제3조).

Ⅲ 단체교섭과 단체협약

1. 단체교섭의 담당자

(1) 노동조합의 단체교섭 담당자

노동조합의 교섭위원은 해당 노동조합의 대표자와 그 조합원으로 구성하여야 한다(제6조 제2항). 노동조합의 경우 단체교섭의 위임이 인정되지 않는다.

(2) 사용자 측 단체교섭 담당자

① 유치원, 초중고등학교 교원으로 구성된 노동조합

교육부장관, 시·도 교육감 또는 사립학교 설립·경영자. 이 경우 사립학교 설립·경영자는 전국 또는 시·도 단위로 연합하여 교섭에 응하여야 한다(제6조 제1항 제1호).

② 대학교원으로 구성된 노동조합

교육부장관, 특별시장·광역시장·특별자치시장·도지사·특별자치도지사(이하 "시·도지사"라 한다), 국·공립학교의 장 또는 사립학교 설립·경영자(제2호)

2. 교섭절차와 성실교섭의무

(1) 단체교섭의 대상

노동조합 또는 조합원의 임금, 근무조건, 후생복지 등 경제적·사회적 지위향상에 관한 사항이 단체교섭의 대상이다(제6조 제1항).

(2) 교섭절차

① 교섭요구

노동조합의 대표자는 교육부장관, 시·도지사, 시·도 교육감, 국·공립학교의 장 또는 사립학교 설립·경영자와 단체교섭을 하려는 경우에는 교섭하려는 사항에 대하여 권한을 가진 자에게 서면으로 교섭을 요구하여야 한다(제6조 제4항). 사립학교 설립·경영자는 노동조합의 대표자로부터 단체교섭을 요구받은 때에는 그 교섭이 시작되기 전까지 전국 또는 시·도 단위로 교섭단을 구성해야 한다(시행령 제3조 제2항).

② 교섭요구 사실 공고

교육부장관, 시·도지사, 시·도 교육감, 국·공립학교의 장 또는 사립학교 설립·경영자는 노동조합으로부터 교섭을 요구받았을 때에는 교섭을 요구받은 사실을 공고하여 관련된 노동조합이 교섭에 참여할 수 있도록 하여야 한다(제6조 제5항). 상대방은 단체교섭을 요구받은 때에는 관련된 노동조합이 알 수 있도록 지체 없이 자신의 인터넷 홈페이지 또는 게시판에 그 사실을 공고해야 한다(시행령 제3조 제3항).

단체교섭에 참여하려는 관련된 노동조합은 제3항에 따른 공고일부터 7일 이내에 서면으로 상대방에게 교섭을 요구해야 한다(시행령 제3조 제4항). 상대방은 교섭 요구 기간에 교섭 요구를 하지 않은 노동조합의 교섭 요구를 거부할 수 있다(시행령 제3조 제7항).

③ 교섭창구 단일화 요청

교육부장관, 시·도지사, 시·도 교육감, 국·공립학교의 장 또는 사립학교 설립·경영자는 교섭을 요구하는 노동조합이 둘 이상인 경우에는 해당 노동조합에 교섭창구를 단일화하도록 요청할 수 있다. 이 경우 교섭창구가 단일화된 때에는 교섭에 응하여야 한다(제6조 제6항).

④ 단체교섭 거부

교육부장관, 시·도지사, 시·도 교육감, 국·공립학교의 장 또는 사립학교 설립·경영자는 노동조합과 단체협약을 체결한 경우 그 유효기간 중에는 그 단체협약의 체결에 참여하지 아니한 노동조합이 교섭을 요구하여도 이를 거부할 수 있다(제6조 제7항).

(3) 교섭위원

교섭노동조합은 공고일부터 20일 이내에 노동조합의 교섭위원을 선임하여 상대방에게 교섭노동조합의 대표자가 서명 또는 날인한 서면으로 그 사실을 알려야 한다. 이 경우 교섭노동조합이 법 제6조 제6항에 해당하면 교섭노동조합의 대표자가 연명으로 서명 또는 날인해야 한다(시행령 제3조의2 제1항). 교섭위원의 수는 교섭노동조합의 조직 규모 등을 고려하여 정하되, 10명 이내로 한다(시행령 제3조의2 제2항). 교섭노동조합이 둘 이상인 경우에는 교섭노동조합

사이의 합의에 따라 교섭위원을 선임하여 교섭창구를 단일화하되, 제1항 전단에 따른 기간에 자율적으로 합의하지 못했을 때에는 교섭노동조합의 조합원 수에 비례(산출된 교섭위원 수의 소수점 이하의 수는 0으로 본다)하여 교섭위원을 선임한다. 이 경우 교섭노동조합은 전단에 따른 조합원 수를 확인하는 데 필요한 기준과 방법 등에 대하여 성실히 협의하고 필요한 자료를 제공하는 등 교섭위원의 선임을 위하여 적극 협조해야 한다(시행령 제3조의2 제3항). 제3항에 따른 조합원 수에 비례한 교섭위원의 선임은 제1항 전단에 따른 기간이 끝난 날부터 20일 이내에 이루어져야 한다(시행령 제3조의2 제4항). 교섭노동조합은 조합원 수에 대하여 이견이 계속되거나 제4항에 따른 기간에 교섭위원을 선임하지 못한 경우 고용노동부장관 또는 노동조합의 주된 사무소의 소재지를 관할하는 지방고용노동관서의 장에게 조합원 수의 확인을 신청할 수 있다(시행령 제3조의2 제6항).

(4) 성실교섭의무

단체교섭을 하거나 단체협약을 체결하는 경우에 관계 당사자는 국민여론과 학부모의 의견을 수렴하여 성실하게 교섭하고 단체협약을 체결하여야 하며, 그 권한을 남용하여서는 아니 된다(제6조 제8항).

3. 단체협약의 효력

단체협약의 내용 중 법령·조례 및 예산에 의하여 규정되는 내용과 법령 또는 조례에 의하여 위임을 받아 규정되는 내용은 단체협약으로서의 효력을 가지지 아니한다(제7조 제1항). 교육부장관, 시·도지사, 시·도 교육감, 국·공립학교의 장 및 사립학교 설립·경영자는 단체협약으로서의 효력을 가지지 아니하는 내용에 대하여는 그 내용이 이행될 수 있도록 성실하게 노력하여야 한다(제7조 제2항). 교육부장관, 시·도지사, 시·도 교육감, 국·공립학교의 장 및 사립학교 설립·경영자는 법 제7조 제1항에 따라 단체협약으로서의 효력을 가지지 않는 단체협약 내용에 대한 이행 결과를 다음 교섭 시까지 교섭노동조합에 서면으로 알려야 한다(시행령 제5조).

Ⅳ 쟁의행위와 노동쟁의 조정

1. 쟁의행위의 금지

노동조합과 그 조합원은 파업, 태업 또는 그 밖에 업무의 정상적인 운영을 방해하는 어떠한 쟁의행위도 하여서는 아니 된다(제8조). 제8조를 위반하여 쟁의행위를 한 자는 5년 이하의 징역 또는 5천만원 이하의 벌금에 처한다(제15조 제1항).

2. 조정신청

단체교섭이 결렬된 경우에는 당사자 어느 한쪽 또는 양쪽은 중앙노동위원회에 조정(調停)을 신청할 수 있다(제9조 제1항). 조정을 신청하면 중앙노동위원회는 지체 없이 조정을 시작하여야 하며 당사자 양쪽은 조정에 성실하게 임하여야 한다(제9조 제2항). 조정은 신청을 받은 날부터 30일 이내에 마쳐야 한다(제9조 제3항).

3. 중재

(1) 중재의 개시(제10조)

중앙노동위원회는 다음 각 호의 어느 하나에 해당하는 경우에는 중재(仲裁)를 한다.

- 단체교섭이 결렬되어 관계 당사자 양쪽이 함께 중재를 신청한 경우
- 중앙노동위원회가 제시한 조정안을 당사자의 어느 한쪽이라도 거부한 경우
- 중앙노동위원회 위원장이 직권으로 또는 고용노동부장관의 요청에 따라 중재에 회부한다는 결정을 한 경우

(2) 중재재정의 불복과 확정

관계 당사자는 중앙노동위원회의 중재재정(仲裁裁定)이 위법하거나 월권(越權)에 의한 것이라고 인정하는 경우에는 중재재정서를 송달받은 날부터 15일 이내에 중앙노동위원회 위원장을 피고로 하여 행정소송을 제기할 수 있다(제12조 제1항). 이 기간 이내에 행정소송을 제기하지 아니하면 그 중재재정은 확정되며(제2항), 중재재정이 확정되면 관계당사자는 이에 따라야 한다(제3항). 확정된 중재재정의 내용은 단체협약과 같은 효력을 가진다(제5항). 중앙노동위원회의 중재재정은 행정소송의 제기에 의하여 효력이 정지되지 아니한다(제4항). 제12조 제3항을 위반하여 중재재정을 따르지 아니한 자는 2년 이하의 징역 또는 2천만원 이하의 벌금에 처한다(제15조 제2항).

4. 교원 노동관계 조정위원회

교원의 노동쟁의를 조정·중재하기 위하여 중앙노동위원회에 교원 노동관계 조정위원회(이하 "위원회"라 한다)를 둔다(제11조 제1항). 위원회는 중앙노동위원회 위원장이 지명하는 조정담당 공익위원 3명으로 구성한다. 다만, 관계 당사자가 합의하여 중앙노동위원회의 조정담당 공익위원이 아닌 사람을 추천하는 경우에는 그 사람을 지명하여야 한다(제2항). 위원회의 위원장은 위원회의 위원 중에서 호선(互選)한다(제3항).

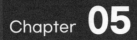

Chapter 05 공무원의 노동조합 설립 및 운영 등에 관한 법률

Ⅰ 서론

1. 목적

이 법은 「대한민국헌법」 제33조 제2항에 따른 공무원의 노동기본권을 보장하기 위하여 「노동조합 및 노동관계조정법」 제5조 제1항 단서에 따라 공무원의 노동조합 설립 및 운영 등에 관한 사항을 정함을 목적으로 한다(제1조).

2. 주체

이 법에서 "공무원"이란 「국가공무원법」 제2조 및 「지방공무원법」 제2조에서 규정하고 있는 공무원을 말한다. 다만, 「국가공무원법」 제66조 제1항 단서 및 「지방공무원법」 제58조 제1항 단서에 따른 사실상 노무에 종사하는 공무원과 「교원의 노동조합 설립 및 운영 등에 관한 법률」의 적용을 받는 교원인 공무원은 제외한다(제2조).

3. 다른 법률과의 관계

• 공무원에게 적용할 노동조합 및 노동관계 조정에 관하여 이 법에서 정하지 아니한 사항에 대하여는 제3항에서 정하는 경우를 제외하고는 「노동조합 및 노동관계조정법」에서 정하는 바에 따른다(제17조 제2항).

• 「노동조합 및 노동관계조정법」 제2조 제4호 라목, 제24조, 제24조의2 제1항·제2항, 제29조, 제29조의2부터 제29조의5까지, 제36조부터 제39조까지, 제41조, 제42조, 제42조의2부터 제42조의6까지, 제43조부터 제46조까지, 제51조부터 제57조까지, 제60조 제1항·제5항, 제62조부터 제65조까지, 제66조 제2항, 제69조부터 제73조까지, 제76조부터 제80조까지, 제81조 제1항 제2호 단서, 제88조부터 제92조까지 및 제96조 제1항 제3호는 이 법에 따른 노동조합에 대해서는 적용하지 아니한다(제17조 제3항).

• 이 법의 규정은 공무원이 「공무원직장협의회의 설립·운영에 관한 법률」에 따라 직장협의회를 설립·운영하는 것을 방해하지 아니한다(제17조 제1항).

PART
03

II 노동조합의 설립과 활동

1. 조직단위

공무원이 노동조합을 설립하려는 경우에는 국회·법원·헌법재판소·선거관리위원회·행정부·특별시·광역시·특별자치시·도·특별자치도·시·군·구(자치구를 말한다) 및 특별시·광역시·특별자치시·도·특별자치도의 교육청을 최소 단위로 한다(제5조 제1항). 노동조합을 설립하려는 사람은 고용노동부장관에게 설립신고서를 제출하여야 한다(제5조 제2항). 제5조에 따라 설립된 공무원의 노동조합이 지부(支部)·분회(分會) 등 산하조직을 설치한 경우 노동조합의 대표자는 그 사실을 연합단체인 노동조합, 국회·법원·헌법재판소·선거관리위원회 및 행정부의 노동조합, 그 밖의 전국 규모의 단위노동조합의 경우 고용노동부장관에게, 그 밖의 노동조합의 경우에는 지방고용노동관서의 장에게 통보하여야 한다(시행령 제2조 제1항).

2. 가입 범위

제6조【가입 범위】
① 노동조합에 가입할 수 있는 사람의 범위는 다음 각 호와 같다.
  1. 일반직공무원
  2. 특정직공무원 중 외무영사직렬·외교정보기술직렬 외무공무원, 소방공무원 및 교육공무원(다만, 교원은 제외한다)
  3. 별정직공무원
  4. 제1호부터 제3호까지의 어느 하나에 해당하는 공무원이었던 사람으로서 노동조합 규약으로 정하는 사람
② 제1항에도 불구하고 다음 각 호의 어느 하나에 해당하는 공무원은 노동조합에 가입할 수 없다.
  1. 업무의 주된 내용이 다른 공무원에 대하여 지휘·감독권을 행사하거나 다른 공무원의 업무를 총괄하는 업무에 종사하는 공무원
  2. 업무의 주된 내용이 인사·보수 또는 노동관계의 조정·감독 등 노동조합의 조합원 지위를 가지고 수행하기에 적절하지 아니한 업무에 종사하는 공무원
  3. 교정·수사 등 공공의 안녕과 국가안전보장에 관한 업무에 종사하는 공무원
④ 제2항에 따른 공무원의 범위는 대통령령으로 정한다.

3. 노조전임자의 지위

공무원은 임용권자의 동의를 받아 노동조합으로부터 급여를 지급받으면서 노동조합의 업무에만 종사할 수 있다(제7조 제1항). 동의를 받아 노동조합의 업무에만 종사하는 사람[이하 "전임자"(專任者)라 한다]에 대하여는 그 기간 중 휴직명령을 하여야 한다(제7조 제2항). 국가와 지방자치단체는 공무원이 전임자임을 이유로 승급이나 그 밖에 신분과 관련하여 불리한 처우를 하여서는 아니 된다(제7조 제4항).

4. 근로시간면제제도

(1) 근로시간면제 대상 업무 등

공무원은 단체협약으로 정하거나 제8조 제1항의 정부교섭대표가 동의하는 경우 제2항 및 제3항에 따라 결정된 근무시간 면제 한도를 초과하지 아니하는 범위에서 보수의 손실 없이 정부교섭대표와의 협의·교섭, 고충처리, 안전·보건활동 등 이 법 또는 다른 법률에서 정하는 업무와 건전한 노사관계 발전을 위한 노동조합의 유지·관리업무를 할 수 있다(제7조의2 제1항). 근무시간 면제 한도를 초과하는 내용을 정한 단체협약 또는 정부교섭대표의 동의는 그 부분에 한정하여 무효로 한다(제7조의2 제4항). 정부 교섭대표는 국민이 알 수 있도록 전년도에 노동조합별로 근무시간을 면제받은 시간 및 사용인원, 지급된 보수 등에 관한 정보를 대통령령으로 정하는 바에 따라 공개하여야 한다. 이 경우 정부교섭대표가 아닌 임용권자는 정부교섭대표에게 해당 기관의 근무시간 면제 관련 자료를 제출하여야 한다(제7조의3).

(2) 근로시간면제 한도 결정

근무시간 면제 시간 및 사용인원의 한도(이하 "근무시간 면제 한도"라 한다)를 정하기 위하여 공무원근무시간면제심의위원회를 「경제사회노동위원회법」에 따른 경제사회노동위원회에 둔다(제7조의2 제2항). 심의위원회는 제5조 제1항에 따른 노동조합 설립 최소 단위를 기준으로 조합원(제6조 제1항 제1호부터 제3호까지의 규정에 해당하는 조합원을 말한다)의 수를 고려하되 노동조합의 조직형태, 교섭구조·범위 등 공무원 노사관계의 특성을 반영하여 근무시간 면제 한도를 심의·의결하고, 3년마다 그 적정성 여부를 재심의하여 의결할 수 있다(제7조의2 제3항).

(3) 근무시간 면제 절차 등

시행령 제3조의2 【근무시간 면제 절차】

① 노동조합의 대표자가 법 제7조의2 제1항에 따른 공무원의 근무시간 면제에 관한 사항을 단체협약으로 정하는 경우에는 법 제8조 및 제9조에 따른 교섭 절차에 따른다.

② 노동조합의 대표자는 법 제7조의2 제1항에 따른 공무원의 근무시간 면제에 관한 사항에 대하여 법 제8조 제1항 본문에 따른 정부교섭대표(이하 "정부교섭대표"라 한다)의 동의를 받으려는 경우에는 다음 각 호의 사항에 관한 동의를 서면으로 정부교섭대표에게 요청해야 한다.

　1. 근무시간 면제 시간

　2. 근무시간 면제 사용인원

③ 정부교섭대표는 제2항에 따른 동의 요청을 받은 경우 법 제7조의2 제2항 및 제3항에 따라 공무원근무시간면제심의위원회(이하 "심의위원회"라 한다)에서 정한 근무시간 면제 시간 및 사용인원의 한도(이하 "근무시간 면제 한도"라 한다)를 넘지 않는 범위에서 다음 각 호의 사항 등을 고려하여 동의할 수 있다. 이 경우 정부교섭대표는 제2항 각 호의 사항에 대한 동의 여부를 서면으로 알려야 한다.

　1. 노동조합별 조합원(법 제6조 제1항 제1호부터 제3호까지의 어느 하나에 해당하는 조합원을 말한다. 이하 같다) 수

　2. 법 제7조 제2항에 따른 전임자(專任者) 수

④ 정부교섭대표는 제3항 제1호에 따른 노동조합별 조합원 수를 확인하는 데 필요한 자료의 제공을 해당 노동조합의 대표자에게 요청할 수 있다. 이 경우 해당 노동조합의 대표자는 자료 제공에 적극 협조해야 한다.

⑤ 노동조합의 대표자가 제3항 제1호에 따른 조합원 수 산정과 관련하여 이견이 있는 경우 그 조합원의 수는 제2항에 따른 동의 요청일 이전 1개월 동안 「전자금융거래법」 제2조 제11호에 따른 전자지급수단의 방법으로 조합비를 납부한 조합원을 기준으로 산정한다. 다만, 둘 이상의 노동조합에 가입하여 조합비를 납부한 조합원에 대하여 조합원의 수를 산정하는 경우에는 숫자 1을 조합비를 납부한 노동조합의 수로 나눈 후에 그 산출된 숫자를 조합비를 납부한 노동조합의 조합원 수에 각각 더한다.

⑥ 노동조합의 대표자와 정부교섭대표는 제1항부터 제3항까지의 규정에 따라 법 제7조의2 제1항에 따른 공무원의 근무시간 면제에 관한 사항을 정한 경우 3년을 초과하지 않는 범위에서 그 유효기간을 합의하여 정할 수 있다.

시행령 제3조의3 【근무시간 면제자 확정 및 변경 절차】

① 노동조합의 대표자는 제3조의2 제1항부터 제3항까지의 규정에 따라 정해진 근무시간 면제 시간 및 근무시간 면제 사용인원의 범위에서 근무시간 면제 사용 예정자(이하 이 조에서 "예정자"라 한다) 명단과 예정자별 사용시간을 정하여 정부교섭대표 및 임용권자에게 제출해야 한다.

② 정부교섭대표는 제1항에 따른 예정자 명단과 예정자별 사용시간을 제출받은 경우 해당 명단에 있는 사람을 근무시간 면제자(법 제7조의2 제1항에 따라 보수의 손실 없이 근무시간 면제 시간에 같은 항에 따른 업무를 할 수 있는 공무원을 말한다. 이하 "근무시간면제자"라 한다)로 확정한다. 이 경우 정부교섭대표는 정부교섭대표와 임용권자가 다른 경우에는 임용권자로 하여금 확정을 하게 할 수 있다.

③ 노동조합의 대표자는 부득이한 사유가 있거나 제4항 전단에 따른 변경요청을 받은 경우에는 근무시간 면제자를 변경할 수 있다. 이 경우 근무시간면제자 변경절차에 관하여는 제1항 및 제2항을 준용한다.

④ 정부교섭대표 또는 임용권자는 근무시간면제자가 법 제7조의2 제1항에 따른 업무 외의 목적으로 근무시간 면제 시간을 사용하는 경우 해당 근무시간면제자의 변경을 노동조합의 대표자에게 요청할 수 있다. 이 경우 노동조합의 대표자는 특별한 사정이 없으면 그 요청에 따라야 한다.

시행령 제3조의4 【근무시간 면제 시간 사용 절차】

① 근무시간면제자는 근무시간 면제 시간을 사용하기 7일 전까지 정부교섭대표 또는 임용권자에게 그 사용일시 및 업무내용을 포함하여 근무시간 면제 시간 사용 신청을 해야 한다. 다만, 긴급한 사정이 있는 경우에는 하루 전까지 신청할 수 있다.

② 정부교섭대표 또는 임용권자는 제1항 본문에 따른 신청을 받은 경우 특별한 사정이 없으면 이를 승인해야 한다. 다만, 특별한 사정이 있는 경우에는 그 사유를 제시하고 근무시간면제자와 협의하여 그 사용일시 등을 조정할 수 있다.

시행령 제3조의5 【연간 근무시간면제자의 자료 제출】

연간 근무시간을 전부 면제받는 근무시간면제자(이하 제3조의6에서 "연간근무시간면제자"라 한다)는 매월 10일까지 전월의 근무시간 면제 사용결과를 정부교섭대표 또는 임용권자에게 제출해야 한다.

> **시행령 제3조의6【근무시간 면제 사용 정보의 공개 방법 등】**
> ① 정부교섭대표는 법 제7조의3 전단에 따라 다음 각 호의 정보를 매년 4월 30일까지 고용노동부장관이
> 지정하는 인터넷 홈페이지에 3년간 게재하는 방법으로 공개한다.
> 1. 노동조합별 전년도 근무시간 면제 시간과 그 결정기준
> 2. 노동조합별 전년도 근무시간 면제 사용인원(연간근무시간면제자와 근무시간 부분 면제자를 구분
> 한다)
> 3. 노동조합별 전년도 근무시간 면제 사용인원에게 지급된 보수 총액
> ② 정부교섭대표가 아닌 임용권자는 법 제7조의3 후단에 따라 정부교섭대표에게 제1항 제2호·제3호에
> 따른 정보를 매년 3월 31일까지 제출해야 한다.

5. 정치활동의 금지

노동조합과 그 조합원은 정치활동을 하여서는 아니 된다(제4조).

6. 노동조합의 활동보장과 한계

공무원의 노동조합(이하 "노동조합"이라 한다)의 조직, 가입 및 노동조합과 관련된 정당한 활동에 대하여는 「국가공무원법」 제66조 제1항 본문 및 「지방공무원법」 제58조 제1항 본문을 적용하지 아니한다(제3조 제1항). 공무원은 노동조합 활동을 할 때 다른 법령에서 규정하는 공무원의 의무에 반하는 행위를 하여서는 아니 된다(제3조 제2항).

Ⅲ 단결교섭과 단체협약

1. 단체교섭의 담당자

(1) 노동조합의 단체교섭 담당자

노동조합은 단체교섭을 위하여 노동조합의 대표자와 조합원으로 교섭위원을 구성하여야 한다(제9조 제1항). 노동조합의 경우 단체교섭의 위임이 인정되지 않는다.

(2) 사용자측 단체교섭 담당자

정부교섭대표는 국회사무총장·법원행정처장·헌법재판소사무처장·중앙선거관리위원회 사무총장·인사혁신처장(행정부를 대표한다)·특별시장·광역시장·특별자치시장·도지사·특별자치도지사·시장·군수·구청장(자치구의 구청장을 말한다) 또는 특별시·광역시·특별자치시·도·특별자치도의 교육감 중 어느 하나에 해당하는 사람이다(제8조 제1항).

(3) 정부교섭대표 권한의 위임

정부교섭대표는 법령 등에 따라 스스로 관리하거나 결정할 수 있는 권한을 가진 사항에 대하여 노동조합이 교섭을 요구할 때에는 정당한 사유가 없으면 그 요구에 따라야 한다(제8조 제2항). 정부교섭대표는 효율적인 교섭을 위하여 필요한 경우 다른 정부교섭대표와 공동으로 교섭하거나, 다른 정부교섭대표에게 교섭 및 단체협약 체결 권한을 위임할 수 있다(제8조 제3항). 정부교섭대표는 효율적인 교섭을 위하여 필요한 경우 정부교섭대표가 아닌 관계 기관의 장으로 하

여금 교섭에 참여하게 할 수 있고, 다른 기관의 장이 관리하거나 결정할 권한을 가진 사항에 대하여는 해당 기관의 장에게 교섭 및 단체협약 체결 권한을 위임할 수 있다(제8조 제4항). 정부교섭대표 또는 다른 기관의 장이 단체교섭을 하는 경우 소속 공무원으로 하여금 교섭 및 단체협약 체결을 하게 할 수 있다(제8조 제5항). 정부교섭대표는 법 제8조 제3항부터 제5항까지의 규정에 따라 공동으로 교섭하거나, 교섭 및 단체협약 체결 권한을 위임하는 등의 경우에는 그 사실을 상대방에게 알려야 한다. 이 경우 관련 정부교섭대표 및 관계 기관의 장 등의 성명과 위임 내용 등을 구체적으로 밝혀야 한다(시행령 제5조).

2. 교섭절차

(1) 단체교섭의 대상

노동조합의 대표자는 그 노동조합에 관한 사항 또는 조합원의 보수·복지, 그 밖의 근무조건에 관하여 교섭하고 단체협약을 체결할 권한을 가진다. 다만, 법령 등에 따라 국가나 지방자치단체가 그 권한으로 행하는 정책결정에 관한 사항, 임용권의 행사 등 그 기관의 관리·운영에 관한 사항으로서 근무조건과 직접 관련되지 아니하는 사항은 교섭의 대상이 될 수 없다(제8조 제1항).

(2) 교섭절차

① 서면요구

노동조합의 대표자는 제8조에 따라 정부교섭대표와 교섭하려는 경우에는 교섭하려는 사항에 대하여 권한을 가진 정부교섭대표에게 서면으로 교섭을 요구하여야 한다(제9조 제2항). 법 제9조 제2항에 따른 교섭 요구는 고용노동부령으로 정하는 바에 따라 단체협약의 유효기간 만료일 3개월 전부터 교섭 시작 예정일 30일 전까지 하여야 한다(시행령 제6조).

② 교섭요구사실 공고

정부교섭대표는 노동조합으로부터 교섭을 요구받았을 때에는 교섭을 요구받은 사실을 공고하여 관련된 노동조합이 교섭에 참여할 수 있도록 하여야 한다(제9조 제3항). 정부교섭대표는 법 제9조 제3항에 따라 노동조합으로부터 교섭을 요구받았을 때에는 지체 없이 자신의 인터넷 홈페이지 또는 게시판에 그 사실을 공고해야 한다(시행령 제7조 제1항). 법 제9조 제3항에 따라 교섭에 참여하려는 노동조합은 제1항에 따른 공고일부터 7일 이내에 고용노동부령으로 정하는 바에 따라 정부교섭대표에게 교섭을 요구하여야 한다(시행령 제7조 제2항). 정부교섭대표는 제6조와 제2항에 따른 교섭 요구 기간 안에 교섭 요구를 하지 아니한 노동조합의 교섭 요구는 거부할 수 있다(시행령 제7조 제4항).

③ 교섭창구단일화 요구

정부교섭대표는 교섭을 요구하는 노동조합이 둘 이상인 경우에는 해당 노동조합에 교섭창구를 단일화하도록 요청할 수 있다. 이 경우 교섭창구가 단일화된 때에는 교섭에 응하여야 한다(제9조 제4항).

④ 교섭요구 거부

정부교섭대표는 관련된 노동조합과 단체협약을 체결한 경우 그 유효기간 중에는 그 단체협약의 체결에 참여하지 아니한 노동조합이 교섭을 요구하더라도 이를 거부할 수 있다(제9조 제5항).

(3) 교섭위원

교섭노동조합은 제7조 제3항에 따른 공고일부터 20일 이내에 법 제9조 제1항에 따른 교섭위원 (이하 "교섭위원"이라 한다)을 선임하여 교섭노동조합의 대표자가 각각 서명 또는 날인한 서면으로 정부교섭대표에게 알려야 한다. 이 경우 교섭위원의 수는 조직의 규모 등을 고려하여 정하되, 10명 이내가 되도록 해야 한다(시행령 제8조 제1항). 교섭노동조합이 둘 이상인 경우에는 교섭노동조합 사이의 합의에 따라 교섭위원을 선임하여 교섭창구를 단일화해야 한다. 다만, 제1항 전단에 따른 기간 내에 합의하지 못했을 때에는 교섭노동조합의 조합원 수(법 제6조 제1항 제1호부터 제3호까지의 규정에 해당하는 조합원의 수를 말한다. 이하 이 조에서 같다)에 비례하여 제1항 전단에 따른 기간이 끝난 날부터 20일 이내에 교섭위원을 선임해야 한다(시행령 제8조 제2항). 교섭노동조합은 제2항에 따라 교섭위원을 선임하는 때에는 해당 교섭노동조합의 조합원 수를 확인하는 데 필요한 기준과 방법 등에 대해 성실히 협의하고, 그에 필요한 자료를 제공하는 등 적극 협조해야 한다(시행령 제8조 제3항).

3. 단체협약의 효력

체결된 단체협약의 내용 중 법령·조례 또는 예산에 의하여 규정되는 내용과 법령 또는 조례에 의하여 위임을 받아 규정되는 내용은 단체협약으로서의 효력을 가지지 아니한다(제10조 제1항). 정부교섭대표는 제1항에 따라 단체협약으로서의 효력을 가지지 아니하는 내용에 대하여는 그 내용이 이행될 수 있도록 성실하게 노력하여야 한다(제10조 제2항). 정부교섭대표는 법 제10조 제1항에 따라 단체협약으로서의 효력을 가지지 아니하는 단체협약의 내용에 대한 이행 결과를 해당 단체협약의 유효기간 만료일 3개월 전까지 상대방에게 서면으로 알려야 한다(시행령 제10조).

Ⅳ 쟁의행위와 노동쟁의 조정

1. 쟁의행위 금지

노동조합과 그 조합원은 파업, 태업 또는 그 밖에 업무의 정상적인 운영을 방해하는 어떠한 행위도 하여서는 아니 된다(제11조). 제11조를 위반하여 파업, 태업 또는 그 밖에 업무의 정상적인 운영을 방해하는 행위를 한 자는 5년 이하의 징역 또는 5천만원 이하의 벌금에 처한다(제18조).

2. 조정

단체교섭이 결렬된 경우에는 당사자 어느 한쪽 또는 양쪽은 중앙노동위원회에 조정(調停)을 신청할 수 있다(제12조 제1항). 중앙노동위원회는 지체 없이 조정을 시작하여야 하며 당사자 양쪽은 조정에 성실하게 임하여야 한다(제2항). 중앙노동위원회는 조정안을 작성하여 관계 당사자에게 제시하고 수락을 권고하는 동시에 그 조정안에 이유를 붙여 공표할 수 있다. 이 경우 필요하면 신문 또는 방송에 보도 등 협조를 요청할 수 있다(제3항). 조정은 조정신청을 받은 날부터 30일 이내에 마쳐야 한다. 다만, 당사자들이 합의한 경우에는 30일 이내의 범위에서 조정기간을 연장할 수 있다(제4항).

3. 중재

(1) 중재의 개시(제13조)

중앙노동위원회는 다음 각 호의 어느 하나에 해당하는 경우에는 지체 없이 중재(仲裁)를 한다.
- 단체교섭이 결렬되어 관계 당사자 양쪽이 함께 중재를 신청한 경우
- 조정이 이루어지지 아니하여 공무원노동관계조정위원회 전원회의에서 중재 회부를 결정한 경우

(2) 중재재정의 불복과 확정

관계 당사자는 중앙노동위원회의 중재재정(仲裁裁定)이 위법하거나 월권(越權)에 의한 것이라고 인정하는 경우에는 중재재정서를 송달받은 날부터 15일 이내에 중앙노동위원회 위원장을 피고로 하여 행정소송을 제기할 수 있다(제16조 제1항). 중앙노동위원회의 중재재정은 행정소송의 제기에 의하여 효력이 정지되지 아니한다(제4항). 이 기간 이내에 행정소송을 제기하지 아니하면 그 중재재정은 확정되며(제2항), 확정된 중재재정의 내용은 단체협약과 같은 효력을 가진다(제5항). 중재재정이 확정되면 관계 당사자는 이에 따라야 한다(제3항). 중앙노동위원회는 필요한 경우 확정된 중재재정의 내용을 국회, 지방의회, 지방자치단체의 장 등에게 통보할 수 있다(제6항).

4. 공무원 노동관계 조정위원회

(1) 구성

단체교섭이 결렬된 경우 이를 조정·중재하기 위하여 중앙노동위원회에 공무원 노동관계 조정위원회(이하 "위원회"라 한다)를 둔다(제14조 제1항). 위원회는 공무원 노동관계의 조정·중재를 전담하는 7명 이내의 공익위원으로 구성한다(제2항). 공익위원은 중앙노동위원회 위원장의 추천과 고용노동부장관의 제청으로 대통령이 위촉한다(제3항).

(2) 회의의 운영(제15조)

- 위원회에는 전원회의와 소위원회를 둔다(제1항).
- 전원회의는 공익위원 전원으로 구성하며, 다음 각 호의 사항을 담당한다(제2항).
  - ㉠ 전국에 걸친 노동쟁의의 조정사건
  - ㉡ 중재 회부의 결정
  - ㉢ 중재재정(仲裁裁定)
- 소위원회는 위원회의 위원장이 중앙노동위원회 위원장과 협의하여 지명하는 3명으로 구성하며, 전원회의에서 담당하지 아니하는 조정사건을 담당한다(제3항).

박문각
공인노무사

권희창
신노동법

1차 | 기본서

제1판 인쇄 2025. 1. 10. | **제1판 발행** 2025. 1. 15. | **편저자** 권희창

발행인 박 용 | **발행처** (주)박문각출판 | **등록** 2015년 4월 29일 제2019-000137호

주소 06654 서울시 서초구 효령로 283 서경 B/D 4층 | **팩스** (02)584-2927

전화 교재 문의 (02)6466-7202

저자와의
협의하에
인지생략

정가 32,000원
ISBN 979-11-7262-439-2